21世紀中國

卷二 全球化與中國之發展

主編／宋國誠

副主編／王瑞琦・耿曙

作者簡介

國內學者

宋國誠（主編）

　　國立政治大學東亞研究所博士，美國哈佛大學研究，曾任政治大學哲學系兼任副教授，國際關係研究中心第四研究所所長，現任政治大學國際關係研究中心第四研究所研究員，國立政治大學民族系兼任教授。研究領域為馬克思主義、後殖民主義、中國經濟體制改革（國有企業）、中國國家能力、全球化與中國之關係。著有「馬克思的人文主義」（台北，桂冠）、「中國跨世紀綜合國力：1990-2020」（台北，學生書局）等書，「21世紀中國（卷一）：西部大開發」（主編）。近年來發表於TSSCI之論文有：「中共綜合國力的分析模式及其測算」，《中國大陸研究》，第39卷第9期；「論中共經濟國力—歷史積累、戰略目標與前景預測」，《中國大陸研究》，第40卷第3期；「國家障礙—中國大陸國有企業改革的分析視角」，《中國大陸研究》，第42卷第3期；「新制度主義與中國國有企業改革：一個分析框架的運用」，《中國大陸研究》，第43卷第2期；「產權理論與中國大陸的國有企業改革」，《中國大陸研究》，第43卷第3期；「後殖民理論在中國：理論旅行及其中國化」，《中國大陸研究》，第43卷第10期（本書修訂重刊）。目前正進行《後殖民論述：文化抵抗的政治》，《全球化及其抵抗》兩部專書之寫作。電子郵件信箱：gcsong@nccu.edu.tw

王瑞琦（副主編）

　　美國密西根大學教育學碩士、英文碩士，現任國立政治大學國際關係研究中心第四研究所（中國大陸社會經濟所）副研究員。主要研究領域為中大陸高等教育、人力資源，以及兩岸相關議題之比較研究。著有「中國大陸大學聯招與高教之發展」（陸委會補助，1985年）、「21世紀中國（卷一）：西部大開發」（副主編）。近5年有關大陸人力資源發展之主要論文包括：The Development of Professional Manpower in Mainland China in the 1990s.

Issues & Studies，第 36 卷第 2 期；「論『文革』後大陸人才資源配置」，
《中國大陸研究》，第 44 卷第 5 期；「從市場機制的發展看西部大開發中
人力資本投資的策略」，《中國大陸研究》，第 45 卷第 3 期等。

耿　曙 (副主編)

1965 年出生，成長於南台灣的嘉義，畢業於國立政治大學外交學系，
其後赴美取得德州大學政府系博士學位，現爲國立政治大學國際關係研究
中心第四研究所 (大陸經社) 助理研究員。其研究領域包括中國大陸政治經
濟、基層政商關係、區域經濟發展、兩岸地方政治等。若有賜教，聯絡方
式如下。通訊地址：台北市文山區萬壽路 64 號、電子郵址：skeng@nccu.
edu.tw，聯絡電話則爲：886-2-8237-7221。

宋學文

美國匹茲堡大學公共與國際事務學院博士，現任國立中正大學政治學
系暨研究所專任教授。曾任亞太公共事務論壇學術諮詢委員，國立中正大
學公共事務管理研究所兼任副教授，中國事務季刊編輯委員會委員。研究
領域爲國際關係理論，兩岸關係與大陸政策，全球化與全球治理，公共政
策與管理，東亞安全，美一中一台三角關係。近 5 年發表在 TSSCI 之期刊
有：「從東帝汶獨立運動探討美國的干預主義」（與黃子哲合撰），《問
題與研究》，第 41 卷第 3 期；「全球化與中共的民族主義：一國兩制的機
會與限制」（與黎寶文合撰），《中國大陸研究》，第 44 卷第 7 期（本書
修訂重刊）；「從全球化探討網際網路時代的政策管理」（與陳鴻基合
撰），《資訊管理學報》，第 8 卷第 2 期；「全球化與全球治理對我國公
共政策研究之影響：並兼論此影響在兩岸關係研究之意涵」，《中國大陸
研究》，第 44 卷第 4 期；「『特殊國與國關係』之決策及其發展：3I 模型
的決策分析」，《中國大陸研究》，第 42 卷第 11 期；「從『美日新合作
防衛指針』與『三不政策』探討台灣對中共之安全策略」，《戰略與國際
研究》，第 1 卷第 4 期；Hseik-wen Soong. "Communcation and Negotiation
and Conflict Resolution in Public Management Development" *The Chinese Public
Administration Review*, Vol. 8, No. 2 (1999 March), p. 21～43；「議題聯結與兩

岸關係之研究」，《問題與研究》，第 37 卷第 2 期。

黎寶文

國立中正大學政治學系研究所碩士，主要研究領域爲國際關係、政治思想等。現以陸軍少尉服役軍中。

徐斯儉

美國紐約哥倫比亞大學政治學博士。政治大學國際關係研究中心第三研究所助理研究員。主要研究領域爲當代中國大陸農村政治、中國大陸中央地方關係、台灣民意與兩岸關係、東亞區域環境與國際合作。

寇健文

美國德克薩斯州大學奧斯汀分校政治學博士，國立政治大學國際關係研究中心第三研究所助理研究員，研究領域爲文武關係、政治繼承、網際網路與政治、中共政治。近三年來發表的論文包括：「共青團幹部與中共政治精英的培養：團中央常委仕途發展分析」，《中國大陸研究》，第 44 卷第 9 期；「中共『幹部年輕化』與政治繼承」，《中國大陸研究》（本書修訂後重刊），第 44 卷第 5 期；「中共對網路資訊傳播的政治控制」，《問題與研究》，第 40 卷第 2 期；"Why the Military Obeys the Party's Orders to Repress Popular Uprisings: The Chinese Military Crackdown of 1989," *Issues & Studies,* vol. 36, no. 6；「現階段中共對臺政策工作的盲點：臺灣民意分析」，《理論與政策》，第 14 卷第 3 期；「政治繼承與共黨國家政權結構穩定性的比較研究」，《問題與研究》第 39 卷第 3 期；「共黨統治下大規模反抗運動的形成與共黨可能採取的預防策略：理論探討」，《問題與研究》，第 38 卷第 12 期。電子郵件信箱：cwkou@nccu.edu.tw。

陶儀芬

2001 年美國紐約哥倫比亞大學政治學博士，目前爲國立政治大學國際關係研究中心第四研究所助理研究員，研究興趣包括中國大陸經濟轉型（特

別是金融體制改革）、東亞發展政治經濟學、兩岸經貿關係以及金融全球化等，著有 Reclaiming the Commanding Heights amid Political Succession: the Political Economy of Financial Reforms in Post-Deng China (Ph.D. dissertation); "The Evolution of Central-Provincial Relations in Post-Mao China, 1978-98," Issues & Studies, Vol. 37, No. 4.

明居正

美國聖母大學政治學博士，現爲台灣大學政治學系教授兼系主任，同時爲中國政治學會理事長。主要研究領域爲國際關係、中共政治發展、中共外交行爲、兩岸關係與台灣的政治發展。

陳一新

英國哥倫比亞大學政治學博士，曾任立法委員 (1996～1999)，現任淡江大學美國研究所教授兼所長。主要研究領域爲「中」台二邊關係、決策過程、美國外交政策、美國政治體系，國際政治經濟學。主要著作包括：「斷交後的中美關係」(台北：五南，1995)、「亞太經合會後布希政府對華政策與兩岸關係發展」(台北：遠景，2001)、「2001 年國際形勢與未來展望」(台北：遠景，2002)、「柯林頓政府台海危機決策制訂過程—個案研究」(遠景季刊，第一卷，第一期)，頁 87～138； "The United States' Post-Cold War Policy toward Two Sides of Taiwan Strait-A Neo-realist Perspective," in Gerrit W. Gong & Bib-jaw Lin eds., *Sino American Relations at a Time of Change* (Washington, D. C.: The Center for Strategic and International Studies, 1994), pp. 67～95; "Breaking the Wall of Separation through Active Participation in International Institutions," *Chinese Political Science Review,* Vol. 22, June 1994, pp. 19～32; "Old Questions and New Problems," in Jaw-Ling Joanne Chang and William W. Boyer, eds., *United States-Taiwan Relations: Twenty Years After the Taiwan Relations Act* (Baltimore: University of Maryland School of Law, 2000), pp. 233～240; "ROC-US Relations: 20 Years after the TRA Enactment," *Tamkang Journal of International Affairs,* Vol. 3, No. 3, Spring 1999, pp.1～30.

施子中

　　政治作戰學校政治研究所碩士，曾任國立海洋學院兼任副教授，國家安全局戰略情報研究處處長，現任台灣綜合研究院戰略與國際研究所副所長。近年來撰有：「美國新政府之全球戰略與亞太安全政策」；「兩岸關係與亞太安全」；「中共推動大國外交與建構夥伴關係之研析」；「中共建構『抗美打（奪）台』戰略之理論與實際」；「中共實施『東海 6 號』演習之評析」；「911 事件對中共推動『上海合作組織』之影響」；「中共 M 族導彈與台海兩岸關係的關聯性」；「共軍探討以『跨越式發展』推動建軍之研析」；「中共新時期軍事戰略之回顧與展望」；「共軍從事信息作戰整備作爲之研析」；「中共跨世紀對台作戰預案之研究」；「中共海軍跨世紀建設與發展戰略之研究」；「中共擴大紀念『抗美援朝』50 周年活動之研析」；「中共對台進行心理戰之研究」；「中共跨世紀對台作戰準備之研究」；「未來中共軍力發展及對台作戰模式」；「從戰略安全觀點看中共之『西部大開發戰略』」；「美『中』撞機事件後交鋒百日之玄機」；「中共當前國際戰略及策略之研析」；「中共情勢與兩岸關係現況分析」；「『911』事件對中共戰略安全—國際環境之影響」等專文。

林若雩

　　國立台灣大學政治學研究所博士 (1995)；曾任中國時報黨政要聞、駐東南亞特派記者 (1989～1994)、美國史丹福大學、伊利諾大學訪問學人 (1998)、北京大學國際關係學院客座講座 (2000)、澳州國立大學亞洲研究中心訪問教授 (2001)、淡江大學東南亞研究所副教授兼所長 (1996～2002)；現任美國布魯金斯研究院 (The Brookings Institution) 訪問學者 (2002～2003)、外交部諮詢委員、僑委會諮詢委員、中華民國海外華人研究學會副理事長。著有「新加坡、台灣、南韓的政治市場與威權轉型之比較」(博士論文，1995)；「東協七國媒體結構與政經結構之關係：南向政策的文化意涵」(中華民國「第五屆傑出新聞人員獎」作品，台北：中華民國新聞評議協會出版，1996)。「東協四國的政經變遷與台商投資策略的調整」(與顏建發、鄧玉英合撰，台北：經濟部工業局，1998)。「從兩岸僑教政策看我國僑教未

來走向」(與朱浤源、夏誠華合撰，刊載於「僑民教育學術論文集」，台北：教育部僑民教育委員會，1999)。「民主在台灣」(與阮銘合著，台北：遠流出版社，2000)。「馬哈迪主政下的馬來西亞：國家與社會關係(1981～2001)」，(台北：韋伯文化、2001)。研究領域包括比較政治、亞太安全、東南亞政經整合研究、民主化與政治發展、海外華人問題研究。

呂郁女

國立政治大學新聞研究所碩士、博士，美國伊利諾大學芝加哥校區傳播學碩士，現任銘傳大學大眾傳播學系教授兼系主任、中華民國新聞評議委員會秘書長、國立台灣大學進修部兼任教授、國立中央大學通識教育中心兼任教授。主要的研究取向為傳播生態及媒體道德規範、中國大陸傳播媒介發展等。著有「衛星時代中國大陸電視產業的發展與挑戰」一書，以及「相牽相繫的無盡：華語電影女性角色的社會閱讀」、「進入中國大陸媒介市場之研究：台灣與香港影視節目為例」、「中國大陸電視媒體網際網路發展之策略與作為」、「台灣網際網路發展的機會與限制」、「自由化生態環境中台灣廣電媒體的發展」、「邁向集團化發展的中國大陸廣電管理制度」、「中國大陸電視媒體網際網路發展之策略與作為」、「從波特道德倫理決策模式看新聞自由與社會責任——白曉燕案新聞處理之探析」、「淨化新聞‧迎向新世紀：電視新聞色情、暴力及血腥新聞內容之研究」、「淨化新聞‧迎新世紀：報紙新聞色情、暴力及血腥新聞內容之研究」等期刊論文數十篇。

彭慧鸞

國立政治大學政治學博士，現任國立政治大學國際關係研究中心第二研究所副研究員，主要研究領域為國際政治經濟、資訊科技政治、東亞地區電信自由化等相關議題。最近 5 年之主要著作包括「資訊科技貿易自由化的國際合作機制：WTO 中的小型多邊主義」，《美歐季刊》1997，春季號，頁 45～62。「日本電信自由化的制度調適之研析」，《問題與研究》(1999/05)，頁 17～33。「韓國電信自由化的政治經濟分析」，《問題與研

究》(2000/01)，頁 15～34。「資訊時代國際關係理論與實務之研究」，《問題與研究》(2000/05)，頁 1～16。「從大陸參與 APEC 電信合作機制探索兩岸行政幕僚合作的空間」刊載於「APEC 與兩岸關係發展之研究」(台北：台灣經濟研究院暨國際關係研究中心，2001 年 8 月)頁 83～112。「電信自由化建制與數位落差的政治經濟分析」，《問題與研究》(2001 年 7/8 月號)，頁 25～40。已執行完成並出版的專題研究計畫，包括「東亞新興工業國家電信自由化的政治因素：一個新制度主義的分析」(國科會 NSC89-2414-H-004-058)，以及正在執行中的「台灣網際網路產業之政治經濟分析」(國科會 NSC90-2414-H-004-012)。

吳介民

美國紐約哥倫比亞大學博士，現任國立清華大學社會研究所助理教授。研究與教學興趣包括政治社會學、社會運動、台灣社會民主化、中國社會經濟變遷。

張亞中

德國漢堡大學哲學暨社會學院哲學博士、政治大學政治學博士，曾任職外交部並駐歐 10 餘年，於大陸委員會任職時參與大陸政策之規劃與政策之撰寫，目前擔任南華大學亞太研究所教授兼所長，政治大學外交研究所兼任教授。研究領域甚廣，包括歐洲、亞太、兩岸、國際法、總體政治經濟學與全球化之議題。目前學術專書已逾 10 本，包括「兩岸主權論」、「兩岸統合論」、「中國大陸與兩岸關係概論」、「德國問題：國際法與憲法的爭議」、「歐洲統合：政府間主義與超國家主義的互動」、「美國的中國政策：圍堵、交往、戰略夥伴」、「亞太綜合安全年報 2001～2002」、「開放政治市場：全球治理台灣」。

鍾從定

美國丹佛大學國際關係博士，現任靜宜大學企業管理學系副教授兼系主任，國際衝突管理學會（International Association for Conflict Management,

IACM）會員及論文審查委員（該學會以研究談判與衝突解決為宗旨）。主要研究與教學領域為談判理論與實務。過去曾對「不對等談判」、「國際多邊談判」、「談判中第三者的角色與功能」、「人質談判的特性、過程、策略與結果」、「談判中的信任問題」、「跨國企業與地主國的談判」等主題進行專題研究。近期發表有關談判的文章為「談判理論與實務：商管學院的談判教學」等。

羅曉南

國立政治大學新聞系學士、東亞研究所博士，著有「毛澤東崇拜」、「當代社會政治理論對話錄」（編譯）、「哈伯瑪斯對歷史唯物論的重建」(巨流)、「當代中國文化轉型與認同」(生智)等書。曾執教於東海大學文學院、政治系所，現任世新大學新聞系教授、通識教育中心主任、共同課程委員會主任委員。近年研究領域包括文化研究、當代政治社會理論及中國研究等。

海外學者

耿慶武

東吳大學商用數學系畢業、經濟研究所肄業，加拿大多倫多大學經濟學碩士、博士。現任多倫多大學管理學院高級管理部學術主任、加拿大中國研究學會會長。曾任多倫多大學管理學院亞太中心主任、維多利亞大學商學院亞太研究部主任、加拿大安省電力局經濟師暨計劃主任、美國電力成本協會經濟委員會主席、加拿大國家統計局電力價格委員會委員。專業領域為國際商務、亞太及中國大陸經濟發展、計量經濟模型與預測、決策理論、核能經濟及電力公司營運管理。著有「中國區域經濟發展」(台北，聯經)，本書榮獲華僑救國聯合總會僑聯文教基金會審定為華文著述獎學術論著社會人文科學類第一名；另著有專書 Forecasting Methodology and Applications 比主編 Canada and Taiwan (ROC)：Evolving Trans-Pacific Relations，以及中英文學術論文 50 餘篇。

大陸學者

楊聖明

漢族，山東金鄉人，1939 年 7 月 13 日生。1957 年 9 月考入南開大學經濟系，學習統計學。1960 年 2 月以優秀學生代表的資格，參加了在北京召開的中華全國學生第十七屆代表大會，受到劉少奇、陳毅、郭沫若等黨和國家領導人的接見。1961 年 9 月畢業後任助教。1963 年 9 月考上中國科學院哲學社會科學部經濟研究所研究生，攻讀國民經濟綜合平衡專業，從師著名經濟學家、國民經濟綜合平衡理論專家楊堅白研究員。1966 年 7 月碩士研究生畢業，留經濟所從事研究工作。

從 1966 年至今的 35 年間，先後在中國社會科學院經濟所、財貿所和研究生院工作，任助理研究員、副研究員、研究員。現任中國社會科學院學術委員會委員兼副秘書長；中國社會科學院對外經貿與國際金融研究中心副主任。曾任中國社會科學院研究生院副院長、中國社會科學院財貿經濟研究所所長、學術委員會主任、黨委書記、《財貿經濟》雜誌主編。主要社會兼職有：中國價格學會常務理事、中國城市金融學會常務理事、中國成本研究學會副會長、中國國際貿易學會理事等。1992 年 10 月獲國務院頒發「政府特殊津貼證書」。1993 年經國務院學位委員會批准，任博士生導師，至今已培養 20 名博士和 2 名博士後。1994 年獲國家人事部頒發「中青年有突出貢獻專家證書」。曾先後訪問過美國、英國、法國、德國、日本、加拿大、澳大利亞、瑞士、新加坡、波蘭、匈牙利、越南等國家的研究機構、政府部門以及高等院校。

作者的主要學術著作有：

「國民經濟有計劃按比例發展規律概論」（與張守一合寫），貴州人民出版社，1980 年；「中國消費結構研究」（專著），中國社會科學出版社，1986 年；「當代中國經濟」（與楊堅白、李學曾合寫），中國社會科學出版社，1987 年；「中國式消費模式選擇」（專著），中國社會科學出

版社，1989 年「中國價格模式轉換的理論與實踐」（副主編），中國社會科學出版社，1990 年；「中國生產資料價格改革」（副主編），經濟科學出版社，1992 年；「價格雙軌制的歷史命運」（與季軍合寫），中國社會科學出版社，1994 年；「九十年代中國市場消費戰略」（主編），北京大學出版社，1994 年；「國內外市場接軌的理論與實務」（主編），中國社會科學出版社，1995 年；「中國特色市場經濟論」（主編），中國社會科學出版社，1996 年；「中國關稅制度改革」（主編），中國社會科學出版社，1997 年；「鄧小平財經思想研究」（主編），經濟管理出版社，1997年；「服務貿易：中國與世界」（主編），民主與建設出版社，1999 年；「中國對外經貿理論前沿」（主編），社會科學文獻出版社，1999年；「全球化與我國外貿體制建設」（主編），江蘇人民出版社，2000 年；「中國經濟開放理論創新」（專著），華文出版社，2001 年；「中國宏觀經濟透析」（專著），中國社會科學出版社，2001 年。

五次榮獲孫冶方經濟科學獎：

1.「消費基金的性質、形成、動態及其內部的比例關係」一文，獲 1984 年度孫冶方經濟科學論文獎；2.「對『六五』時期建設和改革問題的回顧與思考」一文（主要寫作者之一），獲 1986 年度孫冶方經濟科學論文獎；3.「新中國經濟的變遷與分析」一書（主要寫者之一），獲 1992 年度孫冶方經濟科學著作獎；4.「90 年代中國市場消費戰略」一書（主編、主要寫作者之一），獲 1994 年度孫冶方經濟科學著作獎；5.「關於深化城鎮住房制度改革的總體設想」一文（課題主持人、主要寫作者之一），獲 1998 年度孫冶方經濟科學論文獎。

四次榮獲中國社會科學院優秀科研成果獎：

1.「關於我國城鄉居民生活消費結構的若干分析和初步預測」大型研究報告（與李學曾、賀菊煌合寫），獲 1985 年度中國社會科學院優秀研究報告獎；2.「中國價格改革問題研究」大型研究報告（主要寫作者之一），獲 1987 年度中國社會科學院優秀研究成果二等獎；3.「中國式消費模式選擇」（個人專著），1993 年獲中國社會科學院 1977～1991 年優秀科研成果獎；4.「關於治理通貨膨脹的若干對策建議」一文（與張卓元、溫桂芳合寫），

獲中國社會科學院 1994 年度好信息二等獎。

其他獎項主要有：

「中國關稅制度改革」（主編、主要寫作者之一），1997 年度安子介國際貿易研究獎一等獎；「中國價格模式轉換的理論與實踐」（副主編，主要寫作者之一），獲 1998 年度薛暮橋價格研究獎；「外貿中介組織創新」（與趙瑾合寫），獲中國國際貿易學會 1999 年度優秀論文一等獎。

陳　耀

湖南長沙人，經濟學博士，現任中國社會科學院西部發展研究中心副主任兼秘書長，中國區域經濟學會副秘書長，中國社會科學院工業經濟研究所區域經濟研究室副主任、研究員，中國社會科學院研究生院研究生導師。曾赴英國東盎格利亞大學發展研究院做訪問學者一年。長期從事工業經濟和區域發展政策研究。

主持和參與研究的主要課題有：「西部開發過程中體制改革與政策調整」（國家改革基金課題）、「我國西部大開發戰略與政策研究」（中國社科院重大課題）、「西部大開發與東中部協調發展」（中財辦課題）、「煤炭資源型城市產業結構調整研究」（社科院工經所重點課題）、「中國的物流與區域經濟的發展」（日本貿易振興會亞洲研究所研究課題）、「中國華北鄉村水環境專案」（中英合作研究課題）、「大陸工業區域發展結構特徵之研究」（臺灣中華經濟研究院合作課題）、「長江流域產業發展研究」（國家科技攻關課題）等等。並參與了國內許多地區經濟發展戰略規劃的研究和諮詢，完成各類研究報告約 50 多份。

主要國際學術活動：應日本國際協力事業團邀請參加「技術轉讓國際會議（地區開發與政府職能研討會）」，作「中國分權化的背景、現狀及對經濟發展的影響」演講；應邀參加在韓國舉辦的「東北亞經濟發展與合作國際研討會」並做演講。

主要著作有：「國家中西部發展政策研究」（經濟管理出版社）、「西部開發大戰略與新思路」（中共中央黨校出版社）、「未來 50 年中國西部大開發戰略」（北京出版社）、「中國內陸地區的物流與經濟發展」（合

著，經濟管理出版社）、Physical Distribution and Economic Development of Inland China, edited by Yasuo Ouishi and Jin Bei、「跨世紀的中國區域發展」（副主編，經濟管理出版社）、「借路興桂，發展通道經濟」（合著，廣西人民出版社）、「西部經濟崛起之路」（合著，上海遠東出版社）、「21世紀中西部工業發展戰略」（合著，河南人民出版社）、「西部大開發與東中部地區發展」（合著，經濟管理出版社）。已發表中英文論文百餘篇。獲得「中國發展研究獎」（一等獎）、「國家科技進步獎」（三等獎）、以及中國社科院青年優秀科研成果獎等多個獎項。

編者序言

全球化（Globalization），是指一種以世界一家、天涯若比鄰的全球意識爲基礎，以治理人類共同面臨的全球性問題爲目標，以跨國機構爲代理，通過資訊傳導、技術創新、市場擴張、移民流動等機制，以時空壓縮爲特徵，在世界範圍內涉及政治、經濟、文化與社會各領域中所展現的既互助又依賴、既同化又異質、既協調又抗拒的複雜過程；作爲一種可用跨越國界、資本重組、社會轉型等特徵加以描述的大變遷過程，全球化既包含了滿意與不滿意的形式，也激發著推進與抗阻的力量；它既具有普世化的症候，又具有曖昧性的弔軌。基於不同調適和回應能力，全球化是一個非均衡、不對等的演進過程，對發展中國家而言既是機遇也是挑戰，既能獲益也可能受損，從理論與實踐的關聯性而言，全球化既是現實也是神話。

全球化對發展中國家而言，是一場機會與風險並存的世紀賽局，無論喜不喜歡或願不願意，無論已經充分意識或仍然渾沌不覺，個人、族群與國家都已難以孤立反抗或置身事外。對中國而言，鄧小平早已說過，中國的發展離不開世界，世界的發展離不開中國。儘管中國在面對全球化時充滿了困惑、焦慮與兩難，但爭論全球化是否已經真正到來，爭論中國是否應該介入這場利弊兼具的大潮流，已經是無濟於事。中國沒有選擇，必須調整自身，面對世界。

本書編輯的目的，出自於一種對展望性中國研究的推動和對中國未來前途變化的關切。理由很簡單：中國已經崛起。這不僅是居住在台灣的學者與社會大眾所應關切的趨勢，其對兩岸關係，包括對兩岸中國人的生活社區都將產生重大的影響。從全球角度來說，中國未來的發展不容忽視。作爲中國人的民族國家，也作爲世界中的區域大國，中國的一動一靜，都將牽動世局與人心，而快速發展的世界，也正在觀察中國對它的追越和超趕。

本書共分 6 篇 21 章，集合國內學者以及海外和中國大陸學者，分別從

政治、經濟、國際、社會、兩岸、文化六個切面，以較廣泛的維度和篇幅，探討從世紀之交到21世紀以來全球化趨勢與中國發展的互動關係。

本書主編宋國誠的「全球化與中國：機遇、挑戰與調適」一文，旨在討論全球化對中國的衝擊與挑戰，以及中國應有的調適與回應。本文指出，在全球化趨勢下，國家不是弱化，而是轉化與強化，在此意義下，中國需要一個新的主權論與安全觀，通過動態且均衡的評估中國作為「負責任大國」的地位，營建與此地位相對稱的大國形象。而從國家對全球化壓力的主觀回應來說，中國應把調整政府職能、提升國家競爭力視為首要任務。換言之，在全球化背景下的中國政府，不僅要妥善治理本國範圍內的市場失靈，而且要治理世界市場的失靈，提供全球性公共物品，克服全球化的外部性、風險性與破壞性；中國不僅是被動地利用全球化機遇以求發展，更應制定自主性、超趕導向的總體發展戰略，使全球機遇服務並趨動中國自身的發展；另一方面，一味依賴對外開放而沒有內在體制的深刻轉型，中國對全球經濟的接軌就只是一種「泡沫式開放」，在此意義下，中國政府應主動進行制度創新與制度供給，消除導致或引發全球化風險的國內根源，加速市場化、工業化與政治體制改革；中國必須推行綜合多元安全戰略，特別是構建防禦金融衝擊的政策系統與化險機制，維護包括中國在內的區域安全。

宋學文與黎寶文的「全球化與中共民族主義：『一國兩制』的機會與限制」一文，以較大的篇幅，通過全球化與民族主義兩個主軸，以推力和阻力互為弔詭的論述邏輯，分析了「一個中國」原則的可能性。一方面，全球化既對兩岸合作產生推力，但在全球治理和外力介入下，對兩岸作為主權國家進行統合又會產生分離性阻力—這是第一個主軸的內在張力；另一方面，中共欲以民族主義統一台灣，固然具有歷史與文化的正當性，但在理論上又將面臨「無祖國主義」之共產意識形態的矛盾，和全球化主權國家弱化趨勢的消解—這是第二個主軸的內在張力。而這兩個主軸的矛盾與張力，都將以「合成趨勢」的形態，對「一個中國」產生遠比過去更為複雜的影響。至今來看，中共以單一主權國家的民族主義訴求，欲以「一國兩制」約束台灣，但此一訴求將受到全球多元化價值的挑戰，更將因兩

岸分別快速與全球化接軌,而使「一國兩制」理念越來越失去現實操作的
機會性。作者還分析了全球化之下主權國家管理模式的可能演變。隨著國
際典則的構建和全球法制化趨勢的明朗化,國家主權將由對抗階段走向轉
型階段進而過渡至授權階段。而主權形態的演變,預示了中共以民族主義
為工具的「一國兩制」設計,在逆反全球化趨勢情況下已有面臨重新思考
和改旋更張的必要。

　　全球化的來臨意味著中國與世界的關係面臨新的遭遇與調整。中國學
者對此一趨勢的認知與評價,不僅扮演著前沿性與導向性的作用,甚至發
揮啓蒙與教育的作用。徐斯儉的「全球化:中國大陸學者的觀點」一文,
依據 David Held 等人對全球化理論的分類,對中國學者的全球化的觀點作
了條理、分析與比照,有助於讀者理解當前中國大陸對全球化趨勢的認知
圖像。經由對中國學者全球化觀點的分析,作者還提出了「開放式全球轉
化論」的觀點,呼籲兩岸建立一種以「共同體」為模式的新主權架構,為
兩岸關係尋求雙贏的解決之道。

　　國家政治體系的結構與政策,主意依賴「決策者更替」和「政策更替」
兩種機制以解決政治資源的分配問題,而決策者更替——在廣義的動態過程
上稱為「政治繼承」——本身往往就是最大的政策更替機制。在缺乏憲法成
文和制度化規範下,政治繼承問題是觀察中共政治穩定與政策更迭的重要
指標。寇健文的「中共『幹部年輕化』與政治繼承」一文,以具體詳盡的
人事資料,分析中共幹部升遷、晉用與離退情況,說明了源自鄧小平的「幹
部年輕化」原則已成為中共政治繼承(特別是在梯隊接班上)制度化的共
識與規範,但是在涉及高層人事上(特別是國家最高領導人方面),幹部
年輕化還處於模糊化和壓力化的狀態。本文論證了政治繼承規範的運行效
應(包括確定性與不確定性)已經並將繼續影響中國的政治制度化進程和
政權穩定性。本文還是觀察和檢視中共「十六大」以後政治發展的指標性
論文,全文具經驗實證性與邏輯預測性的特色,是一篇分析中共政治權力
轉型的優質論文。

　　人人都說中國加入 WTO 是機遇與挑戰並存,但問題的真實情況可能
是,機遇是長遠的,挑戰是現實的。楊聖明的「加入 WTO 之後的中國經

濟」一文，分別從產業類別和產業內的行業類別，分析了中國加入WTO之後的各種衝擊與挑戰。作者認為，由於中國第一產業（農業）仍然具有西方所沒有的傳統優勢，從進口規模總量來看，對中國的農業基本衝擊不大，但是對中國第二產業的衝擊則不可不慎，作者以中國的汽車行業可能「破產或倒閉」，化工行業「要承認現實，急起直追」，石油行業可能「潰不成軍」，醫藥行業面臨「價格競爭」，信息技術產業「構成巨大挑戰」等等加以形容；至於第三展業，中國儘管開放的承諾比一般開發中國家高，但長期而言將因增強外資投資信心和大量吸引外資進入獲得「利大於弊」的收益，但是由於中國第三產業比重僅占GDP的33.2%，與西方發達國家比較根本不成比例，加入WTO之後，對中國第三產業的衝擊將非常激烈地集中於金融、保險和電訊等行業。在論述各種衝擊之後，作者還分別對第一、第二、第三產業提出具體的的因應對策，既能切中時弊，亦是務實可行。作者是當代中國資深經濟學家，曾以高達5次之多獲得中國經濟學界最高榮譽的「孫冶方經濟科學獎」，以4次之多獲得中國社會科學院優秀科研成果獎及其他相關獎項，並曾分別獲國務院頒發享有政府特殊津貼和獲國家人事部頒發具有突出貢獻之知名專家。

　　被譽為中國世紀工程的「西部大開發」在本世紀開年，已在中國西部地區隆隆啓動（參見本叢書（卷一）：西部大開發）。西部大開發不僅是解決中國東西部發展差距的必要之舉，更是中國走向強國富民的必經之路。陳耀的「西部大開發與中國區域經濟：兼論全球化與區域發展」一文，說明了西部大開發戰略出台的經過，其在國家總體發展上的重大效益。全文最具價值的是，作者提出西部大開發全新的思路、辦法和機制，從開發目標、策略佈局、制度創新、法律保障等等，分析了整個西部開發所需要的完整性和持續性。作者指出，所謂思路，關鍵是要明確大開發的目標和開發主體；所謂辦法，主要是解決大開發的物件、佈局和援助策略問題；所謂機制，重點是要尋求大開發的制度與法律保障。作者對西部開發採取高度樂觀的看法，但也憂心可能出現「中部塌陷」的問題。作者也分析了全球化對中國區域經濟發展的利與弊，對中國有可能成為繼戰後日本一樣成為「世界工廠」保持信心與期望。作者具經濟學理論素養，又參與區域經

濟實務與政策之研究，是中國當前傑出的區域經濟問題專家。本文是瞭解中國西部未來發展的必讀論文。

在全球金融自由化風潮中，特別是 1994～1995 年墨西哥匹索危機和1997～1998 年東亞金融危機之後，錯誤的資本放寬順序和過早的市場開放，被視爲金融自由化的最大風險甚至是爆發金融危機的主要因素。陶儀芬的「全球化與中國的金融改革」一文，以作者所稱「保護主義式的金融開放」爲視角，分析了中國金融自由化的「中國特色」，也就是由於較低的外資依存度和較高的國內儲蓄，使中國有條件、有空間採取「漸進式」的開放步調，並使中國在金融風暴中受到較小的危害。作者還分析了中國加入WTO 之後所面臨的金融挑戰：人民幣自由兌換問題、金融機構競爭力問題、可能引發的銀行支付能力危機、金融當局監管能力問題。而中國金融改革要獲得成功的關鍵在於：建立真正以市場爲導向的金融市場制度。

國家外交戰略的形成與它對國際環境與情勢的認知密切相關，國家的外交作爲則是對這種認知所採取的回應與對策。明居正的「面向 21 世紀的中共外交戰略：認知與對策」一文，以較大的篇幅分析了中共國際認知的變遷和修正。本文依據中共自身的意識形態與對他國戰略意圖的判斷，分析了自毛澤東「向蘇聯一面倒」的「備戰型」的意識形態外交，到鄧小平時代「共處型」的務實外交，再到「911」事件以後中美戰略關係的可能演變。本文橫跨冷戰時代到後冷戰時代，再到當前「反恐佈主義」時代的新國際情勢，對中共外交政策的演變，從誤判、失敗、反思、調整到今日的全球大國外交，作了全面的檢視與評估。

至今看來，美國布希政府的中國與台灣政策要比柯林頓時代更明確和篤定。在扭轉了柯林頓「捧中輕日」的政策之後，布希將其中國政策由「戰略夥伴」調整爲非敵亦非友的「競爭對手」關係，並對兩岸雙方釋出：「台灣獨立，美不馳援，中共犯台，美不坐視」的明確訊息。陳一新的「911 以後中美關係的趨勢與展望」一文，首先分析了布希主政下的美國全球新戰略，這個新戰略是由「重歐輕亞」轉向「重亞輕歐」再微調至既重歐但又偏亞的政策，其中又以「反恐怖主義」爲外交實務推展上的重中之重。本文還分析了 911 以後美國以「片面爲體，多邊爲用」的「伐交」策略，多

邊籌組反恐怖聯盟的過程。作者指出，反恐戰略雖然提供了中美修補雙邊關係的「機會之窗」，但隨著美國外交重心移向亞洲，特別是美國為鞏固亞洲區域反恐連線而在亞洲長駐美軍勢力，以及美國基於反恐需要加強與亞洲盟邦的軍事合作而刺激中共，這都將使中美之間的潛在衝突隨之升高。本文還提出8個可能趨勢，分析了中美雙方「既合作又鬥爭」的複雜關係，是911以來分析中美關係發展的最佳論文之一。

　　自蘇聯解體之後，中國地緣戰略態勢發生了轉變，在遭受美國「沙漠風暴」電子化科技作戰型態的衝擊之後，中共的軍事戰略構思也進一步轉型和調整，從「積極防禦」進展至「打贏高科技條件下局部戰爭」的形態，在地緣戰略上則從「三北」轉向「三南」。具有多年軍事與戰略情報經驗的施子中將軍，以「中共新世紀軍事戰略」一文，分析了中共軍事戰略的計劃、實施、佈局、轉向以及軍隊建設等過程。儘管公元2000年中國國防安全白皮書顯示中國國家安全思維，仍然以廣義安全戰略上制止大規模戰爭發生為主調，但作者指出了隨著對美「反霸戰略」和對台「防獨戰略」的形成，中國不僅把美國視為世紀假想敵，具有對美不惜進行一場「反主權干涉」戰爭的意圖與決心，中國更加強了對台灣的軍事佈署與威嚇程度，僅從中共在台灣當面佈署之東風15型（M9）導彈數量已達300枚來看，兩岸敵對狀態實質上還處於外弛內張的態勢，讀者在閱讀本文時應該注意中國所謂「三個如果」的政治意涵。作者還對中共解放軍新世紀「跨越式」發展的內容提出分析，指出中共的軍隊在21世紀已開始全面轉型，雖然初期還主要停留在探索新思路和構思新作法的階段，但可以確定，中國解放軍已逐漸走向「科技強軍」和「知識戰爭」的新時代。

　　20世紀末期的一場金融風暴，使亞洲各國興起了內部團結和加強合作以自保的危機感，在此危機意識下，東協國家乃紛紛提出試圖擴大其內部成員的構想，例如「大東協」（ASEAN Grand － 10）、「東協加三」（ASEAN ＋ 3）、「東協加一」（ASEAN ＋ 1），以及一再提前準備於2002年成立的「東協自由貿易區」（AFTA）。林若雩的「由競爭走向整合：21世紀中國與東協的安全關係」一文，除了回顧中國與東協國家的歷史關係，也分析了亞洲區域整合構想的形成與可能影響。「東協加一」，

即所謂「中國—東協自由貿易區」，首先由中國總理朱鎔基於 2000 年 11 月時提出，以東協國家已有的基礎，加上中國這未來世界第二大經濟體，將在可預見的未來，形成一個與北美、歐盟鼎足而立的區域經濟體。未來，中國與東協的生產關係，將由早期的競爭關係轉變為垂直分工、互相輔助、互相合作的關係。然而，這些趨勢還可能只是潛在和預期中的利益，預計於 2010 年成立的「中國—東協自由貿易區」，至今可能還不被看好。

自麥克·魯漢（M. McLuhan）於 1960 年代提出「地球村」概念以來，地理距離的縮短、空間的壓縮和資訊的跨國流動，就被視為全球化趨勢最鮮明而活躍的特徵，這說明了「傳播全球化」不僅與「全球化」同時俱進，也表現「解除管制」、「融合」和「聚合」三大特徵。呂郁女的「資訊化社會的機會與限制：中國大陸電視媒介的挑戰與作為」一文，以傳播全球化為基本背景，敘述了中共在加入 WTO 之前既採取排外性與防制性的管制措施，也採取國家壟斷性和指導性的影視集團化發展，表現了既欲吸引外資進入中國，又在資本構成和資訊內容上戒慎防範的狀態。加入 WTO 之後，中國在市場承諾的壓力下採取「有進有退」的策略和具體的立法、修法程序，開始面對國際資本與跨國媒體的競爭，形成了國際媒體資本和中國官方對中國大陸資訊市場的爭奪，突顯出國家與市場在文化主控和市場利潤上的角力和拉鋸。作者的結論否定全球化理論中關於「國家弱化」的假設，指出任何國家在全球化趨勢下，傳播事業上的「保護主義」政策依然強勢，主權國家無不盡力扶持本國的電視事業，但是隨著全球化趨勢的普及和深入，中國大陸漸次走向開放式資訊社會仍然是未來的基本走向。

發展落差與數位落差，是中國面對全球競爭下發展資訊產業的兩大難題，而入世之後，中國又將面臨國際強勢資訊企業攻城略地式的挑戰。彭慧鸞的「21 世紀中國大陸資訊化發展的全球化接軌」一文，以詳盡的統計數據，回顧了中國電信自由化的發展與改革歷程，這實際上也是在分析中國資訊化社會的形成和面臨的難題，例如資訊基礎建設和電信制度改革的「速差」，網際網路數位資源分配的「落差」。作者以「全球化接軌」為視角，探討 21 世紀中國資訊發展的基本策略。面對全球化的衝擊，中國資訊產業將面臨核心技術短缺、外部競爭、知識產權市場淪為外國大公司壟

斷、電子商務法規不足、以及一種在「信息殖民論」誤導下國家政治力過度干預等等問題。作者結論是，在既是挑戰又是機遇的條件下，如何在現有制度架構中輸入並融入全球化的制度規範，如何「順勢而上」而不是「逆勢而為」，將是中國資訊產業面向世界的關鍵，也將考驗中國領導人的決策能力與智慧。

中國經濟改革的成功肇始於地方經濟，學者們探索中國經濟起飛的動力與成因，亦多集中於地方鄉鎮企業。作為市場經濟的起因和動力，作為國家與社會的各類辯證關係的交接地帶，地方政府與企業之間關係是觀察「市場化轉型」的最主要焦點。耿曙的「邁向市場轉型的中國地方政企關係」一文，以精英訪談方式，依據山東省濟南市北園鎮的田野調查資料，分析了市場化進展與地方政企關係的轉化趨勢。作者提出了「創造轉化」的觀點，一方面修正了「市場同化論」和「新傳統主義」的片面化假設，指出了市場轉型中的政企關係呈現多樣化、複雜化的樣態，既未如市場同化論者對市場轉型趨力的過度強調，亦不如新傳統主義對「等級依賴關係」的固念。作者還依據國家介入、市場競爭相互間「依賴—排斥」的光譜辯證關係，分析了企業不同的生存策略，說明了「市場化」確實構成了地方政企關係中的主變項，而地方政府的角色既非百害，亦非萬利，往往依據企業的市場成敗或策略運用而形成利弊兼具的機動角色。作者結論指出，中國特色經濟改革的成功就在於政府與市場既非互斥亦非同謀，而是相互創造，共存共榮，亦即國家、市場、企業之間的創造性轉化。本文勝於一般靜態文獻研究，方法嚴謹，推論細膩，研究所得亦具創建性。

隨著改革開放的深入、外資內資湧入以及跨國資本進入中國、「毛主義」社會形態瓦解，傳統中國農村社會面臨巨大轉型，新形式的剝削階級代之而起，並牽連著中國農村社會結構的變化和重組。吳介民的「壓榨人性空間：身份差序與中國式多重剝削」一文，以「中國式多重剝削」為架構，分析了中國農村社會基於身份差序所形成的公民權的不平等，建立了「城市 vs 鄉村」、「幹部 vs 農民」、「在地 vs 外來」三層明顯的剝削結構。文中描述了一個由外商、幹部、各級政府官員所組成的「新剝削集團」，如何巧奪農民的集體資產，而所謂市場經濟則諷刺性的成了這個「官

僚幹部資本主義」的有力推手。本文的價值在於，通過田野研究，作者發掘出一個集混合了政治特權、宗族勢力、市場掮客於一體的「身分資本家」階層，一個坐收租金的新剝削階級，並對處於這一剝削結構最底層的「民工」處境，作了最貼近和寫實的描繪。

如何在台海兩岸之間化解「一個中國」原則的分歧性僵持，為兩岸關係尋求雙方均可接受（或均不互斥）的雙贏之道，一直是海內外學者共同關切和撰文建言的重大課題。耿慶武的「『一個中國』兩難的『雙贏』解決方案」一文，以管理科學為基礎，以「策略規劃模型」（Strategic Planning Model）為架構，提出「一個中國願景」的策略規劃，為目前處於「奈須均衡（僵局）」狀態下的兩岸關係，提出深具創意和縝密的化解之道。「願景」，意味著一個終極目標的追求。對一個願景的追求，可以經由一種開放式的漸進性努力，以最低風險達到最高價值的實現，因而，這種過程的追求必然是和平的，結果也必然是雙贏的。作者還提出三階段兩岸經濟整合構想：「中華國協」－非政府性的文經交流階段；「中華自由貿易區」－自由貿易區、關稅同盟與共同市場階段；「中華聯盟」－貨幣與經濟政策同盟階段，而兩岸可在這三階段整合完成之後，決定是否或如何進行政治上的統一。本文展現了一位經濟學家對複雜又棘手的政治難題，所作的既具組織化和理性化，既具操作性又具人文關懷的創見，是近年來難得一見的優質論文。

兩岸在爭奪「中國正統」名義上的僵持狀態，已超過半個世紀，如果悲觀一點看，統、獨二元思考似乎繼續將兩岸關係的基本困境帶入 21 世紀。張亞中的「第三主體：兩岸基本政策之連結」一文，試圖超越「摩尼二元論」（Manichean）的對立思考，以具創意性的「第三主體—兩岸共同體」的雙重思維，取代僅僅是「同意歧異」（agree to disagree）的「一個中國、各自表述」的單向思維，在「統」、「獨」、「維持現狀」之外找出第四種可能。作者指出兩岸的困境在於，如果大陸不能在台灣的主體性上做適當的滿足，很難消除台灣本土力量對大陸動機的疑懼，而台灣如果不能在「整個中國」立場上做出承諾，大陸方面也不會善罷干休。為了解決此一問題，作者通過與「舊三句」和錢其琛「新三句」的比較，提出一個

兩岸雙方都可以接受的關於「中國歸屬—誰的中國」的新表述方式，而這種新表述方式，一方面台灣必須做出永久不分裂「整個中國」的承諾，而中國大陸則必須對台灣做出平等但不對稱的「非外國的國家承認」。作者主張，兩岸應簽署「兩岸基礎條例」，使「第三主體—兩岸共同體」既能在中國「內部事務」中操作，也可以解決目前兩岸在國際上「零和—殊死」式的鬥爭。作者結論出，擺脫兩岸「主權排他性」的平面零和思考，改以「主權共有性」的垂直共有思維，視「整個中國」爲兩岸「第三主體」，並賦予法律人格，並使其在兩岸與國際間享有國際人格，並逐漸以統合方式接收兩岸各自主體所轉移的主權權力，在和平的過程中完成其最後目標。作者關於「兩岸統合論」的基本觀點，曾獲陳水扁總統和中研院李遠哲院長的重視，亦深值海峽對岸高層決策者參考。

　　從台灣、中國大陸與美國的「三邊最大利益」來看，談判—非武力的和平解決衝突—是未來兩岸關係上最重要和最理性的安排。鍾從定的「分配或整和？兩岸政治談判的分析」一文，首先回顧了兩岸初始接觸的過程，肯定「兩會」（台灣海基會與大陸海協會）的代理談判是一種充滿創意的模式，說明了兩岸接觸的頻率與兩岸關係的和睦程度呈現「正相關」，然而此一創造性設計卻因李登輝的美國康乃爾之行而宣告瓦解。本文依據並綜合各家談判理論，提出現實型、輸贏式的「分配型談判」和理想型、雙贏式的「整合型談判」兩種分析模式，分析了兩岸當前所面臨的談判障礙及其特性，比較了事務性談判與政治性談判的不同，並將當前兩岸政治談判的屬性定位於「分配型談判」。現任「國際衝突管理學會」（IACM）會員的作者指出，兩岸事務性協商機制是一種對原本必然涉及政治議題之政治談判的技術性閃躲，對台灣方面而言，兩岸談判最困難的部分不在於與中共的折衝，而是如何應付國內各種利益團體、官僚體系、相互競爭的政治人物，以及歷史長期積累的「殘餘心理障礙」。作者還提出化解兩岸政治談判的方法，包括建立「架構—細節」—（創造性模糊）—的談判模式；另闢或建立多邊談判架構，如在 WTO 架構下以「會員對會員」方式進行「多邊—結盟」談判等等。本文不僅內容詳實嚴謹，亦深具國家決策參考價值，因爲正如作者質疑，兩岸可不可能「永不談判」？兩岸是否永遠不

須爲「永不談判」付出成本與代價？

　　面對21世紀知識經濟和全球英語化的挑戰，英語人才和人力資源的培育，已成爲提升國家競爭力的基礎性指標。王瑞琦的「從全球化看21世紀兩岸英語人才開發策略」一文，分析了大陸方面英語人才培育由衰轉盛，台灣英語人才培育卻由盛轉衰的過程。作者分別比較了兩岸從中小學到大學的英語教育狀況，台灣在師資上表現出「小時了了」的優勢，但是到了大學階段便出現「大未必佳」的態勢。而在民間英語學習方面，兩岸更出現「此消彼長」的趨勢。加入WTO之後，無論在英語教育的推廣、延攬海外人才和招收外國留學生方面，台灣較之大陸亦相對遜色。所謂一葉知秋，從本文可以看出，台灣由於黨爭不止，兩岸關係定位不明，加上本土化、去中國化等意識形態爭執吵鬧不休，中國大陸在全球化潮流中急起直追，台灣卻逐漸邊緣化和下坡化。

　　1980年代至1990年代，中國文化知識界處於較之於「五四」更爲複雜和交錯的文化震盪期，各種不同思潮，無論是批判的或繼承的、無論是源自中國本土的或是借自西方的、無論是新的或是舊的、無論是激進的或是保守的，乃至於無論是「新的」或「後新的」、「現代的」或「後現代的」，都集聚充塞於中國思想界，形成一種百家爭鳴和硝煙四起的論爭時代。思想形態的雜陳伴隨著中國知識分子身份認同與價值取捨的焦慮，展現了一幅眾聲喧嘩、互不認輸的文化論戰圖像。羅曉南的「中國『反西化思潮』與『後學』論爭」一文，以交叉批判和後設反思的途徑，努力耙梳這場文化論戰的脈理和焦聚，也爲這場文化盛事提供了既是局外也在局內的反思性注解。本文除了條理了參與論戰各派的基本觀點和論述位置，並以全局性觀照角度闡釋了幾個濃縮性的爭議話題，鋪陳各派「矛盾互見」的景像，最後則歸結於中國知識份子理應正視自身文化認同的困境，不可輕言放棄「文以載道」的傳統使命，期待以此作爲中國知識分子超越性反思之後的再出發。

　　本書最後一篇論文是主編宋國誠的「後殖民理論在中國：理論旅行及其中國語境化」。本文運用薩依德（Edward Said）的理論旅行概念，探討後殖民理論在中國的傳播及其變型。後殖民理論在中國的旅行大約經歷10

年，隨著後殖民理論的入境隨俗，也就是「中國語境化」之後，「中國式後殖民理論」已泰半失去其原有的激進風格和批判意識。加上中國知識份子對西方理論「中國特色化」的選取角度，再加上中國知識份子「政治正確」的閱讀行為（這種行為既涉及中國學人對後殖民理論「一鱗半爪」的印象閱讀法，也涉及一種長居馬克思主義社會下對官方話語的自我警覺性），後殖民理論一則成為中國介入國際對話的工具性策略，一種與官方話語平行運軌的文化策略（這容易導致對內部殖民話語的無所警覺），一則成為推進知識份子重返精神家園的返祖方案，一種安全無虞的自我慰藉（這容易滋養暴力型的民族主義）。遺憾的是，後殖民理論對中國文化「自我解殖」的參照意義，對當今中國文化重建的積極意義，還未能充分展現。

本書得以編輯成書，要感謝國內、海外和大陸方面中國研究領域內的學者惠賜宏文專論，也要感謝政治大學國際研究中心主任何思因博士的支持與鼓勵。本書可能的疏漏與缺失，應由本書編者負起全責，並期待學術界各方先進的批評與指正。

宋國誠　謹序

目　錄

第一篇

全球化、國家與政治繼承

全球化與中國：機遇、挑戰與調適

宋　國　誠

國立政治大學國際關係研究中心第四研究所研究員
國立政治大學民族學系教授

摘　要

　　全球化對中國的發展而言是一個機遇與挑戰並存、風險與利益交織的過程，在此過程中，中國處於新的戰略轉折點，其重要性不僅尤如中國的第三次開國（相對於 1949 年建國，1978 年改革開放），中國現代化的成敗亦取決於中國對全球化風險的體認與回應。全球化風險不僅來自於外在衝擊，亦產生於中國內部的積弊，而中國對全球化挑戰的回應，也必須從深化內部改革中找尋出路。

　　本文從全球化基本概念出發，對全球化進行冷思考。主要觀點是，中國必須從當今非均衡、不對等的全球化趨勢中，尋找「相對利益」的基點。在挑戰全球「國家弱化」的情勢下，應是加強國家的調適力與競爭力，而不是國家在宏觀職能上的退卻。而構築防禦外部風險的經濟安全機制，推動以提升國家競爭力為目標的體制改革，是中國面對全球化風險的兩大戰略對策。

關鍵詞：全球化、全球治理、經濟一體化、主權國家、外資、經濟安全

＊　　　　　＊　　　　　＊

壹、前　言

　　20 世紀 80 年代以來，「全球化」（Globalization）作爲一種意義重大的概念和術語開始流行起來，作爲描述人類歷史一種多層次、複雜化的社會經濟現

象，描述資本、技術、勞動、商品、信息在全球範圍內快速流動的一般趨勢，
描述不同區域文化在世界範圍內的相互滲透、混揉和激盪的情境，「全球化」
已成為哲學家、政治經濟學家、文化理論家、政治領袖與外交官，乃至廣泛之
學術論壇上爭論的核心議題，並在現實上成為一種不可阻擋的生活潮流。中國
處於世界之中，全球化給中國帶來發展的歷史機遇，但也對中國作為一個發展
中國家提出嚴肅的挑戰，但更為重要的是，中國如何在全球化趨勢下進行回應
與調適，並在全球化進程中建立自身發展的策略與道路，這不僅攸關中國現代
化的歷史進程，也關係到中國民族的生存。

在本文中，全球化被描述為一種以世界一家、天涯若比鄰的全球意識為基
礎，以治理人類共同面臨的全球性問題為目標，以跨國機構為代理，通過資訊
傳導、技術創新、市場擴張、移民流動等機制，以時空壓縮為特徵，在世界範
圍內涉及政治、經濟、文化與社會各領域中所展現的既互助又依賴、既同化又
異質、既協調又抗拒的複雜過程；作為一種可用跨越國界、資本重組、社會轉
型等特徵加以描述的「大變遷」過程，全球化既包含了滿意與不滿意的形式，
也激發著推進與抗阻的力量；基於不同調適和回應能力，全球化是一個非均
衡、不對等的演進過程，對發展中國家而言既是機遇也是挑戰，既能獲益也可
能受損，從理論與實踐的關聯性而言，全球化既是神話也是現實。

至今，有關全球化討論有如汗牛充棟，中國對全球化議題的討論也相當熱
烈。本文討論 21 世紀初始進程中全球化與中國的綜合性關係，即中國處理全
球化趨勢中「機遇─挑戰─回應」的過程。這一過程應該被描述為一種「轉變
與學習」的適應，即全球趨勢在轉變，中國則在轉變中學習與適應。中國能否
適應全球化挑戰並在挑戰中成長與鞏固 (主要集中於政治經濟領域加以探討)，
取決於中國能否掌握歷史機遇並認清此一機遇的限度，同樣的，中國要能不在全
球化浪潮下倒下，取決於是否提出正確的回應策略以化解全球化的風險與危機。

貳、全球化「囈語」

當人們鍵入 global 此一關鍵詞於─作為全球化現象的主要標記 e-business
的網路書店-www.amazon.com 時，將會出現 20564 筆結果(截至公元 2002 年 3 月)。

對於一個中等受薪階級的人來說可能要花上 10 年以上的薪資才可能購入這些書籍，並且可能要花上 10 年的時間才能將這些書籍閱讀完畢，而當人們讀完了這些書籍並瞭解了全球化是怎麼一回事時，全球化可能已經宣告「終結」。這意味著全球化究竟可理解抑或不可理解？然而，這種疑惑又正是全球化事實所帶來的結果，也就是通過網路書店我們知道了有 10 年都讀不完的 20564 本討論全球化的書籍(全球化症候)，它同時又意味著人們總是以日常而親身的方式體驗著一種不太理解但又真實歷歷的全球化經驗 (全球化弔詭)。

　　要給出關於「全球化」一個貼切而嚴謹的定義或描述並不容易，這首先涉及到我們使用什麼概念和話語來描述一個已經覆天蓋地的全球化語境。解構學派後殖民理論家 Gayatri Spivak 指出，人文論述 (human discourse) 通常是由三個相互轉換的概念所構成：語言、世界、意識。我們所知道的世界無一不是作為語言而組成的世界 (We know no world that is not organized as language)，這意味著不是用語言組成的就不是我們所能認識的世界，而我們所運用的意識也無一不是像語言一樣構成的 (We operate with no other consciousness but one structured as a language，這又意味著不能像語言那樣結構化的意識是我們無法操作的。然而人們又不能自外於語言並「占有」語言，因為人們同樣被那些語言所操縱。因而，即便語言本身是由世界和意識所決定的，語言的範疇卻也包含著世界和意識的範疇①。Spivak 的觀點說明了在我們所擁有的語言系統和變遷的世界之間，存在著相互交織的、互為解構的關係，也就是，我們總是使用自身被支配於其中的語言來試圖理解這個語言構成的世界，那麼與其說世界被吾人所理解而被支配，不如說吾人因為被支配而有所理解。

　　西方現代主義與全球化理論家 Martin Albrow 也指出，在我們用以理解當代世界的「現代性語言」(language of modernity) 和我們所體驗的這個劇烈變化中的世界之間，存在著深刻的矛盾，Albrow 因此質疑將全球化視為一種「現代—後現代—全球化」的單線歷史延續的觀點，因為用現代性的眼光來理解全球化世界，不過是將一切新生事務同質化於舊有的理解框架，其結果往往傾向於用一種熟悉的框架來對應瞬息萬變的全球世界，例如把它理解為世界政府的實現②，一種新的世界秩序，一種全球性文化③，一種「晚期現代性」等等。Albrow 也質疑一種以「終結」為聳人聽聞的口號進而暗示某種歷史承諾的千

囂主義，其結果不過是提供一些安慰或者不知能否實現的烏托邦④。因此，若
不能首先對「全球化話語」作出介入性清算，就會形成「到底有沒有全球
化」、「全球化到底是早已發生還是最近的事」、「全球化到底是新瓶還是舊
酒」這樣的爭論，形成一種令人暈眩的「全球化囈語」（global babble）。Albrow
的觀點顯示出，世界的變革往往超出吾人理解此一世界所持有之方式的變革。
這種對「可理解性」的追求，既需要吾人不斷自我變革理解世界的方式，同時
也經常使吾人對一貫深信的、舊有的理解方式感到尷尬。

　　於是，有沒有必要或有沒有可能去建構一個規範化的全球化概念？對全球
化採取「熱鼓噪」或「冷思考」是不是將得出截然不同的結論？在宣揚「全球
性」、「一體化」、「趨同化」的同時，是否考慮到全球化對不同地區和國家
不同的衝擊和不同的回應？實際上，「全球化」一語的使用已經全球化。「全
球化」一詞已成爲一種象徵或標籤，當人們質疑、批評或反對全球化時，往往
就被視爲落伍或頑固進而被邊緣化，這意味著在全球化辭彙的背後存在著全球
知識生產與流通的權力操縱機制，從而使全球化理論晉身於一種霸權話語
（hegemonic duscourse）。

　　然而，現實的發展不等待人們思維的跟進，全球化的強勁動力迫使人們必
須首先繞過這些存疑。

　　John Baylis 和 Steve Smith 在其所編的「世界政治的全球化」（The Globali-
zation of World Politics)教科書中，列舉了 7 個全球化的主要定義和 32 個全球
化歷史的主要事件，其中包括了自由經濟主義學派、現實主義學派、理想主義
學派、第三世界學派等不同的觀點。在這些學派中，代表自由經濟主義的加拿
大學者Robert Cox 將全球化描述爲一種進程加速的競爭環境，這些進程包括生
產的國際化、新的勞動分工、由南方到北方的移民、使國家成爲全球化代理機
構的國家的國際化 (internationalizing of the state) 等等；代表現實主義學派的
Anthony Giddens 則將全球化視爲世界範圍內社會關係的密切化；代表理想主
義的 Martin Albrow 則將全球化視爲把世界人民匯入一個『全球社會』（global
society） 的過程；代表第三世界學派的 Martin Khor、Paul Hirst 和 Grahame
Thompsom 則把全球化視爲『新帝國主義』，是現代資本主義對第三世界國家
進行殖民剝削的新形式，對第三世界國家而言，全球化不過是進行了幾個世紀

的殖民化 (colonization) 的再延續⑤。

從不同的學科視野來看，對全球化最早和最廣泛的討論出現在經濟學界。早先，全球化是以「經濟一體化」或「經濟整合」(Economic integration) 一詞而出現的。1951 年荷蘭經濟學家 Jan Tinbergen 在其「論經濟政策」一書中提出了此一概念，而後又在「國際經濟一體化」(Internation Economic Integration) 一書中系統地解釋了世界經濟一體化的現象。經濟一體化意味著掃除阻礙經濟最有效運行的一切人為因素，通過相互協調與統一，創造最適宜的國際經濟結構⑥。換言之，全球化一開始就是以掃除市場障礙為其理論前導，目的在創造商品和生產要素不受政府限制的自由流動。進一步的情況是，經濟一體化的發展促成了跨國公司的迅速擴張，使全球經濟聯繫的密切程度急速增長，跨國公司的分支機構及其活動，形成了國際交叉，組成了全球性的市場經濟網絡。商品在穿越國家和地區政治邊界的經濟活動中快速的流動，國家與國家的相互依存關係也不斷的增加⑦，尤其是，跨國公司的資產往往超過一個民族國家的國民生產總值，例如通用汽車公司的預算 (1320 億美元) 超過了印尼的國民生產總值，福特汽車公司 (1003 億美元) 超過了土耳其的國民生產總值，雀巢公司超出了埃及的國民生產總值等等。

從市場的世界化 (universalization of market) 擴張和全球資本的一體化 (global integration of capital)，最能看出全球化的深層意義。過去，民族國家是市場主要的參與者 (player)，如今，當金融市場占支配地位，銀行控制了逐漸與實物經濟脫離的金融領域時，市場的主要參與者變成了支配投資與貿易的跨國公司；幾十年前，民族國家還是管理國民生產體系天然的政治和社會組織形式，資本競爭主要在民族國家之間進行，資本主義制度的主要特點是區域性的，並且從屬於某一工業國家，如今，資本出現了「去領土化」(deterritoriali-zation) 的特徵，「地域空間」(space of place) 被「流動空間」(space of flux) 所取代，地域正被網絡所取代，而網絡不再對應於特定的地域，而是納入了世界市場內，並且不受任何國家的限制。換言之，政治空間與經濟空間歷史上的第一次分離可以說是全球化最深刻的特徵⑧。

在政治和國際關係領域中，自從美國哈佛大學教授 Robert, O. Keohane 和 Joseph S. Nye 提出「相互依存」(interdependence) 概念以來，此一概念就逐漸

取代「主權」概念並影響的國際政治的研究方法⑨。Robert L. Pfalezgraff Jr. 和 James E. Dougherty 就指出，相互依存作爲描述全球關係的基本特點，意味著一個真正的全球性體系在歷史上出現，它要求人們採用「地球中心」的方法而不是「民族中心」的方法」⑩。在此同時，全球化也對「民族國家是最好的政治共同體」這樣一個現代性的正統概念提出了挑戰。

從文化角度來看，早先以加拿大學者 Marshall McLuhan 的「地球村」爲前導，將全球化視爲一種「國際文化」或「全球文明」形成的過程。美國匹茲堡大學教授 Roland Robertson 進一步延伸，指出「全球化既是一種「壓縮」(compression)，又是指對世界作爲一種整體意識的增強」⑪。全球文化論述是文化多元主義的進一步延伸，它既包括特殊性的普遍化，也包括普遍性的特殊化，既包含同一性也包括異質性，它強調的是多元文化在世界範圍內「動態融合」的過程，儘管這是一種對立的、互不協調的過程⑫。

Robertson 反對 Giddens 將全球化看成現代性的一個必然結果，這反映出他對西方中心論的全球化概念有著很強的反省意識。他認爲全球化的「總過程」早在兩千多年前世界宗教興起時即已開始，因此，全球化不僅是經濟的一體化或社會的同質化，而且是一種整體與局部、世界與地方交織而成的多元系統，它具有四個基本參照點：民族社會、個人自我、社會的世界體系、人類。Robertson 十分強調作爲「文化研究」的全球化課題，它不是一種簡單的經濟現象，而是一個需要跨學科與多維化方法來對待的問題⑬。

從社會和歷史學角度來說，英國社會學家 Anthnoy Giddens 和 David Harvey 從制度轉型 (institutional transformation) 視角把全球化看作是現代性制度向全球的擴展，這種擴展是一種「時空延伸」、「地域變革」、「現代制度轉型」、「在場與缺席」交纏一起的複雜過程。David Harvey 特別強調時空收縮的「加速」和「加強」，在技術和經濟變革的壓力下，空間和時間不斷的縮陷，就像氣球被刺破一樣。在 Giddens 看來，全球化是一個世界性社會關係逐漸強化的過程，它使「此地」和「彼方」連接起來並互爲影響。全球化指涉了一種在場 (present) 與缺席 (absence) 的交叉，相距遙遠的社會事件和社會關係與本土的具體環境密切交織，而且本地環境對人民生活的約束明顯下降⑭。

David Held 等人則以類型學方式將全球化理論分爲「極端主義者」(hyper-

globalizers)、「懷疑論者」(sceptics)、「轉化論者」(transformationalists) 三種
主要類型。極端論者以「市場自由主義」和「跨國論」為依據,認為在當今全
球時代中,傳統民族國家已經成了全球經濟中不協調的、難以為繼的活動單
位,經濟全球化將藉著建立生產、貿易與金融的跨國網絡實現經濟的「去國家
化」(denationalization),在這種「無國界」(boundless) 的經濟中,國家政府將
下降成為全球資本的傳送帶或完全淪落為處於本土與全球治理機制之間的中介
環節;懷疑論者則以世界歷史發展的事實為依據,認為全球化不僅是一種誇大
的神話,而且是一種政治幼稚主義的表現,全球化充其量只能說是「高度國際
化」或「深度區域化」,而若從地理意義上與「帝國—殖民」時代相比,國際
經濟的全球特徵不是擴大而是縮小,懷疑論者批評極端論者國家消亡的觀點是
膚淺而幼稚的,認為國家在管制和推動跨國經濟活動中提高了自身的的地位而
不是下降;轉化論者將全球化視為一種「大震盪」(shake-out),認為全球化是
一種非必然的、矛盾的、動態的歷史變化過程,是一種推動社會政治與經濟快
速變革、重塑現代世界和世界秩序的核心力量,它模糊了「國內」與「國際」
的界線,創造了一種「國際性國內」(intermestic) 的「新領域」,以及全球社
群共同活動的「新空間」⑮。典型的轉化論者應屬美國喬治城大學教授 J. N.
Rosenau,在他看來,全球化是一種動態的演進過程,而不是一種狀態或一種
結果,因為,全球化既不是價值觀念,也不是結構,而是既在人們思想上展
開,又在行為上展開的序列,是隨著人們及其組織從事日常工作並設法實現其
特定目標而展開的過程,它是通過四條相互聯繫、相互重疊的途徑實現的:受
益於最新通訊技術的雙向對話式互動;借助於大眾傳播的單獨式通訊;行為、
習慣和技藝等方面的仿效;制度、慣例的同化與同構⑯。

　　James H. Mittelman 則將全球化概念粗略地分為兩大類型,其中一類定義
表明相互依存的增加、跨國流動頻率的上升以及整個世界正在加速變成一個單
一市場的過程。這類定義典型地強調全球化是指減少國家間的壁壘和鼓勵經
濟、政治和社會之間更為密切的相互影響⑰;第二類定義具有較強的理論性,
它強調的是時間與空間的壓縮。例如 Anthony Giddens 對「地方」與「空間」
作了區分,前者是個人或國家在一種有形的地理場所進行活動的背景,而後
者,作為全球化的空間而言,則是由「不在現場」(absent) 的社會影響所構成

的。同時，空間日益與地方分離，而與全球範圍內的其他社會背景聯繫起來。Giddens 指出：「全球化由此可以被定義爲在全世界範圍內各種社會關係的加強，這些社會關係以這樣一種方式將遙遠的場所聯繫起來以至於本地發生的事情受遙遠地方所發生事件的影響，反之亦然」⑱。David Harvey 沿著相同的思路，認爲全球化也使時間大幅的縮短，在此意義下，「穿越時間的隧道空間湮沒了」⑲。Roland Robertson 依照同樣寬泛的探索途徑，他強調在將各種文化實踐與全球化關聯的情況下，它們具有很強的變異性⑳。以上三人的解釋都以「時—空關係」爲軸心，並將全球化與現代性相聯繫，對於 Giddens 來說，全球化是現代性—和後現代性的一個結果，這種結果與社會技術的發展有著密切的聯繫；Harvey 與 Robertson 則將這個問題的分析分別與資本積累過程中的變化相聯繫㉑。

　　Mittelman 自己則將全球化視爲「解放」與「支配」互爲可能性的雙刃作用，並且特別關注於全球化的反作用問題。他將全球化定義爲生產空間的重組、產業跨邊界的相互滲透、金融市場的擴大、人口大規模的遷移等等一系列「全球勞動與權力的再分配」過程。至於全球化的動力則來自一種「贏者通吃」(winner-take-all)的超級競爭市場，這個市場執行的是典型的社會達爾文主義，它表現爲頗具進攻性的撤銷管制政策以降低貿易閉壘，信息技術增加了交易份額，市場更趨於專門化。這些情況當然令一部分人感到滿意，但是在出現了財富遙遙領先的「新富人」階級的同時，中產階級則日益縮小以致達到極限，而大多數人則陷入困境和深度的貧窮之中㉒。在所謂「全球化不滿形式」中，勞工與婦女處於全球化最邊緣的地帶，蘊積著全球化的反抗力量。

叁、反思全球化

　　1999 年 11 月底，當世界貿易組織(WTO)在美國西雅圖召開領袖高峰會議時，在場外街道上，爆發了萬人集聚的示威活動。高峰會場內冠蓋雲集的排場交織著場外棍棒橫飛的暴動，一幅極不協調的畫面，反射出全球化的諷刺與弔詭。當抗議群眾力圖阻止跨國公司和大國精英對全球利潤的貪婪追逐時，這場被視爲「西雅圖之戰」的反全球化運動㉓，揭露了全球資本主義經濟的陰謀和

醜態。

　　儘管全球化是我們時代中的顯學或現實上莫之能禦的浪潮，但全球化至今還是一個非均衡、不對等的曲折過程。在顯學和時代主流的背後，也不應忽略全球化帶來的陰暗與不義。正如中國學者王逸舟所言，對於我們這些活在今天的世界而且被「裹脅」進入「加速全球化」(有別於過去五百年的慢速全球化)的人來說，全球化過程帶來的絕不僅僅是愉快歡樂，還會帶來煩惱痛苦㉔。換言之，「全球化痛苦」或「全球化不滿」──種跟隨著全球化而發展的逆向邏輯及其伴生的負面效應，應該得到更多的重視和闡述。

一、全球兩極化

　　全球化是一個「不對等」的發展機制，具有明顯的「扶強抑弱性」。在全球化過程中，在各個經濟發展水平不同和適應能力差異的國家之間，對全球化趨勢的利害得失具有很大的差距性㉕。當今世界上 1/5 的人口生活在高收入的富國地區，「富國俱樂部」控制了 86％的世界出口市場，68％的外國投資和 74％的電話線，控制著 90％以上的信息傳播和通訊工具，結果是在全球化體系中獲取較多利益的富國和只能被動接受全球化規則與影響的窮國之間，兩級分化越來越嚴重。一方面，從環境資源的占有情況來看，占全球 30％的富國人口消耗著地球每年 70％的產出，像美國，人口僅占世界人口的 5％，卻消耗著世界商業能源的 25％，其人均消耗量為第三世界人均量的 30～40 倍，相當於 147 個孟加拉國人或 422 個埃塞俄比亞國人的消耗量㉖。發達國家是全球化的主導者和推動者，占有資金、技術、人才等優勢，發展中國家經濟基礎不穩固，市場發育不完全，經濟結構與政治威信不足，全球化趨勢越深入，意味著對發達國家的依附性越深重；二方面，全球化規則的制定者─諸如國際貨幣基金會、世界銀行、世界貿易組織等被「大富國家」所主控，所謂全球一體化，往往只是大國內部利益規則在世界範圍的強制性推廣和延伸，體現著大國意志和大國利益代理人的角色；三方面，發展中國家防範金融風險和穩定金融秩序的意識與能力薄弱，很容易就在金融全球化的漩渦中遭到毀滅性的打擊；四方面，全球化規則往往缺乏透明度，缺乏發展中國家參與和表達觀點的機會，此一局面極化了國際資源分配「中心─邊緣」化的趨勢，發展中國家最終

被排除在世界「贏利」體系之外；五方面，全球化規則主要是以美國等發達國家的價值觀念和運行模式爲藍本，實際上全球化等於是「美國化」。於是，全球化除了體現和滿足「大富國家」利益之外，存在著難以盡數的矛盾：破壞性資本投機行爲的氾濫、削弱主權國家的領土管轄和經濟調控能力、增加全球性失業和就業不足、擴大南北差距、助長大國干涉主義和文化帝國主義等等[27]。

二、新帝國主義

按照 James Petra 的觀點，全球化的趨勢與現實，證明了帝國主義理論的有效性與準確性，而不是全球化理論本身。延續著列寧主義的觀點，James Petra 強調，全球化理論所宣佈的「可期待利益」與真實的境況差距太大，最重要的是，即使這種可期待的利益也是一種不平等的、非均衡性利益。因此，就資本、商品和技術在全球範圍的流動而言，帝國主義理論要比全球化理論更適合於解釋這個過程。全球化的權利與利益主體：新的積累中心的財富的增值和前殖民國家億萬富翁的聯盟，絲毫沒有改變階級與國家之間的關係，在一種利益均霑的誘因之下，許多拉丁美洲、非洲和亞洲國家和地區，仍然繼續專門從事初級產品的出口。「資本、商品、技術通過當代不平等關係的擴展，是過去帝國主義關係的繼續，……其基礎是剝削性的階級關係的深化並向原先處於資本主義生產之外的地區的擴展」[28]。James Petra 的觀點顯示，至今發現最大規模的全球資本流動的政治動力及其變化的原因，來自於資本對勞動控制權力的增加，並由此解放資本流動和財富的重新積累 (reconcentration of wealth)。在此情況下，全球化不應排除其被理解爲一種意識形態的運用，它帶有目的論的麻醉作用：將一切不斷擴大的社會不平等、財富的兩級分化以及資本不斷掠奪國家公共資源的現象，都看成是一種「不可避免性」(ineivitability)，因而是正確的。在這種意義下，全球化理論不過是一種胡扯 (baloney)，它發揮著意識形態的合理化 (ideological rationalization) 作用[29]。

另一種相同的觀點則認爲，全球化作爲一種現代化的替代方案，它試圖將全球化描述爲西方歷史經驗的普遍化，並在行動上促使資本主義永恆化。中國學者胡大平認爲，全球化作爲一種政治口號在上一世紀90年代被大聲的提出，代表著沒有對手之後的資本主義的囂張。全球化理論及其實踐，是國際組織

(世界銀行、國際貨幣基金等) 設置的數字陷阱，這些數字通過將它的公佈者裝扮成最終促進全球公平與正義的救世主而掩蓋了這些組織的歷史起源和它實際行動的權力指向⑳。

三、全球貧困化

20 世紀晚期是人類歷史中一個具有鮮明特徵的貧困時代。全球貧困的歷史特徵集中表現在第三世界國家生產體系、公共設施和文教衛生制度的衰落；全球性貧困不僅使戰後非殖民化所取得的成果付之東流，而且與多數第三世界國長期的債務危機結合成區域性災難。世界銀行 1999 年「世界發展報告」指出，今天有 15 億人每天的生活費不足 1 美元，高於 1987 年的 12 億人，預估到 2015 年，在每天生活費不足 1 美元的生死線上掙扎的人口將達到 19 億人。

全球貧困化主要表現爲全球性失業、人口過剩、勞動力低廉化、小資本破產等等，而根本原因則在於經濟一體化使得「大資本」獲得全球擴張的特權，而且財富積聚的方式越來越溢出正規的經濟範疇，與正直的生產和交易活動無關㉛。全球貧困是一種全然不同於過去基於生產資料匱乏下的貧困，而是處於科技快速發展之特定歷史階段下的相對貧困，其弔詭性就在於拜科技之賜而大幅提高的經濟生產率只爲少數精英服務，卻無力減少全球貧困的惡化㉜。因此，所謂「新國際經濟秩序」是一種依存於普遍貧困和廉價勞力的資本剝削體制，資本流動意味著堅定不移的、客觀不變的尋找更廉價的勞力，它有助於既在發達國家也在發展中國家進行實際工資的削減，工資的削減引發了不同國家和地區的工人在國際範圍上的公開競爭，這又導致「失業的國際化」，而失業的國際化又反過來增強和惡化工資削減的趨勢㉝。

在新自由主義經濟學家看來，經濟的進步能夠爲所有篤信其原則的人帶來福祉，這種價值體系暗示了新自由主義將使千萬大眾擺脫貧困。確實，據說貧困人口在世界總人口中的比例正在下降，這使得新自由主義的承諾更顯得振振有詞。但正如 Arthur MacEwan 指出的，儘管在資本主義歷史上全球化與增長總是同時並進，但不能因此得出在國際貿易上放任自流和減少國家服務的新自由主義政策是這種增長之基礎的結論。實際上，所有國家在獲得某些經濟增長時，都伴隨著國家對經濟事務的積極干預，特別是對外貿進行廣泛的管制，也

就是國家通過大量的技術排外性來促進產業的發展㉞。18 世紀工業革命初期，英國工業借助製造業部門平均 50 ％的關稅壁壘而繁榮起來，相應的，1791 年美國第一任財政部長提出著名的「製造業報告」，爲了使美國的經濟趕上英國，美國即實行保護國內幼稚工業的政策以防止英國商品的過度競爭，從 19 世紀初期到 1865 年之間，美國把平均關稅率由 20 ％調高到 47.9 ％；德國「鐵血宰相」俾斯麥也以高關稅政策挽救了德國脆弱的民族工業，當今全球化劇本的撰稿者，美國與德國等等，正是通過一段較長時期的貿易保護主義而獲得了當今在全球範圍內擴張經濟實力的全部基礎㉟。以東亞地區來說，二戰之後，日本政府直接控制進口和外商直接投資，鼓勵國內發展汽車和資訊工業，此外，發展中國家還採用各種財政和貨幣機制、特殊補貼、國家開辦企業等手段來發展國民經濟，韓國、台灣、新加坡等通過出口導向換取經濟成功，沒有一個國家出口導向的增長是通過所謂自由貿易的不加管理、通過新自由主義的放任政策而獲致。

可見，「全球增長」是作爲一種假設性的期望貫穿於全球化的未來神話之中的，而且這種神話還涉及了對貧困問題虛假的衡量方法和分析範式。正如 James Mittelman 的批評指出，對貧困問題的探討長期以來存在著一種陷阱，就是將貧困視爲一的靜態的範疇，並將它固定在特定的地區和特殊的社會階層。在社會科學中，一種習慣的方式是使用「貧困線」，通過線條的劃分，窮人就成爲社會中可確認的、固定的單位。實際上這是以「虛假的清晰」(false clarity) 來模糊各種產生貧困現象的複雜的社會關係。描繪「貧困線」所依賴的基礎實際上反映出一種起支配作用的知識框架 (reigning intellectual framework)。傳統上，使用這種分析範式的是現代化學派和新古典學派，現在又加入了新自由主義學派。該範式試圖以「消費水平」(consumption levels) 爲基礎來解釋貧困，但是它單方面的強調低消費問題而沒有顧及過度消費的問題，將注意力集中於消費領域並從此一角度來分析貧困問題，其結果導致了一切倡言提高消費水平的政策。在典型的意義上，以提高消費水平爲訴求的政策實際上是充當著企圖實現更高水平的市場一體化的御用工具。而市場一體化又加重了邊緣化，使不平等更加惡化並加劇了政治衝突㊱。

如果不從收入和消費的角度而是從生產關係這一觀點切入，就可以輕易揭

穿冷戰以來這種以「劃線」來標識貧困的「經濟化約主義」(economic reductio-
nism) 及其被背後的利益陷阱。Mittelman 認為，應該將貧困視為全球化、生產
過程的邊緣化、性別的社會關係之間相互作用的一個結果來分析。在此意義
下，全球貧困化在內涵上已經擴大為在「全球化結構的壓力下」被鎖定在邊緣
化過程中的經歷與感覺，在相同的意義上，可以認定即使是表面上充分就業的
工人也可能和失業工人一樣生活在不同程度的貧困之中㊲。

　　全球化所揭示的遠景，或者認為全球化是傳統資本主義克服其自身障礙而
邁入新歷史階段的觀點，與實際的情況並不符合。全球主義的根源是基於一種
政治變化，它與新自由主義或自由市場理論的興起有著密切的關係。全球化看
起來好像是一場自發的運動，一種必然的趨勢，但實際上，目前這種形式的全
球化卻是由經濟學家、銀行家、企業巨頭們所精心設計的㊳。全球化依然高度
依賴於範圍更廣的剝削形式，同時也沒有克服資本主義的「週期性」(cyclical)
難題。實際上，在當今全球化時代，日本、德國與美國的經濟增長表現的並不
理想，反而是類似中國、印度、智利和土耳其等技術上相對落後的國家成長的
最為快速，而這主要是得利於對勞工更為廣泛和更有效率的剝削、原料的過度
開發和廉價製造業商品的生產。「因此，資本的國際化進程是以開發新的疆界
和建立高利潤基地為基礎的，而不是以發展和深化生產利益為目標，國際流動
不過是在創造更多的資本主義、更多的工資勞動者和更多的進出口商品，這從
總的方向來看，它沒有能夠克服經濟停滯的傾向」㊴。中國學者樊綱認為，全
球化關於經濟增長的假設也無法獲得證明，在過去 30 年中，全球人口最富的
20 ％所占全球收入的份額，已經由 70 ％上升到 85 ％，而最窮的 20 ％所占份
額卻從 2.3 ％下降到 1.4 ％。這說明伴隨著全球化的是全球收入差距的擴大。
儘管從一般均衡的意義上來說，全球化是在全球範圍內配置資源，從而有利於
資源的優化配置，有利於整體福利的提高，但這種分析只具有理論的價值，它
並不能成為支持和推進全球化的充足理由㊵。全球化與經濟開放已成為一種無
庸置疑的時髦的意識形態，而不是一個得自謹慎的經濟計算的結果。在中國，
「開放」似乎已成為一種「政治正確」，開放似乎就是一件希望無窮的事情，
如果稍有懷疑，不是被指責犯了信念的錯誤，就是被指控犯了政治的錯誤。樊
綱認為，缺乏一種經濟學的全球化理論，足以充分說明全球化帶來長期均衡和

可能導致短期失衡兩者之間的重大差別④。

四、資訊霸權化

資訊的全球化發展，特別是網際網路 (internet) 的發展已使民族國家的政治權威 (特別是隱性政治控制) 受到了衝擊。據國際電信聯盟統計，截至 1998 年底，全球網路用戶已經突破了 1.3 億，預計到 2000 年用戶將增加到 3～4 億。在中國，網民數量由 1994 年的幾千戶發展到 1998 年的 210 萬戶，預計 2000 年將突破一千萬戶以上。根據「中國互聯網信息中心」發佈的《中國互聯網發展狀況統計報告》，1999 年底中國已有 www 網站 15153 個，CN 下註冊域名數有 48695 個，上網人數達 890 萬人。而根據網路商業公司 NUA 最新的統計，截至 2000 年底，全球網民已達 4.5 億戶，到 2001 年 7 月則已經突破 5 億戶⑫。網路的擴張幾乎已經在各個方面成為國家政治控制的「剋星」，它正以自己的節奏改變甚至摧毀傳統意義的政治控制機制⑬。

跨國數據流動 (Transnational Data Flow, 簡稱 TDF) 以及極端個人主義的跨國網路行為所形成的網路空間 (cyberspace)，製造了一個獨特而虛擬的「超領土社會」(super-territorial society)，使得傳統上以領土為管轄對象的主權國家一籌莫展。一種稱為「網絡虛擬國家」的形態已出現在國際政治的視野中，目前已有幾十個網絡國家宣告成立，除了疆域設在虛無飄渺的數位空間裏，其他可以被認為是組成國家的條件—政府、人口、憲法甚至國旗、國歌也都一應俱全。例如「網上南斯拉夫」和「洛瑪共和國」，前者是南斯拉夫解體後由一些希望在網上重建國家的人所創立。「洛瑪共和國」還發行郵票和發放護照，為喪失國籍的國際難民提供身份，為數以千計的「網民」提供法律援助，並使他們最終移民到真實的國家⑭。另一方面，網路經濟 (廣義的電子商務) 的高度發展，使國際資本越出國家金融的監控。一個更為顯著的特徵是「網路主權」對國家主權的挑戰，一國的國家安全因「駭客」的橫行而顯得格外脆弱，而擁有高度信息科技的國家可以通過控制 TDF 對網路弱國進行信息資源的控制⑮。而「數位鴻溝」(digital gap) 則更形像的說明了全球信息分配的不均衡以及全球居民的新分化。

肆、全球化與中國的機遇

　　發展中國家在認識和對待全球化問題上存在著三種基本觀點，一種觀點認為，全球化(特別是經濟全球化)是發展中國家趕搭超趕戰略的末班車，發展中國家應抓住歷史機遇，採取「大推進戰略」，全面參與經濟全球化，以免在下一輪的國際競爭中敗北而淪為永遠邊緣化的國家；另一種觀點認為，全球化是西方強權推動的「新殖民主義」的最新形式，發展中國家被動或被迫捲入，將形成一種新的「中心—邊緣」關係，必須全面抵制或迴避，才能免於掉落陷阱而不可自拔。第一種觀點是不切實際，第二種觀點是徒勞無功。至於第三種觀點認為，全球化既不可避免也無法逃避，是一個機遇與挑戰並存的雙刃劍。對於許多發展中國家而言(包括中國在內)，可以選擇的道路不多。考慮到中國現今已有 36 萬家以上的外資企業，與世界 227 個國家和地區建立了經貿關係，中國參與全球化已是一條不歸路，只有掌握機會，直向挑戰。實際上，這是中國唯一可選擇的道路。

　　出自於國際經濟學上三個基本理由，中國確實需要引進外資以發展經濟。一是「國際營銷差距」：發展中國家擁有充沛而成本低廉的勞動力，但缺乏國際營銷技術與通路，需要借助外資企業來推動出口擴張；二是「技術差距」：發展中國家需要技術領先和管理先進的外資企業的進入，為國內生產者提供示範、借鑑和激勵的作用；三是「國內儲蓄差距」：處於一定經濟增長階段上的發展中國家，可能面臨國內儲蓄相對於國內投資需求不足的制約，亦即國內資本積累不足，需要輸入國際資本以為補充。實証的研究顯示，上述三個理由都在不同程度上解釋了中國對外資的客觀需求㊻。換言之，對於處於體制轉型、對外接軌的發展中國家而言，資本與技術的短缺一般被視為發展機制上的重大障礙。全球化通過資本流入與技術移轉，將給發展中國家帶來輸血式的發展機遇。資本與技術通過更加自由的流入，結合這些國家最富有的資源，也就是與廉價的勞動力相結合，從經濟理論而言，這種國際資源互補性的結合並通過資源稟賦結構的調整和優化，將給發展中國家帶來經濟繁榮。

　　根據「聯合國貿易和發展會議」(UNCTAD) 的研究報告，1993 年流入發

展中國家的外資達到空前未有的水平，占全部外資的39％。其中80％的外資流向了 10 個發展中國家，特別是中國。1995 年流入發展中國家的外資達到1000 億美元；1996 年這個數額逐漸擴大，達到 1290 億美元，比 1995 年增長了約 34 ％㊼。根據 UNCTAD 最新統計，千喜年以後儘管流入發展中國家的外資將出現滑落現象，預估將從 2000 年的 2400 億美元降至 2001 年的 2250 美元㊽，但相較於 1995 年，在 6 年之間亦成長了 2.25 倍。目前，中國是全世界最大的外資流入國，依據 UNCTAD 統計，2000 年一年中流入中國的外資達到 460.8 億美元，預估 2001 年流入中國的外資將達到歷史新高點，而且這種情況將可能持續幾年㊾。外資對中國國民經濟的巨大作用，數字可以說話，從 1979 年至 1996 年，中國累計協議利用外資 5929.43 億美元，實際利用外資金額 2839.4 億美元，到 1997 年底，中國實際投入的外資達 3600 億美元㊿。從這些數字來看，中國可預見將在全球化趨勢中成為「相對收益者」，因為能夠獲得國際資金與國際市場，意味著獲得了經濟發展不可或缺的前提之一。

　　根據中國對外貿易經濟合作部外資司司長胡景岩所作的統計報告，截至 2000 年底，中國累計批准外商投資企業 363885 家，合同外資金額達到 6760.97 億美元，實際使用外資金額 3483.46 億美元。自 1993 年起，中國吸收外商直接投資 (FDI) 已連續八年居發展中國家之首，在全球僅次於美國、英國、瑞典，排名第四㊿。(參見表一) (另一項數字則是從 1992～1998 年，中國連續 7 年成為世界第二大的利用外資國)。1998 年，到中國投資的國家和地區已達 129 個。僅以 2001 年一年來計算，當年新批設立外商投資企業即達到 22347 家 (這個數字僅僅比 1979 至 1990 年累計外商總批准數少了 4000 家)，同比增長 30.68 ％，合同外資金額 623.80 億美元，同比增長 50.17 ％，這是 1994 年以來在新批外商投資家數、合同外資金額、實際使用外資金額首次出現的全面恢復性增長㊿。(參見圖一)

表一 1998～2000 外商直接投資中國情況

(金額單位：億美元)

	1998 年	1999 年	同比增幅	2000 年	同比增幅
項目數	19799	16918	-14.55 %	22347	30.68 %
合同外資金額	521.02	412.23	-20.88 %	623.80	50.17 %
實際使用外資金額	454.63	403.19	-11.31 %	407.15	0.78 %

資料來源：《中國對外經濟貿易年鑑》(2001)。

圖一

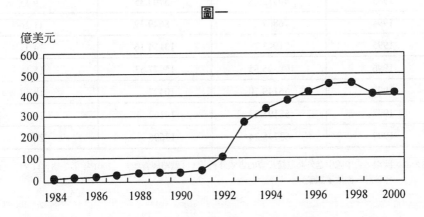

資料來源：謝進城‧張東 (主編)，《2001 **中國投資發展報告**》，北京：經濟科學出版社，2001，頁 114。

　　如果依據「經濟合作與發展組織」(OECD) 所提出的，關於評價海外直接投資對被投資國社會經濟發展作用的四個標準：(一) 伴隨著投資而出現的經濟增長與僱傭；(二) 帶動投入品需求的增加、工資和收益的分配、稅收增加等第二層次的乘數效應；(三) 技術和經營管理的轉讓，經訓練而提高的勞動生產率，以及隨之而來的競爭力和售價的提高；(四) 出口創匯等外部效果來看，毫無疑問，外資已經成為中國經濟生活中和經濟增長的主要部分㉝。除此之外，在增加國家財政收入、創造勞動就業、減緩中國在能源、交通、原材料方面之瓶頸制約作用，都具有積極作用。而就中長期經濟貢獻而言，外商直接投資在

彌補中國國內資金不足、優化經濟增長機制和生產力佈局的調整方面，更作出了貢獻，尤其是外商投資助長了中國東南沿海地區成爲中國經濟新的增長軸心，而外資在中國工業總產值的比例逐年升高 (參見表二)，也說明了外資給中國的工業化道路提供了強大動力。

表二　1991～1999 年外資企業工業產值占全國工業產值的比重

(單位：億萬元人民幣)

年度	全國工業總產值	外商投資企業工業產值	所占比例 (%)
1991	23135.56	1223.32	5.29
1992	29149.25	2065.59	7.09
1993	40513.68	3704.35	9.15
1994	76867.25	8649.39	11.26
1995	91963.28	13154.16	14.31
1996	99595.55	15077.53	15.14
1997	56149.70	10427	18.57
1998	58195.23	14162	24.00
1999	63775.24	17696	27.75

資料來源：陳漫，「中國引進外商直接投資的實效分析」，《戰略與管理》，2001 年第 3 期，頁 94。 (1997 年統計口徑做了調整)

　　自 1986 年中國向「關稅及貿易總協定」(GATT) 提出恢復會籍的申請以來，歷經 15 年的談判與爭取，中國於 2001 年 12 月 11 日成爲「世界貿易組織」(WTO) 第 143 個會員國。中國加入 WTO，不僅象徵著中國經濟在世界中的地位受到了正確的評價，也意味著中國國內經濟已走向全球化。概括而言，中國加入 WTO 將產生「十個有利於」，包括：(一) 有利於中國更進一步吸引外資。在國民待遇之下，特別是跨國獨立資本將成爲中國外資最大型、最活絡的外資流入來源；(二) 有利於擴大出口。在普遍最惠國待遇下，中國將在出口額占到 90 ％的 WTO 成員國之間，獲取無歧視性的出口利益；(三) 有利於擴大內需。在進出口同步增長下，將有效拉動當前中國過剩經濟下陷入疲軟的國

內需求；(四)有助於刺激國有企業改革。在國外企業的競爭下，除非倒閉或退出，否則企業在體質、管理和產品質量方面都必須進行無選擇、無例外的改革。(五)有利於擴大就業。改革開放以來，外資企業已為中國創造了大約1000萬個工作機會，一般估計，加入WTO之後，一個國家的國內生產總值將提高3個百分點，每一個百分點將創造400萬個就業機會。(六)有利於中國法制建設。在踐行入會承諾和執行WTO規範之下，將促進中國以政企分開、廉潔高效為目標之政府機制的建立，市場本位取代官本位，加快市場立法和科技教育的投入。(七)有利於人民生活的提高。隨著出口和就業機會的增加，在低關稅條件和商品價格大幅下降情況下，將因收入水平的增加而使人民生活獲得改善。(八)有利於台灣問題的解決。在兩岸三通可預期的情況下，兩岸交流的障礙將減少，兩岸最終統一的條件將日漸成熟。(九)有利於香港的繼續繁榮。(十)有利於推進中國的城市化進程[54]。

伍、全球化對中國的挑戰

全球化對中國的衝擊與挑戰，首先表現在環繞於國家角色上有關主權與安全的問題，這不僅因為主權利益和安全保障對中國既是現實的也是敏感的，關鍵更在於，中國官方和知識界能否正確釐清全球化理論中「國家弱化」與「主權讓渡」的實質問題，將從根本上決定中國是否對全球化作出正確的回應。

一、主權弱化？還是國家調適？

至今，在全球化與民族國家關係的觀點上存在著巨大的分歧與爭論。「國家弱化論」者認為，由於積極上需要民族國家開放更大市場以適應全球資本與商品的流通，消極面需要國際治理機制採取跨國形式並運用多國組合權力處理全球環境議題或政治危機，全球化與民族國家的關係已呈現「前者弱化後者」的趨勢。由主權國家任意決定的保留範圍在減輕份量，由國際法和國際組織加以規範的客體持續增加。僅以經濟層面來說[55]，經濟一體化對各國經濟主權的侵犯已難以避免，跨國集體決策侵蝕著一個議會民主專斷的權限，一國參與經濟一體化進程必然要讓渡部分原屬主權國家管轄範圍的經濟決策權，市場的對

外開放也影響一國對境內資源與領土的管理權，金融全球化制約著國家運用貨幣和匯率調節的意願與幅度，跨國公司的發展打亂了一國經濟的增量權，國際經濟協調機制也分享著國家對經濟的行政管理權㊋。1998 年 1 月東南亞金融風爆說明了，在危機期間，國際貨幣基金、世界銀行等組織的專家趕往該地區「救災」，幾天之後，一連串補救措施出籠；結果是，政治上得到合法性認證的民族國家的行動者，卻要執行政治上未得到合法認證的跨國行動者的計劃與意圖。

哈貝馬斯(Jurgen Habermas)指出了全球化趨勢下的「國家困境」。各國政府被迫參與零和博弈，在這場博弈中，不可動搖的經濟目標價值只能以犧牲社會和政治目標的代價來實現。在全球化的經濟框架中，民族國家要想保持其「經濟基地」的國際競爭力，只能走國家自我限制塑造力量的道路，即採取極可能有害於社會團結、使社會的民主穩定性面臨嚴峻考驗的「縮減政策」㊌。另外，依照達倫多夫 (Ralf Dahrendolf) 的觀點，全球化國家已面臨越來越多的「不可能任務」(mission impossible)，國家處於三個交互矛盾的困境中，一方面要在世界經濟的風浪中維持並強化競爭力，一方面又不能犧牲社會團結與互助，又要在自由社會的條件下通過制度來達到這一切目標㊍。Mittelman 甚至諷刺國家已淪爲「交際花」角色 (courtesan role)，它專門爲富人或上流社會的人提供服務。在全球化壓力下，國家還開始採行公司利潤的原則，迫使社會福利部門服從於成本削減的原則㊎。一個明顯的事實是，並不是所有的國家的政府都具有行使主權的能力，這種能力的缺乏更多的是來自於主權國家內部，當今世界中有 120 個國家是在上一世紀後半葉誕生的，許多國家沒有政府或沒有合法的政府，交戰的部落或敵對勢力尚需要外力的介入強行隔離，處於悲慘境地的人民尚需外力的救濟才能勉強維持生存。極具諷刺的是，對於一些弱勢的民族國家而言，只有放棄合法性國家主權才能重新獲得國家主權㊏。

中國學者時殷弘指出了全球化弱化中國主權的四個具體來源，來自「上面」的超國家或「準」超國家行爲體、來自「旁邊」的跨國行爲體，來自「下面」的亞國行爲體，還有來自國際社會內部一個傾向於總體霸權的超級強國。由於客觀上存在著個別主權國家無法或充分提供有關人類總體、國際社會和國家之間所需的價值或服務，亦即國際和跨國公益(public goods)，或者存在著必

須由國家間或超國家組織提供這種跨國公益和跨國服務，例如防止大規模毀滅性武器擴散、防止臭氧層空洞擴大、國際貿易規則的制定和爭端的仲裁、揭露有關國家大規模踐踏基本人權、救助跨國性嚴重饑荒、解決跨國民族或多民族國家的種族衝突等等，都使單一主權國家因無法「自行其是」的解決，而使民族國家主權的行使受到來自各方面的干預、限制乃至制裁。另外，一種稱之為「跨國經濟社群」的出現—它產生於一國境內地方性或區域性經濟社群和他國國內同類社群之間日益多層化、制度化和多紐結的全球經濟交往關係—使得政府的經濟或外交政策往往是在威爾斯而不是英國、在加洲而不是美國、在魁北克而不是加拿大層次上進行處理。這些「跨國經濟社群」侵蝕或限制著它們所在母國的傳統主權，甚至出現功能性的獨立乃至提出政治獨立的要求。這種「跨國經濟社群」形成一種具實質意義的「亞國」(sub-national) 關係，並往往通過遊說本國去壓迫他國政策而採取一種「準國家談判」的方式來協調這種亞國關係⑥。

　　在國際社會的互動中，國際干預和「非國家行為體」角色的突出化，是主權國家弱化最明顯的表徵。一種以簡單化宣稱為標記的「人權高於主權」的呼聲：「主權不是屬於國家本身而是國家裏的人民；國家的獨立自主不是指對外的獨立權而是包括個人在內的自決權」，以及已經化為國際政治現實的新干涉主義和行動，都在為「主權越界」提供經驗性論據。這些經驗現實表現在地區衝突已經難以依靠一國乃至幾個當事國的力量可以解決，這不僅包括冷戰長期遺留下來的柬普寨問題，長期處於無政府狀態的索馬利亞問題，受盡「種族清洗」蹂躪的波黑問題，受到伊拉克侵略以至引發波灣戰爭的科威特問題，乃至於軍力強大的美國在遭受 911 恐怖主義攻擊時尚且需要聯合國與多國協助才得以進行反恐怖主義行動等等。在「歐洲聯盟」，不僅將作為傳統主權範圍內的貨幣發行權、關稅權、勞工與商品的政策權、中央銀行的金融調控權，都讓渡給跨國家的「歐盟理事會」；另一方面，「國際立法」的權威性也在提高，對個別國家的「國內立法」往往具有更高的約束性，聯合國的「維和行動」就是最具體的表徵⑫，包括禁航區、非戰區的劃定、經濟與貿易制裁的執行，維和部隊借用主權國家軍事基地或常駐某一國家等等，都說明主權讓渡已成為國際政治的現實。

但是，國家弱化觀點能不能確切地成立，仍有疑問，將全球化與民族國家關係描述為「強凌弱」、「大吃小」的二元對立關係是否妥當，更值得懷疑，全球治理將取代主權國家行政治理的說法，實際上亦嫌誇張。

首先，一種全面性的經濟一體化的時代還未真正來臨，各國經濟發展水平的多樣性與差距性，使經濟一體化至今主要還是依賴強權民族國家的向外推動，世界範圍的貧富差距還制約著經濟一體化的理想進程，也就是說，全球未必那麼全球化！Paul Hirst 和 Grahame Thompson 指出，在評估國家角色在全球化之下的變遷時，首先應區分一個「嚴格意義的全球經濟體」(strictly globalized economy) 和「高度國際化的經濟體」(highly inter-nationalized economy) 之間的不同。在前者之中，國家政策或許已無用武之地，經濟成果完全取決於世界市場的力量和跨國公司的內部決策，在後者之中，大多數的公司還是以特定的「國家經濟體」(national economies) 為基礎進行商務貿易。問題就在於，嚴格意義的「全球經濟體」並未成形。在檢證包括世界金融市場、世界貿易與對外直接投資 (FDI) 形式、跨國公司 (MNCs) 的數量與角色、發展中國家的成長趨勢等等，均證明一種走向「全球化經濟體」的強烈趨勢並不存在，相反的，先進的大國仍然是世界經濟與貿易的主導者⑯。

其次，聯合國、世界貿易組織、區域性經濟合作組儘管地位與作用不斷上升，但也都還不是超越國家之上的世界政府，跨國公司儘管不斷削弱國家主權，但跨國公司也還不可能脫離主權國家而獨立存在，相反的，民族國家至今還是跨國公司主要的節制者，至少在國際交往上，國家仍然是能夠達成國際妥協方案的唯一行動者。

再者，儘管「全球治理」是以「效益」為基本目標，包括處理爭議、解決問題、調和各方利益的效益，但是既然不存在世界級的中央組織和全球共識的參照系統，市場便成為唯一起作用並影響社會子系統的「調節者」，結果全球治理極可能根本上體現並執行市場控制者的壟斷性意志，表面上是一件理想主義的外衣，裏藏的卻是最狡詐的經濟自由主義。必須認清，儘管例如「國際貨幣基金」(IMF) 七國高峰會議於 1995 年渥太華經濟公報中建議成立金融危機應急基金，將防範金融危機視為 IMF 最主要的任務，但直到 1997 年東亞金融危機爆發以後，這種建議也只是處於「加快構想」階段而已。而世界貿易組織

(WTO)的規則並不是在實現公平交易的目標，而是促進資本與商品的流動。許多國際組織以「全球治理」(global governance) 宣稱其目的旨在解決全球問題和危機，但實際上，不僅在對貧困和邊緣化等真正緊迫問題的解決上無能為力，自 1970 年代初布雷頓森林體系解體以來，也未能預防或阻止一系列金融財政危機，包括 1997 年的東亞金融危機以及在此之前的區域性金融危機。從這些組織自己宣稱的目標來衡量，至今為止的全球治理基本上是失敗的。

進一步來說，國家終結論所指稱的「主權讓渡」基本上仍然基於主權國家的自願或同意，在多數情況下，主權國家所讓渡的往往是該國無力解決危機的那種能力，其所讓渡者恰恰是市場經濟固有的盲目性，而國際組織對民族國家的干預也多半限於政府職能的這一領域，在這種意義上，基於平等協商、互惠互利、自主自願的基礎上進行局部主權的相互讓渡，與「喪權辱國」有著根本的不同，這樣的讓渡與其說是「放棄」主權，不如說是「分享」各成員國讓渡的部分主權，是主權實際權威的表達和「隱性表現」⑭。即使主權國家以權力讓渡換取了國家廣泛意義的安全保障，這也意味著主權國家有效介入了和影響了國際多邊組織，甚至從國際組織中取得發言權進而發揮干預的效應⑮。從主權運作的實際效應來看，這是一種主權國家的權力投資和「安全內部化」的效應，一種「多國合作主權」取代民族國家單一主權的更高形式。

確切的說，如果不把一個可接受的全球化進程(特別是經濟一體化)，視為根本上是強權國家在世界範圍內的經濟剝削與侵略，那麼從本質上說，全球化與一種帶有大國意志和干涉主義的思想與行動是根本背離的。很難想像全球一體化的均霑利益是全然在大國對小國廣泛的「主權壓迫」下獲得實現的。如果全球化自始至終缺乏多國平等參與和自願性同意，民族國家主權的讓渡總是被迫的或總是強權政治干涉的產物，在主權原則仍然是國際法的基本準則之下，全球化的進程必然受到阻撓和挫折。經濟一體化若不能最大限度的融合或適應主權國家的發展意願、政策制度、歷史傳統、道德觀念、文化風俗而僅僅憑藉強權意志，這根本是全球化「自由市場主義」的自我否定。進一步來說，假設全球化可以解決國家失靈或主權國家境內市場失靈問題，那麼誰來解決「全球失靈」？基於個別主權國家在全球化之下獲利程度與支付成本的不同，並不是每一個主權國家都具有支付「全球化成本」的意願與能力，特別是在世界經濟

市場中，企業的趨利行為極可能使地球變成一塊公有地而發生「公有地悲劇」，導致全球環境的災難⑥；主權國家政治權威和民主負責體制的弱化，也必將使主權國家降低其對全球公共物品和福利的生產能力⑥。換言之，「全球失靈」向全球國家提出一個嚴肅的問題，誰來治理功能上旨在解決國家失靈的「全球治理」本身的失靈？如何建構一種「全球合法性」進而賦予全球治理所需的正當性？

　　筆者相信，客觀的趨勢是，冷戰時期東西兩大對抗陣營實行兩個「平行市場」的時代已經過去，全球化與主權國家的關係將走向通過協商以提高國家競爭力的方向。APEC 過去的多次決議可以看出，與其說各項決議是在對成員國進行「削權」的限制，不如說是對成員國在其主權管轄範圍內之管理職能提出更高層次的要求，要求各國和各地區政府在國際合作中通過法律與行政創造出更具競爭與效率的經濟運行環境。這就意味著，在全球化時代中，國家不是走向萎縮，而是面向調整。

　　從全球化對國家職能的客觀要求來說，如果不是在跨國資本面前俯首稱臣，國家至少可以在三個層次上，通過政策創新和職能轉化，在全球時代中上升為一種「積極─競爭型」的國家。

　　首先，全球化帶來了商品市場新的競爭形式，技術的更新拓寬了跨國公司新的關係與活動形式，這意味著傳統標準化的宏觀經濟政策已經乏力，國家在政府、地方、國際三元層次上的治理型態亦發生變化。面對此一趨勢，關鍵就在於國家是否能夠擴充一般經濟政策的範圍，轉向工業性和具備基礎結構之適應能力的綜合經濟政策，以引導內生性經濟增長。經濟學大量的文獻已經證明，一國的經濟效益和競爭能力主要取決於基礎結構的質量與規模，這主要涉及市場機能和生產運行所連帶的教育和勞動力的培訓，以及大形網絡服務（包括運輸、通訊、銷售、金融）的組建，國家如果能在新的宏觀經濟政策上，進行有效的產業組合和地理組合，就能發揮因內生性增長要素的擴張而創造外生性的競爭效應。

　　其次，全球化的主要特徵就是提升了地方與國際的新關係，地方性組織之間的經濟關係凌駕於主權國家之間的外交關係。然而，正是在此一關鍵意義上，民族國家在開放和協調地方和國際之間的「雙贏關係」上，扮演著重要的

角色。國家可以通過監控教育和人力資源的培訓，助長地方的潛力與優勢。換言之，國家仍然而且足以更積極的扮演促成地方與國際互利雙贏的媒介者。

最後，國家的角色將日趨複雜化而不是弱化，國家將從一個領土和行政管轄上單一的統治者，轉向涵蓋地方、國家、區域、全球多層次之間的後勤支援者和利益協調者。國家不必再直接而細微的介入公共服務，而是監管社會學習、輔助市場能力、儲備後勤資源。國家作為至今唯一「合法」的政治共同體，仍然可以在全球變化中發揮作用。

的確，國家主權之於中國是一個重大的政治問題，對一個曾經飽受帝國主義踐踏而主權遭受嚴重侵蝕與掠奪的國家而言，捍衛主權一直是中國對外關係的首要任務並具有現實的意義。但這並不表示中國必須以背離國家利益和犧牲自身發展為代價，繼續頑強地堅持絕對的(法律的)主權觀念⑱。對中國而言，對全球化挑戰的回應不是以民族國家主權原則進行抗拒或回避，更不是在國際競爭處於階段性劣勢時倒退至鎖國式的國家集權主義。實際上，中國 20 幾年漸進式經濟改革的成效，正是中國放棄了在世界範圍內民族「壓抑—反彈」的對抗意識，體現並實踐了中國與世界相互依存關係的結果。在某種意義上，在世界的交往中發展中國，正是中國堅持主權的正確之路。在全球時代，一國主權能否堅持和維繫，取決於綜合國力世界排序的高低，取決於政府能力和責任感的強弱，更取決內部社會的進步和穩定。中國必須擺脫資本主義與社會主義之間殊死鬥爭的摩尼二元 (Manichean) 式對立觀念，一味在現實上誇大『中國可以說不』、『中美終將大戰一場』的恐懼和猜測，強調意識形態在國家競爭中的主要性進而繼續凸顯意識形態的爭鋒較量，強調因為社會主義與資本主義的矛盾從未停止而繼續強化兩種制度的對立衝突⑲，這種堅持「民族顏面」的觀點對中國的發展一無是處。中國領導人必須學會通過駕馭資本主義市場來促進中國的發展，通過效法和吸收早發國家長期經驗以提高利用國際經濟轉化機遇的眼光與能力。務實主義，一種「新國家主權觀」，對全球時代的中國處境，更具有新而重要的意義。

將主權與安全問題聯繫來看，中國需要一個新的主權論與安全觀。通過動態且均衡的評估中國作為「負責任」大國的地位，營建與此地位相對稱的大國形象，對中國自身顯得格外重要。在中國已經跨越「均貧型」民族生存權進入

積極爭取「共富型」的發展權情況下，中國的國家安全應該是一種以維護中國發展權爲核心的世界性概念，對中國安全的關注，應當從傳統的維護本土安全，轉變爲維護已走向世界的中國政治、經濟與文化的綜合安全，對中國國家安全系數的評估基點，也應轉向建立在由本土幅射於世界的國家利益之上⑩。

因此，相對於全球化對國家的客觀要求，從國家對全球化壓力的主觀回應來說，中國應把調整政府職能、提升國家競爭力視爲首要任務。換言之，在全球化背景下的中國政府，不僅要妥善治理本國範圍內的市場失靈，而且要治理世界市場的失靈，提供全球性公共物品，克服全球化的外部性、風險性與破壞性；中國不僅是被動地利用全球化機遇以求發展，更應制定自主性、超趕導向的總體發展戰略，使全球機遇服務並趨動中國自身的發展戰略；中國政府應主動進行制度創新與制度供給，消除導致或引發全球化風險的國內根源，加速市場化與工業化；中國必須推行綜合多元安全戰略，特別是構建防禦金融衝擊的政策系統與化險機制，維護中國的經濟安全。

二、泡沫式的對外開放？

中國是基於什麼樣的考慮在歷經 15 年的談判之後加入 WTO？在中國爲加入 WTO 感到鼓舞之際，爲什麼又有人覺得是否過於匆忙？一種觀點認爲，中國之所以加入 WTO 是出於對前途未卜的國內改革的風險的迴避和必須維持經濟增長的雙重政治考慮，通過加入 WTO 實現更大規模的引進外資，把處於國際嚴格監督下的世貿規則強行轉換爲中國政府的行爲規範，以克服國內改革的阻力⑪。如果這種「倒逼策略」的觀點可以成立，那就意味中國儘管在政治上對全球化有著相當的警覺性，但未必在經濟上對全球化接軌作出充分的準備。

一個擺在中國眼前的既成事實是，一方面，由於改革開放和市場化改革，中國吸引了大量的國際資本和跨國企業進入中國，一方面，中國的民族產業尚缺乏足夠的資金，缺乏建全的經營知識、經驗和體制，一時之間還無法與跨國資本進行競爭。在此意義上，全球化對中國而言其實暗藏著諸多「陷阱」，包括利益陷阱、模式陷阱、速度陷阱、體制陷阱、實力陷阱和戰略陷阱。全球化的風險來自這樣的一個事實：國內改革與全球開放具有密切的聯動關係，而風險的產生就在於：中國政經體制改革速度緩慢，對外開放的速度卻在加速之

中。換言之，沒有完善的體制條件和充足的承受能力，缺乏預警和避險的安全機制，全球化對中國就是危險的。

中國在還未加入 WTO 之前，就已先行承諾放棄攸關中國經濟安全的幾項利益條款。在 1999 年 11 月有關中國加入 WTO 的中美雙邊協議中，中國承諾一旦加入之後，將遵守「與貿易有關的投資措施協定」(TRIMs，第五款除外)，中國將廢除並停止執行通過法律、法規或其他措施所規定的有關貿易與外匯平衡的要求、當地化成分和出口實績要求；中國並承諾不再以配額、許可證發放和中央與地方以取得投資審批權爲條件，提出包括當地化成分、技術移轉或必須在中國進行開發研究等要求；中國還承諾將不再對國有企業提供特別保護⑫。這意味著中國將失去防止國際資本和外國商品強占中國市場和致力於平衡進出口的抵抗權，失去外資監管和和外資談判權，失去對民族工業的保護權。有人譏諷中國加入 WTO 是「喪權辱國、割地賠款」，極力抨擊「市場浪漫主義」並倡言國家保護主義⑬，有人說美國利用 WTO 已把中國變成美國國內的自由貿易區，有人更說「中國即將崩潰」⑭！

全球化對中國經濟安全的威脅至少有如下幾個方面：

(一) 外資控股和技術壟斷

1990 年代以來，外商投資發生重大變化，除了數量增加以外，在投資形式上從新建轉向併購，特別是有選擇的、重點的對某些行業和某些地區國有企業進行規模性併購，從參股外銷到控股控市，從資金輸入到品牌輸入，從合資到獨資經營，而在投資項目上則轉向大規模、系統化投資，轉向占領中國市場。外商投資對中國經濟利益和產業安全已經或可能產生的損害體現在三個方面：一是中國對外商投資的優惠在很大程度上壓抑了國內同行業其他企業的發展，使國有企業長期處於不平等的競爭地位；二是部分國內市場已經被跨國公司控制，輕工業如洗滌用品、飲料等，外商投資企業在產量、銷量上占了35～50 ％；機電行業、移動通迅設備如美國 Motorola 在天津的獨資企業就占了中國市場的 90 ％，國內企業徹底退出競爭，外商統一天下；程控交換機外商占了 70 ％的市場；家電；轎車等外商投資企業占了一半以上；化工行業如輪胎、醫藥等，外商投資企業均已占了相當大的份額，反過來說，在過去 20 多年

裏，儘管中國的開放是漸進的、有限度的，中國國產品牌產品被外資打敗並逐
出市場的例子比比皆是，即使在中國占有比較優勢的勞動密集型產業中，不少
中國品牌也兵敗如山倒⑥，這說明了外商對中國國民經濟的控制還不僅體現在
市場份額上，還體現在品牌、技術和股權控制方面，它已在一定程度上對中國
的產業安全構成了威脅。

(二) 外債增長速度與結構問題的潛在威脅

1996 年底，中國的外債餘額達到 1162.8 億美元，成爲發展中國家最大債
務國之一。中國的外債風險主要表現在，多頭對外舉債招致規模失控、外債效
益不理想造成償債風險、債務消費化傾向、「三資」企業外債缺乏有效監督，
特別是「隱性外債」問題嚴重。「隱性外債」主要是指一些地方企業通過假合
資(名爲合資，實爲借債)和「巧借巧還」等形式，逃避國家統一的外債管理、
統計與監督。目前，中國一些效益不好的外債項目之所以未出現對外逾期，是
由於國內擔保或轉貸機構爲維護對外信譽而對外墊款，並非外債項目本身具有
償還能力，這實際上是把債務風險暫時轉到國家財政和國家銀行上，但終將成
爲國際支付的潛在風險。

(三) 金融開放與內部體制轉型的非均衡性

到 1997 年 7 月，中國政府批准各類外資金融機構代辦處 540 家，外資營
業性機構 162 家，外資金融機構總資產 329 億美元，占中國金融機構總資產
3.1 ％，占中國金融機構外匯總資產 14 ％。1997 年 3 月，有 6 家外資銀行獲
准經營人民幣業務。1999 年底，在中國的外資金融機構代表已達 600 多家，
營業性機構 200 多家，截至 2000 年 6 月底，在中國的外資銀行總資產已達 323
億美元，已有 32 家外資銀行獲准經營人民幣業務。然而，中國金融監管體系
還很不健全，金融秩序特別是非銀行金融機構秩序比較混亂，國有商業銀行不
良資產比重較大，與對外開放的要求不相適應。

(四) 外資結構不合理

由於存在外資的偏好剛性，中國目前對外貿的資本依存度處於歷史上的高

點，外貿與外資結構不合理，防禦世界經濟波動能力不強。包括外貿出口產品結構、外資來源結構等方面，都存在高度集中的不合理現象，如74％的出口是與APEC成員進行的，90％的外資也來自APEC的成員國，實踐經驗證明，外貿與外資結構集中度越高，受世界經濟波動的危險就越大[76]。

(五) 不可預估的淨失業率

以公元2000來看，中國政府安排社會保障支出達到了458億元，比1999年增長了80％，比1999年財政部提交全國人大的社會保障預算支出高出了38.8％，由此可以感受到失業給政府帶來的沉重壓力[77]。人們期待著加入WTO之後將給中國帶來1000萬以上個工作機會。實際上，新增的就業機會將只適用於受過專業訓練的高素質勞動力，中國現有的勞動力，例如國有企業下崗職工和農村大量未經任何職業訓練的勞動力，根本無法進入這些技術密集的產業，除非中國政府有足夠財力予以支持，否則結構性失業導致的收入不均等將延緩中國的經濟發展。

(六) 金融風險的衝擊

金融風險對中國的衝擊尤其令人憂心。人們一般對1997年東亞金融危機比較熟知，但在此之前，地區性的金融早已陸續出現。1991年美國金融業出現信貸風潮，1994年12中旬，被稱為拉丁美洲自由主義經濟模範生的墨西哥突然發生金融危機，1995年2月26日，具有233年歷史的英國老牌銀行巴林銀行，一夜之間毀於一個年輕交易員之手，法國金融界巨子—里昂信貸銀行因從事高風險投資而損失慘重，迫使法國政府斥資500億法郎進行搶救，1995年，美元對日元和馬克的匯率遭遇了戰後以來最嚴重的暴跌，同年，日本大和銀行在美國市場市金融衍生工具投機失敗而被逐出美國[78]。問題就在於，這些事前醸生的金融危機並沒有給後來爆發大規模金融危機的東亞國家帶來任何警訊。金融全球化帶來了一個自由主義經濟學刻意隱瞞的「市場幻覺」，人們誤以為自由化以後貨幣的堅挺是得利於自由化，看不到背後「嗜血無痕」的國際投機資本 (Susan Strange 所稱的「瘋狂的金錢」或所謂「無國籍資本」) 的竄流；許多國內銀行也誤認解除管制所獲得的自由是零風險的，殊不知國外借款

並在國內泡沫經濟中投資,在面臨國際匯率變動下是極為脆弱的。然而,問題更在於至今沒有一個能合理解釋上述現象的理論問世,政府往往高估自身抵禦金融風爆擴散效應的能力,人們對風險防範的知識似乎永遠趕不上金融投資技巧的翻新。

對於中國與全球化接軌的速度與深度,中國學者有著高度的警惕。樊綱指出,東南亞金融危機的根源就在於國內制度改革和外部市場開放之間的不平衡。在中國經濟改革內在動力逐漸弱化之際,全球化及其伴隨的外部競爭壓力,固然有助於壓迫中國進一步的改革開放,但中國也將面臨提升與強化資本流入與市場競爭之管理能力的壓力。中國在推展市場化改革時缺乏的正是市場管理能力。所謂「市場管理能力」不僅包括管理技能、經驗和知識,甚至還包括政府和管理者具有識破經濟陰謀的知識。對於發達國家來說可能深富這種洞察力,但發展中國家可能缺乏的正是這種能力。對於剛剛成為新興市場的國家來說(俗稱資本流動的『漏斗』地帶),人們甚至不知道風險來自何處,不知道「過熱」、「泡沫」、「不良貸款」、「短期貸款過度敝口」或證券組合投資「熱錢」等等投機活動㉙。另一方面,發展中國家對全球化的過度開放和捲入,帶來了「早熟的金融開放」和「問題掩飾的幻覺」,這將同時形成一種在經濟景氣上升和下降時的雙重幻覺:遲延人們對潛在風險的警覺,掩飾了對情勢的錯誤估計㉚。嚴肅的說,早熟的開放和雙重幻覺,對開發中國家是一種具有定時炸彈性質的危機根源。

三、全球化之下的戰略反思

全球化可以快速帶來資本和技術,但不能快速帶來良好的制度與市場管理能力,而後兩項對經濟發展和超趕同樣重要,而所謂「外資」,也不當然是一本萬利的商品,「利用外資」與「依賴外資」雖有如一線之隔而不易查覺,但卻有著截然不同的後果,一味依賴對外開放而沒有內在體制的深刻轉型,中國對全球經濟的接軌就只是一種「泡沫式開放」,換言之,理解和因應全球化衝擊必須從國內體制的深層弊病去尋找,而所謂全球化機遇的掌握也必須通過國內體制的深層改革才能獲致。因此,面對全球化,經濟一體化和金融全球化,中國需要新的「戰略反思」。

中國 20 幾年的經濟改革實際上就是不斷對外開放的過程，中國經濟的快速增長實際上也是中國不斷捲入和參與全球化進程並從中取得「相對收益」的過程。在改革的起步階段，中國的改革是通過釋放舊體制中長期積壓的內部存量以取得初始成效，在 21 世紀，中國改革將依賴「外部增量」的輸入以刺激「內部存量」改革的不足。這就意味著「開放」不僅僅是一種對外的門戶放開，而是必須上升到 21 世紀中國戰略選擇的高度。這個戰略的主要考慮是：如何通過新的、進一步的開放，縮短國內體制與先進國家體制的發展落差，如何在開放的激烈競爭中保持中國發展的自主性；前者涉及到中國對全球化的「接軌」策略，後者涉及必須充分估計外資對中國發展的利弊得失。

(一) 反思「開放」

長期以來，中國的開放僅僅被理解爲總體上、一般性的對外開放，缺乏在開放的形式、內容、結構、手段、地域、領域方面均衡的思考與佈局，缺乏對開放效益的比較、開放風險的評估、國內承受與消化能力和國內外動態關聯與互補效應的引導；對外開放的手段過於孤立與單一，缺乏面向高競爭、高效益領域的開放，因而往往陷於各別領域的競爭，失去對自身多元競爭能力的訓練與培養。而在國際接軌上，中國的「接軌模式」基本上是依照既有國際制度或慣例，依照西方國家給出或代爲設計的模式走。實際上，國際壓力的施展往往針對的正是中國體制脆弱或質差的環節，所謂「全球化陷阱」正是中國被動落入一種「以弱迎強」、「以卵擊石」的落差之中，在缺乏「選擇性接軌」的思考下進行接軌，不僅造成擴大體制落差、脫離國情和基本實力的困境，甚至在不能內外兩軌對接之下造成自身體制的「脫軌」。

因此，中國新的開放戰略應該是一種能夠通過外部競爭與優勢的輸入導致矯正內部障礙的開放，這是中國在開放中避開重新蹈入「盤剝性國際分工體系」和陷入「不對稱的相互依賴」的重要關鍵所在。

相對於 20 幾年快速的對外開放，對內開放明顯滯後，形成一種從人流、資本流和物流三方面的制約與瓶頸。勞動力的流動受到戶籍制度的限制，形成勞動者之間在所有制上地位的差別以及勞動力在行業之間的流動障礙；國內資本的流動約束過緊，行政干預浮濫，企業籌資手續繁瑣，金融服務商品稀少，

金融商品質量低落和成本高昂；由於外資優惠過多，使國內資本處於不對等的
競爭地位，造成資本外流。國家壟斷橫跨郵政、電信、鐵路、民航、石油、城
市自來水、煤氣、醫療衛生等行業，造成低效率、過度就業和信息不對稱。面
對全球化與新世紀，中國的開放政策應較大幅度轉向內部，形成內外「兩個開
放」。

(二) 重估「外資」

發展中國家對外資的引進一般分為三個階段，由早期—基於「雙缺口」(外
匯缺口和儲蓄缺口) —的依賴型引資，到中期逐步利用消化外資的談判性引資
階段，再到後期獲得產業和技術優勢的自主型高級階段。然而無論在那一階
段，引進與利用外資都只是手段，目的是通過外資補充帶動產業與技術的升
級，也就是通過外資來誘發或推動國內生產要素的投入，保證外資被利用於國
內資本形成，實現國家經濟增長。

外資既是外部資源的引入，自然涉及外債的償還，因此，對於任何發展中
國家而言，儘管只要存在儲蓄與外匯缺口，外資引入就有必要，但外資的規模
不可能無限制的擴大，因為在外資規模上也存在「極限缺口」，它由一個國家
的資本相對需求與儲蓄之差額所決定。儘管從實證資料顯示，利用外資與中國
的經濟發展有著密切的正相關[31]，在中國官方經濟理論家中亦不乏「外資一抓
就靈」、「外資興國」的浪漫思想[32]，但客觀上，外資引進的規模必須具有適
度性和相對性，除了必須考慮受資國對外資的消化能力，還必須考慮受資國償
還能力的大小。而外資消化能力又取決於國民經濟的比例關係，包括消費與積
累的比例，財政、信貸、物資與外匯的綜合平衡、市場貨幣流通量、基本建設
規模、生產資料供應量以及全社會商品供應狀況等等[33]。如果不重視外資的吸
收與消化能力，就可能造成與外資引進初始願望背道而馳的狀態，亦即造成外
資的低效益，而如果忽視償還能力，盲目引資，則很可能發生債務危機。換言
之，外資絕非多多益善，外資的規模及其利用效率是一個有關國民經濟長期發
展的戰略問題，不可不慎。

就一般意義的外資輸入而言，外資對受資國直接的積極影響主要有三個方
面，一是向受資國政府提供稅賦收入；二是在受資國投資設廠直接提供當地生

產要素的投入；三是提高產出，增加就業與出口。但是這些積極效應要獲得實現，不僅取決於受資國處於外資引入的那個階段，更取決於外資的特徵，包括所有權特徵、投資類型、技術結構、產品類型和多樣化，也取決於受資國當地的特徵，包括一國產業的發展階段、技術能力、產業政策以及對外資企業的法規與管理等等⑭。評估外資的理論與方法雖然存有爭論，但一般離不開外資輸入與當地產業的融合與聯動關係，以及通過技術轉讓產生擴散與外溢效果。若從上述兩個方面來評估，隨著外資規模的不斷擴大，外資對中國國民經濟的負效應也已逐漸顯現，並且在一定程度上與中國經濟發展戰略背道而馳：

1. 內外資「雙溢出」

基本上，中國早期引資所依據的「雙缺口」理論已不再適合 21 世紀中國的外資政策。據統計，從 1996 年起中國國有銀行的存貸差已超過 3000 億元，而在外資方面，從 1996 年起，中國的外匯儲備也已突破千億美元大關，1997 年達到 1399 億美元。國內高額存貸差加上外資的逐年擴大，形成內外資雙溢出現象，這意味著國內資本處於大量閒置的狀態，也意味著未能在利用外資過程中達到提高利用國內資本利用率，也可能意味中國存在大量的「資本外流(逃)」的現象⑮。因此，中國是否繼續大量引進外資，進一步加大國內的資金存量和流動量，造成更大的供需失調，乃至於誘發爲了對應外資而增發人民幣配套資金以致造成輸入性通貨膨脹，是 21 世紀中國新外資戰略必須考慮的首要問題⑯。

2. 市場換不了技術

長期以來，中國引進外資的基本戰略是著眼於以三資企業爲形式，讓出一部方國內銷售市場給予外商，以換取所需的技術。1992 年，中國爲推動「市場換技術」的戰略而修改了《合資企業法》，允許外方控股並出任合資企業董事長，但是由於在技術轉讓過程中存在著嚴重的信息不對稱，地方政府在引資工作上盲目攀比，在低技術水平上重覆堆積，中國在技術交換上未蒙其利之前就已先承受丟掉市場之害⑰，而中國在失去了市場之後再謀求技術的轉讓往往已經爲時已晚。特別是目前普遍存在的「賣牌合資」併購和外資壟斷控股，中國的國產產品市場遭到擠壓，中國名牌遭到吞食⑱。在外資與內資激烈爭奪中國國內市場情況下，既不利於中國民族產業的生存，長期亦不利於中國外向型

經濟的發展。

3. 難以發揮區域經濟聯帶效應

就一般受資國家的主觀意願來說，無不希望引進外資於經濟落後的地區或部門，但外資企業追求的是實現母國公司市場控制和全球利潤最大化，而不是東道國政府的產業指導和宏觀調控政策。基於利潤原則，外資企業往往選擇在交通、通訊、基礎設施完善、靠近消費市場和投資收益高的地區投資，這不僅與中國「以東帶西」的戰略構思不能搭配，而且隨著外資的擴大與集中，中國區域經濟發展水平的「馬太效應」也在擴大之中⑧。

4. 加劇國內產業失衡

由於外資的基本結構和投向向來傾向於「短線利多」，因此客觀上很難將外資引入與產業優化充分結合。中國自開放以來引入過多的非生產項目的外資，國家鼓勵的基礎設施和基礎產業外資興趣缺缺，同樣的，一般性加工工業和勞力密集型項目也過多，相反的，原材料和基礎能源的引資比例過少。以1999年為例，外資企業出口中工業製成品平均達到90.67 ％，但是僅僅加工貿易額就占了外資企業進出口將近70 ％，這種「兩頭在外」的加工貿易與中國國內產業的關聯度很低，中國除了從中獲得少量的工繳費收入之外，國內產業得不到帶動。兩頭在外的外資企業多半屬於勞力密集企業，享有關稅、所得稅和土地使用等優惠，與中國國內企業相比具有明顯的優勢，特別是在紡織品等進口國設限的主動配額上，由於其出口銷路廣，對中國國內非外資企業的出口配額產生嚴重的擠占效應⑨。

陸、中國對全球化回應：改革與調適

一、構築全球化衝擊下的經濟安全機制

經濟安全涉及的是國家經濟生活整體而根本的利益，主要是指一國經濟在整體上基礎穩固、健康運行、穩定增長和持續繁榮的條件下動態平衡的運行狀態。從國家與全球化的互動關係來說，經濟安全特別是指不受外國和國際威脅的一種狀態，其前提是具備有效消除和化解潛在風險和抗拒外來衝擊的能力。

經濟安全與尋求國家經濟增長機制的內涵與範圍不盡相同，它關切的是經濟運行過程中經濟衰退和劇烈震盪的成因與機理，尤其是經濟實際與經濟表現的背離狀態。而在國家經濟安全項目中，金融安全則居於核心的地位。

中國是一個由計劃經濟向市場經濟、由內陸封閉向全球開放的轉型國家。而當中國處於劇烈轉型階段時，世界亦在轉型之中。當前，地緣經濟學取代了地緣政治學，資本和技術的競爭取代了軍備的競賽，經濟一體化趨勢取代了意識形態對峙。正是在這種「雙轉型」的歷史階段，經濟安全對中國顯得格外緊迫與重要。在全球聯動時代，任何一個國家或地區發生經濟波動或金融危機必然影響或波及其他國家或地區，中國既已捲入全球化，就不可能無視或迴避全球性的經濟震盪或金融危機的衝擊。理性的說，當一個國家在分享各國經濟發展的外溢效應的同時，也不可能不承受基於某些波動或突發因素對本國經濟的不利影響。實際上，中國經歷了多年的開放之後，經濟增長中的虛擬成分已經逐漸萌生，泡沫現象也時有所聞，例如股票轉手率過高、房地產和開發區投資過熱、銀行呆帳和死帳過多、國家稅收占 GDP 比重偏低、中央財政赤字過大、國際金融資本與跨國公司的干擾日盛等。這些現象基本屬於內在風險，具有較長的風險逃逸時間，尚且可以通過內部改革逐步改善，但是來自外部突發的風險，挾著多米諾骨牌效應[31]，因具有較大的風險聚斂效應，不能不加以嚴密防範。

全球化競爭與東亞金融危機給予中國極大的警訊，這說明了作為一個轉型大國，中國參與世界經濟絕不會是風平浪靜的。但光是知所警惕顯然還不夠，中國必須在「全球危機研究」中得出構建中國經濟安全機制的具體行動，集中來說，中國必須積極構建一套乃至綜合型風險防禦機制，涵蓋從風險預測到危機應變程序的科學評估系統。目前，中國官方和青年理論界已經開始著手進行經濟風險指標的蒐集與組合，對各種參考性警示系統進行包括指標體系、標測內容、安全區間、預警方法的修正[32]，通過數理模型的建構和動態分析方法，試圖建立經濟安全監測警示系統[33]。這種進展，對中國經濟安全機制的構建具有很高的價值與現實意義。

除了經濟安全預警系統的建構之外，重點還在於動態監測的方法及其有效性。預警與行動，是安全機制不可或缺的環節，否則若不能即時、敏感和有效

應對，再精密的系統也只是閒置。基本上，外部風險內析的監測範圍應涵蓋從外貿在 GDP 的份額變動、出口構成及其趨勢、出口的穩定性、進口依賴性、貿易條件之變化、能源與戰略物資對外依賴度、外匯儲備變動、外債及其償還、國民心理與意志、外部政治風險、企業國際競爭力、外部軍事威脅、綜合威嚇力、戰略地位等等。更重要的是，還需要對預警系統操作與發佈建立隨時修正系統，提高風險之社會闡釋以塑造全民風險意識的建全化—不麻痺亦不過度驚慌—提高風險灰色領域的科學量化準據⑭。

二、推動「國家競爭力」的體制改革

中國 20 幾年的改革主要集中於經濟體制的改革，政治改革不僅相對落後，零星的政治改革也僅限於「政策—功能」的管理層次，「結構—體制」的深層次改革相當遲緩。在初期階段，中國的政治改革主要表現在國家行政機關逐步收縮在經濟領域的控制力量，並通過政策引導誘發社會資源和市場機制的發育。然而目前，政治改革幾乎呈現停頓狀態，一方面，通過「收權」和「放權」以釋放舊體制能量的機制已經受到限制，這從國有企業改革成效的遲緩可以看出；一方面，支撐舊體制的剛性和慣性的結構體制沒有獲得徹底的改造，改革的層面儘管分佈很廣，但總是徘徊、衝擊於體制的表面層次，改革的目標儘管清晰明確，但總是猶豫遲緩，動能不足。改革的尷尬之處在於：針對體制弊病的改造效果與舊體制的剛性習慣之間，形成一種「時間的拉距」，並且衍生各種「反針對性」或消解性的「對策」，而改革所面臨的巨大社會成本的無力支付，也使許多措施流於口號。

隨著經濟改革的深化，特別是各種潛在社會資源和力量、階級多元分化後的組織能量被激活起來以後，原有的那種有限度、條件式、功能性的政治改革將越來越不能滿足經濟改革後多元團體的利益表達；全球化要求中國必須強化其國際競爭力 (因為中國現有依賴獨特資源與廉價勞力的優勢，將很快在國際競爭中失勢)，包括內部利益整合的能力、對外集體談判的能力、全球風險的抵禦、監控和管理的能力等等。目前，中國政治改革的進度顯然還不能滿足上述兩項客觀的壓力與需求。

儘管社會分化與國家整合的互斥性壓力，國際干涉主義和社會主義愛國主

義兩股思潮的相互激盪，構成了中國政治改革的內外阻力，但是在全球化挑戰下，中國的政治民主化改革已經不能延緩；如何防止改革的滯緩和倒退，警惕極端民族主義的興起，推進體制深層改革以適應多變而高度競爭的內外環境，是全球化趨勢對加速中國政治改革的客觀要求。然而，一方面，爲了應付全球風險必須提高國家預警反應與管理職能而使自由主義的民主體制已遭到質疑，一方面，一個集權低效的權威型政府也難以抵擋瞬息萬變的全球化浪潮，中國的政治改革必須另闢蹊徑，採取「國家誘導、市場深化」的模式，以提高國家「全球競爭力」。

面對全球化挑戰的政治體制改革，必須集中政府效率與能力的改進，前者涉及政府職能的科學化與理性化的轉變與定位，以提高國家競爭力，後者涉及宏觀經濟調控能力，以提高國家對全球化的調適與應變能力。實際上，一個國家抵禦外部經濟與金融風險的能力與政府自身的組織效率和管理智能有著密切的關聯性。在全球化趨勢下，一個有效的政府必須具備三個基本能力，一是行政能力，即政府本身應變和動員社會的組織能力，二是金融能力，亦即對金融活動具有監督與控管的能力，三是汲取能力，亦即徵收稅收和管理外資貢獻的能力。國家對於這三種能力都能俱備，也自然是一個具有國際競爭力的國家。

三、警惕極端民族主義的興起

最後，對於具有特殊國情背景，具有滋長民族主義豐盛能量的中國社會來說，還要警惕在全球化衝擊下非理性的國民反應，也就是警惕極端民族主義的興起。面對西方冷戰後「圍堵中國」的壓力以及爲了反制「中國威脅論」，加上中國與美國之間屢次發生的重大誤會事件，如美國「誤炸」南聯中國大使館和南海空域的中美軍機擦撞事件，中國民間與思想界積蓄了相當程度的民族主義能量。民族主義在性質上雖然訴諸於民族的創傷與悲情，在某些時刻具有激勵國家意志的作用，但實際上，民族主義容易走上「霸權話語」並具有使整個社會集體失控的危險性。由於激進的、情緒化的民族主義直接訴諸於「生存第一性」的原則，並把一切與他們不同的聲音視爲對民族生存的威脅而予以抨擊，於是民族主義勢必力圖獨占思想與論界的至高點，成爲足以壓倒一切人文價值的優勢話語，成爲一種虛擬的「無上命令」⑤。儘管可能存在或值得鼓吹

一種「理性的民族主義」，認爲應當通過更爲深刻的制度變革以增強國力來抗衡「圍堵中國」[96]，這種設想也遭到如果民族主義具有「理性成份」就不叫民族主義的詰難。中國在致力消解全球化的外部衝擊時，也不能不警惕作爲內發性風險而阻礙中國實現現代化的極端民族主義及其破壞性。

柒、結　論

全球化也許使得社會主義的前提再度提到人類歷史議程之上，馬克思主義也許在21世紀的開頭不久，再度成爲人類思想選擇的道路。也許中國全球化戰略最終宣告失敗，也許在獲得成功以後與西方發達國家共組「資本主義大家庭」。但無論這種預測將獲得什麼結果，中國首先不能在全球化的洶湧浪潮中倒下。

一個能夠化解全球化危機並在危機中壯大的中國，將會是一個既鞏固又成熟的新型世界強國，然而，這個新型強國的特質絕不在於它的「兵強馬壯」，而在於它的形象與風格，這種風格的塑造，必須既是西方大國開始學習如何與中國對等相處，又是中國的改革取得世界福利效應從而獲得國際社會尊重之後，才有可能實現。更深一層來說，中國復興的意義不在於中國人自己得利，而是可能造就一種新的國際秩序的建立，它極可能促成一向以西方強國爲主導的國際秩序、國際規範與價值的重建，一種立基於東西平等和協調發展的歷史性轉變。

世界經不起中國作爲一個「洲級大國」的崩潰，而中國在當今全球化時代的重新崛起，既是中國人之幸，亦不會不是世界之福。中國若能妥善掌握全球化的機遇和挑戰，清楚識別全球化風險與傷害，深刻整頓內部社會的積弊與障礙，轉變政府職能與效率，提升國家競爭力，中國在21世紀的崛起將不會只是個夢想，而是民族奮進的義務。

*　　　　　*　　　　　*

註　釋

*　本文原發表於**中國大陸研究**第 45 卷第 2 期，本文感謝二位匿名審查人惠賜寶貴意見，尤其在
　　若干關鍵論題上提供批評與指正，在此謹申謝忱。

註①　Gayatri Spivak, "Feminism and Critical Theory," in *In Other Worlds* (London: Routledge, 1988),
　　pp. 77～78.

註②　James Rosenau (ed.) *Governance Without Government: Order and Change in World Politics* (Cambridge,
　　U.K.: Cambridge University Press. 1992).

註③　Roland Robertson, *Globalization: Social Theory and Global Culture* (Newbury Park, CA: Sage,
　　1992).

註④　See Martin Albrow, "Introduction" in *The Global Age: State and Society Beyond Modernity* (Stanford,
　　C.A.: Stanford University, 1997).

註⑤　John Baylis and Steve Smith, (ed.) *The Globalization of World Politics* (New York: Oxford Univer-
　　sity, 1997), pp. 14～17.

註⑥　Jan Tinbergen, *International Economic Integration* (Amesterdam. 1954).

註⑦　Luis Emmerij, *Economic and Social Development into the XXI Century* (Inter-American Develop-
　　ment Bank, 1997).

註⑧　Alain de Benoist, "Confronting Globalization," *Telos*, Issue 108, Summer 1996.

註⑨　R. Keohane, J. S. Nye, *Power and Interdependence* (Dosborn: Little Brown, 1977).

註⑩　多紹蒂‧詹姆斯和普法爾茨格拉夫‧羅伯特，**爭論中的國際關係理論**（北京：世界知識出版
　　社，1987 年），頁 147～148。

註⑪　Roland Robertson, *Globalization* (London: Sage, 1992), p. 1.

註⑫　Mike Featherstone, *Global Culture: Nationalism, Globalization and Modernity* (London: Sage. 1990).

註⑬　參見張汝倫對 Roland Robertson 觀點的闡釋，「文化視域中的全球化理論—羅蘭‧羅伯遜的全
　　球化理論簡述」，**復旦學報** (社會科學版)，1996 年第 6 期，頁 23～26；另參見萬俊人一篇關
　　於經濟全球化、現代性與文化多元主義相互張力關係的討論，「經濟全球化與文化多元論」，
　　中國社會科學，2001 年第 2 期，頁 38～48。

註⑭　Anthnoy Giddens, *The Consequence of Modernity* (Cambridge U.K.: Polity. 1990).

註⑮　David Held and Anthony McGrew, David Goldblatt and Jonathan Perraton. *Global Transformations:
　　Politics, Economics and Culture* (Stanford, C.A.: Stanford University, 1999). "Introduction".

註⑯　James N. Rosenau, "The Dynamics of Globalization: Toward a Depurational Formulation," *Security
　　Dialogue*, Vol. 27 (3). 1996.

註⑰　William K. Tabb, "Progressive Globalism: Challenging the Audacity of Capital." *Monthly Review*
　　50, no. 9 (February 1999): 1～10.

註⑱　Anthony Giddens, *The Consequence of Modernity*, (Cambridge, U. K.: Polity Press, 1990), p. 64.

註⑲　David Harvey, *The Condition of Postmodernity* (Oxford: Basil Blackwell, 1990), p. 299.

註⑳　Roland Robertson, *Globalization: Social Theory and Global Culture*, op. cit., pp. 142～45, 183; Mar-
　　tin Albrow, *The Modern Age* (Stanford CA: Stanford University Press, 1996), p. 98.

註㉑　James H. Mittelman, *The Global Syndrome: Transformation and Resistance* (New Jersey: Princeton University, 2000). p. 6.

註㉒　James H. Mittelman, *The Global Syndrome: Transformation and Resistance*. pp. 15～17.

註㉓　關於全球性的反全球化力量，參見時殷弘，「當今世界的反全球化力量」，**太平洋學報**，2001 年第 3 期，頁 16～22。

註㉔　王逸舟，**當代國際政治析論**（上海：上海人民，1995 年），頁 37。

註㉕　人們對全球化的評價主要取決於在全球化體系下的利害得失位置。贊揚或倡導全球化的通常是全球化的既得利益者，如發達國家、跨國企業以及在世界經濟中處於上升地位的國家；反對或抵制全球化的通常是受害者或即將受害者，如經濟上處於劣勢、人數眾多的發展中國家，既贊成又反對的通常是謹慎應對全球化即可獲益但處理不慎也可能受害的國家，對這些國家一個通常的說法是：既是機遇，也是挑戰。中國即是屬於這種類型。

註㉖　余俊卿，「經濟全球化的『第二效應』—簡評西方學者關於 "民族國家時代已經過去" 的論調」，**江漢論壇**，2000 年第 9 期，頁 37。

註㉗　參見唐任伍、胡春木，「論全球化規則的『扶強抑弱性』」，**世界經濟與政治**，2000 年第 4 期，頁 44～48；潘萍，「全球化浪潮下的經濟主權與中國的開放觀」，**中共浙江省委黨報**，2001 年第 3 期。

註㉘　James Petra, "Globalization: A Critical Analysis," in Ronald M. Chilcote, (ed); *The Political Economy of Imperialism* (Boston, MA: Kluwer Academic Publisher, 1999), p. 184.

註㉙　James Petra, *Globalization: A Critical Analysis*, p. 182.

註㉚　胡大平，「具體地歷史地理解全球化和當代中國的實踐」，**哲學研究**，2000 年第 4 期，頁 15。

註㉛　參見李會欣，「反全球化運動與勞工」，**國外理論動態**，2001 年第 8 期，頁 12～13。

註㉜　Michel Chossudovsky, *Global Poverty in the Late 20th Century*, 原文載 http://www.heise.de/tp/english/special/eco/6099/1.html，寧躍中譯，**國外社會科學**，2000 年第 6 期，頁 45～49。

註㉝　儘管世界銀行在「2000/2001 年世界發展報告」中一再強調經濟增長是減少貧困的強大力量，但卻將貧困問題「誘過」於各國經濟增長的差異。報告認為，增長的模式、收入和機會分配的變化以及減少貧困的程度反映出各國政策、制度、歷史和地理之間一系列複雜的相互作用關係；過去 20 年各國收入貧困狀態的變化，大多是由各國收入增長差異引起的。這份報告既沒有說明世界經濟一體化對世界性貧困問題的關聯性，而且將貧困問題分解為各國增長與收入分配的差異之上，反映出西方主流經濟學家刻意迴避全球化與貧困化這一敏感問題，以貿易自由化「使窮人和其他人一樣受益」的模糊性說法，跳躍了全球貧困化問題。參見許寶友編寫，「2001 年世界發展報告認為增長是減少貧困的主要手段」；魯溪編寫，「增長未必能減少貧困—駁 2001 年世界發展報告」，**國外理論動態**，2001 年第 5 期，頁 20～23；24～25。

註㉞　Arthur MacEwan, "Globalization and Stagnation," *Monthly Review*, Vol. 45. Issue 11. April 1994.

註㉟　陳旭、尚文程，「經濟全球化的『陷阱』分析」，**經濟問題**，1999 年第 1 期，頁 21。

註㊱　James H. Mittelman, *The Global Syndrome: Transformation and Resistance*, pp. 78～79.

註㊲　James H. Mittelman, *The Global Syndrome: Transformation and Resistance*, p. 79.

註㊳　樊綱，「全球化應成為全球參與者共同獲取利益的過程」，**中國外匯管理**，1999 年第 1 期，頁 14。

註㊴　James Petra, *Globalization: A Critical Analysis*, p. 191.

註㊵　樊綱，「全球化應成為全球參與者共同獲取利益的過程」，前引文，頁 14。

註㊶ 樊綱，「全球化的不平等問題：亞洲金融危機的教訓及政策含義」，前引文，頁43。

註㊷ http://www.nua.com/surveys/

註㊸ 李永剛，「網絡擴張對後發展國家政治生活的潛在影響」，**戰略與管理**，1999年第5期，頁68。

註㊹ 季正矩，「全球化對國家主權的模鑄和侵蝕」，**當代世界與社會主義**，2001年第6期，頁36。

註㊺ 肖永平‧郭明磊，「因特網對國家主權的衝擊與對策」，**法學雜誌**，2001年第4期，頁13～16。

註㊻ 賀力平，「全球化與中國經濟可持續發展」，**戰略與管理**，2000年第3期，頁30～31。

註㊼ James H. Mittelman, *The Globalization Syndrome: Transformation and Resistance*, pp. 20～21.

註㊽ http://www.unctad.org/en/press/pdfs/pr01_36.en.pdf. p. 4.

註㊾ http://www.unctad.org/en/press/pdfs/pr01_36.en.pdf. p. 5.

註㊿ 熊涓，「外資：中國經濟發展的加速器」，**學術交流**，2000年第5期 (2000年9月)，頁94。

註51 胡景岩，「2000年中國吸收外商投資回顧與2001年展望」，**中國對外經濟貿易年鑑** (2001)，頁115。

註52 參見對外經濟貿易合作部 (編)，**中國對外經濟貿易白皮書** (2001)，北京：中國金融出版社，2001年，第5章：2000年中國利用外資。

註53 參見樊勇明，**中國工業化與外國直接投資** (上海：上海社會科學院，1992年)，頁82～106。

註54 宋桂華，「淺析中國入世後所面臨的機遇與挑戰」，**北方經貿**，2000年第2期，頁184～185。

註55 關於在國際政治上對此一現象的分析，參見王逸舟，「制約主權的十個因素」，**天津社會科學**，1994年第1期，頁34～41。

註56 劉飛濤，「全球化與民族國家主權關係辯析」，**世界經濟與政治論壇**，2000年第5期，頁50。

註57 Jurgen Habermas，「超越民族國家？—論經濟全球化的後果問題」，載烏‧貝克，哈貝馬斯等，**全球化與政治**，王學東、柴方國譯 (北京：中央編譯出版社，2000年)，頁73～74。

註58 **全球化與政治**，頁74之註①。

註59 James H. Mittelman, *The Globalization Syndrome: Transformation and Resistance*, p. 25.

註60 烏‧貝克，哈貝馬斯等著，**全球化與政治**，頁37～38。

註61 殷時弘，「論民族國家及其主權的被侵蝕和被削弱—全球化趨勢的最大效應」，**國際論壇**，2001年第4期，頁1～6。

註62 中國對於國際干涉和維和行動向來持比較負面的看法，聯合國決策過程與實際執行上履遭到中國官方的批評，參見賴志剛，「維和行動與國家主權」，**西安政治學院學報**，第13卷第3期 (2000年6月)，頁64～68；以及楊澤偉，「國際法上的國家主權與國際干涉」，**法學研究**，2001年第4期，頁144～153。

註63 Paul Hirst and Grahame Thompson, *Globalization in Question*, 2nd edition, Cambridge, UK. Polity Press, 1999, pp. 270～271.

註64 參見張驥、武樹霞，「論全球化進程中的國家主權建構」，**上海社會科學院學術季刊**，2001年第3期，頁66。

註65 劉飛濤，「全球化與民族國家主權關係辯析」，**世界經濟與政治論壇**，2000年第5期，頁51。

註66 一種稱爲「無限制資本主義」(capitalism without limited) 的技術決定論的觀點，將資本主義說成是一種力量強大的、不可逆轉的、無所限制的發展歷程，這種相信技術可以超越一切人文限制和地球資源的匱乏性，鼓勵發達國家資本增值的衝動在世界範圍內自由爆發和任意擴張，正

　　是造成「公有地悲劇」的危險訊號。參見王銳生，「『無限制資本主義』評述」，**哲學動態**，1998 年第 4 期，頁 24～28。

註⑥　參見李誠邦，「經濟全球化與民族國家—從世界體系論角度的分析」，**歐洲**，2001 年第 3 期，頁 48。

註⑥　Robert O. Keohane 的「運作主權」[operational sovereignty] (區別於「法律主權」) 可以作為中國的參考。兩者的區別：國家主權在概念上與實際運作上的落差，說明了主權不僅是一種國家哲學上「質」的概念，還包括國家能力實際表現的「量」的概念。實際上，主權國家總是盡力通過國家行為以達到法律約定的主權內涵，而這種落差也正是用來衡量一國主權地位變化的指標。R. O. Keohane, "Sovereignty, Interdependence, and International Institutions," in Linda Miller and Michael J. Smith (eds); *Ideas and Ideals: Essays on Politics in Honor of Stanley Hoffmann* (Boulder, CO: Westview, 1993), pp. 91～107.

註⑥　這種主權關念上的「唯衝突論」的典型觀點參見劉蒼勁，「關於在經濟全球化中維護國家主權安全的思考」，**湖北大學學報**(哲學社會科學版)，第 28 卷第 4 期 (2001 年 7 月)，頁 32～36。

註⑦　參見張文木，「中國國家安全哲學」，**戰略與管理**，2000 年第 1 期，頁 31。

註⑦　岳健勇，「外資與中國經濟增長—中國加入經濟全球化的國內經濟根源」，**戰略與管理**，2001 年第 4 期，頁 74。

註⑦　岳健勇，前引文，頁 75。

註⑦　韓德強，**碰撞：全球化陷阱與中國現實選擇** (北京：經濟管理出版社，2000 年）。

註⑦　Gordon G. Chang, *The Coming Collapse of China* (New York: Random House, 2001).

註⑦　一位美國的中國問題專家預估，中國加入 WTO 之後，中國稚嫩的民族工業在遭遇西方企業巨人時，勢必造成大批企業被擠垮，引起出口能力的萎縮和國際收匯能力的下滑，中國的出口將銳減 30 %. 參見 Nicholas N. Lardy, "China's WTO Membership," *Policy Brief*, No. 47, 1999, The Brookings Institution.

註⑦　王朝才、傅志華、隆武華，「世界經濟全球化進程中危害中國經濟安全的因素」，**中國黨政幹部論壇**，1998 年第十期，頁 43～44。

註⑦　岳健勇，前引文，頁 70。

註⑦　李揚，**中國金融改革研究** (上海：江蘇人民出版社，1999 年），頁 343～344。

註⑦　樊綱，「經濟全球化的挑戰：如何規避全球化帶來的風險」，**國際金融研究**，1998 年，第 10 期，頁 9。

註⑧　樊綱，「全球化的不平等問題：亞洲金融危機的教訓及政策含義」，**國際經濟評論**，1999 年，第 3～4 期，頁 41～44。

註⑧　司訓練、黨興華，「外資引入對我國經濟發展作用之研究」，**西安理工大學學報**，1997 年第 13 卷第 3 期，頁 289～291。

註⑧　典型的代表作參見季崇威，**中國利用外資的歷程** (北京：中國經濟出版社，1999 年）。

註⑧　喬桂明，「論利用外資的適度規模及其相關的債務指標設置」，**蘇州絲綢工學院學報**，第 14 卷第 2 期 (1994 年 4 月)，頁 68～72。

註⑧　裴長洪，**利用外資與產業競爭力** (北京：社會科學文獻出版社，1998 年），頁 137～138。

註⑧　一方面存在過剩的國內儲蓄，一方面國外資本又大量流入，意味著存在著「地下經濟」。地下資本就是「游資」，有學者稱之為「迷失的資金」。中國學者在追索這種迷失資金的方向時，發覺了中國巨大的資本外流 (包括基於安全和投機考慮的資本外逃) 現象。參見李揚，中國金

融改革研究（南京：江蘇人民出版社，1999 年），頁 327～335。

註⑧⑥　韓繼雲，「突破『雙缺口』理論影響，完善我國利用外資戰略」，**深圳大學學報**(人文社會科學版)，第 14 卷第 2 期 (1997 年 5 月)，頁 26。

註⑧⑦　關於中國「市場失陷」的各種危急情況，參見吳越濤、張海濤 (編)，「**外資能否併吞中國**」（北京：企業管理出版社，1997 年）。

註⑧⑧　王筱欣、羅晉川，「市場換技術的成本、難點與對策」，**重慶工商管理學院學報**，第 11 卷第 4 期 (1997 年 8 月)，頁 34～35。

註⑧⑨　陳漫，「中國引進外商直接投資的實效分析」，**戰略與管理**，2001 年第 3 期，頁 94～95。

註⑨⓪　陳漫，「中國引進外商直接投資的實效分析」，前引文，頁 96。

註⑨①　由於金融危機主要是通過一體化的金融市場上投資者的從眾行為、資產組合的選擇行為、資產相關操作和預期心理等複合渠道在國家之間傳遞的，只要是市場聯為一體，這種渠道就無法阻隔，危機就會以骨牌式效應在區域內國家之間傳播並擴大。

註⑨②　喬雲霞，「對國家經濟安全問題研究的思路」，**科技情報開發與經濟**，第 10 卷第 2 期 (2000 年)，頁 7～8。

註⑨③　李金華，「國家經濟安全監測警示系統的構建」，**中南財經大學學報**，2001 年第 5 期，頁 27～30。

註⑨④　張炳清，「國家經濟安全的外部風險與防範」，**求是學刊**，2000 年 5 月，頁 61。

註⑨⑤　蕭功秦，「後全能體制與 21 世紀中國的政治發展」，**戰略與管理**，2000 年第 6 期，頁 6。

註⑨⑥　吳國光，「以理性民族主義抗衡『圍堵中國』」，陳彥，「警惕民族主義成為主導的意識形態—與吳國光先生商榷」，載汪暉、余國良編，**全球關係中的中國處境**（香港中文大學出版，1998 年），頁 115～128；129～140。

全球化與中共民族主義：
「一國兩制」的機會與限制*

宋學文

國立中正大學政治學系暨研究所教授

黎寶文

國立中正大學政治學研究所碩士

摘　要

　　近年來兩岸關係最重要的命題已由 1990 年代初期之「兩岸關係是為國內關係抑或國際關係？」的辯論，逐漸演化為目前「在東亞安全新體系下的兩岸關係該何去何從？」的探討。其間最大的特色為：國際力量對兩岸關係的干預已逐漸由弱轉強，由暗化明，由被動轉為主動。在此種外力干預兩岸關係的前提下，北京試圖以「民族主義」建構其對美國之「反霸權主義」，及希望台灣接受「一國兩制」之主張，有其務實之考量，亦有其短期之功效。但中共欲以「民族主義」來達成以上兩個政策目標，長遠來看，卻將面臨全球化所衍生效應的挑戰。在全球化效應衝擊下，中共若持續堅持以「一國兩制」作為鞏固民族主義之政策工具，則可能會面臨三個嚴峻的挑戰：第一、共產主義與民族主義之間的辯證問題；第二、全球化（globalization）對主權國家所產生之衝擊；第三、國際典則（international regime）所可能投射出來之全球治理（global governance）願景。本文從此三點出發來分析中共以民族主義作為「號召」台灣接受「一國兩制」之政策工具，所可能面臨的機會與限制；然後再探討全球化下的國際關係新典範及其對兩岸關係所可能面臨之衝擊與解決途徑。事實上，隨著地球村效應導致全球化現象的出現，已逐漸模糊了「國際」與「國內」之畛域，使得傳統國際體系中以主權國家為主要

行為者的概念受到許多挑戰。面對全球化的趨勢，國際關係領域中最令人關
切的部份，莫過於國家主權的消長情形。全球化對於國家權力、政府功能之
最大衝擊在於：西發利亞體系（Westphalian system）的主權原則勢必將有所
調整。因為傳統主義概念，乃是因著「領域性」（territorial）國家的治理而
來，但全球化下的國家主權觀念，卻源自於「交易成本」、「代理人」等契
約觀念。這種改變正是實施威權體制及強調階級鬥爭的中國共產主義所將面
臨的最大挑戰。換句話說，中共欲以「民族主義」來追求兩岸間之「一國兩
制」不但有其先天結構之矛盾性，亦有其後天技術如何克服「市場性」與「契
約性」的困難。本文針對以上論點提出理論與實務之分析。

關鍵詞：全球化、兩岸關係、民族主義、一國兩制、國際關係理論

*　　　　　*　　　　　*

壹、前　言

　　進入後冷戰時期的兩岸關係，並未因為冷戰的結束而趨於緩和；相反的，
自從 1995 年 6 月李登輝前總統訪美之後，兩岸關係一直處於緊張之中。事實
上，自 1996 年 3 月台海危機之後，兩岸之政治張力，不但加速了美國與中共
在台灣安全上之利益衝突，也啟動了中共對台統一時間表之制定。而所謂的
「台灣問題」更由是否為「國內事務或國際議題」之爭，演化為「台灣是否已
淪為美－中兩強對峙的一個棋子」之辯論，再到「全球化下的兩岸關係該何去
何從的探討」。隨著這一連串的「台灣定位」問題，中共黨中央最後決定用
「民族主義」（nationalism）來「鞏固」大中華之不可分割性，並以之來抗拒
美國之霸權主義。但中共以民族主義來追求台灣接受「一國兩制」，在全球化
（globalization）效應下卻充滿許多不確定因素。其中不但有兩岸經貿的互動日
益密切所衍生之兩岸經濟面之互賴問題，也有因經貿互動所衍生的兩岸政治統
合問題。此外，將中共定位為競爭關係的美國新政府，正與民進黨執政的台
灣新政府逐漸走向軍事與安全之「準盟友」關係，使得兩岸關係的發展更形
複雜①。儘管如此，在後冷戰時期，兩岸間之零合關係也逐漸在全球化的衝擊

下,存著更多、更寬的發展空間。

　　就國際政治層面而言,兩岸關係自始至終皆有國際力量的介入。由權力平衡的觀點來說,1949 年美國的對華政策白皮書,1950 年韓戰爆發後杜魯門總統的台灣主權未定論,一直到最近前總統李登輝所提出之「兩國論」和中共提出的中國政策白皮書,我們可以看見國際社會對於台海問題的關注。事實上,從三次台海危機中,我們發現每當台灣海峽情勢緊張的時候,美國總會積極介入。換言之,兩岸關係一直是美─中─台三角關係中的一部分,深受美國對台政策的影響;而美國對台政策的制定,與國際情勢格局之權力平衡息息相關。美國的對台政策大致上可以分為四個時期。第一階段自 1949 年政府遷台至 1978 年「中」美斷交──「停火」導向之政策;第二階段為 1979 年中共與美國建交至 1995 年李登輝總統訪美──模糊過渡政策(muddling through policy)之建立與鬆動;第三階段為 1996 年台海危機至 2000 年柯林頓政府交班──「被動但果決反應」(passive but assertive responses)(PAR)政策;第四個階段自 2001 年布希新政府成立之後──PAR 之演化②。經過此四個階段,美國對華政策有了顯著的差別。然而,國際力量之干預或東亞權力平衡的因素,從「聯中制蘇」至「圍合中國」(congagement China)③之爭辯,在不同時代裡,一直是影響兩岸關係發展的重要原因。

　　於此同時,在通訊、貿易及其它跨國交流日趨頻繁的現代社會中,隨著地球村效應導致的全球化現象的出現,已逐漸模糊了「國際」與「國內」之畛域,使得傳統的國際體系中以主權國家為主要行為者的的概念,受到許多的挑戰④。從國際關係的角度來說,自第二次世界大戰之後,隨著跨國投資、金融流通、經貿、交通及通訊科技之日益發達使得國際間之經貿相互依賴愈來愈加深及頻繁,從而大大地改變了國際關係之面貌⑤。傳統國際關係領域中居支配地位的現實主義出現越來越多的破綻需要加以修正。換句話說,隨著全球化的來臨與現實主義解釋力的不足,國際關係領域中,一些具有現實主義背景的學者希冀新典範的出現,以達到預測力和解釋力完備的理想境界⑥。在目前國際社會正快速朝全球化發展的趨勢下,國際政治的研究產生了兩個弔詭(paradox)。第一個弔詭是:不少學者從經濟相互依存(economic interdependence)理論推測,國際間國家與國家間因為經貿互動愈來愈頻繁,而造成經濟上相互合

作甚至整合的需求愈來愈大；但在另一方面，又有另一些學者從現實主義
（realism）之角度出發，主張在未來之國際體系上將有更多的國家要求更多的
政治之獨立與自主。第二個弔詭是：在強調人權、民主及跨國企業之趨勢下，
政府之主權(sovereignty)將被許多非政府組織(NGOs)與多國籍公司（MNCs）
所分享或挑戰；但在此時，政府為了因應日益頻繁的跨國關係，必需扮演協
調、管理及因全球化、NGOs 及 MNCs 所帶來種種問題之重要角色，以及人民
對政府職能之需求也日益升高；因此，先進國家普遍面臨政府主權受到侵蝕，
但職能卻日益擴大的弔詭⑦。這種弔詭反映在兩岸關係上之意義為：兩岸在經
貿面上是「合則多利」，甚至在全球化下有經貿日趨整合或分工的必要。但在
兩岸之政治層面，兩岸關係在未來美－中日趨對抗的東亞安全體系及台灣內部
之本土民主意識之提昇下，卻又激發出另一股使兩岸漸行漸遠，甚至對立之政
治張力。目前在台灣內部，有關兩岸未來宜走向「統一」或「分離」之議題
上，尚無一定的共識。我國目前新政府的大陸政策，亦很難有一個能獲得國內
各黨派支持的政策。因此，雖然陳水扁總統在大陸政策上提過所謂的「五不政
策」、「政治統合」等主張，但並不能消彌中共對台灣可能走向台獨之疑慮。

當全球化效應正衝擊著台北之大陸政策之際，全球化現象亦對中共對台政
策有著深遠之影響。就國家政治層面而言，中共目前欲以民族主義（national-
ism）來作為其對「一個中國」及兩岸統一之重要政策工具。而中共以民族主
義作為兩岸統一之政策工具，是有其歷史背景的。1949 年至 1958 年之中共對
台政策為武裝解放台灣政策時期，中共對台政策主要是透過軍事威脅、內部顛
覆及宣傳鼓動方式，來達到統一目的。1959 年至 1978 年，中共對台開始展開
和平解放台灣政策。其策略是透過和戰並用，海外統戰，與反對分離等策略來
達成兩岸統一目的。1978 年鄧小平掌權後，對台政策進入和平統一階段。其
後自 1979 年至 1994 年間，中共對台主要政策性文件為 1979 年的《告台灣同
胞書》，及 1981 年的〈葉九條〉與 1983 年的〈鄧六條〉。這些文件，奠定了
「一國兩制」的基本架構與政策方向。自 1995 年迄今的後鄧至江澤民時期，
主要的政策性文件為 1995 年之〈江八點〉與 2000 年之《一個中國的原則與台
灣問題》白皮書，並在港澳回歸之後，持續為「一國兩制」作政策宣傳⑧。而
以上對港澳及台灣之「一國兩制」政策，皆立基於中共所強調的民族主義及其

衍生出「祖國不容分裂」原則。持平而論，北京以「民族主義」來「鞏固」大中華之邏輯，是可以理解的，也符合台灣人之「認祖歸宗」的儒家精神。但若以此民族主義作為鞏固一個中國之政策工具，則可能會面臨兩個嚴峻的挑戰：第一、共產主義與民族主義之間的辯證問題；第二、全球化對主權國家之衝擊。而本文即欲從此兩點出發來探討中共以民族主義作為強迫台灣接受「一國兩制」之政策工具，所可能面臨的機會與限制；然後再探討全球化下的兩岸關係，所可能面臨之衝擊與解決途徑。

貳、中國共產黨的雙重屬性與兩岸關係

從「中國共產黨」此一字面來看，我們可以將之分解為「中國」與「共產黨」兩個部份。此種區分，不僅只是名詞與形容詞之關係；而是在事實層面上，具有重要的意義。「中國」象徵其具有「國家」與「領地」的意涵，代表立足於中國特殊環境的民族主義特色；而「共產黨」則象徵其鮮明之意識型態，昭示著意識型態之最終目的與行動準則，具有國際主義的特質。換句話說，中國共產黨揉合著「民族主義」與「國際主義」兩種不同之「革命工具」，今闡述如後：

一、共產主義與民族主義

馬克斯主義（Marxism）一開始便採取國際主義路線⑨，並以「工人無祖國」作為號召⑩，希冀透過聯合全世界無產階級來追求具有大同世界性質的共產主義社會。因此，我們見到馬克斯主義者三次的共產國際之組成，企圖透過聯合無產階級跨越國界的結盟，以獲得無產階級革命的成功。因此，階級意識是馬克斯主義極為基本之價值與觀念。對馬克斯主義者來說，國家本為壓迫性之工具，所以，共產主義者採取無產階級聯盟的國際主義路線，正是試圖擺脫國家壓迫的嘗試與努力。而馬克斯主義所主張的國際主義革命路線，在世界各地實驗之時，往往因為無法全然適應各地不同的特殊時空環境，使得馬克斯主義與民族主義兩者有了相互結合的機會。然而，從共產主義之最高目標來說，各國之內的階級鬥爭，仍應臣服於國際性無產階級革命之下⑪，並且以無產階

級之國際主義解決民族問題。綜而言之，馬克斯主義自始便沒有國家的觀念，大多以階級作爲分析之單元，非以個別國家之特殊性作爲訴求，而以全球資本主義的對抗作爲普遍性的準則。

當無產階級革命完成，進入所謂的社會主義階段，亦即共產主義社會的第一階段，國家仍須發揮一定程度之功能。例如透過物資分配與國家經濟計畫，使之成爲一「各盡所能，按勞分配」的社會。而當過渡至共產主義社會亦即共產主義社會的高級階段，國家功能至此已完全萎謝，因爲在「各盡所能，各取所需」的社會中，生產力高度發達，一旦社會進化到此一無壓迫與宰制之理想境界時，國家因而消亡，不再需要⑫。而既然國家機器本爲階級壓迫之工具，則依資產階級運作規則而生之自由主義意識型態中的主權觀念⑬，便無足輕重。

因此，由歷史角度來看，馬克斯主義與民族主義之間的確有矛盾之現象。在馬克斯與恩格斯的主張中，民族主義在爲共產革命與無產階級利益服務時，僅是扮演著工具性及暫時性的角色。兩者可能衝突的原因有：第一、馬克斯主義中隱含著導向無階級社會的假設⑭，但民族主義之特殊性或地域主義卻會產生與此假設不同之主張。第二、正統馬克斯主義中有一個強烈經濟化約論的傾向，但民族主義通常透過資本主義經濟邏輯來解釋。第三、馬克斯主義主張一個普遍的理論基礎以解釋不論在何處發生的民族主義現象，但民族主義的明確區分及分立的實體卻不容如此單一因果的解釋⑮。因此，我們可以發現民族主義與馬克斯主義之間的緊張關係在於，特殊性與普遍性的的衝突；並且民族矛盾與階級矛盾，有著位階性的區別，可以說以階級矛盾爲主，民族矛盾爲副。其後，在蘇聯共產黨領導人列寧（Lenin）的主張中，透過了反殖民主義的的主張，將馬克斯主義與民族主義加以結合。列寧提出了「帝國主義是資本主義的最高階段」，將各國無產階級革命運動和殖民地的解放運動加以連結，以受帝國主義壓迫之殖民地作爲全球資本主義體系的薄弱環節，加以突破。列寧於〈民族和殖民地提綱初稿〉中提到：「共產國際對民族和殖民地問題的全部政策，主要應該是使一切民族和各國無產者和勞動群眾接近起來，以便進行推翻地主與資產階級的共同革命鬥爭。因爲只有這樣，才能保證對資本主義的勝利；而沒有對資本主義的勝利，民族壓迫和民族不平等的消滅就不可能。」⑯此一論述，將非西方世界之政治革命納入了馬克斯主義的理論架構之內，將馬

克斯主義的普遍性與殖民地的民族主義特殊性做初步統合。其後，斯大林
（J. Stalin）更進一步提出「一國社會主義革命」，認爲每一民族國家都進行社
會主義革命，而非捲入世界革命之中。此論述亦即將民族國家帶入社會主義革
命進程，並且以各國之「一國建成社會主義革命」方式，達到全球社會主義革
命之目的。換句話說，斯大林提出了「民族自決」說，「民族分離權」成爲第
三世界對抗帝國主義的權力[17]。雖然經過列寧與斯大林的努力，然而兩人僅是
在理論／實踐的位階上，將馬克斯主義與民族主義做位階性的安排，畢竟兩者
內部理論的矛盾和衝突，仍無法加以解決。

二、中國共產黨的雙重屬性

中國共產黨自建黨以後，針對上述「中國」（民族主義），與「共產黨」
（國際主義）兩種不同屬性之調和，也付出多次運動、批判鬥爭，甚至傷亡慘
重的代價[18]。

自遵義會議之後，毛澤東大體逐步掌握了中國共產黨的軍政實權，中國共
產黨的民族主義特色逐漸增強。毛澤東主要著眼於中國特殊時空環境之限制，
試圖調和馬列主義與中國國情。中國之社會主義革命在毛澤東的思想體系之
下，建構出具有民族主義特色的理論體系，指引其革命之方向，邁向政權建立
的道路。在中國共產黨第七次全國代表大會中，明訂毛澤東思想爲馬列思想之
原理在中國的實踐。其後中國共產黨的理論界或最高領導人莫不試圖調和馬列
主義理論與中國革命實踐之矛盾。因此，中共在試圖發展出具有「中國特色的社
會主義」，即此一漫長的歷史進程，可以稱之「馬列主義中國化」的過程[19]。大
體而言，中國共產黨大致解決了其自身理論／實踐的矛盾與衝突，在建國過程
中，甚至建國後的政治制度設計都可以見到中共領導人在此矛盾上努力調和的
過程[20]。依據斯大林的論述，這種調和使得中國共產黨得以於其革命歷程或建
國後的政治過程中，對於「民族國家主權」的民族主義訴求，有進一步發展。
換句話說，在中國共產黨的社會主義革命進程中，一直在追求「民族獨立」與
「實現境內社會主義革命」此兩個目標的同時完成[21]。

就歷史的角度而言，鴉片戰爭以來的屈辱是中國知識階層的鮮明記憶。在
當代西方思潮大量引進中國的 20 世紀初，知識份子不論是擁抱自由主義的民

主與科學，或是馬克斯主義的反帝與反殖，事實上，都有以民族主義建立「新中國」的情愫。

　　雖然孫中山的革命成功曾經使得知識份子對於建立中國人之現代民族國家（nation-state）有著相當的期望，但是，辛亥革命並未在建立現代民族國家之實質內涵上，獲得任何進展。事實上，不論是左翼的共產黨與右翼的國民黨，對於建立中國人之現代民族國家的嘗試從未間斷㉒。因此「中國人民站起來」與「讓4萬萬人當皇帝」的口號也反映出近代中國在結合民族主義與現代國家之努力。

　　簡單的說，中共以「民族主義」來建構其「中國之大一統」的邏輯，乃是建立在現代民族國家的精神上；而現代民族國家的重要特色，便是國家主權的形成。國際社會中國家地位的平等，乃是透過國家主權的至高無上來加以表現（依據現實主義的假設）。民族國家一旦形成，則國家便成為該民族於國際社會之唯一代表。因此，依據國家中心假定，國家為國際社會最重要甚至是唯一的行為者；由於主權之不可分割性，中國欲成為不受宰制的現代民族國家，其重要表現便為堅決維護中國領土之完整㉓。

　　從以上所述之中國共產黨對於國家之觀念來看兩岸關係，則「一個中國」原則將成為不容挑戰的最高指導綱領。而在「一個中國」之前提下，「一國兩制」，乃成為中共對台政策讓步之極限。秉乎此，中共近年對台政策之邏輯一直是：「中國只有一個」→「台灣是中國的一部份」→「中華人民共和國是代表中國的唯一合法政府」。此「三段論式」的論述，正是中共對台政策之最好體現。中國為一民族國家，中國政府擁有排他性的主權，因此台灣是中國的一部份，乃此一過程的必然。因此，中共對台政策即為反應此一脈絡：民族主義→民族國家→主權至上→中國主權不容分割→台灣必然重回祖國懷抱→一國兩制→兩岸統一。

　　但是，我們前面也提到過民族主義與馬克斯主義的內在矛盾，馬克斯主義的基本脈絡為：國際主義→階級鬥爭→國家消亡。這兩種邏輯之矛盾（國際主義與民族主義），雖然在理論層面已在斯大林與毛澤東的努力下，有了某種程度辯證上之合理性。但在實務操作上，卻遭遇台灣之民主政治與社會多元所產生之抗拒力，及國際社會對「主權國家」之不同型態實踐所挑戰㉔。而這種抗

拒與挑戰,正是本文所欲強調之全球化現象所產生的弔詭。由表一,我們可以
看出這種弔詭,極可能在全球化的今日,更突顯中共以民族主義作爲追求兩岸
間「一國兩制」政策工具之有限性。

表一　中國共產黨的雙重屬性對比

	民族主義特性	共產主義特性
意識型態表現	大中華民族主義	無產階級革命
革命方式	建立民族國家	以階級鬥爭,追求無產階級專政
主權意識	單一主權	以國際主義爲其目標
兩岸關係	兩岸統一	未知或以「共產主義社會」作爲遙遠之目標
分析單元	特定領域、區域(國家)	個人或國際(階級)⑤
對國家之看法	十分重要(強盛中國)	不甚重要(階段性、功能性角色)
對跨國活動之看法	國家爲國際社會中最重要且幾近唯一之角色(中國只有一個)	階級方是跨國活動之要角(國內階級的國際聯合,世界無產階級大團結)
與全球化接軌阻力大小	大	小
對兩岸關係之立場	**堅持一個中國**	在辯證法則下,有可能接受一中一台
對「一國兩制」之立場	**堅持北京政府爲唯一合法之中國政權代表**	態度可能開放

資料來源:作者整理製表

三、中國共產黨的現今發展

綜上所說,我們不難發現中國共產黨在面對兩岸關係的議題時,不論在政
策上或意識型態上,皆以中國屬性的民族主義訴求,作爲其根本論調。雖然意
識型態上的純潔性,亦即共產主義屬性,依舊是中共政權正當性的基礎;但是
改革開放以來,不僅在兩岸關係上,在理論面、政策面及國際觀點等各方面,
中國共產黨對共產主義之堅持已有相當程度之淡化,卻是無庸置疑的。我們可
以預見,在「政左經右」的政策基調下,中共欲以民族主義所建構的「一個中
國」來約制台灣以民主政治所建構之多元化社會的矛盾將日益尖銳。最後,在

中共對台政策上，以「民族主義」所架構出的「一個中國」政策，將隨著台灣快速的與全球化接軌而出現更多之盲點。

　　此外，從國際關係的觀點論之，自改革開放以來，中國共產黨內部意識型態的崩潰危機，例如「三信危機」，某種程度是由民族主義的「愛國主義」㉖論述來加以支撐㉗。而當面對國際政治的權力平衡關係時，台灣問題亦成為中共反美霸的最佳宣揚教材，以及國內意識型態不滿壓力的宣洩。民族主義對於轉移國家內部矛盾，結合國內民族自尊心所激發的抗拒外力之策略，已成為中國共產黨面對國際外力干預的籌碼與活棋。換言之，民族主義已成為中國與美國霸權進行價值與意識型態鬥爭的理論依據。由「中國威脅論」的興起，到《中國可以說不》的出版，彷彿在美－蘇之間資本主義與社會主義的冷戰對立結束之後，已發展出新一波美－中之對立，從而將更進一步刺激中共以民族主義作為抵制國際干預兩岸關係之政策工具。然而，就實際的國際政治來說，在一超多強的國際體系中，中國已儼然成為美國在 21 世紀最具潛力之挑戰者。矛盾的是，民族主義雖已成為中國與美國霸權的鬥爭中用以進行權力平衡的工具，但中共卻從未在面對國內民族主義的壓力時手軟，例如對於西藏與新疆民族獨立運動之殘酷鎮壓。換言之，民族主義僅為處理國際干預兩岸關係的政策工具，並非中共的意識型態之堅持，否則何以裡外不一？台灣問題，更是處於中美兩霸權力平衡的重要角力點，因而更為敏感、緊張。對於北京而言，從不排除美國勢力之介入而危及其民族國家主權統一的可能㉘，但相對於美國來說，則台灣自有其民主體制的象徵性意涵，這種「認知」或「利益」之落差勢必更進一步使美－中－台三角關係在中共之「民族主義」及台灣之「民主政治」之認知落差下更形複雜。

　　事實上，在相互依賴日深的全球化國際社會中，中共若堅持以民族主義來作為兩岸統一之政策工具，則極可能在全球化持續擴大效應下，造成此政策工具與國際社會之多元價值相互衝突的提升。令人焦慮的是，從歷史得知，中共歷來涉入之軍事衝突，大多與維持其主權與領土完整有關。而以中共在「民族主義」下堅持不放棄以武力統一台灣之決心，將使得兩岸關係之軍事對峙及美國勢力在台海介入之可能性增加，從而引發亞太地區安全之動盪。從實證的研

究來看，中國在國際政治場域中，鮮少主動對外挑起戰爭或是侵略。但是，對於其所宣稱之主權範圍內的軍事行動卻多達 8 次之多（見表二）。

表二　1949 年以來中國軍事衝突一覽表

發生年代	戰爭地區	交戰國家	戰爭原因	戰爭性質	結果	動員兵力
1949/10/19	朝鮮	美國，南韓	美軍超越 38 度線	援外戰爭	1953/10 美國簽訂朝鮮停戰協議	正規軍 143 萬人
1958/8/23	金門炮戰	中華民國	美國武裝侵佔台灣	內戰	1958/10 宣稱單打雙不打 1979/1 中美正式建交宣告停戰	福州軍區之砲兵部隊
1959/3/20	西藏平亂		拉薩軍區遭受攻擊	內戰	1959 達賴喇嘛出走 1962/3 西藏全境戡平，成立省級軍區	拉薩地區駐軍
1962/10	中印邊界衝突	印度	印度堅稱邊界爲「麥卡洪線」	自衛反擊	1964/11 停火並交換戰俘 停火協議至今未達成	邊境守軍
1965	抗美援越	美國，南越	反美帝侵略	援外戰爭	1976 越戰結束	32 萬後勤部隊
1969/3	珍寶島事件	前蘇聯	黑龍江中島嶼歸屬問題	自衛反擊	1969/10/20 協議談判未成，兩國持續緊張。	邊境守軍
1974/1/9	西沙群島事件	南越	西沙群島 28 個島嶼遭佔領	自衛反擊		
1979/2/27	懲越戰爭	越南	懲罰越南於中南半島的擴張	攻擊行爲[22]	攻入中越邊境 10 餘哩。攻克諒山後撤軍。	正規軍 20 萬
1988/3	南沙群島事件	越南	越南宣佈擁有南沙，西沙全部主權，並採取行動。	自衛反擊	中共開始於此地區建立軍事設施，南海問題成爲國際爭端。	海軍艦艇數艘
1995	美濟礁事件	菲律賓	菲律賓宣稱美濟礁爲其領土	準軍事衝突		
1996/3	台海軍事演習	中華民國	對台一連串對外行爲之反應	準軍事衝突	美國航艦航經台灣海峽	

資料來源：1. 郭化若，**中國人民解放軍軍史大辭典**（濟南市：吉林人民出版社，1993 年）。
　　　　　2. 廖文中，「中共軍隊建設對區域安全的影響」，**中國大陸研究**（台北），第 42 卷，第 10 期，1999 年，頁 72。

換句話說，中共之民族主義之理論立足點與「國家主權」有密切關係。而「國家主權」在國際社會處理國際紛爭時，其最後訴求之方式，往往是武力。此點現象，正反映了雖然在美國堅持以「和平方式」解決「台灣前途」之原則下，中共一直不願意放棄以武力解決兩岸紛爭之手段的原因。中共此點堅持也爲美－中在 21 世紀可能產生之軍事對峙，埋下令人擔憂的潛在危機。事實上，基於歷史的脈絡，中國共產產黨對於國際政治與兩岸關係，採取民族主義特色作爲政策基調，是完全可以理解，且應予尊重。但是，在全球化價值的影響之下，超越國家主權來解決國際衝突或合作之趨勢，已然成爲全球治理之趨勢與潮流⑳。正如當年馬克斯主義鼓勵無產階級認同並獻身於國際革命事業一般。持平而論，當國家自主性日漸受到全球相互依賴之影響而需作某種程度之讓渡時，兩岸共同參與全球化國際社會，以合作追求雙贏的國際戰略，或許更能符合目前全球化與全球治理之時代潮流。因此，從強調民族主義的主權論述到全球化的結構性約制，中共欲在兩岸關係上以「民族主義」來訴求兩岸統一之政策，或許有其修正的空間。

叁、全球化對民族主義主權論的衝擊

一、民族主義與主權

從社會學的觀點來看，民族主義並未在學理上成爲一種清晰的意識型態。許多研究民族主義之學者大多以強調民族的客觀存在爲其主張「民族→國家」理論之基礎㉛，並且主張該民族有權利對自身前途加以決定，這種立場，傾向將民族與國家間劃上等號。譬如，Anthony Smith 認爲，民族主義作爲一種意識型態，其基本的核心主張有七㉜：

(一) 人類是自然的被區分爲民族；

(二) 每一民族具有其獨特的特性；

(三) 所有政治權力均源自於一個整體之民族；

(四) 爲了自由與自我實現，個人必須以民族來認同自身；

(五) 唯有透過國家方能使民族將其特定目的實踐；

(六) 對於民族國家的忠誠高於對其他對象之忠誠;

(七) 全球性之自由與和諧之情況將強化民族國家之力量。

我們清楚的看到,民族(nation)一詞通常意指擁有相同祖先、歷史、文化甚至語言的一群人。因此當民族主義作爲一種意識型態時,將產生民族之自我意識,族群或語言的認同,甚至成爲政治上的力量。然而,如欲探討民族主義是否能成爲一種意識型態,則是一更爲棘手的問題。基本上民族主義的巨大力量是無庸置疑的。但亦有一些學者認爲此力量乃源自於其理論的天真與哲學上的不連貫,因而導致民族主義得以輕易的與許多類型的意識型態結合,甚至重疊㉝。換言之,將民族主義與國家主權加以連結的橋樑在於「民族自決」的理論,從而產生民族國家(nation-state)之觀念。

由民族主義到民族國家的過程中,「人民主權」的觀念佔有相當重要的地位。事實上,大多數的民族主義皆強調民族自決的觀念,而其中最爲盛行者,厥爲自由主義之主張。基本上,自由主義主張個人的自決與民族之自決有相對應之關係,亦即每一個人之自決將形成整體民族之自決,從而產生民主的概念。Fred Halliday 認爲吾人可以從三方面來了解民族主義如何透過民族自決而逐漸發展出主權國家之概念:第一,啓蒙時代之社群自決概念。此概念反映Jean Rousseau 的多數統治㉞與 John Stuart Mill 之代議政府論㉟等民主學說,認爲個體之自決將形成整體民族之自決。換句話說,民族自決之正當性與合法性源於自由個體自決之合法性與正當性。第二,受到法國大革命之影響,國家內所有人民的平等,加上每一個體自決所形成的社群,已具充分代表性,無任何力量得加以否決。第三,受到德國的浪漫主義思潮之影響,社群必須建基於傳統、歷史和文化上,強調人類之分別㊱。

當民族國家立足於國際社會的時候,民族主義便不得不與主權理論加以連結。在 17 世紀產生的一個關於主權的一個重要意義是:人民主權或全民主權的概念。此一概念與君主或統治者擁有最高統治權力的概念有所不同。當人民或民族在其國家中,擁有最高的立法與自治權時,則我們可以稱其爲是擁有主權者。一個民族有權建構一個獨立的國家,以及決定自己的政府與法律的權力,並在 20 世紀成爲重要的國際性原則,甚至反映在聯合國憲章中㊲。

弔詭的是,一個於國內政治層次屬於自由主義㊳的主權概念,應用到國際

政治領域中時，卻演變爲現實主義的理論依據。現實主義有三大基本假定㊴：

（1）國家中心假設（state-centric assumption）：國家爲國際政治中最重要的角色；

（2）理性假設（rationality assumption）：假設國家爲理性的行爲者有利於國際政治的分析。雖然國家處於不確定狀態且資訊並不充分的情況下，國家仍會仔細的計算不同選項的成本，追求其期望利益的最大化；

（3）權力極大化假設（power maximization assumption）：不論作爲手段或是目的，追求權力是國家生存與發展的終極目的。

由上述的現實主義基本主張來看，進而推導出國家在無政府狀態之國際體系中必須以自求多福（self-help）的方式，才能適應「物競天擇」的法則；最後導出現實主義所強調的權力平衡是國際間行爲的最後準則。而現實主義之無政府狀態假定與主權理論息息相關者，在於因爲自由主義所強調國家生成乃肇因於社會契約論。因爲，John Locke 認爲每一個人放棄一部份之自然權以社會契約方式交付與政府。而 Thomas Hobbes 的學說中，社會契約簽訂之後，執行契約之權力歸於政府，亦即政府代替人民享有最高之主權㊵。換句話說，既然國際社會之中，並未有此一權力讓渡之過程，則國際社會爲一無政府狀態，是爲理所當然；但此種無政府狀態之國際社會亦反映了 Hobbes 所謂「叢林之自然狀態」。因此現實主義的基本假定，權力平衡原則、自求多福行爲、主權理論等理論基礎，事實上是源自於具有自由主義色彩的「社會契約論」。換句話說，於比較政府領域中的自由主義意識型態，延伸到國際關係領域時，反而成爲現實主義的理論基礎。這種弔詭的現象，在過去以國家爲中心的國際社會中，或有其存在之價值與實然面之考量；但現今面臨全球化與全球治理對國家主權之衝擊時，此一弔詭現象將進一步被突顯出來。

面對全球化的趨勢，國際關係領域中最關切的部份，莫過於國家主權的消長㊶。而在分析全球化對國家主權的影響之前，我們將面對的問題是，如何將「全球化」一詞加以概念化。有些學者將全球化的概念、定義與功能分爲四大學派，分別爲新左派：全球化等於新帝國主義；新自由派：全球化是人類進步的象徵；轉型學派：全球化推動社會轉型；懷疑派：全球化是無中生有㊷。此外，David Held、Anthony McGrew 等則針對全球化未來之發展提出三種論述：

超全球主義論述、懷疑論、轉型主義論（請參見表三）。

表三　全球化概念的三種傾向

	超全球主義論	懷疑論	轉型主義論
全球化的概念	全球化式人類行為架構的重新安排	全球化即國際化與區域化	全球化是國際關係與遠距離行為的重新安排
主要特徵	全球資本主義，全球管理，全球公民社會	世界互賴程度低於1980年代	密集型全球化（指擴張性與強度）
國家統治權力	衰退或腐蝕	強化或提高	復甦或重建
全球化的驅動力量	資本主義與技術發展	國家與市場	各種現代勢力之結合
階級型態	舊階級體系崩潰	南方國家利益逐漸邊緣化	世界秩序的新階級體系
中心思想	麥當勞之類的多國企	國家利益	政治社群的轉型
歷史軌跡	全球文明化	區域集團與文化衝突	含糊而不確定：全球整合與分裂
簡要結論	民族國家型態之結束	仰賴國家默許與支持的國際化	全球化促使國家權力與世界政治的轉型

出處來源：David Held、Anthony McGrew 等著，沈宗瑞、高少凡等譯，**全球化大轉變**（台北：韋伯文化，2000），頁14。

　　因此，我們可以歸納出來有關於全球化的概念一直處於兩造辯論的情況中。但是，這些學派並未明確提出「中道」的方法和途徑。在此，我們認為一些轉型學派之學者如：David Held、Anthony McGrew 等對於全球化之概念，有助於吾人對本文之分析架構之了解，今將其主要主張歸納如下[43]：

　　(一) 全球化的最佳解釋是一個過程或一系列過程，而非某種單一狀況；

　　(二) 全球與跨國往來聯繫的密度與空間範圍在社群、國家、國際體制、非政府組織及多國企業間交織成複雜關係網絡，而這些網絡都是世界政治不可獲缺的構成要素；

　　(三) 幾乎沒有任何社會生活領域能免於全球化過程的影響，因為這些全球化過程會具體反映在文化、經濟、政治、法律、軍事與環境等所有社會範疇；

　　(四) 貫穿政治疆界的全球化不僅促使社會經濟空間解除領土範圍的限制，也導致政治空間的領土重新劃分；

　　(五) 全球化極度關切權力組織的運作與擴張規模，亦即全球化強調權力網絡的影響範圍；

　　依據上述轉型學派之觀點，全球化將對國家權力，政府功能，有重大之衝擊。換言之，西發利亞體系（Westphalian system）的主權原則，在全球化之衝擊下勢必將有所調整。因為傳統主權概念，乃是因著「領域性」（territorial）國家的治理而來㊹，但全球化下的主權觀念，卻源自於「交易成本」、「代理人」等契約觀念㊺。從國際關係理論來說，自二次世界大戰後，國際關係中相互依賴之程度日深㊻。但基本上，全球化之發展，並不一定代表了主權的消亡；只是全球治理機制的出現，將在某種程度上限制主權。Susan Strange 認為隨著國際經濟、文化、環保、人權等議題之相互依賴之增加，伴隨著這些議題之互動而衍生出來之問題也日趨複雜，政府為了維持國內之秩序或解決問題而干預（intervention）百姓日常生活事物之情形也愈來愈有其必要性㊼。目前國際關係之研究必須重新將經濟、社會、文化與政治之互動作進一步之研究，才能明白政府在職能上之日益膨脹，國家主權卻又受到NGOs進一步挑戰之弔詭。這個弔詭進一步又激盪出未來在研究全球化對國家主權之衝擊時必須注意的三大前提㊽：

　　(一) 政治乃眾人日常生活之事，並非政治家或政治官員所專屬；

　　(二) 權力愈來愈市場化，而且經常是在交易中自然產生；

　　(三) 社會威權之產生並非來自於國家之授權，乃是來自於投身社會工作者，普遍地獲得社會成員之支持。

　　依此脈絡，透過國際組織、國際典則（international regime）作為全球治理之機制，並未對國際社會無政府狀態的假定做出挑戰，只是對於國家主權某種程度的管理。事實上，今日國家所面對的國際社會，將充斥著更多跨國關係與全球性議題之挑戰，已非一國之力可解決。國際典則秉其促進國際合作、管理國際衝突的功能，恰符合全球化時代之全球治理精神。所以，James Rosenau 認為，國際典則儘管於形式上、功能上與構成方式上有所差異，但或者皆有可能為當代世界秩序提供一種「沒有政府的治理」（governance without government）之管理途徑㊾。

肆、全球化與國際關係的新研究途徑

一、國際化與全球化對主權觀點的差異

　　基本上，國際化與全球化是有所差異的。此一觀念的釐清，有助於我們釐清全球化時代的主權發展。根據 Jan Arts Scholte 的說法，全球化為一過程，此一過程使得國際與國內事務之關係具有「無距離」（distenceless）和「無國界」（borderless）之特質。而所謂「關係」意指人們彼此互動的一切模式，包含社會生活各領域。因此，此一過程將造成領域性國家的中央集權性質減少。但國際化（internationalization）意指國家領域（national domains）間增強聯繫的過程。在國際化之下，國家間儘管交流甚密，卻仍然是明確的以領土為分界，並以國家主權為國際社會互動之基本規範㉚。

　　換句話說，全球化的面向是較為廣博的，跨越了社會、經濟、高階政治、意識型態各種層面，亦穿越了國際關係領域中的三個分析層次的限制㉛，原因是全球化並不堅持或侷限於以國家為單元（unit）之主權概念所建構之國際體系。

二、全球化之下主權國家之管理模式

　　當我們認為無政府狀態是國際關係最重要的特色和國際政治的基本假定時，我們已經接受了現實主義之最重要的立論；依此立論，在無政府狀態下，國家主權乃成為至高無上的權威，不可加以侵犯的「事實」。因此，基於現實主義，權力平衡既成為描述國際政治現實的工具，亦成為國家政策制定者的教戰守則㉜。將此一概念發揮至淋漓盡致的是結構現實主義（structure realism）。結構現實主義有三大重要的基本主張：

　　(一) 國際體系（international system）決定了一個國家的命運。因為國家僅為國際體系中的一個單元（unit），而系統可以決定單元之命運。

　　(二) 國際社會為一無政府狀態，國家間關係為弱肉強食的現實情況。國家為了自助（self-help）必須追求權力以自保。因此，國家處理不同議題

時，是有階層（hierarchy）的。而在各種議題中又以安全與軍事議題最爲重要㊼。

　　(三) 國家是國際社會的主要成員。個人與非政府組織並非構成國際社會的主要成員㊽。

　　事實上，結構現實主義更將權力平衡理論發展爲敘述國際政治現實的真理，不再僅是描述國際政治現實的工具。Waltz 甚至揚棄了對國家政策之分析，因爲 Waltz 認爲權力的分佈（the distribution of power），亦即體系之結構，才是決定國家行爲及國家命運的法則，一個國家的外交政策只不過是反映國際體系之權力分佈而已。因此，Waltz 一再強調吾人在研究國際政治時宜將重心置於系統層次分析，而國家與個人層次之變項，可以加以忽略。

　　然而這樣的假定在面對強調相互依賴的全球化與全球治理時是有相當程度的問題的㊾。因爲相互依賴（interdependence）已經成爲現代國際社會中普遍盛行的現象。國際社會的相互依賴主要透過交易、電訊傳播、噴射飛行創造了地球村的概念，進一步形成無國界的社會㊿。Robert Keohane 和 Joseph Nye 認爲相互依存的幾個特點將衝擊現實主義中有關國家主權的立論。針對現實主義之核心理論，他們提出了複合互賴（complex interdependence）的觀點，並主張㊿：

　　(一) 多元管道的存在：主權國家不再是國際體系中唯一的行爲者，非國家行爲者將得以更直接的參與國際事務。

　　(二) 議題之間無階層：國際議題將無法以高階政治（high politic）來統領低階政治（low politic）的事務。權力的判定標準，亦將因問題領域的不同而異。

　　(三) 使用武力的代價提高：以戰爭爲手段來達到政策目的的代價變得極爲昂貴，且結果難料。換句話說，以軍事政策來達到解決國際衝突之有效性將打折扣。

　　複合互賴理論與現實主義理論最大的差別在於：國家面對無政府狀態情況下所將採取之行動，是合作還是衝突？這個理論與其說是結構現實主義之反動，不如說是結構現實主義之修正。因爲 Keohane 與 Nye 在理論上之立足點，

基本上還是國家利益，只不過是藉著對未來的期望（Shadow of the future）來擴大國與國合作之空間。在研究方法上，Robert Keohane 和 Joseph Nye 認爲，國際關係理論的研究應該是「結構」（structure）與「過程」（process）並重的。也就是說，除了國際體系之權力分佈外，國家之特色、政策之制定、國內政治之結構、社會之價值等，都將透過「過程」來影響國際體系㊿。而在全球治理所強調之「全球化」與「在地化」（localization）之互動與交流，正是 Keohane 等人所強調「過程」之精義。而這種強調「過程」之國際關係，正是典則（regime）學派所欲揭櫫的國際合作之必要途徑。

事實上，我們可以將國際典則看做是國際組織對於主權國家進行國際合作的一種規範。而國際典則的定義，雖曾有過不同之見解，但 Stephen D. Krasner 的定義是目前得到廣泛認同的一個，他認爲典則可定義爲一整套隱含或明確的原則（principles）、規範（norms）、規則（rules）和決策過程（decision making process），環繞於行爲者之期望與關注的某一特定國際關係領域。其中原則是關於事實、原因及公正信念；規範是依據權利義務所定之行爲準則；規則是對行爲之明確命令或禁止；決策過程是制定與執行集體抉擇的普遍慣例㊿。Robert Keohane 亦認爲典則包含各層次的命令，由原則至規範到高度特殊化的規則和決策過程，透過探究不同時期原則與規範之演變，我們可以之探索世界政治經濟的持續與轉變㊿。所以，國際典則的主要功能在於解決共同問題，代表了尋求合作與規範的模式的必要性。

Robert Keohane 認爲霸權領導有助於典則的建立，且國際合作與霸權領導不必然爲相反對立的概念。就算霸權的衰敗，並不必然導致國際典則的消退㊿。換句話說，國際典則一旦建立，可以對國家行爲或國際行動行使獨立的影響力，甚至不受當初創始國際典則國家的掌控。亦即國家行爲與國際典則之間因果關係以不再是單向關係，一方面典則可以「約制」、「規範」國家的行爲，以防止國際衝突之發生；在另一方面，國家也「學習」促進、強化國際合作之機制。總括的說，國際典則影響國家行爲的原因可分爲幾部分來探究：

(一) 國際典則的建立將增進國家合作之意願與想法，改變對國際行動之利

益評估。貿然違背規定，將導致既得利益喪失，影響他國對典則之支持，導致典則瓦解，均蒙損失⑫。

(二) 國際典則的建立使國家願意透過制度中的規則和決策程序來解決國際問題，或利用制度規範行使「議題連結」策略，以達到國家目標⑬。

(三) 國際典則建立後，許多制度會經由國內化之過程，轉化爲一國內部之規範，並導致國內團體之認同，並於國內決策之過程扮演影響與監督之角色⑭。

所以，我們可以發現，國際典則雖然屬於爲促進國際合作之產物，由國家所創立，但不必然受制於創始國家之國家利益。因爲典則一旦建立之後，其運作之機制不再依賴創始國之霸權，而可以在各成員之間透過互惠的方式，提供典則繼續運作之誘因。

換句話說，國際關係領域的學者，正努力將現實主義主張的主權國家所面對之國際無政府狀態，轉向一種可加約制，且資訊充分流通的國際合作或全球治理之理想。因此，全球治理的概念於爲出現，而國際典則的發展可以視作發展全球治理機制最重要的手段。國際典則突顯出全球治理之可行性，而此種全球治理的統治型態並不同於傳統之主權政府概念。在此，我們要指出，至今爲止，我們並未承認個別民族國家主權地位將被更高之權威或其他非領土性權威形式所取代，因爲並未有客觀的證據顯示非國家主權權威形式已然完全阻斷國內政治層級內政府的合法決策權力；但在全球化之趨勢下，一股跨越國家主權之力量，已在國際經貿合作、國際環保、國際人權等相關議題上，發展出超越主權（beyond sovereignty）之觀念。換言之，在全球化的的架構下，國家主權與國家自主性應區分爲兩個不同的概念來加以分析，這兩個傳統概念在區域及全球秩序結構的變遷過程中正不斷的重新被賦予新的意涵。

伍、邁向全球治理的國際社會：全球治理與全球法制化的趨勢

針對國際典則與國際組織在全球治理之落實，在 20 世紀末，有一些國際關係的學者致力於國際典則在國際合作之實務應用的研究上，而國際法制化（international legalization）正是這一波研究的重點⑮。因爲國際合作所面臨最

大問題是國家主權之授權（delegation）與自治權（autonomy）如何平衡的問題。這個研究途徑試圖將國際政治由權力平衡的不確定，朝向法制面可約制性的方向發展，以建立一套更有制度之國際合作與全球治理之標準。儘管國際政治中，明確之國際性合法權威仍不存在，軍事干預亦時有所聞，但是此一將國際政治導入可約制狀態的努力，與國際典則之精神若合符節。Judith Goldstein 與 Robert O. Keohane 等人認為法制化乃是制度化的一個特殊形式，代表不同議題領域中，決定加強國際法制約制力於國家的形式⑯。而 Kenneth W. Abbott 與 Robert O. Keohane 等人亦對法制化加以定義與指標化。法制化包含三種不同形式之特殊制度化：義務（obligation）、精確（precision）與授權（delegation）。義務指國家或其他行為者受到一項或一套規則的約束；精確指規則（如相關公約）對於行為的界定清楚而不曖昧；授權則指第三者（如國際組織或法庭）被賦予執行、詮釋與應用規則的權威⑰。Judith Goldstein 與 Robert O. Keohane 等人認為法制化將透過下列三個途徑影響國際政治之合作或衝突⑱：

　　一、　透過國際規範直接之變革，有助於解釋新議題領域中，增進法制化的程度和服從義務的方式；

　　二、　法制化將改變國內政治和跨國政治的本質。國際規範的國內法化以及接觸管道的增加，加上國際第三者權威（如國際之原則或國際法庭之規則）之介入，使得國內政治和跨國政治之本質改變；

　　三、　當越多法制協定獲得合作之結果，將使得國際社會之成員更願意接受國際法治之約制，以藉著制度保障共同利益。

　　雖然國際法制化為國際合作或全球治理提供了一些更具體之規範準則，但在全球治理與國際法治化的脈絡之下，一個國家應該退讓或承擔多少國際義務或授權，才不致被認為損及國家主權⑲？厥為目前研究全球治理時最重要之課題。雖然我們在前文中提到，國家主權的獨立，並不意味國家可以在國際體系內達到完全獨立自主的地步。特別是，在全球化與相互依賴的情形之下，國家自主行為或多或少皆會受到某種程度的約束。而國際聯繫的增加，並無損於國家做為國際體系重要成員的地位，只是非體系內之唯一成員。事實上，在經

貿、環保或人權議題的許多領域上仍然需要國家扮演積極角色，做為全球治理的助力。隨著國際典則的出現，主權國家對於議題領域的認知與參與議程設定的能力將更形重要，因為國際典則的形成是一連串議價與決策的過程。隨著國際典則的運作效率提昇，其適用之範圍與能力將更為擴大，從而加速全球治理的腳步。所以，全球化對於現實主義分析架構的終極衝擊在於，將國家主權與國家自主性之概念脫鉤。因此，全球化不必然導致主權國家的消亡，全球化將鼓勵其他的權威於世界政治中出現，此亦為 21 世紀初，主權概念的重要發展與新概念。

　　國際制度朝向法制化發展，尤其在環保與人權的多邊公約中表現最為明顯。換言之，這兩個屬於低階政治的議題，對於國際合作的需求卻最是迫切。但在實務之運作上，甚至往往受限於絕對主權的不可侵犯，而使得全球治理之觀念窒礙難行。但從另一方面來看，國際間相互依賴導致的全球化效應，並使得高低階政治層級不再明顯，甚至藉著外溢（spilled-over）作用，使得國家必須面對國際合作與全球治理以求融入國際社會之迫切性也日益增加。也就是說，在全球化的趨勢之下，所謂的權力，亦不再僅止於軍事武力的「硬性權力」（hard power），還有所謂的「軟性權力」（soft power）。「軟性力量」由下列三大要素決定：(1)軍事與科技水準(2)經濟貿易實力(3)民主文化素養。而國家要在以上三大要素中加強其國力，並不必然以「外交」或「政府官方」為大前提⑳。在後冷戰時期，經濟的相互依賴日趨緊密，「民主」成為當代最具有代表性的國家統治模式。換言之，以往在冷戰的強權政治之下，國家統治的正當性（legitimacy）並不必然需經由人民的同意㉑，亦即對外正當性即代表了對內正當性。因此，當台灣面臨對外正當性流失的危機時㉒，台灣選擇以民主化的方式，來尋求其正當性㉓，並且開始以經濟、民主和人權等軟性力量，施展國際影響力。儘管自 1993 年起，台灣重回聯合國運動仍然受阻且進展無多，但是，台灣在「務實」的前提下，仍然以參與國際組織與維持國家間實質關係為努力目標。

　　在特別需要國際合作與管理的跨國議題中，例如經貿合作，科技交流，人權議題與環境保護，台灣極力追求加入政府間國際組織或非政府間國際組織以

參與國際事務。近年來，台灣亦積極透過民主與人權的價值力量與全球之普世價值接軌。自 1992 年國會全面改選、1996 年總統直選、2000 年完成首次政黨輪替以來，台灣之內部結構已與普世之民主政治接軌。在人權議題方面，首先於 2000 年 5 月 20 日陳水扁總統之就職演說文中，宣示將敦請立法院通過國際人權法典⑳，並於 2001 年 4 月 18 日，行政院通過「公民與政治權利國際公約」與「經濟社會文化權利國際公約」兩項重要的人權公約，將於立法院批准後，送聯合國存放㉕。立法院批准後更代表我國遵守國際公約的意義，並應將之國內法化成為台灣人權法典。

　　綜合以上兩節（第肆節與第伍節）分析，我們可以看到國家主權之演化與全球治理存有密切的關係。由圖一中我們發現，根據全球治理的觀點國家主權之演化有三個階段：第一階段為國家主權之對抗階段：在此階段，國家主權彼此對抗、競爭，最後產生霸權國家。根據霸權穩定論，國家主權間之競爭，尚可能維持某種程度之國際秩序。所以「強國為所欲為，小國逆來順受」的情形，成為一種普遍的現象。而且霸權的存在，將有助益於國際和平與合作，但是霸權衰亡後，霸權穩定下之國際秩序將面臨挑戰。第二階段為國家主權之轉型階段：在霸權衰亡之後，國際社會秩序之維持轉移至國際典則上，如以促進國際合作為目的聯合國或其它國際組織。各國將主權作某種程度之自制，形成國際典則，使國際合作發揮功效，跳脫零合遊戲的格局。第三階段為國家主權之授權階段：在全球化的趨勢下，國際與國內之畛域日趨模糊，國與國間相互依賴日深，國際典則之功能有朝建立制度之必要。因為在全球化之衝擊下國家主權正逐漸轉型，且對於國家主權自制規範的要求亦日趨明確。在現階段來說，如何進一步將典則之原則（principles）、規範（norms）、規則（rules）及決策過程（decision-making procedures）作進一步之規範，已成為全球治理最重要之議題。因此，透過國際法制化而形成之全球治理機制的需求於焉產生。

圖一　國家主權在全球治理下之發展脈絡

第一階段：國家主權之對抗階段

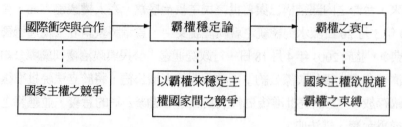

第二階段：國家主權之轉型階段

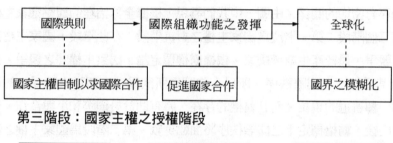

第三階段：國家主權之授權階段

資料來源：作者繪圖

　　以上三個階段說明了全球化對國家主權之衝擊及其演化過程。由主權之對抗階段到主權之轉型階段，再到主權之授權階段，正意味著人類在相互依賴日深的國際社會正努力地摸索一條可以跳脫主權國家在國際體系中零合關係的道路，而這正是全球化對未來國際關係最重要之意涵。

　　簡單的說，在圖一中我們針對全球化對國家主權之衝擊提出國家主權演化

的三個階段:

第一階段:國家主權之對抗階段。此為過去千百年來國際現實社會之寫照。

第二階段:國家主權之轉型階段。此階段自 1950 年代之「整合理論」提出,經歷 1970 年代之自由主義興盛,再至 1990 年代冷戰結束,及全球化風潮之興起。也就是本文中表三所強調的全球化轉型主義所強調之主張⑯。

第三階段:國家主權之授權階段。此階段事實上,是始於典則理論所揭櫫之國際組織或功能主義(functionalism)對促進國際合作所扮演的角色。但在本文中,我們特別強調「法制化」之典則。也就是說將國際關係中之典則配合某種程度之國際法之約制與規範,以求取更具保障之國際合作,以達到全球治理之理想。

陸、結　論

在前文中,我們介紹了中共欲以民族主義來作為其追求「一國兩制」及兩岸統一的目標。同時,我們也不殫其煩地探討共產主義與民族主義之矛盾關係。從歷史回顧的角度來說,不少共產黨的重要領導人物,包括列寧、斯大林及毛澤東都曾在共產國際主義與民族主義間謀求平衡點,其最大的特色即強調主權國家存在之目的只不過是為了達到共產世界理想之一種過渡與手段。在此種主張下,民族主義總是不斷地被用來作為鞏固、保衛或糾合國家統一之工具。這個事實不但發生在過去共產黨之革命建國過程中,也發生在目前美－中－台三角關係中。但從歷史前瞻的角度來說,全球化所衍生之萬能政府之需求與國家主權之式微,已完全超脫共產主義利用民族主義來鞏固其國家主權之理論範疇。它也同時暴露共產主義在革命「過程」中所缺乏之民主政治。畢竟全球化與全球治理之核心理論是建立在市場、契約及民主的基礎上。所以,全球化所激盪出「超越國界」、「超越主權」、「社會多元」,「契約型政府」等觀念或理想皆與共產主義所堅持之「階級鬥爭」大異其趣,更與「民族→國家」精神迥然不同。全球化所強調的是「全球地方化」與「地方全球化」透過

民主與契約之方式不斷交織，最後達成「全球與地方整合」（glocolization）。這種超越國家主權之理論，雖然在現實之國際關係中，尚未全然實現。但這個理論，卻給吾人在充滿零合之國際現實中，提供另一個理想及努力之方向。而我們在本文中所亟欲介紹的主旨是：此種理想有否可能為目前處於高度緊張的兩岸關係與複雜的美－中－台三角關係提供另類之思維，以謀求兩岸關係之更多和平與合作。

從現實政治來說，北京一直認為美日兩國對台灣具有帝國主義或分離大中華之野心，而台灣又在具有台獨思想之民進黨主政之下。為了防止台獨之發展，北京認為以民族主義來防止台獨有其功效。此外，在冷戰後，資本主義與社會主義的尖銳對抗退潮，社會主義國家崩潰與改革開放，中共自身意識型態的「純潔性」危機，皆使得中共轉向強調民族主義（或者稱為愛國主義意識），作為凝聚國家內部向心力與忠誠度的工具。不但如此，此種民族主義情緒，亦產生轉移國家內部矛盾，結合國內不同力量一致抗拒外敵的巨大功效，更進一步增加北京領導人對「民族主義」功效之迷信。因此，中共在「美國霸權」的憂慮之下，民族主義已成為中共在新一波與美國進行價值與意識型態鬥爭的理論依據——亦即西方普世價值與中國傳統文化的衝突。依此脈絡，中共透過民族主義之揭櫫，將台灣問題與反美帝之文宣結合，以追求中國人民之團結及一致對抗外來力量之干預，已然成為中共處理台灣問題之基調。譬如 1996 年 3 月台海危機[7]、1999 年美國誤炸中共駐南斯拉夫大使館事件[8]與 2001 年美中軍機擦撞事件[9]，都可以看到中共欲利用民族主義來反美國霸權，並藉此來排除外國力量干預臺灣之前途。但此種以「民族主義」為政策工具之訴求，事實上，不但對美－中－臺三角關係上無法改善，且為兩岸關係帶來更為複雜的因素。（見表四）

在表四中我們看到每經過一次美－中－台之衝突就會在中國大陸激起另一波之「民族主義」，而此種「反美帝，反台獨」之策略又進一步激盪出另一種美－中－台三角關係之緊張。這種惡性循環式的主權間零合遊戲，不斷在美－中－台三角關係中重複上演。所幸，全球化的發展已為未來之國際關係投下一些或許可以超越零合遊戲之思維。

表四　在美中衝突中中共以民族主義作為反美國霸權之事件
（1996～2001）

	第三次台海危機	美國誤炸中共駐南斯	美中軍機擦撞事件
時間	1996	1999	2001
事件地點	台灣海峽	南斯拉夫	南中國海
中共是否以民族主義做爲政策工具	是	是	是
對兩岸關係影響	美日安保條約之修訂以「週邊有事」之條文，將台灣納入其範圍	給予李登輝提出兩國論之導火線[80]	2001年美國對台軍售，爲歷年來質與量上的最大突破[81]
對美中台三角關係的影響	更爲緊張	更爲緊張	更爲緊張

資料來源：作者整理

　　從理論面來說，全球化在未來之發展可能有下列三種型態[82]：(請參見表五)

表五　全球化之不同發展型態對國家在國際社會之定位與兩岸關係之影響

政府與政策實務 ＼ 全球化型態	國家中心型 State-centric Model	多元分歧型 Pluralist Model	全球治理型 Global Governance Model
政府在國際社會之地位	強	弱	自治（Autonomous）
政府與國際社會之契約關係	無	不明	代理（Agent）
政府與國際社會互動之主權觀	國家主權至上，國際社會是無政府狀態	國家主權衰退，但國際社會仍然是無政府狀態	國家受國際社會之規範，但卻不受控制
理論依據	現實主義（Realism）	自由主義（Liberalism）	制度主義（Institutionalism）
「一個中國」	零合遊戲	各自表述，毫無共識	有雙贏之可能
兩岸關係最終解決途徑	回歸權力平衡方式解決	未知	可能透過國際組織或國際仲裁之方式解決

資料來源：作者製表

　　第一、 國家中心型（state-centric model）：其特色爲未來全球化還是會走回現實主義所強調的權力平衡與零合遊戲。在此種情形下，兩岸關係及美－中－台三角關係都將處於巨大戰爭威脅下。

　　第二、 多元分歧型（pluralist model）：其特色爲未來全球化將演化成爲極端之自由主義且呈現出多元主義之自由混亂（liberal chaos）。在此種情形下，兩岸關係及美－中－台三角關係是處於高度不確定情境中。

　　第三、 全球治理型（global governance model）：其特色爲透過典則之發揚、國際組織功能之擴大及國際法制化之確立可能可以達到全球治理之境界。此模型爲一理想型之目標，但卻可提出實務界與學術界許多令人鼓舞的期許。

　　從表五中，我們可以看出，全球化的三種型態將對「一個中國」與「兩岸關係」投下極爲不同的變數。如就國家中心模型而言，則兩岸關係將成爲「一中一台」與「一個中國」的對抗。在此模型下，國家扮演的角色有其重要性，因此唯有以追求主權的完整，才能確保國家之前途不至於受制於他國，以保護自身之獨立。另一方面，在國際無政府狀態的假設下，美－中－台三角關係間必然會以「自求多福」（self-help）的方式來追求自己權力的極大化。如此，則兩岸關係將走入結盟對抗的權力平衡狀態，軍事衝突與戰爭或將成爲不可避免。在多元分歧下的全球化型態，則會對「兩岸關係」與「一個中國」投入許多不確定之因素。這種「全然自由」或「全然多元」的國際社會，在目前的國際體系中，不易在現實面出現。最後如就全球治理模型而言，則兩岸關係將成爲國際典則架構下的一種互動關係。在此種型態下，兩岸政府可能做某種主權之授權，將兩岸之衝突與合作，交予某些法制化之代表機構來監督或仲裁⑧。而兩岸有關「一個中國」與「一國兩制」之爭論也可能透過某種形式之國際組織對相關文件或法令（如有關美中三個公報、台灣關係法、兩岸在1992 年是否在「一個中國」議題上有共識）先提供一個以「和平」爲原則之解決辦法，再透過全球化之「和平」、「超越國家主權」等概念，輔以法制化之國際爭端解決機制。如此則中共所堅持之「民族主義」與台灣所堅持之「民主政治」，將跳脫目前停滯或對立之窘境⑭。在此種全球治理之架構下，雖然表面上看來，國家主權有可能因授權給國際組織或法庭，而降低其自主性

（autonomy），但事實上，這種授權若能透過良好之國際組織制度面之設計，則國際衝突可能獲得更爲「理性」之解決。而不必然一定要以武力作爲最後解決國際衝突之手段。

換句話說，在全球化的概念下，北京可以對台灣提出兩岸經貿整合之合作機制，並接受台灣在政治上的某種自主權，以「說服」更多台灣人民對「一個中國」及「一國兩制」之了解，甚至接受。譬如，在兩岸經貿互動日益增加下，台塑集團董事長王永慶最近公開呼籲國人接受「一個中國」主張，並認爲唯有增加台灣與大陸之經貿交流，才能解決台灣目前之經濟危機[85]。此種觀點充分反映了經濟外溢（spillover）到政治之實質意涵。最近中國時報針對台塑集團董事長王永慶所主張台灣應接受「一個中國」之主張，也作成民意調查來檢證社會之反應。由表六顯示出台灣民眾及台商對「增進兩岸經貿」的態度有朝支持方向發展之現象。特別值得一提的是：此次民調中台灣民眾對「一國兩制」的支持有攀升之現象[86]。但是，對於大多數台灣民眾來說，在經歷了台灣多年來在民主政治之改革，亦即 Samuel Huntington 所指的「第三波」改革[87]，所產生之台灣多元化之社會結構下，對中共以民族主義爲基礎所提出之「一國兩制」大多有所保留。

表六 民眾對王永慶有關一個中國言論的看法調查

問題	受訪者態度
台塑董事長王永慶日前公開呼籲台灣人民本著合則兩利的原則，接受中國大陸「一個中國」的主張，請問您贊不贊成他的看法？	非常贊成 13 ％　還算贊成 19 ％ 不太贊成 23 ％　非常不贊成 17 ％ 不知道 27 ％　拒答 1 ％
王永慶表示要解決台灣經濟危機，唯一方式就是開放台商大舉前進大陸提早卡位，請問您贊不贊成他的看法？	非常贊成 13 ％　還算贊成 17 ％ 不太贊成 31 ％　非常不贊成 21 ％ 不知道 17 ％　拒答 1 ％
請問您能不能接受中共提出的一國兩制的主張，（就是依照香港的模式，將台灣看做地方政府，國防與外交主權接受大陸統治，但是台灣享有目前的民主及經濟體制）？	可以接受 20 ％　勉強接受 9 ％ 不能接受 57 ％　不知道 14 ％ 拒答 1 ％

資料來源：**中國時報**（台北），2001 年 6 月 21 日，版 4。

　　換句話說，中共目前欲以民族主義來達成兩岸統一之策略，不但有其共產主義內部理論之矛盾性，也有其與全球化世界潮流尊重民主與人權相互違背之事實，更有其在技術面上，如何說服台灣人民接受「一國兩制」之困難。因此，我們認爲從全球化之視野或許可以在台北與北京之間開拓另一條更合乎未來全球治理精神之思考途徑，以謀求兩岸之和平與東亞之安定。

＊　　　＊　　　＊

註　釋

* 作者在此要感謝兩位匿名審查人之意見，使本文不論在文辭上、結構上或深度上都增加不少其
學術價值。
註① 請參見：宋學文，「21世紀美—中—台三角關係的持續與轉變：美國對台安全策略之形成、
鬆動與轉變」，**戰略與國際研究**（台北），第3卷，第3期，2001年，頁82～115。
註② 由於篇幅所限，我們無法將此四個階段清楚說明。詳細分析，請參見：宋學文，「**21世紀美—
中—台三角關係的持續與轉變：美國對台安全策略之形成、鬆動與轉變**」，頁82～115。
註③ 此字由圍堵（containment）與合作（engagement）的整合而來。
註④ 有關全球化之形成背景、途徑、未來發展形式及解決途徑，請參考James N. Rosenau, *Turbulence
in World Politics: A Theory of Change and Continuity* (New Jersey: Princeton University Press,
1990), pp. 443～463.
註⑤ Robert O. Keohane and Helen Milner, eds. *Internationalization and Domestic Politics* (Cambridge:
Cambridge University Press, 1996), pp. 10～14; Helen Milner, "Elections and International Cooper-
ation," *Journal of Conflict Resolution* 41 (1997), pp. 117～146.
註⑥ 宋學文，「全球化與全球治理對我國公共政策研究之影響：並兼論此影響在兩岸關係研究之意
涵」，**中國大陸研究**，第44卷，第4期，2001年，頁1～31。
註⑦ 宋學文，「全球化與非政府組織(NGOs)對國際關係之影響」，吳英明，林德昌主編，**非政府
組織**（台北：商鼎文化，2001年），頁69。
註⑧ 請參見共黨問題研究中心，**中國大陸綜覽**（台北：共黨問題研究中心，1998年），頁205；中
共國台辦，**台灣問題與中國的統一**（北京：國務院新聞辦公室，1993年），http://www.future-
china.org.tw/links/plcy/ccp199308.htm；**中國時報**（台北），2000年2月2日，參見http://forums.
chinatimes.com.tw/report/vote2000/main/89022271.htm。
註⑨ 恩格斯認為，共產革命不可能單獨在一個國家發生。因為工業革命建立了世界市場，將全球人
民，彼此緊緊聯繫，每一國人民都受到另一國家發生事情之影響。資產階級和無產階級成為社
會上兩個決定性的階級，兩者的鬥爭成為當前的主要鬥爭。因此，共產主義革命將不僅僅是一
個國家的革命，而將是在一切文明國家裡。而在〈共產黨宣言〉中，馬克斯與恩格斯亦指出：
「隨著資產階級的發展，隨著貿易自由的實現與世界市場的建立，隨著工業生產以及與之相適
應的生活條件的趨於一致，各國人民之間的民族分隔和對立日益消失。資產階級的統治將使他
們更快的消失。聯合的行動，至少是各文明國家的聯合行動，是無產階級獲得解放的首要條
件。」並在最後以「全世界無產者，聯合起來！」作為號召。參見恩格斯，「共產主義原
理」，**馬克斯恩格斯選集**，第一卷（北京：北京人民出版社，1995年），頁241；馬克斯、恩
格斯，「共產黨宣言」，**馬克斯恩格斯選集**，第一卷（北京：北京人民出版社，1995年），
頁291；307。
註⑩ 馬克斯、恩格斯，「共產黨宣言」，頁291。
註⑪ 或可解釋為，因為國際性無產階級革命的國際結構，導致各國之階級鬥爭。
註⑫ 馬克斯，「哥達綱領批判」，**馬克斯恩格斯選集**，第三卷（北京：北京人民出版社，1995
年），頁301～306。

註⑬ 此處所稱之「自由主義」（liberalism）意識型態與國際關係理論中之「自由主義」（libera-lism），兩者用字相同，意義上卻有不同。Andrew Heywood 認爲自由主義之要素爲：(1) 個人主義：反對任何社會團體之宰制；(2) 自由：個人享有法治內之自由；(3) 理性：相信理性運作以解決問題之能力；(4) 平等：「生而平等」，強調法律上與政治上之形式平等，機會平等；(5) 容忍：道德，文化與政治上多元主義之保障；(6) 同意：權威之建立與社會關係應該以同意或自願爲基礎；(7) 憲政：主張「有限政府」，制衡關係，政府爲必要之惡。江宜樺認爲自由主義之基本原則爲：(1)個人權力：主張團體需尊重個體自主性與價值之個人主義；(2) 多元寬容：多元主義之制度保障；(3) 立憲政府：國家政府之成立在保障個人權力，需防其濫權；(4) 國家中立：國家不爲特定團體之統治工具；(5) 私有財產：「私產神聖」，國家不得任意剝奪；(6) 市場經濟：反對國家過渡之干涉，迷信市場供需平衡原理。請參見 Andrew Heywood 著，林文斌、劉兆隆譯，**政治學**（台北：韋伯文化，1998 年），頁 71～73；江宜樺，**自由主義、民族主義與國家認同**（台北：揚智文化，1998 年），頁 104～106。至於自由主義意識型態與主權觀念之連結，將於下節論述。

註⑭ 依據歷史唯物主義的立論，馬克斯主義隱含著全世界的歷史趨勢，皆會朝向共產社會發展的假設。馬克斯認爲依著歷史上生產力與生產關係所構成的不同生產模型，歷史的發展趨勢將經歷五個階段：原始共產主義社會→奴隸社會→封建主義社會→資本主義社會→共產主義社會。關於歷史唯物主義與歷史發展五階段論可參見馬克斯、恩格斯，「德意志意識型態」，**馬克斯恩格斯選集**，第一卷（北京：北京人民出版社，1995 年），頁 62～135。

註⑮ Andrew Vincent 著，羅慎平譯，**當代意識型態**（台北，五南，1999 年），頁 430。

註⑯ 列寧, 斯大林著，**列寧斯大林論中國**（上海：上海解放社，1950 年），頁 73。

註⑰ 斯大林，**斯大林全集**，上卷（北京：人民出版社，1950 年），頁 64～74。

註⑱ 關於中國共產黨之雙重屬性於其歷史過程調和與衝突之簡單介紹，請參見張讚合，「論中共的「中國」與「共產主義」兩重屬性—兼論其對當前兩岸關係的意涵」，**東亞季刊**，第 26 卷，第 4 期，1995 年，頁 110～131。

註⑲ 關於毛澤東思想與馬克斯主義中國化的歷史淵源與思想分析，請參見溫洽溢，「毛澤東的馬克斯主義中國化」，**東亞季刊**，第 28 卷，第 2 期，1997 年，頁 173～214。

註⑳ 譬如毛澤東所提出的「農民革命」與「新民主主義革命」論點，成爲中國社會主義革命與建設的重要理論依據、戰略方針與政治藍圖。

註㉑ 依據毛澤東的「新民主主義革命」論點可以作爲此一說法的體現。「新民主主義革命」主張藉由與其他進步階級的聯合，應在中國進行新民主主義革命。此革命具有民族主義特性（反帝、反封建）、社會主義特性（建立社會主義國家），以因應當時中國情勢。請參見 Flemming Christiansen and Shirin M. Rai 著，潘兆民，黃烈修譯，**中國政治與社會**（台北：韋伯文化，1998 年），頁 96～103。

註㉒ 我們可以從國共兩黨積極對於外國利權與租界的回收行爲，以爲佐證。例如國民黨於 1930 年代間的積極收回租界地行動與關稅自主權之談判；以及中共建國後對於香港、澳門談判之積極與強硬態度。

註㉓ 關於民族主義與主權理論的關連，及現實主義與民族國家的關係，將於下節中論述。

註㉔ 如大英國協之「一個民族，多個國家」。

註㉕ 工人（個人與階級）無祖國（國際），即明顯地將個人與國際或階級接軌，並且跳躍國家層級之約制。

註㉖　在左派的論述中，民族主義往往被視爲以資本主義邏輯與資產階級之壟斷相關，因此，中共所
　　　定義之「愛國主義」謹慎的迴避與「右派民族主義」的關連。但是，在實務層面，不論是中共
　　　對外政策或大陸民衆的政治態度上，中共所提倡之「愛國主義」皆強烈顯現出民族主義之特色
　　　與情緒。

註㉗　白魯恂認爲隨著共產主義的世界性危機的加深，我們可以見到中國政權合法性基礎的馬列主義
　　　和毛澤東思想也正遭受無情侵蝕。可以預見民族主義將會塡補「信仰危機」與社會主義神話破
　　　產所造成的空白。並且吾人應對後馬克斯列寧主義時代之中國民族主義特徵加以理解，請參見
　　　白魯恂，「中國民族主義與現代化」，21世紀（香港），第 9 期，1992 年，頁 13。

註㉘　例如，《一個中國的原則與台灣問題》白皮書中，「如果出現台灣被以任何名義從中國分割出
　　　去的重大事變，如果出現外國侵佔台灣，如果台灣當局無限期地拒絕通過談判和平解決兩岸統
　　　一問題……」的三個「如果」中，便有外國勢力介入台灣的顧慮。中國時報（台北），2000 年
　　　2 月 2 日，參見 http://forums.chinatimes.com.tw/report/vote2000/main/89022271.htm。

註㉙　懲越戰爭當時之國際情勢爲越南與蘇聯已成南北合擊之勢，因此中共將自身行爲解釋爲先發制
　　　人的行動。關於當時之國際情勢，可參見張登及，「1979 年中共『懲越戰爭』的歷史結構分
　　　析──武力使用(Use of Force)的解釋」，東亞季刊，第 31 卷，第 1 期，2000 年，頁 91～114。

註㉚　有關超越國家主權之全球治理請參考 Susan Strange, *The Retreat of the State: The Diffusion of
　　　Power in the World Economy* (Cambridge: University Press, 1996).

註㉛　所謂民族的客觀存在，亦即民族並非由一群人主觀想像創造所形成，因而各民族之間的語言、
　　　習俗、文學和血統亦有所差異。換句話說，民族之形成乃爲天然力，無須後天人爲外力之建
　　　構。

註㉜　Anthony Smith. Theories of Nationalism. (London: Duckworth, 1983), p. 21.

註㉝　Andrew Vincent 著，當代意識型態，頁 424。

註㉞　Rousseau 認爲社會契約的內容有二：第一、每一個人將自身權力交與代表社會全體利益之「全
　　　意志」（general will）；第二、個人將權力賦予全意志，但是全意志的運作，政府的決策，必
　　　須接受多數決原則。此學說成爲民主理論之依據之一。請參見凌渝郎，西洋政治哲學史（台
　　　北，五南，2000 年），頁 174～178。

註㉟　Mill 強調個人自由之重要，認爲在民主制度下，民主決策與多數決的原則是個人自由之最佳保
　　　障，防範個人侵犯他人自由，因而，政府之存在乃爲必要，且以代議政府爲佳。請參見凌渝
　　　郎，西洋政治哲學史，頁 235～237。

註㊱　Fred Halliday, "Nationalism." in John Baylis and Steve Smith ed., *The Globalization of World Poli-
　　　tics* (New York: Oxford University Press, 1997), pp. 362～363.

註㊲　請參見「2.發展國際間以尊重人民平等權力及自決原則爲根據之友好關係，並採取其他適當辦
　　　法，以增強普遍和平」。《聯合國憲章》第一章，第一條；http://www.un.org/chinese/aboutun/
　　　charter/charter.htm。

註㊳　此處所稱之自由主義與註⑦相同，皆指與社會主義對立的自由主義意識型態，並非國際關係理
　　　論中之自由主義。關於自由主義意識型態之定義，請參見註⑦。

註㊴　Robert O. Keohane, "Theory of World Politics: Structural Realism and Beyond." in Robert O. Keohane
　　　ed. *Neorealism and its Critics* (New York: Columbia University Press, 1986), pp. 164～165.

註㊵　關於霍布斯、洛克與盧梭之社會契約論內容，請參見凌渝郎，西洋政治哲學史，頁 144～145、
　　　158～159 和 174～175。

註㊶　Susan Strange, *The Retreat of the State: The Diffusion of Power in the World Economy.*

註㊷　新左派認為全球化透過資本、市場與資訊衝擊國家主權，國家淪為國際資本的「代理人」，其最終目的在奪取發展中國家之市場，形成全球帝國。新自由派認為全球化為全球經濟與市場的結合，其結果並非零合遊戲，全球化將帶來未來的長遠利益。事實上新左派與新自由派皆一致承認全球化的巨大力量，且傳統民族國家之地位遭受挑戰。轉型學派認為，全球化是推動社會、政治與經濟轉型的原動力，並正在重組現代社會與世界秩序。但是，全球化為一偶然的歷史過程，因而難以預測其發展方向與世界新秩序為何。內政與外交界線日益模糊，使得主權、領土與國家權力之關係發生轉變。懷疑學派認為全球化為一迷思，充其量只能稱為「國際化」。國家政府干預國際經濟之持續性力量仍然存在，因此，經濟自由化亦是在國家間協調而成的現象。詳情請參見洪朝輝，「全球化—跨世紀的顯學」，**問題與研究**，第39卷，第8期，2000年，頁73～84。

註㊸　David Held、Anthony McGrew等著，沈宗瑞、高少凡等譯，**全球化大轉變**（台北：韋伯文化，2000年），頁35～36。

註㊹　西發利亞體系可以說是由主權國家構成之國際體系，為19世紀至今之主要國際秩序，其主要架構建立於主權和國家地位（statehood）。國家地位意指不同領域由各不同的政府來統治。主權則因之而具有全面性、最高性、完全性和排他性。Jan Arts Scholte, "The Globalization of World Politics," in Steve Smith and John Baylis, ed., *The Globalization of World Politics* (New York: Oxford University Press, 1997), p. 20.

註㊺　有關政府與人民間之「契約」或「代理」之「市場」關係，請參考 Susan Strange, *States and Markets* (London: Pinter, 1988)；宋學文，「全球化與全球治理對我國公共政策研究之影響：並兼論此影響在兩岸關係研究之意涵」，頁1～31。

註㊻　這些變遷諸如科學技術的進步，資本國際化的趨勢，國際交流的頻繁等等。參見 Robert O. Keohane and Joseph S. Nye Jr. ed., *Transnational Relations and World Politics* (Cambridge: Harvard University Press, 1972).

註㊼　Susan Strange, *The Retreat of the State: The Diffusion of Power in the World Economy* (Cambridge: University Press, 1996), pp. 4～12；宋學文，「全球化與全球治理對我國公共政策研究之影響：並兼論此影響在兩岸關係研究之意涵」，頁1～31。

註㊽　Susan Strange, The Retreat of the State: The Diffusion of Power in the World Economy, pp. 4～12; pp. 12～15.

註㊾　在此 Rosenau 強調未來的國際事務會透過類似 regime 的功能來處理許多跨國事務，而這些跨國事務或國際事務不必然要以「國家」或「政府」為單元。請參見 James Rosenau, "Governance, order and change in world politics" in J. Rosenau and E. O. Czempipei ed., *Governance without Government* (Cambridge: Cambridge University Press, 1992), p. 5.

註㊿　Jan Arts Scholte, "The Globalization of World Politics," in Steve Smith and John Baylis, ed., *The Globalization of Politics* (New York: Oxford University Press, 1997) pp. 14～15.

註51　國際關係中的三個分析層次（level-of -analysis）是指：國際體系層次、國內結構層次和個人層次。參見 David J. Singer, "The Level-of-Analysis Problem in International Relations", *World Politics* 14 (1961), pp. 77～92 及 Kenneth Waltz, *Man, the State, and War* (New York: Columbia University Press, 1959)。

註52　現實主義者，如 Hans J. Morgenthou, *Politics Among Nations: the Struggle for Power and Peace*

(New York: Knopf, 1948)；Caar E.H, *The Twenty Years' Crisis: An Introduction to the Study of International Relations* (London: Macmillan, 1939)；Kenneth Waltz, *Man, the State, and War* (New York: Columbia University Press, 1959)。國內文獻方面請參見：石之瑜，「現實主義國際政治學的知識脈絡」，**問題與研究**，第 39 卷，第 7 期，2000 年，頁 38；宋學文，「議題連結與兩岸關係」，**問題與研究**，第 37 卷，第 2 期，1998 年，頁 21～35。

註⑬ 參見 Kenneth Waltz, *Theory of International Politics* (Reading, Mass.: Addison-Wesley, 1979), pp. 89～91, pp.93～95, and p.98.

註⑭ Kenneth Waltz, *Theory of International Politics*, pp. 93～97

註⑮ 事實上許多現實主義者仍然堅信以國際無政府狀態所建構之主權國家體系是牢不可破的，雖然他們或許會在某種程度上承認，在全球化的衝擊下，國際間相互依賴將對國家行使主權之能力產生影響，但基本上他們並不揚棄結構現實主義之主張，參考 John Mearsheimer, "Back to Future: Instability in Europe After the Cold War" *International Security* 15 (1990), p. 1; pp. 5～56.

註⑯ 相互依賴（interdependence）可定義爲國家間或國家和非國家成員間的互惠效應（reciprocal effects），而此效應大多透過降低國際交易成本，以追求國際合作爲目標。請參見 Robert O. Keohane and Joseph S. Nye. *Power and Interdependence: World Politics in Transition*. 2nd ed. (Boston: Little Brown, 1989), pp.8～10.

註⑰ Robert O. Keohane and Joseph S. Nye. *Power and Interdependence: World Politics in Transition*. 2nd ed. (Boston: Little Brown, 1989), pp.23～29.

註⑱ Robert O. Keohane and Joseph S. Nye. *Power and Interdependence: World Politics in Transition*, pp. 260～261.

註⑲ Stephen D. Krasner, "Structure Causes and Regime Consequences: Regimes as Intervening Variables", in Stephen D. Krasner ed., *International Regime* (Ithaca, New York: Cornell University Press, 1983), p. 2.

註⑳ Robert O. Keohane, *After Hegemony: Cooperation and Discord in World Political Economy* (Princeton: Princeton University Press, 1984), p. 64.

註㉑ Robert O. Keohane, *After Hegemony: Cooperation and Discord in World Political Economy*, pp. 49～51.

註㉒ Oran R. Young, *International Cooperation* (Ithaca N.Y.: Cornell University Press, 1989), pp.70～80.

註㉓ Lisa L. Martin, "Institutions and Cooperation." International Security 16: 4 (1992), pp.143～178.

註㉔ 鄭端耀，「國際關係『新自由制度主義』理論之評析」，**問題與研究**，第 36 卷，第 12 期，1997 年，頁 13。

註㉕ *International Organization* 在 2000 之特刊亦對此研究導向，有深入之分析，請參考 *International Organization* 54 :3 (2000)。

註㉖ 國際制度朝向法制化發展，爲一長期性的趨勢，尤其在環保與人權的多邊公約中表現最爲明顯。而其研究之目的，在對於國際政治中法律之使用與結果之多向性，做較佳之解釋。立論之基礎在於，透過國際法制之國內化，使國內之立法與決策直接與國際接軌，以追求國內政治與全球治理趨勢之結合。使得全球化理論及國內之立法、決策過程做更多之連結。請參見 Judith Goldstein, Miles Kaher, Robert O. Keohane, and Anne-Marie Slaughter, "Introduction: Legalization and World Politics." *International Organization* 54: 3 (2000), pp. 385～387.

註㉗ 以上所論及之面向，皆非截然二分，而是有其重疊性。請參見 Kenneth W. Abbott, Robert O.

Keohane, Andrew Moravcsik, Anne-Marie Slaughter and Ducan Snidal, "The Conception of Legal-ization." *International Organization* 54: 3 (2000), pp. 401～419.

註⑱ Judith Goldstein, Miles Kaher, Robert O. Keohane, and Anne-Marie Slaughter, "Introduction: Legal-ization and World Politics", pp. 398～9.

註⑲ 聯合國以人道救援為由的一連串派遣維和部隊行動之決議案，對傳統主權的新挑戰，可以為例，可參見陳文賢，「後冷戰時代主權概念的發展」，**美歐季刊**，第 13 卷，第 2 期，1999 年，頁 137～159。

註⑳ 宋學文，「我國在第二軌道外交之功能與限制」，**政策月刊**，第 50 卷，1999 年，頁 23。

註㉑ 如冷戰時期的台灣，及其他威權的非共國家，大多為第三世界國家。

註㉒ 1971 年中華人民共和國取代中華民國於聯合國中之席次，世界各國紛紛與中共建交，並承認或認知台灣屬於中國的一部份。

註㉓ 民主化的過程中，更形成了台灣的新興國民主義。請參見趙建民，「台灣主體意識與中國大陸民族主義的對抗：面對 21 世紀的兩岸關係」，**中國大陸研究**，第 41 卷，第 1 期，1998 年，頁 54～71。

註㉔ **中國時報**（台北），2000 年 5 月 21 日，參見 http://www.chinatimes.com.tw/report/newgov/htmlbank/520-c1.htm。

註㉕ **中國時報**（台北），2001 年 4 月 19 日，版 3。

註㉖ 在此，我們採取表三中之轉型學派主張，並認為目前仍是全球化之轉型階段。

註㉗ 「台海危機凸顯中共威脅，各國擴張軍備，綢繆制衡之道」，**聯合報**（台北），1996 年 4 月 3 日，版 9。

註㉘ 「使館被炸 引爆大陸民眾反美怒潮」，**中國時報**（台北），1999 年 5 月 9 日，版 9。

註㉙ 「軍機擦撞反美言論聲浪高要求政府立場強硬」，**工商時報**（台北），2001 年 4 月 3 日，版 5。

註㉚ 宋學文，「『特殊國與國關係』之決策及其發展：3i 模型的決策分析」，**中國大陸研究**（台北），第 42 卷，第 11 期，1999 年，頁 75。

註㉛ 宋學文，「21 世紀.美－中－台三角關係的持續與轉變：美國對台安全策略之形成、鬆動與轉變」，頁 82～115。

註㉜ 有關全球化未來發展之型態，亦可參考 James N. Rosenau, *Turbulence in World Politics: A Theory of Change and Continuity*, pp. 446～461。

註㉝ 有關此點，目前在實務面上，囿於中華民國並非聯合國會員國，且在國際組織之參與上，尚有待加強。因此，本文在此提出之觀點乃立基於「全球治理」之理論期望，並非目前已具備此事實。

註㉞ 此點或許可以透過美－中－台三角關係，以政治上堅持「和平方式解決兩岸爭端」之指導原則，再委以國際組織作協調或仲裁之工作，以逐步將兩岸衝突「交托」全球治理之模式來解決。

註㉟ 「王永慶：化解困境台灣應接受大陸『一中』」，**中國時報**（台北），2001 年 6 月 20 日，版 1。

註㊱ 本次調查係由中國時報以台灣地區的住宅電話號碼為抽樣母體，採系統抽樣法，針對台灣地區七百餘位成人所做的電話調查，調查時間為 2001 年 6 月 20 日晚上，共成功訪問七百四十六位成人，在百分之九十五的信心水準下，抽樣誤差約為正負三點七個百分點。調查得知，現階段有二成的人表示可以坦然接受一國兩制，即使中華民國國號被取消也可以容忍；有九個百分點

的人則透露可以勉強接受所謂的一國兩制，認爲至少可以保有台灣現存的民主與經濟體制；至於五成七的多數民意，則斷然拒絕視台灣爲地方政府的一國兩制；另外一成五的人未表示意見。

註⑧　Samuel P. Huntington, *The third wave: democratization in the late twentieth century* (Norman: University of Oklahoma Press, 1991).

全球化：中國大陸學者的觀點

徐 斯 儉

國立政治大學國際關係研究中心第三研究所助理研究員

摘　要

　　本文旨在介紹中國大陸學者對全球化的觀點，並著重討論分析其中不同觀點之間的對照與意涵。本文以美國學者赫爾德（David Held）等所整理出之對全球化的三種觀點，即「全球化進步論」、「全球化懷疑論」、和「全球化轉化論」，以及國際政治經濟學中的「現實主義」、「自由主義」、與「馬克思主義」等兩組理論分類架構來區別並觀察中國大陸學者在各種不同全球化議題上的觀點。本文所涵蓋的全球化議題包括：「經濟全球化」、「全球化與文化」、「全球化與國家主權」、「全球化與國內政治改革」、「全球化與中國大陸對外關係」。此外，本文也提到從若干外國學者眼中，對中國大陸之全球化觀點的一些觀察。

　　本文認為在中國大陸學者中，一方面對全球化的觀點有一些共通性，但也存在著相當程度的多元性，並且不乏針鋒相對的辯論。根據此一觀察，本文最後將大陸學者這種對全球化的多元觀點，導向對兩岸關係的思考，嘗試從中國大陸此種多元觀點中找出對兩岸關係另類思考的可能。

關鍵詞：全球化、國家主權、中國大陸對外關係、中國大陸的政治改革、
　　　　兩岸關係

＊　　　　　＊　　　　　＊

壹、導　言

　　自從中國大陸採取了改革開放的政策以來，其自身的變化和發展就一直與整個世界的變化與發展密不可分。隨著改革開放的漸次展開，中國大陸在經濟社會政治文化上獲得了很大的發展，期在國際上的對外關係也得以大幅提高。中國從調整自己與世界的關係中獲得了巨大的發展，也取得了新的利益，並且也發展了新的自我認同（self-identity）。隨著此一情勢的開展，中國大陸逐漸加深了其對國際的參與和瞭解，同樣地也讓國際更加地認識自己並更密切地與自己交往。自 1990 年代以來，隨著經濟活動與科技在全世界的快速發展，在國際社會中掀起了一股所謂「全球化」的浪潮。這股浪潮一方面衝擊了中國大陸與世界既有的關係，另一方面也快速地改變了中國大陸對世紀及其與自身關係的認知圖像。這種衝擊與認知產生了交互影響的作用，衝擊影響了原有的認知，而認知的重新調整又產生了對衝擊的調整，進一步回頭改變中國大陸與世界的關係。

　　以上述的動機與觀點出發，本文的目的一方面在大致介紹中國大陸對全球化的觀點，另一方面著重討論分析其中不同觀點之間的對照與意涵。本文中所分析的中國大陸全球化的觀點，其實大部分的還是中國大陸學者的觀點。選擇中國大陸學者的觀點作分析有幾點原因：首先，在中國大陸，對全球化之觀點表達得最多、最有系統的，恐怕還是學者；其次，學者的觀點可見諸於各種學術刊物及書籍，比較便利於蒐集；再其次，學者們的觀點最前沿、最多元、彼此之間的對話性高，有利於較深入的分析；此外，從兩岸關係而言，學者與學者之間意見的交流往往是對現行政策突破的先聲，按照國際關係「建構論」（constructivism）學派的說法，學者間的對話所構成的「認知社群」（cognitive community）往往成為改變政治現實的動力來源。因此針對中國大陸學者的觀點進行分析有利於將來兩岸學者間的進一步交流。

　　本文分為十個段落：首段為導言；第二段針對國際關係學及國際政治經濟學中，對「全球化」的若干分析的理論做一簡要介紹，做為本文後面討論的參考架構；第三段到第七段是針對中國大陸的學者對全球化中某些面向的觀點做

個別分析，第三段分析中國大陸學者觀點下的經濟全球化；第四段分析中國大陸學者觀點下的全球化與文化；第五段分析中國大陸學者觀點下的全球化與國家主權；第六段分析中國大陸學者觀點下的全球化與國內政治制度；第七段則分析中國大陸學者觀點下的全球化與中國對外關係；分析完了中國學者對全球化各議題的看法，第八段則分析西方學者眼中，中國大陸對全球化之觀點爲何；奠基於前述的分析與檢視，第九段本文則就中國大陸學者的全球化觀點提出一些觀察與分析；最後一段則從中國大陸學者對全球化的觀點出發，略談全球化對兩岸關係的意涵，並提出本文在全球化的思考下對兩岸關係一些新的構思與建議。

貳、對「全球化」的一般理論觀點

「全球化」（globalization）是一個在最近一、二十年逐漸被炒熱的一個研究課題，其實早在 1960、1970 年代「羅馬俱樂部」的研究報告就已經開啓了以全球角度研究世界人類所面臨之共同問題的一種分析視角①。然而自從全球化的概念出現以來，對此一概念所涵蓋的範圍、此概念定義的方式、其影響之所及、和對其認知的角度等，仍然存在著很大的辯論，就如許多其他重要的社會科學概念一樣，尚處在未定於一的情況。而且看來只要這個全球化的過程一天未停止，這樣的歧異就一天不會消失。爲了討論的方便，本文採用以下兩組對全球化的定義。第一組是赫爾德等學者所提的定義方式②。根據赫爾德等學者的定義，全球化所指的是：

> 「具有以下特質的一個（或一組）轉變過程，此過程表現為：一種全球各種社會關係和社會交換行為之「空間組織方式」的轉變；此種轉變可以用『廣度（extensity）、密度（intensity）、速度（velocity）、和深度（impact）』等面向來予以衡量；此種轉變會在跨洲際、跨區域間引起和造就各種活動、互動、和權力支配之流動與網絡。③」

這一組定義比較抽象，但也比較精練。他抓住了幾個重點：首先、全球化

是一種過程；其次，全球化是一個空間的概念；再其次，全球化有四個不同的向度；最後，全球化的結果是跨洲際和區域的流動與網絡。

第二種是根據韓裔美籍學者金淳基（Samuel Kim）的定義，他的定義相較起來雖然稍微較冗長，但卻也比較具體。他以下面這樣的方式定義全球化：

> 「全球化是指一連串複雜、彼此獨立、卻又互相有關的變化過程；此一連串之過程擴張了、加深了、並加快了全世界各層面之人類關係和接觸的相關聯性，這包括了經濟的、社會的、文化的、環境的、政治的、外交的、和安全的等各層面；這種變化過程使得在世界某處的事件、決定、和行動對世界上另一處的個人、團體、和國家都會產生立即的影響與後果。④」

這組定義的優點是點出了全球化的（7個）不同層面，並強調在全球化趨勢下世界上不同行動者之間的互相影響及關聯性。

如果從政治科學的傳統出發，有哪些理解或分析全球化的理論觀點和視角呢？依照赫爾德等學者的分析⑤，有關全球化的理論可以分為三大派：

1.「全球化進步論」（hyperglobalist thesis）：第一派是全球化進步論者。對全球進步論者而言，人類世界將步入一個全球化的新世紀；在此世紀中國家的權威將衰落，其重要性將不再；世界在全球資本主義和科技的驅動下形成一個全球市場，隨之而來的是全球治理與全球的公民社會；全球原有的政治階層（如南北之位階）將銷蝕，全球將共享同一化的文明，人類社會將達到同一的和諧。

2.「全球化懷疑論」（sceptical thesis）：第二派是全球化懷疑論者。這些人認為，現今的世界並不是什麼史無前例的新時代，現在國與國之間的相互依賴程度恐怕還比不上 1890 年代；國家並不僅沒有消亡，而且其權力和重要性可能更見提高，其仍是國際社會中最重要的行為者和構成單元；全球化的驅動力仍然是國家與市場，而且既有的國際秩序不僅不會有本質的改變，而且南方國家邊緣化的程度可能反而會更加嚴重；所以全球化其實最多也只不過是一種國際化與區域化的過程，且這樣的過程是以民族國家的同意為前提所產生的；如此的過程其結果遠非是一個永久和諧的圖像，反而可能是更加劇烈的區域板

塊或文明板塊之間的衝突。

　　3.「全球化轉化論」（transformationalist thesis）：第三派是全球化轉化論者，他們可說是前兩個極端立場間的一種妥協與調和。他們認為，目前的全球朝著相互關聯的變化過程，其密度之高、範圍之廣、速度之快、影響之深的程度，的確是史無前例的；這種過程的驅動力是一種混合的現代性力量，它不僅使得民族國家產生了一種自我重新建構和轉化的過程，而且連整個世界的秩序也在重新建構；然此種轉化的過程之未來，是朝向全球的整合或分散化，尚在未定之天。（表一）綜合敘述了這三大派別的不同觀點和看法。

表一　全球化三種理論之比較⑥

	全球化進步論	全球化懷疑論	全球化轉化論
1. 標示性主張	全球化新世紀	貿易板塊；較從前更弱之地緣政治的管理	史無前例之高度的全球互相聯結
2. 最主要特徵	全球資本主義之實現；全球治理；全球公民社會	世界的相互依賴程度實際上比 1890 年代要更低	密度高且範圍廣的全球化
3. 民族國家政府之權力	衰退或被侵蝕	增強或提高	重新建構與重新組成
4. 全球化的驅動力	資本主義與科技	國家與市場	現代性的混合力量
5. 全球秩序的分層化型態	世界原有之階層化秩序逐漸被侵蝕	南方國家之邊緣化更加地嚴重	一種重新建構之世界秩序的出現
6. 主題；主弦律	麥當勞；瑪當娜	國家利益	政治社區的轉化
7. 全球化的概念形成	做為人類行動架構的一種重組	做為一種國際化與區域化的過程	做為一種區域間關係和遠距行動之間的一種重組過程
8. 歷史軌跡	全球文明之誕生	區域板塊／文明之衝突	尚未可知：全球性整合或分散化
9. 主要論點摘要	民族國家之終結	在民族國家默許與支持做為前提下的國際化過程	全球化轉化國家權力與世界政治

　　如果按照社會科學的用語，赫爾德等學者這樣的分類方法應該可以說是一種韋伯所提出之「理念型」（ideal type）的分類方法。現實世界中的具體現象

未必只能對應出此分類中的某一類型。很可能有些學者的看法是兼具其中兩種
看法，譬如處在第一、三種之間，或第二、三種之間。不過，要同時間有「全
球化進步論」和「全球化懷疑論」的論點恐怕就比較困難。所以如果將三種立
場做爲一個一爲座標軸上的三點，如圖一我們可以標出三個立場：若以A點表
示「全球化進步論」、B點表示「全球化轉化論」、C點表示「全球化懷疑
論」，它們再一條直線上的關係應爲A-B-C。（見圖一）

圖一　對全球化立場的三分法

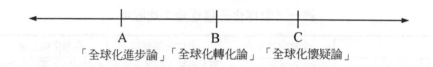

　　除了上述三種對全球化的理論觀點以外，在西方所流行的國際政治經濟學
（international political economy）中，還有另一組的三種理論角度，也有助於
我們歸類與討論中國大陸對全球化的視角。第一種是「現實主義」（Realism）
傳統、第二種是「自由主義」（Liberalism）傳統、第三種是「馬克思主義」
（Marxism）傳統⑦。「現實主義傳統」的分析多從國家的角度出發，認爲國
際政治的本質是無政府狀態（anarchy），因此分析國際政治不可能脫離主權國
家的國家利益以及國家與國家之間的權力關係。「自由主義傳統」則強調市場
在全球的國際政治經濟中的整合力量，此派理論在國際政治中喜歡強調非軍事
的國際事務在世界政治中愈來愈大的重要性，以及國家對經濟活動干預所造成
對經濟的不利。自由主義主張全球的經濟應該以無障礙的市場機制予以整合，
國家和國家之間不應有貿易及其他經濟上的障礙。至於「馬克思主義」傳統則
奠基於馬克思對資本主義的批判，強調在國際政治經濟中所存在的剝削和不公
平，這種不公平往往是存在於南方國家與北方國家之間，或者說發達國家與發
展中或不發達國家之間，且此派理論也認爲全球資本主義的擴張才是國際政治
經濟的基本動力，也是一切問題的來源。不看清楚這一點，就永遠不能改變存
在於國際間的剝削與不公。

　　如果我們將對全球化的三種論點與上述國際政治經濟學中的三個理論派別做一個交叉的分析，便可以得到表二的結果。在此表中可以見到，「全球化進步論」基本上是與自由主義有著較強的關聯，但與現實主義或馬克思主義沒有太大的相關；「全球化懷疑論」的看法則通常是奠基於現實主義或者馬克思主義的觀點，但與自由主義無關；「全球化轉化論」的觀點則可以與三種理論傳統都有關，不過它與自由主義的關聯顯然應比與現實主義和馬克思主義的關聯要強。當不同的學者從不同的理論角度去主張全球轉化論時，可將之視為全球轉化論的不同次分類。譬如可能有「自由主義的全球化轉化論」、「現實主義的全球化轉化論」、和「馬克思主義的全球化轉化論」等。

表二　全球化三種理論與國際政治經濟學三種理論的關係

	全球化進步論	全球化轉化論	全球化懷疑論
自由主義	∨	∨	✕
現實主義	✕	△	∨
馬克思主義	✕	△	∨

∨：強相關；　　△：弱相關；　✕：不相關；

叁、中國大陸學者觀點下的經濟全球化

　　由於亞洲金融風暴的影響，許多中國大陸的學者對於全球化的認知還是從經濟的全球化開始。對於經濟的全球化，有以下的一些共同的看法。

　　首先，一個普遍的看法是，認為全球化是一個不因主觀因素而移轉的客觀事實、是一個必然的趨勢、是一種不可扭轉的歷史潮流⑧。這種觀點基本上是將世界的經濟當作一種超越國與國的經濟關係來看待，也就是採取一種全球的角度來觀察，這種觀點內涵的一種邏輯應該是一種非現實主義論的觀點。這麼說的原因是因為這種歷史潮流的方向是一種任何國家、團體、個人都不得不跟上的一種趨勢。在這場歷史競爭的洪流中，誰能學會新的規則而跟上誰就能得

益，誰不能則誰就倒楣。而且，這股經濟全球化的歷史潮流，不是哪個國家故意起的頭，更不是誰想要停止就能停止的。由龍永圖部長具名編輯、汪道涵先生具名爲高級顧問、由中國對外經濟貿易出版社所出的幹部讀本「世界貿易組織知識讀本」中，就很清楚地採取了這樣的觀點。在分析全球化出現的原因時該書說到：「全球化不是國際組織設計出來的，也不是哪些國家領導人倡導的，它主要由企業推動，是從下至上的一種微觀經濟行爲。⑨」如果哪個國家要採取一種現實主義的角度來計較與其他國家相較之下的「相對得益」（relative gain），覺得順著全球化反而划不來，那麼它可能反而喪失了歷史的時機。某種程度而言，經濟全球化的出現相當符合馬克思主義所分析的一種客觀歷史定律。用黑格爾的話來說，可以說既然全球化「是一種在歷史上能產生作用的力量，則它必然符合歷史本身演化的邏輯。」這也難怪上述的世貿組織幹部讀本中也花了 12 頁的篇幅專門論證了「馬克思主義認爲『經濟全球化』是經濟發展的必然規律和趨勢」⑩。

由這種認識的角度出發，部分學者產生了一種危機感，認爲全球化是一種前所未有的挑戰，中國如果無法迎接這樣一種挑戰，則有可能被「開除球籍」⑪。若是基於這樣一種看法，那麼積極迎接這樣的挑戰恐怕便是一種唯一的結論，如果還爭論要不要迎接這種挑戰是浪費時間。在這個問題上中國大陸的學者似乎並沒有太大的歧見。不過，究竟應該如何迎接挑戰，則仍然有不同的意見。這在本節稍後會討論。

此外，許多學者也認爲經濟全球化雖然是不可扭轉的歷史趨勢，但是它卻是充滿著風險的；中國大陸做爲一個發展中國家，雖然應該要積極參與經濟的全球化，但同時也一定要加強「經濟安全」的觀念，以免在還沒有從經濟全球化取得好處之前就被其風險擊垮⑫。

除此之外，還有一種對經濟全球化的普遍看法，那就是認爲全球化是一種「兩面刃」的看法。許多學者都以一種「悖論」或「二律背反」的論證形式指出，經濟全球化一方面如何如何，另一方面又如何如何。譬如說前面已經說過的，經濟的全球化一方面唯有參加才能從中得利，但另一方面卻也充滿了風險；此外，它一方面可促進發展，但另一方面卻會造成某些國家團體個人對另一些國家團體個人進行掠奪剝削，因而造成愈發地不均與不公⑬。

　　但中國大陸的學者間對經濟的全球化也在若干問題上仍存有不同看法。首先，對於經濟的全球化是否就等於是資本主義的全球化，有著不同的意見。王連喜認為，「在全球化過程中，當代資本主義確實出現了很多新的特點，但是，資本主義的擴張並不意味著資本主義全球化或全球化走向資本主義。⑭」此外，薛曉源在綜述「全球化與當代社會主義、資本主義研討會」的論文中也指出，與會的代表一致認為，「全球化並不必然意味著資本主義的全球化」，而是一種「多元並存、多種模式共生的局面」⑮。 而相對地，也有完全相反的主張。譬如紀玉祥則認為，「當代經濟全球化實質上是在當代資本主義主導下的全球化，全球化問題實際上也是當代資本主義特別是發達資本主義的問題。⑯」宿景祥認為，全球化是資本主義發展的一種進程，因此它其實這並不是一個新的現象⑰。此外也有學者乾脆認為全球化就是「資本主義的當前形式，是資本主義的一種別稱。⑱」有的學者認為後面這種認為全球化就是資本主義的全球化的觀點是一種「新左翼」的系統性觀點，並批判地認為這種觀點是一種意識型態⑲。這個爭辯的意義在於，中國大陸要如何面對這個經濟全球化？因為如果經濟全球化是資本主義的全球化，那麼中國是否要堅持不變成這個資本主義的一部份？若採取了這個觀點，那麼在融入經濟全球化的過程中就必然會有所保留，甚至可能對融入採取否定的態度。

　　第二個中國大陸的學者間對經濟全球化存有爭議的議題，是中國在經濟全球化的過程中是否應該對世界市場更加開放，尤其是面對亞洲金融風暴之後。許多學者站在一種經濟現實主義的立場，認為因應經濟的全球化應該從加強本國經濟的角度出發，對完全的開放採較保守的態度⑳。如王朝才等就主張，「對外開放的程度應當與民族工業的國際競爭能力相適應，充分考慮民族工業對國際競爭壓力和承受能力，絕不能危及民族工業的生存，不能損害民族工業自主發展能力。㉑」若是要不損害民族工業自主發展的能力，恐怕就必須採取一些保護的手段，如此對融入世界化的程度就須有所限制了。但是真正來說，對外開放就不可能不面對競爭，而面對競爭又不能不冒著某些國內企業因競爭不過而被淘汰的命運。所以又要開放，又要絕不損害民族工業，可說是不太可能的。還有的學者認為，經濟的全球化雖是一種趨勢但不必是一種目標，「任何國家或實體均無義務遵照某種規則參與這一進程。㉒」因此若是「將（經濟）

全球化看成是一種目標，並把一系列國際協約和規則與其直接聯繫起來，統而言之地劃定出一條中國的國際化發展道路」，那將對經濟全球化的一種很大的誤解㉓。

　　相對地，也有許多學者主張一種較開放、參與、融入的態度。譬如說趙輝認為中國面臨全球化不僅要「全」而且要「深」㉔；汪道涵認為，「經濟全球化進程是中國經濟發展的外部環境，堅持改革開放和保持穩定則是中國發展的基本條件。㉕」此外，他還說，「經濟全球化則為中國提供了歷史的機遇。中國成為吸收外國直接資金最多的地方…中國經濟加入世界市場的過程，同時也是社會主義市場經濟的發育過程。實施全方位、多層次、寬領域的對外開放，已經確立為21世紀中國發展的基本策略。㉖」此外，在外經貿部的幹部讀本中也間接地採取了這樣一種較融入的態度，該讀本指出，「馬克思主義認為一國必須順應『經濟全球化』的客觀發展趨勢」，在此趨勢下「各國都必然會融入世界市場之中，…且資本主義生產方式的發展、經濟全球化使各國不可能閉關鎖國，…因此一國要善於利用各種人類文明成果發展生產力、獲取全球化的利益。㉗」對於加入WTO，中國大陸的政府官員也一再論證其對中國大陸而言已是一種重大的國家戰略選擇，順著鄧小平改革開放的方向，中國大陸已沒有其他的選擇，必須要融入國際的主流㉘。

肆、中國大陸學者觀點下的全球化與文化

　　全球化除了是一個經濟過程之外，也是一個文化的過程。尤其是在這個過程中，尚在形成中的「全球意識」與民族主義會產生怎樣的關係呢？所謂的「全球意識」或「全球文化」其內涵為何？由誰主導形成？這對於中國大陸這樣一個新興中的發展中大國而言是至關重要的，尤其是在最近幾年中，因為諸如南斯拉夫領館被炸事件等各種主客觀因素，中國大陸的民族主義情緒高漲，但同時又要面對這個全球化的趨勢，而且在此趨勢下西方國家每每運用全球化文化價值的語言指控或攻擊中國大陸，使得中國大陸內部對全球化與文化價值的關係產生了熱烈的討論。

　　首先，中國大陸學者很清楚地辯明了一個認識上可能產生的誤區，那就是

「全球化不等於全球性」。全球化指的是一個動態的演變過程，而全球性所指的是一種靜態的狀態。承認全球化是一個不可避免的趨勢並不是說在此演變過程中的國家團體或個人就一定已是處在具備全球性的狀態[29]。然而，值得進一步討論的是，此全球化是否是一個朝著一個一致單一的「全球性」演化的直線式過程呢？一個國家民族是否應該擁抱「全球文化」的出現呢？全球文化與民族文化的關係為何呢？

　　學者在此方面有幾類不同的看法。一類學者認為，強調全球化的一體化而認為民族主義或民族文化不再重要並不是一種公平的看法。譬如俞可平認為，「把全球化僅僅視為一體化和同質化過程的觀點，從根本上說是片面和不適當的，是缺乏對全球化過程的辯證性質的認識，由此所得出的結論就很可能是錯誤的，甚至是有害的。[30]」這類觀點不僅認為不應太擴大解釋全球化的同質化傾向，而且還認為在全球一體化迅速發展下，文化的異質化或民族主義的傾向不僅沒有消失，反而可能變得更活躍起來。全球化的衝擊與挑戰往往刺激民族國家一種帶有強烈民族主義色彩的回應，這是一種階段性合乎邏輯的反應。全球的經濟一體化或許較容易，但文化的融合卻是極其困難的，在必須面對進入「現代的門檻」時，各民族原先的支撐物和社會結構突然崩潰，這使人充滿了壓力與痛苦但又不可避免。因此如何保持自己民族國家本色而不被全球化吞噬是當前民族主義的一種普遍心態[31]。這在理論上似乎較偏向於在文化問題上對全球化的一種懷疑論。也是從這樣一種角度出發，有些學者會主張，其實所謂的全球化很難免的就是一種西方化或美國化，而所謂全球文明的形成很難不受到西方或美國的影響[32]。

　　相對而言，另一派學者則強調全球化的一種共同性、一體性。李慎之的立場，最能表明這種類似「全球進步論」的觀點：「今後，一個民族最大的光榮是在全球價值的形成中增大自己的份額。全球化的未來將是全球價值形成並發揮主導作用的局面。[33]」譚君久則主張，「在全球化的潮流下，人的社會化過程全球化了，此種過程於是形成了一種『地球文化』。在這種地球文化下的社會化過程，使得一個人首先成為一個地球人，然後才是中國人、美國人、法國人、巴西人等。…一種全球文化並不僅是將會產生，而是已經存在了。但承認人類的共同價值並不意味著可以忽視不同民族和主權國家的存在，但為了整個

地球的生存和發展，所有的地球人都必須接受和創造某種共同的價值觀、正義觀。在這個問題上人類應該要進一步克服思想上的僵化。㉞」在這樣的觀點下，民族主義便顯得落後、危險、甚至不文明。

學者們從這樣的觀點出發，特別針對在中國大陸國內某些強調「中國特色」或「中國中心論」的聲音提出了批評。譬如蘇東斌指出：「我們在強調『中國特色』的同時，必須清醒認識到，努力吸收人類所創造的一切物質文明、精神文明、政治文明的果實與營養。…許多的東西並非都一定要兵戎相見，更多的則可以融匯貫通。相反，拒絕接受文明，則是野蠻與落後的象徵。㉟」楊東雪與王列則針對中國中心論做了以下的觀察：「要特別強調一點，中國在加入全球化進成的過程中，一定要警惕『中國中心論』的抬頭和蔓延。『中心論』是逆全球化過程的，必然會被全球化的深入所淘汰。現在有一些人…正在鼓吹『中國中心論』的論調，這種盲目自大的表現有著極大的危險，它不僅會影響中國在全球化進程中的形象，而且會阻礙中國更深入的改革和思想解放。㊱」

最後一類，就是可能比較接近「全球化轉化論」的一種觀點。轉化論的學者認為，全球化過程在文化方面的意義，最主要是一個各民族、各文化透過自我變遷自我改造，與正在形成中的全球文明互相互動的一個過程。何萍說：「全球化是一個過程，它給人類文明發展的內在機制注入了一種自我批判、自我否定、自我更新的能力，是人類文明的再生和發展。㊲」由此種全球文化與各個民族文化交相辯證演進的互動過程看來，在全球文明這一巨系統的歷史演進過程中，每一個別的制度體系要獲得生存和發展的機會，它本身就應該是「開放式」的，而不應該是「封閉式」和「排他式」的㊳。如果從這樣一種辯證的、自我轉化的角度出發，一個很重要的問題便是，什麼是一個民族文化上應該轉化的內容與方向？從一個很總體的角度而言，許多中國大陸的學者都會有一個共識，那就是既要批判「西方中心論」，也要警惕狹隘的「中國中心論」傾向㊴。何萍對這個論點有更具體的論述。何萍將全球化運動分為兩個時期，從文藝復興以來，全球化的第一個時期已經展開，一直到了本世紀的兩次世界大戰結束，帶來了科學技術的革命與世界革命，並展開了全球化的第二個時期㊵。根據這樣對全球化運動的歷史區隔，何萍進而認為，在全球化運動第

二個時期形成的反歐洲中心論思潮，是各民族文化復興的一個契機，也是世界
新文化的創造與再生。中國的第二次開放，也是一種文化的再生與創造，但中
國文化的批判與創造任務是是兩重的：一重是批判本世紀以來統治中國人的歐
洲中心論的思維方式，但另一重任務是要轉變由採取原有社會主義計劃經濟模
式所積澱的價值信念。批判歐洲中心論，就是要從包括馬克思主義在內的西方
近代理性主義的思維方式中解脫出來；而轉變社會主義計劃經濟模式的價值理
念，則是要改變一種舊的社會意識，因爲原有社會主義計劃經濟模式是奠基於
自然經濟之社會基礎，而伴隨著此社會基礎的是一種非民主的小農意識。而順
應全球化，就是要改變由這種小農意識所衍生出的缺少自主性、獨立性、缺乏
個體性和民主性的文化內涵⑪。

伍、中國大陸學者觀點下的全球化與國家主權

　　全球化的第三個問題是全球化與主權國家的關係。此一課題的中心議題
是：究竟全球化是否會削弱民族國家的主權？民族國家的主權在全球化的時代
仍然重要嗎？如人權等全球普遍的價值應該高於主權嗎？

　　首先，真正完全採取「全球化進步論」的中國大陸學者並不多，有若干學
者是採「全球化懷疑論」的，不過絕大多數還是採取中庸之道的「全球化轉化
論」。許多學者都承認全球化有侵蝕、削弱、制約國家主權的作用，如汪永成
便很具體地指出，經濟全球化是通過「向上轉移」和「向下轉移」削弱了國家
政府的權力。所謂向上轉移是指像超國家一級的國際性組織（如歐洲聯盟、國
際貨幣基金組織等）有形或無形的權力轉移；而向下轉移是指向國家的中央政
府以外的團體單位（如地方政府、企業、人民團體等）的權力轉移。此外，在
經濟全球化的過程中，國內的資本、國外的資本、與國家之間利益交錯的複
雜三角關係，也使得國家的自主性受到影響⑫。付小隨指出，對國家主權概
念的理解，應該是越來越多地體現在經濟方面，而不只是政治與外交方面。
全球化與國家主權是存在矛盾的。傳統民族國家的概念在現實中已經體現出
了可分割性，這已經破壞了最初的國家主權不可分割的概念⑭。

　　對於全球化的這種侵蝕分割主權的趨勢，也有人持著一種接近「全球化懷疑論」的保留態度。這些學者大部分有著很強烈的「現實主義」的傾向。這種從現實主義出發的觀點，很容易得到對全球化趨勢作某種抵抗的想法。譬如一種比較強烈的意見認為，全球化是在世界仍處於「民族國家時代」的條件下形成的一種趨勢，「主權」概念沒有過時，國家民族利益仍是最高行動準則。且現在乃至今後相當長時期，國家主權問題仍將是南北國家間鬥爭的焦點，發展中國家應毫不動搖地、理直氣壯地堅持維護國家主權和民族利益的基本立場。全球化其實並沒有西方渲染得那麼快，發展中國家仍有迴旋餘地，可以從本國實際情況出發，研究和採取相應對策㊹。另一種比較緩和的意見則承認全球化和地區一體化的進程，並也認為在此進程中國家與國家的互動在日益密切，國家的主權是受到了越來越大的限制。然而這種意見仍不脫現實主義的核心觀點，即主張世界體系在本質上可以說仍處於一種無政府狀態，聯合國從來沒有成為一個世界政府。在可見的未來，雖然在諸如國際貿易、生態保護、以及運輸通訊等方面的人類行為會更加有序，但就主權國家的政治關係而言，世界在很長的一段時期內，肯定仍將繼續處於一種無政府狀態㊺。此外，趙旭東也提出了一個更具體的分析，他認為在全球化之下的新技術革命固然一方面對國家的主權產生了削弱和制約的作用，但另一方面這種削弱和制約的作用在發達國家與發展中國家之間是不平衡和不均等的。因此，一方面國家面對著主權的削弱，希望並需要讓渡部分主權以實現全球法治化和有序化的理想，但另一方面，新科技所造成國與國之間主權現實上的更加不平等恰恰使上述的這種理想難以實現㊻。

　　不過，在此一問題上，多數較明顯地傾向於採取「全球化轉化論」的中庸之道的路線。學者俞可平的看法足為代表，他說全球化是一種整合，是一體化，它具體表現為國際組織的增加，尤其是跨國組織的作用前所未有的增大；國家間的整合程度極大地提高，以致於國家間的壁壘和國家主權，在相當的程度上開始消解。但與此同時，各國家與民族的地方性和獨立性也同時加強，形成一種「全球化地方主義」㊼。而從全球化轉化論的角度而言，更重要的是如何「轉化」的問題。在談到民族國家面對經濟全球化帶來的嚴峻挑戰的問題時，有學者主張制定正確的國際競爭戰略方式才是根本因應之道。這種看法認

爲，民族國家政府管理經濟活動的能力高低直接關係到本國參與全球化的收益
大小。民族國家可以在本國經濟最大承受力的基礎上尋求開放程度最高的與世
界市場的結合方式，策略性地參與全球化，以最小的成本獲取最大限度的收
益。簡言之，「積極的民族主義」立場、而非盲目的擁抱全球化，才是民族國
家參與全球化的理性選擇⑱。

　　另一個重要的「轉化」問題，是在全球化的潮流下，一個國家對其自身的
「國家利益」與「國家安全」之理解應該如何轉化的問題。隨著全球化的進
程，國家對安全利益的考慮已經發生了巨大的變化，它們已經不得不從本國原
有之安全和利益的單純角度之外，去思考跨國性和全球性的因素是否也會影響
到其自身的國家安全和利益。換句話說，面對著全球化所隱含的一種「一損俱
損，一榮俱榮」的特性時，國家有時必須採取維護全球利益的做法來維護自己
的利益，也必須考慮如何將眼前的安全與利益同長遠的安全與利益結合起來。
在全球化之下，國家只有更新觀念，更全面考慮自己利益的各方面，才能真正
得到安全⑲。將此種觀念的轉化講得最透徹的，恐怕要屬學者王逸舟了。他認
爲，在全球化的潮流下，一個國家要保障自己的安全，一定要採取一種願意自
我轉變的、開放的、和進步的新安全觀；而是否能真正採行這種新安全觀，則
取決於該國家自我改造、自我創造、與自我開放的能力和程度。這種自我改
造、創造、和開放的，不僅是在所謂的「器物層面」（physical aspect），更必
須深及該國的「體制層面」（institutional aspect），甚至「觀念層面」（ideal
aspect）⑳。更具體地說，王逸舟指出了中國目前所有的三種需求或三種利益，
分別是「主權的需求及利益」、「發展的需求及利益」、以及「責任需求及利
益」，而此三者之間卻又不是沒有矛盾的。如何在這三種利益與矛盾之間取得
平衡與互利，可說是中國大陸面對全球化的潮流下，在 21 世紀最主要的外交
課題㉑。

　　在民族國家與全球共同價值的關係上，也是中國大陸學者對全球化的爭執
熱點之一。譚君久認爲，承認人類共同價值觀，並不意味著可以忽視不同民族
和主權國家的存在。主權國家依然是國際經濟和政治生活中的主體。但人類共
同的利益，應該是高於民族國家之間價值判斷的差異。談超越意識型態、超越
社會制度的人類共同文化和價值觀，本身就是承認了不同的意識型態與社會制

度的存在⑫。不過，值得注意的是，即使是王逸舟這樣一位在主權觀上主張「自
我進步改造論」的學者，對於主權與人權這樣一個敏感棘手的議題，也並不接
受單純的『人權高於主權』的觀點，而是以一種較辯證的方法予以論述。他
說，「人權必須要有主權來保障，由主權國家來保障，從這個意義上講，西方
所講的「人權高於主權」是荒謬的。但反過來說，我們不能走道另一個極端，
認為主權對人權沒有關係。主權是要尊重受主權保護的、其管轄範圍內的所有
民眾的權利，通過自己的體制、政策，使所有的人心情舒暢，各有所為。⑬」
不過相較於官方的標準說法：「中國有十二億多人口，社會生產力仍不發達，
必須首先保障人民的生存權和發展權」、「中國人民主張集體人權與個人人
權、經濟社會文化權利與公民政治權利緊密結合」⑭，王逸舟的這種所謂「兩
點論」的說法至少顯得比較細膩，如果做為一種政策制定所根據的原則，聽起
來也比較具有說服力。

陸、中國大陸學者觀點下的全球化
　　與國內政治制度

　　如果我們再次引用對全球化觀點的三類分法，則可以將中國大陸學者對於
全球化與中國大陸國內政治制度改革的觀點分為：「全球化進步論」、「全球
化懷疑論」、和「全球化轉化論」。當然，這種分法難免有失之武斷之處。但
是這種分類無論如何還是有助於我們做一種對照性和較細膩的分析。

　　從「全球化進步論」的觀點出發，各國的政治制度應該朝向一種趨同的制
度去發展，而中國大陸應該也不例外。以自由主義論點著名的劉軍寧，其觀點
可以作為一個很好的代表：「全球化在政治上可以說是民主化的同義詞」「全
球化的無形動力是價值的一體化，民主政治與全球化價值的一體化。⑮」簡言
之，他認為「政治全球化」＝「全球政治價值一體化」＝「民主化」。在中國
大陸，政治體制和政治價值的選擇，一直是一個具有高度爭議性的問題。目前
官方的說法是認為中國不搞西方國家資產階級的民主政治。如果從「全球化進
步論」的觀點出發，恐怕會得到不同於此論的一種看法。以蔡拓的觀點為例，

他認爲人類政治制度的發展具有共性。共和制、代議制、選舉制、制衡機制、文官制度等絕非資產階級國家的專利，而是人類政制長期演化、選擇的結果。專制的、個人的統治形式必然要遭到歷史的淘汰，而代議制和與其伴隨的選舉制的遍及全球，都是有其內在的事務發展規律的，不能不加以重視㊳。何萍的全球化二階段論更清楚地點出中國現有政治體制的問題，以及中國政治體制改革與全球化的關係。何萍認爲，中國在其順應第二波全球化的第二階段的改革開放中，其政治體制的改革方向就是要改變在第一階段中與社會主義計劃經濟體制下其政治體制的那種「單一和封閉」，而應取代以能與全球化趨勢相適應的「開放的」政治體制，而此種政治體制是建立在公民自主、自立、自覺的民主意識之上的㊲。與此論點相類似的，是楊朝仁和韓志偉的主張，他們認爲一個民族在全球化的潮流下要能繼續發展進步而達到民族之復興，就必須採取「開放式」和「吸納式」的制度，而不是一種「封閉式」和「排他式」的制度㊳。而經濟領域內的制度開放，最終必定會要求政治領域內的制度性開放，儘管政治制度的開放無疑要比經濟制度的開放困難得多。他們更清楚地表示，隨著全球化的日漸加速，各民族國家在致力於其政治的發展時，就必須維護、遵守和促進諸如民主、平等和人權等等全球共同的政治性的價值標準，因爲它們是經過人類共同實踐的檢驗和考驗的㊴。

　　關於全球化如何具體地衝擊國內的政治制度方面，黃衛平認爲，在經濟全球化和現代信息技術的迅速普及的衝擊下，世界範圍內在政治結構、價值觀念、生活方式等諸多領域都在發生並即將發生極其深刻的革命性變化。這些全球化的衝擊將原有的金字塔式的社會結構改變成爲網絡式的自主橫向聯繫，從而在技術上支持了人的自主選擇權利，並使那種傳統的僅由少數「政治精英」壟斷信息，推行「愚民政策」的政治體制完全喪失其可能㊵。他並認爲，目前中國大陸的政治體制改革大多還侷限在行政體制方面，尚未深入到國家權力結構體制的層面。他建議除了現行所進行的機構改革外，還應加強包括處理執政黨與國家關係法化以及廉政建設在內的更多政治改革措施㊶。

　　和這種論點有較大差異的另一些論點，可以歸類於「全球化懷疑論」。他們比較強調政治全球化未必意味著中國大陸的政治制度一定要與西方的現行制度同一化。政治全球化的實現可能是在更高更抽象層次的一些政治價值上。以

孫津的看法爲例，作爲「政治全球化懷疑論」的一個代表，他就是從執政黨的合法性的角度切入。他首先指出做爲社會主義國家的執政黨，其合法性與西方國家的執政黨不同。他舉列寧的話說：「資產階級革命是以奪取政權爲結束的，而社會主義革命則已奪取政權爲開端。」他認爲雖然西方國家的執政黨在結構上和功能上所具有的品格正是西方國家的執政黨樂於自我標榜的東西，也是全球化的政治特徵之一，然而社會主義革命黨品格的積極意義也是顯而易見的，因此他主張並沒有充分的理由說明社會主義執政黨應該放棄其革命黨的品格，或者說需要轉變成西方那樣的執政黨。但他也認爲，中國的執政黨（中國共產黨）要提高其功能的有效，不能是外加的，只能來自某種合法的結構。孫津承認，這是中國大陸政治體制改革所要解決的一個難題；他也承認，就全球化的背景而言，中國共產黨在結構和功能上與西方國家執政黨的不同合法性，曾經是造成冷戰的一個重要因素。不過他的結論卻是，這麼說並不意味著中國的政治改革存在著一個執政黨的合法性須與國際「接軌」的問題，不過他所指出的解決方案卻也頗爲模糊，他認爲「由功能和結構的體制改革本身正在爲執政黨的合法性給出新的含意。⑫」

最後一類，可能也是較多學者所採取的論點，傾向於一種「轉化論」的論點，其所側重強調的是要選擇正確的自我轉化，並強調全球化的最終方向乃是與各個國家的具體轉化過程互動的。1990 年代末的東南亞金融危機可以說是爲中國大陸喚醒了面對全球化的一種急需轉化的危機意識。學者們的反省發現，東南亞危機帶來的不只是經濟的經驗教訓，更重要的一點，可能反而是政治改革與社會穩定的問題。王逸舟認爲，「政治改革既包括政府的一些策略和方針的反思與調整，也包括政治體制的不斷改革和完善。…其內容應包括…使政治權力受到更多必要的監督與制約，使政府工作的動作更加透明。⑬」在談到因應金融風暴的更具體改革時，王逸舟也不忘將它與國內的政治制度連結起來。「中國的銀行改革與政治體制的改革是分不開的，因爲所有銀行幾乎都是官辦銀行…政府與銀行業關係的重新思考和定位…才是最重要的問題。⑭」關於具體地應如何自我轉化，學者們也有不同的側重焦點。徐勇與曾峻指出了「契約化」做爲中國未來政治朝向全球化發展的一個切入點，主張中國大陸應以契約爲中軸重構有關制度的關係、結構、和功能，進而形成與現代市場

經濟的內在邏輯和精神相一致的政治構造，如此方能真正與國際接軌⑮。轉
化論的另一種觀點是，同意政治的全球化的抽象目標，但對於政治全球化是否
應簡單地等同於接受西方既有的一套政治標準提出了折衷的看法。如蘇東斌認
為，我們要肯定經濟、政治、文化發展的一體化過程。在此前提下，他認為中
國大陸的政治體制改革是關係到所有改革最終是否能成功的關鍵，我們不能在
天真地認為經濟繁榮會自然而然地帶來政治上的清廉，要認識到在全球化潮流
下政治體制改革的緊迫性。蘇東斌指出，一個國家發展必須關注其自身特殊
的歷史時間與空間，但任何「中國特色」並不是「特」在既定目標上，而僅
僅能夠「特」在具體道路上。也就是說，他的觀點是中國的政治體制改革的
確是朝著全球政治發展一體化的方向前進的，但是政治體制改革必須以「制
度創新」的方式完成，因此既非「全盤古化」，亦非「全盤西化」⑯。

柒、中國大陸學者觀點下的全球化 與中國對外關係

做為一個新興中的發展中世界大國，中國大陸與世界關係的安排與選擇，
一方面不僅深深地關涉著中國大陸的未來發展，另一方面，在一個全球化的時
代，這也關涉到區域的乃至全球的發展與前途。在這個問題上，同其他的問題
類似，中國大陸學者的意見也有一定程度的分殊。

首先，從一種較接近「全球化進步論」的角度來看，不少人強調在全球化
的影響下中國與世界的關係應朝向融合的方向、與其他國家的關係則應朝著合
作的方向來發展。當然，這樣的看法是奠基於它們對於全球化對整體國際關係
的判斷上所發出的。譬如張蔚武和馬磊即指出，全球化信息社會的產生，使知
識成為經濟體制的中心資源，國家因此不再像農業社會和工業社會時期那樣對
領土即附屬於土地的資源有強烈的要求。這一點改變了土地在國際關係中的作
用，也使得以土地爭奪為核心的地緣政治理論必須被超越，代之而起的是所謂
的「智緣政治」。所謂智緣政治，是指在信息社會中，各國視智力資源為國家
實力最重要的構成要素，致力於人才的培養和爭奪，通過知識的競爭來謀求其
在國際關係領域的優勢地位⑰。另外，外經貿部的幹部讀本中也指出，經濟全

球化促進世界多極化發展：經濟全球化與開放的區域經濟一體化互動並行，而開放的經濟區域主義又促進了世界多極化的形成和發展⑱。蔡拓則認爲，在全球化之下國際關係的主旋律已經發生變化，非軍事化的國際關係內容明顯增加、非國家行爲體的作用顯著增強、國際衝突也開始讓位於國際合作⑲。此外也有學者強調，在全球化的衝擊下，意識型態在國際關係中所佔的重要性愈來愈低，相對地，所謂「軟權力」的文化成爲國家利益構成的亮點，也是國際關係中國家影響力的新要素⑳。

　　基於這樣的一種觀點，蔡拓主張，對中國而言必須清楚地看到，中國的改革開放並不是已經達到極限，而是尙未適應全球化的要求，尙未滿足自身發展的需求。因此，進一步解放思想，更加自覺地融入世界經濟、政治、文化、科技的交流與合作才是中國對外關係的主旋律。對於國際規則，發展中國家感到大國制定、安排、控制規則的不公正，固然是一種無奈；但也必須看到，以國際規則取代大國霸權畢竟還是國際關係中的一種歷史進步性。所以中國應該改變對抗性的政治思維，超越意識型態的分歧，積極主動地介入並參加國際規則的建構與實施㉑。

　　在談到全球化對國際關係中南北關係所產生的影響時，劉力主張以南南合作和發展中國家內部的區域經濟一體化來取代全球經濟一體化是不可行的。歷史的實踐已經可以證明，這種南南合作的區域一體化對促進經濟發展的益處可以說是微乎其微的。雖然說各國從全球化的過程中所分得「蛋糕」的份量的確是不同的，發達國家的份額在短期內是分得較大，但絕不能就認爲經濟全球化是只有利於發達國家而不利於發展中國家，更不能認爲經濟全球化是發達國家掠奪發展中國家的工具。如果發達國家不能掌握機遇，從積極參與中求得生存與發展，那麼其結局只能是停滯甚至滅亡㉒。

　　相對於以上對全球化必須積極參與、努力融入的觀點，另外有一些學者的看法傾向於有所保留，大致上較接近於「全球化懷疑論」的看法。譬如說，趙旭東認爲，國際關係的運作仍然是以國家和民族的利益爲動力，「全人類的利益高於一切」的思想還遠不能成爲各國決策者的指導思想，強國與弱國之間的利益之爭仍是國家主權領域內爭吵和鬥爭的實質內容。所以，當發達國家以實現國際社會的法制和秩序爲理由，要求發展中國家出讓部分國家主權以保證國

際合作時，其實是以一種理想爲幌子，並以此爲干涉它國內政的堂皇藉口，但真實的意圖卻是以犧牲發展中國家的權益來促進自己的利益[73]。類似的觀點還有，吳江認爲，經濟全球化是由發達資本主義國家所主導的，它一方面固然可以使發達中國家吸取新科技、新文明，並帶來發展的機遇，但另一方面也可能爲不發達地區或發展中國家帶來新的經濟霸權的現實威脅，損害其國家主權的和經濟正常的發展。他認爲，如果不看到這一點是非常危險的[74]。李克穆也認爲，如果要達到全球化理想預期中之世界政治經濟秩序，並解決在全球化進程中因不同國家社會制度之巨大差異所引起之混亂現象，國際組織的能力和作用是重要的基礎條件；但是今日聯合國、世界銀行等國際組織在全球的作用仍然相當有限，所以在全球化的國際關係中，不應該掉以輕心，在外部環境中的國際政治經濟秩序尚未完善之前，堅持從國情出發制定獨立的發展戰略仍是必要的[75]。

　　如果照這種邏輯來思考，中國實不應太輕易地接受已發達國家藉全球化知名所加諸的一些標準，因爲這樣等於是屈服於這些國家的霸權、且對中國自己是危險的，可謂是損己利人的不理智行爲。我們可以看出，這種觀點中有很強的現實主義色彩。

　　當然，就如在所有其他問題一樣，仍然有一批學者從較折衷的轉化論的角度來看待在全球化之下中國與其他國家和世界的關係。譚君久的看法，可做爲這種觀點的一個開頭。他指出，對於國際慣例，問題已不在於是不是接受，而在於怎樣接受。在接受國際慣例的同時，也要成爲制定國際規則的參與者；你首先得參與，而不是排斥[76]。李少軍的分析表明，面對全球化下國與國之間交叉複雜的關係，一個國家應意識到它已經不可能是一完全獨立的行動者。李少軍表示，以國家之名處理的任何事務，包括國家內部事務，實際上都變成了國際社會大舞台上的活動，都會立即牽動國際互動網絡，引起國際反應。所以，國家謀求安全，不可能是純粹的單一國家的行爲，而不可避免地會帶有國際色彩，從而構成國際安全的組成部分。在這個意義上，國家的任何不安全問題通常都不是自身一個國家的問題，而且這樣的問題也不是單獨一個國家所能解決的。國家安全與國際安全也是互通的[77]。

　　王逸舟則從國家安全的角度切入，也有類似的分析。他的看法是，在全球

化之下，一個國家的安全與鄰國的安全、周邊地區的安全乃至全球範圍的安全均有一定互利關係。在全球化的潮流下，國際上要求重視全球性共同利益和「人類整體安全」的呼聲日益強烈，從所謂「綜合安全」的角度觀察，最大難題在於協調各國的自主發展與全球持續發展之間的矛盾⑱。所以說，關鍵在於如何協調這種矛盾。不過，即使李少軍有這樣的分析，他還是認為國家安全與國際安全並不是一回事，在概念上仍應區分「國家安全」與「國際安全」，其中國家安全仍處與較重要的位置，只不過談國家安全必須是或者說其實是在研究如何在國際安全中維護促進國家安全的問題⑲。

　　面對全球化，轉化論更重要的是強調應如何正確選擇自我轉化的對策上。在有關中國大陸對外關係的具體對應策略上，王逸舟認為中國大陸應該謹記鄧小平的遺訓，就是避免與美國的強勢交鋒，應該要慎思明辨，在既有的國際規則裡，哪些可以從容處置，哪些必須謹慎對待；哪些是可以而且應當改變的，哪些是應當改革但難以做到的；哪些是屬於短期內不得不服從而長遠看必須挑戰的，哪些是屬於短期講會有碰撞但長遠看對大家均有好處的；哪些是因為他國霸權的因素而顯得沒有道理，哪些是由於我們自身結構的缺失而易於造成的摩擦；哪些是可能變化的，哪些是指應當加強的，哪些是必須服從的⑳。

捌、西方學者認知下中國大陸對全球化之觀點

　　研究中國外交與對外關係的權威學者，韓裔美籍的金淳基（Samuel Kim）指出，東亞國家一般對全球化的觀點是比較不採取「全球化進步論」的觀點，而比較強調如何加強國家的角色來迎接全球化的挑戰。但另一方面，整體而言，它們也並不傾向於採取一種「（新）現實主義」的觀點，主張國家仍一如既往地重要，或全球化並不如西方所言的那麼重要。不過很有趣的是，金淳基特別指出，對於後面這一種論點，恐怕中國大陸是唯一的例外㉑。也就是說，他認為當大部分東亞國家採取了一種類似轉化論的立場時，中國還比較停留在基於現實主義的立場而對全球化採取一種較保守的態度。其實，關於中國大陸學者中這種普遍的現實主義觀點，中國大陸優秀的國際政治學者王緝思也承認，「中國學者對西方國際關係理論持批評態度，但它們的觀念同西方傳統現實主義有許多相通之處。㉒」英國學者 Michael Yahuda 對中國的這種濃厚的現

實主義傾向也有其具批評色彩的看法，他說中國的對外關係中總是存在著一種
「說的與做的之間的差距」。中國對外的外交方針總是強調友誼、平等、互惠、
互不干涉等原則，但是其實際上的外交行爲卻又總是充滿了超乎一般濃厚的現
實主義、以及缺乏透明度的色彩。他說，但若你去看中國的外交政策語彙，你
卻絕對不會覺得權力和利益的算計是中國領導人外交政策的主要思維⑧。

　　中國大陸對全球化的看法，金淳基總結認爲有兩個比較值得議論的觀點，
一個就是上述所說中國大陸對全球化的觀點基本上還是一種「國家中心主義」
（state-centric）的觀點，第二則是認爲中國大陸對全球化的理解比較侷限於
「經濟全球化」這個單一的面向。不過有趣的是，他也特別說明，他認爲中國
社科院的王逸舟是個例外。他說王的觀點打破了全球化只是經濟全球化的這個
看法，而且它還提出了一種新的安全觀⑧。

　　此外，在全球化與國際關係的議題上，金淳基說中國特有的一個觀點是認
爲全球化可以導致或有助於產生一個多極化的世界秩序。他認爲，中國大陸的
領導人當面對一個無法逃避的全球化趨勢時，嘗試著建構一種因果關係的論
點，將全球化與（一種較符合中國所希望的）世界秩序多極化作一種因果的連
結，這樣似乎比較能自我說服去擁抱全球化⑧。湯瑪斯・摩爾（Thomas Moore）
也有類似的觀察，他認爲面對全球化的新國際秩序，中國嘗試泡製出一種「全
球民族主義」（global nationalism）。摩爾基本上是以分析中國大陸領導人江
澤民在不同國際場合的談話後所得出的結論，他認爲中國大陸對全球化的看法
是要以參與國際化來達到建設一個富強偉大的中國，而具體的做法就是一定要
堅持既有的改革開放（尤其是開放）的方針，並且加大自我改造的力度，以做
好準備，中國唯一的選擇是積極加入全球化這場充滿了風險和機會的賽局，否
則只有被淘汰一途⑧。

　　Michael Yahuda 則指出，中國大陸在尋求一個全球角色的過程中，似乎是
被夾在兩種力量的拉扯中。一方面就是很強的民族主義力量，此種民族主義使
得中國大陸在一些有關全球規則的價值上與美國和西方起了針鋒相對的衝突；
但另一方面則是想要融入世界經濟的力量，使得中國又必須與美國和其他鄰
邦維持一個好的關係。由於這樣的一種兩難的處境，Yahuda 的觀察認爲中國
大陸在全球中所扮演的是充滿了「不確定的」（uncertain）和「困惑的」

（confused）一種角色[87]。

　　在這裡本文想稍微再特別討論一下的，是Michael Yahuda對中國大陸民族主義的分析，他的分析在某種程度上能反應某種西方對中國民族主義的看法，應值得參考。Yahuda 指出，中國的民族主義有一種「西方的受害者情結」（the West's victim）。當然，這種情結是來自中國過去一兩個世紀以來與西方強權接觸時所留下的痛苦記憶。但是，他說中國的領導人和知識份子往往並不傾向於探討過去爲何沒有成功地回應西方的挑戰，而傾向耽溺於一種受傷害的民族情感。這使得中國總是有一種想要尋回那失落的榮譽與尊嚴的情緒[88]。

　　其實，中國大陸的學者中也不是沒有人對於民族主義有所反思的。其中南京大學歷史系的時殷弘教授的分析和批評可算是相當偏僻入裡。他指出，民族主義是一種激情支配的心理狀態，是一種激發大眾愛憎、造就大眾理想的信念，但是他同時指出，民族主義卻也蘊含著非理性和暴力衝突傾向。對於民族主義這種非理性的成分，時殷弘認爲很大程度是因爲民族主義存在於「民族國家」的概念中，如果把民族和國家混同起來，認爲每個民族都須組成唯一個國家，或國家只有在僅僅並完全包容單獨一個民族的情況下才具有合理性，那麼這在理論上是非常偏狹和荒謬的，在實踐中勢必也會大大增加民族主義蘊含的非理性和破壞性[89]。時殷弘進一步指出，基於民族主義出發的「民族自決」必須與國際正義與國際秩序取得協調，由於民族主義經常蘊含強烈的暴力衝突傾向，其權利要求往往意味著巨大的生命犧牲和後果深遠的國際動態，就更增加了對它們做道德判斷時權衡正義與秩序的必要性。所有民族和國家都應避免道德上的偏激，道德判斷的適度是政策的一個先決條件。追求民族主義的尊嚴必須與其所對各方人民所造成的苦難和其所導致的國際動盪做一權衡[90]。時殷弘教授的這番論析，在今日面對全球化浪潮的中國大陸，可以說是非常成熟、具有反思力、而又有深刻見地的。

玖、中國大陸學者對全球化觀點之特色

　　綜合以上的分析，本文發現中國大陸學者對全球化的看法有一些共同的特色。第一種很特殊的看法，那就是認爲全球化本身是一種「悖論」，或者用一種比較通俗的說法就是認爲全球化是一種「兩面刃」、或「雙刃劍」[91]。這種

說法的出現與接受傳統辨證法思想訓練是有關的。最明顯被提出這種悖論說的就是由俞可平與黃衛平所編的「全球化的悖論」一書㉒。經過整理，中國大陸學者對全球化的這種悖論，可以表現為許多組的悖論關係。首先，俞可平整理出了四組的悖論關係㉓：

  1. 全球化是單一化與多樣化的統一（universalization/polarization）；

  2. 全球化是整合和碎裂、或者說一體化和分裂化的統一（integration/frag-mentation）；

  3. 全球化是集中化與分散化的統一（centralization/decentralization）；

  4. 全球化是國際化和本土化的統一（internationalization/nativism）。

  除了這四點以外，本文經過整理認為，在中國大陸學者對全球化的觀點中，還普遍存在有大約以下幾組的悖論關係：

  5. 全球化是機遇與挑戰的並存（opportunity/challenge）；

  6. 全球化是競爭與合作的並存（competition/cooperation）；

  7. 全球化是共同發展與分配不均的並存（growth/inequality）；

  8. 全球化是和平與衝突的並存（peace/conflict）；

  9. 全球化是開放互賴與自立的並存（interdependence/self-reliance）；

  10. 全球化過程中在一方面得到的愈多再另一方面可能失去得也愈多（more gain /more lose）。

  從這十組的悖論關係可以看出，一方面學者對於全球化的一種「欲迎還拒」、「愛恨交織」的情感。當然，這是與中國大陸目前具體的特殊國情有關的。總的來說，若是從赫爾德等學者所舉之三種學說類型來看，上述學者這種「全球化悖論說」的看法似乎比較接近的「全球化轉化論」的立場，也就是一種比較中庸的看法，因此，另一方面我們也可以說中國大陸學者對全球化的觀點已漸趨成熟。

  本文認為，中國大陸學者的第二個對全球化的共同看法是對全球化這樣既是一個「大機遇」也是一個「大挑戰」的趨勢的回應。總的方向而言是，中國必須參加全球化這場賽局；但是他們也深刻意識到，這場賽局與從前的賽局不同之處，那就是如果稍一錯過歷史時機，或是稍一選錯應對策略，其後果往往要比過去還來得嚴重。所以中國大陸必須要參與，而且要很小心地參與，既要

懂得保護自己，又要設法發揚優勢。在這點上，本文較同意湯瑪斯・摩爾的「全球民族主義」的分析和金淳基的看法，也就是說中國參與這個賽局的一種出發點，基本上還是一種以傳統現實主義觀點來應對全球化挑戰的觀點。不過，本文要指出的是，我們也不能忽視至少在學者當中所存在的多元觀點。本文與上述西方學者的分析不同的看法是，本文嘗試從各種不同的理論角度出發，強調中國大陸學者之間觀點歧異的一面。在經過以議題分類、以不同的理論視角為座標，本文的分析已經觀察到，於學者之間對全球化仍存在著許多多元的看法。雖然本文同意，現實主義的傳統和一些馬克思主義的國際觀仍深深地影響著中國大陸學者的全球化觀點，使得對於每一個全球化的議題都有傾向全球化懷疑論的觀點出現，但是不可否認的是，已經有若干學者在面對全球化的浪潮時，也開始有深刻的反省，持著接近全球化轉化論觀點的學者也大有人在。譬如，一種超越單純現實主義的看法就是，不少學者很明白地指出，中國不僅不能逃避參與全球化這個賽局，而且愈是參與了這個賽局，愈是會被這個賽局的邏輯給牽著走，其玩法與考慮就會跟著改變。聰明的學者甚至已經認識到，這樣下去中國如果要在此賽局中獲勝，則她就不能不改變自己過去對這個世界的認知，也不能不改變自己過去對自己的認知，所以也應該重新界定本身新的「國家利益」及「國家需求」之內容㉞。只不過，如果按照表二的分類，許多中國大陸學者的全球化轉化輪仍然還是有著相當的現實主義色彩，甚至馬克思主義色彩，我們或者可以將之視為一種比較保守的全球化轉化論。

拾、從大陸學者之全球化觀點看兩岸關係

正如傑出的國際政治學者王逸舟所說的，當我們「議論全球化的話題…，我們也在改造自己，在重新按照符合新的時代特點的方式塑造做為人類的自我。…尤其是，〔科學和真正的思想〕可能改變長期形成的習慣和生活方式，改變自己頭腦中那些曾經自以為是的東西和改變人類自己的生活方式。㉟」正是基於這樣的一種覺悟，本文最後要將對全球化的討論引到對兩岸關係的分析與前瞻。

兩岸關係其實在許多方面都與全球化有著相似的特點：譬如說，兩岸關係

雖然痛苦，但對兩岸而言它都是一個不能不面對的客觀事實；兩岸關係過去與未來的發展也是一個充滿危機又充滿機遇的過程；如果參與此過程的各方能夠合作，著眼於大的共同利益，捐棄眼前短期狹隘利益的誘惑，則它可以是一個進步的過程；如果此過程之最終能朝向成功，則它必是一個多贏的局面，而絕非是一個零和的遊戲；但若要成功達成此目標，則兩岸都必須將之視爲一個開放的過程；在此過程中勝出的方法並不是消滅對方、吃掉對方、欺騙對方，相反地，最重要的決定因素應該是如何朝著一個雙贏的目標來改變自己、努力改掉自己不適合潮流、不利生存、不利雙贏的毛病和習慣。其目標不僅是自我強大，還應該是與他方尋求合作、共同進步。

　　兩岸關係不僅有著與全球化類似的性質，更重要的是，本文認爲，如果從大陸學者對全球化的觀點來考慮兩岸關係，那麼似乎應該可以發展出一些不同的思考。正如大陸學者所說，在全球化的潮流下，任何國家內部重大問題的解決不可能不考慮到國際的影響，以及其解決與國際環境的互動。正式在此種觀點之下，本文認爲兩岸關係應該在順應全球化的潮流下來尋求解決。無論兩岸最終如何解決兩岸關係，全球化的腳步不會因爲我們任何一方的任何選擇而有所停滯。我們任何一方若因爲兩岸關係未能妥善解決，因而使得自己在全球化的潮流中落後，別的國家也不會停下來等我們。也就是說，無論兩岸關係的問題解不解決，或怎麼解決，中國大陸與台灣終究不能逃過要面對全球化的問題。全球化的問題無論從什麼角度而言，都是一個比兩岸關係更高位的個問題。爲了兩岸問題而拖延兩岸各自的全球化進程是兩岸的不智，若因此而阻礙或破壞了各自在全球化進程中的機會那是兩岸的不幸。而如果在解決兩岸關係的同時，能夠不影響各自的全球化進程則是一種幸運，但這也只不過是一種中策；真正的上策，唯有兩岸設法在解決兩岸關係的同時，能夠也有利於甚至加速雙方共同的全球化進程。正如大陸學者自己的分析所指出，在全球化的今日，任何國家的行動與決定都已經不可能對國際沒有影響，相反地也不可能不受國際條件的制約。雖然世界上許多人對於國家主權的崇高與不可侵犯性仍有著一種神聖的情感，但是冷靜的分析與認知告訴我們，姑且不論這種情感是否有暴力的潛在可能，但此一情感的投射對象——「國家主權」——早已不是那麼至高而完整了。這麼說並不是在否定這種感情，但如果我們看清楚了全球化

的趨勢，或許我們才能夠懂得把我們生命的能量從這種強烈但其對象卻已逐漸面目模糊的情感中解放出來，然後移到一個更高的、範圍更廣的、更加包容的一種目標上去。在這個目標中，一樣有情感的寄託，但那種情感是一種更開放更包容更互利的一種境界。這樣的一種昇華的感情，才能同時超越兩岸各自零和的一種主權爭議，以及各自圍繞在對其主權主張的一種排他的、狹隘的情感衝突。

　　質言之，基於我們對全球化的瞭解，以及上述對中國大陸學者有關全球化各種觀點的分析，本文主張，事實上不難在兩岸的知識份子中找到一種共識，以一種「開放式的全球化轉化論」的觀點來尋求兩岸關係的解決之道。這種想法主張，兩岸的關係不是誰贏誰輸，而是雙方整合。但是整合的過程是一個雙方透過對話共同建構的過程。本文主張，兩岸關係的解決應跳脫主權的零和思考，如果我們將台灣與中國大陸在主權上此種零和爭議，表現爲在一條軸上尋找一個解決的點，此軸的一個極端是主張一個中華人民共和國統一台灣，另一個極端是主張建立台灣共和國。目前兩岸的問題就在於在這條軸上爭執不休。問題是在這條軸上尋找一個平衡點做爲兩岸主權爭議的最終解決，不僅是不容易達成，而且最終是一種零和關係，在解決過程中必然要帶給人民災難。基於這樣一種分析，我們認爲兩岸關係的解決，應該跳脫這一個無解的僵局，在此軸以外再拉出垂直的另一條軸出來。這個新的軸指向於兩岸在「全球化」的大趨勢下，將兩岸的未來指向一種新的合作或整合的關係。這種合作或整合的遠景類似歐盟的型態，是從經濟和其他功能性議題著手，其未來所形成的政治形貌可能是一種「共同體」（Commonwealth），或某種類似歐盟的「新主權」架構。（見下頁圖二）本文將這種構想稱爲「兩岸的建構整合論」，本文主張「以整合超越統獨」、「以合作代替對抗」。正如全球化一樣，整合已經打開了朝向一體化的大門，但是其過程又不致犧牲各自的自主性。這會是一個漫長的過程，但也是一個一旦開始就不太可能回頭的過程，關鍵在於，它是一種真正雙贏甚至多贏的解決方案。

圖二　「兩岸的建構整合論」示意圖

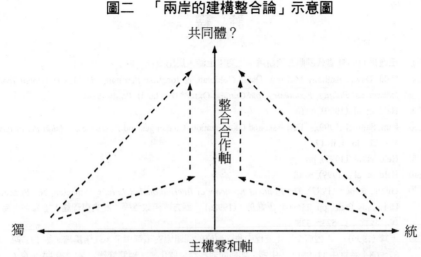

雖然以上本文嘗試以一種全球化的角度來構思未來兩岸關係的解決之道，但是本文也並不敢持一種太天真的樂觀。容我再次引用王逸舟的話，「以全球為基點的見解常常遭到利益驅動的強烈批評和抵制，研究者們常常被扣上『忽略國家利益』、『不切實際的烏托邦主義者』的帽子。⑯」每一個研究者經常在傳播追求「王道的」全球化理想過程中，會迎面遇到與「霸道的」大國或國際干預的衝突⑰。但是全球化的趨勢正是使我們必須以一種自我轉化提昇的方式，來超越各自狹隘的立場，以達到一種全人類共同的進步與一體化。中華文化中的理想——「世界大同」——的精髓正是這種最終方向的寫照。這也正是李慎之先生所說的，對於全球化中國人應有的貢獻，就是以一種「天下文化主義」，揚棄並超越狹隘的「沙文主義」，以彰顯一種「全球主義」⑱。

　　本文對中國大陸學者在全球化問題觀點之分析發現，雖然中國大陸學者對於全球化問題仍然有一些國家主義、現實主義、或民族主義的情結，但是大陸學界中多元的觀點也不乏具反省力的前瞻性觀點。兩岸關係做為全球化進程中的一個部分，台灣應該積極與大陸學界中有進步觀點的學者進行各層次的對話，以順著全球化趨勢的方式共同尋求解決兩岸關係的出路。

＊　　　　　＊　　　　　＊

註　釋

註①　王逸舟 (1995) **當代國際政治析論**，上海：上海人民出版社，頁 2。

註②　Held, David, Anthony McGrew, David Goldblatt, & Jonathan Perraton, eds. (1999), *Global Transformations: Politics, Economics, and Culture*, Oxford (England): Polity Press.

註③　Held, et. al. (1999), p. 16.

註④　Kim, Samuel (1999), "East Asia and Globalization: Challenges and Responses," *Asian Perspective*, Vol. 23, No. 4, p. 17.

註⑤　Held, et. al. (1999), pp. 2～10.

註⑥　Held, et. al., (1999), p. 10.

註⑦　Gilpin, Robert (1987), *The Political Economy of International Relations*, Princeton, NJ: Princeton University Press, pp. 25～64; 王逸舟，(1998a)，**西方國際政治學：歷史與理論**，上海：上海人民出版社，頁 523～538。

註⑧　王輝 (1999)，「經濟全球化進程中我國面臨的問題與對策選擇」，**江漢論壇**，第 231 期，頁 67～68；談世中 (1998)，「中國：如何面對經濟全球化」，**經濟管理**，第 229 期，頁 6；王連喜 (1998)，「全球化進程中的中國特色社會主義」，俞可平、黃衛平編 (1998)，**全球化的悖論**，北京：中央編譯出版社，頁 152。

註⑨　龍永圖編 (2000)，**世界貿易組織知識讀本**，北京：中國對外經濟貿易出版社，頁 258。

註⑩　龍永圖編 (2000)，頁 267～280。

註⑪　譚君九 (1998)，「關於全球化的思考與討論」，俞可平、黃衛平主編 (1998)，頁 130～131；楊朝仁、韓志偉 (1998)，「全球化、制度開放與民族復興」，俞可平、黃衛平編 (1998)，頁 146。

註⑫　汪道涵 (1999)，「全球化、東亞模式、中國經濟」，**世界知識**，第 1282 期，頁 8；陳旭、尚文程 (1999)，「經濟全球化的『陷阱』分析—兼談我國政府的對策」，**經濟問題**，第 234 期，頁 23～24；李克穆 (1998)，「關於經濟全球化進程的幾點認識」，俞可平、黃衛平編 (1998)，頁 45；王朝才、傅志華、隆武華 (1998)，「世界經濟全球化與中國經濟安全」，胡元梓、薛曉源編 (1998)，**全球化與中國**，北京：中央編譯出版社，頁 180～191；趙振華 (1999)，「經濟全球化與國家經濟安全」，**國際貿易問題**，第 200 期，頁 12～15；Wang, Yizhou (1999), "New Security Concept in Globalization," *Beijing Review*, Feb., pp. 15～21。

註⑬　吳江 (1998)，「世界多極化與經濟全球化」，俞可平、黃衛平編 (1998)，頁 17；劉力 (1998)，「經濟全球化：發展中國家後來居上的必由之路」，胡元梓、薛曉源編 (1998)，頁 144；談世中 (1998)，頁 7。

註⑭　王連喜 (1998)，頁 150。

註⑮　薛曉源 (1998)，「全球化與當代社會主義、資本主義研討會綜述」，俞可平、黃衛平編 (1998)，頁 285。

註⑯　俞可平 (1999a)，「全球化研究的中國視角」，**戰略與管理**，總 34 期，頁 97 轉述紀玉祥 (1998)，「全球化與當代資本主義」，**馬克思主義與現實**，第四期。

註⑰　宿景祥 (1998)，「世界經濟的全球化與民族化問題」，**現代國際關係**，1998 年第 9 期，頁 13～14。

註⑱　俞可平 (1999a)，頁 97, 轉述王逢振 (1998)，「全球化、文化認同和民族主義」，王寧等編 (1998)，**全球化與後殖民批評**，北京：中央編譯出版社，頁 91。

註⑲　汪丁丁 (1999)，「面對『全球資本主義』中國向何處去？」，**戰略與管理**，第 2 期，頁 112～113。

註⑳　王朝才、傅志華、隆武華 (1998)；俞可平 (1999a)，頁 101～102；周光春 (1998)，「『經濟全球化、貿易自由化』評析」，**當代思潮**，1998 年第 2 期，頁 11～14；黃燁菁(1999)，「把握二十世紀世界經濟發展的主線──『經濟全球化與我國改革開放』研討會綜述」，**社會科學**，第五期，頁 15～19。

註㉑　王朝才、傅志華、隆武華 (1998)，頁 189。

註㉒　李克穆 (1998)，頁 44。

註㉓　李克穆 (1998)，頁 44。

註㉔　趙輝 (1999)，「全球化與中國的命運」，**開放**，第 155 期，頁 56。

註㉕　汪道涵 (1999)，頁 10。

註㉖　汪道涵 (1999)，頁 10。

註㉗　龍永圖編 (2000)，頁 273～275。

註㉘　龍永圖 (1999a)，「加入世貿組織融入國際社會主流」，**國際貿易問題**，第 9 期，總 201 期，頁 1～10，30；龍永圖 (1999b)，「中國『入世』重大意義和影響等同鄧小平提出改革開放」，**經濟導報週刊**，第 47 期，頁 4；龍永圖編 (2000)，頁 305。

註㉙　王連喜 (1998)，頁 151；王逸舟(1995)，頁 16; 楊中芳(1999)，「現代化、全球化是與本土化對立的嗎? 一試論現代化研究的本土化」，**社會學研究**，第 79 期，頁 65。

註㉚　俞可平 (1998)，「全球化的二律背反」，俞可平、黃衛平編 (1998)，頁 21。

註㉛　張西山 (1998)，「經濟全球化與民族主義」，俞可平、黃衛平編 (1998)，頁 246～251。

註㉜　俞可平 (1999a)。

註㉝　李慎之 (1998)，「全球化的發展趨勢及其價值認同」，俞可平、黃衛平編 (1998)，頁 15。

註㉞　譚君久(1998)，「關於全球化的思考與討論」，俞可平、黃衛平編 (1998)，頁 132～133。

註㉟　蘇東斌(1998)，「中國社會發展的全球化趨勢」，俞可平、黃衛平編 (1998)，頁 67。

註㊱　楊東雪、王列 (1998)，「關於全球化與中國研究的對話」，胡元梓、薛曉源編 (1998)，頁 20。

註㊲　何萍 (1998)，「全球化與中國的改革開放」，俞可平、黃衛平編 (1998)，頁 121。

註㊳　楊朝仁、韓志偉 (1998)，頁 142。

註㊴　薛曉源 (1998)，頁 286。

註㊵　何萍 (1998)，頁 113～115。

註㊶　何萍 (1998)，頁 124～125。

註㊷　汪永成 (1998)，「試論經濟全球化對發展中國家行政管理的影響」，俞可平、黃衛平編 (1998)，頁 226～229。

註㊸　付小隨 (1998)，「從歐盟看全球化過程中國家主權和職能的轉移現象」，俞可平、黃衛平編 (1998)，頁 169～170。

註㊹　肖楓(1999)，「怎能一個『接軌』了結──發展中國家與經濟全球化」，**世界知識**，第 1285 期，頁 29。

註㊺　李少軍 (1998)，「論安全理論的基本概念」，資中筠編 (1998)，**國際政治理論探索在中國**，上海；上海人民出版社，頁 149。

註(46)　趙旭東(1998)，「新技術革命對國家主權的影響」，資中筠編(1998)，頁283～294。

註(47)　俞可平(1998)，頁22。

註(48)　鄒樹彬(1998)，「機運與挑戰：經濟全球化浪潮中民族國家的兩難抉擇」，俞可平、黃衛平編(1998)，頁239～242

註(49)　李少軍(1998)，頁168～169。

註(50)　王逸舟(1999c)，「樹立世紀之交的國家安全觀」，**瞭望新聞周刊**，第37期，頁23～24。; Wang (1999)。

註(51)　王逸舟(1999b)，「面向二十一世紀的中國外交：三種需求的尋求及其平衡」，**戰略與管理**，總第35期，頁。

註(52)　譚君久(1998)，頁132。

註(53)　王逸舟(1999b)，頁24。

註(54)　江澤民(2000)，「在『九九財富全球論壇——上海』的講話(一九九九年九月二十七日)」，**經濟導報周刊**，第2640期，頁2～3。

註(55)　劉軍寧(1998)，「全球化與民主政治」，胡元梓、薛曉源編(1998)，頁68。

註(56)　蔡拓(1998a)，「全球問題的哲學思考」，胡元梓、薛曉源編(1998)，頁254。

註(57)　何萍(1998)，頁122～125。

註(58)　楊朝仁、韓志偉(1998)，頁142。

註(59)　楊朝仁、韓志偉(1998)，頁145。

註(60)　黃衛平(1998)，「全球化與中國政治體制改革」，俞可平、黃衛平編(1998)，頁50。

註(61)　黃衛平(1998)，頁58。

註(62)　孫津(1998)，「全球化與體制改革」，胡元梓、薛曉源編(1998)，頁62。

註(63)　王逸舟(1998b)，「全球化過程與中國的機遇」，胡元梓、薛曉源編(1998)，頁43。

註(64)　王逸舟(1998b)，頁39～40。

註(65)　徐勇、曾峻(1998)，「全球化、契約與政治發展」，**學習與探索**，第115期，頁72。

註(66)　蘇東斌(1998)，頁69～73。

註(67)　張蔚武、馬磊(1998)，「信息社會：超越地緣政治」，資中筠編(1998)，頁269～270。

註(68)　龍永圖編(2000)，頁291～296。

註(69)　蔡拓(1998b)，「全球化與當代國際關係」，俞可平、黃衛平編(1998)，頁79～80。

註(70)　丁志剛(1998)，「全球化背景下國家利益的認證與維護」，胡元梓、薛曉源編(1998)，頁54。

註(71)　蔡拓(1998b)，頁79～80。

註(72)　劉力(1998)，頁143～145。

註(73)　趙旭東(1998)，頁292～293。

註(74)　吳江(1998)，頁18。

註(75)　李克穆(1998)，頁45～47。

註(76)　譚君久(1998)，頁130。

註(77)　李少軍(1998)，頁153。

註(78)　王逸舟(1999c)，頁24。

註(79)　李少軍(1998)，頁153。

註(80)　王逸舟(1998b)，頁45。

註(81)　Kim(1999), pp. 25～26.

註⑧　王緝思 (1999)，「以兩手對兩手──對中美關係的若干戰略思考」，**新華文摘**，第 10 期，頁 295。

註⑧　Yahuda, Michael (1999), "China's Search for a Global Role," *Current History*, Sep., pp. 267～270.

註⑧　Kim (1999), p. 27.

註⑧　Kim (1999), p. 28.

註⑧　Moore, Thomas G. (1999), "China and Globalization," *Asian Perspective*, Vol. 23, No. 4, pp. 88～93.

註⑧　Yahuda (1999), p. 270.

註⑧　Yahuda (1999), p. 268.

註⑧　時殷弘 (1998)，「民族主義與國家增升級倫理道德思考」，資中筠編 (1998)，頁 39。

註⑨　時殷弘 (1998)，頁 48～49。

註⑨　汪道涵 (1999)，頁 8；李長久(1999)，「經濟全球化與發展中國家的對策」，**世界知識**，第 1282 期，頁 20；談世中 (1998)，頁 6；鄒樹彬 (1998)，頁 236；黃燁菁 (1999)，頁 16; Wang (1999)。

註⑨　俞可平、黃衛平編 (1998)。

註⑨　俞可平 (1998)，頁 21～24；俞可平 (1999a)，頁 98。

註⑨　王逸舟 (1999b); 陳全生、劉靖華 (1999)，「全球化的中國與世界 (節選)」，**戰略與管理**，總 33 期，頁 25。

註⑨　王逸舟 (1995)，頁 43～44。

註⑨　王逸舟 (1995)，頁 43。

註⑨　王逸舟 (1995)，頁 43。

註⑨　李慎之 (1994)，「全球化時代中國人的使命」，**東方**，第 6 期，頁 26。

中共「幹部年輕化」與政治繼承*

寇健文

國立政治大學國際關係研究中心第三研究所助理研究員

摘　要

　　為求政局穩定與改革開放政策的延續，1978 年以後中共開始推動「幹部年輕化」和「梯隊接班」。儘管部分具體規範尚未確立，但「幹部年輕化」已經是中共政治菁英所接受的共識。由於「幹部年輕化」已成為中共權力鬥爭的一項重要遊戲規則，勢必會影響中共黨內不同派系間與不同世代政治菁英間的互動，因此相關規範可以提供吾人評估中共政治繼承的重要線索。如果中共十六大時順利進行新舊交替，中共「梯隊接班」的制度化程度將會進一步提升，有助於中共政權的穩定。反之，如果十六大無法順利進行人事更替，就顯現中共建立政治繼承制度的努力受到挫折，不利於政權穩定。同時，這也代表大陸內部出現更緊迫的問題，必須放慢接班的速度。

關鍵詞：政治繼承、梯隊接班、幹部年輕化、權力轉移、中共

＊　　　　＊　　　　＊

　　本文探討中共推動「幹部年輕化」後形成的離休年齡與任期限制等規範，並評估這些規範對中共政治繼承可能產生的影響。由於「幹部年輕化」已成為中共權力鬥爭的一項重要遊戲規則，勢必影響黨內不同派系間與不同世代政治菁英間的互動，因此提供了觀察中共政治繼承的線索。如果吾人不能掌握這些遊戲規則，並根據它們觀察中共權力鬥爭，吾人的分析很容易出現盲點。筆者認為經過 20 年的發展，中共對省部級幹部的離退規範已相當完整，執行得也

相當徹底。在政治局常委會、政治局、中央軍委會層級的年齡限制仍正在發展中，現有規範並不完整，多屬於非正式的默契。不過，年輕化已經是中共幹部政策的趨勢，並爲中共政治菁英所接受。因此，中共正面臨調整上述三個決策機構人事的壓力，而十六大是否能如期進行中央領導班子的年輕化將是判斷「梯隊接班」制度化程度的最佳指標。

本文主要分成四個部分。第一節討論研究政治繼承的重要性、制度化政治繼承機制的構成要件，並指出現存文獻忽略「幹部年輕化」逐漸制度化後對中共權力轉移的影響。第二節討論中共「梯隊接班」的三個基本原則和四化幹部的甄選標準，藉由上述分析找出一些判斷中共人事變化的線索。第三節分析中共省部級以上黨政領導幹部的年齡限制與任期限制。分析重點將放在中共政治局常委會、政治局，中央委員會和中央軍委會成員的相關年齡規範，以及重要國家領導人級職位的任期限制。第四節則根據第二節和第三節的討論，分析「幹部年輕化」對觀察中共十六大人事變動的啓示。

壹、政治繼承

政治繼承探討「在特定制度或環境下某個人或團體繼承一個政治職位，以及此繼承過程對一個國家政治體系的結構和政策造成的影響①。」一個國家主要依賴「決策者更替」（personnel change of decision makers）和「政策更新」（policy innovation）解決資源分配的問題。然而，前者比後者通常更重要。首先，政治繼承本身就是一個強大的政策更新機制②。新領袖通常會變更前任領導人物的政策議程（policy agenda）。其次，當相同的領導者仍掌權的時候，政策調整常常會受到阻礙，因爲他們比較不會在犧牲既得利益和特權的情形下變更主要政策。因此，無論是在共黨國家或是資本主義國家，政治繼承對公共政策都可以產生強大而且持續的影響③。

其次，研究一個國家的政治繼承也是了解該國政權穩定性的重要關鍵。最高決策首長的權力可能來自其在政府、政黨中佔有的職務，或來自本身在國家歷史發展過程中獲得的威望。前者屬於可轉移的（transferable）權力，後者則是無法轉移到他人的權力。隨著革命建國元老的消逝，第一種類型權力的重要

性會逐漸增加。因此，雖然最高決策首長不是唯一能影響決策的人，但佔據這類職位的政治人物通常比其他人士擁有更多政治資源和權力，或有優勢取得更多政治資源和權力。若沒有生理上、制度上和其他各種因素的限制，政治菁英通常有強烈動機去控制這類職位。如果政治菁英經常利用暴力手段奪取最高決策首長的職位，必然會造成政局的動盪不安。由此可見，吾人可以透過研究政治繼承的制度化情形，檢驗一個國家政治菁英是否能和平解決資源分配和權力衝突的問題，進而評估該國政權的穩定性④。

　　制度化的政治繼承機制應該包括兩個部分：第一、有關政治繼承的遊戲規則；第二、政治菁英形成共識，遵守這些遊戲規則。政治繼承的遊戲規則通常存在於憲法，但也可能在法律、執政黨的內部規章和會議決議，或是高層政治菁英間的不成文默契，端賴政權型態與歷史情境而定。政治繼承的遊戲規則應該包括領導人選派程序、現任領導人任內死亡或不能視事時的代理程序、每任任期長短與連任次數、領導人去職和罷免程序，以及有權認可上述過程的機構等等問題。菁英共識（elite consensus）則是指主要政治菁英是否願意遵守現有政治繼承的規則⑤。如果繼承機制無法充分提供政治菁英遵守權力遊戲規則的誘因，這些機制將失去規範行為的功能，成為名存實亡的遊戲規則。政治菁英將在條件許可時使用暴力或威脅使用暴力奪取權力，造成政治繼承機制的徹底崩潰。如果政治繼承機制規範不完整或是付之闕如，政治菁英自然無法對權力競爭的遊戲規則形成共識。在政治繼承規範不清楚，或是政治菁英缺乏足夠誘因遵守現行繼承規範的情形下，政治繼承過程容易出現暴力鬥爭的現象。由此可見，政治繼承的制度化程度可以提供評估權力鬥爭激烈程度與人事變化的線索。在民主國家，政治繼承基本上是透過定期選舉進行。然而，共黨國家的選舉並沒有達成權力轉移的實質意義，因此必須發展其他機制解決權力轉移的問題。這些機制一方面必須能防止領導班子老化，不斷增補新人進入最高決策中心；另一方面又能提供誘因，使得政治菁英願意和平轉移權力，防止過於激烈的權力鬥爭影響政局穩定。

　　在 1978 年以前，中共和多數共黨政權一樣缺少權力轉移的機制，爆發毛澤東／劉少奇、毛澤東／林彪、華國鋒／四人幫，和鄧小平／華國鋒等數次政治繼承危機⑥。造成派系衝突的原因很多，但政治體制上的缺陷——缺乏一套權力轉移制度——卻是中共黨內派系鬥爭會以激烈手段進行的根本原因⑦。因

此，爲求穩定政局與延續改革開放政策，中共乃推動「幹部年輕化」和「梯隊接班」。鄧小平和陳雲分別在1980年和1981年指出提拔中生代優秀幹部的重要性，胡耀邦在1983年進一步提出「第三梯隊」的觀念。雖然「第三梯隊」的用語在1986年以後已很少被使用，胡耀邦和趙紫陽的下臺又打亂鄧小平的接班安排，但中共仍然繼續執行「梯隊接班」的構想，並逐漸推動「幹部年輕化」的法制化。

從這個角度來檢驗有關中共政治繼承的文獻，不難發現數量豐富的現有文獻很少分析中共建立「幹部年輕化」的戰略意義，因而流失一些評估中共未來權力轉移的線索。部分現存文獻將研究焦點放在中共黨內派系鬥爭，亦即統治菁英間的權力衝突，或是最高政治領導人個人奪權成功（或失敗）的原因⑧。另外一些文獻則偏重對中共核心領導幹部本質的辯論——技術官僚政治（technocracy）或政治—技術官僚政治（political-technocracy）⑨。學者們從中共中央委員的年齡、族裔、學歷、專長、晉升途徑等方面探討當前中共政治到底是被技術官僚出身的菁英控制，或是由技術官僚和傳統黨務行政系統出身的菁英共同控制。還有一些文獻則探討中共政治世代的變遷、後鄧時期中共政治繼承的過程或江澤民繼承權力可能面臨的問題等等⑩。這些文獻雖然充實了中共政治繼承的研究，但幾乎沒有探討「梯隊接班」與「幹部年輕化」對中共政治繼承可能產生的影響⑪。

現有文獻沒有從制度面分析「幹部年輕化」與「梯隊接班」對中共權力轉移的影響，成爲研究中共政治繼承的缺憾。透過這些機制，中共可以防止現任領導幹部老化時，中青代幹部沒有足夠時間歷練的問題。同時，由於「梯隊接班」減少未來繼承人選的不確定性（uncertainty），可以避免現任領導人死亡或解職後權力核心出現真空的狀態，降低敵對派系使用暴力解決權力繼承的可能性。因此，「幹部年輕化」和「梯隊接班」雖然不能消除派系權力鬥爭，卻能降低黨內鬥爭的激烈程度，值得吾人密切注意其發展情形。

貳、梯隊接班與四化幹部

中共實施「幹部年輕化」與「梯隊接班」的目的是透過有計劃的選拔、磨

練中生代幹部，使得權力核心成員的年齡呈現至少兩個層次以上的分佈。年輕成員在資深成員「傳、幫、帶」的情形下，逐漸接掌權力。由於權力核心成員年齡呈現多層次分佈，可以避免在資深成員老化凋零，而接班人磨練不夠的情形下進行權力轉移，造成政權不穩定的後果。總的來說，「梯隊接班」模式有三個基本運作原則，分別是「集體接班」、「法制化」、「民主接班」⑫。根據這些原則，吾人可以推論出一些研判中共政治繼承的線索。

首先，過去毛澤東指定劉少奇、林彪的作法都只涉及單一黨政領導首長的替換，如今中共的領導型態已從「大家長」式轉換爲「集體領導與個人分工負責相結合」的制度。1980 年 8 月鄧小平在中共中央政治局擴大會議上批評過去權力過於集中，要求各級黨委要真正實行「集體領導和個人分工負責相結合」的制度。中共政治局後來將這篇講話定名爲「黨和國家領導制度的改革」，是領導制度改革的指導性文件。這個領導制度的核心是「重大問題一定要由集體討論和決定。決定時，要嚴格實行少數服從多數，一人一票，每個書記只有一票的權利，不能由第一書記說了算。集體決定了的事情，就要分頭去辦，各負其責，決不能互相推諉。失職者要追究責任⑬。」

在鄧小平等革命元老在世的時候，這個原則的實踐受到很大的干擾。不過在元老政治消失後，這個原則的合理性基礎日益增加，未來中共領導人想要超脫這個原則制約的機會已經很小。領導型態的轉變使得分析中共權力轉移時，必須觀察整個領導班子的逐漸更替，僅觀察個別人士的仕途起伏（如胡錦濤是否能接掌中共總書記）並不能掌握「梯隊接班」的精髓。根據上述討論，檢視中共逐漸發展的政治繼承規範時，除了分析總書記的選任方法外，還必須參考政治局、政治局常委會、軍委會等重要權力機構成員的選拔規定，才能比較精確地描述「梯隊接班」模式的內涵。

其次，過去接班人的選定都是由現任最高黨政首長個人拍板定案，如今則因集體領導與推動法制化的結果，使得選定接班人的過程必須遵循某些成文或不成文規範，如集體領導、任期限制和年齡限制等等。由於很難在所有重要黨政軍系統累積足夠的經驗和資源，第三代以降的領導人於接任最高領導職務之際缺少成爲強人的權力基礎。因此，未來中共政治繼承應是一個合縱連橫的過程，而且這種過程至少會在新領導人繼任後持續一段時間⑭。同時，在派系鬥

爭與尋求盟友的過程中，個別權力競爭者缺乏掌控大局發展的能力，勢必不願派系鬥爭演變成自身無能力收拾的局面，導致中共政權崩潰。換言之，儘管派系鬥爭不斷進行，但敵對派系都有維持政局相對穩定的共同利益。

根據美國學者巴克曼（David Bachman）的分析，後鄧時期的中共權力鬥爭受到三個因素的制約：第一、維持政局穩定和國家統一；第二、將權力競爭侷限爲宮廷政爭，排除一般民眾介入的機會；第三、降低競爭失敗者必須付出的代價，避免權力鬥爭成爲生死之爭⑮。這些特性使得後鄧時代的權力競爭與過去有所不同。除非獲得其他領導人共同支持，未來中共個別領導人不易改變革命元老和其他領導人物對重要政策形成的共識或先例，如「一國兩制」、「梯隊接班」、「幹部年輕化」等等。如果有個別領導人想破壞這些已經形成的規範，很容易激化權力鬥爭，並給予敵對派系聯手攻訐的藉口，不利於自身。根據上述分析，中共內部有關「幹部年輕化」的成文或不成文規範都是吾人分析中共未來權力轉移必備的線索，無論這些規範是以國家法令、黨內規定、高層菁英間的不成文默契，或是其他方式呈現。

此外，由於接班群人選必須經過醞釀過程達到群眾滿意的共識，因此在這個原則與派系鬥爭現實的交互影響下，新人已經很難大幅跳級晉升，未經相當黨政歷練就直接進入接班群中。換言之，未來中共政治局常委多半會由現任政治局委員中升任，政治局委員則應該會從現任中央委員中挑選。類似胡錦濤在中共十四大未經政治局委員歷練，直接由中央委員跳級晉升爲政治局常委的例子將不易再出現。這個發展使得未來研究中共政治繼承比過去掌握了更多的線索。

談到「梯隊接班」就不能不注意中共提拔四化幹部的政策。1980年2月中共十一屆五中全會決議修改黨章，增加廢除終身制的條文。1981年6月中共十一屆六中全會進一步提出四化幹部的觀念──「……在堅持革命化的前提下，逐步實現各級領導人員的年輕化、知識化和專業化⑯。」革命化是對幹部的政治立場、思想作風的要求。革命化的具體要求是要堅持四項基本原則，其中最主要的是堅持社會主義道路和黨的領導。幹部要在政治上和黨中央保持一致，堅決貫徹黨的基本路線和各項方針政策⑰。目前革命化的最具體意義是擁護「經右政左」的路線──執行經濟體制改革路線和在思想層面反對自

由化⑱。

年輕化則是對幹部隊伍的年齡結構和身體素質的要求，不斷提拔年輕一代的各級黨政領導幹部與後備幹部，形成以中青幹部爲主的領導班子。一方面層級越低的黨政領導幹部年齡越輕，使得各級領導班子呈現年齡的梯次結構；另一方面則使得同一層次的黨政領導幹部也呈現年齡的梯形分佈。目前中共對各級領導班子年齡結構的規定爲，省部級由 60 歲以下、50 歲左右、40 歲左右的幹部組成，至少有一人是 40 歲左右，省委常委中至少要有三分之一的幹部在 55 歲以下。部屬的司局長、省屬的廳局長、地區和地級市黨政領導班子則由 55 歲左右、50 歲以下、40 歲以下的幹部組成，至少有一人是在 40 歲以下。地、市領導幹部中 50 歲以下者分別要佔三分之一、二分之一。縣級領導班子由 50 歲以下、40 歲左右、30 歲左右的幹部組成，平均年齡 45 歲左右⑲。其中省部級後備幹部以 45 歲左右的幹部爲主體；地廳級後備幹部以 40 歲、45 歲左右的幹部爲主體；縣處級幹部以 40 歲、35 歲左右的幹部爲主體。不同層次的後備幹部在年齡上可以有部分重疊⑳。

知識化是針對幹部的知識水準和教育程度，要求黨政幹部必須具有較高的學歷（大專程度以上）與相關知識，適應現代化建設和改革開放的需求。1982年 10 月中共中央和國務院規定，新提升爲中央部級、省級，以及地、市級的領導幹部通常要有大專程度，在縣級領導班子中，具有大專程度的幹部要佔三分之二㉑。專業化的含義則是指根據整個領導班子的結構，要求幹部（至少是部分幹部）對主管業務必須具有專業知識和能力㉒。

上述四項標準中，革命化和專業化因涉及中共對幹部的內部評鑑，外界不易找到固定而且客觀的標準，暫不適合做爲分析中共政治繼承的第一線分析依據，以免引起解讀不同的爭議。年輕化和知識化都是比較具體的選拔標準，前者爲幹部的年齡，後者則爲幹部的學歷。不過，近 20 年來具有中共中央委員或候補委員身份的幹部絕大多數都已有大專以上學歷，知識化已經失去做爲判斷那些幹部可以擔任政治局、軍委會成員的實質意義。舉例來說，中共第十三屆、第十四屆和第十五屆中委會成員之中，具有大專以上文化程度者分別佔總數的 73.3 %、83.7 %和 92.4 %㉓。因此，除了「梯隊接班」三原則外，年輕化是吾人判斷中共人事變化的重要評估依據。雖然單憑這些評估依據並不能精

確地預測誰能擔任什麼職務，但仍能減少誤判機會，對解開中共權力繼承的「黑盒子」有所幫助。

叁、高層領導幹部的年齡與任期限制

自從 1982 年中共黨章正式加入廢除幹部終身制的條文後，中共逐步建立各級幹部最高年齡限制，做爲配套措施。目前正省部級幹部的離休年齡是 65 歲，副省部級幹部的最高年齡限制是 60 歲，而在任期屆滿前達到離休年齡的省（含自治區、直轄市）人大常委會正副主任、常委，以及省政協正副主席、常委則可以在任期屆滿後依規定辦理離休[24]。從目前中共省級黨委正副職領導幹部的年齡層分佈來看，上述規定已具體實踐。（見表一）此外，2001 年 3 月第九屆全國人大常委會召開時，國家經濟貿易委員會主任盛華仁（1935 年 9 月出生）和科學技術部部長朱麗蘭（1935 年 8 月出生）也因年滿 65 歲離職。正省級領導幹部如陳煥友（1934 年 1 月出生，江蘇省委書記）、葉連松（1935 年 3 月出生，河北省委書記）、賈志杰（1935 年 12 月出生，湖北省委書記）、劉方仁（1936 年 1 月出生，貴州省委書記）、馬忠臣（1936 年 9 月出生，河南省委書記）、舒聖佑（1936 年 12 月出生，江西省委副書記、江西省省長）也屆齡陸續離開第一線領導工作。解放軍系統的劉精松（1933 年 7 月出生，軍事科學院院長）、丁文昌（1933 年 10 月出生，空軍政委）、張志堅（1934 年 5 月出生，成都軍區政委）、楊國屛（1934 年 10 月出生，武警司令員）、張工（1935 年 7 月出生，軍事科學院政委）也都屆齡退職[25]。由此可見，中共對省部級幹部離休年齡規定執行地相當徹底。

中共十五大對選出的中央委員、政治局委員和軍委會委員也設定年齡限制。香港**爭鳴雜誌**報導，1997 年夏天在北戴河召開的政治局第六次擴大會議做出決議，「現任黨政軍領導同志，年齡在 65 歲或以上，原則上不擔任十五屆中央委員；年齡在 70 歲或以上，原則上不擔任十五屆政治局委員、中央軍委委員[26]。」由於香港媒體報導的可信度不一，爲防止新聞報導誤導吾人對中共「幹部年輕化」規定的了解，有必要實際分析中共第十五屆中委是否符合上述規範，同時對照中共第十三屆和第十四屆中委的年齡分配。如果經過跨屆比

對後發現第十五屆中委年齡分配與前兩屆中委年齡分配確實有顯著不同，上述新聞報導的可信度將大為增加。

表一　中共省級黨委正副職領導幹部的年齡層分佈

省級黨委正副職領導年齡層	人數	百分比
61 歲以上	26	16.77 %
56 歲至 60 歲	59	38.06 %
50 歲至 55 歲	53	34.19 %
未滿 50 歲	7	4.51 %
年齡待查	10	6.45 %
合計	155	

資料來源：中共研究雜誌社編，**中共省級黨委領導成員人資調查**（台北市：中共研究雜誌社，1999 年），頁 11～12。人資調查截止時間為 1999 年 7 月。

1997 年選出的中共第十五屆中委和候補中委中，年齡超過 65 歲者有 22 人。其中未擔任政治局委員或軍委委員而超齡者僅 7 人，分別是華國鋒（1921 年 3 月出生）、周光召（1929 年 5 月出生，全國人大常委會副委員長、中國科學技術協會主席、國務院學位委員會副主任）、彭珮雲（1929 年 12 月出生，全國人大常委會副委員長、全國婦聯主席）、宋健（1931 年 12 月出生，全國政協副主席、中國工程院院長）、鄭必堅（1932 年 5 月出生，中共中央黨校常務副校長）、韓杼濱（1932 年 5 月出生，中共中紀委副書記、最高人民檢察院檢察長）、張思卿（1932 年 8 月出生，全國政協副主席）。與第十三屆和第十四屆中委會相較，第十五屆中委會未擔任政治局委員或軍委會委員而年齡超過 65 歲的人數明顯減少。（見表二）第十三屆中委會有 25 人超過 65 歲，其中 17 人不是政治局或軍委會成員，佔該屆所有 65 歲以上中委的 68 ％。第十四屆中委會有 24 人超過 65 歲，其中 18 人不是政治局或軍委會成員，佔該屆 65 歲以上中委的 75 ％。第十五屆中委會有 22 人超過 65 歲，與前兩屆人數相差不多。然而，只有 7 人非政治局或軍委會成員，佔該屆 65 歲以上中委的

33％。如果再考慮全國人大副委員長、全國政協副主席和最高人民檢察院檢察長都是「黨和國家領導人」級幹部，離休年齡應該高於 65 歲㉗，例外情形將只剩下華國鋒和鄭必堅兩人。其中華國鋒連任中委無實質意義，因爲他沒有擔任其他黨政職務㉘。

此外，絕大多數中委是黨政軍正副省部級領導幹部，其職務本來就受到離休年齡的嚴格限制（正省部級爲 65 歲，副省部級爲 60 歲）。因此，中共對中委和候補中委設下 65 歲離休原則的規定不但合理，而且不會造成大量省部領導級幹部無法進入中委會的問題。根據上述綜合分析，中共十五大時應該確實對中委會成員設下 65 歲離休爲原則的規定，並且推斷未來中共會繼續堅持該項原則。

在十五大選出的政治局委員和中央軍委委員則以 70 歲劃線爲原則。胡錦濤向十五大代表說明時，即是以年齡因素解釋喬石、楊白冰、王漢斌、鄒家華、任建新、劉華清、張震等人爲何退出政治局、軍委會、中委會㉙。嚴家其曾指出，從中共八大到十四大之間掌握政治局主控權的派系只用「背離黨的路線」和「年齡劃線退休」兩種公開理由，清除反對派或有反對傾向的政治局委員，其中又以後者爲理由的情形居多㉚。由於喬石被外界視爲江澤民的主要競爭對手，後者對前者可能有去之而後快的動機，對於政治局委員和軍委會委員的年齡限制是否已經制度化，或者只是清除競爭對手的藉口，必須看中共十六大的人事任命才能完全確認。

不過，中共政治局與軍委會成員年齡超過 70 歲的人數逐屆遞減是不爭的事實。在第十三屆政治局與軍委會成員中，年齡超過 70 歲的成員有 7 人（姚依林、萬里、楊尚昆、宋平、胡耀邦、秦基偉、鄧小平），占該屆政治局和軍委會成員總數 19 人的 37 ％。年齡超過 70 歲的第十四屆政治局與軍委會成員有三人（劉華清、楊白冰、張震），占該屆總人數 27 人的 11 ％。然而，在十五大時僅有江澤民一人超過 70 歲，占該屆政治局和軍委會成員總數 28 人的 4 ％。（見表三）這個趨勢顯示年滿 70 歲的幹部未來擔任政治局委員或軍委會委員的機會將越來越小。如果中共在十六大時繼續維持這個趨勢，將可能形成政治局委員和軍委委員離退的不成文慣例，即使中共並未明文規定他們年滿 70 歲後不得再連任。

表二　第十三屆至第十五屆中共中委會超過 65 歲的中委和候補中委

屆　數	中委會人數	超過 65 歲的中委或候補中委	擔任政治局常委會、政治局、或軍委會職務	未擔任政治局常委會、政治局、或軍委會職務
第十三屆 1987/10	285 人	25 人 萬里、朱光、華國鋒、劉振華、楊白冰、楊尚昆、楊靜仁、李夢華、吳學謙、吳蔚然、宋平、陳慕華、周衣冰、胡耀邦、趙紫陽、秦基偉、王任重、梁步庭、韓培信、謝希德、許士傑、姚依林、彭沖、賽福鼎·艾則孜、薛駒	8 人 萬里、楊尚昆、吳學謙、宋平、胡耀邦、趙紫陽、秦基偉、姚依林	17 人 朱光、華國鋒、劉振華、楊白冰、楊靜仁、李夢華、吳蔚然、陳慕華、周衣冰、王任重、梁步庭、韓培信、謝希德、許士傑、彭沖、賽福鼎、薛駒
第十四屆 1992/10	319 人	24 人 王海、王群、王漢斌、葉選平、呂楓、喬石、朱光亞、朱敦法、任建新、華國鋒、劉華清、楊白冰、楊德中、鄒家華、張震、陳俊生、陳慕華、趙延年、趙南起、錢正英、鐵木爾·達瓦買提、魯平、魏金山、江澤民	6 人 喬石、劉華清、楊白冰、鄒家華、張震、江澤民	18 人 王海、王群、王漢斌、葉選平、呂楓、朱光亞、朱敦法、任建新、華國鋒、楊德中、陳俊生、陳慕華、趙延年、趙南起、錢正英、鐵木爾·達瓦買提、魯平、魏金山
第十五屆 1997/9	344 人	22 人 江澤民、李鵬、朱鎔基、李嵐清、尉健行、丁關根、田紀雲、遲浩田、張萬年、姜春雲、錢其琛、傅全有、于永波、王克、王瑞林、華國鋒、宋健、張思卿、周光召、鄭必堅、彭珮雲、韓杼濱	15 人 江澤民、李鵬、朱鎔基、李嵐清、尉健行、丁關根、田紀雲、遲浩田、張萬年、姜春雲、錢其琛、傅全有、于永波、王克、王瑞林	7 人 華國鋒、宋健、張思卿、周光召、鄭必堅、彭珮雲、韓杼濱

資料來源：劉金田、沈學明主編，歷屆中共中央委員人名辭典（北京：中共黨史出版社，1992 年 5 月）；沈學明、劉金田、韓洪洪主編，中共第十四屆中央委員會名錄（北京：中共黨史出版社，1993 年 9 月）；沈學明主編，中共第十五屆中央委員會中央紀律檢查委員會委員名錄（北京：中央文獻出版社，1999 年 3 月）。

　　對於總書記的年齡限制，中共目前並沒有明確的政策。前述一九九七年夏天在北戴河召開的政治局第六次擴大會議中，中共做出年齡在 70 歲或以上的幹部原則上不擔任十五屆政治局委員、軍委會委員的決議。按照這個決議，具有政治局委員、常委身份的總書記應該適用 70 歲劃線退休的原則。然而，事實上並非如此。丁關根和李映鐵在會中表示，政治局常委中的主要領導在黨政軍中有一定威望，如果常委人選年齡規定得太死，將會給今後黨政工作帶來困擾㉛。因此，在十五大通過的新黨章並未對總書記的年齡做出規定。1998 年 3 月 12 日胡錦濤在各人大代表團黨委會議上指出，中共中央對總書記、國家主席、人大委員長、國務院總理、政協主席、軍委會正副主席還沒有設定年齡限制，僅形成在不影響整體工作前提下自願退休的共識㉜。有此可見，目前中共對於總書記年齡的規定仍不明確，必須等到十六大以後進一步觀察。

　　與年齡限制同等重要的是主要領導職務的任期和連任次數。目前中共黨章規定中央委員會和省級黨委任期 5 年，全國代表大會和省級代表大會提前或延後舉行，則中委會和省級黨委任期也隨之改變㉝。但中共並未對省級黨委正副書記、總書記、中共中央軍委會正副主席等主持日常行政工作的領導幹部做出有關任期屆數的限制，也沒有限制政治局委員、常委、軍委會委員的任期和連任次數。很明顯的，政府部門對領導幹部任期規定比黨務部門來的完整。中華人民共和國憲法中規定人大正副委員長、國家正副主席、正副總理、國務委員任期 5 年，連續任職不得超過兩屆十年。不過，中華人民共和國憲法完全沒有規範全國政協的地位、組織和職權，全國政協本身的組織章程也未規定政協正副主席的連任次數。此外，國家軍委會與省級人民政府首長規定其任期分別與全國人大和省級人大相同，但未設定連續任職的年限。

表三　中共十五屆政治局常委會、政治局和軍委會成員的年齡層分佈

年齡分佈 (至 1997 年 9 月爲止)	政治局常委	政治局委員、候委		軍委成員*
年滿 70 歲以上	1 人 江澤民(1926/8)	1 人 江澤民(1926/8)		1 人 江澤民(1926/8)
66 至 69 歲	3 人 李　鵬(1928/10) 朱鎔基(1928/10) 尉健行(1931/1)	9 人 錢其琛(1928/1) 李　鵬(1928/10) 朱鎔基(1928/10) 田紀雲(1929/6) 遲浩田(1929/7) 張萬年(1929/8)	丁關根(1929/9) 姜春雲(1930/4) 尉健行(1931/1)	6 人 遲浩田(1929/7) 張萬年(1929/8) 王瑞林(1930/1) 傅全有(1930/11) 王　克(1931/8) 于永波(1931/9)
61 至 65 歲	2 人 李嵐清(1932/5) 李瑞環(1934/9)	5 人 李嵐清(1932/5) 謝　非(1932/11) 李瑞環(1934/9)	羅　幹(1935/7) 李鐵映(1936/9)	1 人 曹剛川(1935/12)
56 至 60 歲		6 人 吳官正(1938/8) 黃　菊(1938/9) 吳　儀(1938/11)	曾慶紅(1939/7) 賈慶林(1940/3) 吳邦國(1941/7)	
51 至 55 歲	1 人 胡錦濤(1942/12)	3 人 溫家寶(1942/9) 胡錦濤(1942/12) 李長春(1944/2)		3 人 郭伯雄(1942/7) 胡錦濤(1942/12) 徐才厚(1943/6)

*軍委成員包括主席、副主席和軍委委員。1998 年中共十五大三中全會增選曹剛川爲軍委委員。1999 年中共
　十五大四中全會增選胡錦濤、郭伯雄和徐才厚分別擔任軍委第一副主席和軍委委員。

資料來源：中共中央文獻研究室科研管理部編，中共第十五屆中央委員會中央紀律檢查委員會委員名錄（北
　　　　　京：中央文獻出版社，1999 年 3 月）。

肆、對觀察中共十六大人事調整的啟示

　　由以上討論可以發現，目前「梯隊接班」和「幹部年輕化」的具體規範仍
有許多不明確的地方，有繼續發展的空間⑭。不過，「幹部年輕化」政策的形
成仍提供了觀察中共十六大高層人事變化的線索。首先，配合正副省部級幹部

與中央委員的年齡限制，中共會把超齡幹部不斷調離第一線工作崗位，如省
長、省委書記、部長，大軍區司令員、大軍區政委等，改派他們第二線職務，
如省人大常委會主任、省政協主席、全國人大常委、全國政協常委等，或者要
求他們完全退休。同時，他們之中的絕大多數將於十六大退出中委會。按照這
個原則，除非職務晉升，多位目前仍在第一線省部級（含）以下領導崗位的中
委或候補中委都屬於退出中委會的高危險群。（見表四）目前仍在省人大和政
協擔任領導工作的中委或候補中委，如謝世杰（1934 年 9 月，四川省人大常
委會主任）、李澤民（1934 年 11 月出生，浙江省人大常委會主任），也極可
能退出第十六屆中委會，並在其省人大常委會主任或政協主席任期屆滿後離
退。

表四　可能因超齡因素退出中委會的現任省部級（含）以下第一線領導幹部

姓 名	出生年月	現　　職	姓 名	出生年月	現　　職
*鄭必堅	1932 年 5 月	中共中央黨校常務副校長	*劉明祖	1936 年 9 月	內蒙古自治區委書記
*方祖岐	1935 年 10 月	南京軍區政委	*程安東	1936 年 10 月	陝西省省長
郭樹言	1935 年 10 月	三峽工程建設委員會副主任	李春亭	1936 年 10 月	山東省省長
*周子玉	1935 年 11 月	總政治部副主任	李新良	1936 年 11 月	北京軍區司令員
*郝建秀	1935 年 11 月	國家發展計劃委員會副主任	*陶伯鈞	1936 年 12 月	廣州軍區司令員
*陳耀邦	1935 年 12 月	農業部部長	*石萬鵬	1937 年 2 月	國家經濟貿易委員會副主任
*于 珍	1936 年 1 月	國家經濟貿易委員會副主任	郭東坡	1937 年 8 月	國務院僑務辦公室主任
*王茂潤	1936 年 5 月	國防大學政委	周坤仁	1937 年 9 月	總後勤部政委
*劉劍鋒	1936 年 6 月	中國民航總局局長			

資料來源：同表三。上述人員的現職都使用「新華網」新聞搜尋引擎確認。
打「*」者在 2001 年 5 月至 2002 年 10 月間陸續離開第一線領導職務。

　　其次，中共十五屆政治局常委會、政治局和中央軍委會面臨成員老化的問
題。（見表五）如果在中共十六大召開前政治局常委會未增補任何新人，現任
常委中有一位超過 75 歲，4 位介於 70 歲至 75 歲之間，一位介於 66 歲至 69 歲
之間，一位少於 60 歲，平均年齡超過 70 歲，勢必做出年輕化的人事調整。在

表五　中共十六大召開時現任政治局常委會、政治局和軍委會成員的年齡層分佈

年齡分佈 (以 2002 年 11 月爲	政治局常委	政治局委員、候委		軍委成員
年滿 75 歲以上	1 人 江澤民(1926/8)	1 人 江澤民(1926/8)		1 人 江澤民(1926/8)
70 歲至 75 歲	4 人 李　鵬(1928/10) 朱鎔基(1928/10) 尉健行(1931/1) 李嵐清(1932/5)	10 人 錢其琛(1928/1) 李　鵬(1928/10) 朱鎔基(1928/10) 田紀雲(1929/6) 遲浩田(1929/7) 張萬年(1929/8)	丁關根(1929/9) 姜春雲(1930/4) 尉健行(1931/1) 李嵐清(1932/5)	6 人 遲浩田(1929/7) 張萬年(1929/8) 王瑞林(1930/1) 傅全有(1930/11) 王　克(1931/8) 于永波(1931/9)
66 歲至 69 歲	1 人 李瑞環(1934/9)	3 人 李瑞環(1934/9) 羅　幹(1935/7) 李鐵映(1936/9)		1 人 曹剛川(1935/12)
61 歲至 65 歲		6 人 吳官正(1938/8) 黃　菊(1938/9) 吳　儀(1938/11)	曾慶紅(1939/7) 賈慶林(1940/3) 吳邦國(1941/7)	
55 歲至 60 歲	1 人 胡錦濤(1942/12)	3 人 溫家寶(1942/9) 胡錦濤(1942/12) 李長春(1944/2)		3 人 郭伯雄(1942/7) 胡錦濤(1942/12) 徐才厚(1943/6)

革命元老政治消失後，中共高層已經明確地採取「集體領導和個人分工相結合」的運作方式，職務導向明顯。因此，自十四大以後政治局常委都包含中共總書記、國務院總理、全國人大委員長、全國政協主席、國務院常務副總理等五人。現任七位常委中，江澤民、李鵬、朱鎔基、李瑞環、李嵐清都因尙無年齡限制、無連任次數限制，或未任職滿兩屆得以繼續留任。胡錦濤爲第四代領導核心，也應會留任政治局常委。如果他們六人全部繼續擔任政治局常委，新人進入政治局常委會的空間極爲有限，對第四代領導人物的接班與政治局常委

會的年輕化不利。倘若中共以增加政治局常委名額，甄補更多第四代領導人物擔任常委的方式達成政治局常委會年輕化的目標，現行「集體領導和個人分工相結合」的運作方式又會受到挑戰。這是因為在「集體領導和個人分工相結合」制度下，政治局常委都分管重要黨政軍業務，以符合「個人分工」的要求。如果現任政治局常委職務不變，分管的業務也不調整，未來進入政治局常委會的第四代領導人將無重要業務可管。由此可見，儘管目前外界很難預測中共政治局常委會改組的確切時機與方式，但十六大時中共政治局常委會必然面臨強大的改組壓力。

　　政治局委員和候補委員的年齡結構同樣出現嚴重老化的現象。扣掉已經死亡的謝非外，在中共十六大召開時現任政治局成員23人中（委員21人，候委2人）有一位超過75歲，10位介於70歲至75歲之間，3位介於66歲至69歲之間，6位介於61歲至65歲之間，3位介於55歲至60歲之間，平均年齡超過67歲。（見表五）由於政治局委員和候補委員的最高年齡限制原則上是70歲，因此既非政治局常委又非軍委副主席的政治局委員，如錢其琛、田紀雲、丁關根、姜春雲等，若非晉升為常委，多數將面臨退出政治局的壓力。其他7位超過70歲的政治局委員都身兼政治局常委、軍委主席或副主席，得繼續留任。可是他們若全數留任，新人進入政治局的空間就很小。政治局成員老化的現象將無法解決，對第四代領導人物接班與第五代領導人物的長期培養也不利。舉例來說，如果第三代領導人在十六大時留任，除胡錦濤和李長春以外的第四代領導人在2007年中共十七大召開時，全部將超過65歲，已經過了接班的適當年齡，第五代領導人卻因第四代領導人繼續擔任政治局委員而無法進入政治局歷練。換言之，第三代領導人的留任將會造成第四代領導人與第五代領導人間的排擠效果，不利於政局穩定。由此可見，中共十六大召開的時候，政治局一定會面臨人事調整的壓力，而這些基於年齡老化而不得不做的人事調整也會衝擊到政治局常委和軍委會副主席的人事變化。如果十六大時中共政治局和政治局常委會未做人事調整，應會出現「改組時間越晚，年輕化的壓力越重，改組幅度也越大」的情形，在中共十七大召開前必會有人事變動，如同1985年全國代表會議召開時，中共改組政治局和書記處的例子。

　　中央軍委會老化的情形比政治局常委會和政治局還嚴重。在十六大召開之

時，由十五大選出的軍委會主席、副主席與委員全部超過 70 歲，平均年齡超過 72 歲。若非 1998 年中共十五大三中全會增選曹剛川爲軍委委員，1999 年中共十五大四中全會增選胡錦濤、郭伯雄和徐才厚分別擔任軍委第一副主席和軍委委員，使得軍委會成員的年齡呈現三個層次的梯隊分佈，軍委會將十足成了老人會。從十三大以後的軍委會結構來看，國防部長、總參謀長、總政治部主任、總後勤部部長、總裝備部部長（1998 年該部成立後）皆爲軍委會委員（少數人甚至出任軍委會副主席），解放軍高級將領以職務分工因素進入軍委會的趨勢非常明顯。由於解放軍高層在中共十六大召開之前沒有人事變動，則遲浩田已連續擔任國防部部長 9 年，傅全有任總參謀長 7 年，于永波和王克分別擔任總政治部主任和總後勤部部長 10 年，任期之長已經是中共建國以來少見，特別是同時間有 4 位解放軍最高將領任職太久⑤。因此在中共十六大前後，他們的職位若再不調整，將會嚴重影響解放軍第四代將領的晉升與歷練，並且違反「幹部年輕化」政策。此外，王瑞林、傅全有、王克、于永波等人在十六大召開時皆超過 70 歲，若無法晉升擔任軍委副主席，將面臨 70 歲劃線離休的壓力。可是，由於他們 4 人和遲浩田、張萬年的年齡相差不到兩歲，如何讓比較年輕的前 4 人退休而讓較年長的後兩人留任就成了一個難題。由此可見，無論江澤民是否繼續擔任中共中央軍委會主席，強大的年輕化壓力將迫使中共中共軍委會與解放軍出現大幅度人事調整，儘管人事調整的方式和時機仍存在許多變數。

伍、結　論

　　根據本文第一節有關制度化政治繼承的標準，以及第二節至第四節有關中共政治繼承機制的發展情形來看，目前「梯隊接班」模式尚未達到制度化的程度。同時，許多與政治繼承有關的具體細節規範都付之闕如，如總書記任內死亡或不能視事的代理程序不清楚、罷免總書記程序不明確、總書記沒有退休年齡限制、總書記和政治局常委接班人選出線程序不明確等等。然而，「幹部年輕化」原則的確立已經是不爭的事實。省部級幹部年輕化的規範大體上已經相當完整，中共中央委員這個層級的年輕化也付諸實施，未來年滿 65 歲的幹部

繼續在第一線擔任領導工作的可能性很低。「黨和國家領導人」層級的年齡限制和任職期限等規範正在發展中，現有規範並不完整，也不夠明確。不過，基於政治局常委會、政治局和軍委會成員年齡嚴重老化的事實，年輕化的無形壓力仍然存在。從這個角度觀察中共高層人事，不難發現中共高層迫於現有領導班子老化的問題必須對上述三個決策機構進行人事調整。如果中共十六大時順利進行新舊交替，中共「梯隊接班」的制度化程度將會進一步提升，有助於中共政權的穩定。反之，如果十六大無法順利進行人事更替，就顯現中共建立政治繼承制度的努力受到挫折，不利於政權穩定。同時，這也代表大陸內部出現更緊迫的問題，必須放慢接班的速度。

*   *   *

註　釋

* 本文發表曾於第二十八屆中日「中國大陸問題」研討會（2001 年 3 月 26、27 日，東京）並刊登於中國大陸研究，第 44 卷第 5 期，民國 90 年 5 月，頁 1～16。此次重刊時已更改部分內容。筆者感謝日本東京外國語大學井尻秀憲教授、陸委會林中斌副主委、中共研究雜誌鄭叔平社長、台灣綜合研究院戰略研究所楊志恒副所長、淡江大學陸研所張五岳所長等與會學者的寶貴意見。筆者同時感謝政大國關中心陳德昇研究員與兩位匿名審查人對本文提出的修正意見。

註① Dankwart A. Rustow, "Succession in the Twentieth Century," *Journal of International Affairs*, vol. 18, no. 1 (1964), pp. 104～113.

註② Roy C. Macridis, *Modern Political Regimes* (Toronto: Little, Brown and Company, 1986), p. 18.

註③ Valerie Bunce, *Do New Leaders Make a Difference? Executive Succession and Public Policy under Capitalism and Socialism* (Princeton, NJ: Princeton University Press, 1981), p. 255.

註④ 寇健文，「政治繼承與共黨政權結構穩定性的比較研究」，問題與研究，第 39 卷第 3 期，民國八十九年三月，頁五八～六〇。

註⑤ 許多學者已經注意到主要政治行為者是否對權力競賽的規則形成共識（菁英共識）會影響政權穩定。見 John Higley and Michael G. Burton, "The Elite Variable in Democratic Transitions and Breakdowns," *American Sociological Review*, vol. 54 (February 1989), p. 20；Lowell Field and John Higley, "National Elites and Political Stability," *Research in Political and Society*, vol. 1 (1985), p. 4.

註⑥ 關於各共黨國家在政治繼承過程中經常出現暴力鬥爭的統計分析，見寇健文，前引文，頁 66～71。

註⑦ 朱新民，1978～1990 中共政治體制改革研究：80 年代後中國大陸的政治發展（台北市：永業出版社，民國 80 年十 2 月再版），頁 333。

註⑧ 高敏郎，鄧小平時代中共權力繼承之研究（1997 年），政治大學東亞研究所碩士論文；黃嘉瑞，從毛澤東到華國鋒：中共政治繼承之研究（1981 年），政治大學東亞研究所碩士論文；唐鳳萍，中共「第三梯隊」幹部政策之研究（1985 年），政治作戰學校政治研究所碩士論文；靳菱菱，政權繼承危機與軍人政治權力：中共個案研究（1990 年），中山大學中山學術研究所碩士論文；張大雄，中共政治權力之運作（1972～1992）：中共政治衝突與權力繼承之分析（1992 年），政治大學政治研究所碩士論文；邱伯浩，中共政治權力繼承研究：「十一屆三中」至「十四大」（1994 年），中央警官學校警政研究所碩士論文；蔡昌言，江澤民時期中共政治之研究（1989～1997）：從權力繼承與政治穩定角度分析（1997 年），中山大學大陸研究所碩士論文；簡椿雄，鄧後中共政治繼承之研究（1998 年），淡江大學大陸研究所碩士論文；Andrew Nathan, "An Analysis of Factionalism of Chinese Communist Party Politics," in Frank P. Belloni and Dennis C. Beller eds., *Faction Politics: Political Parties and Factionalism in Comparative Perspective* (Santa Barbara, CA: ABC-CLIO, 1978), pp.387～414; John Gardner, *Chinese Politics and the Succession to Mao* (New York: Holmes & Meier Publishers, 1982); David M. Lampton, *Paths to Power: Elite Mobility in Contemporary China* (Ann Arbor, MI: Center for Chinese Studies, University of Michigan, 1989)。

註⑨　Hong Yung Lee, "China's 12th Central Committee: Rehabilitated Cadres and Technocrats," *Asian Survey*, vol. 33, no. 6 (June 1983), pp. 673～691; Li Cheng and Lynn White, "The Thirteenth Central Committee of the Chinese Communist Party: From Mobilizers to Managers," *Asian Survey*, vol. 38, no. 4 (April 1988), pp. 371～399; Xiaowei Zang, "The Fourteenth Central Committee of the CCP: Technocracy or Political Technocracy?" *Asian Survey*, vol. 43, no. 8 (August 1993), pp. 787～803; Li Cheng and Lynn White, "The Fifteenth Central Committee of the Communist Party: Full-Fledged Technocratic Leadership with Partial Control by Jiang Zemin," *Asian Survey*, vol. 48, no. 3 (March 1998), pp. 231～264; Li Cheng, "Jiang Zemin's Successors: the Rise of the Fourth Generation of Leaders in the PRC," *China Quarterly*, no. 161 (March 2000), pp. 1～40.

註⑩　Michael Yahuda, "Political Generations in China," *China Quarterly*, no. 80 (December 1979), pp. 793～805; Eberhard Sandschneider, "Political Succession in the People's Republic of China: Rule by Purge," in Peter Calvert ed., *The Process of Political Succession* (London: Macmillan Press, 1987), pp. 110～134; Lowell Dimmer, "Patterns of Elite Strife and Succession in Chinese Politics," *China Quarterly*, no. 123 (September 1990), pp. 404～430; Lyman Miller, "Overlapping Transitions in China's leadership," *SAIS Review*, vol. 16, no. 2 (Summer-Fall 1996), pp.21～42; David Bachman, "Succession, Consolidation, and Transition in China's Future," *Journal of Northeast Asian Studies*, vol. 15, no. 1 (Spring 1996), pp.89～106; David Bachman, "Succession Politics and China's Future," *Journal of International Affairs*, no. 2 (Winter 1996), pp. 370～389.

註⑪　美國學者巴克曼（David Bachman）是少數注意到後鄧時代中共權力繼承鬥爭的激烈程度將受到一些因素限制的學者。見 David Bachman, "The Limits on Leadership in China," *Asian Survey*, vol. 32, no. 2 (November 1992), pp. 1046～1062.

註⑫　這三個原則是去年筆者請教一位熟悉相關政策的大陸法政學者後得出的結論。

註⑬　中共中央文獻研究室主編，十一屆三中全會以來重要文獻選讀，上冊（北京：人民出版社，1987年2月），頁226。

註⑭　Bachman, *op. cit.*, pp.1050～1051.

註⑮　Bachman, *op. cit.*, pp.1051～1053.

註⑯　「關於建國以來黨的若干歷史問題的決議」，刊載於紅旗（北京），總629期，1981年7月1日，頁18。

註⑰　姚恒、元躍旗、薛梅，面向新世紀的黨——鄧小平新時期執政黨建設理論研究（北京：中國方正出版社，1998年3月），頁179。

註⑱　丁望，北京跨世紀接班人（香港：當代名家出版社，1997年6月），頁38。

註⑲　以上各級領導班子成員的年齡限制規定整理自「政治體制改革資料選編」編寫組，政治體制改革資料選編（南京：南京大學出版社，1987年10月），頁285。

註⑳　丁洪章主編，中共黨員大辭典（北京：華齡出版社，1991年3月），頁232。

註㉑　政治體制改革資料選編，前引書，頁286。

註㉒　姚恒、元躍旗、薛梅，前引書，頁180。

註㉓　上述三個統計數據分別見中共研究雜誌社編，中共年報1988（1988年3月），頁4～35，中共年報1993（1993年5月），頁4～49，中共年報1998（1998年7月），頁3～36。

註㉔　喬明甫、瞿泰豐主編，中國共產黨建設大辭典（成都：四川人民出版社，1991年6月），頁545～546；丁洪章主編，前引書，頁240。

註㉕　上述人事變動資料皆使用「新華網」新聞搜尋引擎查證，http://www.xinhuanet.com。
註㉖　羅冰，「喬石出局與十五大選舉內幕」，**爭鳴**（香港），第 240 期，1997 年 10 月，頁 8。去年筆者訪問北京、上海時，也有數位大陸法政學者表示中共內部在十五大時確有 70 歲劃線的不成文共識。
註㉗　「黨和國家領導人」級幹部包括中共中央政治局委員和候補委員、中共中央書記處書記、中共中央紀律檢查委員會書記和常務副書記、中共中央軍事委員會正副主席和委員、正副國家主席、國務院正副總理和國務委員、全國人大常委會正副委員長、最高法院院長、最高檢察院檢察長、全國政協正副主席。見丁望，**曾慶紅與夕陽族強人**（香港：當代名家出版社，2000 年 7 月），頁 228～235。丁望還曾指出，副總理、國務委員、最高法院院長、最高人民檢察院檢察長年齡限制原則上是 70 歲，總理、全國人大委員長和中共黨籍副委員長年齡限制則以 75 歲爲原則。見丁望，前引書，頁 30。雖然丁望並未註明出處，使得上述年齡限制的正確性必須再查證，不過黨和國家領導人的最高年齡限制高於正省部級幹部應該是合理的推論。
註㉘　今年 3 月底中共研究雜誌社鄭叔平社長曾提醒筆者，華國鋒連任中委並不是中共禮遇他，而是將他當做「反面教材」。
註㉙　楠石因，「江澤民向領導層三項要求，胡錦濤透露喬石出局原因」，**廣角鏡**（香港），第 301 期，1997 年 10 月，頁 9。
註㉚　嚴家其，「中央政治局更迭的規律」，**爭鳴**，第 239 期，1997 年 9 月，頁 37。
註㉛　羅冰，前引文，頁 8。
註㉜　羅冰，「喬石出局之謎」，**爭鳴**，第 246 期，1998 年 4 月，頁 12。
註㉝　中共 1997 年黨章第二十一條和第二十六條。
註㉞　如總書記任內死亡或不能視事的代理程序不清楚、罷免總書記程序不明確、總書記沒有退休年齡限制、總書記和政治局常委接班人選出線程序不明確等等。
註㉟　至 2002 年 9 月中共十六大召開之時，遲浩田的國防部長任期僅次於林彪的 12 年，傅全有的總參謀長任期僅次於楊得志的 7 年半，王克的總後勤部部長任期僅次於邱會作的 12 年。于永波則爲任期最長的總政治部主任，任期遠遠超過居次的羅榮恆（6 年半）。有關中共歷屆國防部部長與解放軍各總部首長任期，見何頻，**中國解放軍現役將領名錄**（加拿大：明鏡出版社，1996 年 4 月），頁 42、45～46、51～52、56～57。

第二篇

WTO、區域開發與金融

加入 WTO 之後的中國經濟

楊聖明

中國社會科學院學術委員會委員、副秘書長
中國社會科學院對外經貿與國際金融中心副主任

摘　要

　　經過15年坎坷曲折的道路，中國終於在進入新世紀之際加入了世界貿易組織（WTO）。中國「入世」不論在國際上，還是在國內，都是重大事情，其影響深遠，自然引起廣泛關注。在經濟方面，今後中國經濟的走向和態勢如何？如何改革？如何開放？如何發展？更是人們重視和希望回答的問題。

　　加入 WTO 後的中國經濟可以用「大開放、大改革、大發展」九個字加以概括，其增長速度今後20年將比過去20年稍低一點，約7％左右。對於這個結論，讓我們在下文中加以詳細分析和論證。

關鍵詞：wto、中國經濟、市場開放、第一產業、第二產業、第三產業、

*　　　　　*　　　　　*

壹、第一產業（農業）問題

一、中國在農業開放方面的主要承諾

(一) 降低農產品的進口關稅

　　中國入世後，到 2004 年底，全部商品平均關稅為 9.4 ％，其中工業品為 8.9 ％，農產品為 15 ％。降稅後，最高稅率將是穀物類，達 65 ％。這是關稅

配額以外的稅率。其中，大麥、大豆、牛肉、豬肉、禽肉、柑桔、葡萄、蘋
果、杏仁、葡萄酒、奶酪、冰淇淋的關稅分別降至9％、3％、12％、12％、
10％、12％、13％、10％、10％、20％、12％、19％。關稅減讓要在2005
年前完成。

（二）增加農產品進口關稅配額

在擴大農產品市場準入方面，糧棉油等大宗農產品進口的關稅配額都有顯
著增加。具體情況見下表：

中國農產品進口關稅配額

品　種	初始配額（萬噸）	最終配額（萬噸）	私營部門比例
小　麥	730	930	10％
玉　米	450	720	25～40％
大　米	260	530	50％
豆　油	170	330	50～90％
棉　花	74.3	89.4	67％

此外，對羊毛、糖料、棕桐油和菜籽油等農產品的進口也實行關稅配額。

（三）解除對進口美國小麥、柑桔和肉類檢疫的禁令

對於小麥，過去中國把美國靠近太平洋的西北部的7個州劃為小麥矮腥黑
穗病（TCK）的疫區，禁止從這些地區進口小麥；按照新達成的協議，中國將
取消禁令。但是，一旦發現超過檢疫標準的 TCK 小麥，中國將採取特殊方法
處理（如消毒或運到海南島加工）或退回。對於柑桔，中國過去以美國南部4
個州有地中海實蠅為由禁止進口，協議則要求取消該禁令並確定新的檢疫標
準。對於肉類，中國過去不承認美國農業部食物檢驗所對美國出口肉類安全性
的認證，協議則要求中國認可該認證。

二、對中國農業影響的分析與評估

(一) 對糧棉油大宗農產品的分析與評估

在糧食方面，穀物（小麥、玉米、大米）進口的初始配額爲 1440 萬噸，最終配額爲 2180 萬噸。這樣的進口規模雖然相當於中國糧食市場銷售總量的 15 ％左右，但不會對中國糧食市場造成很大的衝擊，更不會造成災難性的後果。理由主要在於：1. 1990 年代中因糧食的進口有 4 個年份（1991、1992、1995、1996）都超過 1000 萬噸，其中 1995 年曾達到 2081 萬噸。而上述的糧食進口關稅配額與 1990 年代實際進口規模大體接近，市場可以承受；2. 烏拉圭回合簽署的關於農產品協議曾規定，發展中國家進口糧食的數量界限在於其國的總產量的 3〜5 ％。中國 1997 年穀物總產量爲 45304 萬噸，按上述規定計算，進口的上下界限應爲 1359〜2265 萬噸。可見，中國進口的關稅配額並未超過烏拉圭回合的規定，未超過發展中國家的承受能力；3. 中國政府 1996 年發表的「糧食問題自皮書」，把 5 ％的進口率確定爲糧食政策的目標之一。現在，把進口 2180 萬噸糧食作爲關稅配額的最高界限，只相當於中國糧食總產量的 4.5 ％，沒有超出既定政策的目標；4. 中國的農民多，糧食自給率達 60〜70 ％，商品率不高，進口糧食的幅射力和影響面較小，很難讓中國農民吃外國的糧食；5. 關稅配額僅僅是個指標，就像某個計劃指標那樣，能否完成取決於多種因素，其中主要取決於國內糧食的供求狀況，如果糧食生產發展快，供應充足，糧食的進口並不一定那麼多，誰也不能強迫企業進口。反之，如果糧食生產不好，供不應求，還可能進口比關稅配額更多的糧食。

在棉花方面，中國 1995〜1998 年棉花（原棉）的進口量分別是 74 萬噸、65 萬噸、75 萬噸、20 萬噸，而關稅配額是 74.3〜89.4 萬噸。前者的高限是後者的低限，總體水平二者大體一致，不算太高，不致造成嚴重衝擊。中國棉花的產量 1995〜1999 年分別爲 476.5 萬噸、420.3 萬噸、460.3 萬噸、450.1 萬噸和 382.9 萬噸。據此計算，加入 WTO 承諾的關稅配額相當於棉花總產量的大約 15〜20 ％。可見，國外棉花佔領中國市場的份額最多不會超過 5 分之 1。

在食用植物油（含棕櫚油）方面，中國 1995〜1998 年的進口量分別是：353 萬噸、264 萬噸、275 萬噸和 206 萬噸。而植物油的關稅配額爲 170〜330 萬噸，與過去幾年的實際進口量大體持平。中國的油料總產量 1999 年達到 2602

萬噸，其中花生達 1264 萬噸。最終關稅配額只相當於油料總產量的 13％。雖然國外的油品會佔領中國的一定市場，但決不會衝垮中國的油品市場，通過競爭反而有利於中國食用油品市場的發展。

(二) 對水果、肉類等農產品的分析與評估

　　根據中美協議，美國的柑桔、葡萄、蘋果、杏仁等水果以及牛肉、禽肉將隨著中國關稅的明顯下降而更多地進入中國市場，佔領比目前更大的份額，這是毫無疑義的。但是，它們不會給中國的水果市場和肉類市場造成嚴重的威脅。種種跡象已經顯示，美國的水果雖然外表好看，但其味道不如中國的。一旦中國水果的保鮮和倉儲問題解決了，四季都均衡供應，肯定會受到老百姓的歡迎。中美水果的競爭究竟誰勝誰負、鹿死誰手還難以定論。從長遠看，中國人將會更多地選擇自己的水果。牛肉、禽肉也如此。由於美國的肉類多以轉基因飼料餵養成的，其味道並不如中國的鮮美，目前在中國市場上並不太受歡迎。因此，不必過份擔心中國肉類市場的前途。

三、中國農業優勢的培育和發揮問題

　　(一) 找準優勢，揚長避短，培育和發揮中國農業的優勢。中國農業與美國、加拿大、澳大利亞等國農業的競爭實際上是小農業與大農業、傳統農業與現代農業、勞動密集型農業與資金技術密集型農業、有機農業與轉基因農業之間的競爭。在這種競爭中，各自都有獨特的優勢。美國等國家的大農業的優勢主要在小麥、玉米、大豆和棉花等大宗農產品方面。它們通過農業的機械化、化肥化、石油化、基因化等措施，使農產品的產量大增，成本降低，價格低廉，因而具有很強的國際競爭力。以 1998 年國際期貨市場價格為 100，中國大宗農產品的收購價格為：小麥 143、玉米 180、大米 101、大豆 179、豆油 156、花生油 153、棉花 107、生豬 68、原糖 183。在上述 9 種大宗農產品中，只有生豬中國還有價格優勢，大米和棉花相差無幾，其他 6 種大宗農產品都失去了優勢。相反，中國農業的優勢則在勞動密集型的產品方面。在水果、蔬菜、園藝作物、花卉、水產品、畜產品、雜糧、土特產以及中草藥等方面，中國農業都有明顯的優勢。從價格上看，目前中國水果價格大都低於國際市場價

格，蘋果、鴨梨、柑桔的國內市場價格比國際價格大約低 4 至 7 成；肉類（禽肉除外）的價格均低於國際市場價格，其中豬肉價格低 60 ％左右，牛肉價格低 80 ％左右，羊肉價格低 50 ％左右。貿易自由化必然降低飼料的價格，提高國內的畜產品價格，擴大出口。這樣將促進畜牧業的大發展。據有關方面預測，到 2010 年，豬肉年出口量將由目前的 24.1 萬噸增加到 458.8 萬噸，禽肉將由淨進口變爲淨出口，出口量將達 100 萬噸以上。2020 年，中國豬肉的出口量更高達 600 多萬噸，豬肉和禽肉的出口量約佔全國總產量的 15 ％左右①。以上分析表明，中國加入 WTO 後，在國際農產品市場上的戰略應當是，你打你的，我打我的，揚長避短，盡力避開農業大國的優勢，充分營造和發揮中國農業的獨特優勢，大力開闢國際市場，力爭更大的市場份額。

　　(二)充分利用世貿組織允許的「綠箱政策」，大力支持小麥、玉米、大豆和棉花等大宗農產品生產。中國是個擁有 13 億人口的超大型國家，糧食問題始終都是頭等的重大問題，任何時候都不能忽視糧食問題，更不能仰仗其他國家的糧食。世界上任何國家其中包括美國都不可能從根本上解決中國的糧食問題。自力更生爲主，進口爲輔，是解決糧食問題的正確戰略。在糧食問題上，中國喪失優勢的根本原因在於糧食生產的基礎設施差、資金投入少、科技含量少。針對存在的問題，必須加大對糧食生產的科技投入，資金投入，培養農業科技人才，培育新品種，改良傳統品種；加大基礎設施投入，改善水利、供電、交通等狀況；加大農機、農藥、化肥等農用生產資料的投入，提高質量和效能，降低成本和價格，減少糧食生產的支出；改革糧食生產和流通體制，使目前的小生產、小流通轉變成大生產、大流通。由於糧食生產中存在著收益遞減規律，必須對其生產給予特殊的補貼。烏拉圭回合簽署的農產品協議曾規定，發達國家的農業補貼不能超過農產總產值的 5 ％，而發展中國家的補貼不能超過 10 ％。對於農業補貼問題，歐盟、美國等西方國家雖然不斷爭吵，但誰都不願意減少，更無法消除。歐盟委員會負責農業事務的委員菲施勒 2001 年 8 月 17 日發表聲明說，美國自 1998 年之後對每位農民的直接補貼每年達到 1.1 萬美元，這一數字相當於歐盟農民所獲補貼的 3 倍；今年是美國連續第 4 年向本國農民提供追加資助，總額已達 300 億美元。美國政府的資助決定，再次證明美國實行的是雙重標準。香港《亞洲周刊》載文指出，今年美國的農

業補貼開支將達280億美元之上。中國目前對農業的補貼每年大約40億美元，相當於農業總產值的2％左右，大大低於美國的水平。根據中國加入WTO協議，中國的農業補貼可達到農業總產值的8.5％。按此計算，2000年的中國農業補貼可達1208億元人民幣（14212億元×8.5％）。但事實上，中國政府沒有這麼多的財力，實際補貼不過300多億元人民幣。鑑於這種情況，今後中國政府在支持農業上還有相當大的活動空間。但必須注意，不能把有限的財力平均使用，必須突出重點，集中支持大豆、玉米、小麥和棉花等大宗農產品生產和經營，以培育和增強其競爭力。

（三）正確認識和處理綠色有機食品與轉基因食品的關係。隨著WTO規則的實施，關稅、配額、許可證等傳統保護手段的作用日益縮小。代之而起的將是技術標準、綠色壁壘和環境壁壘。在這方面，目前突出的問題是正確認識和處理綠色食品與轉基因食品的關係問題。在綠色有機食品方面中國有明顯的優勢，而在轉基因食品方面，美國、加拿大、澳大利亞則有突出的優勢。中國有生產綠色有機食品的許多優越條件，如人口多，有機肥料多；勞動力多，價格又便宜；氣候多樣性、南北東西差距大；山地丘陵多，土壤類型多；有幾千年的傳統栽培技術。這些條件可以使中國在綠色有機食品方面大顯身手，而這一點恰恰是美國、加拿大等國的弱項。我國的雲南、山東、福建、浙江等地區已經認識到並開始採取措施發揮我國在綠色有機食品方面的優勢。對於轉基因食品，目前世界上有兩種根本對立的態度，一是美國、加拿大、澳大利亞等國的大力提倡和讚揚的態度；另一種是歐盟、日本等國的排斥、觀望甚至否定的態度。在這種情況下，中國應持謹慎態度，要真實地向中國的生產者和消費者傳遞世界上的信息。自1983年轉基因的煙草和馬鈴薯問世以來，才不過十幾年，要對它作出正確的科學結論尚需時日，還有待人類實踐的證實。但有一點是可以肯定的，即有機的綠色食品有人類對百益而無一害，因而倍受歡迎，其價格高出10～30％均可為消費者接受。正因如此，中國應大力開拓綠色有機食品的國際市場，提高競爭力，擴大市場份額。

貳、第二產業（工業）問題

一、中國在第二產業（工業）方面的主要承諾

中國政府在加入 WTO 時對工業方面的承諾主要有兩個：一是擴大市場開放、准許外國企業在 3～5 年內分期分批取得在華的貿易權與分銷權，取消外商投資企業在華的內銷比例限制，使之參與中國之內的市場競爭；二是降低關稅稅率，到 2004 年底，全部商品平均關稅爲 9.4 ％，其中工業品爲 8.9 ％，農產品爲 15 ％。

在具體的品種方面，降稅後稅率有明顯差別。其中，最高稅率是攝影膠卷的 47 ％，其次是小轎車稅率 25 ％；最低稅率則是信息技術產品的，2005 年降至零。在化學品中，平均關稅降至 6.9 ％，其中純鹼 5.5 ％，化肥 4 ％，化妝品 10 ％。鋼鐵產品稅率爲 6.1 ％，紡織和服裝稅率爲 11.7 ％，藥品 4.2 ％，紙製品 5.5 ％，醫療設備 4.7 ％，科研設備 6.5 ％，農業機械 5.7 ％，建築設備 6.4 ％，木材 3.8 ％。

自從加入 WTO 的當年起，開始履行降稅義務，2004 年基本完畢，少數商品寬限至 2010 年。對於稅則中 7066 個 8 位數商品稅目，金部實行約束，未經談判不得自行提高稅率。

二、對中國工業影響的分析與評估

據調查資料，在紡織、化工、能源、冶金、建材、醫藥和輕工等行業的 48 種主要工業品中，國內價格低於國際價格者只有 13 種，佔 27 ％，而國內價格高於國際價格者有 35 種，佔了 73 ％。其中高於 20 ％以內的有 13 種，佔 27 ％；高於 21～40 ％的有 7 種，佔 15 ％；高於 40 ％以上者有 15 種，佔 31 ％。在這樣的價格對比之下，全面放開市場，又大幅度降低關稅，將有一半左右的產品面臨激烈的價格競爭。當然，各行各業的競爭程度又各不相同。其中，競爭比較突出的行業有：

汽車行業。貨運汽車與客運汽車面臨的形勢不同。據汽車專家評估，中國

3～8噸的貨運汽車質量與國外同類車型的質量相比不相上下，但價格便宜，因此尚有價格優勢。當然，礦山、橋樑等方面的特殊專用汽車無論質量還是價格都缺乏競爭力。不過，這類專用車不多，對市場影響不大。客運汽車面臨的形勢則是另一番景況，無論質量，還是價格，都處於明顯的劣勢。就價格而論，中國客運汽車價格高於國際市場價格大約一倍左右。這種價差目前是靠80～100％的汽車的平均關稅抵擋的或對衝的。而加入WTO後，汽車關稅降至25％，汽車零件關稅降至10％，汽車配額又取消。這樣，進口汽車必然增加，必然形成更加激烈的競爭，中國的汽車業將受到嚴重的衝擊，中小型的汽車廠將面臨破產倒閉的挑戰。

化工行業。化工行業過去使用的原材料（如原油、天然氣、煤、鹽等）價格很低，而產出的成品價格又奇高，因而形成高額壟斷利潤，掩蓋了技術水平低和管理落後的問題。現在揭開面紗，撤銷國家的各種保護，真相大白於天下，化工產品價格普遍高於國際價格。以國際期貨價格為100，中國的價格是：橡膠141、高壓聚乙烯146、聚丙烯116、硫酸176、鹽酸116、純鹼106、尿素193、磷酸二銨150、氯化鉀140。如此巨大的價格差距，在關稅很低的條件下，國內產品將處於十分不利的地位。中國的化工業規模小，管理落後、效益差。要承認現實，急起直追。

石油行業。原油的產量有限，進口原油將呈現上升的趨勢。2000年中國進口原油7000萬噸，2001年達8000萬噸以上。據估計，2010年中國將進口原油1.5億噸。如此大量進口，而國際石油價格又跌宕不居，將對國內市場造成較大影響。加工的成品油，國內價格明顯高於國際價格，因而走私油品十分猖獗。以國際期貨價格為100，中國的汽油為164，柴油為179。這樣大的差距必然吸引外國同類油品進入中國市場，引發激烈競爭。在零售環節，目前國內的加油站大約有十萬個，由各行各業分散經營，甚至公安局、工商局、組織部門等都經營加油站。中國石化集團、中國石油集團最近又與美孚石油公司、殼牌公司合資興辦加油站。石油的零售市場秩序目前相當混亂，缺乏競爭力。如果外資大舉進入石油的零售市場，國內的加油站可能潰不成軍。

醫藥行業。據一份資料估計，中國現在常用的西藥有4000種之多，其中97％屬於仿製外國產品或進口藥，沒有獨立自主的知識產權，自行創新的藥

品只有 3 ％左右②。在這種情況下，面對世貿組織的知識產權協議，最大的問題是知識產權問題。另外，不少西藥的國內價格也明顯高於國際價格。以印度、韓國的價格為 100，中國的維生素為 112、青霉素納（原料藥）為 168，明顯偏高。所以，除知識產權問題外，西藥也面臨價格競爭。至於中草藥，這是中國的優勢所在。但是，缺乏技術標準和含量，沒有準確的化學成份的測定，很難為西方接受。如何使中藥的製作、化驗、測試西藥化，也是很難一時做到的。

　　信息技術產業。包括通訊設備、計算機、半導體、晶片在內的 200 多項信息技術產品將從目前的平均關稅 13.3 ％到 2005 年降至零關稅，這對中國的電子、信息行業必然構成巨大的挑戰。現在看來，僅有 3～5 年的過渡期是不夠的，中國與發達國家的技術差距決不僅是 5 年左右，而是更長。為迎接挑戰，科技部門和企業必須盡最大的努力。當然，WTO 中的信息技術產品的生產大國和貿易大國幾乎都取消了關稅，信息技術產業變成了一個貿易自由化的領域，因此中國實施零關稅基本上符合國際規則，利弊得失也許可能達到均衡。

三、中國工業應對挑戰的主要措施

　　加入 WTO 對中國工業既是發展的新機遇，又面臨嚴峻的挑戰。機遇可能是長遠的，而挑戰則是現實的。如果沒有切實可行的措施應對挑戰，則可能造成嚴重的後果，尤其國營企業將受到更大衝擊，倒閉破產者增多，失業工人增加。目前，各方面都在研究這個問題。本文提出以下幾點意見。

　　(一)盡快落實現代企業制度。同印度、巴西、墨西哥等較大的國際競爭夥伴相比，中國的主要差距不在技術上，而在企業制度方面。他們那裡實行是現代企業制度，而中國雖然也找到並肯定要實行這種企業制度，但是目前說得多，做的少，許多環節不落實。「產權清晰、政企分開、權責明確、管理科學」，這 16 個字概括了現代企業制度的要旨或精髓，應當字字落實到行動中。可是問題正是這 16 個字當中哪個字都不落實，因而許多企業尤其是國有企業的手腳仍然被一定程度的綑綁著，缺乏應有的自主權，難以在國際市場的驚濤駭浪中奮力拼搏。要取消各種限制，多方支持和鼓勵國有企業、民營企業、鄉鎮企業開拓國際市場，注重市場調查、市場分析和市場預測。同時，又要重視

國內市場，不能重外輕內，不能費盡九牛二虎之力去開拓國際市場，反而把國內市場丟掉了，必須兩條腿走路，二者兼顧、同時並舉。

(二)加大科技投入，創造新產品，改造傳統產品，使產品結構不斷優化，加速更新換代，增強各種產品的國際競爭力。同美、日、歐等西方發達國家相比，中國的差距不僅在經濟體制上，還在科技水平上。對於中國來說，「科教興國」、「科技興貿」比以往任何時候都更加迫切。放眼國內外現實，不論國際市場，還是國內市場，傳統產品都呈現供過於求的剩餘狀態，都面臨著產品結構調整。在這種局面下，市場份額的任何變化，都蘊含著殘酷的競爭。爲爭取更大的市場份額，除以高科技改造傳統產品外，還必須創造新產品，創造人類的新需求、新慾望。日本的一位著名企業家說過，凡世界上已有的產品，我就不研製、不生產，而我研製和生產的產品都是世界上沒有的。中國的企業家也應有這樣的雄心壯志。

(三)創立和完善政策性的金融支持體系。企業經營好壞在很大程度上取決於國內外的金融環境和條件。亞洲金融危機充分證明了這一點。爲創造較好的金融環境和金融條件，政府負有不可推卸的責任，除保證商業性金融的正常運行外，還要創立和完善一套政策性的金融體系。企業邁出國門，走向世界，會遇到各種各樣的風險，其中金融風險占居首位。化解各種風險，消除企業的後顧之憂，是政府的一項重要職責。爲了消除金融風險對企業的危害，必須依靠完善的政策性金融體系。其中包括：國際收支平衡、合理的匯率、完善的結售匯制度，合理的減免稅和退稅制度、海外市場開拓基金和風險基金、出口保險與再保險、買方信貸與賣方信貸的擔保等等。在這方面，日本有一套完善的制度和操作辦法，值得重視。有了這樣一套完善的政策性金融支持體系作後盾，企業將更大膽地去闖世界，參與國際競爭。

(四)創立和完善政策性的生產支持體系。企業的產品從出廠到消費者手中之前還要經過許多環節。能否順利通過這些環節也關係著企業的成敗。創造條件，使企業的產品順利地走進市場，走進消費者之家，也是政府的責任。爲此，政府應當創立一種政策性的生產支持體系。它包括軟件與硬件兩部分。在軟件方面，主要是政府制訂科學的產業政策，利用經濟手段，引導企業的生產向著正確方向發展，避免重複建設，重複生產，限制或淘汰落後的產業，鼓勵

發展高新技術產業。在硬件方面，應當優先建設與進出口貿易有關的港口、碼頭、機場、道路、電網、供水以及保稅區、保稅倉庫等基礎設施。當然，軟件比硬件更重要。1990 年代美日兩國的不同產業結構便使兩國的國際競爭力截然不同。一個蒸蒸日上，另一個萎縮不前。東亞金融危機的深厚根源在於這個地區的產業結構落後。由於缺乏高新科技產品出口，傳統產品既過剩又缺乏竟爭力，因而出口困難，而進口又難以限制，必然出現大量逆差，造成外匯短缺。這樣，企業在外匯市場搶購外匯，引發貨幣貶值，形成外匯市場動盪。進而引發證券市場和整個資本市場的混亂。最終導致全面的金融危機。東亞金融危機的深刻教訓再次證明，良好的產業結構和產品結構是經濟高速發展和走向世界的前提條件之一。

(五) 轉換工業的保護手段。加入 WTO 後，關稅大大降低了，配額、許可證也基本取消了，其他的非關稅措施也限制在極小的範圍之內。一句話，舊的傳統的保護手段基本過時或失靈。但是，保護國內幼稚產業的任務並沒有完成，反而更加重要，不過，保護手段要變換。今後主要採用技術標準和環境標準去構築技術壁壘和環境壁壘。縱觀國際貿易歷史，的確是一部自由貿易與保護貿易不斷鬥爭的歷史，是保護手段不斷變換發展的歷史。隨著國際環境和科學技術的發展，保護手段不斷翻新。在二戰前，主要手段是關稅；二戰結束至今，主要是以配額、許可證為代表的數量限制手段；今後主要將是技術手段和環境手段。適應這種新情況新趨勢，中國應加快制訂各種技術標準和環境標準，以防止嚴重污染的、質量低劣的產品進入國內，衝擊相關產業。

(六) 大力發展和完善行業中介組織。所謂行業中介組織是指介於政府與企業之間的上為政府服務、下為企業服務的各種組織的總稱。改革前，政企合一，政府直接領導企業，因而在政府與企業之間無需任何中介組織。改革以後，政企分開了，在政府與企業之間出現了中介組織活動的空間。於是，一些行業中介組織應運而生。從實踐上看，這些中介組織服務不夠，搶權不少，搶錢甚多，成了「準政府」組織。這種情況不適應「入世」的形勢，需要加以改革和完善，更需要創立更多的服務更好的中介組織。政企分開後，一直存在著一種誤解，似乎企業可以單槍匹馬闖世界，闖市場，不需要任何形式的聯合。情況恰恰相反，在激烈的競爭中，尤其在國際市場的競爭中，企業更需要有一

定的組織，採取聯合行動。國際石油行業的「歐佩克」(OPEC) 組織近幾年曾經發揮了巨大作用，使石油產量減少而價格上升，或使產量增加價格下跌，有力地控制著國際石油市場。加入 WTO 後，各種貿易摩擦不僅不會減少，反而有增加的趨勢，反傾銷、反補貼的案例會層出不窮。要「丟掉幻想、準備鬥爭」。而這種鬥爭不是單個企業的行動，至少是某個行業的事情。所以，行業中介組織在協調市場、協調價格、組織反傾銷、反補貼以及應訴等行動中，可以發揮重要的作用。

叁、第三產業（服務業）問題

一、中國在第三產業（服務業）開放方面的主要承諾

（一）銀行業

1.正式加入時，取消外資銀行辦理外匯業務的地域和客戶限制，允許外資銀行對中資企業和中國居民開辦外匯業務。

2.逐步取消外資銀行經營人民幣的地域限制。加入時開放深圳、上海、天津、大連；加入後 2 年內開放廣州、青島、南京、武漢、濟南、福州、成都、重慶；加入後 5 年內取消所有地域限制。

3.逐步取消人民幣業務客戶對象限制。加入後 2 年內，允許外資銀行向中國企業辦理人民幣業務；加入後 5 年內，允許外資銀行向所有中國客戶提供人民幣業務服務。

4.加入時，允許已獲准經營人民幣業務的外資銀行，經過審批可向其他已開放人民幣業務的地區的客戶辦理人民幣業務。

5.發放經營許可證應持審慎原則。加入後 5 年內，取消所有現存的對外資銀行所有權，經營和設立形式，包括對分支機構和許可證發放進行限制的非審慎性措施。允許外資銀行設立同城營業網點，審批條件與中資銀行的相同。

6.允許設立外資非銀行金融機構提供汽車消費信貸業務，可享受中資同類金融機構的同等待遇；外資銀行可在加入後 5 年內向中國居民提供個人汽車信

貸業務。

7.允許外資金融租賃公司提供金融租賃業務，享受中國同類企業的同等待遇。

(二) 證券業

1.外國證券機構可以不通過中方中介，直接從事 B 股交易。

2.外國證券機構駐華設立的代表處，可以成爲中國所有證券交易所的特別會員。

3.允許設立中外合資的基金管理公司，從事國內證券投資基金管理業務，外資比例在加入時不能超時 33 ％，加入後 3 年內不超過 49 ％。

4.加入後 3 年內，允許設立中外合資證券公司，從事 A 股承銷、B 股和 H 股以及政府和公司債券的承銷和交易，外資比例不能超過 1/3。

(三) 保險業

1.企業形式

(1) 加入時，允許外國非壽險公司在華設立分公司或合資公司，合資公司外資比例可以達到 51 ％。加入後 2 年內，允許外國非壽險公司設立獨資子公司，即取消企業設立形式的限制。

(2) 加入時，允許外國壽險公司在華設立合資公司，外資比例不能超過 50 ％，外方可以自由選擇合資夥伴。

(3) 允許所有保險公司按地域限制開放的時間表設立國內分支機。

2.開放地域

(1)加入時，允許外國壽險公司和非壽險公司在上海、廣州提供服務（《中日 WTO 雙邊協議》中方已承諾加入時開放大連）。加入後 2 年內，再擴大到 12 個城市允許外國壽險和非壽險公司提供服務。

(2)加入後 3 年內，取消地域限制。

3.業務範圍

(1) 加入時，允許外國非壽險公司提供在華外商投資企業的財產險、與之相關的責任險和信用險服務；加入後 4 年內，允許外國非壽險公司向外國和中

國客戶提供所有商業和個人非壽險服務。

(2)加入時，允許外國保險公司向外國公民和中國公民提供個人（非團體）壽險服務。加入後 4 年內，允許外國保險公司向中國公民和外國公民提供健康險服務。加入後 5 年內，允許外國保險公司向外國人和中國人提供團體險和養老金／年金險服務。

(四) 電訊業

1. 增值服務。加入時，可以成立合資公司，外資比例不超過 30 ％；2 年後可增至 50 ％。加入時，開放北京、上海和廣州；1 年後增加成都、重慶、大連等城市；2 年後擴至全國。

2. 移動通訊和數據服務。加入後 1 年內，可以成立合資公司，外資比例不超過25 ％，3 年後達35 ％，5 年後增至 49 ％。加入後 1 年內可以在北京、上海和廣州提供服務；3 年後增加成都、重慶、大連等城市；5 年後擴展到全國。

(五) 其他服務業

1. 在旅游業方面，加入時，允許中外合資旅行社；加入後 3 年內，允許外資控股的旅行社：加入 5 年後，允許外資獨資的旅行社。加入後 3 年內允許設立外資獨資酒店。

2. 在商貿業方面，對於已設立的中外合資企業不增加更多的限制。加入 3 年內，取消外資企業的分銷比例限制。

3. 在影視業方面，每年至少進口 20 部電影。加入後 3 年內，允許外資持有中國電影院一半以上的股權。

因服務業和服務貿易的門類多，限於篇幅不再一一列舉。總之，中國加入WTO 是服務業的一次空前的大開放。

二、對中國第三產業（服務業）影響的分析與評估

中國加入 WTO 在第三產業方面的開放承諾條件，比一般發展中國家高，介於發達國家與發展中國家之間，相當於對新興的中等發達國家的要求。這對於中國既是機遇又是挑戰。

(一) 中國第三產業大發展的新機遇

1. 有利於中國服務業引進外資。中國加入 WTO 的承諾最大的也是最多的是投資環境和貿易條件的改善，這必然增強外商在中國投資的信心，有利於外資大量進入中國的服務產業。以銀行業來說，截止到 1999 年底，在華外資銀行貸款餘額爲 218 億美元，其中 87％爲境內貸款，而這些貸款的 70％是靠其境外總行資金解決的。可見，外資銀行進入中國已經成爲中國引進和吸收外資的重要渠道。加入 WTO 後，隨著對外資銀行外匯業務和人民幣業務限制的取消，對外資銀行外匯貸款需求將會大大增加，通過這個渠道必然會引進和吸收更多的外資。

2. 有利於中國服務業的國際化進程。中國加入 WTO，不僅引進更多外資，而且還能鼓勵「走出去」，利用 WTO 的最惠國待遇原則和國民待遇原則，參與國際上的公平競爭，享受服務業全球化和自由化的好處。截止到 1999 年底，中資銀行類機構在境外共設立營業性分支機構 472 家，境外機構資產 1443 億美元。加入 WTO 後，中國對外經貿關係將進一步擴大，這將有利於中國金融業的國際化及其在世界上的發展和壯大。

3. 有利於推進中國服務業的改革，提高整體素質和競爭力。加入 WTO 後，外資大量進入服務業，必然增強競爭，對國內企業造成一定的壓力。這種壓力是好東西，能使國內企業增強危機感甚至存亡的考驗，迫使它們奮起改革。外國企業進入中國，必然會帶進成功的經驗，先進的經營管理方式和管理體制，有利於中國學習，並應用於改革之中。

(二) 中國第三產業面臨的新挑戰

1. 管理體制和經營機制面臨的挑戰。中國的服務業其中主要是金融、保險、電訊、外貿以及文化教育、醫療等行業，過去長期由國家壟斷、缺乏市場體制和市場機制。改革 20 多年來，這些行業的改革又嚴重滯後，步履艱難，成效有限。因而，至今仍然沒有真正意義上的市場體制和市場機制。而 WTO 所要求的恰恰是市場體制和市場機制，西方發達國家都具備完善的市場體制和市場機制。這種狀況與中國的現實形成鮮明的巨大的差距。差距就是挑戰，巨大的差距就是嚴峻的挑戰。

2.國家宏觀監控體系和能力面臨的挑戰。目前的市場秩序相當混亂，假冒偽劣商品滿天飛；金融秩序也有眾多問題，不良資產的比例相當高，信用度下降；國有企業的虧損額與虧損率雖一度下降，近來又反彈；重複生產、重複建設等問題雖然屢次禁止，但仍在發展和漫延。這些老問題尚未解決，加入 WTO 後又會有更多的國外企業進入，引發新的問題。這必然增加宏觀調控的難度，對宏觀調控能力提出新的挑戰。

3.爭奪高級管理人才的挑戰。各種競爭中人才競爭是最根本的競爭。本來中國就缺乏高級的復合型人才，尤其是金融、保險、電訊等領域的高級人才更是缺乏。加入 WTO 後，外國企業進入中國大都實行本地化的人才戰略，用高薪聘用本地的高級人才。這樣，必然發生高級人才的爭奪戰。而中國的企業目前難於在薪金方面與國外企業拉平，勢必喪失一部分優秀人才。

4.爭奪市場和爭奪優質客戶的挑戰。目前，中國的銀行、證券、保險部實行分業經營、分業管理，業務品種單一，對社會和客戶提供綜合服務的能力差。而國際上，大多實行混業經營，銀行已伸入保險，證券，甚至非金融行業，成爲「金融超市」，具有強大的服務功能和創新功能。這樣，中國加入WTO 後，隨著人民幣業務的放開，可能會有部分優質客戶流向外資銀行、保險和其他行業。優質客戶與優秀人才往往有聯繫。如上所述，優秀人才的流失也可能帶走一部分優質客戶。因此，爭奪市場的鬥爭將是複雜的。

(三) 中國第三產業面臨挑戰的根本原因

同發達國家相比，中國第三產業的水平是相當落後的。在國內生產總值（GDP）的構成中，2000 年中國第三產業所佔的比重只有 33.2 %，不僅比西方發達國家低的很多，也比某些發展中國家低。美國第三產業在 GDP 中的比重已高達 75 %左右，歐盟、日本等國家的第三產業的比重也都在三分之二以上。這就是說，西方發達國家具有高度發達的第三產業，國民財富主要靠第三產業提供，而中國的第三產業還相當落後，國民財富主要靠第三產業（工業）提供。鑑於這種情況，中國加入 WTO 後面臨的最嚴重挑戰不在第一產業之內，也不在第二產業之內，而在第三產業中，主要在金融、保險、電訊等行業。因爲在這些行業方面，中國與西方發達國家的差距太大了。差距越大，風

險越大，挑戰越嚴峻。

三、中國第三產業的主要對策

(一) 深化體制改革，盡快形成市場體制和市場機制，從制度上增強競爭力

1.加快服務業的產權制度改革。金融、保險、電訊、外貿等主要服務行業過去長時期由國家壟斷，只準國有國營，不準其他經濟成份進入。改革開放以來 20 多年，對服務行業雖然也進行了一些改革，但大多是皮毛的，沒有傷筋動骨，對產權制度沒有觸及。因此，國家壟斷的局面沒有根本性的改變，仍沒有市場體制和市場機制可言，沒有競爭，沒有活力。鑑於這種情況，為迎接WTO 後的激烈競爭，當務之急也是根本大計，那就是加快產權制度改革，大力推行現代股份制和公司制，便產權主體多元化，不僅吸引外資加盟，更要吸引港澳台資、私人資本等進入這些行業，還要鼓勵國內第一產業、第二產業中的大型企業對銀行、保險、電訊、外貿等服務業持股，形成相互持股，你中有我、我中有你、相互制約、相互促進的新局面，徹底打破這些行業的國家壟斷的禁梏。只有這樣，才能從根本上提高主要服務業的競爭力，促進服務業更快發展。

2.創立和完善國有資產的管理機構。銀行、保險、電訊、外貿等領域原有的國有資產如何管理？這是關係改革能否進行下去的主要障礙。為解決這個問題，曾經成立了國有資產管理局。但不久又撤消了。似乎它的權力不夠大，誰也不聽它的。為了加強對國有大型企業的控制與管理，還曾分別成立了中央大型企業工委和中央金融工委，主要管理大型工業企業和金融企業的黨務以及主要的負責人的任免事項。它們只管黨委和人事，不管國有資產。至今國有資產仍然處於無人管理、無人負責的境況，以致不斷地大量流失。為了改變這種狀況，從實際情況看，必須成立一個權威足夠的，不僅對國有資產，而且對大型國有企業的人事、黨務等進行全面監督與管理的機構。在此之下，再成立若干國有資產的運營公司，使國有資產不但不再流失，還能增值發展。

3.創立和完善大型國有企業的公司治理結構。改革前治理企業主要依靠黨委會、職代會、工會和經理廠長們。改革之後，尤其是企業股份制改造以來，逐漸又形成了董事會、監事會、股東會以及經理廠長們。這樣，在一個企業裡

既有過去的「舊三會」，又有新興的「新三會」，頭緒太多，影響廠長經理們的工作，很難提高企業的管理水平。為解決企業的科學管理問題，必須改善治理結構，其一，盡可能將「新三會」與「老三會」合二而一，既能決策大問題，又減少對廠長經理的過份干預；其二，經理廠長人才依靠市場公開選拔招聘，杜絕走後門現象：其二，對於經理廠長以及高級科技人才實行高薪，或者年新制，或者股票期權制，以刺激他們的積極性和創造性。

（二）服務業對外開放與對內開放同時並舉

金融、保險、電訊、外貿以及文化、教育等服務部門過去不僅對外不開放，對內也不開放，實行嚴格的封閉式壟斷運行、獨家壟斷、別無分號。改革開放以來，這些壟斷行業逐漸對外開放了，出現了一批中外合資企業甚至外商獨資企業。但是，對內開放仍然滯後，或開放甚少，或開放甚遲，至今形不成氣候，無法開展競爭。這是什麼原因？還是思想解放不夠，仍然以不同形式歧視非國有企業。以外貿領域來說，改革開放伊始，在 1980 年代初就賦予「三資」企業外貿經營權，在 1996 年就允許試辦中外合資的外貿公司，然而直至 1999 年才允許民營企業經營外貿，而且設置的門檻又比較高，能夠進入外貿領域的民營企業寥寥無幾，顯然對內開放遠遠落後於對外開放。這種情況在銀行、保險、電訊等領域更是嚴重，至今仍不見民營企業的影子。現在加入 WTO 了，對外開放更大更寬更深了，相比之下，對內開放更顯落後。為此，WTO 後中國的對內開放，即許多壟斷行業對民營企業的開放，必須邁出更大的步伐。外國的月亮並不比中國的月亮更圓，外國資本家在中國能夠做到的，中國未來的資本家肯定也可以做到。

（三）對服務業的三類不同部門採取有差別的政策

根據 WTO 的統計和信息局的規定，國際服務貿易包括 12 個大類 160 多個具體部門。這些部門的作用和地位各不相同。其中有些部門（如金融、電訊）的確關係著國家的經濟安全和信息安全；有的部門（如法律）關係著國家主權；當然也有些部門並不那麼重要。因此，各國對服務業的眾多部門的開放程度是不一樣的。即便西方發達國家甚至號稱最自由最開放的美國，也有一些

部門不開放或對開放施加許多限制。適應國際環境，根據中國的具體情況，應將中國服務業的眾多部門劃分爲三大類型，即完全開放、完全不開放和半開放三大類，或稱自由、不自由和半自由三大類。所謂完全開放或自由的部門是指在遵守中國法律和政策，並依法納稅的條件下，不作特殊限制，如汽車修理、生活照像、美容美髮等。所謂完全不開放或不自由的部門是指在任何條件下都拒絕開放，如基礎法律、新聞等。所謂半開放或半自由部門是指有特殊限制的開放。這方面的限制主要有：地域限制、客戶限制、時間限制、企業形式限制以及股權比例限制等。對服務業眾多部門作出上述劃分和採取不同的政策，可以從總體上保證開放有序進行。

(四) 制訂和修改服務業和國際服務貿易的法規與政策

由於中國服務業比發達國家落後很多，必須有適當保護。第一產業和第二產業的保護手段主要是關稅、配額，許可證、技術標準、環境標準等。與此不同，第三產業（服務業）的保護手段則主要是國家的法律、條規和政策等。適應服務業和國際服務貿易對外擴大開放的要求，必須盡快修改已過時的並重新制訂新的法規和條例。在依法治國的前提下，必須把服務業的運行納入法制的規道。將來一旦發生爭執，便有法可依，有評判是非的標準。中國的服務業和服務貿易的法規，既要符合 WTO 規則，又要適度保護國內的幼稚產業。日本曾經用《大店法》保護了國內的流通產業。它規定的某些條款對於國內外企業都適用，遵循了國民待遇原則，但是國內企業執行起來容易，而國外企業則執行困難，所以至今外資進入日本國內流通產業者甚少。

(五) 加快培養和合理使用高級復合型人才。千競爭、萬競爭，人才競爭是最根本的競爭。加入 WTO 後，首先是人才競爭。外商進入中國，實行本地化人才戰略，勢必爭奪過去一批優秀人才。而中國的企業和政府隨著對外開放的擴大更加需要高級的金融、保險、電訊、商賈等專業人才。不論是國家，還是企業，都必須出台鼓勵優秀人才的措施、改善他們的生活和工作條件。中國政府已經從香港聘用了一些高級金融人才，今後還會從世界各地招聘這類人才。只要有了真正的優秀人才，才可以應付各種複雜情況，在競爭中立於不敗之地。

＊　　　　　　＊　　　　　　＊

註　解

註①　參見，「WTO 與中國農業」，國際商報，2000 年 9 月 7 日。
註②　參見，入世機遇與挑戰（人民出版社 1999 年），第 146 頁。

西部大開發與中國區域經濟：
兼論全球化與區域發展

陳　耀

中國社會科學院西部發展研究中心副主任
中國社會科學院工業經濟研究所區域經濟研究室副主任

摘　要

　　本文首先簡要分析中國區域發展政策的演變過程，然後從時機、資源、需求、生態、政治等層面討論西部大開發戰略的依據和涵義，接著對目前西部大開發涉及的關鍵性問題進行探討，最後展望未來中國區域經濟發展的格局和前景。

關鍵詞：西部大開發、區域經濟、三線建設、可持續發展經濟全球化

*　　　　　*　　　　　*

前　言

　　中國是一個地域遼闊、人口眾多、經濟社會發展很不平衡的大國，研究21世紀中國的發展不能不考慮各個區域的特點及其面臨的問題。實施西部大開發戰略，正是中國政府面向新世紀、應對新挑戰所做出的一項重大決策，是國家區域發展政策的一次重大的調整。

　　西部地區包括內陸 12 個省、自治區和直轄市①，土地面積約 690 萬平方公里，占全國面積 71 ％；人口 3.55 億人，占全國總人口的 27.4 ％；2000 年

GDP 為 16655 億元（人民幣），約占大陸 31 個省市自治區合計數的 17 ％。西部自然資源豐富，人力成本低廉，市場潛能巨大。加快西部地區開發，對於 21 世紀中國經濟持續、健康、快速發展，對於縮小地區差距、保持社會政治穩定，以及適應全球經濟一體化趨勢，均具有十分重要意義。

壹、中國區域發展政策的三次大調整

中華人民共和國成立 50 多年來，國家的區域發展政策經歷了三次大的變動和調整。第一次是實行以內陸地區建設為重點的「均衡佈局」政策，時間持續了近 30 年；第二次是改革開放後開始實施的「沿海地區發展戰略」，大體經歷了 20 年；在人類即將跨入 21 世紀的重要歷史時期，中國政府又提出了「西部大開發戰略」。考察區域發展政策的歷史演變，有助於增進對這一次政策調整的認識。

一、1949～1979：以內陸地區為重點的建設

這一時期，中國逐步建立了高度集中的計劃經濟體制，整個社會生產和物資供應均由國家計劃安排，政府投資是經濟資源配置的最主要手段，幾乎不存在市場調節。國家在這一時期大規模投資於內陸地區主要基於兩個動機，一是試圖改變全國 70 ％以上工業和交通設施偏集沿海一隅的狀況，因為這種不平衡格局與國家的資源分佈不符合；二是經濟重心向內地轉移有利於國家安全和民族團結。

1949 年後的三年經濟恢復時期，國家即開始將沿海地區一些輕工業向內地遷移。1952 年制定的第一個五年計劃（簡稱「一五」計劃）明確提出，「在全國各地區適當分佈工業的生產力，使工業接近原料、燃料產區和消費地區，並適合於鞏固國防的條件，來逐步改變這種（生產力佈局）不合理的狀態，提高落後地區的經濟水平」。在「一五」基本建設投資總額中，沿海地區占 36.9 ％，而內陸地區占 46.8 ％，這可以看作是 1949 年後的第一次「西部大開發」。針對一度出現的忽視沿海原有工業的傾向，「二五」計劃強調要兼顧內地與沿海的發展。然而，1958 年開始的「大躍進」運動打亂了原定計劃，各地區掀

起以「全民辦鋼鐵」爲特徵的工業熱潮，大中小專案遍地開花，力求工業自成體系。在三年調整時期，大部分佈局不當的中小企業被關、停、併、轉。整個「二五」和三年調整時期，國家在內地投資比重有較大提高，分別達 56.0 ％和 58.3 ％，比「一五」時期上升 10 餘個百分點。

　　1960 年代中期國際環境發生變化，出於對戰備的考慮，國家制定了全國按一二三線佈局工業，集中力量建設「三線」戰略後方的決策②。從而形成了中國經濟建設在地域上的一次空前規模的西移，這可以看作是歷史上第二次「西部大開發」。在「三五」時期，內陸占全國的投資比重升至 64.7 ％，成爲歷次計劃比重最高的時期，特別是西部的投資比重達到 34.9 ％，也是歷次計劃唯一超過中部和沿海的時期。「三線建設」的重點是西南地區，西南占全國投資比重達 20.93 ％。「四五」時期在繼續建設大西南的同時，一批重點專案轉向「三西」（豫西、鄂西和湘西）地區。「五五」時期國家投資的重點開始向東部沿海地區轉移，沿海投資比重上升到 42.2 ％，但仍低於內陸地區 7.8 個百分點。

　　總體上看，改革前 30 年國家的區域發展政策，在實現全國生產力的均衡配置方面取得很大成效，尤其是「一五」時期大批重點建設專案的西移和三線建設時期大批沿海地區老企業的內遷，在較短的時間裏爲內陸地區奠定了工業化的基礎③。應當承認，由於三線建設佈局以國防原則取代了經濟原則，許多企業按「山、散、洞」要求選址建設，加之不少專案的不配套，致使生產能力難以發揮，投資效益很差，並使以後的調整付出很大代價。

二、1979〜1999：沿海地區發展戰略

　　始自 1970 年代末的改革開放，使中國經濟管理體制、資源配置方式、經濟發展戰略都發生了重大轉變。相應地，國家的區域政策在總結過去的經驗教訓、借鑒各國區域開發經驗的基礎上也進行了重大調整。主要表現在：第一，政策目標由追求區域平衡，轉向以效率目標爲主的區域非均衡發展。第二，經濟開發的地區重點由內陸向沿海轉移。第三，政策工具由單一指令計劃下的國家預算投資轉向多樣化主體，特別是通過地區開發的制度創新和開放政策的分區推進，以及某些宏觀調控工具的區域化，貫徹國家區域政策的意圖；政策的

實施除中央政府的作用外，更多地調動了地方政府的積極性；同時，市場調節和配置資源的功能逐步增強。

1978 年底，鄧小平指出，在經濟政策上，「要允許一部分地區、一部分企業、一部分工人農民，由於辛勤努力成績大而收入先多一些，生活先好起來」；「在西北、西南和其他一些地區，那裏的生產和群眾生活還很困難，國家應當從各方面給以幫助，特別要從物質上給以有力的支援」④。這些思想對中國區域經濟政策的調整產生了重要的影響。

「六五」期間，國家把一大批重點建設專案佈局在沿海地區，沿海占全國基建投資的比重首次超過內陸地區，達到 47.7 ％，內陸比重降至 46.5 ％。更重要的是，國家在沿海地區率先進行區域開發的制度創新：先後開闢深圳等四個經濟特區、14 個沿海開放港口城市和 3 個沿海經濟開放區。對這些地區在外資專案審批許可權、財稅、外匯留成、信貸和外貿等方面賦予特殊的優惠政策。

「七五」計劃根據經濟技術水平和地理位置相結合的原則，將全國劃分為東部、中部、西部三大經濟地帶，並明確指出了三大地帶發展上不同的政策梯度：「要加速東部沿海地帶的發展，同時把能源、原材料建設的重點放在中部，並積極做好進一步開發西部地帶的準備。」這期間，國家還提出了沿海地區參與國際交換和競爭，實行「大進大出」的外向型發展戰略，進一步擴大沿海開放區的範圍，設立海南省和海南經濟特區，以及做出開發開放上海浦東的決定。全國生產力佈局進一步向沿海地區傾斜，5 年間沿海投資額比「六五」時期增長約 1.3 倍，占全國投資比重上升到 51.7 ％，而中西部比重進一步下降到 40.2 ％。

進入 1990 年代，國家經濟體制改革進一步深化，明確確立了建設社會主義市場經濟的方向，市場在資源配置中的基礎性作用日益增強；對外開放呈現由南向北，由東向西全方位推進的新格局；隨著 1992 年鄧小平南方講話後全國經濟的迅速高漲，東西部發展不平衡問題越來越突出，並引起國內外的普遍關注。在這種宏觀背景下，國家區域政策出現了與 1980 年代不同的新特點。第一，在繼續強調效率目標的同時，開始重視區域協調發展的目標取向；第二，區域發展重點雖然仍在東部，但由東南沿海轉向中部沿海，並逐步把加快

中西部的經濟發展提上重要議程；第三，政策內涵和手段更趨豐富和多樣化，國家預算投資占全社會總投資的份額越來越小，區域發展的資金來源已主要取決於自身積累、金融市場（尤其證券市場）的融資能力以及對外部資金的吸引力。

「八五」期間，國家的重點建設專案突出加強了基礎產業和基礎設施建設，在繼續考慮沿海發展的需要的同時，安排在中西部地區的專案增多。雖然從基本建設的投資分佈看，東部占 54.2 ％，中西部僅占 38.2 ％，處於歷次五年計劃的最低點。但是從國家預算投資的分佈看，中西部地區所占比重明顯高於東部。

「九五」期間，國家提出了加快中西部地區發展的方針及 5 個方面政策措施，即加強資源性產業和基礎設施的建設；擴大中央財政的轉移支付；鼓勵外商直接投資和利用國際貸款；加快對貧困地區的扶貧開發；開展對口支援和地區合作。這 5 年，中西部基本建設投資份額上升到 40.3 ％，特別是西部比上個五年計劃提高 2.2 個百分點（見表1）。

表一　歷次計劃時期東部與中、西部基本建設投資份額（％）

計劃時期	東部	中西部 (內陸)	其中：中部	西部
1953～1957（「一五」）	36.9	46.8	28.8	18.0
1958～1962（「二五」）	38.4	56.0	34.0	22.0
1963～1965（調整時期）	34.9	58.2	32.7	25.6
1966～1970（「三五」）	26.9	64.7	29.8	34.9
1971～1975（「四五」）	35.5	54.4	29.9	24.5
1976～1980（「五五」）	42.2	50.0	30.1	19.9
1981～1985（「六五」）	47.7	46.5	29.3	17.2
1986～1990（「七五」）	51.7	40.2	24.4	15.8
1991～1995（「八五」）	54.2	38.2	23.5	14.7
1996～2000（「九五」）	52.2	40.3	23.4	16.9

註：1. 全國統一購置的機車車輛、船舶、飛機等投資和專項特殊工程的投資不分地區，故東部與中西部投資比重之和小於 100 ％。

　　2. 西部為 10 省區，相應地，東部和中部分別為 12 和 9 省區。

資料來源：國家統計局固定資產投資統計司編，**中國固定資產投資統計年鑒**（1950～1995），中國統計出版社 1997 年版；相關年份**中國統計年鑒**，中國統計出版社。

改革開放 20 多年國家的區域政策，注意充分發揮沿海地區的比較優勢，使其經濟增長率持續保持在全國的領先水平，特別是東南沿海珠江三角洲經濟的崛起，成為中國新的經濟重心區，國民經濟整體實力有了較大的提高。但是，這種政策的結果也使中西部經濟的發展受到嚴重影響，比如，由於各種優惠政策向沿海傾斜，造成中西部人才、資金等生產要素的流失，中西部企業與沿海企業處於不平等競爭地位，引進外資的條件惡化。儘管 1990 年代中期國家開始重視解決中西部與東部地區的發展差距問題，但由於政策措施存在一定的侷限性，直到 1990 年代末，國家的區域發展政策仍然是處於一個「微調期」。

三、1999 年以來：西部大開發戰略

在人類即將跨入 21 世紀的 1999 年，中共中央總書記江澤民兩次講到加快中西部發展的條件已經具備，時機已經成熟，並第一次明確提出「西部大開發」戰略。

1999 年 6 月 9 日，江澤民在中央扶貧開發會議上，根據鄧小平同志提出的「兩個大局」的戰略構想，指出：「現在，加快中西部地區發展步伐的條件已經具備，時機已經成熟。如果我們看不到這些條件，不抓住這個時機，不把該做的事情努力做好，就會犯歷史性的錯誤。在繼續加快東部沿海地區發展的同時，必須不失時機地加快中西部地區的發展。從現在起，這要作為黨和國家一項重大的戰略任務，擺在更加突出的位置。」1999 年 6 月 17 日，江澤民在西北五省區國有企業改革和發展座談會上，就進一步加快中西部地區發展又發表講話。他說，現在我們正處在世紀之交，應該向全黨和全國人民明確提出，必須不失時機地加快中西部地區的發展，特別是抓緊研究西部地區大開發。「6.17」講話是中國最高決策者第一次公開提出「西部大開發」的概念。

1999 年 9 月 22 日，中共十五屆四中全會通過了《中共中央關於國有企業改革和發展若干重大問題的決定》。《決定》明確提出：「國家要實施西部大開發戰略」。2000 年 1 月國務院西部地區開發領導小組召開了第一次西部地區開發會議。提出當前和今後一個時期，要集中力量抓好五項關係西部地區開發全局的重點工作：

第一，加快基礎設施建設。以更大的投入，先行建設，適當超前。第二，切實加強生態環境保護和建設。採取「退耕還林（草）、封山綠化、以糧代賑、個體承包」的政策措施，由國家無償向農民提供糧食和苗木，對陡坡耕地有計劃、分步驟地退耕還林還草。加大天然林保護工程實施力度。第三，積極調整產業結構。根據國內外市場的變化，從各地資源特點和自身優勢出發，依靠科技進步，發展有市場前景的特色經濟和優勢產業，培育和形成新的經濟增長點。第四，發展科技和教育，加快人才培養。第五，加大改革開放力度。要轉變觀念，面向市場，大力改善投資環境，更多地吸引國內外資金、技術、管理經驗；逐步把企業培育成為西部開發的主體。

西部大開發實施兩年多來，國家加大了以「退耕還林」、「天然林保護」、「防沙治沙」為重點的西部生態環境建設和以交通、能源、水利為重點的西部基礎設施的投資力度，「西電東送」、「西氣東輸」、「青藏鐵路」等一批重大工程項目相繼開工建設。國家「十五」計劃（2001～2005）明確提出，力爭用 5 到 10 年時間，使西部地區基礎設施和生態環境建設有突破性進展，西部開發有一個良好的開局。

貳、西部大開發戰略提出的依據與意義

為什麼在世紀之交中國政府提出西部大開發戰略，它的依據和意義何在？這是很多人士都關注的一個問題。作為研究西部發展問題的學者，我想從以下5 個方面進行分析。

一、關於時機和條件

中國的沿海與內地之間發展的不平衡早已存在，1950 年代毛澤東曾提出要正確處理好沿海與內地的關係。改革開放後，鄧小平提出了「兩個大局」的戰略思想：一個大局，就是東部沿海地區要充分利用有利條件，加快對外開放，較快地先發展起來。中西部地區要顧全這個大局；另一個大局，就是當發展到一定時期，可以設想在本世紀末全國達到小康水平的時候，就要拿出更多的力量幫助中西部地區加快發展，東部沿海地區也要顧全這個大局。可見，西

部大開發戰略提出的時機是與鄧小平關於解決地區差距問題的時間表相吻合的，是以江澤民爲核心的領導集體對鄧小平「兩個大局」思想的貫徹落實。

現在實施西部大開發，「條件已基本具備」。這裏的「條件」既是指經濟條件，也應包括體制條件。經過改革開放 20 多年經濟的快速增長，中國的綜合國力顯著增強，人民生活水平有了較大的提高。到 1999 年中國的國內生產總值（GDP）按當年匯率折算達到近萬億美元，是 1978 年的 6.7 倍，人均GDP達到 789 美元，超過世界銀行確定的中等收入國家 761 美元的最低界限⑤。同年，中國城鎮居民家庭人均可支配收入達到 5854 元，農村居民家庭人均純收入達到 2210 元，分別是 1978 年的 3.6 倍和 4.4 倍。1999 年國家財政收入首次突破 1 萬億元，達到 11444 億元，占 GDP的比重 14 ％，自 1990 年代初以來，財政收入的增幅都在兩位數以上。因此，從經濟實力看，國家已經有能力集中力量來解決東西部發展差距問題。

再從體制條件看，經過 20 多年的改革，中國傳統的計劃經濟體制已基本瓦解，市場在資源配置中越來越多的發揮著基礎性作用。根據成熟市場經濟國家的經驗，在市場力量的自發作用下，往往會產生一種區域累積迴圈因果效應，導致資本、人才、技術等生產要素不斷流向經濟發達地區，從而擴大區域發展的不平等。爲彌補市場的這種缺陷，各市場經濟國家政府都採取一系列政策手段，爲落後地區提供發展援助。所以，在中國經濟日益市場化的情況下，國家區域政策支援的重點由經濟較發達的東部沿海地區，轉向相對落後的廣大西部地區，也是市場經濟下政府職能的基本體現和要求。

二、中長期增長的資源保障

實施西部大開發的一個重要的經濟動因和依據，是西部地區作爲自然資源的富集區，對中國經濟中長期增長能夠提供充足可靠的資源供給。

決定一國經濟增長的因素可以分爲資源、技術和制度三大類，其中資源因素是直接的、基礎性的。近 20 年來，中國 GDP 年均增長率達到 9.8 ％，這裏既有資源投入的因素，也有技術進步的貢獻，更有制度變革的效應。由於制度因素對經濟的貢獻主要來自非國有經濟的快速發展，而國有經濟尚處於改革攻堅階段；技術進步對經濟增長的貢獻還很小，按照美國哈佛大學著名經濟學家

D. W. Jorgenson 和史丹佛大學著名華人劉遵義等的計算方法，發達國家經濟增長中來自科技進步引起的生產率增長的貢獻率在 20 ％～30 ％，而包括亞洲「四小龍」在內的東亞和東南亞新興工業化國家和地區，經濟學意義的技術進步對經濟增長的貢獻則基本為零⑥。所以，可以認為，支撐中國高速增長的主要因素是大規模的資源投入，未來資源的約束仍可能成為中國經濟持續增長的一個基本的限制性因素。

　　解決中國未來經濟增長中的資源約束，要依靠先進的科學技術，降低生產消耗，提高資源利用效率，並研究新的資源替代品，某些緊缺資源可以通過國際市場彌補。但應當看到，這些措施都有一定的侷限性。從中國的國情出發，未來的資源約束問題在很大程度上還需要通過加快西部地區的發展求得紓解。中國國情的一個基本特徵是，經濟發展與資源分佈的空間錯位：東部地區經濟技術相對發達，而自然資源貧乏；西部地區經濟技術相對落後，而自然資源豐富，這包括礦產、能源、土地、生物、旅遊等資源。

　　僅以礦產資源為例⑦。西部地區由於經濟社會發展水平較低，地質勘查和礦業開發利用水平都不高，已經探明而尚未開發利用和未探明的礦產資源量均較大，是中國新時期礦業發展的重要接替地區。西部礦產資源及開發利用的基本特點，一是種類齊全，儲量大。截至 1999 年底，在全國已發現的 172 種礦產在西部地區均有發現，在全國已有探明儲量的 156 種礦產中，西部地區有138 種。其中，能源礦產 8 種，金屬礦產 54 種，非金屬礦產 74 種，水氣礦產2 種。二是礦產儲量潛在價值高⑧。西部地區全部礦產資源保有儲量的潛在價值總計達 61.9 萬億元，占全國總額的66.1 ％，分別是東部、中部地區的 7 倍、2.7 倍；人均潛在價值分別是東部地區和中部地區的 9 倍和3.1 倍（見圖一）。

　　在西部地區具有開發優勢的24種主要礦產資源中，開發利用程度較高（已利用儲量在40 ％以上）且可供利用儲量也較多（20 ％以上）的礦種主要有天然氣、錳礦、銅礦、鉛礦、鋅礦、鉬礦、鈷礦、金礦、銀礦、石棉；開發利用程度相對較低（已利用儲量不足 40 ％）而可供利用儲量較豐富（40 ％以上）的礦種有煤、鐵礦、釩礦、鈦礦、鋁土礦、硫鐵礦、玻璃矽質原料和重晶石等8 種礦產，具有較大的開發潛力。暫難利用儲量較多（占 20 ％以上）的礦種主要有鐵礦、鉬礦、鈷礦、鉑族金屬、硫鐵礦、磷礦、鉀鹽、硼礦、芒硝、鈉

鹽、水泥灰岩共計 11 種。這些暫難利用儲量在外部條件得到改善，或採選技術水平有突破時，就可轉化爲可利用儲量。

圖一　東、中、西部礦產保有儲量潛在價值對比

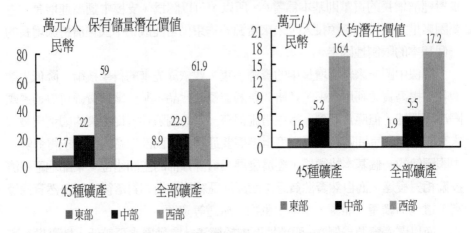

西部已建成一大批礦產品生產基地，如四川的天然氣、新疆的油氣、西藏的鉻鐵礦、甘肅的金川銅鎳礦、甘肅西和—成縣地區鉛鋅礦、錫鐵山鉛鋅礦、雲南個舊錫礦、四川攀枝花釩鈦磁鐵礦、雲南和貴州的磷礦以及青海的鉀鹽礦等。此外，新疆阿舍勒銅礦正在建設之中，西藏玉龍銅礦也在進行開發利用的前期工作，這兩個銅礦的建成將進一步提高中國銅礦自給能力。可以說，西部地區是中國巨大的資源後備基地，如果能夠得到合理有效的、適度的開發，未來經濟增長將會獲得充分的資源保障。

三、投資需求對經濟的拉動

供給與需求是決定經濟增長的兩個相互作用、相互影響的因素。這次提出西部大開發戰略的另一重要經濟動因，是試圖通過對西部地區的需求拉動尤其是投資需求，來解決中國經濟發展中出現的有效需求不足問題，這也是與以往西部開發所不同的特定含義。

到 1990 年代中後期，中國社會長期存在的短缺經濟發生了根本性的變化。國內市場幾乎不存在供不應求的商品，在消費品、投資品、房地產和基礎工業

等主要產業領域，供給明顯大於需求；標誌著市場供求關係的商品零售物價指數和居民消費價格指數大幅回落，工業品出廠價格增長成為負值；一些機械加工和家電行業的生產能力過剩率高達 40～50％；全國下崗職工最高年份達 1000 多萬人，城鎮失業率上升。這些表明，中國經濟增長的主要障礙已經由生產領域轉移到流通和消費領域，宏觀經濟調控的重點開始從供給管理轉向需求管理，需求約束已成為未來中國經濟增長中越來越重要的制約因素。

　　需求因素包括內需和外需兩個方面，內需又分為消費需求和投資需求，外需主要是指商品和勞務的出口。中國經濟增長的需求拉動，無論是從當前還是今後相當長時期看，內需占主導地位。這是因為中國是一個擁有近 13 億人口的發展中大國，國內市場廣闊，潛力巨大；另一方面中國商品和勞務的國際市場競爭力還比較弱，加入 WTO 雖然有利於出口，但發達國家各種形式的非關稅壁壘也會增加出口障礙。而內需潛力最大的區域是西部地區，這不僅表現在西部消費市場有著很大的開拓空間，更重要的表現在西部基礎設施投資要比沿海地區具有更強勁的需求。

　　西部 12 省區人口約 3.6 億，占全國總人口 28％，而社會消費品零售總額只占全國的 16.8％；人均消費品零售額 1522 元，僅相當於全國平均水平的 58％，相當於東部地區的 40％。如果西部地區的人均消費水平達到全國平均水平，將可以增加消費需求約 3920 億元；若達到沿海地區水平，將可以增加消費需求約 8150 億元。可見，加快西部地區發展，增加西部地區居民的收入，對於拉動內需、擴大國內消費市場，具有潛在的重要意義。

　　由於居民收入水平不可能在短期內有較大的提高，通過擴大內需刺激經濟的有效手段是擴大政府投資。西部地區的生態環境治理和基礎設施建設相對滯後，民間資本難以進入，主要依賴於政府投資。以交通基礎設施為例，雖然從人均擁有量來看，西部地區的鐵路和公路里程並不算少，但由於西部地域遼闊，按面積計算的鐵路網和公路網密度僅有 26.3km／萬 km² 和 765.7km／萬 km²，分別相當於全國平均水平的 43.6％和 54.4％，相當於東部地區的 20.2％和 20.8％。西部不僅路網密度低，而且路網等級低，通達性差。在西部地區現有公路里程中，二級以上公路僅占 6.9％，遠低於沿海地區 18.3％平均水平。中

國高速公路里程的 58.3 ％、一級公路里程的 80 ％，以及二級公路里程的 47.6 ％都集中在東部沿海地區。西部每個機場的服務面積高達 12.68 萬 km²，分別是東部和中部地區的 5.5 倍和 1.9 倍。

　　基礎設施投資具有較大的乘數效應，會不斷派生和引發其他需求，如直接關聯的能源、原材料等投資品的需求，與其配套的公用服務、金融保險、諮詢業等投資需求；而且基礎設施投資風險小，長期經濟效益和社會效益好，能夠創造較多的就業機會，具有較強的刺激經濟增長的作用。據統計測算，新建 1 公里鐵路要直接消耗 10 萬個勞動工日、400 噸鋼材、1800 噸水泥、160 立方米木材、34 萬千瓦小時電。從 1998 年開始的 5 年中，國家將安排鐵路建設投資 2500 億元，計劃建設新線 5340 公里，既有複線 2580 公里，既有線電氣化 4400 公里，地方鐵路 1000 公里，由此將形成「三縱四橫」的路網格局，而這「三縱四橫」路網的大部分位於中西部地區⑨。如果把這 5 年的鐵路建設規模折算爲 1 萬公里新線（複線、電氣化折半計算），按上述標準計算，將提供 10 億個勞動日的就業崗位，消耗 400 萬噸鋼材、1800 萬噸水泥、160 萬立方米的木材、34 億千瓦小時電⑩。與鐵路相似，公路建設對國民經濟也具有巨大的帶動作用。據有關專家分析，公路建設投資 1 元，可帶動社會總產出接近 3 元，公路建設投資 1 億元，可創造或保留 2000 個就業崗位。如果再考慮到公路建成後對落後地區發展的促進，其長期效益更是顯而易見⑪。

四、生態環境的可持續性

　　西部地區生態環境的惡化及其治理問題，可以看作是西部大開發戰略提出的一個直接緣由，也是西部大開發的一個重要切入點。早在 1997 年，江澤民在一份《關於陝北地區治理水土流失建設生態農業的調查報告》上做出重要批示，指出：「經過一代一代人長期地、持續地奮鬥，再造一個山川秀美的西北地區，應該是可以實現的。」1998 年長江流域和松花江、嫩江發生歷史罕見的特大洪水，其深層原因也是生態破壞所致。近幾年黃河多次出現斷流，北方沙塵暴肆虐。鑒於西部生態問題的嚴峻性，江澤民在考察黃河時強調，改善生態環境，是西部地區開發建設必須首先研究和解決的一個重大課題。

　　西部地區位於中國大江大河的上遊，是全國重要的生態屏障。而西部生態

環境又十分脆弱。西北乾旱少雨，水源貧乏，森林稀少，沙漠戈壁面積大，黃土高原水土流失嚴重；而西南山地多，坡度大，土層薄，土地的適應性單一，占土地面積很大的高寒區，土地利用難度大。尤其是隨著人口的不斷增加，爲了生存，人們被迫向原已脆弱的環境榨取微薄的生產資料，過度墾殖和放牧，加劇了水土流失和草原沙化。西部工業以高物耗、高能耗的污染型工業爲主，一些工業集聚區的「三廢」污染嚴重，成爲全國主要的酸雨區。隨著礦產資源開發強度及工業規模的擴大，環境污染還將趨於惡化，在今後的經濟開發過程中，除工業污染外，水土流失、土地沙化和地質災害將始終是西部面臨的主要環境問題。

西部地區生態環境的惡化不僅妨礙著西部自身的工業化進程，而且對下遊地區和華北地區的發展形成嚴重威脅，改變這種狀況已經成爲關係到整個中華民族生存條件的緊迫任務。西部生態狀況的惡化從根本上說是與經濟不發達密切相關的，因此，整治西部生態環境，從而改善全國的生態系統，增強國家的生態可持續力，應當以振興西部經濟爲基礎，以經濟振興促進環境整治，以治理保護環境，實現資源合理有序的開發，形成生態與經濟發展的良性迴圈。現代經濟發展不能重蹈老牌發達國家「先污染，後治理」、「先破壞，後修復」的覆轍，要加大國家對西部不發達經濟的支援，使其儘快擺脫貧困的惡性循環。從這個意義上說，實現西部與東部的相對均衡發展，也是中國可持續發展的一項重大戰略。

五、保持社會政治的穩定

加快西部地區的開發，縮小東西部發展差距，有利於中國的社會政治保持穩定。任何國家的經濟發展都離不開一個安定的社會秩序，而這種秩序不可能在地區間、社會成員間貧富差別十分懸殊的條件下形成。放任地區差距的持續擴大，特別是西部經濟的長期落後，勢必對國家社會政治的穩定產生不良的影響，並引發一系列矛盾和問題。

首先，地區差距擴大意味著經濟活動空間分佈的嚴重不平衡，從而導致各地區就業機會的不平等和收入差距的懸殊。目前全國就業人數的 42 ％集中在東部沿海地區，35 ％分佈在中部地區，23 ％分佈在西部地區。由於西部傳統

的勞動密集型產業和國有企業比重大，以及農村鄉鎮企業發展相對滯後，因而城鎮下崗職工和農村剩餘勞動力較多。城鎮失業率高，就業矛盾會日益突出；大量農村剩餘勞動力流向沿海大中城市，有的地方農田撂荒，並加劇東部住房、就業、醫療、教育、交通等公共設施的沈重負擔，以及社會治安惡化；西部收入水平低，生活待遇差，招致大量人才流失，大學畢業生留不住，中小學師資嚴重不足。這些不僅使當地經濟處境困難，而且社會不滿情緒也會慢慢高漲。

其次，地區差距拉大還會引起地區間的利益衝突和地方保護主義盛行，比如一些落後地區為了維持地方財政收入，會想方設法保護本地企業，致使區際摩擦加劇；同時，各地區在財稅、金融等政策和管理許可權方面都會從自身利益出發向中央提出不同的要求，從而使中央協調區際關係和區際矛盾的難度加大，處理不好，還可能導致中央與地方關係緊張。

最後，民族問題嚴重化。從民族人口分佈看，漢族主要居住在中國的東部地區，少數民族聚居區主要在西部尤其是陸地邊境地區，其中大約 20 個民族跨國而居。如果少數民族地區經濟長期落後，與東部發展差距太大，有可能給民族分裂分子以可乘之機，借機煽動民族不滿情緒。所以，加快西部地區的發展，縮小東西差距，對於鞏固和發展平等、團結、互助的民族關係，增強中華民族的凝聚力和向心力，其社會政治意義顯而易見。

需要指出的是，有些學者認為，中國地區差距的進一步擴大，有可能出現如前南斯拉夫的分裂格局；有的還引用撒哈拉以南非洲國家的持續動蕩與停滯落後、前蘇聯的解體和前巴基斯坦東巴與西巴的分裂等史實，來類比中國地區差距擴大可能的後果。這種觀點是值得商榷的。在這些國家的分裂和動蕩原因中，國內地區差距的擴大可能是其中之一，但是否是其主因或影響較大的因素，尚無有說服力的證據。更重要的是，中國目前的東西差距擴大，與上述國家的情況有很大不同，即這種擴大是建立在各地區都有所發展的基礎上的，只是速度快慢有別而已。因此，輕率地將地區差距擴大與國家分裂現象聯繫起來，是不妥當的。

叁、實施西部大開發應思考的關鍵性問題

由於目前的西部大開發與改革開放前的幾次「西進」有著完全不同的體制背景和國內外經濟環境，實施這項大戰略必須要有全新的思路、辦法和機制。從思路上看，關鍵是要明確大開發的目標和開發主體；從辦法上看，主要是解決大開發的物件、佈局和援助策略問題；從機制上看，重點是要尋求大開發的制度和法律上的保障。

一、大開發的目的與目標

在過去的半個多世紀，國家對西部地區的開發建設一直沒有停止過，其間「大開發」有兩次。改革開放後，對西部地區也進行了較大規模的能源原材料基地、糧棉基地和交通、水利等重大基礎設施建設以及扶貧開發。這些開發建設無疑推動了西部地區的工業化進程。但是，國家對西部的投入除了國防安全的考慮外，大部分時期主要著眼于當地的資源開發，把西部當作東部加工企業的原料、燃料產地，建立東西部垂直一體化的分工體系。

由於資源品價格扭曲、附加值低、產業缺乏關聯度，西部開發的結果並未使其經濟獲得應有的快速增長，當地居民也沒有從這種開發中得到多大好處；而當資源品價格理順時，資源的開採大都進入高投入、高成本時期，資源性地區及企業在進入市場經濟特別是開放條件下幾乎沒有競爭力。這樣，西部與東部發展的差距始終得不到有效抑制。目前，西部地區的人均收入僅相當於全國平均水平的 60～70 ％，只有東部發達地區的 2/5 左右。

區域開發的根本目的是在滿足全國發展特定需要的同時，促進當地經濟社會繁榮和居民福利水平的提高。因此，實施西部大開發戰略，首要的是摒棄「見物不見人」，只是將西部作為原料輸出地的服務性、依附性開發動機，樹立「富民興區」，以人為本的新發展觀，也就是要通過西部大開發，實現西部社會經濟的振興，使西部人民與東部一樣儘快走上富裕之路。大開發的目標主要應體現在三個方面，首先要通過一定的投入和要素流動，不斷擴大西部經濟規模，為當地人口創造更多的就業機會；其次，依靠科技進步和一定的政策扶

持，培育和提升西部產業在國內外市場的競爭力；最後，經過自身努力、財政轉移支付和東部的援助，力爭使西部的人均收入和生活質量在不太長的時期內與東部水平大體接近。

西部大開發有沒有一個時間表？政府文件只是講這是一個長期的工程，需要幾代人的努力。有些學者認為，至少需要 50 年⑫。臺灣企業家溫世仁先生大膽地提出，「西部開發，10 年可成」⑬。依我之見，50 年是長了些，但 10 年絕對不夠。前 10 年主要是集中力量搞基礎設施和生態建設，奠定一個好的投資環境；再用 10 到 20 年西部經濟競爭力逐步增強，取得一個較快的發展，人均收入達到當時東部地區的 70 %～80 %，可以認為基本實現西部大開發的目標。所以，以 20～30 年的時間部署，不僅可以增加人們開發西部的信心，也可以避免不顧條件，盲目冒進，急於求成的心理。

二、大開發的主體及國家角色

「一五」和「三線建設」時期西部的兩次「大開發」，都是在傳統計劃經濟體制下完全以國家投資為主體來實施的，屬於典型的「國家推動型外源開發」。由於國家掌握著全社會大部分的財力、物力和人力，資源動員效率極高，西部地區的許多大型工礦企業和鐵路、電站等基礎設施都是在這一時期迅速建立起來。

現在實施西部大開發的制度背景發生根本變化，以往依靠計劃指令動員社會經濟資源的機制已基本不復存在，而市場越來越多的發揮著配置資源的基礎性功能。從全社會固定資產投資的構成看，國家預算內資金的份額已由 1981 年 28.1 %降至 2000 年的 6.4 %，國內貸款、利用外資、自籌和其他投資（主要是民間投資）已占到全社會的 94 %。在這種新的體制背景下，把西部大開發寄望於國家的大規模投資，顯然已不切實際。市場經濟下西部大開發的主體不再是國家，而應當是企業，尤其是非國有企業。國家（中央政府）在西部大開發中，主要是實施發展援助，其角色應屬於「援助主體」。

從國際經驗看，各國政府對本國欠發達地區均實行不同程度的發展援助。英、意、法、德等西歐國家政府長期致力於縮小地區差異，採取的政策手段包括公共投資、轉移支付、經濟刺激、政府採購、公共區位、直接控制，甚至直

接建立國有企業，以促進落後（或衰退）地區的就業或收入均等化。崇尚自由市場經濟的美國，一般不實行主動性的區域發展援助，主要靠引導資本、人口、資源的區際流動，通過市場競爭激發落後地區的發展活力；對受援區的援助一般不直接給予私有企業，而且以間接的財政手段爲主。主要的擔心是，過多的政府干預可能破壞市場競爭機制的正常發揮作用。中國與歐美國家儘管國情不同，但是作爲成熟市場經濟國家的成功經驗和教訓，值得我們學習和借鑒。鑒於目前西部大開發的體制變遷，而且加入 WTO 後中國正面臨著經濟全球化的國際環境，國家對西部地區的發展援助，應當也必須是符合建立市場經濟新體制的要求和國際通行的做法。

那麼，國家在西部大開發中應當發揮什麼作用？從市場經濟下政府的基本職能看有兩個重要方面：一方面是利用國家掌握的有限財力，對欠發達的西部地區實施直接的發展援助，包括財政轉移支付和對基礎設施的直接投資。近期重點是加快公路、鐵路、機場、管道等交通設施和水利設施以及生態建設，以改善西部地區的投資環境，乃至生存環境。另一方面是利用國家掌握的政策資源，使西部地區享有其他地區所沒有的特殊優惠政策，以誘導國內外的資金、技術、人才及企業「西進」。爲此，需要調整原有一些對地區差距具有擴大效應、與加快西部大開發方向有悖的區域優惠政策，特別是財稅金融政策，真正使區位條件差、經濟基礎薄弱的西部省區成爲國家政策扶持的物件。

三、大開發的產業重點與佈局

目前，西部地區仍然處於工業化的初期階段。繼續推進西部工業化面臨的最大矛盾，就是中國經濟總體上已告別了短缺時代，大多數工業品的生產能力已嚴重過剩。因而，如何確定西部的工業化戰略，選準大開發的物件和重點，是當前要著力研究解決的一大難題。

首先，必須改變「立足資源搞開發」的傳統發展思路，從資源依賴型轉向市場導向型。這是因爲在市場經濟條件下決定地區產業選擇的主導因素是市場需求，而不是本地的資源稟賦；而且資源性產業大都具有成本遞增的特點，當資源開發到一定深度後，難以通過技術創新來提高效益水平；如果一個地區長期將資源性產業作爲支柱，那麼資源的枯竭勢必導致地區經濟的衰退。目前西

部的一些礦業城市（包括煤炭、石油、有色金屬等）已面臨「礦竭城衰」的危機，國家對這些城市應優先予以拯救，通過專項基金資助其產業轉型。

其次，要從重點培育地區比較優勢轉向重點培育地區競爭優勢。發展具有比較優勢的「特色產業」是一種理想的選擇，但在市場競爭環境下這種選擇的餘地會越來越小，「人無我有」的情形只能是少數和暫時的。加入 WTO 後，一方面國際跨國資本的侵入必然對西部弱小的產業形成強大的衝擊，另一方面東部地區也會進一步擴大從國際市場進口原材料，如鐵礦、石油、其他礦產品和棉花等農產品資源。因而，要使西部地區融入市場經濟和開放環境，必須著力培育西部產業和企業的競爭力，力爭「人有我優」。當前特別是要加快對西部國有企業的技術改造和戰略性重組；國家在安排「債轉股」、發行股票和企業債券方面，對西部應實行「同等優先」的原則；此外，加強西部的產業技術和人力資源的開發，切實推進科技成果的轉化和科技產業化。

從發展西部的特色產業看，可以選擇的重點，一是特色高效農業及其加工業。如西北乾旱區生產的紅花、蕃茄、枸杞、紅辣椒、蘋果、葡萄、哈密瓜、香梨，西南地區的各種花卉、藥用植物、烤煙、油菜籽、桑蠶、獼猴桃等農產品在全國有比較優勢，可建立種植、生產、加工、銷售一條龍的大型加工企業以及肉類、皮毛深加工企業。二是積極勘探開發西部的天然氣資源，並建設天然氣化工企業。三是利用西安、成都等中心城市科研院所密集的優勢，重點發展電子資訊、光機電一體化、現代生物醫藥和航空航太技術等高新技術產業。四是根據國際政治環境的變化和國防現代化的需要，適時加強西部的軍事工業。五是大力發展西部特色旅遊業，使旅遊業成為 21 世紀西部的一個重要支柱產業。

西部地域面積廣大，土地資源類型複雜多樣，大部分為山地、丘陵和戈壁沙漠，非耕地資源占土地面積的 95.8 ％。根據這些特點，大開發的空間佈局既不可能採取「遍地開花」、分散投資的方式，也不可能採取高度集聚的「極化」方式，除了新亞歐大陸橋外，特殊的地形地貌也制約著大的「軸線」型開發。因而，中小規模的「據點」式開發，將成為未來西部空間開發的主導方式。目前西部各省會中心城市的首位度過高，應著力發展次級規模的非省會中心城市，以帶動各省區邊緣區域的經濟社會進步。

　　整個西部地區尤其山區的鄉村聚落大多非常分散，通電、通路、用水、廣播電視等設施投資成本很高，也不利於農民生活水平的改善。提高集聚效益的根本途徑就是大力發展小城鎮。山區的小城鎮建設不同於平原，更多的需要政府的扶持。應考慮在西部山區選擇一些條件適中的地方進行小城鎮建設試點，從城鎮規劃、投資建設、戶籍制度、社區管理等方面開拓出一條新路，並把山區扶貧特別是異地扶貧開發與農村小城鎮建設結合起來。

四、大開發的分類援助策略

　　國家對西部的發展援助應根據不同類型區的特點和功能，實施有針對性的政策，才可能使大開發取得好效果。西部的基本類型區大體可分為以下 5 種：

(一) 中心城市區

　　基於援助弱者的原則，對於經濟相對發達的城市區，主要應依靠其自身積累來發展。但這類城市區又不同于一般的發達地區，它們更重要的角色是充當著通過集聚和擴散效應帶動西部廣大地區發展的「增長極」，因此又需要國家的一定支援。國家支援主要體現在，一是完善和加強中心城市區的城市功能，二是幫助促進中心城市區主導產業的技術改造和結構升級，三是通過各種途徑促進中央企業與地方經濟的融合生長。除了少數關鍵部門（如石油、軍工）外，大部分中央企業應下放地方，實行屬地管理，並最終取消企業的行政隸屬關係；暫時不宜下放的企業，應通過企業改制，將其主體部分與輔助部分剝離，一部分輔助部門交地方，同時地方企業也要主動搞好與中央企業的配套服務。

(二) 資源富集區

　　主要包括黃河上遊地區、小秦嶺地區、伊犁—克拉瑪依—阿勒泰地區、塔里木盆地、柴達木盆地、攀西—六盤水地區、三江地區、紅水河流域、烏江幹流地區、西藏—江兩河地區等。這類地區資源豐度和組合條件均好，是理想的煤、水、油、氣四者兼具的綜合性能源基地、多品種的有色金屬基地和化工基地，國家對西部的直接投資應重點安排在這些區域。對於一些具有全國意義的

或跨省區的大型基礎建設專案由國家承擔，大多數中小型尤其是原材料專案主要通過一系列鼓勵性政策，採取 BOT、ABS 等方式，吸引社會力量和外商投資開發，或者以當地資源入股，與國內外投資者聯合開發。也可以考慮選定一塊地方，設立以外商投資為主的資源開發試驗區。

(三) 貧困地區

今後國家扶貧政策的核心應當是加強扶貧制度建設，儘快形成貧困人口持續地增加收入的機制。這一方面要建立扶貧責任制，確保扶貧資源準確傳遞到最基層，使最貧窮人口受益；同時，應建立貧困人口進入信貸市場的制度，讓具有還款能力的貧困人口從正規金融機構獲得信貸支援；此外，還需要建立社會扶貧資源動員、傳遞和分配的制度，不僅要使捐贈等社會資源的動員持續地開展下去，而且還要真正使捐贈者放心。

(四) 邊境開放區

主要著眼于以開放促開發，依託邊境貿易吸引和積累資金，增強這類地區的自我發展能力。考慮到邊境民族地區的實際情況和經濟欠發達的現實，國家應繼續在財政、稅收、進出口商品管理等方面給予政策傾斜。可以考慮在邊境開放區選擇一些口岸基礎設施健全、人員管理素質較高、邊貿較為繁榮的地方設立「邊境自由貿易區」，實行類似自由港和自由加工區的政策。如果這種空間組織形式得以批准實施，將可能對西部發展產生如同經濟特區對沿海地區一樣的強有力推動。

(五) 自然生態保護區

西部是長江、黃河等大江大河的發源地，也是大量野生動植物資源的棲息地，對全國生態環境具有舉足輕重的影響。通過劃建一批自然生態保護區，可以把大江大河的源頭和生態脆弱區納入可持續發展的軌道。國家已經安排專項資金用於保護區建設，今後還應在生態效益補償資金方面向自然保護區—尤其是國家級自然保護區—傾斜。

五、大開發的制度保障與地方分權

　　借鑒各國區域政策經驗，有效地實施西部大開發戰略還必須要有制度上的保障。這主要包括兩個方面，一是設立西部開發委員會。主要職責是，研究制定西部大開發規劃和具體政策；負責「西部發展基金」的資金籌措、分配使用及基金的運作；負責扶貧開發，組織「東西對口幫扶」和東西部經濟技術協作；負責國際發展援助機構和國外政府組織對西部地區的援助專案的具體實施；檢查、監督國家大開發戰略的執行情況；定期對西部大開發實施效果進行評估並提出完善意見；研究國家宏觀政策的區域效應，特別是對西部欠發達地區的影響；負責協調西部內部各省區市的產業分工、貿易摩擦及各種經濟社會關係；為西部提供國內外經濟技術資訊諮詢服務及各類人才培訓。目前設立的國務院西部開發領導小組及其辦公室似有臨時性質，且僅有制定規劃和政策職能。

　　二是制定西部地區開發法。為保持政策的穩定性和連續性，應儘快制定「西部地區開發法」。明確提出或規定，中華人民共和國各地區的居民應當享有平等的就業機會和基本一致的生活水準；逐步縮小東西部的發展差距，是政府和全體公民應努力為之奮鬥的目標；中央政府和東部發達地區應按一定的出資比例向西部落後省區提供發展援助。

　　由於地方政府在地區經濟發展中扮演著中央政府所不可替代的角色，某些經濟調控權一定程度上的「區域化」，有助於調動西部各地方政府的積極性，增強西部自身發展的努力。第一，西部地區因對外引資的競爭力較弱，其地方稅管理許可權應比沿海經濟發達的地區更大一些。第二，賦予西部地區較大的融資權。如允許設立專門面向西部地區的「西部開發銀行」；允許西部區域性商業銀行根據央行規定的基準利率浮動幅度範圍，自主決定存貸款利率；允許西部發行地方政府債券；並賦予西部新型投融資方式的決策權（如專案融資、投資基金、融資租賃、BOT、ABS、TOT、境外上市、紅籌股、可轉換債券、B股）。第三，考慮到西部地區基礎設施和基礎產業等具有壟斷性質的專案較多，對於由各省區自籌資金的專案，應賦予西部各省區自行審批的許可權，以減少審批環節，提高專案決策效率。同時，對西部取消外資規模的審批控制。

第四，放寬屬於邊境地區的邊貿管理權。因邊貿管理部門接近和熟悉周邊市場，其決策能夠及時、準確地反映周邊國家市場的變化，從而可以避免過多的集中管制而導致錯失貿易機會。

肆、21世紀初中國區域發展的基本格局展望

總體上分析，決定21世紀初中國區域發展基本格局的變數，我以爲，最重要的有三個。一個是中國現行區域政策——西部大開發戰略的實施；第二是中國整體經濟發展的未來走勢；第三就是加入WTO經濟日益全球化對中國不同區域帶來的影響。

一、未來西部地區的開發前景

從可以預見的10年看，隨著西部大開發戰略的逐步推進，西部地區正在成爲全國乃至國際資本關注的一個熱點地區，開發前景將非常樂觀。這主要基於以下事實：

第一、國家已經出臺《關於西部大開發若干政策措施的實施意見》，決定給予西部地區多方面的政策支援。包括加大建設資金投入力度、優先安排建設專案、加大財政轉移支付力度、加大金融信貸支援、大力改善投資軟環境、實行稅收優惠政策、實行土地使用優惠政策、實行礦產資源優惠政策、擴大外商投資領域、推進地區協作和對口支援、吸引和用好人才、增加教育投入等等。第二、今後一個時期國家仍將採取積極的財政政策，拉動內需，保持經濟增長。國家將主要通過國債資金、財政預算資金、各種專項資金和銀行貸款資金，增加對西部地區的投資，10年間已經和計劃開工建設的重大工程項目如「西電東送」、「西氣東輸」、「青藏鐵路」、「南水北調」、以及生態治理和城市基礎建設專案，預計需要投資高達數萬億元，這些投資還將帶動或吸引大規模的民間資金進入。第三、西部各省區政府部門通過清理不適宜的地方法規，治理「三亂」（亂收費、亂攤派、亂罰款），轉變政府職能，提高政府辦事效率和服務水平，使西部地區的投資環境正不斷得到改善。第四、近年來外商特別是國際著名的跨國公司紛紛到西部地區考察，其中不少已在西部地區投

資落戶，這種勢頭還將持續下去。

經過未來10年的建設，西部地區的經濟社會面貌將會有一個較大的改觀，特別是西部的交通、通訊、水利、能源以及市政等基礎設施和生態環境可能取得突破性進展，西部地區的一些特色產業（如特色種養業、特色礦產及加工業、特色旅遊業）也將逐步成長起來。在西部，一些條件較好的地區，如成渝地區、以西安爲中心的關中地區、以烏魯木齊爲中心的天山北坡經濟帶、銀川平原、南（寧）北（海）欽（州）防（城港）地區，有可能快速崛起，通過實施重點區域開發，初步形成西隴海蘭新線經濟帶、長江上遊經濟帶和南（寧）貴（陽）昆（明）經濟區三大經濟繁榮區。

當然，受自然條件的制約、原有基礎的薄弱、以及落後觀念和體制等因素的束縛，西部地區的發展還不可能很快，未來10年與東部沿海地區的差距可能控制在不再繼續擴大的程度，還不會出現縮小的跡象。但是，西部與全國平均水平的差距將會進一步縮小，以指標衡量，到2010年西部人均GDP可能接近全國平均水平的70％甚至還高些。

二、整體經濟與區域發展的互動關係

根據以往的經驗，當全國整體經濟發展較快時，各地區經濟也都有不同程度增長，但由於發達地區增速往往遠高於其他地區，以致地區之間的發展差距相應擴大；相反，當整體經濟速度減緩時，地區差距反而趨於減小。從今後一個時期看，隨著中國宏觀經濟調控手段的日趨成熟，中國經濟大起大落的局面已不大可能出現，像1990年代前期連續幾年兩位數的增速已難以再現。考慮到世界經濟普遍趨緩的影響，中國出口需求的拉動也不會很大。因此，未來中國整體經濟的走勢有利於國內區域經濟保持相對平衡的發展。

需要注意的是，實施西部大開發對東部沿海地區和中部地區發展產生的影響。從區域經濟發展水平和現狀分析，東部沿海地區目前人均 GDP 已接近15000元，許多沿海城市已提出未來10年率先實現現代化的目標。隨著經濟總量的擴張，沿海地區土地、資金、勞動等要素成本上升，一部分富餘的資本需要尋找出路，一部分產業需要向外轉移。西部大開發的實施雖然使得沿海地區尚存的政策優勢消失，但也爲沿海地區產業結構調整和進一步發展帶來了新

的機遇。從對沿海經濟影響較大的外資看，未來幾年流入中國的外資（主要指外商直接投資FDI）絕大部分仍然還會集中在沿海地區，只是在沿海地區內部分佈逐步均衡化，也就是外資會更多地由珠江三角洲向長江三角洲，進而向北部環渤海地區流動（目前環渤海地區的 FDI 僅占沿海地區 FDI 總額的不足 20％）。

中部地區無論從自然區位條件，還是從產業結構和經濟發展水平，與西部地區的相似性大於差異性。中部地區不靠海，只是比西部離出海口近些；中部也是以資源型產業為主導，只是比西部加工業多些；中部人均GDP約 5000 多元，只是比西部略高一點。然而，西部大開發的實施，對於處於不是「東西」（不靠東，不靠西）的中部省區來說，將帶來一些值得關注的影響。雖然西部開發中大型跨區域的基礎設施建設（如交通）和生態建設（如流域治理），中部許多省區可以「借光」，但國家支援西部大開發的許多政策卻不能享受。據對中部一些地方調查，因得不到有關政策的優惠照顧，一些原本打算投資的外商離開了中部。由於存在與西部地區的政策落差，還可能導致中部資金、人才等要素的進一步流失。因而，未來中國區域發展中一個新的擔憂是，可能出現「中部塌陷」問題。

當然，中部地區可以借助毗鄰沿海發達地區的區位優勢，積極承接來自沿海地區的產業轉移。同時，依靠自身努力，培育企業競爭力，在沒有政策扶持條件下，也有可能促進經濟更健康、更快的成長，從而在區際競爭中經受考驗，實現中部崛起。

三、經濟全球化對中國區域發展的影響

21 世紀初中國經濟在加入世界貿易組織後將更快地與國際接軌，融入經濟全球化的大趨勢，由此導致的巨大變化可能有兩方面，一方面隨著國際資本的轉移，中國很有可能成為世界的製造業中心，從而為國內各地區加快發展帶來機遇。另一方面，跨國資本在 3〜5 年的過渡期後大量湧入，使得中國處於不同發展水平的地區將同時面對強大競爭的壓力，尤其是競爭力弱小的西部經濟可能會遭受更大的衝擊。

經過 50 多年建設和發展，中國經濟總量已經排在全球第六位，目前除飛

機、汽車、精密機床、石油及石油化工產品、半導體元件、精細化工等技術密
集型產品以外，傳統產業領域的大多數工業品產量已經位居世界前列。最近一
個時期，不少國外人士預言，中國將成為世界工廠。新加坡副總理李顯龍在美
國《福布斯》雜誌主辦的企業高層會議上說，正如日本在二戰後成為「世界工
廠」一樣，中國將在 21 世紀成為「世界工廠」。環球聯合公司董事長、前美
國國務卿黑格說，中國擁有強大的生產力，其具有的明顯優勢使其正在成為亞
太地區製造業中心。德國歐倍德企業集團總裁哈拉爾德‧陸克斯說，中國已成
為電子消費品、電腦硬體和電訊方面的世界生產中心，是世界上最大的數碼轉
換器市場、亞洲第二大個人微機市場。⑭

　　無論這種預言是否準確，可以肯定的是，隨著世界產業結構的調整加快和
中國對外進一步開放，國際工業資本正在越來越多地向中國轉移。聯合國貿發
會議委託進行的《2001 年世界投資報告》的調查資料表明，目前《財富》500
強公司中已有近 400 家在中國投資了 2000 多個專案。世界上最主要的電腦、
電子產品、電信設備、石油化工等製造商，已將其生產網路擴展到中國。另有
統計資料顯示，中國已連續 8 年成為發展中國家吸收外商直接投資最多的國
家，平均每年有 400 億美元以上的國際資金流入中國。中國加入 WTO 後，越
來越多的跨國公司將會把中國作為其市場銷售、原料採購、價格制定乃至新產
品研發、人力資源開發等方面的基地，為所屬的亞洲各地的生產性子公司提供
協調管理和綜合服務。所有這些無疑有利於促使中國加速成為「世界工廠」或
世界製造業中心。

　　在這種背景下，中國各地區都將獲得直接承接來自國際製造業轉移的機
會。東部沿海地區憑藉其有利的區位條件、比較完善的投資環境、以及業已形
成的外資積聚效應，能夠將更多的、水平更高的國際資本吸引落戶。處於內陸
腹地的西部地區雖然遠離出海口，自然條件和投資環境還不盡如人意，但是，
國家對西部地區的政策支援和大規模的資金投入，也必將通過投資環境的儘快
改善，吸引到比以往更多的外國企業到西部投資。中部地區儘管政策環境不如
西部，但居於「承東啟西」的相對有利區位，根據梯度轉移的規律，也有可能
吸引到一些外資特別是來自東部沿海地區的外資輻射。

　　如何應對經濟全球化帶來的挑戰，是今後一個時期中國各地區面臨的重要

課題。東部沿海地區近些年在發展高新技術產業和改造傳統產業方面取得很大進展，但目前企業的核心競爭力還不很強，需要在培育更多的自主知識產權上下功夫。中西部地區尤其是西部地區的傳統農業和初級加工業，由於技術水平低、勞動生產率不高，在過渡期之後，取消各項政府補貼，多數產品將會失去已有的市場份額。因此，中西部地區應儘快調整落後的生產結構，加快體制創新和技術創新，在參與國際競爭中培育競爭力，盡可能避免全球化帶來的不利，並最大限度的分享全球化帶來的利益。

2002 年 2 月 3 日完稿於北京

＊　　　　＊　　　　＊

註　釋

註① 「西部地區」的地域範圍目前有兩種分類。一種是 10 省區分類，包括陝西、甘肅、青海、四川、貴州、雲南省、寧夏、新疆、西藏和重慶等省、自治區和直轄市，這是自「七五」計劃（1986～1990）提出東部、中部、西部三大地帶的劃分以來一直沿用的分類；另一種是 12 省區分類，即在 10 省區基礎上加上內蒙古和廣西兩個自治區（或簡稱 10+2），這是實施西部大開發政策措施所適用的地區範圍。本文的「西部」涉及 1999 年以前的資料採用 10 省區分類，1999 年以後資料採用 12 省區分類，一般均加以注明。另外，80 年代以前所稱「內地」或「內陸」通過是指沿海地區以外的所有地區。

註② 根據各地區的戰略位置不同，將一線地區作為戰略前沿，三線地區為全國的戰略後方，主要包括西部的四川、貴州兩省和雲南、陝西、甘肅三省的大部分地區及青海東部地區，還有中部的豫西、鄂西、湘西、晉南和東部的冀西、粵北、桂西北。

註③ 據統計，從 1964 年至 1971 年，全國內遷專案共計 380 個，包括 14.5 萬名職工和 3.8 萬台設備。整個三線建設累計投資 2000 多億，相繼建成了 10 條總長 8000 多公里的鐵路幹線，1000 多個大中型骨幹企業、科研單位和大專院校，形成了 45 個大型生產科研基地和一批新興工業城市，以及以國防工業和重工業為主的產業結構與生產能力。

註④ 參見，堅持改革、開放、搞活（人民出版社 1987 年版），頁 13。

註⑤ 世界銀行按照購買力平價（PPP）測算，中國人均 GNP 1998 年已達到 3220 美元（See The World Bank: Entering the 21st Century: World Development Report 1999/2000, Oxford University Press, 1999）。

註⑥ 見李京文主編，21 世紀中國經濟大趨勢遼寧（人民出版社，1998 年版），頁 173。

註⑦ 見王洛林主編，未來 50 年中國西部大開發戰略（北京出版社 2002 年），第三章。

註⑧ 礦產儲量潛在總值，是指探明的可利用儲量按其初級產品價格折算的價值。這種指標未扣除礦產資源采選損失及勘查、開採的要素成本，僅用以從宏觀上反映一個國家（或地區）礦產資源實力。

註⑨ 三條南北方向的大通道，一是中西部地區通往湛江、北海、欽州、海口等港口的洛（陽）湛（江）粵海（南）通道；二是包（頭）西（安）渝（重慶）黔（貴陽）通道，由包西線、西安安康線和既有襄渝鐵路安康至重慶段以及既有重慶至貴陽的川黔鐵路組成；三是東北至長江三角洲陸海通道。四條東西方向大通道，一是西煤東運新通道神朔至朔黃鐵路，西起神府煤田，橫穿山西、河北，東至渤海之濱的黃驊港；二是西安至南京鐵路，西起隴海線新豐鎮編組站，經商州、南陽、信陽、潢川、六安、合肥，東至南京樞紐預留的永寧編組站；三是川漢（武漢）甬（南京）通道；四是株洲至六盤水複線。

註⑩ 參見「加快鐵路建設，拉動經濟增長」人民日報 1998 年 10 月 5 日。

註⑪ 參見「加快公路建設，推動經濟增長」人民日報 1998 年 9 月 14 日。

註⑫ 大陸西部問題專家陳棟生教授是持這種觀點的學者之一，參見他的著作，西部大開發與可持續發展（經濟管理出版社），2001 年版。

註⑬ 參見溫世仁先生的著作，西部開發，十年可成（生活‧讀書‧新知三聯書，2001 年版）。

註⑭ 分別參見「我國正成為亞太地區製造業中心」，中國經濟時報 2001 年 11 月 6 日和「中國：建設世界工廠」，中國經濟時報 2001 年 11 月 19 日。

全球化與中國金融改革

陶儀芬

國立政治大學國際關係研究中心第四研究所助理研究員

摘　要

　　國際金融資本流動性的增加在過去 20 年間造成各國爭相開放國內市場及放寬資本管制，形成制度趨同的全球化的現象。中國大陸在這波金融全球化的風潮中，就吸收外資的能力來講，表現得相當傑出。但在大量吸收外資的同時，中國大陸卻仍保持相當高的政策自主性，似乎絲毫感覺不到金融全球化的壓力，直到近年東亞金融危機之後，為加速加入 WTO 的進程，才開始緩慢開放國內市場，但仍有嚴格的資本管制。為什麼中國大陸在吸收外資與金融自由化的程度間有這樣大的落差？在與其他開發中國家比較之後，本文認為主要是因為中國大陸特殊的外資構成形式與偏高的國內儲蓄率，給予政府較高的政策自主空間，延緩金融自由化的腳步。

關鍵詞：全球化、中國經濟轉型、金融自由化、資本管制、WTO

＊　　　　　＊　　　　　＊

壹、引　言

　　國際金融資本流動性的增加在過去 20 年間造成各國爭相開放國內市場及放寬資本管制，形成制度趨同的全球化的現象。中國大陸在這波金融全球化的風潮中，就吸收外資的能力來講，表現得相當傑出。例如，在整個 1990 年代，

有超過半數湧入開發中國家的外國直接投資是投入中國大陸，這使得中國大陸
成爲僅次於美國的世界第二大直接投資接受國。又如，在 2000 年，中國是在
國際資本市場上發行證券最多的國家。但在大量吸收外資的同時，中國大陸卻
仍保持相當高的政策自主性，似乎絲毫感覺不到金融全球化的壓力，直到近年
東亞金融危機之後，爲加速加入 WTO 的進程，才開始緩慢開放國內市場，但
仍有嚴格的資本管制。爲什麼中國大陸在吸收外資與金融自由化的程度間有這
樣大的落差？本文認爲主要是因爲中國大陸特殊的外資組成結構以及國內資本
形成對外資依存度較低，所以在金融改革的進程上有較大的政策自主空間，能
夠放慢金融自由化的腳步。

貳、全球化與金融自由化的世界風潮

　　過去 20 年間，由於國際資本的流動性增加，產生了一股金融自由化的世
界風潮，特別是「開發中國家」，爲了要吸引更多的資本流入，紛紛在這段期
間內大量的放寬資本管制與開放國內市場，更進一步加強國際資本流動的趨
勢，也將其本身的經濟暴露在較大的金融風險中，1994～1995 年的墨西哥金
融危機及 1997～1998 年的東亞金融危機皆可被視爲這個趨勢的產物。

一、國際資本流動性的增加

　　自 1970 年代末，跨國界的資本流動便以驚人的速度成長。舉例而言，國
際外匯市場的日交易量在過去大約 15 年間增長了 8 倍，從 1980 年代中期的不
到 2 千億美元增長到 1990 年末的 1.5 兆美元，相當於每日國際貿易量（250 億
美元）的 60 倍。這個數字反應的是，隨著越來越多的政府放寬對資本流入、
流出的限制，有越來越多的資本在國際間（不同的貨幣之間）流動，尋找最好
的投資機會。例如，在 1990 年代中期，光是全世界的共同基金 (mutual funds)
和退休基金 (pension funds) 這類資本就有 20 兆美元，比 1980 年成長了 10 倍。
另一方面，國際金融市場的發展伴隨科技的進步，也使得跨國公司加快其全球
布局的腳步，使得外國直接投資亦以遠遠超過世界總產值與世界貿易增長的速
度增長①。

這個可被稱為「金融全球化」(globalization of finance)的現象為「開發中國家」(late developing countries)的發展與轉型提供了前所未有的大量資本。例如，截至 1993 年，流入「開發中國家」的私有資本已超過 1500 億美元，這與 80 年代初，每年 30 億美元的淨流出形成強烈對比②。根據 Barry Eichengreen 與 Albert Fishlow 的研究，在 20 世紀共有三次大規模的資本流入「開發中國家」的現象：第一次是在 1920 年代，是以「開發中國家」政府到國際債券市場發行債券為主；第二次是在 1970 年代末，是以「開發中國家」政府向先進國家的商業銀行貸款為主；第三次則為 1990 年初，這次是以先進國家的私有資本到這些所謂的「新興市場」(emerging markets)投資上市公司發行的證券 (portfolio investment)或進行直接投資 (foreign direct investment)為主③。

相較於前兩次的大量資本流入「開發中國家」，1990 年代資本流動最大的特色是，它不再是由「開發中國家」政府出面透過國際資本市場或國際商業銀行團借款，而是先進國家的私有資本直接進入這些「開發中國家」投資他們的金融市場或個別企業。所以，雖然有人認為，這次的「金融全球化」相較於過去，在量上並沒有什麼特別突出的地方④，但從資本流入的構成來看，在質上確有一個非常不同於以往的特點，那就是「開發中國家」對資本管制與國內市場的大量開放。換言之，這波金融全球化對主權國家造成的衝擊是前所未有的。

二、「新興市場」的金融自由化風潮

一般來說，金融自由化包括放寬資本管制 (capital control)與開放國內市場兩個面向。放寬資本管制指的是對境外機構或個人購買本國資產（如本國企業、房地產、股票、債券等）和本國機構或個人購買境外資產的限制的放寬，也就是一般所謂「資本帳項目的開放」(capital account liberalization)；開放國內市場指的是讓各種外國金融機構進入國內市場與本國金融機構公平而自由的競爭。

根據現存對「開發中國家」金融自由化的研究，隨著近年金融全球化速度的加快，國內與國外私有部門在放寬資本管制的議題上有利益趨同的現象。傳統貿易理論認為，在資本相對稀少的「開發中國家」，封閉的市場對擁有資本

這個生產要素者有利，因為市場封閉將造成國內資本價格高於國際價格。但 Jeffry Frieden 認為在相同要素擁有者間，隨著其擁有的要素能動性 (mobility) 的不同，也有利益分殊的現象，例如，在「開發中國家」的出口導向製造業就遠比金融業的能動性要大，這個部門的資本擁有者便較傾向放寬資本管制的政策⑤。Stephan Haggard 和 Sylvia Maxfield 更進一步認為，即便是「開發中國家」的金融業也有放寬資本管制的利益，因為在許多「開發中國家」，由於政府刻意壓低實質利率或通貨膨漲等因素，國內利率事實上是遠低於國際平均利率的，放寬資本管制，短期而言對可賺取國內外利差的金融業有利，長期而言對個別儲戶有利⑥。所以，除那些可分配到政府控制的低利率貸款的特定部門或群體外，放寬資本管制對「開發中國家」的私有部門是有利的。

但從「開發中國家」政府統治的角度來看，它們有許多的理由必須要維持資本管制：第一，維持資本管制可增加它們貨幣政策的自主性。一個資本任意自由進出的經濟體，大量資本流入或流出，都會影響（甚至決定）國內的貨幣供給，乃至於利率、匯率，大大地限制了政府利用貨幣政策調節經濟的能力⑦。資本流動對政府貨幣政策限制的機制很多，舉例而言，當經濟好的時候，政府需要調高利率抑制經濟過熱，但高利率更進一步吸引大量的熱錢湧入，反而火上加油；反之，當經濟差的時候，流動性高的資本爭相離去，政府為留住這些資本，不敢積極地使用貨幣或財政的手段來刺激經濟，延緩經濟復甦的時機。第二，維持資本管制可提供政府財政一個較寬鬆的環境。許多「開發中國家」的政府都習慣以金融抑制 (financial repression) 的方式維持長期的低利率政策，使得政府可以較低的成本發行公債或向銀行借款，支持其財政支出，一但開放資本管制，這種人為的低利率將難以為繼。第三，維持資本管制有助於政府分配租金 (rent)，鞏固其統治基礎。在許多「開發中國家」，人為的低利率政策所產生的租金，可透過政府控制的金融體系分配給特定的經濟部門或群體，建立並鞏固執政者的統治基礎。放寬資本管制，短期而言，將提供這個分配機制內行為者賺取國內外利差的誘因，引發分配機制本身的道德危機 (moral hazard) 問題；長期而言，這個分配機制將隨著低利率政策的崩解而崩解。所以，我們從經驗上發現，「開發中國家」的政府大多是在被迫的情況下，特別是發生支付問題 (balance of payments problem) 的時候，放寬資

本管制的⑧。

　　至於開放國內市場，國內與國外的私有部門就有明顯的不同利益。先進國家的金融機構近年來積極遊說各國政府及國際經濟組織，透過各種多邊或雙邊的機制，打開「開發中國家」金融市場的大門，GATT/WTO 烏拉圭回合談判將金融服務業納入談判項目就是最鮮明的例子。反觀「開發中國家」的金融機構，多半不是擁有大量資本、人才、先進管理技術及國際政治經濟影響力的跨國金融機構的競爭對手，他們有絕對的利益在阻止跨國金融機構進入國內市場與其競爭；至於國內的一般儲戶及有競爭力的企業，作為金融服務的消費者而言，長期來講，市場開放帶來更多的商品選擇與競爭，對他們是有利的；政府的立場則較不一定，這關係到政府本身是不是金融機構的擁有者，而金融機構亦不是其重要的財政收入來源，如果國內主要金融機構為私營的時候，那要看金融業作為一個群體是不是一股重要的政治力量，在開放市場的議題上，與工業界的立場是否相左，以及國外金融機構遊說的壓力有多大等等的因素。例如，東南亞許多國家，特別是泰國，金融業多為私營，但是政治上很重要的一股力量，所以能成為阻擋國內市場開放的有效力量⑨。但在智利，在皮諾契政權主導的自由化過程中，原本在阿連得時期國有化的金融體系本身正面臨私有化，沒有有力的政治代言人捍衛其利益，使得智利早在 1970 年代金融自由化的過程中，成為在拉丁美洲國內金融市場最開放的國家⑩。

　　總而言之，過去 20 年來快速的金融全球化改變了許多「開發中國家」經濟行為者的政策偏好，特別是就放寬資本管制的議題來講，國內與國外的私有部門有利益趨同的現象，但從政府的立場看來，基於維持貨幣政策自主權、較為寬鬆的財政環境以及政治租金分配機制的沿續等因素，多半不願放寬資本管制，所以研究發現，「開發中國家」大多是在發生支付危機的情況下，被迫放寬資本管制，以求在短期內恢復投資者的信心。而在開放國內金融市場的議題上，金融全球化對經濟行為者政策偏好的影響則較為複雜，國內抗拒的力量通常較大。因此，經過各國原本外部經濟狀況、金融產業結構及政治制度等中介變項的影響，各國受全球化衝擊而發生的金融自由化，在速度及路徑上有很大的差異性。

三、金融自由化的潛在風險

發生在 1990 年代兩次主要的「開發中國家」金融危機—1994～1995 墨西哥匹索危機與 1997～1998 東亞金融危機—的共同特點是：突然大量的資本外逃 (capital flight) 引發外匯危機，而外匯危機造成幣值的急速下降又引發更進一步的資本外逃，緊接著是國內一連串的金融機構及企業倒閉和政府發生支付問題，最後以尋求外援收場。相較於過去在「開發中國家」發生的單純的政府支付問題，在 1990 年代的金融危機中，資本外逃扮演著關鍵性的角色，因此就引發了經濟學界對金融自由化，特別是放寬資本管制的一連串的檢討。儘管學者對於金融自由化與金融危機之間的因果關係、政策責任歸咎與因應之道眾說紛云，但有一點可以確定的是，錯誤的開放順序或過早的自由化會為金融自由化帶來無限的風險。

金融是一個有嚴重資訊不對稱 (information asymmetry) 問題的部門，所以在世界各國政府對於金融業的規範與監管都是最嚴密的，儘管透過各種政府監管機制與評等機構的設立，可提高金融市場的透明度，降低資訊不對稱的問題，但金融市場因為無法在短期間內取得充分資訊而盲從的性格仍非常明顯，金融經濟學大師 Charles Kindleberger 經典之作「狂熱、恐慌與崩盤」(Manias, Panics, and Crashes) 的標題本身就是對金融市場這種特質最佳描述。

這種盲從性格在跨國流動的資本上尤其明顯，試想坐在紐約或倫敦辦公室裏操盤的基金經理人，要如何針對印尼某一家上市公司進行個別的評估，這時印尼，甚至整個東南亞，的整體經濟狀況，就成為這些國際金融機構決策的重要依據。所以當泰幣貶值時，印尼也會發生資本外逃的現象。這種情況在國內金融規範與監管法規不健全、市場透明度低的國家，又特別嚴重，因為國際資本沒有辦法區分好的公司與壞的公司，只好把他們的股票全部賣掉。所以，目前學界一般認為，在沒有健全國內金融規範與監管機制，提高金融市場透明度之前，冒然開放資本自由進出的國家，在外在經濟環境變化時，有較高的金融危機風險。

其次，在開放國內市場與放寬資本管制的順序上，應以先開放機構進入，再開放資本進入為宜。若在開放競爭之前先放寬資本管制，容易造成境外資本

流入集中在少數國內特許金融機構的手裡的現象。爲了極大化這種特許所造成的租金，這些金融機構會大量從境外集資，往往超過國內實際需求，造成不合理的資金分佈狀況，甚至資產泡沫化的現象，埋下金融危機的因子。

另外，放寬資本管制的順序本身錯誤也會帶來金融風險。例如，若短期資本先於長期資本開放，就容易造成外資流入過於集中短期的結果。在東亞金融危機中，短期外債過多即是韓國陷入危機的一個重要因素。

叁、全球化與中國金融改革

在這一波全球金融化的風潮中，中國大陸亦積極吸引國際資本流入，支持其經濟發展及轉型，但在此同時仍能保持相當高的政策自主性，主要是因爲它的外資進入是以對金融政策限制較低的外國直接投資爲主，而國內的高儲蓄率又讓它的國內資本形成對外資的依存度較低。

一、中國大陸經濟發展中外資的角色

表一是中國大陸自改革開放以來歷年吸收外資的情況，在 1985 年至 2000 年其間其年均成長率是 25 %。從圖一我們可以看出，外資成長的高峰期主要是在 1990 年代，特別是鄧小平 1992 年南巡講話至 1997 年東亞金融危機之間，在這段期間，外資流入的年均成長率高達 37 %，而其中外國直接投資的成長率更高達 59 %，遠高於流入所有開發中國家的年平均 26 %與包括已開發國家與開發中國家的世界平均 21 %[11]。從圖二我們可以清楚的看出其外資流入的比例變化，大致可分爲三個時期：從 1980 年代初改革開放開始到 1992 年鄧小平南巡講話爲第一階段，這個時期對外借款佔外資流入最大的比例；1992 年至 1997 年爲第二階段，這個階段則以外國直接投資爲主；從 1997 年開始，雖然外國直接投資仍佔最大比例，但其他項目的快速成長反應的是中國大陸的國有企業開始積極到國際金融市場發行股票集資。

根據現存的有關外資流入對「開發中國家」政策影響的研究發現，不同類型的外資對政府政策限制的程度亦有所不同（見表二）：就政府產業政策來講，資本擁有者越是能控制資本流動方向的對政府政策限制越大，所以外國直

接投資因其直接掌握生產對政府產業政策限制最大，其次是證券投資，再次是外國借款⑫；而就政府金融政策來講，則是流動速度越快的資本對政府政策的影響越大，因爲流動速度快的資本可對政府不當的總體經濟政策或金融監管方式作最迅速的反應，所以依其流動性大小，對政府金融政策影響最大的資本流入形式是證券投資，其次是外國貸款，再次是外國直接投資⑬。

表一　中國大陸利用外資概況

（單位：億美元）

	總額	外債 數量	外債 百分比	外國直接投資 數量	外國直接投資 百分比	其他 數量	其他 百分比
1979-1883	144.38	117.55	81.4	18.02	12.5	11.74	6.1
1984	27.05	12.86	47.5	12.58	46.5	1.61	6.0
1985	46.47	26.88	57.8	16.61	35.7	2.98	6.5
1986	72.58	50.14	69.1	18.74	25.8	3.70	5.1
1987	84.52	58.05	68.7	23.14	27.4	3.33	3.9
1988	102.26	64.87	63.4	31.94	31.2	5.45	5.4
1989	100.59	62.86	62.5	33.92	33.7	3.81	3.8
1990	102.89	65.34	63.5	34.87	33.9	2.68	2.6
1991	115.54	68.88	59.6	43.66	37.8	3.00	2.6
1992	192.02	79.11	41.2	110.07	57.3	2.84	1.5
1993	389.60	111.89	28.7	275.21	70.6	2.56	0.7
1994	432.13	92.67	21.4	337.67	78.1	1.79	0.5
1995	481.33	103.27	21.5	375.21	78.0	2.85	0.5
1996	548.04	126.69	23.1	417.26	76.1	4.10	0.8
1997	644.08	120.21	18.7	452.57	70.3	71.30	11.0
1998	585.57	110.00	18.8	454.63	77.6	20.93	3.6
1999	526.59	102.12	19.4	403.19	76.6	21.28	4.0
2000	593.56	100.00	16.8	407.15	68.6	96.41	14.6

資料來源：中國大陸國家統計局，**中國統計年鑑** 2001，頁 602。

從稍早的圖一及圖二我們看出，中國大陸的外資流入在 1990 年代有較大幅度的成長，而這段期間的成長主要是集中在外國直接投資，這與上一節所討論到整個 1990 年代金融全球化是以外國直接投資與證券投資為主的國際趨勢相符。不過在表三我們發現，與其他國家比較起來，外國直接投資佔中國大陸淨外資流入比例又特別高，因此我們可以推測，在 1990 年代大量的外資流入，對中國大陸的產業政策造成較大的限制⑭。另一方面，這樣的外資流入構成對中國政府的金融政策限制較小。

圖一　中國大陸利用外資概況

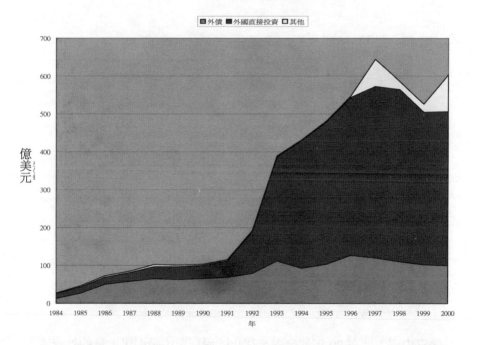

另外，雖然中國大陸的外資流入以高於一般開發中國家平均的速度增長，但由於其相當高的國內儲蓄率，使得中國大陸的國內資本形成對外國資本的依存度卻相對偏低。表四是中國與東協四國和四個社會主義轉型國家在 1990 年代國內資本形成和對外資依存度的比較，我們發現在東亞金融危機之前的整個 1990 年代，中國大陸與東協各國的國內資本形成佔國內生產毛額（GDP）的

比例普遍較高，且除印尼外都以比 GDP 更快的速度增長，若考慮到這段時期
這些國家的高經濟成長率，這段期間的資本形成的成長是相當可觀的，與東協
四國比較起來，中國國內資本形成依賴外資的程度相對偏低，這與中國有較高
的國內儲蓄率有關。再比較俄羅斯和東歐各國情況，我們發現雖然捷克與匈牙
利對外資依存度偏高，但俄羅斯與波蘭的依存度似乎比中國要低，但若我們考
慮到其經濟衰退的情況及偏低的資本形成，呈現負值的資本形成的國外來源事
實上可能是一種資本外逃的現象。

圖二　中國大陸利用外資比例變化

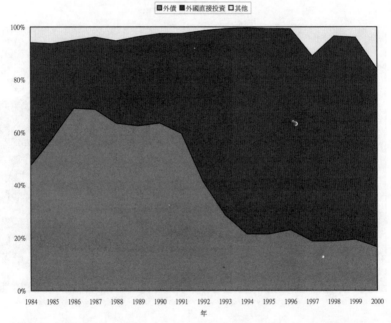

儘管中國大陸在 90 年代金融全球化的過程之中吸引了大量的外資流入，
但這些外資的構成是以對政府金融政策限制較低的國外直接投資為主。另外，
由於中國特別高的國內儲蓄率，中國快速成長的國內資本形成對外資的依存度
要低於一般「開發中國家」。這使得中國在大量吸收外資支持其經濟發展與轉
型的同時，受到較少的開放金融市場與放寬資本管制的壓力，有一個能夠自主
控制改革進程循序漸進發展的政策空間。

表二　外資對政府政策限制程度比較

	外國借款	外國直接投資	證券投資
產業政策	（3）	（1）	（2）
金融政策	（2）	（3）	（1）

表三　1996 年各國外國直接投資佔外資淨流入比例

（單位：百萬美元）

	外資淨流入總額(1)	外國直接投資(2)	(2)/(1)
中國大陸	50100	40180	80.2 %
馬來西亞	12096	4500	37.2 %
泰　　國	13517	2336	17.3 %
印　　尼	18030	7960	44.1 %
菲 律 賓	4600	1408	30.6 %
阿 根 廷	14417	4285	29.7 %
巴　　西	28384	9889	34.8 %
智　　利	6803	4091	60.1 %
墨 西 哥	23647	7619	32.2 %
俄 羅 斯	7454	2479	33.3 %
捷　　克	4894	1435	29.3 %
波　　蘭	5333	4498	84.3 %
匈 牙 利	1618	1982	122.5 %

資料來源：World Bank, *World Development Report 1998/1999*, pp. 230～231.

表四　1990年代各國資本形成對外資的依存度（％）

	國內投資毛額/ 國內生產毛額	國內投資來源構成 國內 / 國外	國內儲蓄/ 國內生產毛額
中中國大陸			
1991	35.3	108.2 / - 8.2	38.2
1992	36.6	104.8 / - 4.8	38.3
1993	43.5	95.5 / 4.5	41.5
1994	41.2	103.3 / - 3.3	42.6
1995	40.8	104.2 / - 4.2	42.5
1996	39.3	105.4 / - 5.4	41.5
馬來西亞			
1991	39.2	76.2 / 23.8	29.9
1992	33.5	106.1 / - 6.1	35.5
1993	39.4	86.5 / 13.5	34.1
1994	41.2	96.1 / 3.9	39.6
1995	43.6	91.0 / 9.0	39.7
1996	41.5	103.3 / - 3.3	42.9
泰國			
1991	42.8	83.6 / 16.4	35.8
1992	40.0	88.4 / 11.6	35.3
1993	39.9	88.6 / 11.4	35.4
1994	40.2	90.4 / 9.6	36.3
1995	41.8	88.5 / 11.5	37
1996	41.6	86.8 / 13.2	36.1
印尼			
1991	35.5	101.1 / - 1.1	35.9
1992	35.8	106.5 / - 6.5	38.2
1993	39.5	110.1 / - 10.1	32.5
1994	31.1	103.7 / - 3.7	32.2
1995	31.9	95.8 / 4.2	30.6
1996	30.7	98.0 / 2.0	30.1

（續下頁）

（接上頁）

菲律賓			
1991	20.2	82.3 / 17.7	16.6
1992	21.3	70.0 / 30.0	14.9
1993	24.0	57.4 / 42.6	13.8
1994	24.1	61.7 / 38.3	14.8
1995	22.5	64.8 / 35.2	14.5
1996	24.0	59.6 / 40.4	14.6
俄羅斯			
1991	36.8	128.2 / - 28.6	47.4
1992	26.7	141.3 / - 41.3	37.8
1993	25.5	121.2 / - 21.2	30.9
1994	25.5	121.0 / - 21.0	30.9
1995	25.4	113.6 / - 13.6	28.9
1996	24.6	113.7 / - 13.7	28.0
捷　克			
1991			
1992			
1993	26.8	105.7 / - 5.7	28.4
1994	29.8	91.0 / 9.0	27.1
1995	34.0	86.0 / 14.0	29.3
1996	34.2	81.3 / 18.7	27.8
波　蘭			
1991	19.9	90.4 / 9.6	18.0
1992	15.2	110.1 / - 10.1	16.8
1993	15.6	106.3 / - 6.3	16.5
1994	17.6	112.2 / - 12.2	19.8
1995	19.7	111.9 / - 11.9	22.1
1996	21.9	92.9 / 7.1	20.3
匈牙利			
1991	20.4	95.3 / 4.7	19.5
1992	16.1	98.3 / 1.7	15.8
1993	20.0	58.9 / 41.1	11.8
1994	22.2	70.8 / 29.2	15.7
1995	23.9	94.7 / 5.3	22.7
1996	27.2	96.0 / 4.0	26.1

資料來源：International Monetary Fund, *Internaitonal Financial Statistics*, 1998 Yearbook and 2001 October.

二、一個循序漸進自主的金融改革進程

雖然中國大陸的經濟轉型始於 1978 年中共中央十一屆三中全會，金融體系的改革嚴格說來要到 1984 年中國人民銀行將商業銀行業務分出專職中央銀行職能才開始。從 1984 年至今，中國金融改革的進程大至可分爲三個階段：第一階段（1984～1993）是以計畫體制內的權力下放爲主，可稱爲「半單一銀行金融體系」(quasi-monobank financial system)；第二階段（1993～1997）是以建立金融市場遊戲規則與監管機制爲主，可被視爲「半市場金融體系」(quasi-market financial system)；第三階段（1997～）才開始處理全球化趨勢下的金融自由化的問題，本文將它稱爲「保護主義式的金融開放」(protectionist financial opening)。前兩個階段金融改革的動力主要都來自於解決政府的財政問題，直到第三階段當中國大陸決策當局希望更進一步擴大吸收外資時，才真正面臨金融自由化的壓力。

「半單一銀行金融體系」：在中國人民銀行於 1984 年將商業銀行業務分離出來專職中央銀行業務之後，一個兩級銀行體系在中國建立：中國人民銀行作爲中央銀行，運用信貸計畫與再貸款的機制控制總體貨幣增長及信貸資源分配；中國工商銀行、中國農業銀行、中國銀行與中國建設銀行作爲國有專業銀行，依照國家信貸計畫發放貸款。基本上，這個兩級銀行體系仍維持計畫經濟運作模式，但由於政府日益惡化的財政狀況，必須依靠銀行體系大量動員國內儲蓄來分擔其財政支出，所以在管理上銀行體系不斷向各級地方分行下放自主權，主要包括獨立的預算與開發各種計畫外金融渠道的權力⑮。權力下放提供各地方分行強烈誘因廣設網點積極吸收存款，根據大陸官方統計，從 1985 年到 1995 年，中國人民銀行與四大專業銀行全國分行的數量從 58,000 擴張到 158,000，大約是三倍的增長，而人員也從 925,000 增加到 1,876,000，成長了兩倍⑯。而四大銀行與農村信用合作社所吸收的存款也從 1985 年的 4,590 億元增長到 1994 年的 33,000 億元⑰。

銀行積極擴張所吸收的存款逐漸代替政府財政成爲國有企業投資生產資金的主要來源。在中央所謂「撥改貸」（撥款改貸款）的政策之下，自 1983 年起四大國有專業銀行開始負責滿足國有企業所有流動資金的貸款需求，在此同

時，四大銀行也漸漸挑起國有企業固定資產投資資金需求的重任，根據中國人民銀行內部研究人員估計，在 1980 年的時候，44.5 ％國有企業的固定資產投資資金來自於政府財政撥款，而銀行貸款只佔 19 ％，到 1994 年，政府財政僅提供 2.9 ％的資金，而銀行貸款的比例上升到 46.5 ％[18]。除此之外，人行與四大銀行的各級分行還成立各種信託投資公司與證券公司等非銀行金融機構，為國有企業開發各種國家信貸計畫外金融渠道[19]。

　　銀行體系的權力下放雖然動員了大量存款滿足國有部門的資金需求，避免中國因財政惡化對國有部門進行類似東歐一些轉型國家的「震盪療法」(shock theropy)，但也衍生出許多管理上的問題。從總體面上來看，這些管理問題的主要癥結在於一個依計畫體制運行的金融體系，在組織膨漲與業務分殊之後，所產生的嚴重道德危機 (moral hazard) 的問題，其具體表現則為銀行體系大量壞帳的累積、貨幣當局維持總體經濟穩定的能力下降，以及政府控制信貸資源分配的能力降低。

　　在這個階段的中國金融體系基本上對外是封閉的，只容許少數的外國銀行在沿海幾個城市（主要是廣州、北京和上海）設立分行或辦事處，對三資企業進行外幣貸款及貿易所需外匯的相關業務，不准經營人民幣業務。外匯的管理仍沿襲計畫體制，按國家計畫分配外匯，且採外匯雙軌制以維持較低的進口成本並鼓勵出口。與此同時，權力下放的邏輯允許各單位保留的外匯留成比例不斷升高，為方便三資企業取得外匯，在各地成立外匯調劑中心，允許各單位與三資企業在調劑中心進行外匯交易。所以，在這個階段，無論是國內市場或資本管制上中國大陸的金融體系相較於其他「開發中國家」都是相當封閉的。

　　「半市場金融體系」：如前所述，隨著金融組織的擴張與金融業務的複雜化，依計畫體制管理的總體貨幣供給與信貸資源分配出現了嚴重的道德危機問題，在總體經濟表現上便發生了所謂「治亂循環」的現象，從 1978 年到 1993 年間一共發生了四次治亂循環，且一次比一次時間間隔要短、規模要大[20]。到 1993 年中，中國再一次陷入政策性貸款（特別是糧食收購款）資金不到位、沿海房地產泡沫化、通貨膨漲、資本外逃及國債賣不出去等經濟失序的現象，中共中央遂於當年 7 月發佈所謂十六點緊縮政策，當時負責經濟工作的國務院常務副總理朱鎔基並兼任人民銀行行長，於同年 11 月中共中央十四屆三中全

會更發佈了「關於建立社會主義市場經濟體制若干問題的決定」，勾勒出江朱體制有關財政、銀行與國有企業改革的藍圖，大陸的金融體制改革遂進入了第二階段㉑。

這個階段金融體制改革的重點主要是在建立社會主義市場經濟體制的「宏觀調控」機制，但目前回顧來看，其政策實施方向仍是以加強中央政府對於信貸資源分配的控制能力爲重點，中央銀行運用市場工具間接調控金融市場的機制並沒有建立起來，以至於中央決策者仍需要借助許多管制的手段來維持金融秩序穩定，所以這個階段的改革充其量只能被稱爲是「半市場金融體系」的建立。

這個階段最明顯的制度變化是：(一) 三大政策性銀行的建立，保證中央政府能夠直接掌控中央政策性貸款的流向，不至像 1993 年以前，透過四大專業銀行地方分行分配，發生受到地方政府干預，將貸款挪用他途的現象㉒。(二) 在商業銀行與非銀行金融機構之間，進行所謂分業管理，防止銀行透過非銀行金融機構讓信貸資金流出銀行。(三) 透過立法確立中國人民銀行及各專業銀行總行一級法人地位，取消銀行內部利潤留成制度，強化銀行內部垂直領導機制，並取消信貸計畫與再貸款等制度安排，將人行對各國有銀行分配信貸資源的重心由各地移到北京，減少地方干預的機會。

自 1995 年起，除了三大政策性銀行以發行債券爲主要資金來源，財政部也以大量發行國債的方式彌補財政收支的落差，爲維持較低的發債成本，中央政府必須對利率進行管制，限制國債二級市場的發展，使得中央銀行運用利率槓桿調節貨幣供給的市場機制一直無法建立起來，只好運用傳統「條條」管制的方法限制資金在不同市場間流動，如此一來，雖然表面上穩定了金融秩序，但金融體系內部的道德危機問題並沒有得到解決，只是被各種管制措施壓抑住。這種管理方式所要付出的代價是，金融資源不能在不同部門之間有效配制，銀行官員沒有能力進行信貸評估，不敢貸款，又被嚴格限制其他資產管理的方式，造成銀行壞帳繼續累積，利潤率嚴重下降和國內經濟緊縮的現象。

這個階段國內金融市場的開放並沒有突破性的進展，雖然隨著深圳及上海股票市場的建立，開始有外國投資銀行到大陸設立辦事處，但他們的業務被限制在 B 股的交易，不能買賣以人民幣爲基礎的 A 股，也不能進行承銷業務。

另外，銀行與保險業仍是以各別城市逐步開放的方式開放，對於業務範圍仍嚴格限制，唯 1997 年，爲鼓勵外國銀行到浦東設立分行，准許 9 家在浦東設立分行的外資銀行經營人民幣業務，唯業務對象仍限制在外資企業，且對於其存款準備有高於國內銀行的規定，使得這些外資銀行無利可圖，不願意擴張。

　　另一方面，在外匯體制改革上，這個階段倒是取得相當大的進展，主要是表現在 1994 年的匯率併軌，取消外匯留成制度，結束各地調劑中心，規定所有中國國內企業的外匯收入必須全數向外匯指定銀行結匯，並建立全國統一的銀行間外匯市場。自 1996 年 12 月 1 日起，實行人民幣經常項目可兌換，企業進口用匯，只要得到進口許可及相應憑證，便可到銀行換匯。這一系列的外匯體制改革成功地穩定了人民幣的匯率，使得中國大陸的出口與外國直接投資在這個階段得到非常顯著的成長，加上結匯制的實施，使得中國政府的外匯存底迅速增加，到 1996 年底增長爲 1050 億美元，在世界各國外匯存底名列前茅。外匯體制改革成功對中國整體經濟的貢獻，不僅表現在穩定人民幣匯率上，它更是江朱體制自 1993 年底實施緊縮之後能實現所謂「軟著陸」(soft-landing)的最大功臣：一方面穩定的匯率造成大量外國投資與出口，在國有企業與鄉鎮企業皆因緊縮政策陷入蕭條之時，成爲中國經濟繼續成長的主要動力；另一方面，外匯存底的迅速增加，造成人民幣發行量大增，必須藉由政府的「對沖政策」(sterilization) 來抵消它對貨幣供給的衝擊，提供政府緊縮銀行信貸及大量發行國債的正當性基礎。表五是 1994 年至 1998 年中國中央銀行基礎貨幣的結構變化，我們可以明顯看出，在這段期間，外匯存底佔貨幣增長的比例迅速增加，所以從另一角度來看，由外匯體制改革所產生的大量貨幣供給緩和了銀行信貸緊縮造成的貨幣緊縮。

　　「保護主義式的金融開放」：1997 年下半年發生的東亞金融危機雖然沒有對人民幣帶來直接的危脅，但它對中國大陸經濟確實造成相當的衝擊，它的影響主要表現在兩個方面：第一，外國直接投資的減少：從表一我們發現，在經過 1990 年代的快速成長之後，大陸的外國直接投資在 1998 年之後開始減緩下來，由於將近 80 ％的外國直接投資是來自於東亞地區，特別是在香港、台灣、新加坡的華人社會，當這些地區遭到東亞金融危機的襲擊，自然對大陸的外國直接投資的成長造成衝擊㉒；第二，心理上的衝擊：1997 年夏天中國大陸

的經濟成長已進入第四個年頭的下滑，是否能「保八」開始成為話題，而消費者物價指數事實上開始呈現負數，大陸各地都感受到市況蕭條的現象，大陸決策當局也認識到雖然大陸因外匯管制不會遭遇外匯危機，但大陸的金融體系與國有企業的體質事實上比東亞各國都差，因此思考是否應就國有企業與金融體系作更大幅度的改革。在這樣的背景之下，中共當局開始認真思考對延宕多年的加入WTO的談判作大幅讓步，一方面可以進一步吸引外資（特別是東亞地區華人以外的外資）；另一方面可以藉外部競爭來對金融體系與國有企業結構調整產生壓力。所以，從1997年10月中共中央首度召開中央金融領導小組會議到1998年11月中國與美國就中國加入WTO的原則簽署協議，中國大陸的金融體制改革進入第三階段，正式處理全球化的問題，但由於前面所提到各種問題的制約，使得中國對金融自由化仍採取一個相當保留的路徑，本文將之稱為「保護主義式的金融開放」。

表五　中國大陸中央銀行基礎貨幣結構變動（1994～1998）

（單位：億元人民幣）

基礎貨幣供應主要管道	1994		1995		1996		1997		1998*	
	增加額	%	增加額	%	增加額	%	增加額	%	增加額	%
基礎貨幣	3604	100	6147	100	3805	100	2826	100	1067	100
外匯佔款	2303	64	2765	45	3072	87	371	-13	449	35
四大銀行貸款	-2832	-79	1317	21	-2059	-54	1931	68	632	59
政策性銀行貸款	3716	103	1647	27	2031	53	889	31	352	33

*1998年1～11月。

資料來源：楊帆，**人民幣匯率研究－兼論國際金融危機與中國涉外經濟**（北京：首都經濟貿易大學出版社，1999），頁306。

到目前為止，這個階段的金融改革有包括以下三方面的進展：第一是強化金融管理當局監管規範機制：具體成就是在1998年完成了中國人民銀行跨省設立分行的工作，成立了上海、天津、瀋陽、南京、濟南、武漢、成都、西安及廣州九個跨省分行替代省分行，由中央直接任命領導班子，撤底排除省對中央銀行業務的干預；第二是改善四大銀行體質，加強其競爭力：首先是在1998

年由財政部發行 2700 億人民幣的特種債券，向四大銀行注資，提高其資本適足率，接著是自 1999 年起成立四家資產管理公司，分別處理四家銀行的壞帳問題；第三是大幅度的開放外資銀行、證券公司與保險公司進入國內金融市場，並承諾其 5 年後享有國民待遇（見表六）。

表六　中國大陸為「入世」對金融業開放的承諾

銀行	外國銀行在中國大陸加入 WTO 兩年後可對中國國內企業經營人民幣業務。 外國銀行在中國大陸加入 WTO 五年後可對中國國民經營人民幣業務。 外國銀行在獲許經營業務的地區享有與本國銀行相同的國民待遇。 外國銀行在中國大陸加入 WTO 五年後經營業務對象與地區不受任何特殊限制。
證券	外國證券機構可以（不通過中方中介）直接從事 B 股交易。 外國證券機構駐華代表處可以成為所有中國證券交易所的特別會員。 允許外國機構設立合營公司，外資比例不超過 33％，加入三年後，外資比例可提高到 49％。合營公司可以從事 A 股的承銷，B 股和 H 股、政府和公司債券的承銷和交易，以及發起設立基金。
保險	地理範圍：三年內取消所有地理範圍限制。 業務範圍：在五年之內逐漸開放所有保險相關業務。 經營執照：按一般經營標準發給，不再有經濟條件或執照數目總量限制。 所有權：壽險部分，外資比例上限為 50％。非壽險部分，入世後兩年內外資比例上限為 51％，兩年後不受限制。再保部分，入世後即可 100％獨資經營，無任何限制。

肆、中國大陸金融體系在加入 WTO 之後所面臨的挑戰

　　一般對於中國金融體系在加入 WTO 之後可能面對到的挑戰的評估主要有三個方面：一是人民幣自由兌換的壓力；二是中國國內金融機構競爭力的問題；三是金融主管當局規範監管能力的挑戰。

　　人民幣自由兌換問題　如前所述，中國大陸已自 1996 年 12 月開放人民幣經常項目的自由兌換，但對資本項目仍有嚴格管制。WTO 本身對於會員國的資本管制程度並沒有任何限制，所以加入 WTO 之後，中國大陸是否要開放經常項目自由兌換，完全取決於中國政府自己。雖然加入 WTO 之後，由於外國直接投資的增加，特別是金融服務業的增加，會更進一步增加政府管制的行政

成本，也會增加經常從事資本匯入、匯出企業要求開放的壓力，但由於中國政府本身近年實施所謂的「積極財政」政策，大量發行公債，進行基礎建設投資、打銷銀行壞帳，及國有企業改革等重大工程，需要一個自主性較高的財政及貨幣政策空間，短期內應不會開放經常項目，以免高度的資本流動限制了政府的政策自主空間。

金融機構競爭力的問題　自改革開放以來，中國的金融體系的發展一直環繞著分擔政府沈重的財政負擔這個主軸，使得中國經濟體系之中政府、銀行及企業的角色及職能到今天還不能作清楚的區分，造成企業社會負擔過重、銀行壞帳龐大及政府隱性對企業及銀行的負債擔保造成的道德危機的問題。在這樣的背景下，銀行目前所累積的壞帳根據官方保守估計已高達 25 ％，若依照西方的會計標準計算更是在 40 ％至 50 ％之間。除此之外，銀行亦是財政部重要的歲入來源，除了一般企業必需繳的 33 ％的所得稅之外，銀行還要繳營業額 8 ％的商業稅，因此，財政部對於銀行壞帳的計算方式及打消壞帳的比例都有不合理的規定，使得在分業管理後已無利可圖的銀行必需靠不斷吸收存款來應付其支出、稅賦及一般支付。

在金融規範過死、市場透明度不高、國內企業經營效益不佳及全國市場仍受許多條條框框區隔的情況下，一般預測，加入 WTO 之後，外國銀行進入中國市場的速度會比外界想像的規模要小很多，所以即使 5 年後，中國銀行業全面對外開放也不會發生存款大規模移轉的現象，外資對四大銀行主宰市場的地位會有很長的一段時間不會造成挑戰。但無論如何仍會有一部分的存款移到外國銀行，若加上證券基金的成立與保險業務的擴張，許多存戶會選擇將銀行存款提出購買保險或基金，勢必造成銀行存款的下降，屆時若銀行的經營狀況不見改善，就會有發生支付問題的危險。所以，加入 WTO 對中國銀行業造成的影響，主要不是發生在本國銀行的競爭力問題，而是潛在可能引發的支付危機。

金融主管當局規範監管能力的挑戰　若要避免上述支付問題的發生，中國國有銀行必需立刻改善它們的體質，具體作法包括打銷壞帳、防止壞帳繼續增加、減少財政部門加諸銀行的負擔、增加市場透明度，以及最重要的是讓銀行真正成為一個以營利為目的的企業。除此之外，若中國大陸決策當局真的希望

藉由開放國內市場所帶來的競爭壓力與規範標準帶動整個國有部門的改革，就必需加速金融市場制度的建立。以上的工作，需要一個有實權而專業的中央銀行來推動。但目前，中國金融體系最高權威仍是包括來自財政部及各部委 15 名成員的中共中央金融領導小組，而中國人民銀行只是它的政策執行單位，使得人行在政策制定上及金融監管上的權威一直無法建立，長此以往，將影響加入 WTO 對中國金融體系帶來的正面效果。

伍、結　語

在 90 年代這波金融全球化的趨勢中，中國大陸吸引了大量的外國資本，支持其經濟發展與轉型，但相較於其他部門，其金融部門的發展是遠遠落後的，顯然大量的外資流入並沒有對中國金融體系造成政策壓力。本文認為主要是中國大陸特殊的外資構成形式與偏高的國內儲蓄率，給予政府較高的政策自主空間，延緩金融自由化的腳步。

*　　　　　*　　　　　*

註　釋

註①　Robert Gilpin, *Global Political Economy: Understanding the International Economic Order* (Princeton: Princeton University Press, 2001), pp. 6〜7.

註②　Miles Kahler, ed., *Capital Flows and Financial Crises* (New York: Council on Foreign Relations, 1998), p.1.

註③　Barry Eichengreen and Albert Fishlow, "Contending with Capital Flows: What Is Different about the 1990s," Kahler, ed., *Capital Flows and Financial Crisis*, pp. 23〜68.

註④　Gilpin, 2001, pp.261〜262.

註⑤　Jeffry Frieden, "Invested Interests: the Politics of National Policies in a World of Global Finance," *International Organization*, 45, 4, Autumn 1991, pp. 425〜51.

註⑥　Stephan Haggard and Sylvia Maxfield, "The Political Economy of Financial Internationalization in the Developing World," *International Organization*, 50, 1, Winter 1996, pp. 35〜68.

註⑦　有關資本流動與貨幣政策和匯率政策的關係，諾貝爾經濟學獎得主Robert Mundell 有一系列的著作討論這個議題。

註⑧　Haggard and Maxfield, 1996; Jeffrey Winters, "Power and the Control of Capital," *World Politics*, 46, April 1994, pp.419〜52.

註⑨　Sylvia Maxfield, *Gatekeepers of Growth: the International Political Economy of Central Banking in Developing Countries* (Princeton: Princeton University Press, 1997), chapter 5.

註⑩　Andres Velasco and Pablo Cabezas, "Alternative Responses to Capital Inflows: A Tale of Two Countries," in Miles Kahler, ed., *Capital Flows and Financial Crises*.

註⑪　計算數字來源為中國對外經濟貿易年鑑 2001，頁 836。

註⑫　Jeffrey Winters更將國外借款區分為官方及私有兩類，而前者（如向國家或國際經濟組織借款）經常是指定項目貸款，限制又更大。見 Winters, 1994, p.449.

註⑬　Winters, 1994; Haggard and Maxfield, 1996; and Sylvia Maxfield, "Effects of International Protfolio Flows on Government Policy Choice," in Kahler, ed., *Capital Flows and Financial Crises*, pp. 69〜92.

註⑭　這從外國直接投資集中在勞力密集的出口導向產業，與當初中國政府引進外資希望引進先進技術的初衷不符，而自 1990 年代中期以後開始檢討，可以得到佐證。

註⑮　社會主義轉型國家面臨的一個共同問題就是國有企業利潤率下降造成的大量財政收入流失，根據世界銀行的估計，在 1990 年代初期東歐及前蘇聯各國的財政收入平均僅佔其GDP的 16 %，而中國大陸的政府歲入更是從 1978 年的 34 %掉到 1995 年的 12 %。World Bank, *From Plan to Market* (Washington, D.C.: World Bank, 1996), pp. 118〜119; Tamar Manuelyan Atinc and Bert Hofman, "China's Fiscal Deficits, 1986〜1995" in D. J. S. Brean, ed., *Taxation in Modern China* (New York: Routledge, 1998), p. 31.

註⑯　中國金融年鑑 1996，頁 542。

註⑰　中國金融年鑑 1987，頁 II-7；1995，頁 465。

註⑱　樓繼偉、許美征、謝平（編），中國國有專業銀行商業化改革（北京：中國金融出版社），頁 32。

註⑲　這些非銀行金融機構在實際運作上相當於地方的工業銀行，是地方政府與銀行分行用來規避計畫，為地方國有企業籌資的管道，所以時而受到中央打壓，在 1980 年末期全國曾有超過 1000 家的信託公司，在 1994 年的時候，根據官方統計，信託公司在存款的市場佔有率大約是 5.2 %（應為低估）。Anjali Kumar, Nicholas Lardy, William Albrecht, Terry Chuppe, Susan Selwyn, Paula Perttunen, *China's Non-Bank Financial Institutions: Trust and Investment Companies* (Washington, D.C.: World Bank, 1997).

註⑳　Yasheng Huang, *Inflation and Investment Controls in China* (New York: Cambridge University Press, 1996).

註㉑　有關中共中央十六點緊縮政策，見 World Bank, *China: Macroeconomic Stability in a Decentralized Economy* (Washington, D.C.: World Bank, 1996), p. 19；有關十四屆三中全會 50 項決定，見中共中央，「關於建立社會主義市場經濟體制若干問題的決定」（北京：人民出版社，1993）。

註㉒　三大政策性銀行為國家發展銀行、農業發展銀行與中國進出口銀行。

註㉓　東亞國家的貨幣競貶讓我們第一個聯想到會對大陸的出口造成影響，但事實上剛好相反，大陸的出口在 1996 年由於出口退稅的改變發生衰退，反而是在 1997 年下半年又開始成長，主要是因為東亞其他國家的不確定因素增加。Barry Naughton, "China: Domestic Restrcuturing and a New Role in Asia" in T. J. Pempel, ed., *The Politics of the Asian Economic Crisis* (Ithaca, N.Y.: Cornell University Press, 1999), p. 204.

第三篇

外交、軍事與安全

面向 21 世紀的中共外交戰略：
認知與對策

明 居 正

台灣大學政治學系教授兼系主任
中國政治學會理事長

摘　要

　　1991 年冷戰結束後，中共對國際環境的認知與對外戰略出現了重大的變化。在認知方面，北京認為雅爾達會議所建立的國際兩極體系瓦解，出現的是一個以美國為首的「一超多強」的架構。在此架構下，美國準備建立一個「單極體系」以獨霸世界，視北京為潛在的戰略對手，採取的是「遏制加接觸」的戰略。但是整體而言，北京看到的是一個比過去要相對和平與安全的國際環境。在戰略方面，北京強調「和平與發展」。在挺過「蘇東波」的挑戰後，北京力主建立國際政治經濟新秩序。面對美國壓力時，北京的政策則是合作與鬥爭並用的雙手策略。「911」後的反恐戰爭雖然對於他們的雙邊關係帶來短期的蜜月效果，但是目前似乎又再度回到「合作加鬥爭」對抗「遏制加接觸」的態勢，而且這種態勢恐怕會延續相當一段時間。

關鍵詞：中共認知、一超多強、單極體系、中共外交戰略、中（共）與美關
　　　　係、大國互動、周邊關係

　　　　　　　　*　　　　　　*　　　　　　*

壹、前　言

　　1991 年，當人們還未來得及自天安門流血鎮壓、東歐風雲變色及兩德統一等一連串的大變動中回過神來時，共產世界的巨人——蘇聯——竟然在世人

的眼前徹底崩潰了。蘇聯及東歐共產集團的瓦解所代表的不僅僅是共產主義的失敗，它更揭示了國際上舊的二元格局的崩解與新格局的浮現。

在這個新的正在形成的格局裡，美國是公認的超級強國。它一方面欣喜於宿敵蘇聯的瓦解，一方面又要利用難得的機會做出對自己最有利的安排，因此在全球範疇內採取了種種行動。無可避免地，這些行動刺激到甚至傷害到一些國家，因而引發了國際間新一波的的縱橫捭闔。美國攻伐伊拉克、打擊南斯拉夫聯盟、建立全國飛彈防禦網、退出 1972 年的反彈道飛彈協定、甚至爆發於 2001 年的「911」恐怖攻擊事件都可以說是這種縱橫捭闔的註腳。

回顧過去十餘年翻天覆地的變化，中國大陸當然不可能置身事外。別的方面暫且不論，至少它的對外關係就曾經歷過一波波的驚濤駭浪。今天雖則風浪尚未平息，但是最壞的情況應該是暫時過去了。在中國大陸的經貿實力大增、美國全球動作頻繁的情況下，北京會對其外交戰略做出如何的調整與變動，已經成為國際觀察家關注的焦點，而這也是本文準備探討的主題。本文將分為四個部份：由於鄧小平的改革開放以及對外政策對於後來的變化起到了鋪路的作用，因此第一部份準備對鄧的政治遺產作一簡要的回顧。第二部份的主體為中共對於國際環境認知的變遷。我們會回顧中共過去如何認知世界，然後這種認知後來因何轉變。第三部份則自認知的變遷出發，進而探討北京各方面的戰略思想以及設計出現何種變化，包含冷戰結束後的整體國家戰略、對美戰略、對周邊戰略以及對第三世界國家的戰略等。最後，我們將對以上各節所做出的觀察與分析做出總結。我們還必須指出，本文的重點在於探討中共的戰略思維與戰略設計的變遷，對於其外交政策的分析並非本文重點，因此我們僅在必要時方會引述相關的具體政策。

貳、鄧小平的遺產

客觀地說，中國大陸今天的情況，不論是內政、經貿或是外交，與鄧小平過去將近 20 年的掌舵有著密不可分的關係。因此，要想探討北京今日乃至明日的外交戰略，我們很有必要對鄧小平的影響作一個簡單的回顧。

一、改革的成效

當鄧小平在 1978 年底的十一屆三中全會上宣布進行改革時，他所面對的是一個剛剛經過文革浩劫的殘破中國：政治上，如華國鋒、汪東興、紀登奎、吳德、陳錫聯與陳永貴等文革的受益者仍然遍佈中央與地方的各級黨政軍機關；社會上，經過 10 多年的動亂，道德人心乃至社會秩序幾乎蕩然無存；而經濟上，經過多年的胡亂運作，已經到達「崩潰的邊緣」。因此，改革進行了3、4 年之後，當胡耀邦表示要在 20 年內，也就是 20 世紀末時，要讓大陸的經濟總產值「翻兩番」，由當年的 7,100 億元人民幣達到 28,000 億元左右①，人們若不是嗤之以鼻就是認為中共又像過去一樣在大放厥詞。但是 20 年後，中共的成就卻讓許多心存疑惑的人大為驚訝。根據陸委會出版的兩岸經濟統計月報中的資料顯示，中國大陸 1999 年的 GDP 為 82,054 億元人民幣②，2000 年的 GDP 為 89,404 億元人民幣③，遠遠超過了中共自身最樂觀的估計，遑論外界的觀察家。

二、改革的代價

大陸這 20 年的經濟成就不是沒有代價的。鄧小平曾經說過要讓一部份人先富起來，意味著官方的政策是不平衡發展。因此隨著經濟的起飛，沿海地區和內陸的發展差距開始浮現，東西部的差距加大，漢族與少數民族地區差距擴大，物價上升進而出現日益嚴重的通貨膨脹，社會犯罪率快速暴增，而最為嚴重的就屬各級官員的貪污腐化。改革進行不過 5、6 年的功夫，社會上反貪腐的口號已經開始響起，伴隨著物價的不斷攀升，人民的生活出現各種各樣的困難時，反貪腐遂變成一般人民大眾心中的積怨。1989 年，這種積怨藉著對胡耀邦去世的哀悼發展成為追求民主的大規模群眾運動，最後還是鄧小平悍然決定全力鎮壓，遂釀成了 6 月 4 日天安門前的流血悲劇。

三、天安門事件與外交孤立

中共的鎮壓導致了國際社會的譴責與外交的封鎖，中共的國際處境陷入了改革以來的空前孤立。然而就在同時，大陸的民主運動傳染到了東歐各共產國

家，進一步地加強了自1989年初在波蘭和匈牙利等國即已出現的民主化進程，推動東歐各國人民起而要求改革，後來演變成波瀾壯闊的反共運動。一時間，東歐各共產政權紛紛瓦解，東西德國亦一舉統一，更令人驚訝的是蘇聯不但無法制止東歐的變局，它本身竟然也無力抵禦這個浪潮而在1991年底崩潰了。然而，這股俗稱「蘇東波」的巨浪回擊中共時，卻對北京的外交同時產生了正負兩種效應：在蘇聯集團瓦解之後，中共似乎成為西方國家的頭號敵人，人人必欲除之而後快，因此它在當時面臨的外交壓力可謂是空前的巨大。但是反過來，這個「頭號敵人」的身份卻又陰錯陽差地將它在世人心目中的國際地位給提升了，所以它似乎繼承了前蘇聯而成為另一個「應該」與美國對抗的大國。

四、改革的再出發

不過，鄧小平的政治手腕還是很高明的。在鎮壓了六四事件之後，他並未如一些人所預期般地終止改革。他一方面要求中共在外交上站穩陣腳，與西方各國周旋；另一方面選拔了原來在上海工作的江澤民擔任總書記，繼續進行經濟上的改革，中國大陸的局勢因此而慢慢了穩定。眼看大陸的情勢穩定之後，香港、台灣乃至國際的資金遂大舉進入，自1993年至1999年的7年中，中國大陸所吸引的外來資金共約4,550億美元④，佔世界第一位。這筆龐大的資金進入大陸之後，對大陸的經濟發展產生了極為巨大的推動力量，中國大陸的經濟因而起飛，出現了前文所說的倍數成長的現象。

在國際政治的領域裡，這股新增的經濟實力加強了北京的發言權，它因為蘇聯瓦解所意外獲得的較高的國際地位由此而進一步得到鞏固，它的自信增強了，而且人們也更加看重它了。因此在國際上，「中國崛起」成為一個人人都必須正視的話題。

五、鄧小平與權力交替

在中共的權力交替中人們也看見了鄧小平的作用。他在1988與1989兩年內，先後罷黜了改革派的胡耀邦和趙紫陽兩名大將，選拔江澤民繼任。此後，在中共政壇上他就一直扮演著定風石的角色，替江澤民穩住局面，讓江充分建立自己的班底與政治威望，從而順利接班⑤。因此，當鄧小平在1997年2月去

世時，中共政局並未出現太大的波動，以江澤民為核心的中共第三代領導集體一直平穩地掌舵至世紀之交。

六、收回港澳

最後，若要全面評估鄧小平的政治遺產，香港與澳門的回歸還必須加以討論。1980 年代初期，在鄧的主導之下，北京開展了與英國間關於收回香港的談判。經過數年的冗長交涉，英國被中共逼得步步後退，終至俯首棄子，全盤交出香港的主權與治權，而中共也基本遵守當時的承諾以「一國兩制」的方式將香港設為其下的一個特別行政區。至於澳門問題，由於葡萄牙見到連英國都無法抵抗中共，澳門回歸的協議遂輕鬆地達成。

綜而言之，以上所有這些事情，舉凡經濟改革、六四鎮壓、突破外交孤立、挺過蘇東波的衝擊、改革的再推進、權力交班以及收回港澳等，對於北京的外交戰略與作為都具有很大的影響，而這些就是鄧小平的政治遺產。

叁、中共認知的變遷

任何國家外交戰略的形成都受到它認知的影響，中共自亦不例外。如果回顧北京過去半個世紀來的外交行為，我們可以清楚地看見，在前 20 年中共領導人對於國際環境以及自身處境的認知受意識型態的影響可謂十分強烈。但是隨著它逐步進入國際社會，與其他國家——尤其是美蘇兩國——互動日多後，意識型態的影響日益消退，而現實主義的考量則日漸抬頭。本節首先對中共自建國以來至 1987 年召開十三大時，其對國際環境認知的變遷作一回顧，其次討論它對冷戰結束後有關國際趨勢、美國的戰略設以及周圍環境的看法，以作為探討其外交戰略的基礎。

一、北京過去如何認知世界

全世界的共產黨人都將國際主義高掛在嘴上，但是內心深處他們其實都還是民族主義者，中國共產黨尤然。中共的文宣雖然也禮貌地說要解放全人類，其實他們真正想的，是如何利用共產主義將中國建設成一個富強的大國，使得

中國能從列強百年來的侵略中掙脫出來。明乎此，才能瞭解中國共產黨人當年對於共產主義的執著，也才能真正掌握他們行爲的根本推力。這種執著對內讓他們堅決地採用共產主義的方式去建設中國大陸，對外則要在充滿敵意的國際環境中追求自保，進而開拓其生存空間。

現在讓我們將話題轉至中共初建國時對於國際環境的認知。早在 1949 年 6 月底，毛澤東即提出：國際現狀乃是社會主義對抗帝國主義。而新中國，他主張，當然是要「一邊倒」，即倒向蘇聯爲首的社會主義陣營⑥。因此，在他看來，第二次大戰後的國際形勢是一個二元對抗的格局。

作爲第三大國的中國，在這個二元體系下，可以有三個戰略定位的選擇：倒向蘇聯、倒向美國或是左右逢源。若中國實力足夠，而且美蘇對立又十分尖銳的話，則左右逢源可能會是最好的戰略。而如果中國本身不夠強大，則不堅持意識型態地倒向美國可能是次好的選擇。是故，縱使當時有各種考慮，向蘇聯一邊倒應該還是三者中最差的選項。錯誤的戰略定位在國際政治上就意味著嚴重的懲罰：因此，一年後與美國進行韓戰、從而與美國在戰略上敵對、遭受美國在國際上政治、經濟與軍事的封鎖、甚至中共隨後採行不同的國家發展策略因而影響到其建國的成效等的一連串後續發展，固然有其內政的甚或毛澤東個人的因素在內，然而這個錯誤的戰略定位仍然難辭其咎。相比之下，中共未能如願地「解放台灣、統一中國」反倒是個較次要的戰略問題了。

「向蘇聯一邊倒」的錯誤還可以從其他方面來檢視。中蘇的友誼其實是很勉強的。因此不久後，他們間的矛盾就開始浮現並迅速惡化。雙方關係終至劍拔弩張、兵戎相見，對中共的北方國防態勢形成了 20 年的沈重壓力。我們此處並非以後見之明來否定中共的作爲，只是想指出：錯誤的政策容易導致不可欲的後果。因此，「向蘇聯一邊倒」使得北京政權先後與世界兩強的美國及蘇聯爲敵，對當時的中共而言不是一個優良戰略殆無疑義。

我們說中共的外交戰略在前期受到意識型態的影響較深，1964 年毛澤東所提出的「中間地帶論」也是一個有力的佐證。當然，早在 1946 年毛在延安時即已提出過相似的概念，只是這次作了引伸。按照新的說法，美蘇之間的中間地帶可以分爲第一中間地帶，包括亞、非、拉等已經獨立或正在爭取獨立的國家；第二中間地帶則包括西歐、加拿大和紐澳等國家。中共的策略是團結第

一中間地帶、爭取第二中間地帶、孤立和打擊美蘇兩國⑦。經過 10 年後，「中間地帶論」有了更新的發展，變成了「三個世界論」。這時中共將美蘇「兩霸」歸入第一世界，宣稱他們之間的全球爭霸是世界動亂乃至世界大戰的根源；「第三世界」則由亞、非、拉等開發中國家所組成，是中共需要爭取團結的對象；其他的已開發國家，如西歐及日本等，就構成「第二世界」，它們具有「兩重性」，一方面受兩大國的壓迫，但是一方面又去壓迫亞、非、拉各國，所以是既爭取又鬥爭的對象⑧。無論是「中間地帶論」還是「三個世界論」，我們都可以清楚地看見馬克斯理論的階級分析觀點，只是中共將它套用到國際社會，將每一個國家按照中共的標準劃分入不同的「世界」，從而決定它的「階級屬性」以及中共對其的外交策略。

中共對前述戰略定位錯誤的糾正始於 1971 年，亦即它與美國間的關係正常化。自三角關係中與美蘇兩強的互動，北京的領導人慢慢地掌握了國際關係中現實主義的精髓。其中雖然經過了「三個世界論」的洗禮，不過現實主義的考量逐漸超過了意識型態的偏執，他們的體會後來落實於 1982 年的十二大。當然，這個變化與前幾年才開始的改革開放政策有極密切的關連。在經歷了毛澤東統治的 28 年後，中國人對於共產主義的信念如果不是完全幻滅，恐怕也會大打折扣，因此當鄧小平提出改革口號時立刻吸引了普遍的支持。改革要求對內拋棄「急風暴雨式的階級鬥爭」，對外則要求一個「和平的建設環境」。是故，胡耀邦在十二大的報告中，提出中共要「堅持獨立自主的對外政策」，「絕不依附於任何大國或者國家集團」，要奉行「和平共處五原則」，而且「在任何情況下，我們永遠不稱霸。⑨」北京的這種新的而且比較務實的戰略定位持續維持了將近 10 年，為它自己創造了極佳的發展空間，直至蘇聯瓦解後，它才必須重新面對一個很不相同的挑戰。

二、對國際變局的認識

對於中共而言，蘇聯的瓦解當然是一件大事，它意味著第二次大戰以來的國際格局出現了根本性的變動。大體說來，中共的看法是：以美蘇對抗為標誌的兩極體系結束，世界正在向多極體系發展，但是新的格局並未完全成形⑩。

上述的這個看法有多處需要進一步探討。首先，他們所說的「多極」指的

是哪些國家？如果仔細追溯，近 10 年來北京的看法是有變化的。在 1992 年的中共十四大報告與 1997 年的十五大報告，以及歷年來人大會議上總理的政府工作報告中，都只是抽象地說「多極」，但是並未加以說明⑪。

不過，中共外交部每年出版的「中國外交概覽」（1996 年後改稱「中國外交」）中卻透露了官方的看法。在 1992 年版的「中國外交概覽」中指出，國際上多極化的趨勢開始出現，因爲蘇聯不復存在，美國國力有所削弱，德國與日本開始崛起，中國（共）的國際地位有所提升，而且第三世界國家「謀求聯合自強」⑫。1993 年及 1994 年版並未細述。到了 1995 年及 1996 年版時，所謂的多極包括美國、俄羅斯、日本、中國大陸與歐洲，雖則在談到歐洲時卻又特別指出德國日益強大，角色重要⑬。這似乎意味著，中共當時對於歐盟整合的前景是有一定的不確定性，因此才以變通的方式將二者並列。

不過，這份大國的清單到了 1997 年版問世時，日本可能因爲經濟持續衰退而被除名，所以只剩下美國、歐盟、俄羅斯與中共等 4 國被稱爲大國。而且歐盟，而非德國，是作爲單一國家進入大國的行列，這應該是忠實地反映了北京對歐盟整合前景的判斷⑭。1998、1999 及 2000 年版都語焉不詳，到了 2001 年版時，美、中、俄、歐 4 國再度出現⑮。

是故，很明顯的，中共的「多極」概念的確經過演變。起初在 1992 年提出時，他們的看法並不明確，因爲竟然將「廣大的第三世界國家」也算爲一「極」，或說一「元」，這無論是在理論層面或是在現實的國際政治層面都是無法成立的⑯。1995 與 1996 年時，他們提出的是包含日本在內的「五極論」，但是 1997 以後，卻成爲不包含日本的「四極論」。「極」的數目的變動或日本地位的變動，代表了北京對於日本的國力以及國際影響力變動的判斷，其衍生的政策意涵即爲：中共在對未來大國互動關係的推演時是否需要將日本納入考慮。現在看來，答案應該是否定的。

第二個問題是，在上述文獻中，中共一度於 1996 年以「一超多強」來形容這 5 個大國所形成的架構，但是此後即很少再見到官方使用這個概念。1998 年，中共表示：美國在努力營造「單極世界」，不過受到其他大國的有力制約。1999 年後，中共更改以「單極與多極之爭」來描繪世局。這種表述方式的改變所反映的，不是中共對於國際環境的「客觀理解」的變化，而是針對這

個客觀的世界，中共在「主觀上」應該如何去面對。簡言之，中共在內心裡其實承認國際社會的確是一個以美國爲主的「一超多強」，但是因爲憂心美國的戰略壓力，所以在「主觀」上希望藉著更多地強調「多極」來平衡之。中共的這種心態後來在它的對外政策中很具體地表現出來。

第三點值得注意的是中共對於世界大戰的看法。在毛澤東時代中共屢屢談到世界大戰，而且其觀點似乎是在鼓吹戰爭。毛曾經說過，世界大戰必然要來，因此晚打不如早打，最後可能摔原子彈或核子彈，殺死全世界三分之一到二分之一的人口，就可以消滅資本主義而建立社會主義了⑰。鄧小平推動改革開放之後，中共這種論調有了很大的修正。他們宣稱，要進行經濟建設就必須有一個和平的國際與周邊環境，而且由於國際上愛好和平的力量較大，所以要避免新的世界大戰是可能的⑱。這些年來，中共官方一直持此一論調。

這種看法的政策意涵即爲：中共要鼓吹和平，避免戰爭，而且會聯合可能的對象共同達成此一目標。

三、對美國戰略意圖的判斷

以上的討論說明，其實不論中共對「多極」的看法在字面上有何變化，美國在它的心目當中仍然是單一最有影響力的超級大國；而且美國的一舉一動他都會十分在意，所以我們需要探討中共如何理解美國在新世紀的全球戰略，以及由此而生的對北京的戰略。

(一) 美國的全局戰略

或許這個話題比較敏感，在中共官方的文獻中我們所能找到討論美國戰略的文字並不太多。不過在外交部 1995 年的「中國外交概覽」中，卻罕見地出現了這麼一段話：

1993 年是克林頓總統執政的第一年。美國政府內外政策作了重大調整。對內，把振興經濟作爲中心任務；對外，提出經濟安全、確保防務和推進民主「三大支柱」和「擴展戰略」。其主要特點是(1) 把維護美經濟利益作爲首要目標，對外貿易立場趨硬，「管理貿易」色彩增多；(2) 對亞太地區重視程度明顯提高，提出「新太平洋共同體」構想，強調對亞太經濟合作和安全問題的

全面參與；(3) 安全戰略重點繼續向對付地區衝突轉移，並把防核擴散問題提到戰略高度；(4) 聲稱要在全球構築「自由市場經濟和民主國家共同體」，借口人權問題對別國頻頻施壓，干涉他國內政⑲。

1998 年版的「中國外交」則以較簡略的文字更具體地說明了美國的戰略部署：「美外交進取姿態明顯增強，以歐亞爲重點展開全球戰略部署，以北約東擴、美日安保條約爲突破口，全面推進美主導的橫跨歐亞的全球新安全格局⑳。」

如果說官方的言詞還比較含蓄的話。學者的剖析可就是十分露骨了。曾任上海國際戰略問題研究會會長的陳佩堯教授有如下的觀察：

> 美國要建立由它主宰的單極世界，有明確的戰略並已付諸實踐……美國在其戰略中反覆強調美國要扮演國際社會的「領袖角色」，重申美國的「全球領袖地位」，和要行使「世界領袖權威」。美國判定在 2015 年前它將不會受到任何大國的挑戰和軍事進攻的威脅，因此企圖利用這一時機，依靠強大的經濟、科技和軍事優勢，爲在 21 世紀建立全球領導地位奠定基礎。美國在歐洲以加強北約爲中心繪製歐洲安全形勢圖。鑑於美國在北約內的中心和支配地位，所謂「北約爲中心」實際上是以美國爲中心。美國力圖通過北約東擴，將北約的「合作安全網路」擴大到中、東歐，甚至波羅地海沿岸國家和中亞地區，徹底改變歐洲力量對比形勢……同時美國也要穩住俄羅斯，力圖通過簽署北約──俄羅斯基本文件，建立「伙伴關係」，把俄羅斯納入以北約爲中心的歐洲安全體系，框住俄羅斯。美國在亞太地區強化五對雙邊軍事同盟，即美日、美韓、美泰、美菲、美澳聯盟。想使雙邊聯盟的職能超越雙邊範圍而面向整個亞太地區，在更廣闊的範圍發揮作用……首先以美日聯盟及其他四個雙邊聯盟爲重點，進一步擴及東盟和印度，同時也加強同中國的交往與協調……上述美國新戰略和推行新戰略的相應活動構成了近幾年來國際關係中存在的單極趨勢㉑。

陳教授這段不算短的引文中，包含了幾個重點：(1) 美國準備建立一個「單極世界」；(2) 美國的全球策略分爲歐、亞兩個面向；(3) 美國在歐洲方面準備運用北約；(4) 在亞洲方面則利用美日聯盟等五對同盟。現有文獻顯示，這種

看法爲多數大陸相關學者所接受，即便有所差異亦屬有限。因此，在分析大陸方面對於美國的全球策略上可謂相當有參考價值。

(二) 美國對北京的戰略

在探討了美國的全球戰略後，合理的發展就應該是討論美國對中共的戰略設想。可以理解的是，中共官方文獻對這個更爲敏感的問題著墨更少。在前引的黨的大會文件中，只是抽象地表示大國關係在調整，中共反對霸權主義和強權政治。文件基本上不提及具體或個別國家㉒。在每年國務院總理向人大會議的報告中，則照例會提到與個別國家的關係，但是所用的言詞卻是非常簡單而抽象。例如在經歷了 1995 和 1996 年的海峽飛彈風波之後，李鵬在他的報告中也只是輕描淡寫地說：「中美關係經歷了嚴重的困難，這完全是由美國不明智的對華政策造成的。經過雙方努力，現在雖然關係有所改善，但仍起伏不定㉓。」文字的輕描淡寫反映的就是中共官方對這個問題的極度謹慎。

這個敏感問題的答案還是必須在學者的論述當中去發掘。由於這是一個熱門的話題，因此許多大陸學者或多或少都曾經提出過他們的看法，不過中國現代國際關係研究所的楚樹龍教授的說法似乎比較具有代表性。他認爲，冷戰結束後美國對北京的政策就一直是「接觸政策」（engagement），而且布希與柯林頓在口頭上和實際上都是採取這套政策㉔。這套政策也可以稱爲「融合戰略」，它的戰略目標簡單的說，就是「將中國融入美國領導、西方主導的國際政治、經濟、安全體系中，用國際體系制約和影響中國㉕。」他更認爲美國想要具體地達成下列政治、經濟和安全等目標：

在政治方面，要使中國成為以西方為主導的國際政治體系的一員，即尊重西方式的民主、人權標準，受西方創立和主導的《聯合國憲章》、《國際人權公約》等政治、民主人權體系的約束。在經濟上，要使中國按西方的標準和條件，參加以關貿總協定——世界貿易組織等為代表的自由貿易體系和國際金融體系，並使中國開放市場，遵守市場准入、知識產權、勞工及環保等「國際標準」。在安全方面，要使中國按美及西方的要求，成為以核不擴散條約、導彈技術控制制度、化學及生物武器為主要內容的國際安全體系的一部

份，受這一體系內各種條約、協定的制約，並在亞太地區成為美國主導的地區安全結構的一個積極的部份㉖。簡言之，就是要「(1) 改變、演變中國，(2) 利用中國和 (3) 制約、防範中國㉗。」

楚樹龍注意到，雖然都是採取「接觸戰略」，但是老布希和柯林頓的手法還是不同：「（老布希）是在對中國進行制裁的情況下，避免完全孤立中國，保持與中國的接觸，以尋求中國在「建立世界新秩序」方面的合作㉘。但是柯林頓的作法就是「以壓促變，（企圖）改變中國㉙。」可想而知，他對美國這套戰略的評價是不會太好的。他認為這種作法有明顯的兩面性，即防範與交往並重、制約與對話並行㉚。而且更令人警惕的是，這是一套短期的、試驗型的、過渡性的戰略。它是想看看這套作法是否可以「改變和制約」中共，如果不行，則美國有可能在適當時間改採其他的戰略㉛。

綜合以上所言，我們可以做出如下的觀察：不論是大陸官方或是民間學者，不論是明示或是暗喻，他們基本的看法為：蘇聯瓦解之後，作為超強的美國正在利用目前「一超多強」這個機會，在全球的範圍內推進於其有利的戰略部署，以建立其「單極體系」。它不但企圖制約其他國家，諸如俄羅斯或歐盟；對於北京美國更採取了一套具有兩面性的「接觸戰略」，企圖改變和制約中國，而其最終目標則是和平演變中國大陸。

三、對周圍環境的認知

組成中共對外認知的最後一個部份就是它對周圍環境的認知。關於這個問題中共在過去的半個世紀中曾經出現過重大的轉折，而且整體說來，他們在本區域對外衝突的次數比較多，這對他們的認知也會帶來相當大的衝擊。

在中共建立政權尚不滿 1 年時，它就捲進韓戰當中，與美國和南韓在戰場上兵戎相見。這場戰爭雖然在 3 年後宣布停火，但是東北國境的安全已經潛藏危機。其後中共藉著參加亞非會議而積極推進睦鄰政策，但是 1958 年的八二三砲戰和 1962 年與印度的邊界戰爭實質上撕毀了它的睦鄰的努力，從此東南和西南也成為中共必須關注的前線。1969 年，中蘇共之間發生射擊戰，數年內蘇聯在邊界陳兵近百萬，成為中共建國以來最大的安全威脅。1974 年中共

爲西沙群島與南越爆發海戰，5 年後又出兵懲越，南方從此多事。如果再加上美日安保條約、南海島嶼糾紛和潛存的新疆與西藏等與鄰近外國可能有關的問題時，中共的周邊幾乎沒有剩下多少寧靜的邊界。所以，它對周圍環境一直保持高度的警惕也就不足爲怪了。

　　1970 年代末期，當鄧小平推動改革開放政策時，他就意識到和平──尤其是和平的周邊環境──對中共新的國家目標的重要性，因此就出現了前述 1982 年胡耀邦在中共「十二大」上的修改對外政策的發言。此後，中共的領導人逐漸改口，毛澤東時代的革命口號漸漸消失，取而代之的就是朗朗上口的「和平與發展」。

　　1990 年代初期，蘇聯的垮台固然對中共的國際戰略地位帶來了正負兩面的衝擊，不過它還帶來了另外一個北京企求多年而未可得的狀況，即來自北方的多年戰略壓力的消退。連帶地，中共還與北方的蒙古和南方的越南──這兩者原來都與蘇聯有十分密切的戰略關係──實現了關係正常化，進一步解決了長期困擾中共的兩個戰略問題[32]。因此，身爲總理的李鵬在 1993 年八屆「全國人大」第一次會議上談到與周邊國家的關係時說：

> 現在我國同周邊國家的關係處於全方位的良好狀態。中日關係健康穩定的向前發展。中朝之間的傳統友誼繼續鞏固和加強。中韓建交為促進兩國關係的全面發展奠定了基礎。我國同印度尼西亞恢復了外交關係，同新加坡、文萊建交，與東盟國家的關係取得全面發展。中越關係實現了全面正常化。我國同巴基斯坦、孟加拉國等南亞國家的傳統友誼得到加強。中印關係顯著改善和發展。我國和俄羅斯建立了新的關係，兩國關係存在著進一步發展的廣闊前景。我國同新獨立的原蘇聯各共和國建立了友好合作關係。我國同少數幾個國家存在的邊界問題有的已經解決，有的正在談判並獲得了積極進展。在主權屬我的南沙群島問題上，我國提出「擱置爭議、共同開發」的主張，並願為南中國海地區的長期穩定與互利合作而努力[33]。

　　在往後的各年中，由於改革開放政策的需求，因此李鵬口中的對其周圍國際環境「全方位良好狀態」的認知都基本得以維持，並未出現重大的變化。

肆、中共外交戰略的修正

　　相應於中共的認知與外交思維的，就是它的外交戰略。所以大體而言，我們在前面看到多少次認知的變遷，在北京的外交政策中就會出現多少次的變動。本節首先簡略地回顧中共在建國以後直至冷戰結束時其外交戰略的演進。其次我們要探討冷戰結束後中共國際觀的變化如何導致其外交戰略的修正，尤其因為美國是唯一的超強，與它的互動如何成為北京外交的主軸自然成為分析的重點。最後，我們將會對北京對其周圍各國的戰略所作的修正作一剖析。

一、回　顧

　　人們注意到，當毛澤東建構他的世界觀時，除了前述的二分法外，鬥爭——尤其是與資本主義的鬥爭——也是一個非常重要的因素。他在 1950 年代所奉行的「向蘇聯一邊倒」的政策，就是這兩個因素的結合。在他看來，在一個二分的世界裡，中國的戰略就是必須選擇一邊，而且只能選擇一邊，因為「騎牆是不行的，第三條道路是沒有的㉞。」既然要「一邊倒」，因此參與韓戰、與美國為敵就都是勢所必至的發展，以致於「反美」成為 1950 與 1960 年代時中共外交的主要考量。反之，在美國看來，由於中共介入韓戰與其為敵，因此它的戰略也必須做出相應的修正，亦即必須同對付蘇聯一樣將中共列為美國在亞洲「圍堵」——中共稱為「遏制」——的對象。美日安保、美韓同盟、中美協防協定、美菲同盟、美澳紐同盟、東南亞公約以及美泰同盟都成為這個圍堵圈的環節。其中最令中共恨之入骨的就是「中美協防協定」了。在北京看來，台灣參與這個協定是一個罔顧民族大義的「賣身投敵」行為，而美國拉住台灣就是不折不扣的帝國主義行徑，企圖藉著這個舉動來進一步分裂中國。其結果是，北京的領導人更加堅信他們那套由意識型態所詮釋的國際環境。這套認知以及由此而生的戰略對中共外交帶來的弊害，我們在前一節已經做過詳細的剖析，此處不再贅敘。

　　1960 年代開始的中蘇共摩擦，標誌著北京外交政策的另一次轉向。導致兩個共產巨人不合的原因很多，要之不外乎意識型態與路線的爭執、對史大林

評價的兩極化、共產集團領導權之爭、毛澤東與赫魯曉夫個人衝突以及邊界摩擦等等⑤，這時中共的外交戰略已經從「反帝」變成「反帝、反修」，「蘇聯修正主義」的危險正在快速上升。因此，配合著大量前殖民地的獨立與參加國際社會，前述的「中間地帶論」應運而生，其具體政策就是極力爭取「廣大的亞、非、拉國家」⑥。如此，一方面可以據以與美蘇兩家分庭抗禮，一方面還可以同時開展對台灣的外交戰，可謂一舉兩得。然而，國際政治是以實力為後盾的，無實力支撐的外交戰略很快就會受到挑戰，其弱點就會完全暴露出來。中蘇共「珍寶島」衝突之後，「蘇修」在北京的口中進一步變成了「社會帝國主義」。蘇聯部署在北方邊界上的數 10 萬紅軍，再加上蘇蒙條約、蘇印（度）條約、蘇越（南）條約以及在 1978 年後侵入阿富汗的 20 萬大軍構築成了「社帝」對中共的圍堵圈。舊的美國的圍堵圈尚未解決，新的蘇聯的圍堵圈已然形成。這時在堅信共產主義的中共領導人心中，意識型態的狂熱恐怕多少必須讓位給現實主義的考量了。所以，1970 年代來自尼克森與季辛吉的「正常化」邀約，在北京領導人的眼中就是相當「正常」的發展了。多少有點奇怪的是，這時的中共似乎還只是在統戰政策而非戰略的層面去看待這新浮現的美、蘇與中共的三角關係。因為 1972 年與美國簽署的「上海公報」中，他們還在大談「哪裡有壓迫，哪裡就有反抗。國家要獨立、民族要解放、世界要革命，已成為不可抗拒的歷史潮流」等具有濃厚意識型態染色的革命口號⑦。似乎在告訴全世界，它與美國接近是為了更好地開展對美國的最終鬥爭，而非出於共同對付蘇的戰略需要。

　　隨著其後北京參與國際事務的增加，它對外行為中意識型態的成分逐漸減少，但是現實主義成分明顯上升還必須等到改革開放真正成為中共的政策後才成為事實。如果我們說毛澤東時代的國家戰略源自於對於意識型態的狂熱與憧憬，則經過文革洗禮的鄧小平的國家戰略，則是來自意識型態消退後的務實。鄧小平自己的話最清楚不過地勾勒出中共的新的國家戰略：

　　1980 年代我們要作的主要是三件事情。第一件事情，是在國際事務
　　中反對霸權主義，維護世界和平……第二件事情，是台灣歸回祖
　　國，實現祖國統一……第三件事情，要加緊經濟建設，就是加緊四

個現代化建設。四個現代化，集中起來講就是經濟建設。國防建設，沒有一定的經濟基礎不行。科學技術主要是為經濟建設服務的。三件事的核心是現代化建設。這是我們解決國際問題、國內問題的最主要的條件……在國際事務中反對霸權主義，台灣歸回祖國，實現祖國統一，歸根到底，都要求我們的經濟建設搞好㊳。

由這套務實戰略所衍生的政策和過去相比就有極大的不同。首先是與美國及西方世界的基本友好與大量交流，從商業、科技、學術、軍事乃至思想都在交流的範疇內，這種交流對於大陸的思想面貌起到了極大的衝擊。大陸各界看見了自己同先進世界的巨大差距，急起直追的緊迫感油然而生，所以後來的十餘年中，大陸的現代化努力收到了明顯的成效。其次它積極地改善與周邊各國的關係，包含蘇聯、越南、東協（盟）各國以及印度。對於南海島嶼的爭執，北京提出了「擱置爭議、共同開發」的口號，問題也就暫時平息。簡言之，鄧小平要創造的是一個有利於中共改革的和平的國際環境，然後藉著與西方的交流全速發展自身國力。

二、冷戰結束與中共戰略變遷

冷戰的結束及其前後所包含的一些重大發展，包含六四事件、國際制裁、東歐變天、蘇聯瓦解和由此而生的骨牌效應，都對鄧小平所制訂的國家戰略產生衝擊。面對極其嚴峻的國際形勢和西方國家所採用的和平演變策略，鄧小平說：「對於國際局勢，概括起來就是三句話：第一句話，冷靜觀察；第二句話：穩住陣腳；第三句話：沈著應付㊴。」後來，這三句話被擴充為28字：「冷靜觀察、穩住陣腳、沈著應付、韜光養晦、善於藏拙、絕不當頭、有所作為㊵。」

不論是三句話抑或是28字，都只是對如何回應眼前挑戰的提示，值得人們注意的是，中共這時的基本戰略並未出現根本的改動。江澤民在十四大的報告中表示：「中央明確宣告，黨的基本路線和十三大的決策是正確的，絕不因為發生這場政治風波而動搖㊶。」他所謂的「政治風波」指的是「六四事件」，而「十三大的決策」指的是，中共在1987年召開的十三大上，將中國大陸目

前的社會發展階段定位於「社會主義初級階段」。而在此初級階段時的基本路線就是：「領導和團結全國各族人民，以經濟建設爲中心，堅持四項基本原則，堅持改革開放，自立更生，艱苦創業，爲把我國建設成爲富強、民主、文明的社會主義現代化國家而奮鬥⑫。」簡言之，不論在國際上發生了什麼事情，中共對內仍然要堅守以「以經濟建設爲中心，堅持四項基本原則，堅持改革開放」所構成的「一個中心、兩個基本點」的基本戰略；而對外就是「三句話」或是「28 字」方針了，其基本精神就是不貿然回應。

我們曾經提到，北京對於冷戰結束後國際情勢的看法是：雅爾達體系崩潰，二元國際格局瓦解，出現了「一超多強」的格局，但是最終的格局並未形成，世界正在向「多極化」前進。結合當前的國際形勢，中共發展出有其獨特看法的整體外交戰略。

首先，是有關全球格局的問題。中共認爲，在這個體系中，美國身爲唯一的超強，實力突出，野心也最大。它企圖隻手遮天，以單邊主義的方式插手世界各地的事務，以推進其自身的戰略利益。因此，中共的對策就是：默認「一超多強」的現實，但是除了前述 1996 年的短暫提及外，中共以後都只提「世界正在向多極化前進。」其目的是一方面企圖扭轉國際視聽，降低美國的氣焰；一方面提升自我在國際事務上的形象，進而擴大自己的影響力。當然，在這個多極社會中，中共自認是一極。早在 1990 年，蘇聯尚未崩潰時，鄧小平即曾表示：「所謂多極，中國算一極。中國不要貶低自己，怎麼樣也算一極④。」在說完此話後的一個月，他更進一步說：「中華人民共和國在不長的時間內將會成爲一個經濟大國，現在已經是一個政治大國了。聯合國的席位是中華人民共和國的④。」在具體的作爲上，北京的領導人在見到俄羅斯和歐洲各大國的領袖時，都多次強調多極化的觀點，並且有意地將對方稱爲大國或是多極中的一極，藉以普及其論點。例如中共總理朱鎔基於 2000 年 2 月訪問俄羅斯，俄國外長伊凡諾夫及總統葉爾欽訪問北京時，雙方均多次重複這些說法⑤。這些作法清楚地顯示，中共大力宣揚多極的觀念，是希望以「多極制單極」的戰略來對抗美國「建立單極世界的企圖」。

第二是關於建立國際新秩序的問題。鄧小平於 1988 年會見印度總理拉吉夫‧甘地時就提出了建立國際政治新秩序和國際經濟新秩序的想法⑥。此後中

共的想法基本未曾改變。對於建立國際政治新秩序，中共提議以雙方在1953年所提出的「和平共處五原則」為基礎，亦即：互相尊重主權和領土的完整、互不侵犯、互不干涉內政、平等互利與和平共處㊻。而且，聯合國及安全理事會要發揮更大的作用，成為保障新秩序的重要機制。在處理國際事務時，應該符合聯合國憲章的宗旨和原則，同時要符合國際社會普遍接受和行之有效的指導國際關係的原則㊽。

關於建立國際經濟秩序，中共主張：各國有權選擇符合本國國情的社會制度、經濟模式和經濟發展的道路；各國有權對本國的資源及開發採行有效的控制手段；各國有權參與處理國際經濟事務；發達國家應該尊重並且照顧發展中國家的利益和需要，在提供援助時不得附帶任何政治性的條件；加強南北的對話與合作，在商品、貿易、資金、債務、貨幣、金融等重要國際經濟領域做出必要的調整和改革㊾。

平心而論，雖然這些看法尚未成為國際的主流意見，中共在提出重建國際政治新秩序與經濟新秩序的問題上，是有其見地與一定的貢獻。「和平共處五原則」最重要的三個因素就是：平等、互利與和平。這三點對於世界上大多數國家而言，都很可以接受，因為這些原則對它們的利益如果不是加以保障，則至少受到尊重。而北京所提經濟新秩序構想的重點則為自主、平等參與和相互尊重。同樣地，這對於經濟實力較弱的國家而言，是一個廣受歡迎的訴求。當然，由於國際社會仍然是無政府的，強國或是有政經實力的大國依然是國際事務上的主導力量，然而中共的口號與政策至少可以為其爭取到道德上的號召力。

第三是關於大國外交的問題。在確定了國際社會正在走向多極、中共也自認是一極和貶抑美國的多重前提下，大國外交就逐漸成為中共外交行為的特色。這個部份由於前面已經多所討論，此處僅作一些必要的補充。前引陳佩堯教授的分析曾指出美國的戰略是兵分兩路，在歐洲部份以北約為依托，在亞洲則是以美日安保等五組盟約為依托。因此，中共的對策在歐洲就是如前述的提升與俄羅斯的戰略協作伙伴關係以及提升與歐洲各大國的對話與關係，以求平衡美國的戰略壓力。在亞洲方面，除了與俄羅斯的關係外，積極改善與日本的關係，與印度和巴基斯坦皆維持友善，與兩韓分別保持友好關係，與東盟各國

改善關係，進而討論籌組成立「亞洲自由貿易區」的構想，都是有針對性的作爲。近年內所成立的「上海組織」，包含中共、俄羅斯、哈薩克、塔吉克、烏茲別克與吉爾吉斯等國家，也可以視爲是這個努力的一部份。質言之，北京在大國外交下的行動，具有兩個可以區分但是又密切相關的目標：貶低美國和自我提升。

三、對美戰略

前面的討論顯示，無論從什麼角度來看，對美國的戰略與政策都是中共對外政策的主軸。北京認知到，美國對於中共的戰略基本上是「遏制加接觸」，它應該還不會馬上成爲對其國家安全的威脅。因此，在現階段的國家目標排序上，加速經濟建設以提升綜合國力就必須優先於和美國對抗。面對美國的戰略壓力，北京會作必要的反擊，其目的只在求取一定的迴旋空間；只要不爆發原則性問題，北京不會主動撕破臉。

北京對美國的具體回應措施就是從這套戰略思維導引出來的。第一，在一些帶有基本立場的問題上，北京採取的是在言詞上爭執的策略。這部份又可以再細分爲譴責美國與自我辯解。冷戰結束後，美國明顯加大了對中共的戰略壓力，北京遂指責美國的「冷戰思維」並未隨之調整，反而將眼光投向大陸，將後者視爲「戰略對手」、「戰略競爭者」或是「潛在的威脅」⑩。當然，伴隨冷戰思維的就是「遏制」北京的策略。針對美方的誤解，大陸方面做出各種解釋，首先說明中共在意圖上並未準備威脅美國，而且在能力上亦力有未逮，因此中共絕對不是美國的敵人⑪。其次，大陸有些學者從中國歷史和文化特質的角度提出了他們的詮釋：

> 西方有些人從自己的歷史和文化出發，推斷中國崛起後必然會走西方對外擴張的老路。一個重要的原因就在於，對中國的歷史和現狀、內政與外交、成就與問題、對中華民族文化的和平主義本質等，及由此決定的中國當前和今後相當長時間內的利益所在和安全戰略與外交的和平、防禦與克制的特徵與本質瞭解得太少……但我們不宜對在那怕是較長時間內（得以將此問題解決）的成效抱有奢望⑫。

　　還有一個重要的案例就是 1990 年代初期的「反和平演變」的爭鬥。六四事件之後美國和一些西方國家曾經想利用這個機會進一步催化中國大陸內部的變遷，中共針對這股排山倒海的壓力安排了綿密的反擊措施。中共反擊的基本作法就是訴諸民族主義，當然他們稱為愛國主義。在自我辯解方面，北京開動所有的宣傳機器，不斷強調中國國情不同、這是主權問題、內政問題不容外國干涉等。在攻擊美國方面，則是大肆譴責美國帝國主義的狼子野心，一貫的亡華反華之心不死，又想利用這次「政治風波」一舉徹底將中國分裂成數個板塊等。因此後來幾年中，大大小小的事件都被北京方面充分運用以配合這個目標。不論是 1993 年的申奧失敗、1994 柯林頓提升與台灣的關係、1995 和 1996 的三次台灣飛彈風波、1997 和 1999 年的港澳回歸、1999 的誤炸大使館事件、2001 的順利入世、申奧成功或是南海撞機事件等等，無不被北京發揮得淋漓盡致。回頭看去，中共的作法是成功的。當年大陸上有數以億計的人們將美國和西方的制裁視為主持正義，甚至希望制裁愈久愈好，愈重愈好，好完全孤立中南海這批劊子手㊿，然而同樣的人們今日卻在「中國崛起」的自豪感中陶醉、落淚，對當年的切齒仇恨幾乎完全不復記憶。這種巨大的變化說明中共的措施是有效果的。

　　第二，當一些事件爆發，其中北京看來是「受害者」而華盛頓是「加害者」時，則北京會借題發揮，大事抨擊，以壓制美國的「反華氣焰」，但是它的行事風格中仍然帶有明顯的自我節制。最突出的兩個事例就屬 1999 年美國誤炸中共駐南斯拉夫聯盟的大使館事件，和 2001 年的南海軍機擦撞事件。在消息傳出後，這兩件事情在大陸上都引發了相當大規模的遊行示威，一時間民族主義情緒高漲，而中共官方也出面指責美國「野蠻」、「蓄意」、「仇華」等等。不過當美方表現出一定程度的「歉意」及退讓之後，中共官方通常就採取比較息事寧人的姿態，讓事件盡快地平息。中共官方在事件初期的高亢言詞和後來的低調行為，中間的落差反映的就是炒作、謹慎和自制。因為它如果不貌似激烈地反應的話，則對外會受到美國更大的壓力，對內要蒙受人民與潛在政敵的質疑，若是處理不慎，兩相激盪所產生的力量很有可能使其滅頂。是故，對於較弱的中共方面而言，這種處理方式其實還是比較理性的。

　　第三，在一些有可能的題目上，中共採取了反制的策略。最明顯的案例就

是在有關人權問題的爭議上。近 10 餘年來，人權問題成爲美國對付中共、掌握雙邊關係主動權的議題之一⑩。具體的作法包括：不時批評中共司法審判不公平、不尊重一般公民的人權、濫捕異議人士、壓迫少數民族、特別是藏族和維吾爾族、限制宗教自由、如天主教、基督教的傳、信自由等。中共過去的回應是站在馬克斯主義的立場上，宣稱只有有關階級的問題，而無具普世意涵的人權問題。近年來則一改過去的基調，也開始談人權問題了。其策略爲：表面上接納「人權」的概念，但是將其重新定義來爲中國大陸的作法與現狀加以辯解。基本論點爲：中國用佔全世界百分之七的土地養活全世界百分之二十三的人口，讓每個人基本上能夠生活與工作，就是最大的人權成就⑩。同時，從 2000 年開始，北京模仿華盛頓的作法，每年發佈「1999 年（2000 年、2001 年）美國的人權記錄」。除了反駁美國對中共人權狀況的指控外，對於美國社會還「全面透視其暴力充斥、司法不公、貧富分化、勞動者經濟社會權利堪憂、性別歧視嚴重、兒童境遇嚴峻、種族歧視依舊、少數民族待遇惡劣、以及政府窮兵黷武、粗暴侵略別國人權的真實狀況⑩。」美國當然立即反駁，但是如此一來，人權問題至少就成爲兩國間纏鬥不休而非優劣立判的一個議題了。

　　第四個領域就是中共一再宣稱與美國關係中最敏感的台灣問題。在中共看來，韓戰後美國確立了與中共對抗的戰略，而台灣成爲美國東亞戰略佈局的一個環節。冷戰結束後，美國的獨霸心態升高，出於箝制中共的考量，採行了對大陸和台灣並行的雙軌政策，美國與台灣的關係也因此而開始升溫。我們可由下列四個方面來觀察。

　　首先，在與台灣往來的規格方面，華盛頓漸漸放寬了過去從斷交以來就一直諸多限制的雙方官員間的互動。由原來的禁止互動到後來同意台灣的部長級及院長級官員赴美，而美方則先是派遣前任官員與總統訪台，後來進至現任部長級官員訪台⑰。當然，1995 年李登輝總統訪問母校康乃爾大學與 2000 年陳水扁總統的過境美國，都令中共十分不滿，前者引爆了台海飛彈風波，後者則遭致中共強烈抗議。此外，1994 至 1995 年間，美國國會通過法案宣布「台灣關係法」的位階優於「八一七公報」。1995 年，台灣駐美國的准官方單位亦由原來的「北美事務協調委員會」變成「台北駐美經濟文化代表處」，形成了實質上的提升。而且近兩年來，美國國會中有一些參眾議員提議，「台灣關係

法」係於 1979 年通過，迄今已超過 20 年，於兩岸的情勢以及對台灣的保障可能已經有所不足。因此應該考慮將「台灣關係法」提升為「台灣安全加強法」。不足為奇的，這個提議遭受北京方面的強烈抨擊，指責其企圖將台灣納入美國在亞洲的戰區飛彈防禦系統，是在為台海情勢製造不安，因此嚴厲警告美方切勿玩火㊳。後來法案雖遭到白宮的否決，但是北京方面已經為此而肝火大動而且神經緊繃了。

　　其次，中共指責美國企圖提升台灣的國際地位。過去美國即屢屢稱讚台灣的經濟成就，現在則更多地讚揚台灣的民主成就。最明顯的例子就是台灣 1996 及 2000 年兩次總統選舉時，美國不但大肆宣揚㊴，更在 1996 年那次與中共在台灣海峽及西太平洋進行海軍對峙。後來雖然因為雙方的自我克制而降溫，然而美國支持台灣民主選舉以對抗中共的形象已經在國際間傳播出去。此外，為了提升台灣的國際地位，美國還支持台灣參加一些國際組織，過去是關稅及貿易協定，後來進而成為世界貿易組織，目前又揚言要支持台灣參加世界衛生組織以及世界氣象組織。這些事情在中共看來都帶有明著提升台灣國際地位而暗中支持台灣走上獨立的嫌疑。

　　美國多年來對台灣一直進行軍售是令北京耿耿於懷的第三個原因。原來以為 1982 年雷根總統簽署了「八一七公報」問題就可以逐步解決，不料 1992 年老布希總統為了競選而對台出售戰機，反而將軍售的門又開大了。其後數年，對台軍售的質與量都令北京不時向華盛頓方面提出抗議。2000 年，小布希上台後，更進而宣布要對台出售多年懸為禁令的潛艦、紀德戰艦以及多項先進武器，更令北京方面大為光火。在後者看來，美國多年來對台灣出售先進武器，一方面是干涉中國內政阻撓中國統一的進程，一方面則是令台北有恃無恐，增長分裂心態㊵。

　　使得中共忌憚的第四個原因就是美國在關鍵時刻會以武力介入兩岸的事務。1995 與 1996 年的三次台海飛彈風波中，美國為了表示對台灣的支持，除了口頭發出警告外，更於 1996 年派出航空母艦戰鬥群接近台灣海域，後來雖然在經過對峙後雙方撤離，可是美國未來介入台海問題的時機、深度與方式就是令中共決策更加審慎的變項。等到最緊張的時刻過去之後，美國派出特使團分赴台海兩岸，敦促兩岸恢復對話，又建議雙方建立第二管道進行對話，希望

有助於未來的互動。但是在北京看來，這些正是美國深深介入並干涉兩岸事務的鐵證[61]。

對於美國提升與台灣關係的作法，可想而知中共當然是極端惱火，因此它必須採取反擊措施。北京一貫認為兩岸關係是中國的內政問題，不容外國，尤其是像美國這樣的大國，加以插手。然而它有一個但書，就是如果美國是勸說台灣方面與北京進行和平談判，則可以接受，否則一概拒絕。而且中共不時提醒華盛頓，「中」美關係關乎全球戰略，其好壞對全球穩定有決定性的關係，而台灣問題是雙方關係中最敏感的問題，希望美國不要輕易碰觸，以免傷及根本。北京在談到三方關係時，每每訴諸它與華盛頓間的三個公報，即 1971 年的上海公報、1979 年的建交公報與 1982 年的八一七公報，言下之意就是美國已經承認中華人民共和國是代表中國的唯一合法政權，台灣是中國的一部份，因此美國絕對不可以支持台獨，或是做出有助於台獨的事情，柯林頓在 2000 年訪問大陸時所提及的「三不支持」政策：美國不支持一中一台，兩個中國，或台灣獨立，也不會支持台灣參加聯合國和其他由主權國家所組成的國際組織，就是北京方面最希望聽到的保證[62]。

具體而言，對於美國提升它與台灣的關係，中共的反制措施除了適時對美國提出強度不等的抗議之外，就是對台灣提出口頭的或是軍事的恫嚇。例如 1995 年得知美國最後還是同意李登輝總統訪美時，中共對美提出強烈抗議並召回其駐美大使，雙方瀕臨斷交的邊緣。隨後中共即於 7 月份及 8 月份兩度在台海地區進行演習，以軍事手段威逼台灣。台北方面則展現了相當的自我克制，未做任何激烈的回應，而美國方面也適時喊話介入，使得台海情勢漸漸穩定。

在提升台灣的國際地位與參與程度上，除了經貿性的組織外，中共亦是處處警告美國不得越雷池一步，為此北京還先後發表兩份白皮書，即：1993 年 8 月的「台灣問題與中國統一」與 2000 年 2 月的「一個中國原則與台灣問題」，目地就是要向全世界說明它的立場[63]。對於軍售問題，北京的作法一般是抗議。但是對於美國可能將台灣納入其在亞太地區的「戰區飛彈防禦系統」時，即如前文所言，北京將此視為美國將把台灣納入軍事同盟，因此發出了極其嚴厲的警告。美國聞訊後即有所緩和，不出售神盾級戰艦給台灣應該就是具體的體

現。最後關於美國以武力介入時，中共採取的可謂是「剃刀邊緣」政策，亦即在海上進行海軍對峙，迫使美方也自我節制。

整體說來，北京認知到美國其實是將台灣問題當作一個棋子，不時推前一小步刺激中共，目的在於迫使後者做出一定讓步。因此北京的作法也就是畫出底線，在範圍內與美國進行針鋒相對的鬥爭，但是又以不撕破臉爲度。

以上所言比較偏重於北京與華盛頓間衝突或是摩擦的一面，二者之間的合作其實面向非常的廣泛，而且量也非常的鉅大。即以貿易爲例。自 1990 至 1999 的 10 年間，若以中共方面的統計數字來看，兩國間的貿易量由 117 億美元上升至 614 億，平均每年增長 18 ％以上。雙方的貿易平衡由前幾年的中共逆差變爲中共大幅順差⑭。2000 年時，美國是大陸出口的第二大市場，大陸是美國出口的第七大市場，雙方的貿易額約爲 650 億美元上下，佔大陸對外貿易總額的 17 ％，約和日本相當，關係之密切可想而知。在投資方面，美國對中國大陸的投資自 1989 至 1998 年累計近 200 億美元⑮，約佔大陸吸收外資的二十分之一。美國直接投資的資金或許並不太大，但是項目集中在電信產業、航空工業、電腦產業、汽車工業、石油工業、機械冶金工業、化學工業及能源產業等尖端部門⑯，都是中共產業升級所不可或缺的「要害產業」。除了經貿之外，雙方在其他方面的交流也是十分密切而且頻繁，包括：文化、教育、科技、體育、旅遊、新聞及官員互訪等。這種全面的交流關係對於中共而言是至關重要的。韓戰之後，中共遭受美國封鎖 20 年，無法進入國際經濟體系，加以毛澤東的錯誤政策，導致了大陸的極度落後。改革開放使得中共得以真正進入國際社會，經由接觸與交流獲取最先進的科技及連帶而來的經濟發展的契機。大陸的領導人以及多數知識份子都明白這是難得的「發展機遇」，一旦失去，恐怕中國就要再度沈淪。因此他們其實十分珍惜這次的機緣，不至最後關頭決不會輕易放棄，這就是爲什麼北京面對華盛頓的壓力雖然氣憤填膺，但是也只能曲意迴旋，而不敢輕言破裂。究其極，這就是個國家大戰略層面的考慮了。

本小節最後還必須處理一個問題，即：「911」恐怖攻擊以及美國的全球反恐戰爭對於兩國關係帶來了多大的衝擊，以及其未來的發展究竟如何。

「911」事件的爆發美國使赫然驚覺它的國家安全有其脆弱性。因此除了在國內積極追捕嫌犯、強化安全措施外，更重要的就是在國際上找出恐怖主義

的源頭並加以摧毀。具體而言，美國採取了兩個步驟：派遣軍隊打擊阿富汗的塔里班政權，以徹底消賓拉登的力量；同時建立一個全球的反恐怖主義大聯盟[67]，一方面徹底孤立恐怖主義，另一方面藉機重申其超強的地位。

這兩件事情都需要各大國的積極合作，因此小布希上台後外交政策上所為人詬病的「單邊主義」獲得一定程度的舒緩，華盛頓對於布魯塞爾、東京、莫斯科以及北京的政策立場都出現了調整。就它與中共的關係而言，最明顯的事例應該是它與北京從 4 月初開始的有關南海軍機擦撞的爭執，美國的姿態出現緩和，問題雖未完全解決，但是火爆爭執的場面已經不再繼續。

對於反恐怖主義的問題，中共官方很快地就表達了支持的立場，並且以言詞再三肯定，但是在具體措施上所提供的協助似乎有限。反之，北京似乎企圖利用這個難得機會來解決它在鄰近地區的問題，尤其是長期以來就一直困擾它的疆獨問題。在過去數年中，北京曾經發生多起爆炸案件，對於社會治安以及人心都產生了極大的衝擊，北京多次鎮壓但是似乎都未得到徹底的解決。這次美國直指阿富汗包庇賓拉登，並因此出兵大舉攻伐，中共雖然頗有保留，並一再表示應該透過如聯合國或安理會等國際組織進行，而且手段亦必須符合國際一般準則，但是北京卻很機巧地利用了這個時機出兵清剿他眼中的恐怖份子，亦即疆獨勢力。

另一方面，當美國的力量開始進入後，它對於這個地區卻產生了相當複雜的影響。首先，做為世界超強的美國過去從未曾有機會伸入中亞地區，因為在過去的一個世紀左右這是俄國的勢力範圍。美國雖然一再宣稱它們並不尋求永久留駐，但是它一旦進入自然會對當地的權力佈局產生衝擊。其次，美國勢力進入後，向西它可以就近看住俄國，向東它可以就近看住中國，而對中、俄兩國來說這都是它們比較脆弱的區域，戰略上的緊張態勢由此而生。第三，這個地區是世界石油的重要產地，美國力量的進入意味著它對石油的控制力進一步增強。

尤有甚者，這對前述的國際大國互動也會帶來深遠的影響：中、俄兩國所受到的威脅不僅存在本地區更在全球戰略層面呈現。為了平衡美國的壓力，它們二者間的關係自然會加強。這並不是說它們就此形成一個強固的戰略同盟來大力對抗美國，而是說它們的合作關係就會比過去大為提升，反過來就會迫使

美國在採取一些政策時必須將這層關係列入考慮。原來中、俄兩國在本地就曾試圖建立區域性的組織，即包含中、俄、哈薩克、塔吉克、吉爾吉斯和烏茲別克在內的「上海合作組織」，現在美國介入本地區後就會形成新的權力激盪。簡言之，哈、塔、吉、烏等國對於俄、中兩國在歷史上及地緣政治上，是有一定保留態度的。如果美國力量進入本地區，這四個國家不論是藉以平衡中、俄兩國，或是向這兩國提高需索，都是有利可圖，因此他們會歡迎美國力量的介入。另外在阿富汗的塔里班政權垮台後，如何重建阿富汗、由誰主導重建、重建後的阿富汗政權性質如何、外交路線如何等，都是各大國關注的問題。最後，美國雖然一再表示它不會尋求永久基地，但是華盛頓說的話是否可信、它是否會食言、它是否最後會對俄國，尤其是中共，形成新的圍堵圈的一環，更是各大國十分關切的發展。

截至目前為止，這些問題都還在未定之天，因此「911」事件及由此而引發的全球動態仍然存在著極高的不確定性，其爲來的發展還有待我們的觀察。

四、亞太與周邊戰略

中共官方在討論周邊問題時，通常只將範圍侷限於其四周的鄰國，其實這個觀點失之過狹。如果要探討亞洲的國際政治，我們不可能也不應該將美國排除在外，因爲它畢竟仍是全亞洲最有影響力的大國，因此本小節的討論擬分爲大國互動與周邊關係兩個方面來進行。

(一) 亞太地區的大國互動

我們在前文曾經分析過大國之間的互動，不過那是在全球格局的前提下所做的探討，現在我們要將重點置於亞太地區的大國互動。

首論認知。不論如何措辭，在北京決策者的心目當中，美國不但是當今世界的唯一超強，而且也是亞太地區的唯一超強，無人可以匹敵。我們也曾提到，美國爲了維持其利益，還在本地區組建了五組雙邊和多邊的安全防衛條約，以確保其安全網絡。在這五組安全關係中，美日安保最爲重要。

針對美國在亞太的戰略設計，中共採取了如下對策：首先以嚴詞批評美國的獨霸野心，前述五項安全條約在中共口中既是這種野心的具體展現，又是本

地區不安定的主要根源。由此，美國基於這些條約在本地區的駐軍、演習、軍事活動乃至武器移轉，都被北京視為潛在的不友好行動。具體而言，中共對於美日安保條約及相關的一些協定感覺最具威脅。1996 年 4 月，台海危機甫結束，美日兩國即簽字續約，為此北京曾開動宣傳機器大肆抨擊。嗣後，每逢相關議題，不論是日方修訂「防衛指針」、討論「周邊範圍」的定義、美日安保是否會涵蓋台海抑或日方洽購神盾艦以參與「戰區飛彈防禦系統」的建構等事件⑱，都會引發北京高分貝的抗議或是批評。其目的無他，就在於削弱美日戰略關係對它所可能帶來的危險而已。

　　光是口頭的抨擊是不夠的，還必須輔以的具體反擊措施。首先在 1996 年 5 月，也就是美日重申安保宣言後的一個月內，中共接受了俄國一年前的提議，簽訂了兩國間的「戰略協作伙伴關係」，對美日安保形成當頭棒喝。當然，這並不是說北京與莫斯科結成了一個對抗西方的堅強同盟，只是因為它們分別受到了來自西方的壓力，這個「伙伴關係」至少可以部份地為它們擴大迴旋的空間，至於這種關係將來會強固到什麼程度就要看北約與美日安保對他們的壓力大到什麼程度了。若以目前的情勢判斷，他們倒不會太過強固，因為他們也沒有「邀請」對方對它們提升壓力的必要。

　　其次，北京能運用的另一張牌就是北韓。北韓在國際政治圈中一直是一個令美國頭痛的國家。主要就是因為北韓至今仍然實施共產制度，意識型態十分頑固，而且還投入龐大的科研人力與資源進行飛彈與核武的研究。1998 年 8 月底，北韓發射的「大浦洞一號」飛彈飛越日本領空，日本舉國震動。去年國際更盛傳說北韓已經發展出射程可達阿拉斯加的長程飛彈，這連對美國都造成一定的威脅。同時，北韓的軍國主義政策一直令南韓如芒刺在背，美軍每年和南韓的軍隊進行聯合演習，目的就在嚇阻北韓的軍事野心。因此近年來，華盛頓軟硬兼施企圖消除平壤的核武計畫⑲，不過至今恐怕成效還未臻理想。究其原因，除了金正日自身的考慮之外，和北京對平壤的支持也很有關係。誠然，北京支持平壤除了要對付南韓與美國的關係之外，藉此分別平衡日本、美國以及二者所結合而成的美日安保也是重要的原因。當然正如中、俄之間的伙伴關係一樣，這絕對不是說北京和平壤正在密謀戰爭，但是兩個擁有飛彈能力的非民主國家結合而成的戰略關係，自然會令其它的國家更加重視他們的動向。因

此，簡言之，北韓是中共所能運用的一張戰略牌，不過由於美國也採取了各種手段積極反制，雙方的關係正在拉鋸當中。

另一方面，北京在改革開放後所採取的睦鄰外交，使得它過去聯北制南的朝鮮政策逐漸向平行政策傾斜。簡言之，北京體認到，對兩韓平行而略偏平壤的手法可以爲它帶來幾個好處：平壤前述的戰略價值可以繼續維持，與漢城的各項關係——尤其是經貿關係——得以長足發展，而且與漢城建立關係又可以對平壤形成一定的制約。這才稱得上是高明的睦鄰政策。

除了美國之外，在北京領導人的眼中，俄國、日本、印度與東協——大陸稱之爲東盟——也可視爲區域性的力量。然而就大國互動的層面而言，我們至今尚未看到中共方面提出任何具有完整或是理論架構的說法，所以此處只能針對個別國家進行剖析，有關東協的部份我們將留待下一小節。

蘇聯瓦解後，俄國基本上回到了 20 世紀初期沙皇末期的態勢，而且中共的看法是北方戰略威脅大幅下降，邊界安全提升。冷戰甫結束之初，兩國的關係一度有些平淡，但是當美國採取積極戰略從而威脅到他們的安全時，前述的「戰略協作伙伴關係」立刻成形。美國攻伐阿富汗之後，由於它的勢力眼看就要深入中亞地區，因此二者間的關係更相應地提升。目前看來，兩國的關係可謂平穩，但是仍然不是沒有隱憂。歷史的邊界問題依然存在，所不同的是今日有愈來愈多的中國人進入西伯利亞地區工作或是居住，這使得原來的邊界問題更加複雜，日後或許會成爲新的爭端。此外，在許多大陸戰略研究者的眼中，目前俄國的戰略威脅固然下降，但是歷史的陰影始終無法揮去，因此在他們的心中，北方的壓力恐怕是將來終須重新面對的挑戰⑳。

第二個國家就是日本。有關兩國間的戰略關係前文已有多處探討，此處擬作一些其它的補充。北京非常注意東京的一舉一動，因爲他們認爲後者的紀錄不良，而且動機可疑。近年來中共批評最厲害的就是日本軍國主義的復甦與發展。從重新建軍、參與美國的「戰區飛彈防禦系統」、派遣聯合國維和部隊、爲國旗和國歌正名到首相參拜靖國神社與此起彼落的極右派閣員的發言，在北京的口中都成了日本軍國主義復活的證據。這些容或是事實，但是不容否認的，兩國間的瑜亮情結也是一個重要的因素。不過北京心中非常清楚，它對東京所施加的壓力恐怕只能到達一定程度，因爲日本的資金、科技與兩國間經貿

關係都是它有求於後者之處。即以經貿爲例，近年中共與日本的貿易額每年約爲 650 億至 700 億美元左右，佔其進出口總額的 18 ％，與美國相比是伯仲之間。這些牽絆，或者說是互賴，就是約束中共對日本採行更爲強硬政策的重要制約條件之一。

第三個挑戰就是南亞次大陸印度與巴基斯坦的關係。1962 年中印戰後，印度逐漸倒向已與中共交惡的蘇聯，中共遂與巴基斯坦加強關係，以謀平衡。這種犬牙交錯的對峙基本維持了二十餘年，直到北京重新推動睦鄰政策，才出現轉機。北京後來在本地區大體上是採取平行政策，雖則仍對喀拉蚩進行軍售，但是對新德里盡量也維持友好關係。北京的考量是多重的：印巴兩國現在都是擁有核武的國家，稍一不愼即可能引發奇禍。印度的軍事力量經過多年的努力已有長足的進步，絕非當年的吳下阿蒙；而且近年來印度爭取聯合國安理會常任理事國的席位十分積極，亦有一定機會，不宜小看。因此友善政策應該是最爲穩妥的政策。尤有甚者，「911 事件」與其後的阿富汗戰爭使得美國更深地介入本地區，也迫使印巴兩國都積極謀求改善對美國的關係。在此情形下，日後中共在本地區的角色很大程度仍會受到美國政策的制約。

(二) 其他周邊各國

前文提及，中共本身對於近年來睦鄰政策政策的效果評估相當正面，這也是李鵬與朱鎔基在歷年政府工作報告中所說的「全方位和平」的由來。除了上一小節所談到的大國之外，以下我們要對一些比較重要的國家或國家集團進行個別的討論。

首先是東盟（協）的問題。東盟的前身是由新加坡、印尼、泰國、馬來西亞和菲律賓所形成的多邊組織，其目的主要在於促進本地區的經濟、社會以及文化的進步。但是由於當時共產與反共產的鬥爭十分激烈，東盟一個不言而喻的目標就是防範如中共和北越等亞洲的共產政權。在北京看來，東盟是美國在亞洲對它所形成的戰略包圍的潛在成員，因此過去採取了疏遠甚至敵視的政策。1978 年後，越南侵略柬埔寨，北京和東盟形成了共同的戰略關切，雙方因此開展多方面的來往與合作，包括共同阻遏越南的軍事行動。1990 年代初期，越南自柬撤軍，中南半島的情勢大幅緩和⑦。數年後，越南、寮國、柬埔

寨、緬甸與汶萊先後加入，東盟此時逐變成本地區最大的區域性組織，扮演著日益重要的經濟合作、共同發展乃至安全對話的角色。北京日益將後者視為本地區的重要行為者，其政策也愈來愈完備。

目前，北京與東盟之間存有三個問題與一個機會。問題之一就是有關南沙群島的爭議。北京在堅持主權屬己的前提下，提出「擱置爭議、共同開發」的口號，但是並未因此而普獲同意，問題依然懸而未決。之二是有關台灣的問題。台灣為了發展經濟與國際生存空間，推行實質外交，其主要對象也包括了東盟各國。看在北京眼裡當然不是滋味，因此它屢屢要求各國不得進行「變相」的「兩個中國」和「一中一台」政策。然而，只要台海的情勢未發生根本的變動，北京的憂慮就不會得到徹底的化解。問題之三就是近來甚囂塵上的「中國威脅論」。這一方面反映了大陸經濟與國際政治實力的提升，另一方面則反映了鄰近諸國的憂慮。當然，這個問題也不可能在短期內得到解決。

所謂的一個機會就是在 2001 年底所提出的「10＋1」方案，亦即在 10 年內由東盟十國與中共共同組成一個區域性的「自由貿易區」。這個貿易區一旦組成，將包含全球 30 ％的人口，40 ％的外匯存底，其國內生產總值和對外貿易總額將佔全球的 10 ％。如此一來，它就可以和北美與歐盟分庭抗禮，成為三大經濟體之一㊷。這個構想有多重意涵。中國大陸在經過 20 年的改革後，其強勁的經濟實力已為東亞各國所肯定，這個自由貿易區如果組成，則大陸就會順理成章的成為亞洲經濟發展的火車頭。如果本地區再次發生如 1997 年的金融風暴時，大陸中國就會扮演安定局面的主錨。這種發展對於北京的戰略意涵有二：在亞洲，它將取代日本成為區域的強權；在全球，它將有更強的實力與美國互動，迫使後者調整其政策。另外，它還會產生一個附帶的好處：一旦整合過程開始啟動，則台灣必然遭到被邊緣化的命運，如此則會有利於北京的統一進程。最後，值得一提的是，除了「10＋1」之外，還有「10＋3」的說法，亦即將日本與南韓也包括進來，不過在目前這些都還只是初步的想法而已，其未來的發展還有待進一步的觀察。

與此相關的為越南問題。1975 年越南統一後向外擴張，企圖建立一個包括寮國和柬埔寨在內的印支聯邦，對於中南半島以及東南亞地區的安定帶來了相當的威脅。上述的擴張最後導致中共於 1979 年出兵，發動「懲越之戰」，

兩國的關係是以破裂，直至柬埔寨問題於 1990 年代得到解決後兩國的互動才
漸漸恢復。目前雙方的關係基本平穩，經貿及其它的交流業已開展，但是南沙
群島仍是一個潛在的衝突焦點，預計雙方都不會輕易讓步，因此這個問題也不
會很快就得到解決。

　　最後就是阿富汗與中亞地區的問題。1979 年之後，阿富汗曾經成為北京
與莫斯科對抗的第一線，北京與華盛頓的戰略合作關係還因此而加強。「911
事件」後華盛頓進攻阿富汗，但是這次北京的立場卻是十分的微妙。若論原
則，北京完全贊同華盛頓關於「反恐怖主義」的立場。但是在現實的國際政治
層面，北京卻非常細緻地勾勒出它的政策。它一方面將「疆獨」等同於「恐怖
主義」，因而名正言順地高舉這面大旗去清剿「疆獨」；另一方面，它又呼籲
美國不可以輕易動武，所採取的任何措施必須「符合聯合國憲章與國際公認的
解決糾紛的準則」。如此一來，北京基本上對各方面的立場都得到了維護。最
後，在美軍常駐該地區的問題上，它表達了反對的立場，這既符合了它一貫的
「反霸」原則，又與莫斯科建立了共識。當然，美軍可能還是會進駐，但是難
免就要不時地將北京的反對意見咀嚼一番。簡言之，20 餘年後，阿富汗再度
成為大國角力的競技場，所不同的是，中共與美國這回卻變成了競技的力士。

五、其他第三世界國家

　　在中共與美國和蘇聯對抗的年代，遍布亞非拉的第三世界國家曾經是中共
亟欲拉攏的對象。1974 年中共還為此而提出「三個世界」理論，作為其外交
活動的最高指針。等到中共進行改革需要美國的友誼時，這些國家在北京的外
交議程上的重要性似乎大不如前。

　　不過，第三世界的一百多個國家中卻有兩類國家較受到北京的注意。第一
類是中東地區的阿拉伯國家，基本上它們因為盛產石油而受到北京的重視。另
外，由於中共過去長期反美，美國在該地區強力支持以色列，中共因此而採取
支持阿拉伯國家及敵視以色列的政策。1990 年代後，北京將其政策略作調整：
既支持阿拉伯各國與巴勒斯坦的建國權，又承認以色列的生存權，並由此而呼
籲各方以非暴力與非戰爭的方式解決爭端㊲。中共這種轉變受到各方的關注，
成為少數與該地區各國關係都可稱良好的大國，提高了它的發言地位。

　　第二類則是遍佈拉丁美洲、非洲或是大洋洲的國家。北京在過去數 10 年中會與這些地區的國家開展關係主要有兩個理由：對美國鬥爭與對台灣進行外交戰。後一個理由並未消失，雖則北京和台北的地位已經因爲聯合國席位的對調而產生變化。在美國方面，我們曾經分析了小布希總統上台後所採取的一些令中共光火的作爲。除了以言詞批評外，中共比較具體的反擊動作就是與一些美國視爲眼中釘的國家進一步開展關係。除了打北韓牌之外，江澤民於 2002 年夏天前赴一些阿拉伯國家——尤其是伊朗——進行訪問，未始沒有平衡美國戰略壓力的考量在內。

　　因此，第三世界國家是否會恢復其在中共外交設計上的戰略價值，恐怕還必須在美國未來的外交舉動上去尋求答案了。

伍、結　語

　　綜觀中共過去 50 年的外交戰略與具體的政策，有其正確之處亦曾有過重大的失誤。失誤的根源基本有二：其他國家的錯誤或是強勢政策，迫使中共強烈回應以致陷入衝突；或是中共自身囿於意識型態而犯的錯誤。大體而言，自 1949 年至 1970 年左右，北京領導階層的意識型態取向較強，由此誤判形勢而犯錯的情況較常見。例如中共參與韓戰與美國爲敵，並因而遭受 20 年的封鎖，即爲最顯著的例證。1970 年代開始，中共接受美方的戰略邀約參與三角政治，其外交思維漸漸擺脫意識型態的束縛，現實主義的考量日益增強。再加上 1978 年改革開始，務實主義的精神滲入內政與外交兩個方面，其外交作爲卒於 1982 年開始走向成熟，中共的這種發展趨勢一直持續至 1991 年蘇聯及東歐各國變天之時。

　　冷戰的結束與北京因爲「六四事件」而遭致的外交困難是相連結的。中共這時面對的國際環境十分險峻，稍一不慎即會面臨大動盪甚至全面崩潰。鄧小平的謹慎掌舵再加上伊拉克侵略科威特的事件給了中共翻身的機會，但是這時中共面對的已經是一個與過去大不相同的國際環境了。

　　10 年之後的今天來看，中共在 1990 年代初期對於國際情勢變遷的看法大體上站得住腳：他們基本認爲國際社會呈現出來的是一個「一超多強」的結

構。最起初，北京似乎有意接受這個架構，並在其下「與美國爲善」，期望能與後者維持比較友善甚至是合作的關係。但是中共後來感覺到美國似乎想趁勝追擊，一舉將共產中國搞垮，以建立一個於它有利的國際秩序。因此北京處處感受到來自華盛頓的戰略壓力，這種壓力自老布希時期開始，到了柯林頓時有所上升，等到小布希上台後壓力似乎更形增加：對台軍售的提升、陳總統過境與湯耀明部長的訪美等，都是令中共方面十分不悅的發展。「911 事件」的爆發及其後對阿富汗的戰爭似乎對雙方的關係產生了短暫的彌補作用，但是戰爭告一段落後似乎又回到原先的磨合過程。

北京在失望之餘遂採取積極的回應措施，在全球範疇以及亞太區域都有所布置。北京今日的優勢在於它的國家發展方向與經濟策略都基本正確，而且經濟改革收到相當成效，國力大幅提升，國際影響力也大幅增加。但是形勢比人強，華盛頓的國力雄厚，北京可用的牌本屬有限，一旦動用又會遭受美方的反制，因此時時顯得被動，迄今爲止並未出現根本的變化。

不論北京口頭上是否承認，現在看來國際政治上「一超多強」的結構恐怕還要持續相當一段時間。只要美國仍是「一超」，而中共仍然只是「多強」之一，而且在美國的眼中，中共所呈現出來的潛在戰略威脅仍然超越其他國家，那麼美國的「接觸加遏制」戰略就不會輕易修改，所以中共與美國和其他各大國間——尤其是美國——的「既合作又競爭」的戰略關係還會是未來數 10 年內國際政治的主要戲碼。

*　　　　　*　　　　　*

註 解

註① 中國共產黨第十二次全國代表大會文件匯編，**中國共產黨**（北京：人民出版社，1982），頁 14。

註② 台灣經濟研究院編，**兩岸經濟統計月報**（台北：行政院大陸委員會），民國 90 年 1 月第 101 期，頁 47。

註③ 台灣經濟研究院編，**兩岸經濟統計月報**（台北：行政院大陸委員會），民國 90 年 1 月第 101 期，頁 47。

註④ 台灣經濟研究院編，**兩岸經濟統計月報**（台北：行政院大陸委員會），民國 90 年 1 月第 83 期，頁 52 頁；第 109 期，頁 52。

註⑤ 參見任慧文，**中南海權力交班內幕**（香港：太平洋世紀研究所，1997）；吳國光，**逐鹿十五大**（香港：太平洋世紀研究所，1997 年）；高新，**江澤民的權力之路**（香港：明鏡出版社，1997 年）；楊中美，**江澤民傳**（台北：時報出版社，1996 年）。

註⑥ 毛澤東，「論人民民主專政」，**毛澤東選集，第四卷**（北京：人民出版社，1970 年），頁 1357～1371。

註⑦ 尹慶耀，**中共外交與對外關係**（台北：國際關係研究所，民國 62 年），頁 178～234；鄭宇碩、石志夫編，**中華人民共和國對外關係史稿，第一卷**（香港：天地圖書有限公司，1994 年），頁 301～307。

註⑧ 尹慶耀，**中共的統戰外交**（台北：幼獅書局，民國 74 年 5 月），頁 132～135；鄭宇碩、石志夫編，**中華人民共和國對外關係史稿，第二卷**（香港：天地圖書有限公司，1996 年），頁 179～198。

註⑨ 中國共產黨第十二次全國代表大會文件匯編，**中國共產黨**（北京：人民出版社，1982 年），頁 38～46。

註⑩ 中國外交部外交史研究室編，**中國外交概覽** 1992 版，1993 版，1994 版，1995 版（以上見北京：中國外交部，1993，1994，1995，1996 年）；中國外交部政策研究室編，**中國外交**，1996 版，1997 版，1998 版，1999 版，2000 版，2001 版（以上見北京：中國外交部，1997，1998，1999，2000，2001，2002 年）。

註⑪ **中國共產黨**，中國共產黨第十四次全國代表大會文件匯編（北京：人民出版社，1992 年），頁 40～45；中國共產黨第十五次全國代表大會文件匯編（北京：人民出版社，1997 年），頁 00～00；歷屆總理政府工作報告參見：中共中央文獻研究室編，**十四大以來重要文件選編**（北京：人民出版社，1996），頁 192～197，1264～1267，1779～1783，2364～2367。

註⑫ 中國外交部外交史研究室編，**中國外交概覽**（北京：中國外交部出版，1992 頁，），頁 2。

註⑬ 中國外交部外交史研究室編，**中國外交概覽**（北京：中國外交部出版，1995 頁，），頁 2～3；中國外交部政策研究室編，**中國外交**（北京：中國外交部出版，1996），頁 3～4。

註⑭ 中國外交部政策研究室編，**中國外交**（北京：中國外交部出版，1997 頁，），頁 1～2。

註⑮ 中國外交部政策研究室編，**中國外交**（北京：中國外交部出版，2001 頁，），頁 1～2。

註⑯ 明居正，**國際政治體系之變遷**（台北：五南出版社，民國 81 年），頁 34～39。

註⑰ 尹慶耀，**中共外交與對外關係**（台北：國際關係研究中心，民國 62 年），頁 79。

註⑱　中國共產黨，**中國共產黨第十四次全國代表大會文件匯編**（北京：人民出版社，1992 年），頁 41；**中國共產黨第十五次全國代表大會文件匯編**（北京：人民出版社，1997 年），頁 42。

註⑲　中國外交部外交史研究室編，**中國外交概覽**（北京：中國外交部出版，1994 年），頁 3～4。

註⑳　中國外交部政策研究室編，**中國外交**（北京：中國外交部出版，1998 年），頁 2～3。

註㉑　陳啓懋，**中國對外關係**（台北：吉虹資訊公司；民國 89 年），頁 11～12。

註㉒　中國共產黨，**中國共產黨第十四次全國代表大會文件匯編**（北京：人民出版社，1992 年），頁 42～47；**中國共產黨第十五次全國代表大會文件匯編**（北京：人民出版社，1997 年），頁 42～44。

註㉓　中共中央文獻研究室編，**十四大以來重要文件選編**（北京：人民出版社，1996 年），頁 1780。

註㉔　楚樹龍，**冷戰後中美關係的走向**（北京：中國社會科學出版社，2001 年），頁 57。

註㉕　楚樹龍，**冷戰後中美關係的走向**（北京：中國社會科學出版社，2001 年），頁 72。

註㉖　楚樹龍，**冷戰後中美關係的走向**（北京：中國社會科學出版社，2001 年），頁 73。

註㉗　楚樹龍，**冷戰後中美關係的走向**（北京：中國社會科學出版社，2001 年），頁 89～95。

註㉘　楚樹龍，**冷戰後中美關係的走向**（北京：中國社會科學出版社，2001 年），頁 70。

註㉙　楚樹龍，**冷戰後中美關係的走向**（北京：中國社會科學出版社，2001），頁 70。

註㉚　楚樹龍，**冷戰後中美關係的走向**（北京：中國社會科學出版社，2001 年），頁 95～102。

註㉛　楚樹龍，**冷戰後中美關係的走向**（北京：中國社會科學出版社，2001 年），頁 102～105。

註㉜　卿文輝，孫輝，「後冷戰中國國家安全」，**戰略與管理**（北京），中國戰略管理研究會，2001 年 1 月，頁 1～9。

註㉝　中共中央文獻研究室編，**十四大以來重要文件選編**（北京：人民出版社，1996 年），頁 194。

註㉞　毛澤東，「論人民民主專政」，**毛澤東選集**，第四卷（北京：人民出版社，1970 年），頁 1362。

註㉟　參見尹慶耀，**中共外交與對外關係**（台北：國際關係研究所，民國 62 年），頁 72～116；費正清與麥克法夸爾，**劍橋中華人民共和國史（1949～1965）**（上海：人民出版社，1990 年），頁 527～596；鄭宇碩、石志夫編，中華人民共和國對外關係史稿，第一卷（香港：天地圖書有限公司，1994 年），頁 281～300；蘇起，民國 81 年，**論中蘇共關係正常化（1979～1989）**（台北：三民書局），頁 21～37。

註㊱　參見尹慶耀，**中共外交與對外關係**（台北：國際關係研究所，民國 62 年），頁 178～234；鄭宇碩、石志夫編，**中華人民共和國對外關係史稿**，第一卷（香港：天地圖書有限公司，1994），頁 301～337。

註㊲　胡為真，**美國對華「一個中國」政策之演變**（台北：商務印書館，2001 年），頁 250。

註㊳　鄧小平，「目前的形勢和任務，」**鄧小平文選**，第二卷（北京：人民出版社，1983 年），頁 203～204。

註㊴　鄧小平，「改革開放政策穩定，中國大有希望」，**鄧小平文選**，第三卷（北京：人民出版社，1993 年），頁 321。

註㊵　中共研究雜誌社，**中共年報（1997）**（台北：中共研究雜誌社，1998 年），頁 10～1；卿文輝、孫輝，「後冷戰中國國家安全」，**戰略與管理**（北京），中國戰略管理研究會，2001 年 1 月，頁 6。

註㊶　中國共產黨，**中國共產黨第十四次全國代表大會文件匯編**（北京：人民出版社，1992），頁 9。

註㊷　中國共產黨，**中國共產黨第十三次全國代表大會文件匯編**（北京：人民出版社，1987 年），

頁 79。

註㊸ 鄧小平，「國際形勢和經濟問題」，**鄧小平文選**，第三卷（北京：人民出版社，1993 年），頁 353。

註㊹ 鄧小平，「中國永遠不允許別國干涉內政」，**鄧小平文選**，第三卷（北京：人民出版社，1993 年），頁 358。

註㊺ 中共研究雜誌社，**中共年報**（2000）（台北：中共研究雜誌社，2001），頁 6～2。

註㊻ 鄧小平，「以和平共處五項原則爲準則建立國際新秩序」，**鄧小平文選**，第三卷（北京：人民出版社，1993 年），頁 282～283。

註㊼ 鄧小平，**鄧小平文選**，第三卷（北京：人民出版社，1993 年），頁 390～391。

註㊽ 中共研究雜誌社，中共年報（1992）（台北：中共研究雜誌社，1993 年），頁 2～5。

註㊾ 中共研究雜誌社，中共年報（1992）（台北：中共研究雜誌社，1993 年），頁 2～5。

註㊿ 蘇格，「中美關係」，現代國際關係（北京），現代國際關係研究所，2001 年 9 月，頁 2；特約評論員：「評世紀初國際環境」，**現代國際關係**（北京），現代國際關係研究所，2001 年 1 月，頁 2；王緝思，「中美可避新冷戰」；（北京：人民網，2001 年 6 月 25 日），頁 2；時殷弘，宋德星，「21 世紀前期中國國際態度、外交哲學和根本戰略思考」，**戰略與管理**（北京），中國戰略管理研究會，2001 年 1 月，頁 13。

註(51) 蘇格，「中美關係」，**現代國際關係**（北京），現代國際關係研究所，2001 年 9 月，頁 5；王緝思，「中美可以避免新冷戰」（北京：人民網），(http://www.people.com.cn)，2001 年 6 月 25 日。

註(52) 卿文輝，孫輝，「後冷戰中國國家安全」，**戰略與管理**（北京），中國戰略管理研究會，2001 年 1 月，頁 9。

註(53) 劉曉波，2001 年，「壟斷輿論和灌輸仇恨的惡果」（http://www.asiademo.org/2001/10/20011026a.html），2001 年 10 月 26 日。

註(54) 明居正，「美國、中共與日本的戰略關係與台海風雲」，**香港回歸與大陸變局**（台北：國際關係研究中心，1997 年），頁 181。

註(55) 參見：中國網／政府白皮書／中國人權事業的進展，(http://www.china.org.cn/ch-book/renquan/irenquan.htm)。

註(56) 參見：中國網／政府白皮書／ 2001 美國人權記錄，(http://www.china.org.cn/ch-book/renquan.htm)。

註(57) 楚樹龍（2001），**冷戰後中美關係的走向**（北京：中國社會科學出版社），頁 284～287。

註(58) 崔之清（2001），**台灣是中國領土不可分割的一部份**（北京：人民出版社），頁 394。

註(59) 楚樹龍（2001），**冷戰後中美關係的走向**（北京：中國社會科學出版社），頁 287。

註(60) 崔之清（2001），**台灣是中國領土不可分割的一部份**（北京：人民出版社），頁 395～400；楚樹龍（2001），**冷戰後中美關係的走向**（北京：中國社會科學出版社），頁 286～294。

註(61) 崔之清（2001），**台灣是中國領土不可分割的一部份**（北京：人民出版社），頁 393～395；楚樹龍（2001），**冷戰後中美關係的走向**（北京：中國社會科學出版社），頁 291～293。

註(62) 明居正（民國 88 年 3 月 26 日），「美國的『三不支持』政策與我們的務實外交」，發表於「國家暨社會安全研討會」，國防醫學院政治作戰部主辦，台北。

註(63) 參見：中國網／政府白皮書／目錄，(http://www.china.org.cn/ch-book/index.htm)。

註(64) 楚樹龍（2001），**冷戰後中美關係的走向**（北京：中國社會科學出版社），頁 449～450。

註㊺　楚樹龍（2001），冷戰後中美關係的走向（北京：中國社會科學出版社），頁 451～452。

註㊻　楚樹龍（2001），冷戰後中美關係的走向（北京：中國社會科學出版社），頁 451～461。

註㊼　參見「美國國務院 2001 年全球恐怖主義形勢報告」（http://usinfo.org/mgck/usinfo.state.gov/regional/ea/mgck/archive02/terrorintro.htm）。

註㊽　楚樹龍（2001），**冷戰後中美關係的走向**（北京：中國社會科學出版社），頁 256～261。

註㊾　有關的作品很多，例如：艾許頓、卡特與威廉、裴利(AshtonCarterandWilliamPerry)（2000），**預防性防禦**（台北：麥田出版社），頁 173～194。

註㊿　卿文輝，孫輝，2001 年 1 月，「後冷戰中國國家安全」，**戰略與管理**（北京：中國戰略管理研究會），頁 3～4。

註○71　梁錦文（2002），**後冷戰時期之越南外交政策**（台北：翰蘆圖書公司），頁 130～140。

註○72　參見「中國～東盟自由貿易區前景雙贏」（http://www.bizcn-sg/ziyoumaoyiqu.htm）。

註○73　陳啓懋（2000），**中國對外關係**（台北：吉虹資訊公司），頁 187～201。

「911」以後中美關係的趨勢與展望

陳一新

淡江大學美國研究所教授兼所長

摘　要

　　911 事件之前，美國已不再視中共為「戰略競爭對手」(strategic competi-tor)；911 事件之後，華府與北京在反恐戰爭的合作以及美國布希 (George W. Bush) 總統訪問上海與中共領導人江澤民舉行高峰會，顯示雙方關係在不到一年時間似乎有了很大的改善。911 事件後的一些發展與五角大廈「四年國防評估報告」(Quadrennial Defense Review Report) 的公布顯示，雖然中共與美國關係在 911 事件後有了相當幅度的改善，華府對北京言必稱要遵循「一個中國」政策，兩國領導人也把臂言歡，惟美國在極力爭取中共參加反恐聯盟之際，骨子裡仍視中共為其最大威脅，而且在實際的部署上更是處處以中共為假想敵，並堅持「既不准台灣獨立，也不准中共動武」的政策，而中共也處處防著美國一手，虛與委蛇之餘，還要刻意拉攏美國。雙方這種爾虞我詐、勾心鬥角、彼此亦友亦敵的關係，固然可能在未來出現小幅調整或變化，但因雙方在意識型態、制度面、價值觀以及戰略利益差異甚大，使得兩國在放棄敵對，改善關係的同時，仍很難化解結構性的對立。

關鍵詞：911 事件、反恐怖聯盟、反恐怖戰爭、布希外交團隊、大國外交、
　　　　全國飛彈防禦系統、南海撞機事件、四年國防評估報告、布江上海
　　　　會談

＊　　　　＊　　　　＊

壹、前　言

在 2000 年美國大選期間，布希的外交團隊表示美國今後將會推出一個揉合謙恭與力量的外交政策，但是布希入主白宮之後，在國際上的表現似乎顯得不太謙恭，而這也是 2001 年 9 月 11 日美國遭到恐怖主義份子瘋狂攻擊的近因。911 事件發生之後，美國即設定幾個重大目標，其中之一就是爭取包括「中國」這樣大國的支持美國認爲中共有能力提供凱達恐怖主義組織 (al Qaeda Network) 領導人賓拉登 (Osama bin Laden) 與塔里班 (Taliban) 政權領袖歐瑪 (Mullah Omar) 的相關情報，參加反恐怖聯盟，以及在聯合國安全理事會表決反恐怖決議案時投下贊成票。儘管北京本身也有鎮壓藏獨與疆獨的需要，但是華府要求北京在支持恐怖主義與反恐怖主義選邊，難免還是多少要付出一些政治代價。美中 (共) 兩國自 2001 年 4 月撞機事件後進入「磨合期」後，雙方關係是有一些改善，但卻一直存在著互不信任與些許的敵意，直到國務卿鮑爾 (Colin Powell) 訪問北京後，華府與北京的關係才略有起色。911 事件發生之後，美國與中共在反恐怖主義的共同語言使雙方的互動與合作增加。2001 年 10 月，布希總統飛往上海與中共領導人江澤民舉行高峰會，並將停留上海的時間從兩天延長至五天，以表示對中共反恐怖合作的重視。2002 年 2 月下旬，布希訪問北京，再度與中共領導人江澤民舉行高峰會，並將峰會的層次拉高到戰略層次。不過，由於雙方在意識型態、制度面、價值觀的岐異，以及在亞太地區戰略利益的衝突，以及在其他層面的差異，使得兩國改善關係的幅度有受到一定的限制。

本論文的主要目的即是針對 911 事件發生之後對美中 (共) 關係的影響做出分析，並對未來雙方關係的趨勢與展望做出研判。至於本論文的主要論點則是，雖然中共與美國關係在 911 事件後有了相當幅度的改善，華府對北京言必稱要遵循「一個中國」政策，兩國領導人也把臂言歡，惟美國極力爭取中共參加反恐聯盟之際，骨子裡仍視中共爲其最大威脅，而且在實際的部署上更是處處以中共爲假想敵，並堅持「既不准台灣獨立，也不准中共動武」的政策，而中共也處處防著美國一手，虛與委蛇之餘，還要刻意拉攏美國。雙方這種爾虞

我詐，勾心鬥角、彼此亦友亦敵的關係，固然也可能在未來出現小幅調整或變化，但因雙方在意識型態、制度面、價值觀的重大差異，以及在亞太地區戰略利益的衝突，使得兩國在改善關係的時候，卻很難化解結構性的對立。

貳、911 事件前美國對中共的立場與政策

911 事件前，布希政府的外交政策已經由一些共和黨歷屆政府的老將大致定了調。由於布希總統不像乃父那樣擅長外交，因此在第一任期內會相當程度受到老布希 (George Bush)、副總統錢尼 (Richard Cheney)、國務卿鮑爾 (Colin Powell)、國家安全顧問賴斯 (Condoleezza Rice)、美國貿易代表左立克 (Robert B. Zoellick)、副國務卿阿米塔吉 (Richard Armitage)、副國防部長伍夫維茲 (Paul Wolfwitz) 等人的影響。

布希總統的外交智囊早在大選前就表示，布希如果入主白宮將會推出一個揉合謙恭與力量的外交政策，讓美國集中心力與大國發展全面的關係，使美國繼續得以領導群倫。布希政府注重大國外交，主要是受到國家安全顧問賴斯對國際政治體系看法的影響。在發表接受提名的簡短演說中，賴斯指出，布希是一位具有非常睿智判斷力、強烈價值觀與堅守原則的領導人。他也是一位不屈不撓的硬漢，關心美國並知道如何讓美國強大。競選期間，她說美國國力經常虛擲，對盟國與像俄羅斯和中共之類的大國卻未嚴正以對，更不用說全力以赴了。她認為，柯林頓政府對俄羅斯的政策就太「羅曼蒂克」(romantic)，以致與莫斯科在限武談判上一事無成。她不認為中共的核子飛彈已對美國構成威脅，強調：「合作是重要的，但若我們的利益受到挑戰，我們絕對不能怯於面對北京。」因此，她主張美國應與俄羅斯和中共等大國發展全面的關係，因為只有大國能形塑國際政治體系的變化①。

鮑爾在發表接受國務卿提名的演說中宣稱，美國將與俄羅斯和中共合作，不會把他們當作「潛在的敵人」，但也不會視之為「戰略夥伴」(strategic partner)，而是把他們看作是正在尋求自己方向的國家②。副總統錢尼在接受美國有線電視網 (CNN) 訪問時表示，在大選期間堅稱中共為「競爭對手」而非「戰略夥伴」並力主部署「全國飛彈防禦」系統的布希，其實希望能和中

共、俄羅斯發展良好關係③。顯然，在布希外交團隊中，雖然主要幾位成員對俄羅斯和中共的立場不盡相同，但是他們對美國應專心致力於和大國交往的共識還是相當一致。由此可見，若說布希新政府的全球新戰略是由賴斯一手所擘劃，一點也不爲過。

究竟美國在布希主政期間是國力向上提昇，還是往下沉淪，相當程度取決於美國自己的作爲以及盟國的配合。如果能像曾任助理國防部長的哈佛大學教授奈伊 (Joseph S. Nye, Jr.) 所說般善於運用所謂的「合作的權力」(co-optive power)，創造一種形勢 (situation) 或情境，讓盟國自願參與投入或共襄盛舉，則美國自能挾其強大國力領導群倫，維持霸權領導於不墜④。反之，若不能善用此一「合作的權力」，則即使美國國力再強，也會有時而窮，無以維繫優勢領導。

在選戰期間，布希陣營內的左立克批評柯林頓政府在建立「全國飛彈防禦」系統的處置不當，一方面過於遷就中共和俄羅斯的立場，另一方面卻讓盟國感到不安。他質疑道，如果美國盟國與朋友比以前更容易遭到飛彈攻擊的威脅，美國又如何改善與盟邦的關係？左立克和阿米塔吉還建議將「全國飛彈防禦」(National Missile Defense, NMD)系統從重新包裝爲「盟國飛彈防禦」(Allied Missile Defense) 系統⑤。賴斯早就撰文指出，爲了對付具有核子飛彈攻擊能力並對美國深具敵意的「惡棍國家」(rogue regimes)，美國必須發展飛彈防禦系統⑥。在紐約的「外交關係協會」(Council on Foreign Relations) 辦的一場座談會中，她表示美國有能力發展具效力的飛彈防禦系統，並說她支持繼續測試、推動 NMD，也相信美國的科技有能力達成目標⑦。在他們的影響之下，布希不僅主張要將飛彈防禦系統推廣到所有盟國，而且還提出一套檢驗標準，即任何飛彈系統都應具備保護美軍與協助美國盟邦有效應付「惡棍國家」發動導彈攻擊的能力。

顯然推動「全國飛彈防禦」系統已成爲新政府外交團隊成員的共識，國務卿鮑爾與國防部長倫斯斐都信誓旦旦地表示他們將全力支持部署該項系統的計畫。在發表接受提名演說後的答詢時間中，鮑爾明確指出，布希已承諾部署「全國飛彈防禦」系統。他並以有力的口吻強調：「該系統是我們戰略武力系統不可或缺的一環，跟別的國家討論美國的計畫後，我們會照原定計畫行

事。」他表示，美國有必要花時間跟其他擁有戰略性攻擊武器但還不瞭解美國這項部署思維的國家談判。他說，要達成這項談判並不容易，但前述國家必需瞭解，美國覺得該項部署最符合美國人民的利益⑧。倫斯斐脫穎而出獲布希提名出任國防部長的主要原因之一正是因爲他們在部署「全國飛彈防禦」系統的立場完全一致⑨。由於賴斯、鮑爾與倫斯斐都立場鮮明地表態支持「全國飛彈防禦」系統的部署，加上錢尼早在雷根政府期間就贊成該系統前身的「星戰計畫」，布希更是承諾要部署該項系統；因此，布希政府國防政策上一個部署飛彈防禦系統的新目標已經成形。事實上，布希在外交、國防推出這樣大堆頭的陣仗，外交團隊的四位大將清一色地支持「全國飛彈防禦」系統的部署，即表示勢在必行，恐怕不是經濟力量孱弱的俄羅斯與軍事力量還不足以與美國抗衡的中共所能擋得住的。

在選戰期間，布希主張將台灣納入「戰區飛彈防禦」系統這個問題較爲顧慮中共的反應，而柯林頓卻在大選期間主張有條件將台灣納入，亦即兩岸問題無法解決，而中共又武力犯台時，則美國必須將台灣納入該系統之內。惟 1980 年，雷根也曾說過要提供我國 FX 或 F-16J79 戰機，但是當選之後卻礙於形勢，不僅未能履行承諾，而且還和中共簽訂了限制美國軍售台灣質與量的「八一七公報」(August 17, 1982 U.S.-PRC Arms Communique)。

在大選期間，布希總統的亞洲政策似有朝「重亞輕歐」傾斜的趨勢。布希陣營主張美國自歐洲一些衝突地區或維和地區撤軍，讓歐洲國家自行處理歐洲的問題，並認爲今後要更爲加強與亞洲盟邦的關係，反映出一個「重亞輕歐」的政策傾向。包括布希本人在內的布希陣營外交策士在競選期間經常放話指出，美國在亞洲的首要盟邦是日本，而非中共，而且美國要拉攏的是亞洲其他的盟國。布希的外交策士左立克在大選期間表示，布希若當選總統，將會更加重視日本，甚至希望日本能有朝一日站起來大聲對中共說「不」⑩。布希也強調，美國會強力支持亞洲的盟邦與朋友，包括堅守對南韓的承諾、強化與日本的安全關係以及履行對台灣的安全承諾⑪。

左立克與阿米塔吉更進一步認爲，民主黨與共和黨的亞洲政策有很大的不同。第一個不同是共和黨將日本視爲美國在亞洲最重要的盟邦，而民主黨卻將中共視爲「戰略夥伴」。在公元 2000 年 1、2 月號「外交事務」(Foreign

Affairs) 期刊的一篇文章中，左立克嘲諷柯林頓對中共與日本的區別待遇，指出柯林頓訪問北京達九天之久，卻不願在回程於東京停留一分鐘。第二個不同是共和黨將結盟作爲外交政策的主軸，而民主黨卻未在亞洲盟國困難之際伸出援手。如果美國要在困難的時候依賴盟國與朋友，平時就要尊重他們對政策優先順序、個別國家利益，以及可能妥協程度的看法，並與他們在平時就要維持良好的關係，有急難時才能相互扶持⑫。

不過，國務卿鮑爾則傾向在歐亞之間採取一個比較平衡的政策。在發表接受提名演說後的答詢中，他表示美國政府會在布希就職後重新評估海外軍事部署，以確定這些部署得宜。布希政府打算全盤檢討美國在波士尼亞、科索夫等外國地點的軍事部署，並確定那些部署是適當的。但是，他也聲明，布希政府在調整海外美軍的部署與任務前，會先與盟國諮商。顯而易見，在可見的未來，布希政府仍會重視歐洲，但今後基於國家利益的考量將會較爲偏重亞洲。簡言之，布希政府的歐亞政策應可稱之爲「重歐偏亞」。對於美國的敵人，他警告說：「我們會堅定地與盟國並肩對抗那些發展大規模毀滅性武器、遂行恐怖活動的國家，我們不會被他們所嚇倒，我們要面對他們，與他們放手一搏。我們將以我們的力量來保障我們的利益。我們的力量來自我們的制度，民主與自由的企業制度。它來自我們的經濟實力。它來自我們的軍事實力。」⑬

在介入海外衝突方面，布希主張，第一要符合美國重大國家利益，包括美國領土遭到威脅、美國人民受到傷害、重要盟國或朋友受到威脅等。第二是任務一定要明確。第三是美軍士氣高昂、訓練紮實、裝備精良、速戰速決。第四是要能讓美軍安全撤退。在大選期間，布希反對北京以強加的方式來統治自由地區的人民，力主在必要時協助台灣保衛自己。不過，他在接受台灣媒體訪問時也特別呼籲台灣不要走向「台獨」，並斬釘截鐵地強調「如果台海戰爭是台灣挑起，美國絕不捲入；如果中共動武，美國絕不坐視。」⑭惟由於中共對台灣不太可能「根本斷了動武的念頭」，而台灣若是心存美國會派兵馳援協防台灣的念頭，又不免不切實際，因此台灣在處理美中台三邊關係時自然只有戒慎戒懼，不讓美、日等大國視爲「麻煩製造者」，美國才有可能在中共無端啓釁時協助台灣保衛自己。

中國政策布希陣營的外交策士，包括伍夫維茲、左立克、阿米塔吉、賴

斯女士等人，都對柯林頓的中國政策不以為然。阿米塔吉和左立克均對中共市場自由化的發展表示歡迎，但都不同意將中共視為「戰略夥伴」。伍夫維茲指出：「我認為中國是未來幾十年美國外交政策最嚴肅的挑戰。」⑮他同意中共是一個崛起的強權，這也是美國應該面對的事實，但他不同意親中派過份誇大中共的能力。他表示，中共有求於美國者，絕對比美國有求於中共者為多。

　　在「外交事務」期刊的一篇文章中，賴斯女士曾撰文抨擊柯林頓的對華政策。在這篇題為「促進國家利益」(Promoting the National Interests) 的文章中，她說，柯林頓對中共的政策不僅破壞了亞洲的安定，也損及美國與台灣的關係，對於對美國利益構成威脅的行為，華府要勇於向北京挑戰。她進一步指出：「中共不是一個甘於維持現狀的強權，它會企圖改變亞洲的權力平衡，趁機坐大。光是這一點就足以證明他們是美國的戰略對手，不是柯林頓政府所謂的戰略合作夥伴。再加上他們和伊朗、巴基斯坦合作擴散彈道飛彈技術，構成的安全問題已經昭然若揭。……合作固然值得追求，但雙方利益發生衝突時，我們絕對不要怯於和北京對抗。」⑯顯然，在北京未以具體作為顯現已接受國際規範以前，她對中共的看法是相當負面的。同一期間，她在接受訪問時，還毫不保留地預測中國共產黨遲早會崩潰。作為一位現實主義者，她說她會支持一個中國的政策，因為美國兩黨都長期支持該政策。但是她指出：「如果經濟改革失敗，中國共產黨將會被推翻；而如果經濟改革成功，經濟自由化將帶來政治自由化。由於非此即彼，中國共產黨只是借時間苟延殘喘而已。」⑰

　　在大選進入尾聲時，她參加紐約一個智庫「外交關係協會」的座談會，對中共仍維持與以前相同的觀點。在發言時，她認為北京已對華府構成兩方面的「問題」。一方面，中共在北韓、巴基斯坦擴散武器方面的所作所為，證明中共是「憎惡」華府在亞洲擴張勢力。另一方面，中共又積極擴展軍力，使台海成為美、中潛在安全衝突點，讓華府為之憂心忡忡⑱。不過，根據曾經訪談賴斯的胡佛研究所客座研究員章嘉琳的說法，賴斯認為，中共應該要有大國的樣子，不要動不動就對台灣島內發生的事，刺激得反應太過度。中共應隨時提醒自己，它是一個大國，全世界絕大多數國家都承認一個中國，對於像兩國論這種事，北京發表一個嚴正聲明即可，不必發動軍事演習並揚言動武，反而失去同情。至於兩岸的未來，如果中共經濟進一步開放、發展，政治體制也做一些

調整，「未來兩岸的統一是不成問題的」。⑲

在競選期間，顯然受到賴斯、左立克、阿米塔吉等人的影響，布希本人也不斷釋出美國會將中共視為「競爭對手」，而非「戰略夥伴」的訊息。與柯林頓一樣，布希也認為與中共發展「永久正常貿易關係」，以及讓中共進入「世界貿易組織」，將中共納入世界經貿體系都是政治正確的事。但是布希在選舉期間也指出，美國在亞洲的首要盟邦是日本，而非中共，而且美國要拉攏的是亞洲其他的盟國。在加州的一場演說中，布希明白指出，中共是一個競爭對手，不是一個戰略夥伴，美國固然不可以帶著「惡意」(ill-will) 與中共交往，但卻更不能存著「幻想」(illusion)⑳。

不過，在布希確定當選美國第四十三任總統後，國務卿鮑爾與副總統錢尼決定將布希陣營內部視北京為「競爭對手」、不利美國與中共交往的趨勢扭轉過來。在發表接受國務卿提名的演說中，鮑爾表示美國將與俄羅斯和中共合作，不會把他們當作「潛在的敵人」，但也不會視之為「戰略夥伴」，而是把他們看作是正在尋求自己方向的國家㉑。副總統錢尼在接受美國有線電視網 (CNN) 訪問時則宣稱，在大選期間堅稱中共為「競爭對手」而非「戰略夥伴」並力主部署「全國飛彈防禦」系統的布希，其實希望能和中共、俄羅斯發展良好關係㉒。他們兩人一副很有默契的樣子，三言兩語就將北京領導人最聽不入耳的「競爭對手」輕輕化解。不過，就在一片對美中關係樂觀聲中，布希提名倫斯斐出任他的國防部長，又使整個情況為之改觀。倫斯斐一向對中共持鷹派立場，在 1998 年他擔任跨黨派委員會主席所提出飛彈威脅的評估報告中，不僅認為伊朗、北韓與伊拉克都有能力對美國發動飛彈突襲，更對中共的軍事動向感到憂心忡忡。在他出任國防部長後，可望對目前國防部情報局中國事務部門內充斥「中國不具威脅」的流行看法提出矯正。

在可見的未來，美國還是會相當程度地重視歐洲，但會比以往更為重視亞太地區盟邦的立場。同時，由於美國一向以實力作為談判的後盾，因此由賴斯一手所擘劃的這條主線也會堅持部署飛彈防禦系統，但以不輕易介入國際衝突作為表達美國善意的表現。在最棘手的問題上，新政府也會逐漸朝國際現實靠攏，而對兩岸維持一個大致平衡的政策。

2001 年 4 月 1 日，美國海軍電偵機 EP-3C 在南中國海與中共海軍殲-8 機

擦撞，殲-8機落海，EP-3C迫降海南島，美中之間產生嚴重磨擦，至4月下旬
才暫告一段落。4月下旬，布希政府宣佈出售台灣包括紀德艦與潛艦在內的大
批軍售，由於質與量均較以往為高，在台海兩岸都引起熱烈關注。在美國對我
國增加軍售質與量的同時，布希政府在兩岸政策上仍維持基調，即美國在兩
岸政策上將遵守美中台的「三報一法」架構，但更強調以安全角度處理美中
台關係。美中撞機事件與美國對台軍售這兩件在同一月份發生的事顯示以下
幾點意義。

　　首先，在江澤民的主導之下，撞機事件大致圓滿落幕，在華府三度致歉
後，北京歸還美機機員。中共認為撞機事件是不可避免的，只是提早啟動了雙
方的磨合期，中共官員認為這是好事，因為若發生在8月或著在台灣的選舉
期，就會造成較嚴重的後果，提早啟動磨合期可使美中較有時間因應或處理雙
方的許多問題㉓。目前中共對美國戰略的改變採取低調因應，先等美國出牌再
考慮如何回應。撞機事件對於美國對中共的態度與判斷有很大的影響。在兩岸
問題方面，由於中共「十六大」將在2002年年中舉行，中共內部不會有人讓
步，以免失去強硬派的支持。

　　其次，布希在2001年4月23日敲定年度對台軍售項目，規模之大為近年
罕見，總金額可能達美金40至50億元。美國暫緩出售神盾級驅逐艦，但同意
出售四艘紀德級驅逐艦、八艘傳統動力潛艦、十二架P－3反潛巡邏攻擊機，
以及飛彈、魚雷、自走炮等多項武器系統㉔。這批數量龐大的軍售不但大幅增
強台灣的防衛能力，更可有效提升台灣的反潛戰力，阻絕中共的海上封鎖。此
外，美國並不排除將來視情況出售神盾艦給台灣。

　　2001年5月25日，布希在美海軍官校發表「邁入21世紀的美國國防構
想」，新的大戰略是將美國國防外交重心從歐洲移往亞洲，西歐各國仍是美國
的重要盟邦，但裁減駐歐美軍已是勢在必行，而亞洲因多島國，海空軍的實
力也更為重要，可望進一步獲得強化㉕。由於一旦戰爭爆發，陸軍死傷最多，
陸軍員額將大幅裁減，美國最多只會派遣海空軍介入，死傷人數自然可以控制
在一定範圍之內。小布希不讓或不太讓美國陸軍介入戰爭的構想，一部分得自
於老布希當年波灣戰爭不願派遣陸軍乘勝追擊的故智，另一部分則是受到其國
務卿鮑爾海外用兵必須保持「全身而退」的彈性之啟發。

　　美國國務卿鮑爾 2001 年 7 月 28 日在北京舉行記者會，宣示布希政府把中國看作是朋友而不是對手，未來希望以合作方式來解決美中關係存在的分歧，並且期望中國能進一步地融入國際社會；他同時強調，當前的美中關係既非夥伴也不是敵人，而是是朝建立友好互信的基礎上邁進的關係㉖。在問及美中之間是否磋商新的公報時，鮑爾直截了當的回答說，「沒有，看不出來有此必要」。鮑爾表示，不論中共方面、美國國務院、或是新的布希政府，都未曾有人提及需要新的公報，台灣關係法與三個公報仍是美對華政策的基礎。在軍售方面，鮑爾說美國繼續採行「一個中國」政策，而在這個政策下，「多年以來，打從一開始，我們就檢視對台軍售事宜」。他說，美國檢討台灣的防禦需求，以保障區域平衡，美國提供的都是防衛性軍備。鮑爾強調，任何對台軍售，「既未破壞區域安定，亦未違反一中政策和三個公報」。

　　當問到美中關係未來定位問題，特別是美中兩國到底是夥伴還是敵人關係時，鮑爾強調，「兩者都不是」，因為美中關係是如此的複雜，牽涉面又那麼多，只用一個詞來概括美中關係是不可能的，「這是一個越來越朝向建立友好互信共同努力、共同面對我們之間存在分歧基礎上的關係」。㉗他同時指出，歡迎中國更廣泛的融入國際社會遵守國際規則和法制，以前有人把美中關係稱作「戰略競爭對手」，這個意思並不是說中美是敵人，而是美中在一些領域上有分歧，在某些問題上互相競爭。美國希望和中國保持友好的關係，布希政府上任以來，美中關係出現了一些狀況，但整體來說，美國期望往積極的方向發展。美國認為中國是一個重要國家，正在經歷重要的變革時期，美國願意幫助中國進行這樣的變革，因為中美關係有著非常重要的利益，包括經濟和貿易利益，當然在一些領域上有些分歧，但美國歡迎中國進一步地融入國際經濟和國際法制社會。在 NMD 問題上，鮑爾說，美國環顧世界發現冷戰已經結束，在冷戰時期相互瞄準對方的大量核武器已經沒有必要了，與此同時，美國也發現一些危險，一些國家基於自身的利益，開始研製大規模殺傷性武器，美國認為發展 NMD 是明智的，是用來對付這些新的威脅。他特別強調，美國希望中國領導人能夠相信，美國發展 NMD 不會對中國核武器構成威脅，「這也將是未來我們要討論的一系列的問題」。

　　2001 年 7 月中旬，中國國家主席江澤民與俄羅斯總統普亭（Vladimir Putin）

簽訂友好合作條約，並向俄採購比日炙飛彈更具威力、對付航母的花崗岩飛彈
與蘇愷三十攻擊機。不過，沒多久普亭就召開記者會說，只要大家能夠妥協，
俄羅斯不會站在中國這邊反對美國部署全國飛彈計畫㉘。言下之意，顯然是只
要以美國爲首的西方讓俄羅斯加入北約、經援俄羅斯改革，則 NMD 問題仍有
得商量。而布希在與普亭見面前，也不斷釋出美國無意將俄羅斯視爲敵人的訊
息。另一方面，中共也大開國門歡迎鮑爾、布希往訪，視爲華府、北京改善關
係的契機，早將不愉快的事拋諸腦後。美、中、俄三方爾虞我詐，莫此爲甚，
只要符合國家利益，任何不快、意識形態差異、價值觀的不同，都可以暫時束
諸高閣。在堅持部署全國飛彈防禦系統、出售台灣高科技武器之後，布希總統
終於決定與北京改善關係。然而，正如雙方對抗不易持久一樣，美中之間改善
關係也有許多制約因素限制其發展。特別是在布希政府任內，制約因素顯然超
越歷屆美國政府，在這種情形下，如果台北能夠克制自己不讓本身成爲影響中
美關係的負面因素，則華府與北京改善關係的幅度恐怕有其極限。

叁、911 事件後美國籌組反恐聯盟的決策過程

　　911 事件的發生，不僅對美國政治、金融中心造成重創，也使全人類的心
靈受到嚴重創傷。此一發展對美國成立反恐怖聯盟的大氣候是有利的，但一旦
美國要將成立反恐怖聯盟的外交努力運作到實際層面時，就面臨具體或實際政
治、經濟利益的衝突而必須相互妥協。在恐怖主義集團攻擊美國後，美國在歐
洲的盟邦特別是英國、德國、法國最早表態支持美國對恐怖主義集團展開報
復，俄羅斯也表示國際社會應團結對付恐怖主義。但是，這只是剛開始而已，
因爲即使美國在歐洲最堅強的盟國也各有圖謀，遑論其他國家？

　　當然，華盛頓也有自己的打算。對布希而言，建立反恐怖聯盟的主要目標
在於：第一，推動一項反恐怖主義的政策使其他國家也根據美國的政策偏好而
採取一致的行動；第二，絕對不能讓建立反恐怖聯盟與發動反恐怖主義戰爭發
展成凱達組織領導人賓拉登所希望的「聖戰」(Holy War)，或是基督教世界與伊
斯蘭教世界之間的對抗，甚至於是東西方之間文明的衝突 (the clash of
civilizations)。第三，必須極力爭取像中共與俄羅斯這樣的大國參加反恐怖聯

盟，以免反恐怖聯盟在地圖上缺了一大片㉙。

如前所述，911事件的發生，對於美國成立反恐怖聯盟的大氣候是有利的，特別是美國在美洲、歐洲與亞洲最堅強的盟國，像是加拿大、英國、德國、法國、日本、澳大利亞、紐西蘭等，由於政治、經濟社會制度相似，在建立反恐怖聯盟的過程中容或有一些雜音，也可能有一些要求，但在大方向的支持是不成問題的㉚。至於其他傳統盟國，像是墨西哥、南韓、泰國、菲律賓、新加坡等，問題也不大。在這次反恐怖行動中，美國的新盟友印度也表態支持反恐怖主義的戰爭，布希政府所付出的代價則是華盛頓取消對新德里1998年進行核試所做的經濟制裁。其實，盟國之中，不乏有意出兵參與反恐怖主義戰爭的國家，但美國除了接受英國參加轟炸行動、投入部隊參戰以及北約組織所派遣的偵察機之外，並不希望太多國家介入實戰。事實上，美國所需要的只是盟國在道義上的相挺與聲勢上的支持。因此，就美國的第一項目標而言，華盛頓是成功地動員了幾乎所有非伊斯蘭教的盟國。

在建立反恐怖聯盟的過程中，美國要達成避免聖戰的目標是極其困難的。這主要是因為幾乎在所有伊斯蘭教的國家中，包括像是傳統上是美國堅定盟友的沙烏地阿拉伯、阿拉伯聯合大公國、約旦之類的國家，人民普遍同情甚至支持賓拉登的行為。其中又以沙烏地阿拉伯最為複雜。一則由於賓拉登是沙國公民，其政治訴求廣受沙國人民支持，二則由於沙國長期援助賓拉登領導的凱達恐怖主義組織；因此，沙國基於國內政治考量，一開始並不太願意與美國站在同一陣線㉛。

9月13日，國務卿鮑爾拿起電話直接和巴基斯坦軍事強人穆夏拉夫 (Pervez Musharraf) 對話，告訴他現在是選邊站的時候了。在鮑爾提出若干強而有力的理由之後，穆夏拉夫政府發表聲明，表明將對美國提供一切必要的資源，以找到並懲罰涉案的恐怖份子㉜。由於巴基斯坦是少數與阿富汗塔里班政權有邦交的國家，加上手上掌握塔里班政權與賓拉登的情報，穆夏拉夫的轉變令布希大為鼓舞。在穆夏拉夫轉變立場之後沒幾天，不但國際貨幣基金會 (International Monetary Fund, IMF) 同意了巴基斯坦申請多年卻未批准的貸款，布希總統也簽署了放棄美國對巴基斯坦1998年進行核試所做的經濟制裁。

雖然鮑爾持續不斷的努力仍無法改變伊斯蘭教國家人民的看法，但至少使

包括印尼、沙烏地阿拉伯、阿拉伯聯合大公國、約旦、敘利亞等許多回教國家的政府在公開立場上，與美國站在同一陣線。此外，美國也透過英國的協調，而成功地促使伊朗在反恐怖戰爭期間至少在表面維持中立。

在爭取俄羅斯參加反恐怖聯盟的同時，華盛頓希望維持其與莫斯科之間在反彈道飛彈條約 (Anti-Ballistic Missile [ABM] Treaty of 1972) 與國家飛彈防禦 (National Missile Defense, NMD) 系統所達成的默契，並透過與俄羅斯在反恐怖主義戰爭所建立的合作關係達到進入中亞的目的。美俄之間的反恐怖主義的合作大計由國家安全顧問賴斯負責策劃，再由國務卿鮑爾與俄羅斯高層官員進行溝通，最後由布希總統與俄羅斯總統普亭於 9 月 22 日透過電話敲定美俄反恐合作事宜。儘管莫斯科一再宣稱俄羅斯與西方一起反恐是沒有條件的，但是布希政府顯然仍然要為此付出龐大代價，包括美國必須同意莫斯科的巨額貸款、對俄羅斯鎮壓車臣的行為假裝視若無睹、同意俄羅斯加入北約組織等㉝。

美國與中共在籌組反恐怖聯盟時，牽涉到的問題就更大了。美中之間的反恐合作大計由國家安全顧問賴斯負責策劃，再由國務卿鮑爾與中共外交部長唐家璇進行溝通，最後由布希總統與中共國家領導人江澤民透過電話敲定兩國反恐合作事宜。打從一開始，中共外交部發言人朱邦造 9 月 18 日的一番話就透露出北京與美國進行反恐怖主義的合作是有條件的。朱邦造提出的中共立場，諸如國際反合作要在聯合國架構下發展、對恐怖主義集團攻擊美國的報復行動也要有充分證據才能發動㉞。這些話看起來義正詞嚴，但實際上卻不無商量餘地，只要美國同意中共能在疆獨、藏獨與台灣問題上放手施為。 然而，美國對台灣問題沒有鬆口，但對中共鎮壓疆獨、藏獨，則視若無睹。

簡言之，在建立反恐怖聯盟「伐交」這個層面上，布希與其外交團隊成員可以說各司其職，大體是成功的。

肆、反恐聯盟形成與「四年國防評估報告」對美中關係的影響

911 事件為中共與美國關係出現了轉機，使雙方關係通過了「磨合期」，而進入了「調整期」。不過，值得注意的是，約略在此同時出現了朝另外一個

方向的發展。那就是在美國發動反恐戰爭的這段期間，美國五角大廈在9月底如期提出「四年國防評估報告」。㉟儘管美國將反恐怖主義列為重大戰略項目之一，並尋求中共支持華府反恐行動，但令人訝異的是該項報告不僅未對北京放鬆警戒，而且以較諸以往更為具體、積極的作為對中共在本區的一舉一動進行監視㊱。

　　「四年國防評估報告」顯現美國的全球戰略已將反恐怖主義列為重要項目，而這也加深了美國介入世界事務與地區的角色。表面上，美國似乎暫時告別了「片面主義」，而與主要國家展開多邊合作，但骨子裡美國仍然是「片面主義」，只是在「多邊主義」的框架下進行而已，可以說是「片面為體，多邊為用」。美國以「片面為體，多邊為用」的方式成功籌組反恐聯盟，掌控反恐戰爭的幅度與速度，並主導國際事務的議程，將是未來國際政治的主要格局。「四年國防評估報告」顯示，美國的全球戰略仍維持前進部署，並以打兩場戰爭為主，以此為原則，逐漸從中東、歐洲轉到亞洲來，尤其是南亞與西太平洋。在這種大格局趨向多邊合作關係的發展下，中共能夠發揮的角色與空間也可能逐漸加大，這次反恐怖戰爭就很清楚地呈現出美中修補雙邊關係的過程。但是，美國戰略中心已經從西向東移轉，中共與美國的潛在衝突將逐漸升高。

　　911事件後，不少人認為恐怖主義對美國發動的攻擊已改變了美國的全球戰略，甚至相信美國會因此而調整其在全球各地的戰略部署㊲。他們所持的理由如下：第一，美國從未遭到如此嚴重的恐怖主義攻擊，勢必在全球戰略上改弦易轍；第二、美國過去在全球各地的戰略部署都是為了對付中共或向北韓、伊拉克之內類的流氓國家，但現在美國的真正大敵卻證明不是中共或流氓國家，而是來無影去無蹤的恐怖主義組織、因此勢必要在敵情識別上重新調整；第三、美國過去在全球各地所部署的武器不是核武飛彈，就是航空母艦戰鬥群、轟炸機、重型坦克，但這些武器用來對付恐怖主義組織，卻使不上什麼力。

　　惟從整體觀之，儘管911事件對美國的全球戰略造成一定程度的衝擊，但就亞太地區而言，本區的戰略情勢並未出現結構性變化㊳。第一，雖然911事件造成許多改變，但未改變亞洲地區戰略情勢的若干基本事實。第二，國際財富與軍事強權日益集中在亞太地區，美國勢必遲早與本區強權發生利益衝突。

第三，儘管亞洲目前尚稱平靜，但暗潮洶湧，各國矛盾可以追溯數 10 年前甚至數世紀前。包括南北韓、印巴、台海兩岸等衝突地區緊張情勢仍然難以化解。第四，亞洲地區與中東地區的地緣戰略、政治、經濟、文化、宗教關係日益緊密關聯，日漸難以區分，尤其是回教人口從中東、巴基斯坦到菲律賓、印尼，使美國必須特別審慎處理反恐戰爭與相關問題。

　　反恐怖聯盟成立不易，為了確保此一聯盟繼續有效運作，美國必然要有一些作為。首先，美國將會更鞏固其在亞洲的軍事勢力，美國不僅不會自亞洲退出或減少兵力，反而會加強在本區的軍事部署。北京不希望美國在反恐戰爭之後仍滯留在阿富汗。而布希則希望扶植一個親美的政權；美國想要恢復阿富汗政府以往多元政權的狀況，但是中共卻希望美國離開中亞。北京不希望見到美國部隊在戰爭結束後，繼續駐留塔吉克與烏茲別克，同時像 1997 年第 82 空降師在哈薩克舉行演習一樣，與中亞國家發展軍政關係；北京也不樂見美國在中亞與其共同競逐石油開採權與經貿關係。不過，對華府而言，這個大好機會自然不會輕易放棄。在阿富汗反恐戰爭趨近尾聲之際，美國不僅在阿富汗大興土木，建立基地，而且在中亞的烏茲別克、吉爾吉斯建設新的空軍基地。此外，美國也加強對中亞各國提供軍事科技，並協同訓練與進行聯合演習㊴。

　　其次，美國會更深化其在本區的外交投資，以鞏固反恐聯盟。911 事件後，美國已全面加強其在本區的外交攻勢，動用包括「國際貨幣基金會」、「亞洲開發銀行」（Asian Development Bank, ADB）在內的資源，以廣結善緣，爭取與國。以巴基斯坦為例，美國就是以「國際貨幣基金會」的貸款作為爭取該國參加反恐聯盟的條件之一。

　　其三是美國不僅在反恐戰爭的過程中未讓類似東西方文明的衝突或賓拉登所希望的「聖戰」出現，而且連本來認為可能曠日費時的反恐戰爭，後來也愈打愈順，英國、蘇聯人打不下的阿富汗竟然為美國迅速攻克，並成立了親西方的臨時政府。

　　其四是反恐怖主義固然重要，但在反恐戰爭的過程中，美國不容許新的超強出現，亦即美國一邊進行反恐戰爭，一邊仍不忘打壓可能崛起並挑戰美國的新興霸權。儘管目前全世界沒有擁有足夠能力挑戰美國的新興霸權，但是具有潛力成為未來霸權的中共，自然雀屏中選，成為美國首要的目標。

　　由於未來美國與中共的關係也涉及亞太地區其他強權間之互動，因此有必要在探討美國與中共關係的趨勢與發展之前，先行分析一下美國與俄羅斯、日本、印度、巴基斯坦、澳大利亞等國的關係，以及對中共造成的衝擊。在美俄互動方面，在911事件與反恐戰爭之初，美俄互動就已經相當良好，雙方甚至可能對北約東擴、NMD、ABM等問題上達成共識，隨著反恐戰爭的升高，美國甚至允諾俄羅斯參加北大西洋公約組織 (North Atlantic Treaty Organization, NATO) 與世貿組織 (World Trade Organization, WTO)、提供莫斯科貸款、對俄羅斯攻打車臣裝聾作啞，作為對俄羅斯支持反恐戰爭的交換條件。但是，美俄兩國為未來仍可能因美國勢力深入印巴與中亞而出現磨擦。不過，美、俄、中三國在中亞、南亞競逐勢力，有助於北京將其部分注意力自台灣轉移。另一方面，美俄在NMD、ABM等問題形成默契後已迫使中共孤掌難鳴，只有在策略上做出調整。

　　911事件與反恐戰爭以促使美日安保聯盟產生進一步互動，但由於日本78％的石油進口來自波斯灣與中東地區，除非美國能在該二地區繼續成功推動外交，否則日本民意可能會對是否支持反恐戰爭出現分歧。未來美日之間不外是以下兩大走向：(1) 美日安保聯盟若繼續強化，中共勢將因此而分心，並擔心台灣會因美日安保聯盟的強化而有恃無恐；(2) 美日安保聯盟若因反恐戰爭而出現弱化現象，台灣將首當其衝，華府與台北也會立即全盤檢討安全情勢。不過，目前仍無跡象顯示日本會出現與美國有重大區別或更為自主的國防安全政策。

　　早在911事件之前，印度即與美國互動良好，發展軍事合作關係。911事件與反恐戰爭之後，雙方應會朝軍事同盟的關係邁進⑩。印度人口已破十億，經濟與科技發展亦具潛力，對中共稱霸亞洲本來就構成挑戰。更重要的是，美印若成功發展軍事同盟關係，中共可能會有如芒刺在背之感，特別是印度的背後就是美、英兩國，此一發展將會迫使北京重新規劃其長期國家安全戰略，有助於北京將其部分注意力自台灣轉移。

　　911事件與反恐戰爭促成原先磨擦頻仍的美巴關係有了改善的機會，但因巴基斯坦境內回教基本教義派的勢力可能失控，美印兩國都擔心巴基斯坦政局變天，影響南亞安定⑪。北京不擔憂美巴改善關係，但卻擔心巴基斯坦與美國

發展軍事同盟，若後者出現，北京會重估中共與南亞的戰略關係，而更為分心，進而北京調整其對台灣注意力的比重。

在反恐戰爭初期，美國與中共之間關係可望因情報合作、共同反恐而有所改善，但未來雙方在反恐合作上可能會受到美印加強軍事合作、美日安保同盟關係的強化，以及美國是否在中亞地區的戰略部署等變數的考驗。中共初期可能會認為反恐合作會讓華府更為重視北京的重要性，而傾向認為北京即使對台北採取比較無理的行動，美國也可能不會像以前那樣偏袒台灣。抵制我國海外招商、APEC峰會對我代表疾言厲色可能都是北京試探華府態度的一部分。抵制我國海外招商雖然遭到美國駐北京大使雷德以不赴上海宴會作為反制，但中共外長唐家璇在APEC會議對我代表疾言厲色時，美國國務卿鮑爾、貿易代表左立克都裝聾作啞，使北京仍不瞭解華府的真正反應。因此，北京在未來仍有可能繼續嘗試以類似或其他手法對付台灣，試探華府的立場。美中兩國在中亞、南亞、東南亞等地區相互競逐勢力，有助於北京將其部分注意力自台灣轉移。當然，北京也必須會重估其在必要時對台動武時的周邊戰略環境。

伍、911事件與美中關係的趨勢與展望

美國主導的反恐戰爭展開之後，全球情勢起了很大的變化。一方面，911事件為美國與中共之間的修補關係提供了一扇「機會之窗」。另一方面，美國顯然藉反恐戰爭與外交的推動，大幅擴張美國的勢力，不僅強化與日本、澳大利亞、菲律賓等傳統盟國與印度、印尼等新盟國的關係，而且還趁機將觸角伸進了巴基斯坦、烏茲別克、塔吉克、哈薩克等中亞國家，不僅為美國爭取到包括石油、軍事基地在內的戰略利益，更擴大了美國在亞洲地區的戰略縱深。面對此一不利局面，中共自然會小心因應，以免吃眼前虧㉒。美國與中共關係的轉折變化，可以從以下幾個層面來觀察。

首先，自中共副總理錢其琛訪美後，美國就不斷向中共強調「一中原則」與「三報一法」，但也向台北提出明確的保證。911事件後，美中關係受到全球反恐的大局勢影響而出現調整。但不論如何調整，美國對華政策的三個支柱（一個中國、兩岸對話、和平解決）基本上不會因為美國政權更替而改變。另

一方面，美方則已經逐漸調整以往對台的「戰略清晰、戰術模糊」策略，改朝「戰略、戰術兩清晰」方向滑動④。

　　其次，911 事件也提供了美中軍事合作上一個戰術機會（tactical opportunity），在美國重新調整其戰略優先順序的同時，創造了一個修補小布希總統上台以來陷入低潮的中美關係契機，不過卻不能說中美已邁向盡棄前嫌的方向④。現階段美中軍事合作規模較前縮減。自小布希總統上台以來，從柯林頓政府時代的四個面向：高層互訪、功能交流、信任措施與多邊安全，縮減到目前僅有戰略對話和信任措施這兩個面向。美中戰略對話的層級亦由以前的次長調降至助理部長，先前的功能性交流完全停擺。中共對因應 911 事件以後新局的策略是以合作善意來培養和美國小布希政府的良好關係，同時了解美國此刻不會在戰略上讓步，所以中共將積極建構與美國政府的正常工作關係。的確，正如美國務卿鮑爾接受訪問所說的，美中關係在 2001 年底有顯著改善，雙方都克服了一些困難，才合作成功⑤。雖然中共的許多動作表現出配合美國反恐作為之善意，但是在 2001 年結束以前，兩國的關係尚未提升到「戰略合作」這個層次。不過，未來兩國關係還有向上微調的空間。2002 年 2 月下旬，布希訪問北京，再度與中共領導人江澤民舉行高峰會，並將峰會的層次拉高到戰略層次⑥。雖然布希這次訪問北京僅是所謂的「工作訪問」（working visit），但卻也不能小看布江峰會的重要性。

　　第三，911 事件後出爐的「四年國防評估報告」顯示，布希政府將繼續維持打兩場戰爭的全球戰略與部署，並突顯美國在新世紀的戰略重心是確保台灣海峽、南中國海、麻六甲海峽、荷姆茲海峽到波斯灣的暢通⑦。由於印度早與英、美暗通款曲多年，美國在這條綿延數千海里海上通道的最大假想敵自然非中共與一些所謂的「流氓國家」莫屬。

　　第四，911 事件之後，布希政府對推動核武裁軍的進程，已有所保留，亦即美國最新的裁軍政策已轉變為在裁撤核武彈頭與洲際飛彈之際，並不準備予以摧毀，而是暫時封存起來⑧。此一政策的轉變無疑是布希政府保守外交團隊的主流想法。在行政部門向國會提出的「核武態勢評估」（The Nuclear Posture Review）報告摘要中，美國計劃在未來 10 年裁減三分之二已部署的核子武力，並將它們列為備役狀態，也就是約略裁撤 4 千枚核武彈頭與上千枚的洲際飛

彈，但美國無意銷毀它們，只是將它們封存起來，隨時可以重新啓用。此一最新核武政策反映大部分布希政府外交團隊成員的看法，他們認爲不僅俄羅斯有朝一日可能再度成爲美國的核武對手，中共也可能在未來累積足夠的洲際飛彈對美國構成威脅。

美國中央情報局 2002 年 1 月 9 日公布一份解密報告的摘要報告認爲，在 2015 年以前，中共將擁有比 2002 年多出四倍的核子彈頭與洲際飛彈可用以威脅美國㊾。此一報告不啻間接證實布希政府外交團隊成員的看法並非過慮，而是「合理的懷疑」。根據這份報告，中共在 2002 年已有 20 枚東風五型洲際飛彈可以對準美國。另中共正研發東風三十一型、東風四十一型與潛艇發射的巨浪二型等三種洲際飛彈。2005 年以前，中共將開始部署東風三十一型，同時東風五型洲際飛彈也可能在這段期間具有多彈頭的能力。此外，中共用以威脅台灣的短程飛彈將擴充到數百枚。至於東風四十一型與巨浪二型洲際飛彈，中共將在 2010 年以前開始部署。到了 2015 年，中共將擁有 75 到 100 枚核子彈頭與洲際飛彈可用來威脅美國。顯然，美國固然擔心像北韓、伊朗、伊拉克等流氓國家的核武飛彈威脅，但對於經濟能力強、軍事上有潛力的中共也不敢掉以輕心。

第五，911 事件之後，布希政府並未改變其全球戰略的一大重要構想，那就是一面制止第三世界飛彈的擴散，一面加速研發並展開 NMD 的初步部署。部署 NMD 也是強化美國海空實力的必要配套措施，因爲前者不僅可以保護美國駐紮在海外的海空軍基地與軍隊，也可以有助於維持美國與其盟國的報復力量。更重要的是，NMD 不僅是高科技的攻防戰，也是資訊與信息的競賽，誰能掌握更多的資訊或摧毀對手的信息就能制敵機先㊿。

中共可能基於經濟改革的優先考量而無意與美國從事包括 NMD 在內的軍備競賽，但美國在提供盟國「資訊傘」(information umbrella) 之後，中共想要置身信息或資訊競賽之外已不可得[51]。事實上，不論中共是否要與美國進行資訊競賽，都已輸在起跑點，而且差距只會愈來愈大。

在布希外交團隊成員的努力與 911 事件所造成的有利大氣候下，國際上反對 NMD 的分貝已降低不少，顯示布希政府已重新拾回國際事務上議程設定的主動權。在這方面，布希政府立場自始即非常強硬，未來容或需要在爭取國內

民意支持與盟國配合上多加把勁，但若認爲布希在 NMD 問題上堅定的立場會就會掀起新的冷戰，倒也並不致於，因爲中俄即使聯手也不可能在軍備競賽上成爲美國的對手。

第六，促成美中兩國改善關係的主要誘因在於大陸龐大市場，此一因素未隨著 911 事件的爆發而有所變化，反而因兩國關係的改善而強化。事實上，只要雙方關係不致鬧得太僵，任何一方皆不可能以切斷經貿關係作爲報復。更何況美國商人固然著眼於大陸市場，但重要性至少等同於貿易商、投資商的美國「軍工複合體」（Military Industrial Complex）正虎視眈眈地注視 NMD 與國防高科技資訊工業所帶來的龐大經濟利益。另外，中共進入世界貿易組織，也不意味著美中兩國貿易紛爭的終止，反而可能是雙方更複雜經貿衝突的開始。

第七、與柯林頓政府相比較，小布希政府更傾向透過出售武器給台灣來維持台海的均勢，而且傾向按軍種、整套系統出售軍備[62]。因此，對未來與台灣關係將會有實質性的增進。與老布希相較，小布希的中共政策可能更趨保守，因爲整體氣氛有利於保守派右派政策，使季辛吉之流更難施加影響力，未來也將出售更多武器給台灣。

第八，在眾多不利美中改善關係的因素之中，最重要的莫過於國際政治體系中合縱連橫態勢已然形成。在美國這一邊的盟友主要爲英、德、法、加、澳、日、印度與南韓，對中共正好形成當年老布希政府貝克國務卿提出的扇形防禦網。在中共這一邊，主要盟友是以及北韓、伊拉克等「惡棍國家」。至於俄羅斯，則如前所述，爲了自身的國際利益，在 911 事件後，已向西方靠攏。

布希政府上任以來對中俄兩國採取高姿態，主要目的即在重拾國際事務議程設定的主導權。布希外交團隊成員既已鎖定此一目標，除非北京願意長期忍氣吞聲或自甘雌伏，否則美中兩國衝突遲早終將爆發。究竟中共會容忍美國在南亞、中亞的擴大勢力範圍到什麼程度才不致損及北京的國家利益，以及美國究竟會在實質問題上做出多大妥協才不致影響美國在亞太地區的利益，都不是容易解決的問題。

儘管華府與北京在 911 事件後皆有意改善關係，但既然合縱連橫的局面已然形成，雙方又在 NMD、美國對台軍售等涉及基本國家利益的議題又不易獲致妥協，則勢難重返柯林頓時代雙方邁向「戰略夥伴」的關係。雖然「競爭對

手」在布希政府上台之後已逐漸淡出，但是此一名詞必然會形成美中兩國交往的長期陰影，這不是中共偶而讓美國海軍艦艇停泊香港或大陸海港、或雙方恢復軍事交流所造成雙方關係良好假象能夠掩蓋得了的。

最後也是最重要的是雙方因政治制度、價值觀、思維方式而造成的心理因素，特別是這些心理因素又與實際問題糾纏不清而引發的不快、不滿也長期影響雙方改善關係的進度。例如 EP-3 與殲八相撞的事件，北京逮捕美籍華人、中共的人權紀錄以及華府不願開罪法、加二國而在北京申辦 2008 年奧會主辦權一事上採取中立。這些陰影也不會因爲中共還人還機、釋放被逮捕的美籍華人或少數民運人士而消失。

總之，即使在美中兩國關係最好的時期，美國都有所謂的親北京的紅軍（Red Team）與反北京的藍軍（Blue Team）對抗，如今布希政府滿朝文武之中對中共採疑忌態度的遠過前朝，中共或許能夠多做一些表面工夫造成雙方已改善關係的印象，但卻不太可能在重大國家利益的議題上委曲求全。

美國對中共政策爲什麼在不到一年的時間數度轉向，其真正的理由並不是如鮑爾訪問大陸行前簡報所稱「美國沒有把中共當成敵人」那樣簡單。事實上，不管美國是否將中共視爲「競爭對手」，它們之間在許多領域本來就是「競爭對手」，但基於國家利益，雙方仍有許多合作的空間。美中之間的關係可以由半年多前的「戰略夥伴關係」，成爲「戰略競爭對手」，中共在美國眼中也可以從「潛在對手」變成「一個發展自己道路的大國」與「不是敵人」一再地調整，恰好說明了「國家利益」四字妙用無窮。台北最該做的就是掌握並定義自己的國家利益，然後再根據自己的國家利益擬定對美、大陸、國防與心防政策。

陸、結　論

911 事件後，中共與美國關係表面上有了相當幅度的改善，華府對北京言必稱要遵循「一個中國」政策，以爭取中共在反恐怖主義的支持。在 APEC 上海峰會上，兩國領導人也曾見面把臂言歡。惟美國極力爭取中共參加反恐聯盟之際，骨子裡仍視中共爲其最大威脅，而且在實際的部署上更是處處以中共爲

假想敵，並堅持「既不准台灣獨立，也不准中共動武」的政策。

另一方面，而中共也處處防著美國一手，虛與委蛇之餘，還要刻意拉攏美國。雙方爾虞我詐，勾心鬥角，互採兩面手法，彼此亦友亦敵的做法，固然也可能在未來出現小幅調整或變化，但因雙方在戰略利益、意識型態、制度面與價值觀差異甚大，使得兩國在尋求改善關係之際，仍存在著難以化解的結構性的對立。

總之，未來一年甚至於未來的很多年中，中美兩國關係是即合作又鬥爭，在美國有求於中共時，只要所求對兩國都有利或是沒有不利於中共，像是反恐戰爭或是化解印巴衝突，則雙方關係應是合作層面大於鬥爭層面。至於美國要求與中共分享中亞的資源，或是中共要求美國不介入台灣海峽兩邊的事務，由於類似這樣的要求已碰觸到另一方的重大國家利益，則雙方關係應是鬥爭層面大於合作層面。不過，雙方合作得再好，也不太可能發展出軍事同盟或戰略夥伴的關係。而雙方鬥爭得再厲害，也不太可能發展到全面決裂或兵戎相見的地步。

*   *   *

註　釋

註① Condoleezza Rice, "Promoting the National Interest," *Foreign Affairs*, Vol. 79, No. 1, January/February 2000, pp. 47 & 54～60.

註② Jane Perlez, "A Soldier-Statesman in Marshall's Image, Mixing Strength with Caution," *The International Herald Tribune*, December 18, 2000, p. 8.

註③ 陳宜君,「錢尼抨擊小柯中國政策前後矛盾 指小布希願與北京發展良好關係」,**明日報**,2000年12月19日<http://www.ttimes.com.tw/2000/12/19/global_news/200012190067.html>.

註④ Joseph S. Nye, Jr., *Bound to Lead* (New York: Basic Books, 1990), pp. 31～33, 188 & 191～195.

註⑤ Robert B. Zoellick, "A Republican Foreign Policy," *Foreign Affairs*, Vol. 79, No. 1, January/February 2000, pp. 70～79.

註⑥ Rice, op.cit.; pp. 60～62.

註⑦ 傅依傑,「賴斯:台海是中美潛在安全衝突點」,**聯合報**,2000年12月4日,版13;孫揚明,「賴斯:北京應棄武,台北亦不得片面宣布獨立」,**聯合報**,2000年12月18日,版11。

註⑧ "The 43rd President: Remarks at Announcement of Powell's Nomination as Secretary of State," *The New York Times*, December 17, 2000, Section 1, p. 51; and "Colin Powell's Message," (editorial) *The Washington Post*, December 19, 2000, A26.

註⑨ "Return Engagement of Defense," (editorial) *The New York Times*, December 29, 2000, A20; and "A Second Tour," (editorial) *The Washington Post*, December 29, 2000, A32.

註⑩ 「小布希如果當選將揚棄與中共夥伴關係」,**聯合報**,2000年9月29日,版13。

註⑪ George W. Bush, "A Distinctively American Internationalism," a speech delivered at Simi Valley, California on November 19, 1999<http://www.georgewbush.com/News/Speeches/111999_intl.html>.

註⑫ Zoellick, op.cit., pp. 65～69; and Interview with Ambassador Richard Amitage, "A Republican View: Managing Relations with Russia, China, India," *U.S. Foreign Policy Agenda*, Vol. 5, No. 2, pp. 9～12.

註⑬ "The 43rd President: Remarks at Announcement of Powell's Nomination as Secretary of State," *op. cit.*; and "Colin Powell's Message," *op. cit.*

註⑭ George W. Bush on Foreign Policy, Issues 2000:Every Presidential Candidates" View on Every Issue, <http:www.issues2000/George W__Bush_Foreign _Policy.htm>.

註⑮ 張宗智,「伍夫維茲:布希中國政策的旗手」,**聯合報**,2000年12月18日,版13。

註⑯ Rice, op.cit., pp. 54～57.

註⑰ "Inside the Mind of Bush's Foreign Policy Czar," Business Week,February 23, 2000 <http://www.businessweek.com/bwdaily/dnflash/feb2000/nf00223a.htm? scriptFramed>

註⑱ 孫揚明,前引文;傅依傑,前引文。

註⑲ 胡佛研究所客座研究員章嘉琳在2000年9月28日香港信報專欄分析賴斯對台海兩岸的看法,引述自孫揚明,前引文。

註⑳ W. Bush, "A Distinctively American Internationalism," *op. cit.*

註㉑ "The 43rd President: Remarks at Announcement of Powell's Nomination as Secretary of State," *op. cit.*.

註② 陳宜君，前引文。

註㉓ 陳一新，「中美擦撞事件是危機或轉機？」，**中國時報**，2001 年 4 月 3 日，版 15。Willy Wo-lap Lam, "Hopes for An Early Resolution," CNN, April 3, 2001 <http://asia.cnn.com/2001/WOR-LD/asiapcf/east/04/03/china.us.willy.index.html>; " Willy Wo-lap Lam, "Diplomatic Pain, Political Gain for Jiang," CNN, April 11, 2001 <http://asia.cnn.com/2001/WORLD/asiapcf/east/04/10/willy.jiang/index.html>.

註㉔ David E. Sanger, "Bush Is Offering the Taiwanese Some Arms, But Not the Best," *The New York Times*, April 24, 2001.

註㉕ Mike Allen, "Bush Touts Military Plan to Naval Graduates," The Washington Post, May 25, 2001. For the text of Bush's speech, see "President Bush Speaks at Naval Academy Commencement," *The Washington Post*, May 25, 2001.

註㉖ George Gedda, "Powell Says China Differences Narrowed," *The Washington Post*, July 28, 2001 < http://www.washingtonpost.com/wp-dyn/articles/A64719-2001Jul28.html>.

註㉗ "Progress on U.S.-China Talks, Says Powell, " CNN, July 28, 2001 <http://www/cnn/com/2001/WORLD/asiapcf/southeast/07/28/china.powell/index.html>.

註㉘ 陳一新，「跳脫成規應美中關係改善」，**聯合報**，2001 年 7 月 23 日，版 15。

註㉙ 陳一新，「武力無法化解文明衝突」，**中國時報**，2001 年 9 月 17 日，版 15；「北京立場曖昧 失據 台灣反恐怖加把勁」，**聯合報**，2001 年 10 月 1 日，版 15。

註㉚ Suzanne Daley, "The Allies, Thriough Supportive, Have Little to Offer Militarily," *The New York Times*, September 20, 2001 <http://www.nytimes.com/2001/09/20/international/europe/20NASTO.html>; and Eric Schmitt, "Many Eager to Help, But Few Are Chosen," *The New York Times*, November 30, 2001 <http://www.nytimes.com/2001/11/30/international/asia/30ALLI.html>.

註㉛ Al Waleed Bin Talalbin Abdul Aziz Alsaud, " The Saudi-U.S. Rift," *The New York Times*, October 31, 2001<http://www.nytimes.com/2001/10/31/opinion/31ALWAI.html> and Wolf Blitzer, "Saudi Arabia: Friend or Foe?" CNN, October 31, 2001 <http://www.cnn.com/CNN? Programs/wolf.blitzer.reports>.

註㉜ Douglas Frantz, " Pakistan Ended Aid to Taliban Only Hesitantly," *The New York Times*, December 8, 2001 <http://www.nytimes.com/2001/12/08/international/asia/08STAN.html>; and "Pakistan Vows to Help U.S. 'Punish' Attackers," CNN, September 13, 2001. <http://www.cnn.com/2001/WORLD/asiapcf/central/09/13/pakistan.support/index.html>.

註㉝ "Russia Offers 'All Possible Support,'" CNN, September 19, 2001 <http://www.cnn.com.2001/WOR-LD/europe/09/19/ret.russia.response/index.html>; and Michael Wines, "Russia Faces Fateful Choice on Cooperation With U.S.," *The New York Times*, September 21, 2001 <http://www.nytimes.com/2001/09/21/international/europe21RUSS.html>.

註㉞ Steven Mufson, "China Tells U.S. It Will Share Information," *The Washington Post*, September 22, 2001, A30 <http://www.washingtonpost.com/wp-dyn/articles/A6732-2001Sep21.html>; and John Pomfret, "China Also Wants U.S. Help Against 'Separatists,' " *The Washington Post*, September 19, 2001 < http://www.washingtonpost.com/wp-dyn.articles/A52725-2001/Sep.18.html>.

註㉟ U.S. Department of Defense, Quadrennial Defense Review Report, September 30, 2001 <http://www.defenselink.mil.qdr2001.pdf> (Hereinafter QDR)

註㊱ Edward I-hsin Chen, "21st Century's U.S. Security Policy in Asia," Comments on Gates Bill's conference paper, presented to the NSSI 2nd Conference, National Defense University, Taipei, Taiwan, December 11, 2001.

註㊲ For examples, see John Lancaster and Susan Schmidt, "U.S. Rethinks Strategy for Coping with Terrorists," *The Washington Post*, September 14, 2001, A9 <http://www.washingtonpost.com/wp-dyn/articles/A28073-2001Sep13.html>; the Nixon Center "September 11 and U.S.-China Ties: A Chance for a New Strategic Partnership?" a seminar featuring Richard Solomon, Washington D.C. on December 12, 2001 <http://www.nixoncenter.org/Program%20Briefs/vol7no22Solomon(China).htm>; and David M. Lampton, "Small Mercies: China and America after 9/11" <http://www.nixoncenter.org/publications/articles/TNIwint0102dml.pdf>.

註㊳ For example, see Richard J. Ellings and Aaron L. Friedberg., "Strategic Asia in Light of September 11, 2001," an executive summary of Strategic Asia 2001-02: Power and Purpose (Seattle, Washington: The National Bureau of Asian Research, 2001) <http://strategicasia.nbr.org/report/pdf/2001-2002/xs-sept11.pdf>.

註㊴ Eric Schmitt and James Dao, "U.S. Is Building Up Its Military Bases in Afghan Region," *The New York Times*, January 9, 2002 <http://www.nytimes.com/2002/01/09/international/asia/09BASE.html?pagewanted+print.>.

註㊵ David Stout, "Bush and India's Leader Pledge Cooperation in War on Terror," *The New York Times*, November 9, 2001<http://www.nytimes.com/2001/11/09/international/09CND-PREX.html>; and Vajpayee, Bush Met Over Terrorism War," CNN, November 9, 2001 <http://www.cnn.com/2001/WORLD/asiapcf? South/11/09/india.vajpayee/index.html>.

註㊶ Eric Schmitt, "U.S. Says Aid to Pakistan Won't Include F-16 Fighters," *The New York Times*, November 13, 2001<http://www/nytimes.com/2001/11/13/international/asia/13JETS.html>.

註㊷ 陳一新,「跳脫成規因應美中關係改善」,前引文。

註㊸ 楊清順、董更生摘譯,「亞太架構下的美中關係」,美國大西洋理事會政策建議報告,**聯合報**,2001 年 7 月 23 日,版 15。

註㊹ 徐孝慈,「坎貝爾：911 後美中關係停滯」,**中國時報**,2002 年 1 月日,版 11;陳英姿、伍崇韜,「斯洛坎：中共對台立場未鬆動」,**聯合報**,2002 年 1 月日,版 13;陳一新,「北京立場曖昧失據 台灣反恐怖加把勁」,**聯合報**,2001 年 10 月 1 日,版 15。

註㊺ Excerpts from An Interview with Secretary of State Colin L. Powell at the State Department by reporters and editors of The Washington Times, "Powell Highlights Challenges of 2001, Goals for 2002," The Washington Times, January 9, 2002 <http://asp.washtimes.com/printarticle.asp? action=print&Articles 1D=20020109-99893288>

註㊻ 林寶慶、張聖岱,「亞洲行布希下月訪北」,**聯合報**,2002 年 1 月 13 日,版 15;劉屏,「布希二月重返北京相隔 27 年」,**中國時報**,2002 年 1 月 13 日,版 15。

註㊼ QDR, *op. cit.*

註㊽ U.S. Department of Defense, Findings of the Nuclear Posture Review, January 9, 2002 <http://www.defenselink.mil/news/Jan2001/010109-D-6570C-001-pdf>

註㊾ Central Intelligence Agency, Foreign Missile Developments and the Ballistic Missile Threat Through 2015, unclassified Summary of a National Intelligence Estimate, January 9, 2002 <http://www.cia.gov/

nic/pubs/other-products/Unclassifiedballisticmissilefinal.htm>

註㊿　QDR, *op. cit.*

註㊶　For the concept of "information Umbrella," see Joseph S. Nye, Jr. and William A. Owens, "America's Information Edge," *Foreign Affairs*, March/April, 1996, Vol. 75, No. 2, pp. 20~37: and Robert O. Keohane and Joseph S. Nye, Jr., "Power and Interdependence in the Information Age," *Foreign Affairs*, September/October, 1998, Vol. 77, No. 5, pp. 81~94.

註㊷　Sanger, *op. cit.*

中共新世紀軍事戰略

施子中

台灣綜合研究院戰略與國際研究所副所長

摘　要

　　1991 年秋季蘇共瓦解、蘇聯解體，中國北疆威脅頓時解除；1993 年 1 月中共中央「軍委擴大會議」曾針對當時戰略形勢變化，調整其軍事戰略為「新時期軍事戰略」，除確定打贏「高技術條件下的局部戰爭」理論之外，復將東南沿海視為主要作戰方向，特別是將台灣視為主要作戰對象。1995 年底，中共中央「軍委擴大會議」對「九五」期間軍隊建設做出重要部署，冀圖在邁入 21 世紀時軍力能更獲提昇，初步具備打贏高技術條件下局部戰爭之能力。2000 年 10 月召開的「十五屆五中全會」制訂「十五」計劃，提出非常明確而具體的發展軍事高科技目標；尤其是要「建設高科技國防體系」及「反霸權主義、抵禦軍事集團的入侵」。共軍總參謀長傅全有於 2001 年初在總參謀部黨委擴大會議上強調，新（21）世紀初年的軍事工作，要堅決貫徹江澤民主席關於軍隊建設的一系列重要論述，緊緊圍繞「打得贏」、「不變質」的根本要求，深入落實新期軍事戰略方針，加大軍事工作謀劃指導力度，努力開創軍事工作新局面。吾人不難發現中國新世紀的軍事戰略，其主要內涵為科技強軍、科技練兵，以資打贏「高技術條件下的局部戰爭」；其主要作戰對象為我國，主要戰略對手則為美國。

關鍵詞：軍事戰略、中央軍委、科技強軍、科技練兵、高技術條件下局部戰爭

*　　　　　*　　　　　*

壹、前言

　　中共中央軍委會在 1993 年 1 月召開之擴大會議，曾針對當時之戰略形勢變化，將 1980 年代由鄧小平主持修訂之「積極防禦」軍事戰略方針，再進行局部調整；共軍確定以打贏「高技術條件下的局部戰爭」理論為新時期之軍事戰略，並授命積極準備。特別是將東南沿海視為主要作戰方向，將台灣視為主要作戰對象，將美國視為主要戰略對手，此意味著，中共已決心發展現代化傳統軍事力量。中共在美國「沙漠風暴」作戰之後，即決心發展能使其獲致壓倒性勝利之聯合軍種作戰能力。2000 年 10 月召開的「十五屆五中全會」制訂「十五」計劃，提出明確而具體的發展軍事高科技目標。尤其是要「建設高科技國防體系」及「反霸權主義、抵禦軍事集團的入侵」，表明中共在加速經濟建設的同時，國防及憂患意識也顯著加強。因此，「十五」計劃以相當篇幅描述未來 5 年中，中共要在資訊、電子、航太、材料、光纖等高科技領域，達到或接近國際先進水平，其中若干項目並特別強調突破與領先。據表示，「十五」也明確地提出了建設和鞏固高科技國防系統，使中共擁有反霸權主義、抵抗軍事集團入侵的能力。這是中共首次在經濟和國防戰略中提出「軍事集團入侵」這概念，具有非常重要意義。尤其是在目前複雜多變的國際形勢及日趨緊張的兩岸關係下，中共必須一方面加速自身的現代化建設，另一方面不得不做好「應變」準備，以捍衛國家主權和領土完整，保證維持獨立自主外交政策。尤其是準備在不得不以軍事手段解決台灣問題的時候，有足夠的高科技戰鬥力防範美國的軍事干預。中共強調國防和軍隊建設，要以鄧小平新時期軍隊建設思想為根本指針，以實現軍隊的現代化、正規化、革命化為目標，按照「政治合格、軍事過硬、作風優良、紀律嚴明、保障有力」的總要求，規範軍隊建設的標準與內容；以新時期軍事戰略方針為指導，在軍事鬥爭準備上由準備應付一般條件下的局部戰爭向準備打贏現代技術特別是高技術條件下局部戰爭的轉變；注重質量建軍，科技強軍，走有中國特色的強兵之路，實現由數量規模型向質量效能型、由人力密集型向科技密集型轉變。

貳、軍事戰略之定義

一、戰略之定義

　　研究戰略之學者對「戰略」一詞都有自己的釋義，而且各自的解釋都不盡相同，若仔細蒐羅，可能有千百種定義，各種定義見仁見智、莫衷一是。李德哈達（Basil Henry Liddel Hart）在「戰略論」（Strategy）中說：「戰略為分配和使用軍事工具，以達到政策目標之藝術①。」薄富爾（Andre Beaufre）在「戰略緒論」（An introduction to strategy）中認為：「戰略是兩個對立意志使用力量來解決其間爭執辯證（Dialectic of Forces）的藝術②。」美國國防部對戰略之定義為：「在平時和戰時，發展和運用政治、經濟、心理、軍事權力，以達到國家目標的藝術與科學③。」我國三軍大學則認為：「戰略為建立力量，藉以創造與運用有利狀況之藝術，俾得在爭取所望目標時，能獲得最大的成功公算與有利之效果④。」中華戰略學會岳天將軍將其簡化為：「戰略是為達成所望目標，而運策建立力量或運用力量的藝術與科學。」此外，鈕先鍾教授在其所著的「戰略研究入門」一書中，列舉很多戰略的定義，但並沒有提出他自己的定義；中華戰略學會左竹然將軍將其精髓提煉成 22 個字，說明戰略之定義：「為達成目標，建力與用力，所創造有利狀況之辯證藝術。」其中「建力」，是創造有利狀況，「用力」，更是要創造有利的整體態勢。而且建力與用力，都要在敵我辯證、對抗的狀況下來策定方案。因此，戰略的基本涵義是「建力」與「用力」，沒有建力就沒有力量，沒有力量就無從談分配、運用。而戰略的最高境界是藝術，戰略的內涵跨越四個境界—歷史、科學、藝術、哲學；歷史是不斷演進的，科學是不斷的創新，哲學是不斷的辯證，藝術則是涵蘊科學與哲學，必須不斷的創新與辯證。

二、戰略之區分

　　薄富爾提出「總體戰略」（Total strategy）為最高指導（政府中最高政治權威），其下各領域則有「分類戰略」（Overall strategy），例如政治、經濟、

外交、軍事等各方面都有一個分類戰略。李德哈達也有大戰略與軍事戰略的劃分⑤。由於戰略思想家的倡導，加上人類經過兩次世界大戰的教訓，在西方產生國家力量區分爲政治力、經濟力、心理力和軍事力等四區分的新觀點，因而有了國家戰略，其下包含政治戰略、經濟戰略、心理戰略和軍事戰略。這個劃分方式被我國學術界接受，在民國57年爲蔣中正總統核定爲戰略的定義⑥，同時，也核定戰略階層的劃分：「大戰略」（Grand strategy）（或「同盟戰略」）、「國家戰略」（National strategy）、「軍事戰略」（Military strategy）、「野戰戰略」（Field strategy）四階層，構成一完整的體系。惟學者紐先鍾先生對此區分有不同意見，認爲「大戰略」與「國家戰略」都是國家階層的戰略（前者強調國際間之戰略運作），應爲同等階層與意義，無須再予區分。

三、軍事戰略之定義

「軍事戰略」是爲了應用武力或武力的威脅，以求達到國家政策的目標而使用武裝部隊的藝術和科學⑦。我國在民國57年所策訂，後經學術界所引用的定義是：軍事戰略爲建立武力，藉以創造與運用有利狀況以支援國家戰略之藝術，俾得在爭取軍事目標時獲得最大之成功公算與有利之效果⑧。按此定義，「軍事戰略」包含四個內涵，即「建立武力」、「支援國家戰略」、「爭取軍事目標」、「獲得最大成功公算與有利之效果」。以上「軍事戰略」的四個內涵，以「建立武力」爲主，其他爲從；蓋建軍先求「有」，再求「有可用」，最後求「取勝」—最大成功及有利效果⑨。當然，「軍事戰略」是服從和服務於「國家大戰略」，反映國家與民族的安全利益和對戰爭的根本態度，「軍事戰略」的根本職能是實現國家、民族、階級、政黨的政治目標和安全利益。國家對外政策和戰爭性質決定每一個具體的軍事戰略思維的動機和目標⑩。因此，「國家戰略」與「軍事戰略」之間亦具有互爲因果、主從的關係。

四、美國之國家軍事戰略

美國國防部1997年制定之「四年期國防總檢」（Quadrennial Defense Review 1997）⑪的報告中，明列其「國家軍事戰略」（National Military S

trategy）之三大重點工作爲塑造（Shape）、回應（Respond）及準備
（Prepare Now），乃美國自 1997 年到 2015 年國防戰略之精髓所在⑫，此即
「塑造」國際環境，包括促進區域安定、預防或降低衝突與威脅、嚇阻侵略與
脅迫；「回應」各種危機，包括在危機中嚇阻侵略與脅迫、進行小規模應變作
戰、打贏主要戰區戰爭 (Major Theater War, MTW)；爲不確定之未來做好「準
備」，包括力求現代化、利用軍事改革、利用企業改革、預防措施（例如「國
家飛彈防衛 (NMD) 系統」）、保持軍事優勢以克服各種威脅及挑戰。

五、中共對軍事戰略之看法

依據「共軍軍官手冊」之敘述，「軍事戰略是國家和武裝力量準備戰爭、
計畫與進行戰爭和戰略性戰役的理論與實踐。軍事戰略來源於政治，並爲政治
服務。政治對於軍事戰略的主導作用在於，政治規定戰爭的目的，確定進行戰
爭的方法，提出軍事戰略的任務，動員必要的物力和人力資源來保證戰爭的需
要。國家的政治經濟和社會制度對於軍事戰略的性質和內容具有決定性的影
響。國家生產力發展水平與其具有的綜合國力，直接影響到準備戰爭和進行任
何規模軍事行動的方式與方法。軍事戰略在軍事學術中確定戰役、戰法和戰術
的任務，以及軍隊在戰役和戰術範圍內的行動方法⑬。」由此可知，中共認爲
軍事戰略是國家策畫戰爭的謀略和方法，亦即「要打什麼仗」、「用什麼方式
打」。而其中的要點是，軍事戰略是集合國家政、經、軍、心等綜合國力，進行
戰爭的準備與計畫，不僅包含理論，亦要以達到戰爭目標的實踐驗證爲依歸⑭。
前中共中央軍委副主席劉華清曾說，國家軍事戰略就是武力建設以及運用武力
的基礎⑮；此應該是中共對軍事戰略最簡單明瞭的解釋。

六、中共軍事戰略之演進

美國「藍德公司」2000 年 4 月出版「中國用武之模式：從歷史與理論來
證明」（Patterns in China's Use of Force；Evidence from History and Doctrinal
Writings），由布禮士（Mark Burles）與修斯基（Abram N. Shulsky）合著，文
內第三章「中國的國家軍事戰略」（Chinese National Military Strategy）分析

「中國國家軍事戰略的演進」（Evolution of the PRC' National Military Strategy）指出，1990 年代初期，解放軍確定授命準備是打贏「高技術條件下的局部戰爭」。該軍事戰略標誌 5 種型式的局部戰爭，包括小規模的邊界衝突、領海與島嶼的爭議、空中突襲、抵抗局部入侵、懲罰性反擊等⑯。依據美國喬治華盛頓大學政治科學與國際事務教授、布魯金斯研究中心外交政策研究所兼任資深研究員沈大偉（David Shambaugh）於 2000 年 10 月 26 日在美國「國防大學國家戰略研究所」演講（PLA Strategy & Doctrine：Recommendations for a Future Research Agenda）時指稱，檢視解放軍建軍大約 75 年來之歷史，可將其奉行之主義（戰略原則）概略分為四個階段⑰：

1. 第一個階段：「人民戰爭」時期（1935～1979 年）
2. 第二個階段：「在現代化條件下的人民戰爭」時期（1979～1985 年）
3. 第三個階段：「局部戰爭」時期（1985～1991 年）
4. 第四個階段：「在高技術條件下的局部戰爭」時期（1991 年～）

尤有進者，中共新時期之軍事戰略已將美國視為主戰對手，並強調進行以資訊作戰為主之高技術條件下的局部戰爭。美國學者艾瑞力（M .Ehsan Ahrari）即曾謂：如果中共與美國在未來的戰鬥中相遇，這是中共領導者所絕未排除的想定狀況，中共不僅是非常擅於人民戰爭作戰，同時也擅於由資訊遊擊戰士進行混合以資訊為基礎的作戰技術與局部戰爭的作戰⑱。

叁、中共新時期軍事戰略之計畫與實施

一般研究中共軍事戰略之學者專家多將中共以江澤民為核心的黨中央、中央軍委，自 1993 年以後執行之軍事戰略稱為「中共新時期軍事戰略」。因為中共中央軍委會在 1993 年 1 月召開之擴大會議，曾針對當時戰略形勢變化，將 1980 年代由鄧小平主持修訂之「積極防禦」軍事戰略方針，再進行局部調整；確定以打贏「高技術條件下的局部戰爭」理論為新時期之軍事戰略，並授命積極準備，特別是將東南沿海視為主要作戰方向，將台灣視為主要作戰對象。

一、戰略計畫調整重點

(一) 戰略方針

1.繼續維持「積極防禦」戰略方針，保留應付全面戰爭戰略指導的內容，但捨棄「早打、大打、打核戰爭」的內容。此即演變為日後之「大打有基礎、中打有準備、小打有把握」[19]，以及「積極防禦、防中有攻、攻中有防、攻防兼備」的戰備整備工作。

2.增添對局部戰爭指導的內容，把軍事鬥爭的基點，置於打贏高技術條件下的局部戰爭。此可能類比同一時期美國軍事戰略中，強調同時打贏兩個區域戰爭的「贏贏戰略（Win win strategy）[20]」。

3.突出與現階段軍事鬥爭的適應性，確定作戰對象與重要方向。主要作戰方向是東南沿海，而主要作戰對手卻是美國。因此，中共軍隊對台鬥爭準備，瞄準的不是台灣軍隊，而是美國等可能插手之強敵[21]。

4.落實戰略方針與「黨」和「國家」政治路線的一致性。國防建設和軍隊建設必須以經濟建設為依托，服從國家經濟建設的大局，國家要根據需要和可能，支援和加強國防建設[22]。

(二) 作戰對象與方向

依據「靈活應變、備而慎戰、加強南線、穩定北線、鞏固邊防」等指導原則，確定今後的主要作戰方向「第一是東南沿海、第二是南海、第三是中印邊境」[23]。另並針對不同作戰對象，強調下列立場：

1.東南沿海問題：台灣對中共是關係到「一個中國」理念能否繼續存在下去的問題，因此它是中共最生死攸關的利益[24]。解決「台灣問題」，絕不放棄武力統一的決心。軍事鬥爭是和平統一的重要後盾和保證，必須做好軍事鬥爭準備，對台灣當局保持必要的軍事壓力，一旦出現「台獨」，保證採取斷然措施。

2.南海主權問題：堅持「主權歸我、擱置爭議、共同開發」原則[25]。如果協商無望，將考慮採取適當維護主權行動[26]。

3.「中」印邊境問題：提高警惕、冷靜觀察、針鋒相對、寸土不讓㉗。

（三）執行要求

1.加速武器裝備研發，重視技術引進，以逐步形成「戰略武器與常規武器相結合」、「先進武器與一般武器相結合」、「高、中、低技術合理搭配」的武器裝備體系㉘。江澤民強調軍備發展要「實現跨越式發展，必須大膽創新；真正的尖端技術，是用錢買不來的。」

2.重視部隊教育訓練，提升官兵素質。並置重點於各級指揮（戰）員實戰條件訓練和軍事理論研究（以戰術戰法研練爲核心）。

3.以發展海、空軍建設爲重點，同時並提升陸軍整體作戰能力，增強二炮威懾力量（包括人員與經費等資源分配方面之傾斜）。

4.抓好重點部隊建設，使成爲中共中央軍委直接掌握應付突發情況的戰略機動力量（此即總兵力已達 30 萬、包含陸、海、空軍以及二炮部隊之「應急機動作戰部隊【美軍稱爲快速部署、打擊部隊】」）。

5.完善統帥部和戰區之指、管、通、情系統建設，提高指揮管制和預警報知能力（類似美軍術語 C4ISR-指、管、通、情、資、偵、監系統）。

6.重視國防後備力量建設，解決未來局部戰爭之快速動員問題。要充分認識做好國防動員工作的重要意義，深入貫徹「平戰結合、軍民結合」方針，努力推進國防動員建設與經濟建設協調發展㉙。

7.調整戰略物資儲備佈局和結構，形成全方位支援保障力量。要堅定不移地推進保障體制改革，適應聯合作戰、聯合保障的需要，建立起「三軍一體、軍民一體」的保障體制㉚。

8.軍事鬥爭的準備要不動聲色而又紮紮實實，強調「政治過硬」的同時，還明確「軍事上要特別過硬」。官兵應有隨時準備打仗的思想，要一聲令下，能「拉得出，上得去，打得贏」㉛。

二、對當前戰略形勢之評估

（一）依據 2000 年 10 月 16 日，中共「國務院新聞辦公室」發表「2000 年中國的國防」白皮書，對於全球戰略形勢與中共國家安全形勢的評估如下㉜：

1. 中共認爲和平與發展仍然是當今世界的兩大主題，國際安全形勢總體上繼續趨向緩和，大國關係中相互借重、相互合作、相互制約的基本特徵沒有改變。世界和平的力量超過戰爭的力量，新的世界大戰在相當長時期內不會爆發。亞太地區安全形勢也基本保持穩定，朝鮮半島緊張局勢明顯走向緩和，中越簽署陸地邊界條約，南海地區形勢基本保持穩定。

2. 某些國家推行「新干涉主義」、新「炮艦政策」和新「經濟殖民主義」，特別是以美國爲首的「北約」，以「人道」、「人權」爲藉口，繞開聯合國安理會，發動科索沃戰爭㉝，對南斯拉夫實施軍事打擊，並野蠻轟炸「中國」駐南使館，製造人道主義災難，對國際形勢和國際關係產生重大消極影響。

3. 一些國家違背時代潮流，繼續擴大或強化軍事集團；特別是北約集團和美日聯盟，謀求更大軍事優勢；並力圖從多方向加強對亞歐大陸及其周邊有關海域的控制，少數國家不顧國際社會的普遍反對，繼續研發並試圖建立不同層次的導彈防禦系統，追求自身的絕對安全，破壞全球和地區的戰略穩定。此外，局部戰爭和武裝衝突出現新的起伏，經濟安全、環保、毒品、難民等非傳統安全問題也成爲影響國際和地區安全形勢的重要因素。

4. 由於以美國爲首的北約於 1999 年發動侵略南聯盟的科索沃戰爭㉞、美日進一步強化雙邊軍事同盟、聯合研發戰區導彈防禦系統（TMD）、台灣分裂勢力繼續以各種形式圖謀台灣獨立等一系列事件，給中國人民以警醒，促使中國加快國防和軍隊現代化的步伐。

5. 指美國與日本的軍事合作助長了台灣分裂勢力的氣燄，台海局勢的「嚴峻」是亞太安全形勢的主要不穩定因素。重申（2000 年 2 月 21 日）國務院所提「一個中國的原則與台灣問題」白皮書裏關於「被迫採取一切可能的斷然措施，包括使用武力」的「三個如果」㉟，而且寫下了「台灣獨立就意味著重新挑起戰爭，製造分裂就意味著不要兩岸和平」的警告。

(二) 中共「解放軍報」在 2001 年初刊稱，世紀之交，國際局勢複雜多變，世界大國之軍事戰略概已進行調整，該專文評析如下㊱：

1. 在世紀交替之際，轉型期的國際社會處於傳統與變革的激烈碰撞之中。面對複雜多變的國際局勢，爲保障國家安全和捍衛國家利益，各大國把提高自

己的軍事能力作爲優先目標之一，並紛紛調整和制定出相應的軍事戰略。

2. 美國依仗冷戰後的唯一超級大國的地位和強大的經濟實力，力圖確立其作爲世界領袖的單極霸權地位，並建立符合美國價值觀念的世界秩序。爲此，美國從多方面強化並確保其軍事優勢地位，以推行參與和擴展的總體戰略和貫徹塑造—反應—準備的軍事戰略。

3. 近年來美國大幅度增加國防投入，目的是確保在21世紀能夠擁有世界上裝備最精良、戰鬥力最強的軍隊，用以支撐其外交和軍事戰略。在戰略目標上，以打贏兩場幾乎同時爆發的大規模地區衝突爲作戰指標㊲。在戰略部署上，保持全球參與和前沿存在態勢。通過軍事創新和防務改革，提高美軍在高科技條件下的快速反應和機動作戰能力，以增強其海外干預能力。

4. 冷戰以後，亞洲是美國捲入未來軍事衝突可能性最大的地區。美國強調要堅持在東亞地區的戰略部署，繼續保持10萬駐軍。美國一方面鞏固與日本、韓國和澳大利亞的軍事同盟關係，另一方面積極重返東南亞，改善或加強與菲律賓、泰國和新加坡等國的軍事關係。

5. 俄羅斯力圖恢復大國地位及其對世界事務的影響作用，在常規軍力相對處於劣勢下，俄羅斯進一步提高核威懾在其軍事戰略中的地位，保留在俄聯邦國家安全面臨危急局勢時動用核武器回擊的權利。強調要提高應付地區武裝衝突和局部戰爭的能力，以便有效應對各種現實威脅。

6. 日本在冷戰後積極推行謀求成爲世界政治大國的外交路線，在軍事上日本在和美國共同修訂了新的防衛合作指標後，又制訂通過了「周邊事態法」、「自衛隊法修正案」和日美有關相互合作等相關法案，這表明日本的軍事戰略已經從自衛型轉向更積極的外向型㊳。

7. 歐盟在冷戰後有成爲獨立一極的強烈願望，科索沃戰爭加劇歐盟的危機意識，並在共同防務合作方面加快步伐。歐盟已經分別成立了政治和安全委員會、軍事委員會和軍事參謀部三個臨時機構，西歐聯盟的軍事職能也將由歐盟的有關機構所取代，歐盟聯合防務在機制建設上取得重要進展㊴。

8. 印度爲加強其核威懾能力的可靠性，正加緊建立戰略打擊能力。計劃從俄羅斯購買航母、戰略轟炸機以及加油機和預警機等，還準備購進數十架蘇愷30、幻影2000等戰鬥機和大型驅逐艦、護衛艦，並自行研造核潛艇㊵。

　　(三) 時序進入 21 世紀之際,中共對國際整體形勢之評估,仍然是鄧小平在 1980 年代中期以來強調的「和平」與「發展」兩大主題④。並稱和平與發展兩大問題至今尚未解決,但是中國以經濟建設爲中心的基本路線及獨立自主的外交政策不能改變。2001 年 11 月 11 日,中共外交部部長唐家璇在第 56 屆聯大上的講話,充分代表其對國際形勢與本身任務的最新評估:

　　1. 江澤民主席 2001 年 7 月 1 日發表的重要講話,向全世界闡明中國今後的奮鬥目標、指導思想和內外政策。中國人民在新世紀的主要任務是:繼續推進現代化建設,完成祖國統一大業,維護世界和平與促進共同發展。

　　2. 中國的發展目標是到本世紀中葉,基本實現現代化,達到中等發達國家的水平。爲了達到這個目標,我們要做的事情還很多,要走的路還很長。我們的首要任務是一心一意發展經濟,不斷改善人民生活。這是中國確定的國策,不會動搖,更不會改變。

　　3. 實現祖國的完全統一是所有中國人始終不渝的信念,我們解決臺灣問題的基本方針是「和平統一、一國兩制」。我們毫不含糊地堅決反對臺灣島內和國際上分裂中國的任何企圖,因爲中國的主權和領土完整不容分割,全體中國人民的根本利益不容損害。

三、中共軍事戰略的佈局

　　中共認定其在 21 世紀將面臨諸多的壓力與挑戰,首先,西方國家不會輕易放棄其「西化」、「分化」與「弱化」中共的圖謀,中共反遏制的鬥爭將是一項長期的任務;其次,周邊某些國家企圖搞地區霸權的陰魂短期內不會消散,需要備加防範;「台獨」等國內分裂主義勢力依然活躍,並與國際反華力量相勾結;另外,歷史上遺留的領土、領海爭端有待解決,這些問題有可能成爲外敵軍事介入的苗頭㊷。因此,中共軍事戰略有其整體佈局與重點方向之傾斜配置。

(一) 落實新時期軍事戰略方針

　　中共自 1993 年調整軍事戰略方針,明確提出「軍事鬥爭準備的基點放在打贏現代技術特別是高技術條件下的局部戰爭」之後,共軍即遵循實踐,深化改革。在軍事鬥爭準備上,加快了由準備打贏一般條件下局部戰爭向準備打贏

現代技術特別是高技術局部戰爭的轉變；在軍隊建設上，加快了由人力密集型向科技密集型、數量規模型向質量效能型的轉變。在科技強軍思想的指導下，一大批高新技術成果運用於裝備建設，一大批新型武器研製成功並交付使用；使得共軍擁有了一些克敵制勝的先進作戰手段㊸。

1. 掌握先進武器裝備

a. 海軍武器裝備初步形成了海上機動作戰、基地防禦作戰和海基自衛反擊作戰的裝備體系，海上機動編隊開始具備立體反潛和超視距反艦能力㊹。

b. 空軍武器裝備基本形成殲擊機、對地攻擊機、運輸機和多種支援保障飛機相配套的裝備體系㊺，構成了高中低空、遠中近程相結合的防空火力配系和國土防空相適應的對空情報網。

c. 戰略導彈部隊武器裝備初步形成了固體與液體並存，核導彈與常規導彈兼備，近程、中程、遠程和洲際導彈配套的武器系列。

d. 陸軍的武器裝備在火力壓制、裝甲突擊、野戰防空、機動作戰及支援保障等方面都取得了長足進步；電子資訊裝備的數字化、綜合化、一體化、保密和抗干擾能力也有所提高。

共軍認為，以上幾個方面協調發展，使共軍打贏現代技術特別是高技術條件下局部戰爭的能力顯著增強㊻。

2. 掌握戰爭主動權

a. 人與武器的結合更加緊密，作戰指揮和戰略、戰役、戰術行動開始融合，戰鬥、支援、保障部隊能協調行動，諸軍兵種可以實施聯合作戰，從而使各種作戰力量實現了一體化，共軍整體作戰能力大幅度提高。

b. 共軍的指導思想、部隊編成、兵力部署、作戰方法等方面的轉變和改進，使進攻與固守、機動與打擊能夠迅速轉換，戰略戰術更加靈活多變，摸索出一條技術差距戰術補的新路子，更能適應高技術局部戰爭的需要。

c. 共軍對高技術局部戰爭的戰爭目的、作戰範圍、打擊目標、作戰手段、投入兵力、持續時間等方面的控制能力明顯增強，更有利於控制戰爭節奏，掌握戰爭的主動權。

d. 傳感技術使共軍武器裝備走向智慧化，資訊網絡逐漸把各種單個兵器聯成一個整體，指揮、控制、通信、情報系統使共軍資訊獲取和處理能力有新的

提高，已經成爲共軍實施資訊對抗，爭奪制資訊權的有效手段。

　　e.陸基高技術兵器跨洲際作戰能力空前提高，海上高技術兵器遠程機動能力和大洋深處作戰能力長足發展，空中高技術兵器遠距離作戰能力倍增，航太技術在軍事領域廣泛運用，微電子頻譜技術開闢了無所不至的電磁戰場，使共軍作戰空間達到了全維化，遠戰能力大大提高，足以使潛在敵人「非接觸作戰」和「減少傷亡」的算盤落空。日益增強的綜合國力足以應對新世紀的任何軍事挑釁。

(二) 戰略重心由北向南移

　　1991 年秋季蘇共瓦解、蘇聯解體，中共北疆威脅頓時解除。1993 年 1 月中共中央軍委擴大會議，調整其軍事戰略爲「新時期軍事戰略」，除確定打贏「高技術條件下的局部戰爭」理論之外，復將東南沿海視爲主要作戰方向，特別是將台灣視爲主要作戰對象，其戰略重心遂由北向南移，即由原先之三北（東北、西北、華北）轉向三南（東南、中南、西南），因而「南京軍區」乃成爲其兵力部署的「重中之重」。

　　1.「南京軍區」的 31 集團軍（軍部在福建廈門）、第 1 集團軍（浙江杭州）、第 12 集團軍（江蘇徐州），兵力約 32 萬；其中第 1 集團軍第 1 師爲唯一的兩棲機械化師，已換裝新一代的 63A 水陸兩用坦克（105 毫米火炮）、兩棲裝甲車⑰。具有豐富集團軍指揮作戰經驗的原瀋陽軍區司令員梁光烈，於 2000 年 5 月調任南京軍區司令員，以加強戰備整備。

　　2. 1995、1996 年兩度爆發台海危機，其中最引人注目的導彈試射，即是由踞安徽屯溪之二炮 52「基司」中的 815 旅（駐地爲江西樂平）所屬東風 15 型（M9）導彈連負責執行。其後，二炮 52 基地即不斷強化對台實施常規導彈戰之能力整備，並且再組建 816 導彈旅於江西東鄉、裝備「東風 11 甲」之 817 導彈旅於福建永安（僅距台 450 公里），加上裝備「東風 11（M11）」之「南京軍區」直屬「地地導彈第一旅」於福建仙遊（距台約 300 公里），以強化對台導彈打擊能力之部署⑱。就目前共軍在台灣當面所部署之東風 15 型（M9）導彈約計 300 枚，另在廣東汕頭已積極組建 818 導彈旅，顯然共軍對台進行導彈戰之能力將大幅提昇。

　　3.海軍方面，則是以「東海艦隊」主力戰艦爲主，「南海、北海艦隊」爲輔。「南京軍區」以「東海艦隊」向俄羅斯採購之建制四艘「基洛級」潛艦與兩艘「現代級」導彈驅逐艦，賦予嚇阻美國艦隊任務，可作爲演練「抗美奪台」戰鬥時的主力。目前東海艦隊的四艘驅逐艦和兩艘核潛艇均部署在舟山基地；驅逐艦都是 051 級（「北約」稱「旅大 I 級」）⑭，四艘自引進俄羅斯的 KILO 級（基洛級）潛艇⑩，以及兩艘中共自行設計製造的最新滴水型 039 型（「北約」稱「宋級」）常規潛艇：320 艇（遠征 20 號），321 艇（遠征 21 號）。東海艦隊的登陸艦支隊擁有 4 艘 072 型（「北約」稱「玉康級」）大型坦克登陸艦，東海艦隊部署了兩艘中共第一代 091（「北約」稱「漢級」）核攻擊潛艇的改進型（可以潛射巡航導彈）405 艇（長征 5 號）與 407 艇（長征 7 號）。東海艦隊有一個營的海軍陸戰隊，1999 年 9 月浙東大演習時，臨時調入浙江省軍區的一個團參加陸戰隊演習。演習結束後，海軍黨委報中央軍委批准，正式給東海艦隊四個陸戰營的編制，組建海軍陸戰第 3 旅⑪。

　　4.空軍方面係以安徽蕪湖之空 3 師（殲擊機）、上海大場之轟炸機，以及廣東之第 2 殲擊師、第 9 殲擊師爲主力部隊。共軍在距離台灣 250 浬範圍內，計有 13 處機場，最大容機量可達 1900 餘架，在距台 600 浬內中共部署對我具威脅兵力之空軍及海航場站計有 21 座，轄各型機 708 架。空軍在東南沿海是採取「少兵在前，多兵機動」的典型部署，一遇緊急狀況，其餘各師可在必要時實施遠程奔襲或轉場至東南沿海一線機場參與作戰⑫。首架由中共自行生產的「蘇愷 27」戰機（總數爲 200 架），在 2000 年年底出廠服役，未來將改稱「殲 11」，並與「殲 12」隱形機、「殲 13」戰機共同成爲中共空中最先進武力⑬。此外，預計在 2002 年可以再獲得 50 架性能更爲先進的蘇愷-30 型戰機。另在福建興建兩處 S-300 地空導彈基地，並在平潭附近的龍田部署 S-300 飛彈⑭。在浙江、福建設有 5 處具備電戰能力的電偵站，並配合 3 架「轟電 6」電偵機，對台灣高頻通信電子情報進行偵測。

　　5.中共中央軍委會於 2000 年 3 月 20 日召開擴大會議時，作出兩項歷史性的決定，一爲適應國際局勢、周邊環境變化和對「台灣統一」工作，對海軍、空軍、二炮部隊、各大軍區作出新的戰略部署。二爲對南京戰區、廣州戰區的陸軍、空軍，東海艦隊、南海艦隊，駐南京、廣州戰區的二炮部隊優先更新，

部署先進的高科技軍事裝備和具威嚇力的新式武器。此外，解放軍三軍近年來更加重視聯合演習，組成戰區的聯合指揮部，而且這種演練的次數增多，規模擴大。特別是福州戰區、廣州戰區等部隊正在形成強大的聯合作戰機制，使大規模的協同作戰能力大大增強。各軍兵種向多方面發展，空軍正在從國土防空向攻防兼備、促進武器裝備的跨越式發展，機動性能增強；海軍不斷實施跨海區演習，正在從近岸走向近海，作戰區域更加廣泛。陸軍更著力加強渡海登陸作戰、城市攻堅戰的能力㉟，充分反映共軍加速組建導彈基地、換裝導彈，致力提升共軍三軍威懾能力，以加強南京、廣州軍區的戰鬥力，顯將使兩岸軍力均衡朝向中共傾斜。

(三) 針對美國建制「殺手鐧」武器

1999 年 5 月 7 日，以美軍為主之「北約」轟（誤）炸中共駐南斯拉夫大使館，使得中共瞭解到美軍在必要時仍然會攻擊中共。中共「中國軍事科學院戰略研究部」2000 年年中出版「2000～2001 年戰略評估」預測，民進黨主政期間，台獨勢力將可能大增，化整為零地武裝台灣是美國的既定政策，美國正力圖以某種形式將台灣納入其戰區導彈防禦系統。美國於 2000 年 8 月將數十枚巡航導彈調到位於太平洋的關島，使美國轟炸機有能力「可在 12 小時內攻擊亞太地區任何地方」，均寓有必要時可介入台海戰爭、甚至於攻擊中共之意。

1. 建軍備戰整體佈局：共軍整體佈局係以圍繞「建設一支能打贏局部戰爭，保持有限核武威懾力量之現代化國防力量」為核心，一方面牽制超強大國（美國），以強大軍力達成其成為區域霸權之目標，另一方面則以控制臺海情勢、阻滯美、日安保方針之遂行為核心。在戰備準備上，中共軍隊對台鬥爭準備，瞄準的不是台灣軍隊，而是美國等可能插手之強敵㊱。美國國防大學國家戰略研究所於 1998 年 6 月出版「中共的戰略性趨勢」(Strategic Trends in China) 專書，內稱共軍充份地瞭解美國的軍事實力，並將美軍的戰力視為評估共軍軍力發展的標竿。1996 年台海飛彈危機之後，中共軍方開始慎重地評估將如何有效嚇阻美國航空母艦戰鬥群支援台灣的作戰能力，列為其建軍備戰的要項㊲。因此，如何有效懾止美國對中共軍事干涉與軍事介入或最大限度地制

約美軍介入的程度，是新時期中共對美軍事鬥爭戰略指導的重大課題與戰略籌劃的基點。

2. 準備打高科技戰爭：2000年1、2月號「外交事務」期刊中，現任白宮安全顧問賴斯女士曾撰文「國家利益」(Promoting the National Interests)，內稱「雙方（美國與中共）利益發生衝突時，我們絕對不要怯於和北京對抗。中共積極擴展軍力，使台海成為美、中潛在安全衝突點，讓華府為之憂心忡忡⑱。」因此，香港媒體曾引述中共「國防部長」遲浩田的談話：「我們應該打一場高科技戰爭，更重要的是，要為對付一個由美國領導的集團進行軍事干預做準備，打一場相當規模的現代高科技戰爭⑲。」2000年9～10月，中共空軍在北平及周邊地區實施歷來最大規模之「首都聯合防空戰役」演習，演練反空襲、空防等防空作戰，運用空軍、海軍和二炮聯合防空作戰能量，重點攻擊外軍航母戰鬥群，及具發射巡航導彈之戰艦，共同在渤海灣周邊海空域合力殲空中之敵。

3. 建制「殺手鐧」武器：儘快形成足夠而有效的「殺手鐧」武器，為中共當前建制對外作戰能量之重點工作。中共自稱：「1999年5月北約轟炸中國駐南使館的事件卻最令人難忘。在對那一事件的反思上，高層的思路是『落後就要挨打』，我們必須要堅持科教興國戰略和以科技強軍面對新世紀⑳。」江澤民於2000年10月9日在中共十五屆五中全會的報告中提出，「高科技的國防體系」是新世紀唯一正確的選擇。「十五」還明確提出建設和鞏固高科技國防系統，使中共擁有反霸權主義、抵抗軍事集團入侵的能力。準備在不得不以軍事手段解決臺灣問題的時候，有足夠的高科技戰鬥力防範以美國為首的北約軍事集團的干預。顯示中共進行反思與改革的對手，直接指向美國。中共國防大學戰略研究所副所長朱成虎教授即明白警告美國：「與中國這樣的國家兵戎相見恐非明智之舉」，指稱中共擁有一定戰略還擊能力和遠程打擊能力㉑。據悉，2000年下半年，中共為因應小布希可能當選美國總統的新情勢，江澤民已下令修改現行的國防政策，由三軍全面現代化，轉而重點發展飛彈、核武等戰略武器，中共將集中全力發展及改良其戰略武器，如彈道飛彈、反飛彈系統和核武㉒。其中最為中共所注重者，則為積極建構太空武器系統，俾與美國爭奪「太空權」。中共將太空視為其遂行打贏高科技條件下局部戰爭之戰略

高地，亦是其提升部隊戰力之捷徑。中共於「十五」期間將陸續完成新一代軍事偵察、導航定位、戰術戰略通信、氣象、數據中繼等多種類型衛星，並重點發展小衛星、組網技術，及完成載人太空船發射任務，進一步完善其軍用衛星系統，屆時將使其具備實施太空戰略及戰區偵察、自主區域導航定位、戰略、戰術通信及作戰氣象保障等能力，而中共藉助該等衛星逐步擴大其資訊掌握範圍後，配合日益精確之戰術、戰略導彈，勢將對美國兵力投射構成相當挑戰，有效提升遏制美國介入台海等區域衝突之籌碼。近年來中共太空科技進展快速，不僅運載火箭發射締造 23 次連續成功紀錄，並接連發射多枚不同類型自製軍用衛星，同時在俄羅斯協助下成功發射無人太空船，並可能擴及反衛星武器，更首度發表「中國的航太白皮書」[63]，展現強烈企圖心；而美情報首長近證實中共正發展太空武器，亦顯示中共是項發展已對其構成潛在威脅。據悉，中共在短期內發展出類似俄羅斯「太空雷」微型殺手衛星可能性甚高，以彌補其太空指管偵監系統與美國之差距，反制美國太空演習想定中，以太空優勢威懾中共發動台海戰爭之企圖。另共軍已將太空目標偵察監視與天基、地基導彈及高能雷射動能武器列入反衛星武器跨世紀發展重點。

伍、未來中共軍事戰略之可能發展

共軍總參謀長傅全有 2001 年初在總參謀部黨委擴大會議上強調，新（21）世紀初年的軍事工作，要堅決貫徹江澤民主席關於軍隊建設的一系列重要論述，緊緊圍繞「打得贏」、「不變質」的根本要求，深入落實新時期軍事戰略方針，加大軍事工作謀劃指導力度，圓滿完成黨中央、中央軍委賦予的各項任務，努力開創軍事工作新局面。今年的軍事工作，必須堅決貫徹中央軍委的決策部署，按照「打得贏」的根本要求，全面抓好工作落實。要以理論研究為先導，加強對國際戰略形勢、高技術局部戰爭的形勢下治軍特點規律的研究，積極組織協調機關、院校、科研單位和部隊，系統研究重點難點問題。要促進研究成果轉化的研究成果進入決策、進入訓練、進入戰鬥，儘快形成戰鬥力[64]。依據上述「打得贏」、「不變質」的原則，預測未來中共軍事戰略之可能發展如下。

一、科技興軍，科技強軍

中共指稱，在未來戰爭的戰場上，誰掌握了先進的科學技術，誰就比較容易取得優勢和主動權⑥。江澤民在 2001 年 3 月初「兩會（9 屆人大、政協）」期間強調，「十五」期間是中國加快推進現代化的關鍵時期，全軍要認清面臨的形勢和任務，切實肩負起人民軍隊的歷史使命，認真貫徹「三個代表」的要求，按照「十五」計畫的戰略部署，以加速推進國防和軍隊現代化建設。全軍要堅定不移地貫徹科技強軍戰略，切實把軍隊戰鬥力的增長轉到依靠科技進步上來。要瞄準世界軍事高技術的發展，加快發展國防科技，增強自主創新能力，不斷提高我軍武器裝備的科技水平。貫徹科技強軍戰略，最基本的是要抓好人才培養，提高官兵的科技素質。要廣泛深入地開展科技練兵活動，提高軍事訓練的質量和效益。要在全軍進一步掀起科技知識學習熱潮，使學科學、用科學蔚然成風⑥。突出「科技進步是經濟社會發展的重要動力，也是軍隊現代化的重要動力。」再度提出要堅定不移地貫徹科技強軍戰略。

（一）自主研究自主發展：江澤民曾於 1997 年底軍委擴大會議上提出，中共國防和軍隊現代化建設跨世紀發展「三步走」戰略目標⑥。日後亦指出：「我軍要實現跨越式發展，必須大膽創新。真正的尖端技術，是用錢買不來的。」然而，江澤民並未具體指明科技強軍戰略之發展途徑；根據「解放軍報」等共軍刊物刊載指出，「發展我國科技事業，趕超世界先進水平的根本出路，在於提高我國的自主研究開發能力。」在當前科研經費有限、設備條件比較落後、創新型人才短缺的情況下，應該堅持「有所為有所不為」，「有所創有所不創」的原則，突出重點，選準突破口，把有限的資源配置到創新性科研課題上。在科研創新上，既要看到與發達國家的差距，更要相信自己的實力。抓住歷史機遇，迎頭趕上。綜觀共軍建設實現跨越式發展有三種主要途徑：

1. 借鑑式跨越-採引進或模仿手段，跨越西方先進國家軍隊建設若干發展步驟。

2. 自主式跨越-即以拼博精神，自力更生，爭取以較少時間達到預期目的。

3. 選擇式跨越—按少而精原則及側重發展模式，跨越發達國家需用大量人、才、物、力才能達成之過程。

(二) 科技強軍，軍隊轉型：共軍總參謀長傅全有曾在總參內部講話中指出，共軍貫徹科技強軍戰略，必須實現跨越式發展建設，21 世紀共軍之發展指標是實現以下四個方面的轉型⑱：

1. 實現由機械化半機械化戰爭形態下的軍隊向高技術戰爭形態下的軍隊轉變。

2. 由計劃經濟體制下的軍隊向社會主義市場經濟體制下的軍隊轉變。

3. 由主要滿足國家生存與發展需要的臨戰應急型的軍隊向著重滿足國家發展需要的能力牽引型的軍隊轉變。

4. 由數量規模型與人力密集型的軍隊向質量效能型與技術密集型的軍隊轉變。

(三) 軍隊建設發展趨勢：總參要求共軍各級幹部，必須以新時期軍事戰略方針統攬新時期的軍隊和國防建設，及時地轉變觀念，改革方式方法使我軍建設真正走上質量建軍之路。全軍要堅定不移地貫徹科技強軍戰略，切實把軍隊戰鬥力的增長轉到依靠科技進步上來，由此體現中共軍隊建設之六大趨勢⑲：

1. 空軍、海軍、戰略導彈部隊不斷擴大，軍事實力增強；陸軍機械化、摩托化程度明顯提高，特種兵部隊在陸軍中的比重已達 70 ％以上，陸軍更加注重與各軍兵種的配合演練，由傳統的「陸軍型」向現代的「聯合作戰型」轉變。

2. 武器裝備從「龐大」跨越到「強大」，一批高新武器裝備到部隊，使部隊作戰從過去的比體能發展到今後的比武器；軍隊更加注重科技練兵，推動部隊由數量規模型向質量效能型、由人力密集型向科技密集型轉變。

3. 凸顯三軍聯合作戰的特徵，三軍聯合演習組成戰區的聯合指揮部，而且演練次數增多，規模擴大。特別是福州、廣州戰區正在形成強大的聯合作戰機制，使大規模的協同作戰能力增強，以保證空中、海上和地面聯得上、打得贏。

4. 各軍兵種向多方面發展，空軍從國土防空向攻防兼備、促進武器裝備的跨越式發展，機動性能增強，海軍實施跨海區演習，從近岸走向近海，作戰區域廣泛，陸軍加強渡海登陸作戰、城市攻堅戰、山地進攻、高原作戰的能力。

5. 強化技術部隊的建設，重點建設二炮導彈部隊，近、中、遠程和洲際導

彈齊備，快速反應能力得到較大加強，核反擊的能力也得到提高，更加適應靈活、機動的作戰需要。同時，加快發展陸軍航空兵、海軍艦載機部隊和電子對抗部隊等，使諸兵種合同作戰和整體作戰能力有了新的增強。

6. 為了適應打贏未來高技術戰爭，軍隊裝備和通信走向現代化、數字化，計算機技術在作戰指揮中發揮了重要作用，從而在現代戰爭中繼續保持優勢。

(四)科技強軍，跨越發展：中共自稱其「國防和軍隊建設處於機械化戰爭（已越過摩托化戰爭）的中級發展階段，這是相對工業時代而言的，而恰恰在資訊化戰爭的主導領域—外層空間技術領域，我們遠遠超過其他發展中國家，甚至還優於某些衛星、航太技術較差的發達國家。」因此，中共軍隊有可能跨越機械化戰爭時代高級發展階段，在現有基礎上直接瞄準資訊化戰爭，以爭奪21世紀的戰略優勢與主動[70]。顯示共軍未來在科技強軍戰略之發展特點如次：

1. 突破現有發展模式：中共認為，先進國家軍隊在21世紀初就將初步完成資訊化。在知識軍事時代，軍事領域裏新舊思想、新舊理論衝撞激蕩，要克服軍事觀念革命上的阻力，需要有革故鼎新的勇氣，有更高的境界-既超越對手，更超越自己，需要大膽揚棄過時的觀念，繼承和發展有生機與活力的東西；更需要我們深入研究知識軍事的動因、內容、發展趨勢和可能產生的影響，準確把握知識軍事的「跨時代」性和「資訊化」特徵[71]。

2. 在非對稱中謀創新：要以有別於先進國家的方式步入資訊化，國防與軍隊建設必須與外軍「非對稱」發展，「你發展你的，我發展我的」，在軍事理論、武器裝備、編制體制上另走一條路，特別是在意想不到的地方創造一些別人從未見過的新東西，別人就無法對我們的「適應性系統」進行預測和對抗。只要在某些關鍵點、關節點保持自身的獨創性，就可能給強敵造成威懾[72]。在軍備上「不求對等、但求相對應」，同時維持有限核武威懾戰略[73]。

3. 立足長遠搞建設：當前新軍事革命在經歷了軍事技術革命的前期鋪墊之後，理論創新正成為決定新軍事革命質量的關鍵性因素，並為編制體制的革命確定方向。「十五」期間，需要進一步加強和改進武器裝備採購工作，儘快制訂「武器裝備採購法」[74]。必須從整體上重新規劃國防與軍隊建設發展戰略，制定非對稱跨越式發展的總體模式和具體戰略步驟，據此重新配置國防與軍隊建設資源，對整個國防與軍隊建設進行編制構成上的調整與改革，並使之形成

新的物質能量和資訊流通模式，改變國防與軍事活動的整體面貌，如此跨越發展才能得到最後落實。

4. 雙向互動，推動轉型：軍隊建設和發展歷來需要國家與軍隊的共同努力，相互促進。國家作爲推動軍隊向知識型轉軌的外部動力，其作用主要體現在三個方面：一是創造資訊建設環境，資訊基礎設施建設是軍事、經濟、社會向知識化轉型的重要條件。知識型軍隊是以資訊技術爲基礎的，軍事資訊化程度越高，知識型軍隊的發展機遇就越大；二是提供智力支撐。知識型軍隊所需的智力資源來自於全社會的廣泛支援和關注，應建立軍隊與各級政府、教育、科研、院校間的相互協作、交流、諮詢制度。在教育體制改革中，應把國防教育作爲重要內容，爲建設知識型軍隊輸送合格人才；三是提供政策扶持和法律保障。對建設知識型軍隊所需的人才、資訊、資源、安全保密等進行立法，保證平時人才、技術儲備和戰時徵用地方高科技後備人才、設施設備的程式、方法、步驟，有明確嚴格的法律規範⑩。

5. 有重點、有層次、分步驟跨越：跨越式發展並不是全軍「大躍進」，實行整體性的同步跨越，而是有重點、有層次、分步驟跨越。所謂重點是在軍隊建設四大要素（武器裝備、人才培養、作戰理論、體制編制）中，武器裝備與人才培養是重點，決定著其他兩個因素的發展。所謂層次，一是武器裝備區分層次，把有限的投入瞄準關鍵環節和有決定意義的武器系統；二是人才培養區分層次，不強求短期內實現全軍人才的高素質化，而是採取有效的培養方式和保留機制，突出重點人才培養；三是體制編制區分層次，武器裝備和人才培養的層次性，從根本上決定軍隊的體制編制不可能同步發展。所謂分步驟跨越，就是保證重點部隊先期跨越，帶動全軍各部隊梯次性逐步跨越。

(五) 軍力發展重點：共軍將以往之軍力發展重點，由陸軍、空軍、海軍的優先順序，調整爲海軍、空軍，同時並提昇陸軍整體作戰能力，增強二砲威懾力量及建立快速反應部隊⑯。尤其是在 1996 年起共軍實施「九五」計畫，宣佈裁軍 50 萬，迄 2000 年 10 月之「國防白皮書」透露，共軍已完成陸軍裁減總員額 18.6 % 的目標，海、空軍則分別裁減 11.4 % 與 12.6 %⑰，二砲僅裁減 2.9 %，但由該兵種持續擴大所屬院校招生、賡續擴編部隊情況觀之，尤其是不斷研成多種戰略及戰役戰術導彈，擴編導彈發射部隊，顯示其戰力已有相當

之進展。

1.陸軍：陸軍機械化、摩托化程度明顯提高，特種兵部隊在陸軍中的比重已達70％。集團軍中擁有50％以上機械化部隊和完整合成編組，具有強勁獨立作戰能力。目前正加強渡海登陸作戰、城市攻防作戰戰力，此外，在山地進攻、高原作戰方面亦有所提昇。

2.海軍：由「近岸防禦」過渡到「近海防禦」而朝向「遠海作戰」邁進，期使整體戰力能控制近海，具有一千浬範圍內（已達南海）之作戰能力，和實施有限威懾。

3.空軍：減少現有戰機數量，提昇裝備質量性能，具備快速反應、遠程作戰、電子戰、空中加油等作戰能力，並強化空降兵戰力，致使空軍正從國土防空向攻防兼備，促進武器裝備的跨越式發展、機動性亦增強。

4.二炮：保持和發展一支有效的戰略核力量，儘快實現第一代向第二代核武器的過渡，加速建設一支足夠有效的常規導彈力量，年來已增建兩個常規導彈旅，並在快速反應、機動作戰上取得一定成效。

二、科技練兵、聯合作戰

共軍總參謀長傅全有於2001年3月7日「兩會（九屆人大、政協）」召開期間，接見共軍代表時強調，開展科技練兵，全面提高整體作戰能力，要深入開展科技練兵，繼續抓好新「三打三防」訓練、新裝備訓練、貼近實戰的針對性訓練、高技術條件下的合同戰術訓練和聯合作戰訓練，全面提高整體作戰能力[38]。2001年8月經總參謀部批准，共軍頒發新的「軍事訓練與考核大綱」，自2002年1月1日起，全軍和武警部隊將按新大綱施訓[39]。共軍在軍委新時期軍事戰略方針的指引下，開展科技練兵活動，成為共軍軍事訓練領域一場深刻的變革與實踐。

(一)持續開展新「三打三防」課目訓練：共軍於1999年6月起開展新「三打三防」演練，期借鏡南斯拉夫「以弱擊強、避實擊虛」之反擊作戰方式，彌補部分武器裝備上之劣勢，並強化其有生戰力的保存。2000年以來，共軍新「三打三防」訓練就是在一次次比武的帶動下展開。由共軍演習過程中所進行的戰法訓練模式，可判斷其圍繞新「三打三防」採取的各種戰法訓練：首先是

強化打巡航導彈的訓練活動，手法是提前預警、多層次攔截、硬殺與軟殺相結合，並且建立報知網、指揮網、和防護網⑧，突出強化打巡航導彈、反空襲的訓練活動，揚言已成功研練彈炮結合攻擊巡航導彈；全軍落實新「三打三防」戰法及加強「聯合空中戰役」之演練，均爲對付敵人空中攻擊（含海射飛彈）的反制戰術。2001 年中共軍方佈置各大軍區和兵種展開演練，瀋陽軍區在內蒙古科爾沁草原展開機械化部隊參加、基地化和戰場仿真演練，開啓貼近實戰演練⑧。

　　(二)落實「科技練兵」之要求：1998 年「總參」於瀋陽軍區舉辦「全軍運用高科技知識普及深化訓改成果集訓」，提出以「科技練兵」爲主題部署軍事訓練任務之指示，迅速掀起共軍群眾性科技大練兵活動。1999 年 4 月初「新華社」報導，江澤民在觀看「北京軍區」網上表演成果時，特別強調「要全軍廣泛、深入、持久的開展科技練兵活動」。2000 年江澤民特要求以「打得贏、不變質」的精神，動員共軍深化「科技練兵」，強調以改革創新的精神推動科技練兵，提昇現有武器裝備打贏未來高技術局部戰爭之能力。中共國防大學已經研製成「戰略決策訓練模擬系統」和「戰役指揮訓練模擬系統」，可聯通共軍訓練資訊網，使模擬訓練拓展到更大的範圍，實現遠程異地多點訓練。1999年 10 月，由總參謀部組織的全軍開展科技大練兵觀摩活動，巡迴觀摩瀋陽、南京、北京軍區基地化訓練演示，訓練基地有先進的手導調監控、戰場仿真、輔助評估等設施。「南京軍區」2000 年自 5 月 25 日起至 7 月 11 日，在福建泉州石獅將軍山靶場實施年度「科技練兵成果交流會」，期間「南京軍區」第一集團軍摩步第三旅，第 12 與 31 集團軍等部參與演練，並進行實彈（含導彈）射擊及新「三打三防」等科目演練⑧。顯示中共中央軍委要求共軍加強科技能量，尋求「跨越式發展」，以因應現代高技術戰爭具有資訊化、網絡化之特徵，以及武器裝備的體系已由過去的海、陸、空三維戰場擴展到空、海、陸、天、資訊五維戰場，而科技練兵亦已成爲當前共軍訓練任務之主軸⑧。

　　(三)加強演練「抗美打（奪）台」戰術：依據 2000 年 2 月 16 日美國「蘭德公司」的研究報告指稱，中共可能爲台灣問題對美國動武，或是冒著引起美國介入的重大風險，這主要是爲了達到某種政治效果。2 月下旬德國「明鏡周刊」刊報導，中共中央委員會所屬軍事小組委員會（判係「中共中央軍事委員

會」)在其「第65號文件(1999年8月發出的文件)⑭」中，討論到一旦中共因為台灣問題而與美國發生嚴重齟齬之際，中共可能採取的作戰步驟。揚言：「我們必須在美國部隊完成作戰準備之前，儘早派兵干預」。文件並強調「雖然美國可能轟炸中國大陸重要目標及軍事設施，不過中共擁有的傳統武力水平並不亞於美國，甚至可能因為在中國大陸附近作戰而佔有地利優勢。雖然美國無意因為台灣問題而與中共進行核子戰爭，但是中共當局仍有一旦需要使用手中核武的準備。我們誓死保衛每一寸國土⑮。」從2000年中共軍事演習中，強調新「三打三防」戰法演練，包括「打隱形飛機、打巡航導彈、打武裝直升機，防精確打擊、防電子干擾、防偵察監視」，明顯是針對美國而來，透露共軍已針對攻台作戰時，一旦外國勢力介入之可能性預作準備，其針對外國勢力介入之假想均已定調，未來抗擊將以對美為主⑯，對日(美、日防衛合作新指針)為輔。2001年4月底至8月底，共軍在東山島舉行的「東海6號」三軍聯合演習，即為以奪取台海制空權，抗擊美軍介入為主要練習目標，演練課目、戰法主要是針對國軍近年來加強「制空」、「制海」、「反封鎖」、「抗登陸」而進行演練⑰。

(四)重視聯合作戰：共軍軍隊建設較缺乏三軍聯合作戰之實踐精神，在指揮理論上也存在許多急待探討解決的問題，近年來已致力改善過去以地面部隊為主之單一軍種作戰，共軍近年演習中顯示已強調在積極防禦的原則下，整合陸、海、空軍戰力，因應高科技武器之攻擊，採取縱深多層防衛，重要海岸地區則向外(東南海域)建立戰略海域緩衝區，並積極擴建現代海空軍，加強聯合演訓，注重攻佔外島作戰與陸海空三棲作戰之能力，反映「軍種聯合作戰」已成為共軍基本作戰模式。中央軍委副主席張萬年近來在軍中多次強調要按照江澤民關於「實施科技強軍戰略，提高軍隊現代化聯合作戰能力」的指示，既加快三軍現代化建設步伐，又經常進行軍事演習，努力實現軍隊現代化建設在新世紀的跨越式發展，全面提高軍隊在現代技術特別是高技術條件下的聯合作戰能力⑱。共軍「總參謀部」強調在積極防禦的原則下，整合解放軍之陸、海、空軍戰力，因應高科技武器之攻擊，採取縱深多層防衛，重要海岸地區則向外(東南海域)建立戰略海域緩衝區，並積極擴建現代海空軍，加強聯合演訓，注重攻佔外島作戰與陸海空三棲作戰之能力，即為三軍聯合的島嶼封鎖作

戰、渡海登陸作戰、城市攻防作戰、山地進攻作戰等⑧。解放軍已深刻體會聯
合作戰的行動原則既有規範性要求，又有協約性作用；聯合作戰的發展，既有
賴於軍事技術革命的催化，又有賴於組織管理方式的創新⑨。今後聯合戰役既
可能按傳統戰爭的戰鬥、戰術、戰役或戰略順序進行，亦可能跳躍傳統的戰爭
順序，直接從戰鬥層次進入戰略層次。

　　(五) 強化資訊作戰：近年來共軍戮力資訊化作戰之軍事理論研究、軍備建
制配套、科研技術項目攻關、戰術戰法論證、提昇領導幹部素質、強化基地經
營、院校資訊化建設及大規模建構地下化長程通信光纜及軍事資料庫，為發展
「資訊戰」建立基礎。各「軍區」所屬集團軍除相繼將資訊化作戰納入合成演
訓科目，共軍為因應高技術條件下以「資訊技術」作為核心之作戰型態，相繼
在「瀋陽、濟南、北京、廣州、南京、蘭州軍區」進行資訊對抗模擬演練。由
於電子戰不斷走向綜合，拓展和昇華為資訊戰，「網電一體化」成為未來高技
術戰爭發展的必然趨勢；解放軍的作戰指揮亦逐漸走向自動化，並發展戰場數
據鏈路的網路平行指揮體系，以因應未來從空中、海上、太空與電磁空間的多
面向性之作戰指揮需求。隨著資網科技的發展，資訊戰的內容已從電子戰式的
軟殺及節點破壞式的點穴戰，發展到以電腦病毒、定向能武器、電磁脈衝武器
等破壞國家機制的癱瘓式作戰⑨。中共要求「軍民融合、有限互聯」，將軍用
資訊系統和民用資訊系統有機融合，建構軍民一體、高度集成的資訊作戰指揮
控制一體化系統。同時，從保証資訊安全的戰略高度出發，嚴格控制不同級
別、不同層次軍用資訊系統與民用資訊系統的聯網範圍、聯網方式、聯網內容
等，確保國防資訊系統的安全穩定⑫。顯示中共決心全力準備打一場全方位的
資訊戰。

　　(六) 籌建知識戰爭樣式：知識戰是以知識為基礎的作戰，是建立在對知識
的掌握、應用、佔有和對抗之上的作戰。它包括資訊戰、基因戰、生物戰、太
空戰、氣象戰等。資訊戰可以說是目前知識含量最高的戰爭，在資訊戰中，敵
對雙方爭奪資訊的獲取權、控制權和使用權成為作戰的焦點，雙方資訊的搜
集、處理、評估系統成為打擊的重點。而對資訊的處理、評估和分發的過程正
是知識的擴散與運用的過程。知識與資訊的關係極為密切，資訊技術是知識傳
播的載體，知識通過資訊的流動產生價值⑬。共軍強調生物技術的異軍突起，

微納米技術潛力巨大，微電子技術與機電技術相結合以及新概念武器技術。新概念武器分爲四大類，即新概念能量武器、資訊武器、生化武器、環境武器。新概念能量武器包括新概念動能武器（包括超高速化學能發射器、電炮、混合電炮等）、新概念定向能武器（包括鐳射武器、微波武器或電磁脈衝武器和粒子束武器等）、新概念原子能武器（包括中子彈和反物質武器等）和新概念聲波武器（包括次聲波武器等）。新概念資訊武器包括智慧型武器（軍用機器人、無人平臺）、比特武器（電腦病毒武器）和微型武器（納米武器）。新概念生化武器包括基因武器、新概念化學武器等。新概念環境武器包括氣象武器、地震武器等。新概念軟殺傷武器亦稱非致命武器或人道武器，包括低能鐳射武器、微波武器、聲波武器和生物武器等[94]。此外，中共列入21世紀軍隊建設中軍事科研的多種新型彈種，包括遠中近程適用於海、陸、空軍，和二炮爲載體發射或攜載之油氣彈（FAE）、子母彈（CLUSTER）、反輻射彈（HARM）、電磁波彈（EMP）以及鑽深彈（DEEP）等諸型彈類彈種。

陸、結　語

中共認爲，小布希政府上臺後決定進行戰略轉移，即把戰略重心從傳統的歐洲方向轉向亞太方向，主要是聚焦於東亞地區，具體講就是針對中國[95]。911事件後，中共面臨的國際尤其是周邊安全環境更趨複雜，美國對中共的戰略包圍態勢得以迅速推進與強化，美國對中國的戰略包圍圈赫然成型[96]。因此，中共對其新世紀軍事戰略之落實，顯然有使命感與急迫感。但是基本上，中共對於軍事戰略的看法是，軍事戰略服從和服務於國家戰略，軍事戰略不僅籌劃打贏戰爭，而且籌劃制止戰爭，軍事戰略既指導武裝力量的運用，也指導武裝力量的建設。繼1996年3月制定的「九五」計畫中，揭示該5年計畫的「國防大綱」[97]之後，2000年10月16日，亦即中共「十五屆五中全會」和三軍世紀大演習後，中共中央軍委召開各總部、各軍兵種領導人會議，討論有關制訂軍隊建設「十五」規劃問題。中央軍委明訂該規劃之原則爲：維護國家主權、國家統一、領土完整高於一切。發展國民經濟的同時，要加強國防建設，更新軍事裝備。當在必須對台用武時，要有打贏外國軍事勢力干預下的高科技戰爭實

力，要具有能對霸權主義軍事勢力進行反擊的能力，包括核武能力。要研製新一代威懾武器裝備，以遏制霸權主義軍事勢力的突然襲擊⑱。上述「反擊霸權主義軍事勢力」、「遏制霸權主義軍事勢力的突然襲擊」等提法，在中共規劃經濟、軍事長期戰略計畫中應該是首度出現，而其目的則在「必須對台用武時，打贏外國軍事勢力干預」。

*　　　　*　　　　*

註 釋

註① 李德哈達，**戰略論**（Strategy），鈕先鍾譯，臺北軍事譯粹社，民國 74 年 8 月增訂 5 版，頁 382。

註② 薄富爾，**戰略緒論**（An introduction to strategy），鈕先鍾譯，臺北軍事譯粹社，民國 69 年 3 月，頁 14。

註③ 孔令晟，**大戰略通論**，臺北好聯出版社，民國 84 年 10 月 31 日初版一刷，頁 101。

註④ 丁肇強，**軍事戰略**，臺北中央文物供應社，民國 73 年 3 月，頁 59。

註⑤ 陳福成，**國家安全與戰略關係**，時英出版社，2000 年 3 月初版，頁 289。

註⑥ 中華民國國防部，**美華華美軍語詞典－聯合作戰之部**，民國 66 年 6 月出版，頁 643～644。

註⑦ 同上註，頁 375。

註⑧ 同註④（丁肇強同書），頁 74。

註⑨ 同註⑤（陳福成同書），頁 310。

註⑩ 李際均，**軍事戰略思維**，北京軍事科學出版社，1998 年 2 月第 2 版，頁 4。

註⑪ 美國國會於 1996 年立法，要求每屆新任總統上任當年，所進行的每四年一度的國防檢討。同時亦要求美國防部應針對美國防戰略、兵力結構(現役、國民兵、及備役)、兵力現代化計畫、及國防計畫與政策的其他內容作廣泛之檢視，以確定並具體表達美國的國防戰略。

註⑫ National Military Strategy, Shape, Respond, Prepare Now -- A Military Strategy for a New Era 【http://www.dtic.mil/jcs/core/nms.html】

註⑬ 中國人民解放軍軍官手冊 (空軍分冊)，青島出版社，1991 年 6 月，頁 154。

註⑭ 楊念祖，「中共軍事戰略的演進與未來發展的趨勢」，**中國大陸研究**，第 42 卷第 10 期，民國 88 年 10 月，頁 85。

註⑮ Mark Burles & Abram N. Shulsky, "Patterns in China's Use of Force; Evidence from History and Doctrinal Writings," RAND Publication Chapter Three (February 2000), p. 21.

註⑯ Mark Burles & Abram N. Shulsky, "Patterns in China's Use of Force; Evidence from History and Doctrinal Writings" RAND Publication Chapter Three (February 2000), p. 21～32.

註⑰ David Shambaugh, "PLA Strategy & Doctrine：Recommendations for a Future Research Agenda" http://www.ndu.edu/inss/China-Center/paper5.htm.

註⑱ M .Ehsan Ahrari, "U.S. Military Strategic perspectives On The PRC :New Frontiers of information_ Based War , "*Asian Survey*, Vol.37, No, 12 (December 1997), p. 1180.

註⑲ 楊春貴主編，侯樹棟、黃宏、洪保秀著，**新時期軍隊和國防建設理論**，北京經濟科學出版社，1998 年 12 月第 1 版，頁 184。

註⑳ Joint Chiefs of Staff, *National Military Strategy* (Washington D.C.,GPO,1996), p. 13.

註㉑ 冷眸，「台灣放棄分裂才能止戰」，**廣角鏡月刊**（香港）2000 年 5 月號，頁 46。另參閱「五角大廈研究指出：中共為可能與美作戰做準備」，中國時報，2000 年 2 月 3 日刊載：中共認為，「中」美極可能因台灣而戰，一旦如此，這將是一場「具全球性和歷史意義的重大戰爭」。

註㉒ 楊春貴主編，侯樹棟、黃宏、洪保秀著，**新時期軍隊和國防建設理論**，北京經濟科學出版社，

1998 年 12 月第 1 版，頁 45。

註㉓　翁衍慶，「新時期中共國防政策之研究」，臺北「中共研究」出版社，1995 年 11 月，頁 10。

註㉔　唐世平，「理想安全環境與新世紀中國大戰略」，**戰略與管理**（北京），2000.6，頁 43。

註㉕　中共副總理（時任外長）錢其琛於 1992 年 7 月 21 日在馬尼拉舉行的第 25 屆東協外長會議上，提出了「區域解決」，「主權擱置，共同開發」的設想。

註㉖　江澤民在 1993 年召開的中共「十四」大上，正式提出了軍隊的使命在於「維護領土完整和海洋權益」之說，領土完整和海洋權益相並重，意味著中共已把臺灣問題和對四個領海，尤其是南中國海主權視作同一性質的潛在外來威脅。

註㉗　1962 年「中」印爆發邊界戰爭，中共雖然贏得戰爭勝利，但是為期印度支援中共之「第三世界」統一戰線、矯飾大團結而宣告撤兵，使得印度在作戰失敗後猶能取得九萬平方公里之土地，以致共軍迄今猶未甘心，1986 年幾乎引爆「中」印第二次邊界戰爭。

註㉘　參閱廖文中，「論當前中共解放軍『武器裝備發展戰略』」，**中共研究**，第 32 卷第 9 期，1998 年 10 月，頁 78～83。以及中共「國務院新聞辦」2000 年 10 月 16 日發表之「2000 年中國的國防」白皮書，「新華社」2000 年 10 月 16 日北京電。

註㉙　明報，2000 年 8 月 4 日報導。

註㉚　中新社，2000 年 8 月 21 日報導。

註㉛　新華社，2000 年 11 月 12 日報導。

註㉜　新華社，2000 年 10 月 16 日報導。

註㉝　中共學者認為，北約的性質已變成兼具防禦性和進攻性的集團，北約的職能不僅是維護成員國的「自由和安全」，而且還要「對可能威脅到聯盟共同利益的事件」（如地區性衝突、大規模殺傷性武器擴散和恐怖主義等）作出反應。參閱黃宗良，「對科索沃危機後國際格局和中國內外政策的幾點想法」，**中國評論**（香港）1999 年 11 月號，頁 23。

註㉞　中共學者亦認為，1998 年 12 月美國制定的「新世紀國家安全戰略」明確宣稱，要建立「領導整個世界」的新霸權。1999 年 3 月發動的科索沃戰爭，就是美國推行新霸權的重要標誌。參閱梁守德，「國際格局多極化中的美國新霸權」，**中國評論**（香港）1999 年 10 月號，頁 12。

註㉟　所謂「三個如果」，即「如果出現台灣被以任何名義從中國分割出去的重大事變；如果外國侵佔台灣；如果台灣當局無限期地拒絕通過談判和平解決兩岸統一問題。」

註㊱　陳衛，「大國軍事戰略調整評析」，**解放軍報** 2001 年 1 月 02 日。

註㊲　美國現有兵力較 90 年約削減 30 %，只能執行 1 個大規模區域紛爭，1999 年 3 月科索沃戰爭證實美軍兵力只能執行 1 個大規模區域紛爭及其他小規模作戰（拖住）。參閱 Michael E. O'Hanlon "Rethinking Two War Strategies" Chairman of the Joint Chief of Staff by the Institute for National Strategic Studies, National Defense University, JFQ, Spring 2000, p. 11～17。另參閱廖文中，「解放軍攻台時機評估—21 世紀美國無法同時打贏兩場戰爭」，尖端科技，2001 年 2 月號，頁 44～47。

註㊳　中共軍方認為，美國塑造「北約」成為「全球性警察」，將來再將「美日安保」發展為「區域性警察」，日本擴軍是恢復軍國主義之跡象，尤其是美國將進一步要求日本採取「集團自衛權」，故須即時加以遏制。

註㊴　歐盟計畫成立軍隊，美國懷疑如此一來，將影響北約在歐洲地區的主要防禦組織地位，而歐盟則向美國保證，這支軍隊主要是為了維護人權和和平而組成的，但是美國迄今仍未表態支援。

註㊵　中共認為，印度積極發展軍備，特別是擴充戰略核子武器與導向飛彈，已對中共具備局部（中

印邊境)之核武優勢。印度以高技術戰爭爲藍圖的對華軍事戰略構想，力爭在 2005 年之後具有同中共打一場具有資訊時代背景、核威懾條件下的高強度局部戰爭的能力。

註㊶　宮力，「21 世紀的世界大趨勢與中國的對外戰略選擇」，中國外交，2000 年第 11 期，頁 6。

註㊷　姚有志、趙德喜，「中國如何面對 21 世紀的戰爭」，瞭望新周刊，2000 年 1 月 10 日，第 2 期（2000 年），頁 26。

註㊸　同上註（姚有志、趙德喜同書），頁 26～27。

註㊹　中共海軍在「飛、潛、快」的建軍方針下，已發展成了一支擁有水面艦艇部隊、潛艇部隊、海軍航空兵、海軍岸防兵、海軍陸戰隊及各專業勤務部隊等多兵種合成的、初具現代化戰鬥力的海上武裝力量；並且已經進行問鼎遠東海權的態勢，整個中共海軍的建設積極朝向綜合打擊武力的方向擴張。

註㊺　中共空軍在「防空作戰」上之要求，是想要使空軍在最短時間內具備可以組織「防空戰役」、「空中戰役」、「空降戰役」的能力，並將空軍建立成爲一支可以遂行獨立戰役的軍種。

註㊻　同註㊷　（姚有志、趙德喜同書），頁 26～27。

註㊼　平可夫，「美台、俄中 詭譎的軍售鏈」，中國時報，2001 年 3 月 14 日 11 版。

註㊽　據美國軍事專家指出，大陸已根據福建地區的地形地貌特性，廣爲建築導彈發射基地掩體，藉以增強導彈防護能力。

註㊾　包括 131 艦（南京號），132 艦（合肥號），133 艦（重慶號），134 艦（遵義號）。

註㊿　包括 364 艇（遠征 64 號），365 艇（遠征 65 號），366 艇（遠征 66 號），367 艇（遠征 67 號）。

註㉛　中共海軍陸戰第 1 旅隸屬於「南海艦隊」，駐地在廣東湛江；陸戰第 2 旅應該是陸軍 164 師改編而成。惟目前僅公開海軍陸戰第 1 旅，第 2、3 旅之編裝不詳。

註㉜　中國時報，民國 89 年 8 月 17 日報導，「濟南軍區」最近發動一個強擊機師的兵力，進行一次跨區遠程奔襲演習，範圍則達東南沿海，並以攻擊海上和島嶼目標爲演練重點。另 1996 年台海導彈危機期間，蘇愷廿七和轟六紛自第二線軍區向閩浙推進，並在福建平潭島加入海空聯訓。

註㉝　明日報，民國 89 年 10 月 23 日報導，「中共即將全面自行生產『蘇愷 27』戰機。」

註㉞　聯合報，民國 88 年 7 月 7 日報導，美國五角大廈透露，中共在東南沿海廈門、汕頭、福州部署新的地對空 S300PMU1 導彈，規模已達一個團，部署十分靠近前沿，其目的是爲了在必要時貫徹「以地制空」的原則，封鎖台灣海峽上空。

註㉟　中新社，2000 年 7 月 26 日報導。

註㊱　冷眸，「台灣放棄分裂才能止戰」，廣角鏡月刊（香港）2000 年 5 月號，頁 46。

註㊲　Hans Binnendijk & Ronald N. Montaperto, "Strategic Trend in China" SESSION 3: " Strategic Perspectives "Edited by James Lilley and Richard Solomon , NDU/INSS (1998.06).

註㊳　Condoleezza Rice, "Promoting the National Interest," Foreign Affairs, Vol. 79, No. 1, January/February, 2000, pp. 54～57.

註㊴　工商時報，中華民國 88 年 8 月 11 日：「中」美可能爆發有限度區域戰爭；記者仇佩芬綜合外電（美國華盛頓時報等）報導。

註㊵　中新社，2000 年 2 月 27 日電，「兩會前瞻：高科技戰略發展龍捲風。」

註㊶　解放軍報，2000 年 2 月 28 日刊載專文。

註㊷　香港英文虎報改名的網路郵報，2000 年 8 月 5 日報導。

註⑥　2000年11月7日，中共「國務院新聞辦公室」發佈名為「面向21世紀的中國民用航空航太白皮書」。

註⑭　新華社，2001年1月11日北京電。

註⑮　解放軍報，1996年6月1日報導。

註⑯　新華社，2001年3月9日北京電。

註⑰　所謂「三步走」戰略，即第一步：2001年前，為打基礎階段，以培養高科技人才、加快引進和研製軍事高科技裝備及完成應急機動作戰部隊換裝為重點。第二步：2010年前，為國防和軍隊建設全面發展階段，以加速應急機動作戰部隊形成戰力，高技術裝備基本配套，形成系統；高科技軍事幹部滿足國防與軍隊建設為重點。第三步：2050年前，國防和軍隊現代化建設全部完成，基本達到發達國家水平。

註⑱　傅全有於1999年12月28日在「總參」黨委擴大會議中講話。

註⑲　中新社，2000年7月25日北京電。

註⑳　侯樹棟、黃宏、洪保秀，新時期軍隊和國防建設理論，經濟科學出版社，北京，1998年12月第一版，頁264～266。

註㉑　李毅建，「知識軍事，觀念的革命首當其衝」，解放軍報，2001年01月17日第10版。

註㉒　王叢標，實施科技強軍戰略、提高我軍現代防衛作戰能力—學習江澤民「論科學技術」，解放軍報，2001年2月13日第1版。

註㉓　聯合報，中華民國90年2月15日第13版。

註㉔　中新社，2001年3月12日北京電，「兩會速遞：軍隊代表一致認為『十、五』要加速推進軍隊現代化」。

註㉕　成秉文，「建設知識型軍隊」，解放軍報，2001年1月31日。

註㉖　中國時報，民國89年2月8日報導：美國智庫：台灣大選後兩岸關係可望改善。

註㉗　新華社，2000年10月16日報導，「國務院新聞辦公室」於今日發表「2000年中國的國防」白皮書。

註㉘　中新社，2001年3月8日北京電。

註㉙　解放軍報，2001年8月10日報導。

註㉚　中國時報，民國89年12月1日，平可夫，「中共軍演，向美示警意味濃厚」。

註㉛　聯合報，民國90年3月15日，第13版，「共軍人大代表團會議傳遞五點新訊息」—軍事「打得贏」、政治「不變質」。

註㉜　香港明報，2000年8月12日，「解放軍新三打三防迎科技戰」。

註㉝　新華社，2001年1月16日北京電，「北京軍區給一批科技練兵『武狀元』記功」。

註㉞　從時序上判斷，這份文件似乎是在前總統李登輝先生發表所謂「兩國論」，並導致北京與臺北關係陷入低潮之際發出的。

註㉟　聯合報，民國89年2月22日，版14。

註㊱　中國時報，2000年12月1日，平可夫，「中共軍演，向美示警意味濃厚」。

註㊲　香港文匯報，2001年8月12日報導。

註㊳　中共中新社，北京2001年3月5日電。

註㊴　段倫宗、任劍，「解放軍確定新世紀軍事戰略方針和作訓樣式」，中國國情國力，中國國情國力雜誌社出版，2001年第2期（總第98期），頁9。

註㊵　王曉彬、陳建軍，「21世紀初戰爭形態與戰爭理論學術研討會」綜述，解放軍報，2001年1

月 23 日報導。

註⑨ 餘陽，「中國軍方開始注重資訊戰」，香港廣角鏡月刊，2001 年 3 月刊，頁 42～45。

註⑨ 中共國防報，2001 年 01 月 22 日，第 3 版，「依託社會資源加強國防資訊系統建設」。

註⑨ 王道成，「知識『改造』戰爭」，中共國防報，2001 年 2 月 12 日，第 3 版。

註⑨ 柯文，「21 世紀 3 的軍事科技展望」，解放軍報，網路版世紀之交看天下大勢；http://www. pladaily.mil.com.cn/item/newcentury/content/newcentury2001_pladaily.htm

註⑨ 張召忠，「美國軍事戰略轉向亞太針對誰？」，北京青年報，2001 年 8 月 30 日。

註⑨ 韋弦，「中國周邊安全的變局」，新加坡聯合早報，2001 年 11 月 26 日。

註⑨ 李潔明 (james R.Lilley)，唐思 (chuck Downs) 合編；張同瑩，馬勵，張定綺譯，「臺灣有沒有明天？臺海危機美中台關係揭密」，先覺出版股份有限公司，1999 年 2 月初版，頁 97～98。揭露 1996 年 3 月制定的「九五」計畫，「國防大綱」為：強調精兵主義。加強國防科學技術研究。強調自力發展武器裝備。優先發展高技術條件下作戰所需的武器裝備，加強研製新型武器裝備。建立適應民間經濟的國防工業運行機制。

註⑨ 聯合報，民國 89 年 10 月 30 日，版 13。

由競爭走向整合：
21世紀中國與東協的安全關係

林若雩

淡江大學東南亞研究所副教授兼所長

摘　要

　　新世紀於全球化浪潮下，各國必須強化安全戰略，經濟安全要加速區域經濟整合，政治安全要使領土、宗教、種族的紛歧力量下降，對外安全戰略要強化區域軍事聯盟關係。

　　20世紀末的亞洲金融風暴，使中國與東協深切瞭解經濟發展的重要性，因而有「ASEAN＋3」、「ASEAN＋1」的擬議，以及2002年東協自由貿易區 (AFTA) 的提早建立；東協期待主導相關安全事務，包括東協與中國充分體認南海爭端無法經由雙邊磋商解決，必須透過多邊安全對話機制，而東協由1994年成立「東協區域論壇 (ARF)」以來，東協期待主導相關安全事務，包括東協本身力量的提升與周邊大國的勢力「平衡」關係，加上中國與東協的合作，亦為新世紀維持亞太地區和平與安全的重要因素。

　　中國 2001 年初於海南島成立永久性的博鰲亞洲論壇 (Boao Forum for Asia)，邀請全體東協國家參加，即展示中國欲主導亞洲政治與經濟體制的野心，揚棄20世紀的保守被動心態，開始對世界展現中國的魅力，正是中國與亞洲鄰近國家－特別是東南邊的東南亞協會全力合作，一方面抗衡美、日在東亞地區「美日安保」的圍堵，另一方面亞洲整合力量可與歐盟、北美三足鼎立，應是其未來期待成就亞洲政經大國的首要選擇。新世紀中國在美日聯盟，美國又極力「反恐」尋求亞太和平的戰略下，新世紀初期的「中國－東協」關係將由敵對競爭走向區域整合，加強「敦親睦鄰」的合作夥伴關係。

關鍵詞：全球化、東協、東協－中國自由貿易區 (ASEAN+1)、東協加三 (AS-
　　　　EAN＋3)、東協區域論壇 (ARF)

　　　　　　*　　　　　　　*　　　　　　　*

壹、前　言

　　20世紀末一場無情的亞洲全融風暴，雖然使東亞地區損失慘重，但相對催生了東亞合作發展的新機制。東亞各國領袖意識到，面臨21世紀更深入的全球化過程中，東亞各國惟有加強合作與安全機制，構築區域多邊對話與合作機制，方能因應外來挑戰，與北美、歐盟鼎足三立。

　　中、日、韓3個主要東亞國家，於1997年起初加入東協10國的多邊對話合作機制，「東協加三」的合作機制涵蓋層面廣泛，包括政治、經濟、文化、軍事……合作的多元意義，若「10加3」的自由貿易區果然實現，則就人口而言，總計為20億人，領先北美與歐盟兩大自由貿易區，為全球最大的自由貿易區；就貿易量而言，為全球第三，次於歐盟與北美①；另外，根據中國與東協成員國估計，「中國－東協自由貿易區」將為雙方的出口帶來百分之五十的增長，將使東協國家的經濟成長率提高一個百分點，中國大陸的經濟成長率則可能提高零點三個百分點②。

　　中國與東協國家於2001年11月汶萊非正式高峰會中，不顧日本與南韓可能的反彈，率先提出「中國－東協自由貿易區」構想，自是基於兩方互利的共通立場，然彼此間合作，存在合作與矛盾因素，未能於短期間解決。未來該自由貿易區能否運作成功，目前無法斷論。

　　中國與東協關係日趨密切，乃是中國宣布經濟改革開放之後，始於1980年代中期，1990年代以來較為顯著，1991年第24屆東協外長會議上，中國代表指出：「中國與東協今後可以在經濟、貿易與科技領域上加強合作，中國政府願和東協各國政府一起，採取一切可能的積極措施，建立協調磋商機制，擴大貿易範圍，增加交易品種，進一步發展雙邊貿易合作」③。

　　隨著高層互訪，外長對話，高層政治磋商及其他多邊安全對話機制，如東協區域論壇（ASEAN Regional Forum, ARF），10年來東協與中國的關係，已祛除1950、1960年代早期的「去共產主義」緊張關係，先有經貿（貿易、科技、金融、工商）領域的合作，加強雙方人員交流，促進中國與東協人民間的交往與了解，而1995年以來雙方於「瀾滄江－湄公河流域」的開發計畫，以及加

強泛亞鐵路網等次區域合作，已獲相當進展；目前而言，整體區域合作如亞太經濟合作會議 (APEC)、東協區域論壇 (ARF)、亞歐高峰會議 (ASEM)；以及聯合國 (UN) 會議中，均可見到兩方合作的跡象。可說 21 新世紀初期，中國與東協關係由二次戰後的敵對競爭慢慢降低與緩和，進入區域合作與睦鄰夥伴關係。

貳、全球化下中國與東協的安全戰略

　　二次世界大戰以來的中國－東協關係發展，相當程受到國際與區域因素的影響，1950、1960 年代二次戰後，由於中國實施共產主義使相鄰甚近的東協國家擔憂被赤化，戰後迄 1970 年代初期，有 30 年時間雙方關係處於較冷淡之情況。

一、全球化下中國「國家安全」之涵義

　　中國走在全球化的道路？究竟全球化與中國關係如何？在此應先探究其中內涵。英國社會理論學者安東尼·吉登斯(Anthony Giddens)認為，現代社會發展是由某些動態過程來推動的，其中首要過程為時空伸延 (Time-space distanciation)，他將全球化過程與現代社會的發展聯繫起來。Giddens 指出全球化係世界沿著現代化 (modernity) 的四個角度－市場經濟，監督管理、軍事秩序、工業主義來擴展的過程④。

　　美國匹茲堡大學社會學教授羅蘭·羅伯森 (Roland Robertson) 認為，作為一個概念(concept)，全球化係指世界的壓縮，又指世界為一個整體的意識的增強⑤。另一位西方社會學者大衛·哈維 (David Harvey) 則從時間、空間和時空壓縮的角度來定義全球化，住在東京的人們可以與住在赫爾辛基的人們同時經歷相同的事件，隨著衛星電視與電腦技術的精進過程，空間的障礙已然瓦解，世界成了單一的「場」域⑥。

　　全球化的趨勢使資本、金融與貿易透過跨國企業而流動，傳統的國內、國外區分於此相關領域不復存在。一國之經濟衰退(如日本、印尼、泰國) 可能造成其他國家的損失，各別國家的政府若不藉由國際合作或參與相關國際組織，

與全球政經體制接軌的話，便無法滿足公民的需求。前述趨勢形成之壓力，促使國際體制、國際調節機構與政府間組織於不同區域與全球層面上擴展；國際體制與政府間組織的數量與重要性迅速增加。

原先屬於國家政策管轄範圍的層面，都衍生出相對應的國際調節機構和組織⑦。各區域人民日常生活與經濟行為也受到相關國際體制與國際組織的影響，例如：國際貨幣基金組織⑧、世界銀行⑨、世界貿易組織⑩的影響力大為增加，個別的國際組織權力甚而遠遠超越國家的權力。此類國際組織中，大多數國家同意的決策，將可合法地施加於其他成員國；儘管部分國際組織並非全是全球性的，然國際體制與國際組織合在一起形成全球性的網路，其力量無遠弗界，使得國家主權受到侵蝕，國家被迫接受來自國際組織的決策。

全球化到底是好事或是壞事？目前為止仍未確實知道。樂觀主義者認為全球化是好事，它進一步打破了人類各群體的地域封閉性與狹隘性，相當程度地促進其間物質、資訊與人員的交流，增進彼此間的相互了解與溝通。悲觀主義者則認為，全球化帶來利益將於社會中被不平等地分配，全球化將擴大不平等，加速貧困，並且引發社會的「排斥」行為。正如同 (U.Beck) 將當代社會稱為「風險社會」⑪，全球化趨勢的快速發展，並不保証社會風險能有效地解決全球化衍生的問題，諸如全球化增強了各國政治、經濟生活對外部震蕩與干擾的敏感度；另外，工業主義的全球化帶來的生態系統被破壞問題，與全球化息息相關。因此，於亞洲國家(不論已開發或開發中國家)都遭到下列重大衝擊：第一，風險與不確定性對安全的威脅；第二，市場力量深化導致的不平等對安全的威脅。

正如英國學者 Stephen Gill 所言，「當代全球化的首要表現形式，是跨國資本和與之相聯繫的新自由主義社會力量的全球化」，「這種全球化形式可能存在下列弊病：擴大社會的不平等，甚有損害弱者來加強強者的傾向」⑫。正如同亞洲金融危機爆發後，國際貨幣基金迫使印尼接受其所提的改革計劃，但引起印尼內部的不和諧結果，導致社會摩擦與政治不穩定。全球化下中國國家安全所面臨的挑戰，亦不外乎美日安保條約對「週邊事態」的安全挑戰，中國內部疆獨、藏獨分離主義運動、台灣問題未來發展的不確定性、恐怖主義與跨國犯罪問題⑬。然則全球化既是不可避免的潮流，任一國皆無法置身事外；面

臨此一勢態，中國只能採取下列措施：第一，必須維持經濟成長與對外資的吸引力；第二，健全金融體系並加強對金融風險的防範；第三，加強高科技產業與提高教育素質，培養足夠人才⑭。

二、中國與東協關係的國際背景因素

自 1976 年以來，繼承毛澤東的中國領導人鄧小平大幅減少對全球民族解放運動和共產黨游擊隊的物資援助，結果原於中東的各個民族解放運動大部分倒向蘇聯；而東南亞的民族解放運動和共產黨游擊隊則分裂成為親中派、親蘇派 (或親越派) 或獨立派。1985 年 1 月 1 日，馬來西亞首相馬哈迪在訪問中國時暗示，中國領導人已向馬來西亞作出保証，無意傷害東協任一國家⑮；然當時反倒是馬來西亞擔心中國內亂，印尼亦擔心中國支持東南亞共產黨組織；不過，中國外交部長於 1985 年訪問印尼，同年 7 月兩國恢復直接貿易關係⑯。

1978 年鄧小平正式宣佈中共「四個現代化」，採行「具中國特色的社會主義」路線以來，事實上與經濟發展程度較落後的東亞與東南亞國家大同小異，當時中國與其他第三世界國家一同爭取加入世界銀行等國際組織，以及來自西方國家與日本政府的援助和貸款。

東協與中國的關係好轉應是漸進式的，由中國漸漸擺脫意識型態的束縛，開始試圖與其他第三世界國家於當代的國際金融與貿易體系中競爭，起初可能引致東協與其他發展中國家的猜疑與不悅；然而，中國對於東協的諸多主張，亦是由早期的不同意、不支持，到最早支持馬來西亞「東南亞中立化」的建議；1978 年 8 月中日簽訂和平友好條約，同年 12 月中美正式建交，1979 年「懲越」戰爭，漸進式加強了中國與東協各國彼此的共同利益。

1986 年 3 月 25 日中國總理趙紫陽於第六屆全國人大第四次會議所作報告中，提出指導中國政策的十大原則⑰；趙紫陽指出，中國與其他國家的關係不取決於社會制度與意識型態⑱，並強調中國重視民間的各種交往。

中國總理李鵬於 1988 年 11 月訪問泰國時，進一步提出中國與東協關係的四項原則：(一) 在國與國關係中嚴格遵守和平共處五項原則；(二) 在任何情況下都堅持反對霸權主義的原則；(三) 在經濟關係中，堅持平等互利與共同合作的原則；(四) 在國際事務中遵循獨立自主、互相尊重，密切合作與相互支持的原則⑲。

　　依據鄭宇碩與趙全勝的看法，儘管中國與東南亞的關係由 1980 年代初期以來，已經有所改善，但 1989 年 6 月的天安門事件是一個重要的轉捩點；西方國家的制裁與蘇聯東歐共產黨政權的垮台，迫使中國走向國際孤立。中國領導人不得不調整本身的對外政策，其中一個最重要的變化，便是一項面對亞洲的對外政策，而其重點便是東南亞⑳。

三、中國與東協之安全關係

　　傳統的主權國家論者認為，一國國家利益最重要者無疑是國家的生存與安全，亦即防止外部勢力的入侵與佔領，維護本國領土之完整。過去欲達到該一目的，只能依靠國家增強其領土安全、經濟和軍事實力的增長，以及政權體系的鞏固。

　　早期西方現實主義如漢斯‧摩根索 (Hans Morganthau) 的觀點指稱，權力為國家利益中不可或缺的決定性因素，而利益的概念又為政治的精髓，它不受時空條件的影響，而此種利益是由權力所規定的㉑。西方現實主義 (realism) 者認為，由於民族國家組成世界，因此權力為國際社會的最高仲裁者 (arbitrator)，並無更高的法律和政治權威。

　　然則前述主權國家至上的觀點已不適用全球化時代的 21 世紀，全球化使得國家利益的因素大為擴大，除了傳統的政治軍事力量，國內的技術水平、人口、自然資源、地理因素、政府形式以及政治領導等因素外；屬於跨國 (trans-national) 性質的國際因素，例如國際社會的政經發展趨勢、主要國家的內政外交變化、不同種類的國際條約與協定、區域性的政治爭端或經濟風波㉒、國家經濟的分工與不同產業型態的調整、資本的國際流動、跨國公司的動向……等外部因素，皆成為國家利益的重大變數。

　　因而，就經濟安全而言，隨著冷戰後全球各國 (包括工業國家與發展中國家) 力圖藉由積極參與有關之國際協定、規則的制定，使自身利益與經濟安全，獲得制度化的保障。20 世紀中常見到的-發展中國家於此類情勢下力圖維護自己的利益，以區域化、集團化來維護經濟安全，獲得經濟利益的安全戰略，於21 世紀此趨勢將更加明顯，可能形塑於外之現象，可以概括於下：第一，國家經由區域化、集團化構成對其他區域或國家的貿易壁壘，使本身利益極大

化；第二，國家於區域、集團內，由於經濟利益較易協調，文化、價值觀經由
溝通協調較易趨於一致，故容易形成各國可接受的資源分配方式、競爭規則的
形成，從而降低交易成本(transaction cost)，例如歐元的發行，使得歐洲國家的
聯盟日益強盛；第三，區域內的強國，如：歐盟的德國、北美自由貿易區的美
國，透過相關組織可以一方面維護既得利益，另一方面有利於全球的經營與加
強國家的競爭力；第四，區域化與集團化的結果，有利於區域、集團內的國家
集結起來，對外行為與發言一致，共同參與國際社會的競爭。

四、東亞 (East-Asia) 主義與亞太 (Asia-Pacific) 主義的競合關係

　　21世紀初，中國的經濟發展似有日益欣欣向榮的潛力，中國大陸一再向
外宣稱：亞洲地區中國將取代日本，成為亞洲大國的必然趨勢，此趨勢正如同
水之就下，沛然莫之能禦，並以此向東協國家招手。中國宣稱未來東南亞各國
生產之產品，將不是中國貨的對手。中國加入世界貿易組織 (WTO) 後，經濟
大國地位將更加確立，未來50年中國的大國經濟，勢將取代包括日本在內的
小國經濟，成為世界飽和市場上最後一個巨大的經濟體，東南亞諸國與中國的
經濟發展，到21世紀初，已全然不是20世紀末的「生產競爭」關係，而是一
個中國市場吸引東南亞發展的「市場導引」關係㉑。

　　中國目前的外交政策，傾向於鼓動「亞洲主義」(特別是東亞主義)來對抗
以美、加、紐澳為主的「亞太主義」，因此2001年11月中國總理朱鎔基參加
「東協加三」於汶萊非正式高峰會議宣布未來將成立「中國─東協自由貿易
區」(現習稱，「東協加一」，「ASEAN+1」)，企圖對抗以美國唯一主導亞太
地區新秩序的開放性區域主義(open regionalism)之龍頭地位，並期待東協國家
於未來能傾向中國大陸，勿屈服於美國政府的戰略目標。

　　對抗「亞太主義」的利器，中國大陸挾其以外資 (FDI) 為主的優勢，以未
來的貿易與經濟利益為餌，向東協國家招手；特別是馬來西亞、緬甸等仍維持
東亞威權主義體制的國家，並動輒批判西方「干涉他國內政」，以「東方式民
主不同於西方式民主」的亞洲價值觀論述，企圖以「東亞主義」來對抗「亞太
主義」。

　　東協國家並非不瞭解中共之意圖，但東協組織相對於北美、歐盟仍是較小的區域集團，因此採取「大國平衡」的外交戰略，一方面不願正面得罪中國，另一方面雖收回克拉克基地、蘇比克灣海軍基地(菲)、金蘭灣(越)，但亦不切斷美國繼續承租以及提供戰備補給的管道，與西方國家關係淵源深厚的新加坡、馬來西亞、汶萊、每年亦有五國合作軍事演習(與紐澳、英國)。

　　美國為主的亞太主義，則以亞太經濟合作會議(APEC)為核心，期待維持APEC於區域經濟合作議題的主導地位，在APEC架構下繼續推動貿易自由化目標㉔；並且避免出現封閉性組合，例如馬來西亞首相馬哈迪於1990年提出的EAEG、EAEC等排除美、加以及紐澳等的東亞經濟合作體制的形成。

　　東協組織係於1967年成立，原寓政治軍事意義，創始目的為防止共產主義擴散，與促進區域經貿交流合作，創始國有五：印尼、馬來西亞、菲律賓、泰國及新加坡等五個國家，1984年加入汶萊，1995年越南入會，1997年寮國與緬甸入會，1999年柬埔寨成為東協最晚進入的會員國，成就了「大東協，Grand ASEAN-10」，目前有十個會員國。

　　冷戰後為因應全球政經局勢，且東協十國成員國於1990年完成與中國的正式外交關係，為擴大區域內的經濟合作，以及提高對外貿易談判的籌碼，1992年1月第4屆東協高峰會議時，泰國提出成立東協自由貿易區(ASEAN FREE TRADE AREA, AFTA)之構想，會後六國首長即簽署了「東協自由貿易區共同有效優惠關稅協議」(Agreement on the common Effective Preferential Tariff Scheme for AFTA)，預計於15年內，即2008年以前，成立自由貿易區。AFTA之推動，於世界經濟議題主導之趨勢下，1995年第5屆東協高峰會，決定AFTA提前於2003年成立㉕。1999年第三屆東協非正式高峰會於河內舉辦，會中又決議AFTA再提前一年，於2002年建立㉖。

叁、21世紀中國與東協的經濟安全合作策略

　　近10年來，於美國主導之下，北美、中美、南美等34國達成共識，擬於2005年1月成立西半球自由貿易區，這將是繼歐盟區域經濟整合日益成熟後，自由貿易區再一次受到矚目的事件。相對來說，1967年成立的東協組織在穩

定中求發展，為了因應世界經濟越來越激烈的競爭格局，近來東協顧不得自身整合不利的困窘，也興起和東北亞中日韓等三國成立東亞自由貿易區的念頭。雖然箇中不無困難，但理想上，為了應付外來地區的經濟挑戰，尤其是來自北美以及歐盟；以「東協加三」而言，如果亞洲國家能夠形成一個共同的經濟合作組織，將會加強他們的經濟實力。畢竟，一個將近 20 億人口的巨大市場，將有助於加強東亞國家的競爭力㉗。

先就東協國家的立場而言，東協國家認為若能與東北亞國家組成自由貿易區，讓區域內的產品、資金和人才都能自由流動，那麼，廠商不僅不用擔心匯率變化會影響收益，資源的分配也可以達到最適化。同時，區域亦可強化經濟安全網的建構與運作，例如美元交換計畫 (dollar swap program)，以避免或減輕類似亞洲金融風暴的侵襲。形成自由貿易區後，其與世界貿易組織其他成員所組成的經濟體競爭，力量自然可因而加強㉘。

整體而言，經濟力量仍薄弱，國家之間仍有主權衝突的東協國家充分理解，若不與中、日、韓三個東北亞國家合作，單靠東協本身的力量，未來可能於全球化過程中被淘汰。目前東協較頭疼的問題在於東協如何以整體智慧來面對，究竟先進行與中國或中日韓整合的優先順序，同時將其進程維持在對東協有利的水準。

東協組織成員慣用集體議價方式的外交手腕，將本身問題推向國際舞台，或利用國際社會對東協的善意來解決持續的生存問題。其對外策略基本上為漸進的：一方面採非正式與未設固定議程的寬鬆方式來進行，另一方面先確保東協的利益後，再逐步擴展區外成員的納入㉙。然則，未來「東協加三」的東協自由貿易區是否落實，主要仍取決於中日韓和美國的支持程度。如果中日韓這三個國家反應消極，或美國公開反對；那麼，東亞自由貿易區要落實的可能性就很小了。然而話雖如此，事實上過去幾次「東協加三」的領導人非正式會議上，已提出許多有利區域整合的具體方案，如興建「泛亞鐵路」—由新加坡到中國昆明的鐵路路線的具體方案，而目前可供選擇的方案就是：從新加坡到吉隆坡，然後到達泰國的曼谷，最後再到中國的昆明作為終點。

再以中國的立場而言，中國近幾年對於參與區域組織的態度相當積極，由 1997 年的「東協加三」會議開始從未缺席，2001 年 2 月初成立「博鰲亞洲論

壇」，在海南島成立永久的秘書處；「東協加一」由中國總理朱鎔基於 2001 年 11 月於「東協加三」的高峰會主動正式提出㉚。此外，中國與中亞的關係也在加強當中。中國的思考方式是，如果中亞各國缺乏經濟合作，勢將造成中亞各國在經濟聯繫上的真空帶，形成美國勢力容易利用經濟手段介入中亞地區的情勢。1996 年 4 月中國便和俄羅斯、哈薩克斯坦、吉爾吉斯斯坦、塔吉克斯坦共同成立了所謂的「上海五國」組織。近 6 年來，各成員國透過「上海五國」組織的交流合作，在建立中亞各國的軍事互信以及打擊中亞極端回教恐怖分裂主義有很大的進展。另一方面，「上海五國」組織合作層次隨著提升，似有抗衡美國在國際上極力推行單邊主義以及強勢外交與 NMD 安全系統建構。尤其布希總統上台以來，中國不滿美國的強勢外交政策，爲了達到制衡，中國也把歐盟視爲有效制衡美國的對象。另外，爲了取得歐盟的友好，中國給予歐盟國家一些大型的飛機和基礎建設合約。然則，以美國的實力與影響力，其所進行的聯盟仍是垂直的，中國與俄羅斯的結盟卻是水平的，同時，歐盟與美國的關係緊密，只要美國策略選擇得當，美國恐怕仍會佔上風㉛。

一、東協加三

　　1997 年亞洲金融風暴發生後，爲了因應世界經濟競爭愈來愈激烈的格局，1997 年底東協興起與東北亞中、日、韓三國結爲自由貿易區的念頭，於是由當年開始，原本定期舉行的東協非正式高峰會議，開始邀請中、日、韓三國領袖，正式成爲「東協加三」。

　　回顧過去半世紀，戰後日本經濟復甦的迅速，導源於美國的協助，以日本爲首的「雁行理論」帶領東亞四小龍與東協國家的經濟成長，然好景不常。1990 年代初期起，10 年來日本經濟發生低迷不振情形下，「東協加三（中日韓）」於 1997 年開始運作，正式召開會議迄今已有五屆，舉辦時間在亞太經濟合作會議後不久，「東協加三」具有下列之意義：

　　(一)東協一直採取大國平衡的外交策略—中、日、韓的加入，若形成有功能性的自由貿易區，且主要成員爲亞洲國家，則 20 億人口的潛在市場一旦形成，此一東亞自由貿易區未來的發展可形成與北美、歐盟相互抗衡的局面。

　　(二)「東協加三」短期內並未擴充到中亞，但未來可能及於中亞，達成真

正的亞洲整合。東協係一個規模較小的亞洲泛經濟體，不排斥與其他大國的經濟合作；例如新加坡總理吳作棟即指出：東協與中國共同建立自由貿易區的可行性研究已展開，然而類似的研究宜多應用於「東協加三」。

(三)日本曾提議成立「東亞自由貿易區」，並納入台灣，以抗衡北美、歐盟自由貿易區。2001年5月21日，日本通產省建議，亞洲可考慮成立「東亞自由貿易區」，由日本、香港、台灣、南韓共同組成，此提議日本選擇香港、台灣、南韓在內的「四小龍」成員，顯示日本有其亞洲經濟統合之野心。

(四)西方國家認為「東協加三」於未來仍會納入歐美。歐美等西方國家學者，對於「東協加三」並未抱持過度擔憂的心理，乃因東協國家向來採取漸進式 (incremental) 發展，一方面先從非正式以及未具備固定議程的寬鬆方式進行，另一方面於確保東協國家自身的鞏固後，再逐步擴展到區外成員的納入。

(五) 就文化價值的角度而言，「東協加三」未有成功範例。西方學者認為，中國、日本與東協國家有戰爭或殖民的關係，某些東南亞國家甚至有「排華」運動，或對華人文化沙文主義仍抱持相當程度的疑慮。

二、「東協—中國自由貿易區」的可行性

東協與中國欲共同建立自由貿易區的構想，最早係由中國總理朱鎔基於2000年11月參加新加坡舉辦的「東協加三」高峰會上提出來，2001年11月中國又再度提出，並且獲得東協國家的熱烈回應。

先以中國而言，針對東南亞國家的經營，1990年代之前遠不如美國與西方國家，但於新世紀之初，為實踐中國大陸近來所強調的「南方外交戰略」，藉由「南北縱向」戰略作為對抗美國可能形成的「東西包夾」圍堵戰略，同時亦可以形塑台灣經濟邊緣化的危機，進一步造成台灣廠商的外移，區外經濟排擠、貿易移轉等效應；因此，「中國—東協自由貿易區」對中國而言，絕對是利大於弊。

再以東協諸國而言，過去歐美外資多投入東南亞國家，但近三年好景不再(特別是亞洲金融風暴之後)，因而與中國大陸「掛鉤」於短期未必有利，但以東協本身的力量，雖然經歷亞洲金融風暴，但若單靠本身之經濟實力，經濟復原則顯然力有未逮；長期而言，搭上中國經濟發展的「順風車」應是有利而無

害的。

「東協—中國自由貿易區」係兩方基於互利與雙贏，中國大陸想極力排除美國、西方國家與日本在東南亞的影響力量，東協方面則爲因應未來需求而未雨綢繆，依據美國布魯金斯研究所(Brookings Institute)近期之調查報告指出，中國進入世界貿易組織，預估 10 年即可超越德國、日本，成爲全球第二大經濟體，如今若再與東協組成自由貿易區，其勢將銳不可擋。中國的「磁吸」力量，遠遠超過東協，於 2000 年中國即吸引了 450 億美元的外資，而同期東協 10 國僅吸引 80 億美元的外資。2002 年三月間倫敦「經濟學人」(The Economist)之報導指出：大陸的快速成長，並非僅是一個國家的興起，而是一個新結構的誕生，大陸的經濟成長與過去的「日本模式」截然不同，反倒較類似「美國模式」②。

三、全球化下的中國與東協經濟安全之關係

中國與東協的經濟關係，可說由二次世界大戰後，分爲數個時期：(一) 1945 年二次世界大戰後，到 1980 年代初；(二) 1980 年代中期之後，台商赴東南亞投資，1990 年代以後，韓、台、港、新及東南亞廠商亦開始赴中國大陸投資；(三) 1997 年金融風暴後，東協投資環境漸漸不及中國大陸；(四) 中國大陸加入 WTO 後，中國與東協成立自由貿易區。雙方之經濟關係漸由競爭關係轉型水平垂直的合作關係。

(一) 1945～1980's 初期－「東亞四小龍」誕生

日本於二次世界大戰失敗投降後，美國對日政策採取了保留天皇制推動國內民主政治、協助經濟重建等措施，使日本很快地由戰敗後重新站起來。

1949 年中國大陸共黨執政，1950 年代韓戰爆發，均使日本成爲美、蘇兩大陣營中的美國保護傘下的後勤，對日本工業實力增強與經濟發展提供關鍵助力，1960 年代日本成爲僅次於美國之全球最大經濟體；1960～1970 年代，東亞四小龍幾乎都推動「進口替代」工業，將自身的勞力密集於生產美國所需之產品；日本與東南亞的關係十分密切，日本企業也有不少移至台灣與東南亞國家 (如新加坡、馬來西亞、泰國、越南……)。

(二) 1980 年代中期起－「東南亞四小虎」馬、泰、菲、印的崛起

1980 年代開始，東南亞國家中的泰國、馬來西亞漸漸追向四小龍，菲律賓、印尼亦不甘落於後，全球不少外資投向東南亞國家，而此時中國拜 1979 年改革開放之賜，由沿海經濟特區開始，提供各項優惠政策予外資；1980 年代初期台商也漸往大陸投資，此時到 1990 年代中期，日資、外資與台商同時赴中國大陸投資，使中國由初期以美國爲市場的出口導向，漸漸因政經穩定發展，其條件不惶多讓四小龍。

(三) 1997 年亞洲金融風暴後，外資轉向中國大陸

亞洲金融風暴後，熱錢虛構的「泡沫經濟」崩潰，亞洲的韓國、印尼、菲律賓、馬來西亞相繼出現政經不穩，印尼、菲律賓的領導人下台，新任總統上台㉝，迄 21 世紀初，目前兩國政經情勢仍未完全穩定。

台灣於 1990 年代初起，以半導體高科技之產業轉型，漸漸取代傳統產品的外銷，勞力密集工業轉至中國大陸與東南亞，經濟體質較爲健全；中國大陸亦於 1990 年代起，改革開放而確立市場經濟導向，加上人民幣不貶值使其內需與外銷市場均穩定成長。

(四) 中國與台灣加入 WTO 後，未來中國轉向「大國經濟」

美國經濟一反2000 年以前不受經濟景氣循環之影響，年年連續「長紅」，2000 年第二季開始，出現「泡沫網路」現象，使得全球科技業者大爲震撼，深悟過去網路公司「低獲利」的情景已無法生存，認知科技產業仍必須「獲利」方有前景。

21 世紀初期，全球籠罩於慘霧愁雲中，美國的大型跨國企業，不時傳出裁員、兼併、失業率上升……，使得亞洲經濟再度受創；而歐盟 (EU) 市場長期以來，面臨經濟停滯，失業率高漲已逾 10 年；日本的情形好不到哪兒，5 年前經濟開始衰退，至今仍難以翻身；2001 年 9 月 11 日「911 事件」，於美國紐約曼哈頓雙子星大廈與華盛頓國防部五角大廈，遭恐怖份子賓拉登爲首「自殺式」死亡攻擊，對美國經濟無異雪上加霜，連帶影響亞洲各國經濟。

　　東協 6 個資深的成員國於 1992 年 1 月簽訂的「東協自由貿易區」協定，經過 10 年籌備期，於 2002 年元月正式開始運作。此 6 個資深成員國：印尼、泰國、新加坡、馬來西亞、菲律賓與汶萊百分之九十的產品出口到成員國家時，只要具備本國工業局所發出使用東協原材料百分之四十的證明，即可以獲得免稅或只付百分之五進口稅優待，其他 4 個後進成員：緬甸、柬埔寨、寮國與越南則可望於 2006 年加入，並且於 2015 年繼 6 國之後，取消關稅壁壘，邁向制度較完善的自由貿易區。首先啓動機制的 6 資深東協成員國，期待東協自由貿易區協議之精神達致貨物、資金與人民的自由流動，並於 2010 年全面撤除進口壁壘，朝向零關稅目標邁進㉞。

　　於此同時，全球外資似乎集中投入於中國大陸，金額比投入東協 10 國還多，而「中國－東協自由貿易區」預計未來 10 年內成立，顯示未來中國潛在的市場，包括沿海一帶與華東、華北、西部的生產力，可能較東協十國生產力之總合爲大，未來中國大陸與東協的生產關係，將由早期的競爭關係，轉成爲垂直式的分工、互相輔助、互相合作的關係，期與北美、歐洲兩大自由貿易區相互抗衡。

　　以國家經濟安全戰略的角度而言，若中國大陸於加入 WTO 並成立「東協－中國自由貿易區」後，其直接外資 (FDI) 預估可由 2000 年時平均每年 450 億美元增加到 2008 年每年 1000 億美元的標準。由目前全球高科技產業，如：摩托羅拉 (Motorola)、英代爾 (Intel)、NEC、東芝 (Toshiba) 紛紛進駐中國大陸的情形，似乎前景可期。目前「東協－中國自由貿易區」約有 18 億人口，GDP 達二兆美元，總貿易額一兆二千三百億美元。未來自由化後，將可望增加 50 ％，中國大陸年增 GDP 雖僅 0.3 ％，東協可望增加 1 ％，對雙方均有利可圖。

　　針對中國大陸即將成爲新亞洲經濟領袖之趨勢，日本、韓國已有心理準備，並提早進行因應措施，2002 年初日本已與新加坡簽訂自由貿易協定 (Free Trade Agreement)，南韓與墨西哥刻正加強結盟的努力；然台灣於此一區域經濟整合的進程中，一方面遭受中國大陸的排擠而面臨「經濟邊陲化」的危機，在無法加入區域貿易組織的情況下，學界提出輪軸與軸柄 (Hub-and-Spoke) 理論㉟，例如台灣先行與日本 (或新加坡、菲律賓) 簽定雙邊磋商與簽署協議，與

亞洲國家由雙邊到多邊的「掛鉤」，亦可有效保護我國產業競爭力和維持未來經濟的成長。

　　當然，經濟學界亦有對「東協—中國自由貿易區」抱持悲觀論者，認為至少需 10 至 15 年方可見到績效，其中牽涉美日態度、未來國際政經變化，如「反全球化、反自由化」的運動；同時恐怖主義份子於 2001 年「911」事件後，將來是否發生影響全球政經的大動作，目前仍難以預料。

肆、東協區域論壇 (ARF)
─東亞多邊安全對話機制

　　1994 年成立的東協區域論壇，被視為一亞太地區重要之多邊安全機制，由初期 18 個到目前 22 個亞洲區域大國與東協國家為成員國，然八年來機制運作如何，是否仍停留於第一階段，或者已由第一階段的信心建立措施，過渡朝向第二階段的預防外交？未來 20 年 (2020 年) 是否可能達到防止爭端、降低衝突的功能？都還有待觀察。

　　此部份以全球互賴及合作性安全的概念出發，討論東協欲主導該區域論壇，主要之功能與結構性限制如何，同時探討新世紀美、日、中大國的三角互動關係，對未來東協區域論壇發展的可能影響。

一、 全球化下的互賴合作與綜合性安全

　　相對於歐盟 (EU) 與北美地區，亞太地區大國間的合作，難度似乎較高，一方面美、日、中、俄四國處於「既競爭又合作」的態度，例如於美日安保的議題上，中共相當敏感；然規模較小的次區域合作仍然存在，如中國、俄羅斯於中亞，中國、日本於東南亞，中美日俄於東北亞的合作均是。

　　Karl Deutsch (1992) 曾指出，國際政治中，國家與國家間、區域組織之間會形成互動關係，即每個國家的安全在某種程度下都依賴其他國家的所作所為，各國、各區域團體之間的相互合作關係便形成大勢所趨、不可抵擋的態勢，東協組織基本上亦如此 (有領土、邊界糾紛)，對外貿易亦有衝突 (如出口

產品的相似性)，然而東協作爲一個整體，促成成員間相互了解、互賴、合作，進而抗衡大國以求區域安全。東協國家充分了解此現實，東協組織於 1967 年成立迄今已 35 年，即使內部有紛爭，仍會於未來持續合作，追求東協的最大利益。

東協各國充分了解，大國未必十分看重東協區域論壇，然而東協區域論壇仍是亞洲地區不可取代的多邊安全對話機制，未來它面對下列的試煉：(一) 如何於本地區有效進行綜合性與合作性安全？(二)「東協模式」(ASEAN Way) 是否可爲非東協國家普遍接受？(三) 地區衝突的解決無法一蹴達成，預防性外交以何種方式呈現？(四) 東協國家如何於短期內提升自己爲西方國家完整理解的能力？(五) ARF 與 APEC 未來有無衝突－亞太主義與東亞主義的競合？

二、 美、日、中三大國的三角關係

冷戰後東協組織的對外戰略，很明顯地朝向東協主導的方向，美、日、中三國的均衡關係，對於東協組織尤其重要㊱，由大國的實力消長而言，美國雖然離開蘇比克灣海軍基地，以及克拉克空軍基地，但美國仍主導亞太經合會 (APEC)，於政治、經濟、安全各方面仍有重大影響。

自第二次世界大戰以來，美國可謂從無輕忽亞太地區，逾半個世紀美國於東南亞亦未放棄其影響力，首先以雙邊軍事協定而言，冷戰時期於 1947 年，美國與菲律賓簽訂了一項「軍事基地協定」，取得駐軍權利。1950 年 10 月 17 日與泰國訂立「軍事援助協定」。1951 年 8 月 30 日又與菲律賓訂立了「美菲共同防禦同盟條約」，1954 年 6 月 6 日至 8 日美國聯合了英法澳新菲泰和巴基斯坦八國簽訂了「東南亞集體防務條約」及其附件「東南亞集體防務條約議定書」和「太平洋憲章」。這是冷戰期間美國在亞太地區建立的唯一的集體安全國際組織。

冷戰結束後，美國與東南亞國家間的安全關係發生了很大變化，「東南亞條約組織」早在 1977 年 6 月底就已宣佈中止活動，1992 年 11 月美國被迫關閉了它在菲律賓的蘇比克海軍基地，結束了在東南亞長達 44 年駐軍的歷史，然而，東南亞國家擔心美國的撤出會留下大國力量的真空，導致力量的失衡，希望繼續與美國保持一定程度的安全關係，菲律賓在收回美軍軍事基地的同時，

亦發表聲明說，希望能保持與美國的各種計劃和項目中包括軍艦定期來訪和航空運轉，還可與菲軍進行短暫的軍事演習，並強調仍將保持美菲「共同防禦條約」的有效性㊲。1990 年美國曾與新加坡簽訂了新加坡後勤設施適用諒解備忘錄，之後又達成提供修理軍艦的船鎢的協議，泰國與美國曾定有共同安全法，冷戰後泰國曾希望美國艦隊來訪，並願意與美軍共同舉行軍事演習。1994 年美國與汶萊訂立防禦合作諒解備忘錄。這些主張正好與美國要保持包括東南亞在內的亞太地區駐軍存在的戰略相一致。由於 1997 年 5 月初中菲之間就黃岩島問題發生爭執，菲律賓武裝部隊參謀長便表示，將重新審查美菲共同防務條約，以便把對所謂斯普拉特利群島 (即南沙群島) 有爭議的領土要求問題納入該條約㊳。

2001 年「911」事件後，美國於亞太地區的盟邦國仍以日本為主，中共被美國視為「將可能使用核武對付的國家」㊴，不少國際政治學者觀察美國的對外政策似已由柯林頓的「新自由主義」(neo-liberalism) 回到「現實主義」(realism) 的架構。

布希上台後，美國的東南亞外交政策未有重大變化，美國仍維持昔日方式，積極與東協國家尋求合作，2001 年 3 月美國航空母艦小鷹號獲准停靠新加坡的樟宜海軍基地，2001 年 5 月泰國與美國進行第 20 屆取名「金色眼鏡蛇」(Cobra Gold) 聯合軍事演習，2001 年 8 月下旬美國星座號 (USA Constellation) 與卡爾文森號 (USA Carl Vinson) 於南海進行「穿越演習」(Passing Exercise)，足見美國仍將持續於亞太安全的多邊機制，仍然不會削弱與東南亞的安全合作。

日本近 10 年經濟表現不若已往亮麗，然仍是亞洲地區重要的政治與經濟大國，過去曾期待成為聯合國安全理事會的常任理事國，尤其日本商社於東南亞投資金額甚鉅，但亞洲金融風暴後，日本由於本身經濟景氣低迷，許多產業也發生兼併，或轉赴中國大陸投資的情形。日本於 2002 年初，首相小泉純一郎在 2001 年中國大陸與東協宣布成立「東協－中國」自由貿易區後，擔憂日本於東協的影響力下降，首度訪問東南亞國家，企圖加強日本在東南亞的政經關係，然日本近 10 年來的經濟成長下跌，對東協的投資亦不如已往，最近日本與新加坡正式簽訂「自由貿易協定」(Free Trade Agreement)，且係由新加坡採主動立場，未來日本於東協的地位，可能漸為中國大陸取代。

　　中國大陸經過 20 餘年的經濟改革開放，已漸邁向經濟大國，即使 1997 年亞洲金融風暴席捲東南亞，中國大陸近幾年仍維持其每年 8〜10 ％的經濟成長率，未來中國可能成為與日本平起平坐的亞洲大國。

圖一　東協與大國 (美、日、中) 的雙向互動關係

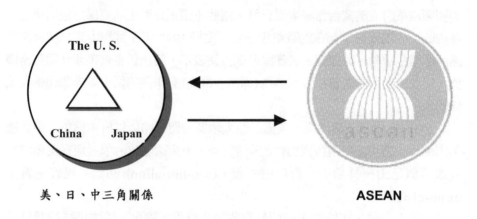

美、日、中三角關係　　　　　　　　　　　　　　　　　　**ASEAN**

　　東協組織聯合為一整體，謀求於東亞區域事務中的主導力量，有其主要的考量，即是「平衡大國力量」的外交戰略，東協力量仍不足與中、日、美抗衡 (參見圖一)，因而大國的實力相互在東南亞競爭中抵銷，東協組織則維持與大國的友好與等距關係，如此方符合其整體利益。

　　亞太格局除了前述美、中、日三大國外，亦有下列的其他看法：(1) 美、中、日、俄的「四極格局」，俄羅斯於 1997 年起成為 APEC 成員，確立其在亞太地區的重要角色與地位；因此當前的格局是漸朝向美、日、中、俄羅斯的「四極格局」，此派論述者認為，俄羅斯雖漸漸「脫歐入亞」，然因其國內事務繁雜，俄羅斯自顧不暇，上無餘力顧及亞太地區[40]；(2) 當前亞太格局朝向美、日、中、東協、俄羅斯的五極格局，其中美、日、中三角關係又為五極格局的核心[41]。

三、東協漸漸朝向成為亞太地區「第四極」力量？

　　東協成立超過 30 年，其國際影響力日益增強，在亞太地區的發言地位亦

增強，1970 年代起東協藉著召開非正式領袖高峰會議，展示其爭取本地區事務發言權的野心。

1992 年東協新加坡高峰會議揭櫫「東協自由貿易區」(ASEAN Free Trade Area, AFTA) 雛形，1995 年東協於曼谷高峰會提出大東協 (ASEAN Grand-10) 的戰略構想，更加凸顯東協欲搶奪地區主導力量，爭當「亞太一極」的野心。

四、東協欲主導本地區的第一軌與第二軌活動

1991 年馬來西亞首相馬哈迪提出建立冷戰後亞太地區的多邊安全合作機制，東協即積極推動第一軌道 (官方) 與第二軌道 (非官方) 的途徑。

(一) 在第一軌道方面，東協與對話國之會議，亦即東協外長後續會議 (PMC)，以及東協區域論壇 (ARF)，接受了所有亞太地區主要國家 (除了台灣) 參與此一重要的安全論壇，使東協成為推動亞太地區多邊安全對話的主要角色[42]；另外，東協與歐盟另有跨區域的歐亞高峰會議 (ASEM)，每兩年召開一次。

(二) 第二軌道方面，東協與澳洲積極推動的亞太安全合作理事會 (CSCAP)[43]，成為第二軌道，已為亞太各國接受，其餘如 ASEAN-ISIS，每年於吉隆坡舉行的 Asia-Pacific Roundtable (APR)，以及各國智庫輪流舉行的第三軌道[44]接觸。

東協區域論壇得以於短時間內成立，與大國間的制衡相關，同時下列諸項因素也相當重要：第一，ARF 短時間內很難成為最重要的亞太組織，不會對任何大國形成威脅；第二，與中、美、日等大國維持表面的「等距」關係；第三，東協有其重要戰略地位，大國不反對 ARF 成立；第四，由東協自行主導，較任何一大國來主導，使各國安心些。

1994 年成立的東協區域論壇，8 年來至少達成下列之功能：

(1) 加強成員國之間的軍事交流，增加軍事透明度。

(2) 透過多邊對話之安全機制，成員國於重要國際與地區安全問題上，增加了解與溝通，緩和地區緊張局勢。

(3) 加強成員國之間的打擊走私、販毒、販賣武器以及海上救援等非傳統安全領域的合作關係，維護了地區的安全秩序。

(4) 由第七屆、第八屆會議起，ARF 積極增加對預防性外交的討論，加強

成員國的共識。

以下爲過去八屆東協區域論壇之重要決議事項：

表一　東協區域論壇主要議決事項

屆別	時間	地點	主要決議事項
一	1994.7	曼谷	• 有 18 國參加，包括 ASEAN-6，七個對話夥伴，兩個諮商夥伴，三個觀察員。
二	1995.7	汶萊	• 柬埔寨入會 • 通過東協區域論壇概念性文件（The ASEAN Regional Forum: A Concept Paper）
三	1996.7	雅加達	• 印度、緬甸入會 • 成員每年提交國防年度聲明，未來 ARF 對話鼓勵國防政策白皮書、聲明的交流
四	1997.7	吉隆坡	• 各國外長讚揚對緬甸的「建設性外交」（Constructive Engagement Diplomacy）
五	1998.7	馬尼拉	• 蒙古加入 • 年會支持 1999-2000 考慮實行「第一籃子」（first basket）的「信心建立措施」
六	1999.7	新加坡	• 支持推動「信心建立措施」與「預防外交」重疊的四部分 • 歡迎 ASEAN 準備有關「南海地區的行爲準則」與「預防外交概念及原則」的兩份文件
七	2000.7	曼谷	• 2000 年外長會議聲明通過設立「三頭馬車」（troika）機制，由現任輪値主席加上前、後任主席組成，可對緊急重要政治與安全問題即時進行處理
八	2001.7	汶萊	• ARF通過「預防外交概念與原則」（Concept and Principles of Preventive Diplomacy），對預防外交下了明確定義

整理：林若雩，2001 年 12 月 10 日

　　美國總統柯林頓於 1993 年提出的「新太平洋共同體」，試圖擴大其於亞洲之影響力量，一方面與中國大陸結成「合作性的戰略夥伴關係」，另一方面「美日防衛新指針」仍持續修正，同時其涵蓋範圍也擴大；在軍事層面，美國持續與東協國家雙邊磋商租借其基地(如金蘭灣)的可行性；在在顯示美國不想由亞洲撤退之野心㊹。而中、日、美三大國於 20 世紀末均作如下之宣示：

　　第一，大國於亞洲地區應相互合作，共同維持本地區的和平安全。

　　第二，協助亞洲走出金融風暴的陰影㊻。

　　東協國家於亞洲金融風暴後，加強「東亞自行解決本身問題」的決心，而日本也慢慢地加強其軍事力量，意圖成為「正常」國家，於是 1998 年開始，「東協加三」正式成立，中、日、韓與東協的合作機制已然成型。

　　在軍事安全與政治安全的合作中，中國與東協在「維護本地區的和平與穩定」前提下，展開一些信心建立措施的行動。1994 年東協區域論壇成立後，中國開始伸出友誼和平的手，外交部長提出原則性建議，就區域安全的問題，中國與各國亦建立了副部長層級的資深官員磋商會議@。1995 年與 1996 年分別於中國和印尼舉行的兩次磋商，就中國與東協組織的雙邊關係、地區形勢與合作安全問題，進行討論。

　　由 1996 年開始，中國一反過去較為消極的態度，更加積極地與東協各國於安全問題上進行合作，特別是有關領土、領海的糾紛進行磋商；例如中國與菲律賓之間經由磋商談判，同意建立南海地區探討合作的雙邊磋商機制，成立相關之漁業合作、海洋環境保護與信心建立措施三個工作小組；中國與越南也就陸上邊界、北部灣與南海問題進行多次談判；1997 年 3 月於中國黃山舉行雙邊加強信心建立措施的會議，此為中國首次承辦關於安全問題的多邊國際會議@。中國與東協在此會議中互有斬獲，雙方達成兩大協議，一是中國支持東南亞地區作為無核區，另一是東協與中國簽署政治聲明，支持「一個中國」政策。

　　實質層面上，中國與東協的關係全面發展屬於綜合性安全合作的範疇，並不限於政治與軍事層面，舉凡經貿、科技、工商、金融……各層面、各領域的合作，例如瀾滄江－湄公河流域的開發合作，泛亞鐵路的合作；以及中國－東協於東協區域論壇、亞太經合會議、亞歐高峰會議，以及聯合國會議中的相互支持與合作@。

　　台灣與東協國家的政經關係，近 10 年來亦相對趨於緊密，台商於東協 10 國的投資累計金額超過 500 億美元，1993 年底、1994 年初「南向政策」的推動，為使台商無後顧之憂，在東南亞成立六所台北學校@。另外，由 1989 年起，台灣引進外勞(多來自東南亞國家)，擔任勞務(如建築、看護、幫傭……)工作，如今菲、泰、印、越等東南亞外勞在台灣達 35 萬人之多。

　　東協 10 國與中國大陸都建立正式外交關係，與台灣均不存在政治外交關

係，台灣與東協表面上似乎只有經貿與台商投資的關係。然則，由於歷史與地緣因素，台灣與東南亞國家的高級官員互訪相當頻繁，但台灣與東南亞國家的高層互訪早於 1980 年代開始，由 1993 年底、1994 年初起，包括李登輝、連戰等，以「元首外交」、「渡假外交」的私人訪問方式訪問東協國家，則早是司空見慣，不足爲奇。相對而言，台灣與歐美等西方國家的官員互訪，可說極爲稀少，遠遠不如「東協－台灣」國家的互訪。

台灣與 6 個東南亞國家－新加坡、馬來西亞、泰國、菲律賓、越南，分別建立了雙邊部長級經貿會議，每年輪流由一方主辦，而且行之有年[51]；而台灣駐東南亞的代表機構與頭衛、職能逐年提升[52]。

源起於 1970 年代台灣與新加坡的軍事合作計劃－「星光計劃」也從未中止，並已持續超過 30 年，幾乎全年都有新加坡軍隊無休地於台灣北、中、南三個基地進行軍事訓練，台灣的「敦睦艦隊」每年出航，訪問中東與東南亞國家，台灣與印尼、泰國、越南軍方高層的互訪也相當頻繁[53]。1980 年代並有部分歐洲國家的武器採購案，係透過東南亞國家的軍事將領，向西方國家購置。

2000 年 6 月，新加坡副總理兼國防部長陳慶炎訪問台灣，與伍世文國防部長會談，強化雙方軍事合作關係事宜。2000 年 7 月，新加坡曾於台灣屏東某基地進行鷹式飛彈 (Hawk Missile) 試射，此爲外國首度使用該基地[54]。

然則，東協內部有其潛在的矛盾性，經濟實力較佳的新加坡，罔顧東協其他國家，先與日本簽訂自由貿易協定 (Free Trade Agreement, FTA)，招致印尼、馬來西亞的強烈批評[55]。正由於「既期待又怕受傷害」的心理，東協組織內部無法真正團結一致對外，而東協各國對於中國，也一樣無法交心，由 1950、1960 年代以來冷戰時期的抗拒共產主義的思維，並未完全消失；事實上，對「中國威脅論」的憂慮，也還未消除，因而新加坡的前總理李光耀露骨地說：「應當有美國參與亞洲事務，作爲對付中國的平衡」，現任總理吳作棟也公開表示，在新世紀初期，可以預知日本很難立即取代美國，中國力量正崛起中，美、中兩國於亞太地區的角力，新世紀初期將日益激烈與明顯，而相關的亞太安全問題如南海主權、兩岸關係、南北韓統一等，也將由於美、中關係的變動而有所變化。

伍、結　論

　　東協於後冷戰時代1990年代初期與中期，確有一段吸引外資的風光時期，然好景不常，隨著金融風暴席捲東南亞，東協「泥菩薩過江，自身難保」必須採取大國間等距外交的原則，21世紀可預見的未來，東協國家仍將於中、美、日三角關係中尋求平衡。

　　由過往的經驗來看，美國以「世界和平的維護者」自居，而2001年的「911事件」，使美國成為全球反恐怖主義之領袖，美國於亞洲的「建設性夥伴關係」仍是日本；中國擴張勢力與世界政經勢力接軌，為美國樂見但不願中國削減美國於亞洲之影響力；日本於1980年代中期以前，為東南亞最活絡的外資國家，可惜由於經濟力量大幅衰退，國家實力大不如前；中國大陸一時之間很難取代美國，而「中國威脅論」與中國的核武製造能力使東協國家仍必須援引美國勢力，新世紀初期來看，美國仍擁有主導亞太地區局勢的能力。

　　預計2010年成立的「中國－東協自由貿易區」並未被看好，西方學者亦有認為「雷大雨小」者，然2002年東協正式成立自由貿易區(AFTA)，加上已啟動的「東協加三」(ASEAN+3)，東協加上中、日、韓機制，未來中國與東協的合作，將是中國為主導，企圖聯合東協雙方，尋求於亞洲政治與經濟整合領域的更進一步實踐。

　　中國與東協間的安全合作關係，於1996年之後中共一再強調對南海主權爭議「擱置主權、共同開發」後，已由過去中國較期望的雙邊合作，朝向多邊協商機制發展，菲律賓新任總統艾洛育夫人(Madame Gloria Macapagal-Arroyo)上台後，相當重視菲國與中共的外交關係，因此不願見到南沙問題影響中菲正常關係。另外，東協與中國大陸繼續就「南海行為準則」修正加以協商，2001年8月東協區域論壇主席聲明亦提及：「各國外長歡迎東協與中共為制定通過南海行為準則所進行磋商。」而東協國家對南海問題仍未達一致立場，越南與中共解決陸地與金蘭灣海上劃界後，未來將處理西沙群島主權。

　　正由於「既期待又怕受傷害」的心理，東協組織內部無法真正團結一致對外，而東協各國對於中國，也一樣無法交心，由1950、1960年代以來冷戰時

期的抗拒共產主義的思維，並未完全消失；事實上，東協內部對「中國威脅論」的憂慮，也還未完全消除，因而新加坡的總理李光耀露骨地說：「美國應當參與亞洲事務，作爲對付中國的平衡力量」，現任總理吳作棟也公開表示，東亞高峰會與自由貿易區應與亞太經濟合作會議 (APEC) 性質相似，爲「亞太地區的開放型 FTA」，不宜形成另種方式的關稅壁壘。

以各方皆具有綜合性安全概念，東協與中國於 21 世紀在各領域的合作均可望加強，全球化的政經趨勢下，新世紀的亞洲經濟重心可能漸往中國大陸移動，而中國的第四代領導人掌權後，對台灣問題可能展現更彈性立場。

準此，中國與東協充分體認全球與區域情勢，中國與東協必須合作，謀求亞洲共同利益與安全，促進亞洲繁榮；然則東協不必僅討好中國，東協對美、日、俄羅斯與台、韓，亦不必刻意疏遠，因此「合中有異，異中有合」，雙邊與多邊關係的互動，亞太與東亞主義仍時相磨合，正是「既競爭又合作」的具體實踐。

針對此項全球和解趨勢，台灣方面亦不必過度擔憂於亞太地區政經被邊緣化，首要之務應站穩本身立場，研發高科技電子技術與生物化學科技，培養優質經濟實力並與美、日、中維持良好互動，全球化下亞洲國家深切了解「敦親睦鄰，和平共存」的多贏原則，透過多邊合作與對話機制、官方與非官方的第一、第二、第三軌途徑，共謀亞洲與世界的安定、繁榮、和平與發展。

＊　　　　　＊　　　　　＊

註　釋

註① 據中共「對外貿易經濟合作部」數據指出，中國大陸與東協 10 國間的貿易於 2000 年已達 4 百
億美元，中國大陸的進口值約爲出口值的一倍，入超大約爲 50 億美元。

註② 2001 年 11 月中國、日本、韓國與東協十國於汶萊開會，由中國提出「中國—東協自由貿易區」
構想。

註③ 賀聖達、馬勇、王士彔著，走向 21 世紀的東南亞與中國，昆明：雲南大學出版社，第八章 宏
觀戰略分析，頁 299。

註④ 參見 Giddens, Anthony, 1990, *The Consequences of Modernity*, Cambridge: Polity, p. 64.

註⑤ 參見 Robertson, Roland, 1992, *Globalization*, London: Sage, p. 8.

註⑥ Harvey, David 1989, *The Condition of Post modernity*, Oxford: Blackwell, p. 161.

註⑦ 參見，王逸舟主編，1999，全球化時代的國際安全，上海：上海人民出版社，頁 16～17。

註⑧ International Monetary Foundation，簡寫 IMF。

註⑨ World Bank，以下簡寫 WB。

註⑩ World Trade Organization，以下簡寫 WTO。

註⑪ 參見，U. Beck ,1992, *Risk Society*, London: Sage.

註⑫ 參見 Stephen Gill,1996, *Globalization, Democratization, and the Politics of Indifference*, m Mittl-
man, James H. Globalization：Critical Reflections.

註⑬ 李少軍，1997，國際安全警示錄：21 世紀中國面臨的安全挑戰，北京：金城出版社，頁 5。

註⑭ 王逸舟，1999，全球化時代的國際安全，上海：上海人民出版社，頁 25～28。

註⑮ 參見 鄭宇碩，1999，「九十年代中國的東盟政策－推動地區多極化」，收錄於後冷戰時期的
中國外交，香港天地圖書出版社出版，頁 174～175。

註⑯ 參見香港明報，1986 年 3 月 25 日。

註⑰ 中國對外政策的十大原則如下：維護世界和平、反對霸權主義、和平共處五原則（即互相尊重
主權和領土完整，互不干涉內政、平等互利、互不侵犯以及和平共處等，此和平共處五原則係
1953 至 54 年間，由中國、印度與緬甸共同提出來的）、支持第三世界、強調軍備控制與裁軍
問題之立場、對外開放政策與支持聯合國等。

註⑱ 趙紫陽當時提出「中國永不與任何大國建立同盟或戰略關係」的立場，但於 20 世紀末期，爲
抗衡美國強化同盟關係之「全球固盟戰略」，中共自 1990 年代中期以來，即針對世界主要國
家推動一種以北京爲核心之「雙邊伙伴關係」網絡，例如中國分別與美國、俄羅斯建立「戰略
伙伴關係」（Strategic Partner Relationship）；與英國、法國等建立「全面夥伴關係」；與日
本、南韓建立「合作伙伴關係」，以及與大多數東南亞國家建立「睦鄰友好伙伴關係」。參見
黃介正，2000，「制定我國國家安全戰略：變遷中的安全環境與國防改革」，國家展望文教基
金會舉辦「瞭望公元 2000 年」焦點研究，國防安全組織與報告，頁 90～92。

註⑲ 參見陸建元，1995，「中國同周邊發展中國家友好關係的發展」，收錄於謝益顯主編中國外交
史－中華人民共和國時期（1979～1994），第七章第三節，鄭州：河南人民出版社，頁 186。

註⑳ 參見 Joseph Cheng (鄭宇碩), 1990, "China's Post-Tianmen Diplomacy" in George Hicks (ed.),*The
Broken Mirror: China After Tiananmen*. Essex, United Kingdom: Longman, pp. 406～409.

趙全勝，1995, China's Foreign Relations in the Asia-Pacific Region: Modernization, Nationalism and Regionalism, in Lo Chi Kin, Suzanne Pepper and Tsui Kai Yuen (eds.) *China Review*, Hong Kong: The Chinese University Press, pp. 8～15.

註㉑　事實上，現實主義有助於解釋國家間為何進行戰爭和威脅；但並不能有效解釋可以觀察到的合作行為-包括無政府狀態中的秩序。（Bruce Russett & Harvey Starr, 1996: 24）

註㉒　例如：1997 年爆發的亞洲金融風暴，不僅影響亞洲各國經濟，同時連帶引發部分國家內部的政治動亂（例如：印尼在民不聊生之下，造成了國內的暴動）。

註㉓　王立禮，2001，〈經濟全球化下的中國與東南亞未來經濟發展關係之研析〉，會議論文發表於「21 世紀初的東南亞經濟與政治」國際學術研討會，廈門：廈門大學南洋研究院，頁 4。

註㉔　東亞政經學者一般認為，美國係 APEC 之最重要主導力量。

註㉕　AFTA 於 1992 年提出成立迄今，歷時 10 年，但成立之初因東協各國意見紛歧，致初期發展較為緩慢，然於新加坡與馬來西亞的積極主導下，逐漸步向較具組織化之運作模式，且會員間經濟合作範圍亦有日益多元化之趨勢。

註㉖　1999 年東協第 3 屆非正式高峰會議於河內舉行，會中決定該組織原 6 個成員國將由原訂之 2015 年完成貿易自由化之進程提前 5 年，亦即 2010 年之前完成，而寮、緬、束及越南等 4 個新加入之會員國，則將提前 3 年於 2015 年達成貿易自由化之目標，同時亦預定於 2002 年將區域內建立為自由貿易區。參見，林若雩，2000，頁 1～13。

註㉗　參見，民進黨中國事務部，中國訊息資料彙編，「從東協的角度評價東亞自由貿易區的機會與困難」，2001 年 12 月（第 31 期）第 1 頁。

註㉘　Ibid，第 1 頁。

註㉙　然新加坡於 2001 年與日本積極磋商，雙方簽訂「自由貿易協定」（Free Trade Agreement），引起成員國家之不滿，2002 年元月兩國正式簽約，馬來西亞首相馬哈迪公開指責，個別國家不應與區域外國家簽訂協定。

註㉚　東協各國對「中國－東協自由貿易區」的看法並不一致，如新加坡總理吳作棟的一段回應：「一段時間後，我們將可以把「東協加三」過程發展成某種東亞高峰會。這不會立即實現，還需要進一步研究，但我覺得這會演變成一個東亞社區。」參見新加坡聯合早報，2001 年 11 月 7 日。

註㉛　Ibid，頁 2。

註㉜　該報導指出，大陸的經濟成長模式，與過去「日本模式」-循序進近，由農業到工業，由低等加工到高等加工，由勞力密集到資本密集的軌跡不同；中國大陸較類似 19 世紀的「美國模式」，係一種全方位高爆式的成長模式。一方面它有極低度的工業與農業，但同時亦有與全球頂級科技掛鉤的產業。

註㉝　印尼三年內歷經蘇哈托總統，以及繼任的哈比比、瓦希德總統先後下臺，目前總統為梅嘉娃蒂 (前總統蘇卡諾之女)。菲律賓也歷經艾斯特拉達總統 (Estrada) 倒台，目前總統為艾洛育夫人 (前總統麥格賽賽之女)。

註㉞　參見亞洲週刊，「東協邁向零關稅目標」，2002 年 1 月 14 日，頁 18。

註㉟　此理論是指若台灣與東協任一國家 (如新加坡、菲律賓) 簽訂雙邊自由貿易協定，可以形成「掛鉤」效果，如「輪軸與軸炳」之掛鉤作用。

註㊱　新加坡內閣資政李光耀於 1994 年 5 月 19 日於亞洲協會舉辦的未來潮流研討會即指出，「亞太與整個世界未來二十餘年的前途，取決於美國、日本、中國之間，能否建立穩定的三角關

係」，參見**南華早報**，1994 年 5 月 19 日。

註㊲ 參見**美聯社**，1992 年 11 月 6 日馬尼拉電。

註㊳ 此島礁又有翻譯成「美濟礁事件」(Spratley's Island)。

註㊴ 2002 年 3 月美國防務部秘密文件曝光，有 6 個國家 (地區) 美國可能使用核武。

註㊵ 仍亦有持異議之學者認為，俄羅斯的外交戰略重點仍在歐洲，其對亞太地區的影響力僅及於東北亞，因而目前俄羅斯無法成為亞太地區的一極力量。

註㊶ 在東南亞安全領域上，由地緣政治學上有所謂的三極－美、中、日；或四極－美、中、日、俄；近來又有「四加一」，亦即由四極朝向五極，多了東協國家。不論是三極、四極或五極，美、中、日三國對亞洲安全之重要影響，短期內尚難以消褪。

註㊷ 本著「平等協商、求同存異、循序漸進」的原則，東協區域論壇，在第一軌道部分，設置了三個政府間的專題會議與工作小組，此為正式與官方層次。

註㊸ 由學者及有關部門組成的非官方多邊安全對話機制，如亞太安全合作理事會 (CSCAP)，在台灣的 CSCAP 工作小組由政治大學國際關係研究中心主其事。

註㊹ 例如由台灣國策研究院 INPR (Institute for National Policy Research, Taiwan) 與美國的 CSIS (The Pacific Forum CSIS, U. S.)，菲律賓 ISDS (Institute for Strategic and Development Studies, Philippines)，法國 IFRI (Institut Francais des Relations Internationales, France) 共同舉辦的 Asia-Pacific Security Forum 即是。

註㊺ 美國於 1997 年的「面向 21 世紀的國家安全戰略」報告中明確指出：「與日本、韓國、澳大利亞、菲律賓以及泰國的緊密雙邊聯盟，以及在亞洲保持 10 萬駐軍的承擔，是美國在這一地方繼續發揮安全作用的基礎」。參見 *A National Security Strategy for a New Century*. White House, May, 1993, p. 23.

註㊻ 然美國所主導的國際貨幣基金會 (IMF)，在金融風暴後對東協各國無法給予有效的協助，印尼的動亂與馬來西亞靠本身與美元固定匯率 (3.8RM:1U.S$)穩定內部經濟。

註㊼ 1994 年中共外長錢其琛於東協區域論壇即提出「要和平解決糾紛，不搞軍備擴張及核擴散，加強安全對話，並重申中國解決南沙問題的基本立場是『擱置爭議、共同開發』」。

註㊽ 賀聖達、馬勇、王士录著，1998，**走向 21 世紀的東南亞與中國**，昆明：雲南大學出版社，頁 297。

註㊾ 由 1997 年以來，中國東協各國間的高層互訪、外交對話、資深官員政治磋商與多邊對話機制，逐步增進中國－東協間的信任。

註㊿ 這 6 所台北學校為：胡志明台北學校、馬來西亞檳城台北學校、吉隆坡台北學校、曼谷中華國際學校、印尼雅加達台北學校、泗水台北學校。

註51 會議主辦與協辦單位，由中華民國工商協進會出面主辦，邀請雙邊經貿部長與高級官員參加。

註52 可參考中華民國外交部網站 http://www.mofa.gov.tw/frame14.htm

註53 近 10 年台灣派駐駐東南亞國家擔任駐外代表處代表的軍事將領如下：陸寶蓀 (駐印尼代表)、黃顯榮 (駐泰代表)、胡家麒 (駐越南代表)。

註54 謝福進，2001，「後冷戰時期中共與東協安全戰略關係之展望」，**戰略與國際研究季刊**，第 3 卷第 4 期，頁 77。

註55 印尼與馬來西亞認為與區域外國家簽訂 FTA，不宜由東協單一國家進行，而應是東協一體，一致對外。

第四篇

媒體、資訊與社會

資訊化社會的機會與限制：
中國大陸電視媒介的挑戰暨作為*

呂郁女

銘傳大學大眾傳播學系教授兼系主任
中華民國新聞評議委員會秘書長

摘　要

　　傳播科技的整合性發展已經使得資訊化社會更大步向前邁進奠定良好的基礎。其中最重要的是資訊高速公路的建設，特別是在網際網路方面。同時，另外一項令人矚目的發展是全球化時代的降臨。本研究將分析全球化(特別是世界貿易組織)對資訊化社會發展的影響。

　　中國大陸在資訊高速公路(涵蓋網際網路)的快速發展使得資訊化社會建構更大步向前邁進。中國大陸資訊高速公路的發展涉及兩大系統：電信系統和廣電系統，本研究將以後者的發展為重心。廣電系統中的電視媒體積極發展其本身的網際網路，這對資訊化社會的發展應該有正面的效果。傳統上，中共當局視廣電媒體(尤其是電視媒體)為「政府的喉舌」，採取嚴密管制，不容許民間資本或外資介入經營，自然會影響到資訊化社會的進展。

　　加入 WTO 之後，中國大陸電視媒體市場似較以往開放，但是尚未達到結構性的變化，資訊化社會的發展仍然受到些許不利的影響。未來的走向如何仍有待持續對內部及外在環境的觀察。

關鍵詞：資訊化社會、網際網路、電視媒介、世界貿易組織、全球化

＊　　　　＊　　　　＊

壹、網路世界、資訊社會建構與第四媒體

過去歐美學者對於資訊化社會只是作簡單的定義，學者貝爾（Daniel Bell）等將資訊化社會描述爲在農業化社會、工業化社會之後，另一個較高度發展的社會，其特徵是資訊部門及基本結構的重要性日增①。日本的學者提出了資訊化社會的必要條件：完全實現資訊的數據化；資訊的處理和通信的整合；新媒介的相互綜合；存儲的數據能夠自由地檢索②。日本未來學學者增田米二（Yoneji Masuda）更指出資訊社會的精神是「全球主義」③。

傳播科技的整合性發展（特別是網際網路）已經使得資訊化社會更大步向前邁進。美國總統柯林頓就任之後，在 1993 年 2 月率先提出了「國家資訊基礎建設」（National Information Infrastructure）計畫，積極建設資訊高速公路（Information Superhighway），利用資訊網路科技的發展來提升並維持美國的生產力和競爭力。國家資訊基礎建設是「一個以光纖線纜爲主幹，連接電話網、衛星通信網、計算機通信網、有線電視網和移動通信網等專用資訊網和數據庫，運用數位化、寬帶化、多媒體和智能化等資訊新技術，能夠綜合傳輸和處理音、像、圖、文等各種資訊，集電話、電視、電腦、廣播等多種功能於一體的貫穿全社會的立體通信網絡。④」基本上，這個資訊基礎建設是以網際網路爲核心。

美國副總統高爾（Al Gore）在 1994 年初國際電信聯盟（International Tele-communication Union）年會上進一步將美國的理念擴大到全球，提出「全球資訊基礎建設」的構想，這一個發展全球資訊高速公路的建議獲得與會各國之支持，世界各國除了開始推動本身的國家資訊基礎建設，並且與其他國家聯網。

美國在推動國家資訊基礎建設時，提出了五個原則：鼓勵民間投資、確保競爭性、自由開放接觸使用網路、避免資訊的貧富差距、政府彈性反應。這些原則基本上符合市場經濟的原理，充分發揮民間的力量，使得網際網路的發展呈現出複合式的網絡關係，全球資訊高速公路是由地方性、區域性、國家性及國際性的網路共同組成⑤。這個全球網路影響到定期的使用者也大幅的擴充，而全球網路經常使用者人數，從 1996 年的 6100 百萬人，增加到 2001 年的 5

億人，這股動力是不容忽視。

各國努力發展國家資訊基礎建設，網路具備的特性，以及經常使用網路者的竄升等因素都使得資訊化社會迅速發展、擴大，資訊網路快速的發展，改變了我們的商業方式、工作方式、學習方式、以及生活方式。

網際網路可能是完成時空壓縮的最新且最有效的媒介，網路所及的範圍是全球性的⑥。聯合國秘書長安南 1998 年在新聞委員會年會上就正式提出網際網路是「第四媒體」的概念⑦，我們可以瞭解網際網路的強大影響力不只是網路的本身，還包括了網路所傳遞的資訊。

根據美國網路理事會的 2000 年度調查報告，中國大陸於 2000 年擁有 1230 萬的網路使用者，居亞太地區的第二名，僅次於日本，且有潛能超越後者，成為亞太地區主導性的網路國家⑧。又根據中國大陸的最新統計，上網用戶 3370 萬人（其中專線上網用戶 672 萬人，撥號上網用戶 2133 萬人）⑨，這些數據都足以說明中國大陸在建構資訊化社會的發展狀況及未來前景。

就中國大陸而言，國家資訊基礎建設包含了兩大系統：電信系統和廣電系統。本研究將以電視系統為重心進行分析，並論及電信系統的發展。

在面臨全球化的衝擊下，中國大陸電視媒體運用其在音頻及視頻上的優勢，借重網際網路的無遠弗屆，建立自己的網站，鞏固在媒介市場的地位⑩。而中國大陸廣電總局副局長張海濤就強調，網絡整合是 2002 年廣播影視事業發展和體制改革的重點，且廣電總局已經向各下級單位頒發《關於加快有線廣播電視網絡有效整合的實施細則》⑪。簡言之，未來中國大陸廣播電視事業的重點將是利用網路的特質，開拓節目的電子商務市場和個性化服務收費的領域（如視頻點播），建立廣播影視節目娛樂消費市場。

除了政策上的指導外，各個電視媒體都運用網路的特質和重要性，積極發展各自的網站。多數電視台是以本身製作的節目為基礎開設自己的網站，並成為網路內容提供者。中國大陸 31 個省級電視台中，只有青海電視台和西藏電視台還沒有設置自身的網站，而已經建立網站的電視台仍然以提供新聞和娛樂資訊為主，並逐漸朝網絡電視發展⑫。

中國大陸電視媒體與網際網路的結合對資訊化社會的發展應該有正面的效果，然而中共當局傳統上視電視媒體為「政府的喉舌」，採取嚴密管制，不容

許民間資本或外資介入經營，自然會影響到資訊化社會的進展。

無論如何，全球化的潮流持續衝擊著中國大陸國家主導的社會，隨著中國大陸於2001年11月正式加入世界貿易組織（World Trade Organization, WTO）之後，全球化的潮流會更深入衝擊中國大陸電視媒介及資訊化社會的發展。

中國大陸爲加入世貿組織對其他國家作了哪些會影響電視媒體的承諾？面對這樣的挑戰，政府的角色如何變化？政府機構採取那些政策和實際作爲，以因應情勢的變化？相關的承諾及法規如何影響到電視媒介？這些是本文要探討的問題，以進一步瞭解中國大陸資訊化社會發展的機會與限制。

貳、全球化理論的分析：
地球村媒介體系與國家的制約和指導

全球化是當今世界整體發展的大趨勢、大潮流，這個趨勢的出現及演進與全球自由市場機制的進展有著密不可分的關聯性，但是政治力量的介入也是有跡可尋。促成全球化發展的主要動力是大家確認市場經濟資本主義是造就經濟福祉最有效的架構[13]。推動市場機制的主要力量之一就是1980年代開始的政治氣氛，首先，美國總統雷根（Ronald Reagan）及英國首相柴契爾夫人（Margaret Thatcher）在國家對內及對外政策上所採取的新自由主義[14]。其次，拉丁美洲爲了解決1980年代初的債務危機，不得不接受國際間的壓力，開始推動經濟自由化的改革。第三，在1980年代末及1990年代初東歐和蘇聯共產主義的解體更爲市場經濟的擴張奠定基礎[15]，1995年世界貿易組織正式成立更象徵了自由主義經濟體制成爲全球不可逆轉的大趨勢。

全球化的緣起固然與新自由主義的發展有著十分密切的關係，但是這個概念的演進卻超越了經濟的領域。英國社會學大師紀登斯（Anthony Giddens）認爲全球化「不僅僅是、甚至並非主要是關於經濟上的相互依賴，距離遙遠的地區所發生的各種事件、無論是否涉及經濟方面，都比過去任何時候更爲直接、更爲迅即地對我們發生影響。……我們所作出的個人決定，在它們的相互牽連中往往是全球性的[16]。」由此，我們可以瞭解，全球化的涵蓋面是非常廣闊

的，且是交互影響，其中包含了傳播的全球化。

　　全球化和傳播媒介又有何種關係呢？雖然傳播學者麥克魯漢（M. McLuhan）早在 1960 年代就提出了「地球村」（Global Village）的概念，然而他只是強調傳播媒介的擴張，縮短了地理上的距離，促進了人與人之間的互動。而 1980 年代全球化的發展對媒介也產生了強大的衝擊，在全球經濟自由化發展之下，各國的媒介體系也受到制約及指導⑰。

　　傳播學者在 1990 年代初即主張，主宰全球傳播界的四大發展趨勢包括：(一)解除管制（deregulation）：放寬參與傳播市場的條件及運作的限制，從而給予業者更大的決策自由；(二)全球化（globalization）：媒介企業因新傳播科技成本的昇高，和對新傳播服務與日俱增的要求，而藉著聯合、併購、合資等方式來達到國際化的目的；(三)融合（synergy）：媒介企業藉著垂直整合與多角化經營使公司資產獲得最大效果；(四)聚合（convergence）：媒介企業傳統各領域的區隔漸漸消失⑱。當時雖然已經注意到全球化的趨勢，但是全球化的概念似乎與國際化可以劃上等號。

　　然而，當我們在 21 世紀初檢視全球化的概念，我們可以說傳播全球化的概念已經包含了前述解除管制、融合、聚合等三個概念。在過去十多年的發展，傳播全球化的主要特徵是：媒介輸出做跨越國界的流動，媒介跨國公司的成長，媒介控制趨向於中央集權，商業化的擴張及強化、媒介工業自由化、本土媒介公司和外國多國媒介集團的策略聯盟日增⑲。

　　儘管我們瞭解了全球化的特徵，但它所產生的影響又是如何呢？在當前傳播全球化的趨勢下，國家是不是因此而消逝了呢？有三種不同的學派對這個問題有不同的解讀。

　　超全球主義論學派（hyperglobalizers）認為經濟全球化正逐漸建構全新的社會組織型態，而這些新組織型態正逐漸取代（或終將取代）傳統民族國家，成為全球社會的主要經濟與政治單位。全球經濟的崛起與全球管理機制的出現以及全球文化的普及與交流，悉數被詮釋為新世界秩序的論證依據，此一世界秩序趨勢預示民族國家將步入歷史⑳。這個主張與「新中世紀主義」相類似，後者認為這個歷史的分水嶺是跨國經濟力量（如貿易、金融等）、當代科技的發展（如電腦、資訊科技、運輸的進步）。在網際網路的時代，他們認為政府

喪失對資訊的獨佔，且非政府行爲者可以成功地挑戰政府，這樣的變化會侵蝕階層性的組織，破壞中央集權的結構，國家主權的概念正逐漸崩解。在這樣的情況下，由全世界相關的個人和團體來合作解決各項問題，這個世界將是由次民族的、民族的、超民族的機制分享對個人的權威⑳，就這一個學派的觀點，國家已經開始走出國際舞台，其地位被其他單位所取代。

懷疑論學派（skeptics）而言，世界經濟體系正逐漸形成三大主要金融與貿易集團的發展方向，這三大集團包括歐洲經濟區、亞太經濟區與北美經濟區，現有的證據足以顯示世界經濟活動正經歷明顯的「區域化」發展。他們並不認爲各國政府會因爲國際上日趨密集的跨國經濟活動規範而逐漸停止運作，政府並不是國際化潮流下的消極受害者，相反地是國際化的基本架構。無論真正驅使全球化的原動力爲何，國際化並未改變南北國家的不平等狀態，相反地，北方富裕國家內部日益興盛的貿易與投資風潮，進一步排除全球其他國家，導致許多「第三世界」國家的經濟地位日益邊際化⑫，這一個學派的基本主張是，國家依舊是國際社會唯一最重要的行爲者，在國際社會追求國家利益的極大化。換言之，國內和國際的相關團體可以說沒有太大的發言權。

轉型主義學派（transformationalists）相信當代全球化正逐漸重新建構或再造各國政府的權力、功能與統治權威。雖然對於國家仍保留「領土範圍內所發生事項的有效主權」的最終法律主張並未出現爭議，但是轉型主義論者認爲這些法律主張或多或少會擴張國際管理機制的管轄權，同時也可能受到國際法與相關義務的限制，歐洲聯盟（European Union, EU）的情況尤其顯著。EU 內部的主權管轄權力分散於國際、國家與地方各層級的主權行使機制；這種情況在WTO 的運作上也清晰可見。全球化不僅關係到新「主權體制」，也攸關全球領域逐漸出現的新經濟與政治組織型態，這些組織普遍以非領土形式存在且具有強勢影響力，如多國藉企業、跨國社會運動、國際規範機構等。就這層意義而言，世界秩序不可能再單純以國家爲核心或僅由少數國家主導，因爲合法權威已逐漸分散於地方、國家、區域或全球層級的官方與民間機構。國家將不再是世界唯一的權力核心或主要統治形式⑬，簡言之，這個學派認爲在當前國際社會中，國家依然是主要的行爲者，然而同時其他國內及國際的組織在全球治理的影響力也逐漸的提升。在有關傳播媒介的管理方面，國家固然有相當大的

立法及執法的權力，但是受到環境變化影響，它也要注重相關團體的利益和主張。

　　分析以上三個學派的論點，我們可以形成三個假設：在全球化發展下，國家已經消逝，完全爲其他團體所取代；在全球化發展下，國家仍然是唯一重要的行爲者；在全球化發展下，國家與國內外團體並行，並且重視後者的利益和主張。

　　面對全球化的挑戰，國家究竟應如何處理呢？大多數已開發國家的第一個反應是，企圖保護其本國的製造業與服務業，之後，這種盛行一時的保護主義逐漸消退，取而代之的是自由開放的體制。前述兩階段發展論主張若不開放，則很難獲得最新的科技，使得國家的發展受到不利的影響，雖然某些國家仍維持保護的政策，但許多國家正對國內外新的競爭者提供前所未有的開放措施㉔。由此發展出第四個假設，在經過一段時間的保護政策後，不論是已開發國家或是開發中國家都採取更自由、更開放的政策，來因應全球化所帶來的衝擊。

　　在全球化像水銀洩地般滲透到全世界每一個角落之際，保護本地文化的呼籲也開始吸引全球的眼光，儘管威權政府爲了自己的利益可能想要控制資訊，然而許多民主政府也致力於保護國家文化的完整，對抗全球化所帶來的威脅。加拿大已經拒絕與外國進行交易，使外國人擁有加國的文化事業，包括廣播事業、音樂事業、電影事業及其他印刷事業。在關貿總協烏拉圭回合談判中，法國成功地將文化產品排除在貿易範圍之外㉕，從 1999 年世界貿易組織西雅圖部長會議開始，抗議全球化負面影響（特別是對本地經濟、社會、文化的衝擊）的大規模示威出現在每一個重要國際會議的會場內外。在這樣的情況下，第五個假設是，不論是何種政體，各國政府設法適切地保護本國的電視事業。

叁、加入 WTO 之前中國大陸對傳媒的規範

一、中國大陸有關網路的規範

在中國加入世界貿易組織之前，有關網際網路相關的規定可以分爲兩大部

分加以討論，一部份是有關於網際網路服務提供部分，這主要是與電信系統有
關；另外一部份是有關網際網路內容提供部分，這主要與廣電系統相關。

　　在網際網路服務提供方面，中國大陸相關單位嚴密控制個人、法人和機關
單位建立互聯網絡、從事國際聯網經營活動的接入單位、進行國際聯網，且中
國大陸境內的計算機信息網絡直接進行國際聯網，必須使用郵電部國家公用電
信網提供的國際出入口信道。儘管如此，中國大陸不但允許經營性互聯網信息
服務提供者存在，而且未限定其爲公有制企業經營，只要事先經審查同意，互
聯網信息服務提供者可以在境內境外上市或者與外商合資。2000年9月公佈
《電信管理條例》，放寬市場進入的管制，允許外資及大陸私人企業進入電信
業，包括加值電信服務（網際網路訊息及相關服務）的公司，惟2001年《外
商投資電信企業管理規定》限定外資在企業中所佔的比例最終不得超過50％，
且該外資企業註冊資本最低限額爲20億元人民幣。

　　在網際網路內容提供方面，中國大陸對於登載新聞雖然有相當程度的限
制，但是2000年頒佈的《互聯網站從事登載新聞業務管理暫行規定》仍然採
取較開放的態度，只要是符合條件的綜合性非新聞單位網站也可以從事登載
新聞業務。雖然經過國務院新聞辦公室批准之後，互聯網站鏈接境外新聞網
站，登載境外新聞媒體和互聯網站發布的新聞，但是實務上沒有出現這樣的
情況。

　　中國大陸對於透過網路傳播廣播電影電視類節目則有相當嚴密的規範[26]。
首先，只有國家廣播電影電視總局批准建立的廣播電視播出機構、轉播台、有
線廣播電視站、和廣播電視站才有資格設置網上廣播電視節目播出的設備，這
個規定事實上排除了外國資本及本國私人資本介入經營這一類傳播廣播電影電
視節目的業務。其次，信息網絡傳播的廣播電視新聞類節目（包括新聞和新聞
類專題），不但必須是境內廣播電台、電視台製播的節目，且必須在事前報國
家廣播電影電視總局批准。第三，電視視頻點播（利用有線電視網絡，向特定
用戶播放其指定的視聽節目的業務活動）業務由經國家廣播電影電視總局批准
設立的廣播電視播出機構開辦。

　　針對中國大陸自1994年起頒布各項有關網際網路管理規定，部分學者認
爲中國大陸官方的作法，是要把「境內的電腦網絡建成爲一個大的局域網

（intranet），使得以『無中心』為最突出特點的互聯網變成一個以政府骨幹網絡為中心的『有中心』的網絡，以便於政府管理。㉗」換言之，中共仍然側重由國家在掌控網際網路的發展，一方面是消極地防止外來的滲透，另外一方面是積極地謀求利潤的獲得。

　　值得注意的是，中共相關法規對從事網際網路經營者並未特別規定限為公有制企業經營，允許私人資本和外資介入。在這樣的情況下，中國大陸民營加值服務和相關服務領域的公司迅速增加，中共信息產業部已先後給予 100 多家提供網際網路服務企業經營許可，並已出現如新浪、搜狐、網易等知名民營公司㉘。由此觀之，中共對於提供網際網路服務這方面的事務採取較為開放的態度，傾向尊重市場機制。

　　然而，中共在網路內容服務方面，卻採取較為嚴格管理，不但是偏向政府經營，而且還限制私人資本及外資的介入。對於廣播電視節目的管制尤其嚴格，完全不允許私人資本及外資；平面新聞的提供則是有條件的開放。

二、實踐與願景：外國媒體集團對中國大陸市場的努力

　　在中國大陸加入 WTO 前，外資與私人資本正以各種方式進入、擴大其在中國大陸媒介內容的市場。梅鐸（Rupert Murdoch）的「新聞公司」（News Corporation）集團是最積極開拓大陸市場，且是最具有成效的外資集團之一。該公司不僅通過「鳳凰衛視」搶佔中國內地市場；在天津設立了一個合資的節目製作公司；在上海成立了衛視（Star TV）辦事處，並具備了中型電視台的所有功能；入股「網通電信公司」（提供網際網路服務的主要電信公司），旨在提供視頻、文字和互動等多媒體服務。維亞康姆（Viacom）的 MTV 部分節目在中國受眾家庭已經達到 5400 萬戶，每年與中央電視台聯合舉辦「MTV 音樂盛典」。迪斯尼公司（Disney）控股頻道 ESPN 與中國 33 家地方電視台簽署協議，轉播中國足球甲 A 聯賽。2000 年初，上海電視台與正大綜藝公司共同投資 500 萬美元，成立中國大陸第一家中外合資節目製作公司。美國有線電視新聞網（CNN）也在香港設立了節目製作中心㉙。

　　「美國線上－時代華納」（AOL Time Warner）在 2000 年收購了香港的「華僑娛樂電視廣播公司」（China Entertainment Television Broadcast），以利

用後者長期對中國大陸市場的經營成果。而中共廣電部門在 2001 年 10 月底正式同意華僑娛樂公司的中文電視頻道（CETV），從 2002 年 1 月開始在廣東珠江三角洲地區有線電視網播出。而「美國線上－時代華納」在紐約、休士頓、洛杉磯的有線頻道上，全天候播出中央電視台第九套英語新聞頻道作為交換㉚。

香港電視廣播公司（Television Broadcasting Company，簡稱 TVB）於 2001 年 11 月 1 日宣布與大陸中央電視台成立合資公司，TVB 將透過海外衛視平台及網路，播放中央電視台第四頻道和其他節目；而中央電視台則將播放 TVB 旗下的兩個娛樂性的衛星頻道：TVB 8 頻道和 TVB 星河頻道。此外，雙方將合作製作一個以娛樂、文化和財經為主的頻道㉛。

衛視、中央電視台、中國國際電視總公司、廣東有線電視台簽署在 2001 年 12 月 19 日達成相互合作協議：衛視推出一個全新二十四小時的娛樂頻道（稱為「星空衛視」），在廣東省的有線電視台播出；福斯有線電視網（Fox Cable Networks）——衛視在美國的姊妹機構——在全美協助中央電視台第九套英語新聞頻道的播出。而中央宣傳部長丁關根及廣電總局局長徐光春均對這樣的國際合作表示支持㉜。

中國人民大學喻國明教授認為中共當局有意將廣東珠江三角洲地區作為「傳媒特區」，為境外廣播電視媒體進入中國大陸的一個緩衝，以降低外國媒體和文化對大陸的衝擊㉝。中共加入世界貿易組織的壓力應該促成外國媒體得以突破中共當局嚴密控制和進入有線電視市場。

據以上的分析，我們可以觀察到外國巨型傳媒集團以其擁有龐大的資源，透過各種不同的管道，可以影響中國大陸廣電行政部門的決策，且已獲致具體的成效，即令在兩岸加入 WTO 以前即已經存在。

三、張弛間的思維：中國大陸努力維持國家管制的角色

在加入 WTO 之前，中共行政部門採取若干措施，使得廣電媒體成為「政府特區」，其目的是既防止外國資本的滲透，也防止本地私人資本的介入。在此「政府特區」，政府可以控制人民收視的內容，特別是國內外的新聞資訊。

政府也在限制一般百姓透過各種管道接收外來的資訊，例如對私人裝置「小耳朵」的掃蕩。

中共廣電行政管理部門將於 2002 年上半年展開全面清查外資與私人資本介入大陸新聞媒體的工作，「收、轉、退」等方式（「收」，即由報業集團、廣電集團將這部分資金以收購的方式收回；「轉」，即將這部分資金轉讓給符合條件的國有大型企事業單位；「退」，即外資或私人資本採取其他方式主動退出這一領域），迫使違規介入媒體的外資和私人資本退出新聞媒體㉞。

廣電集團發展所需資金主要可以經由兩大途徑獲得。第一，廣電集團可以向新聞出版廣播影視部門融資。第二，廣電集團可以吸收國有大型企事業單位的資金，但是後者不參與宣傳業務和經營管理㉟。這樣的設計就是為了要使得電視媒介始終操縱在政府部門手中，也可以完成宣傳的任務。

雖然中共國務院早在 1993 年就已經頒布了《衛星電視廣播地面接收設施管理規定》，但是一直未能嚴格執行。就以北京市為例，截至 1999 年底，北京市未經批准而設立的衛星電視接收設施達 4590 座，包括通過有線電視系統傳送境外衛星電視節目㊱。國家廣電總局在 2001 年加入世貿組織前夕，相繼發出了《關於全面清理境外衛星電視地面接收設施的緊急通知》及《衛星電視廣播地面接收設施管理目標責任書》，特別明確地要求兩件任務。第一，各地方廣電管理部門保證在 2001 年 12 月 15 日前，將非法安裝的「小耳朵」拆除10 ％以上，清理違規接收境外衛星電視節目的居民小區 80 ％以上，基本消滅市場上公開銷售「小耳朵」及公然上門推銷「小耳朵」的現象；在 2002 年 6月底前，將非法安裝的「小耳朵」全部拆除，徹底消滅居民小區違規接收境外衛星電視節目，及非法銷售衛星地面接收設施的現象。

第二，各地方廣電管理部門，對過去已經批准設立的衛星地面接收設施，要進行重新審核。在重新審核中，對於現已不符合接收境外衛星電視節目規定條件的用戶，尤其是「涉外小區」中境外人士所佔比例實際上不到 80 ％的，要取消其接收境外衛星電視節目的資格，這些行動反映出國家強力的干預及管制。

四、媒介網路與集團化的發展：政府部門積極的干預

面對外來的挑戰，中國大陸政府部門也採取了十分積極的態度，重點協助電視產業界，或者是給予不同形式的補貼，或者是在法令上的鬆綁。其中最值得探討的是重點協助新聞網站的發展以及影視集團的成立。

中共當局在 2000 年 3 月底，指定五家重點新聞網站：中國網、人民網、新華網、中國國際廣播電台和中國日報。後來，又政策性增加了央視國際網、中國廣播網、中青網、千龍網、東方網、南方網、北方網，而形成十二個中國大陸官方重點扶植的新聞網站[37]。事實上，這些新聞網站原本都是由新聞宣傳部門或機構設置。政府主要的協助是由國務院新聞辦公室出面與中國電信集團公司簽署補充合作協議，使得上述網站在通信費和網絡使用費上獲得優惠[38]。這些新聞媒體網站，擁有特許的新聞報導採訪發布權和比較雄厚的信息資源，加上政府的實質補貼，使得它們在營運上有了很大的保障。值得注意的是，它們正逐步擴大網站在其它服務性和商業性的業務[39]，政府實際補貼這些重點新聞媒體網站的目的是擴大政府的影響，一方面是具備走向世界的能力，另外一方面是要有足夠的實力對抗外來跨國網站的滲透。

中國大陸另外一個重大的措施是推動「集團化」的發展，國家廣電總局田聰明總局長首先在 2000 年 2 月宣布了廣播影視體制重大的改革，其中包括省（自治區、市）成立廣播影視事業集團[40]。中共廣電部門一方面承認集團化發展已成為一種大趨勢，另一方面主張要建立中央一級和省一級的廣播影視集團，這些集團要做到廣播、電影、電視三位一體，有線、無線、教育三台聯合，省、市、縣三級貫通[41]。廣電總局也發佈了《關於廣播電影電視集團化發展試行工作的原則意見》以作為組建廣電集團的指導性文件，由此可見，中共官方的立場。

湖南廣播影視集團於 2000 年 12 月 27 日在長沙正式成立，這是中國大陸第一家省級廣播影視媒體集團，緊接著成立的是上海文化廣播影視集團。集團化發展的里程碑應該是 2001 年 12 月 6 日成立的「中國廣播電影電視集團」（以下簡稱「中國影視集團」），這個集團的成員包括中央電視台、中央人民廣播電台、中國國際廣播電台、中國電影集團公司、中國廣播電視傳輸網絡公

司，和中國廣播電視互聯網站，成立時的集團員工 2 萬多人，固定資產 214 億元人民幣，年收入 111 億元。中國廣播影視集團由中共中央宣傳部領導，國家廣電總局「黨組」代管，集團實行「黨組」領導下的管委會負責制㊷。一般預期，這個國家級的廣播影視集團應力足以與國際媒體集團相競爭。

　　這一個新的發展趨勢引發了廣電部門、產業界和學術界廣泛的討論，綜合中國大陸學者的看法，推動中國大陸廣播電視產業走向集團化的六個主要原因如下：一、中國大陸各級政府機構改革的深化和延伸；二、加入世界貿易組織所產生的影響；三、電視產業結構轉換的必然走向；四、市場競爭引發了結構調整的需求；五、一般大眾對資訊傳輸服務的迫切需求；六、中央廣播電視行政管理部門的全力推動㊸。仔細分析，中共加入世界貿易組織應該是最重要的因素。

肆、加入 WTO 的影響：
　市場與國家角色的拉鋸

　　在中共加入 WTO 之後，國際媒體必然大舉進入中國市場，它們將會更積極地利用各種管道使其影視產品大量出現在電視媒體，擴大市場影響力。同時它們還將通過在中國大陸各地設立辦事處乃至分公司的形式，與中國節目製作商合資、共同製作、發行各類節目，在中國市場上扮演著越來越重要的節目製作商和提供商的角色。

　　中共為了加入 WTO，曾經作了兩項有關網路的承諾。第一，外商可以投資網際網路，包括目前被禁止的網絡內容供應商，㊹這使得中國大陸網際網路將會面臨到更嚴峻的外來挑戰，過去，外商僅能投資於網路服務提供方面，不能投資於網路內容的供應。進入世貿組織後，外商可以進一步經營網路內容的提供，這勢必逐步提升外商在網際網路方面的主導優勢。

　　第二，美國電信公司在中共加入世貿組織時可擁有 49 ％電信企業股份，兩年內增加到 50 ％㊺。這使得美國電信業者可以完全控制中國大陸的電信公司，包括經營網際網路類的加值電信服務，具備在電信市場爭雄的能力。

此外，中共開放視聽相關產品之經銷權及電影院之擁有權與經營權，這包含：(一) 影院：中共將在 3 年內逐步開放，允許外資建設、更新、擁有及經營電影院的所有權。中共允許外資擁有不超過 49 % 的股權，(二) 影片：加入 WTO 後，中共每年進口影片將從 10 部左右提高到 20 部，在 3 年內達到 50 部，其中 20 部電影將採分帳制；(三) 錄音錄影帶等視聽產品：中國大陸允許有 49 % 的外國股權參與合作經營錄影和錄音帶等視聽產品銷售業㊻，這部分的開放將會大幅提昇外國媒介集團對內容市場的佔有率，並進而左右媒體的發展。

WTO 相關的規定對中國大陸的開放產生正面的影響，在《服務貿易總協定》中特別強調透明化的重要性，因為相關法規的不透明與其他形式的貿易障礙，在效果上並無不同㊼。上述原則的規定，將促使中國大陸網際網路相關的立法規範問題列入重大的議程，也將改變他們主要依靠內部行業部門的行政條令進行管理的做法。

根據《服務貿易總協定》之《電信服務附件》規定，只及於公共電信傳輸服務，而有線電視網絡則不包括在內㊽。根據中共對外貿易經濟合作部等單位在 2002 年 3 月公布新的「外商投資產業指導目錄」，新聞機構、廣播電台、電視台、衛星轉播站、廣播電視製作、出版、發行及播放公司、電影製片發行公司等均在禁止外商投資之列㊾。因此，中國大陸加入 WTO 後不會對外開放播放媒體，有線電視網絡運營基本上不受影響，根據各國通行做法，有線電視領域也不會向電信運營商對等開放。

為了配合在加入 WTO 相關談判中所作的承諾，中共必須配合進行廢除舊法、制訂新法的工作。2001 年 12 月 11 日，在中共加入世貿組織同一天，公佈即日起廢止 1993 年 9 月《從事放開經營電信業務審批管理暫行辦法》和（1995 年 11 月《放開經營的電信業務市場管理暫行規定》，該兩部法規一律不允許境外各類團體、企業、個人以及在大陸境內已興辦的外商獨資、中外合資和合作企業經營或者參與經營，也不得以任何形式吸引外資參股經營。之後，中共信息產業部在 2001 年 12 月 21 日公佈《外商投資電信企業管理規定》，允許外商投資的電信企業經營基礎電信業務和增值電信業務，惟外商投資電信企業是以中外合營的方式進行㊿。

　　有關衛星及有線電視方面，中共的開放措施仍不脫國家干預的色彩，廣電總局局務會議於 2001 年 12 月 11 日分別通過了《境外衛星電視頻道落地審批管理暫行辦法》及《城市社區有線電視系統管理暫行辦法》。前者對「境外衛星電視頻道落地」做了重大的改變，境外衛星電視頻道除在三星級以上涉外賓館飯店，及專供境外人士辦公居住的涉外公寓等規定的範圍落地之外，也可以在其他特定的範圍落地[51]，但是想要落地的境外衛星電視頻道應具備有相當的實力，且願意提供互惠互利的合作。該暫行辦法規定的條件包括：具有在本國（地區）電視媒體綜合實力及收視率排名前三名的實力；具備與中國大陸進行「互惠互利」合作的實力，承諾並積極協助中國廣播電視節目在境外落地。事實上，中國大陸在此之前與境外電視機構（例如，香港電視廣播公司、香港衛視、美國線上－時代華納）的合作就已經展現這樣的模式。

　　前項「審批管理暫行辦法」是建立法源依據，使得其他國家具備影響力的媒介集團也可按規範辦理，這樣的作法一方面可以稍微舒緩外來要求開放的強大壓力，另一方面也可以協助中央電視台海外業務的拓展。

　　後者「系統管理暫行辦法」則限制了「住宅小區」和機關、企事業單位宿舍等居民集中社區所設置的有線電視系統，上述社區有線電視系統只能接收、傳送衛星傳送的中央和省級電視台的節目，不得接收、傳送境外電視節目。這項暫行辦法應該是加強對城市社區接收、傳送衛星電視節目的限制，建立法源依據之後，政府可以據以嚴格執行，避免外來的滲透和影響。

　　總之，我們觀察到中共在加入 WTO 的談判中，對於網路服務及影視內容服務方面，確實承諾了相當程度的開放，並已經採取了具體作為，使得外國的影視集團可以經由申請進入中國大陸的市場。這些外國影視集團早已經透過各種或明或暗的途徑進入中國大陸，在加入 WTO 之後可以使它們正式的參與廣電媒體市場的活動，自由競爭，獲取利潤。

　　中國大陸基於對 WTO 會員國的承諾，在入會之後，廢除了不合時宜的法律命令，並配合制訂相關的法律命令。中國大陸在這方面的表現確實顯得相當誠意。

伍、中國大陸資訊化社會發展的契機

對中國大陸而言，加入世貿組織有其積極作用。從分析中，我們可以觀察到中國大陸重點扶植 12 個新聞網站，以及全力推動影視集團化，其目的是主動出擊，發揮全球的影響力。從全球媒體集團的角度看，以中央電視台爲中心的「中國影視集團」只是小型的集團。在瞭解實力不足的情況下，中共廣電部門主動協助，透過允許在境內「落地」的權利，交換主要世界媒體集團（香港電視廣播公司、衛視、美國線上－時代華納）協助中國影視集團在全球（特別是美國）發展。此外，該集團所屬的「央視國際網」不但是政府重點支持的新聞網站，也是最具有發展潛能的網站，因爲他擁有中央影視集團龐大的影視內容資源。儘管如此，中共當局的負責人或學者都具體指出，要防止外來的文化滲透、入侵，所以政府的干預似乎有其必要性。

在這樣的情況下，中國大陸在加入 WTO 的承諾中，有關傳播媒體的部分，一方面要展示其開放的誠意，另一方面也要保障廣電媒體的發展。在較爲開放的部分，主要是集中在網路服務的提供，允許外資進入電信業，包括加值電信服務（網際網路訊息及相關服務）的公司。此外，中共當局也開放民間非新聞性網站登載新聞資訊的業務；事實上，雅虎、新浪網等外資網際網路事業已經在中國大陸有了相當的發展。第三，中共當局對於電影院的經營管理、影片進口的數量、錄影和錄音帶等視聽產品銷售業等項目採取開放的態度，給予較大的發展空間。

部分學者認爲中國大陸官方的作法，是要把「境內的電腦網絡建成爲一個大的局域網（intranet），變成一個以政府骨幹網絡爲中心的「有中心」的網絡，以便於政府管理。

儘管如此，中共官方也對外資的電信業設定了最低資本額及外資比例等限制，不過，這些限制遠不及對於廣播電視業所設下的重重障礙。中國大陸對於透過網路傳播廣播電影電視類節目則有相當嚴密的規範。外國資本沒有資格設置網上廣播電視節目播出的設備，當然就無法經營這一類傳播廣播電影電視節目的業務。

　　針對其在加入 WTO 所作的承諾，中共當局在正式加入當天即廢止的許多相關的法律規定，並頒布了新的法律規定。中國大陸參與國際社會的活動已有相當長的時間，對於各項承諾自然會盡力完成，因此我們可以預見相關的立法工作仍然會持續進行。

　　在全球化的趨勢下，中國對加入 WTO 已經形成了共識，也展開抗拒外來文化力量滲透的因應工作。這些工作分成消極的防範和積極的協助兩大部分，消極防範方面，政府全面清查外資與私人資本介入大陸新聞媒體的工作，以及清除未經批准而設立的衛星電視接收設施；積極協助方面，重點協助 12 個新聞網站的發展以及力促組成中央和省級影視集團。

　　本文的分析否定了第一個假設「在全球化發展下，國家已經消逝，完全為其他團體所取代」，因為無論在加入世界貿易組織前後，中國大陸沒有其他團體可以取代政府部門，主導傳播媒體的發展。第三個假設「在全球化發展下，國家與國內外團體並行」也被否定，因為國內外團體雖然對決策有相當程度的影響，但仍未能和國家平起平坐。換言之，第二個假設「在全球化發展下，國家仍然是唯一重要的行為者」得到支持；國家一方面牢牢地掌握著廣電媒體，不允許外資，甚至私人資本的進入，另一方面國家透過各種手段，協助本國廣電媒體邁向集團化，並向海外發展。

　　第四個假設是，面對全球化所帶來的衝擊，國家在經過一段時間的保護政策後，會改採更自由、更開放的政策。本文針對電視媒體的研究發現，中國大陸對於電視及相關網際網路的管制在加入 WTO 之前，雖然給予高度保護，但是已經出現某種程度的開放措施；在加入 WTO 之後，中共當局開放的幅度更大，這部分支持第四個假設。

　　第五個假設是，不論是何種政體，各國政府設法適切地保護本國的電視事業。在加入 WTO 前後，中國大陸廣電行政部門持續保護廣電媒體，不允許外資進入，且積極的協助廣電媒體的發展，其主要原因之一就是在防止外國文化力量的影響。在這樣的情況下，第五個假設獲得支持。

　　就傳統而言，中共當局視媒體為「政府的喉舌」，採取嚴密管制，不容許民間資本或外資介入經營，中共廣電部門對電視的管制尤其嚴格，這會影響到

資訊化社會的發展。有趣的是，中國大陸對電信系統相對開放的態度，允許外國和民間資本的介入，這使得資訊化社會的發展有了一些機會。

根據本文的分析，全球化的發展對中國大陸的資訊化社會有了更大的發展契機，主要原因有三。第一，外資可以控制電信事業，包括網際網路事業，有了無遠弗屆的傳播管道，進行廣播電視節目以外的資訊傳布。第二，外國電視媒體挾其龐大的資源，開始進入中國市場直接形成挑戰，提供更多優質的電視節目，吸引更多的受眾。第三，中國大陸電視媒體爲了競爭，結合網路和集團化發展，形成了間接的影響。

加入 WTO 之後，中國大陸電視媒體市場似較以往開放，但是尙未達到結構性的變化，資訊化社會的發展仍然受到些許不利的影響，未來的走向如何仍有待持續對內部及外在環境的觀察。

　　　　　　　　　＊　　　　　　＊　　　　　　＊

註　釋

* 本文曾於民國 91 年 6 月 30 日在中華傳播學會 2002 年會中發表。

註① 涂瑞華譯，**傳播媒介與資訊社會**（台北：亞太圖書公司，1996 年），頁 83～89。（原書 Straubhaar, Joseph & Robert LaRose . *Communications Media in the Information Society*. Belmont, CA: Wadsworth, 1996.）

註② 明安香，「信息技術和信息社會」，參見明安香主編，**信息高速公路與大眾傳播**（北京：華夏出版社，1999 年），頁 19。

註③ 游琬娟譯，**資訊地球村**（台北：天下文化，1994 年），頁 77～79。（原書 Yoneji Masuda. *Managing in the Information Society*. Tokyo: Institute for the Information Society, 1980.）

註④ 明安香，前引書，頁 14。

註⑤ 楊忠川，「網際網路與全球資訊高速公路對電訊傳播管制政策的衝擊」，**新聞學研究**，55 期，民 86 年 7 月，頁 18。

註⑥ 徐偉傑譯，**全球化**（台北：弘智文化，2000 年），頁 238。（原書 Malcolm Waters. *Globalization*. New York: Routledge, 1995.）

註⑦ 李心源、高波，「網絡時代的電視生存」，參見周鴻鐸編，**網絡傳播與知識經濟**（北京：北京廣播學院出版社，2000 年），頁 29；閔大洪，「大眾傳播與國際關係——因特網」，參見劉繼南主編，**大眾傳播與國際關係**（北京：北京廣播學院出版社，1999 年），頁 116～117。

註⑧ United States Internet Council, *State of the Internet 2000* (Washington, DC: United States Internet Council, 2000), p. 13.

註⑨ 中國互聯網絡信息中心，**中國互聯網絡發展狀況統計報告**（2002/1）（北京：中國互聯網絡信息中心，2002 年），頁 5。

註⑩ 閔大洪，前引書，頁 120。

註⑪ 張海濤，「關於廣播影視的科技創新和事業建設」，**中國廣播電視學刊**，132 期，2002 年 3 月，頁 8。

註⑫ 呂郁女，「中國大陸電視媒體網際網路發展之策略與作為」，2002 **傳播管理研討會——網路傳播與經營管理**，民國 91 年 3 月 22 日，台北銘傳大學。

註⑬ Dean Baker, Gerald Epstein, & Robert Pollin. "Introduction," *in Globalization and Progressive Economic Policy*, pp. 1～34. Edited by Dean Baker, Gerald Epstein, and Robert Pollin (London: Cambridge University Press, 1998), p. 18

註⑭ David Hutchison, "Remoulding Public Service Broadcasting: The British Experience," *Canadian Journal of Communication*, 24 (1999), p. 7

註⑮ Baker et al, op cit., p. 19.

註⑯ 鄭武國譯，**第三條路：社會民主的更新**（台北：聯經出版社，1999 年），頁 35～36。（原書 *Anthony Giddens. The Third Way: The Renewal of Social Democracy*. New York: Polity Press, 1998.）

註⑰ 馮建三譯，**媒介經濟學**（台北：遠流出版社，1994 年），頁 25。（原書 Robert G. Picard. *Media Economics: Concepts and Issues*. Beverly Hills, CA: Sage, 1989.）

註⑱ Kenneth Dyson, & Peter Humphreys, "Introduction: Politics, Markets and Communication Policies," *in The Political Economy of Communications*, pp. 1~32. Edited by Kenneth Dyson & Peter Humphreys. (New York: Routledge, 1990), p. 1~3.

註⑲ Alan B. Albarran, & Sylvia M. Chan-Olmsted, *Global Media Economics* (Ames, Iowa: Iowa State University Press, 1998), pp. 332~334; Edward S. Herman, & Robert W. McChesney,*The Global Media* (London: Cassell, 1997), p. 8.

註⑳ 沈宗瑞、高少凡、許湘濤、陳淑鈴等譯，**全球化大轉變**（台北：韋伯，2001 年），頁 5~6。（原書 David Held, Anthony McGrew, David Glodblatt, & Jonathan Perraton . *Global Transformations: Politics, Economics and Culture*. New York: Polity Press, 1999.）

註㉑ Robert Gilpin, *Global Political Economy: Understanding the International Economic Order* (Princeton, NJ: Princeton University Press, 2001), pp. 390~391 .

註㉒ 沈宗瑞等，前引書，頁 7~8。

註㉓ 沈宗瑞等，前引書，頁 11~12。

註㉔ Robert T. Kudrle, "Three Types of Globalization: Communication, Market, and Direct," *in Globalization and Global Governance*, pp. 3~23. Edited by Raimo Vayrynen. (New York: Rowman & Littlefield, 1999), p. 5.

註㉕ Kudrle, ibid., p. 6.

註㉖ 相關規定包括中共國家廣播電影電視總局 1999 年 11 月 12 日發布的《網上播出前端的設立審批管理暫行辦法》、《經營廣播電視節目傳送業務審批管理暫行辦法》以及 2001 年 4 月 18 日發布的《有線電視視頻點播管理暫行辦法》。

註㉗ 郝曉鳴、李展，「傳播科技對中國大陸傳媒體制的挑戰」，**新聞學研究**，69 期，民國 90 年 10 月，頁 106。

註㉘ 經濟部國貿局網站，民國 91 年 3 月 18 日。

註㉙ 陸曄、夏寧，「WTO 背景下中國廣電業市場重組特徵與矛盾」，轉引自中國大陸視聯網（www. sdcatv.com.cn），2002 年 2 月 12 日。

註㉚ 宋秉忠，「時代華納明年一月登『陸』」，**中國時報**，民國 90 年 10 月 23 日，第 11 版；汪莉娟，「美國線上－時代華納、梅鐸新聞集團搶攻大陸市場」，**聯合報**，民國 90 年 10 月 25 日，第 10 版。

註㉛ 「TVB 與中央電視台合營頻道」，**聯合報**，民國 90 年 11 月 4 日，第 13 版。

註㉜ "STAR Granted Landing Rights for a New Channel in China," *STAR News Release*, December 19, 2001.（取材自 www.startv.com, March 18, 2002）

註㉝ 施鈺文，「中共擬在粵闢傳媒特區」，**中國時報**，民國 90 年 10 月 31 日，第 11 版。

註㉞ 「大陸清查外資介入媒體」，**中央日報**，民國 91 年 1 月 21，第 7 版。

註㉟ 「新聞媒體國家經營，中國官員細談新聞事業改革」，**中新網**，2002 年 1 月 16 日。

註㊱ 「中共將全面控管衛星接收器」，**聯合報**，民國 90 年 12 月 13 日，第 13 版。

註㊲ 黃俊泰，「中國大陸網絡傳播概況」，參見行政院新聞局主編，**中國大陸大眾傳播事業及其管理概況**（台北：行政院新聞局，民國 90 年），頁 310~311。

註㊳ 鄧炘炘。「網絡新聞傳播在中國：現狀與展望」，參見鄧炘炘、李興國編，**網絡傳播與新聞媒體**（北京：北京廣播學院出版社，2000 年），頁 58。

註㊴ 鄧炘炘，前引書，頁 56。

註㊵　田聰明，「認真學習貫徹江總書記的重要批示」，**中國廣播電視學刊**，109 期，2000 年 3 月，頁 9。

註㊶　徐光春，「關於廣播影視 "十五" 規劃和跨世紀發展」，**中國廣播電視學刊**，118 期，2000 年 12 月，頁 4。

註㊷　中共廣電總局網站，2002 年 1 月 20 日。

註㊸　朱劍飛，「電視媒體產業集團化進程的若干思考」，中國廣播電視學刊，114 期，2000 年 8 月，頁 8；吳暉、徐小多，「淺議廣電集團」，**中國廣播電視學刊**，114 期，2000 年 8 月，頁 28；李廣志、劉繼升，「新經濟與廣播電視集團化管理」，**中國廣播電視學刊**，117 期，2000 年 11 月，頁 17。

註㊹　經濟部國貿局網站，民國 91 年 3 月 18 日。

註㊺　經濟部國貿局網站，民國 91 年 3 月 18 日。

註㊻　同前註。

註㊼　羅昌發，**國際貿易法**（台北：月旦出版社，1996 年），頁 544～545。

註㊽　羅昌發，前引書，頁 628。

註㊾　周野，「中共頒佈新外商投資產業指導目錄」，**中國時報**，民國 91 年 3 月 13 日，第 11 版。

註㊿　經濟部國貿局網站，民國 91 年 3 月 18 日。

註51　根據 1993 年《衛星電視廣播地面接收設施管理規定》以及 1994 年《〈衛星電視廣播地面接收設施管理規定〉實施細則》，三星級或中國大陸國家標準二級以上的涉外賓館、專供外國人和港澳台人士辦公或居住的公寓可以申請接收境外衛星電視。請參閱呂郁女，**衛星時代中國大陸電視產業的發展與挑戰**（台北：時英出版社，民 89 年），頁 452～460。據此，中共當局每年定期發佈核准落地的境外衛星電視頻道名單，2001 年公布了 22 家可以接收的境外衛星電視，包括：美國有線電視新聞網（CNN）、家庭影院亞洲頻道（HBO）、CINEMAX 亞洲頻道（CINEMAX）、全國廣播公司亞洲財經頻道（CNBC）、娛樂體育節目網亞洲頻道（ESPN）、音樂電視亞洲頻道（MTV）、國家地理亞洲頻道（NGC）、衛視國際電影台（STAR MOVIE）、索尼動作影視娛樂頻道（AXN）、探索亞洲頻道（DISCOVERY）、豪馬娛樂電視網電影台（HALLMARK）、英國廣播公司世界頻道（BBC WORLD）、日本廣播協會收費娛樂電視頻道（NHK-WORLD PREMIUM）、日本娛樂電視頻道（JETV）、鳳凰衛視電影台、香港無線八頻道（TVB--8）、香港無線星河頻道（TVB-GALLAXY）、香港陽光文化頻道（陽光衛視）、香港世界網絡頻道（NOW）、澳門衛星電視旅遊台、澳門衛星電視五星台、澳門亞洲電視台。 請參閱北京市廣播電視局辦公室，《關於對北京地區衛星電視節目接收單位進行 2001 年度檢查的通知》，2001 年 4 月 9 日。

21世紀中國大陸資訊化發展的全球化接軌

彭 慧 鸞

國立政治大學國際關係研究中心第二研究所副研究員

摘　要

　　對於大多數國家而言，全球化最大挑戰是制度接軌的問題。在全球化的建制過程中，有些國家或有機會參與規範的制定，大多數國家幾乎無置喙之處，其差別在於是否掌握競爭優勢，而制度規範的主導者往往是掌握在少數競爭優勢者的手中。但是大多數國家的考驗是如何平順的在個別國家既有的制度架構中，融入，全球化所建立的建制當中，而後者則往往牽涉到國內政治與經濟之間的平衡問題。在平衡過程中所產生的衝突在社會主義轉型之經濟體中尤其明顯。中國在這場全球化的競技場上一方面保有威權政體的國家效能，同時又必須面對全球化市場的制度接軌，其結果就呈現出中國的經濟發展正處於國家與市場拉距中摸索前進的現象。2002年正式完成入世手續可說是中國社會主義市場經濟納入全球化市場經濟建制的開始，也是中國大陸前一階段制度調整接受考驗的開始。而其中又以知識經濟為導向的資訊化發展所面臨的制度接軌問題最為迫切，這對於資訊化發展仍在起步階段的中國而言，所面臨的挑戰尤其深遠。本文就是針對中國電信體制的全球化接軌、網際網路發展的全球化接軌、資訊化決策層級提升以及入世對中國資訊化社會發展的影響深入探討中國資訊化發展的制度接軌問題。

關鍵詞：中國大陸、資訊化、全球化接軌、電信體制改革、網際網路、數位落差、資訊化決策體系、農業資訊化

＊　　　　　＊　　　　　＊

「大力推進國民經濟和社會信息化，以信息化帶動工業化，發揮後發優勢，實現社會生產力的跨越式發展」
　　　　　　　　　　　　　　　　　　——中共十五屆五中全會
「統籌規劃、國家主導、統一標準、聯合建設、互聯互通、資源共享」
　　　　　　　　　　　　　——中共中央資訊化建設二十四字方針

壹、前　言

　　就廣義而言，全球化只是人類互動網絡同時跨越全球不同地區的一種現象，包括資金、商品服務、資訊和人員等的流通網絡的建立，以及環境、生態的相互影響等都是屬於全球化所涵蓋的範圍①。回顧人類社會的發展，「全球化」的現象可以回溯到殖民時代，透過霸權政治的強制執行形成了以霸權文化爲核心的全球化的雛形，所有這些全球化現象之所以能夠在 20 世紀末開始快速擴散，主要是拜資訊科技發展之賜。20 世紀末的資訊科技發展將人類社會帶向一個無疆界、無距離、無時差的虛擬世界中。資訊化發展透過網際網路的普遍化擴大了資訊掌握的時效性與普及性，使得資訊的流通從少數壟斷發展到普遍共享，國際關係與國內政治也從兩極化和威權結構體系落實到真正的多元化的國際與國內社會結構，進而加速了人類社會全球化的發展。由資訊化所帶動的全球化不同於殖民時代的霸權文化，前者提供了多元文化同時呈現的全球化網路平台。只要具備了資訊基礎能力，小國也可以在全球化的網路平台中進行知識的生產、應用和傳遞。從歐美資本主義工業先進國家到開發中國家的中國，暫且不論意識型態或經濟發展階段②，全球化已經是跨文化的普世現象。

　　資訊化之所以受到普遍重視的原因在於其本身具備了包括知識的生產、應用、傳遞等全方位工具性價值。它同時可以是一種經濟行爲、社會行爲和政治行爲。經濟方面的價值在於，資訊科技有助於加速產業改造與調整以及交易便捷化。社會方面的價值表現在資訊與知識傳遞的普及效果。政治行爲方面的影響在於其促成權力重分配以及行政效率提升的工具性價值。在全球化的帶動下，資訊化發展獲得了各國政府重要的支撐。因此資訊化與全球化有如自行車的兩個踏板，在發達國家和跨國企業的帶動下，各國正以不同的速度朝向知識

經濟和資訊化社會發展。然而不可諱言的，資訊化高速發展的過程中同時也浮現了不均衡發展的問題。大自國與國之間小至一國之內城鄉之間都呈現不同程度的數位落差 (digital divide) 問題。資訊發展不均衡現象和傳統不均衡現象最大的不同是，前者同時普遍存在已開發和開發中國家之中。

中國大陸的資訊產業起步雖不晚，但是和發達國家間仍有四大差距③，一是中國在資訊技術領域的一些關鍵性技術還是落後，目前國內生產的 IC 產品只能滿足中國市場的 20 ％左右，軟體產品也只能滿足市場需求的 30 ％。二是資訊產業對中國經濟社會各領域如工業、農業、服務業等的滲透仍不足。三是產業結構還不盡合理、企業規模小、效益不高，重複分散，缺乏競爭力。四是管理體制與政策法規環境上仍存在與資訊業高速發展不適應的問題。除此之外，中國大陸內部也存在數位落差(數字鴻溝)問題，無論是資訊基礎建設或資訊應用能力都呈現明顯的東西差距和城鄉差距。換言之，中國大陸和大多數發展中國家一樣都同時面臨全球性或地區性的數位落差問題。

開發中國家的資訊化的發展不同於工業先進國家，後者是在工業發展成熟之後，先有資訊產業的發展才進入資訊應用普遍化的發展。對於中國大陸而言，受到經濟全球化的影響，資訊化發展的進程基本上和工業先進國家同步在進行④。1980 年代改革開放之後，適逢工業先進國家啓動電信自由化和資訊應用普遍化發展的時期。就積極面而言，中國大陸可以跨越技術發展初級階段，直接引進成熟的技術，加速資訊應用普遍化的發展。就消極面而言，由於中國本身資訊應用技術發展仍在起步階段，入世之後相關產品和服務市場將面臨開放競爭的壓力。因此，如何避免在全球化發展中被邊緣化，掌握全球化所帶來的有利因素，找到所謂「後發優勢」的發展捷徑，其關鍵則在於中國面向全球化的制度接軌（以下簡稱全球化接軌）問題。

國內探討中國全球化研究文獻已有不少，包括對大陸學者觀點的研究、區域經濟問題的探討、國家角色分析、民族主義等問題的研究⑤。本研究擬從資訊化發展層面探討中國面對全球化的所無可避免的制度接軌問題。事實上，全球化對中國的影響不是入世之後才開始，自從中國實施改革開放政策以來，全球化對中國的影響始終未曾間斷過，只是影響的程度和幅度正由小而大，由淺入深的快速擴張中，2002 年正式完成入世手續可說是中國社會主義市場經濟

納入全球化市場經濟建制的開始，也是中國大陸前一階段改革開放成果面對考驗的開始。而其中又以知識經濟爲導向的資訊化發展所面臨的制度接軌問題最爲迫切，這對於資訊化發展仍在起步階段的中國而言，所面臨的挑戰尤其深遠。以下將針對中國大陸電信體制的全球化接軌、網際網路發展的全球化接軌、資訊化決策層級以及入世對中國大陸資訊化社會發展的影響深入探討大陸資訊化發展的制度接軌問題。

貳、電信體制的全球化接軌

一般而言，資訊化社會的兩大基石包括電信基礎建設和網際網路的普及應用。就資訊化發展進程而言，電信自由化是開啓資訊全球化的重要里程碑，因此中國資訊化發展和其電信全球化接軌能力息息相關，而後者則與電信自由化之間有密不可分的關係。回顧全球電信自由化的歷史，隨著資訊技術與網際網路的普遍應用，百年來長期由政府自然壟斷的電信部門，就在 1980 年代開始面臨開放競爭的市場衝擊。主要電信大國如美國、日本和英國紛紛率先進行內部的電信自由化，到了 1980 年代末期，在全球電信自由化的市場誘因帶動下，美國所主導的雙邊電信談判正式展開，在美國綜合貿易法案的制裁壓力之下，日本、南韓和台灣陸續與美國進行電信市場開放之貿易談判⑥。1993 年「關貿總協定」(General Agreements on Tariff and Trade, GATT) 烏拉圭回合談判完成之後，更進一步將基本電信 (Basic Telecommunications) 自由化納入 GATT 談判議程，歷經 2 年 10 個月，主要開發中國家如中共、印度、東協和拉丁美洲國家都陸續承諾以不同時程展開各自的電信自由化⑦。中國就是在 GATT 基本電信談判之前的 1989 年開始電信改革「三步走」，從政企分開、郵電分營到電信重組，逐步朝向電信自由化目標進行制度變革⑧。

一、中國電信體制的改革過程

回顧改革開放以前的中國電信發展，當時爲了有效控制社會內部的人際互動，並不鼓勵一般私人使用電信設施。當時的電信業管理和運行機制是在計劃經濟條件下建立起來的。因此在沒有競爭的環境下，企業缺乏加強管理、提高

效率、改善服務的積極性和緊迫感⑨。直到 1979 年中共採行經濟改革開放政策之後，電信發展開始受到重視。鄧小平便首先提示，「先把交通、通訊搞起來，這是經濟發展的起點。⑩」接著 1984 年中共中央、國務院提出一系列扶持通信發展的政策，除了收取電話初裝費⑪、減免關稅、加速折舊之外，確立「國家、地方、集體、個人一起上」「統籌規劃、條塊結合、分層負責、聯合建設」的原則方針，促使各級地方政府積極支持通信基礎設施建設。然而相對於其他國家的電信基礎環境，中國大陸的電信基礎設備普遍落差太大，因此「跨越式」發展途徑成為中共中央加速電信基礎建設的唯一選擇。譬如，由國家主導，通信技術上直接投入程控電話交換機的研發與生產，同時積極在電信基礎設備欠缺的地區鋪設光纖光纜取代舊式的同軸電纜。在設備取得途徑方面中透過直接採購、合資生產與自主開發三個層次同步進行的政策，藉以帶動大陸通信設備製造業的結構調整和產品升級⑫，為市場開放競爭預作準備。

　　在體制改革方面，中國大陸的通信發展雖然從改革開放之初便獲得中共中央的重視，但是「中國電信」在政府長期保護之下，對提升產業競爭力和服務品質的意願與能力都嫌不足。因此，1989 年中共中央提出電信業改革「三步走」的構想。第一步把施工、器材、工業等支撐系統分離出去；第二步將電信業務管理從政府職能中分離出去達到政企職責分開；第三步進行郵電分營與電信重組實現政企分開⑬。其中又以第二及第三步所產生的電信市場與體制結構上的調整意義尤其重大。在電信市場結構調整上，依據國務院 1993 年「國發『1993』五五號文件」，第一次正式允許非電信企業進入電信業務，稱為放開電信業務。同時依據該文件，由中共電子部、電力部和鐵道部聯合組建的「中國聯通」公司也正式成立。另一方面，原屬於郵電部內負責全大陸電信業務管理營運的國家電信總局，也在一九九四年從郵電部中獨立並登記為企業法人亦即所謂的「中國電信」。

　　除了電信市場的結構調整之外，政府組織再造也對中國大陸資訊化發展產生重大的影響。配合 1998 年 3 月全國人大通過的機構改革方案，郵電部、電子部和國家無線電管理委員會正式合併為信息產業部，達成所謂的「郵電分營」。而新成立的信息產業部負責整體規劃、市場監督、政策指導、資訊提供、以及電信服務業者及電信製造業者的發照作業。雖然經歷「政企分家」、

「郵電分營」和組織再造，事實上政府介入「中國電信」的狀況依舊，如人事任命、機構設置、投資權力等仍控制在上級主管部門，尤其是信息產業部手中⑭。因此球員兼裁判的問題將成為中國入世之後，依據承諾陸續開放電信市場的過程所必須面對的問題。

二、資訊基礎建設的成長超越制度改革的速度

正如其他部門的建設，相對於制度調適的緩步落後現象，資訊基礎建設的成長則普遍超前。例如，連接全國 28 省 (自治區、直轄市) 的「八縱八橫」光纖傳輸網，共 100 萬公里的建設比預計的時間提早兩年在 1998 年底完成。在通信設備相關的產能方面，屬於個人電腦與通訊產品等投資類產品的成長率，高達 57.2 %。其中行動電話的產值成長達 180 %，銷售的成長則有 150 %⑮。

在用戶端成長方面，就大陸近年來的電話用戶發展速度來看，依據信息產業部的統計資料，改革開放初期，1979 年大陸的電話用戶只有 203 萬戶，1992年才達到一千萬個用戶。但是隨著中共中央重點發展電信基礎建設的政策帶動下，6 年之內電話用戶增加到 1998 年的一億戶。目前大陸已經是全球第二大通訊固定網與行動網市場，總計有 2 億 1 千多萬名用戶，通訊市場的規模與用戶量，預計將會超過美國，成為全球第一⑯。

就企業營收來看，一般國營企業的經營困境似乎不存在電信產業，大陸電信市場的快速成長連帶使得相關電信國營企業獲得前所未有的營收利潤。依據中國國家經貿委公佈 2001 年前 10 個月十大行業重點國企營利狀況顯示，四大電信企業 (中國電信、中國移動、中國聯通、中國衛星) 的營利所得為 615.3 億元人民幣，佔全部國家重點企業利潤總額的 30.8 %，增長了 29.3 %；而四家電信企業同期的營業額為 2727.7 億元，增長 13.9 %，高於國家重點企業平均增長水平 3.1 個百分點⑰。就如同許多開發中或新興工業國家的電信體制改革初期，總是受到歷史制度結構因素的影響，原國有電信事業單位在市場開放之初，總是享有一定的優勢。中國大陸四大電信企業之中又以中國電信的市場佔有率最高，其營收比例超過了 95 %，遠高於其它三者。顯示市場結構只是從一家獨占調整為一家獨大的局面，距形成競爭市場仍有一段不小的距離。

叁、網際網路發展的全球化接軌

一、中國網際網路的發展

電信基礎建設提供資訊化發展的硬體環境，而網路技術的普遍應用則是資訊化發展或建立資訊化社會所必備的基本條件，依據中國電子商務藍皮書的研究報告，中國社會資訊網絡化大致可分為四個歷史增長階段⑱，每一階段都有不同的發展重點和制度調適。(表一) 從四個階段的發展重點來看，中國資訊化發展是由上而下的摸索階段開始，第一階段由國家提供資金和主管部門的組織佈局，第二階段則提升決策層級，同時鼓勵民營企業進入市場，第三階段開始是網路發展的重要關鍵時期，就在 1998 年政府改造成立信息產業部的同時，(表一) 也是中國網民快速增長的一年。(表二) 接著 1999 年展開的「政府上網」和 2000 年展開的「企業上網」工程。2001 年中共中央將工業化與資訊化並進作為「十五計畫」的重要戰略。並以資訊化帶動工業加速中國大陸整體經濟發展進程，作為中國大陸資訊化工程進入 21 世紀之後的基本戰略方向。

表一　中國社會資訊化與資訊社會化的四個階段

第一階段 (1985～1989) 由上而下的摸索階段	「863計畫」完成資金上的準備，「國家信息中心」及「國家信息系統」的建立，完成了組織上的準備。地方上出現各種信息中介組織完成了局部市場上的準備
第二階段 (1995～1998)： 上下獨立的啟蒙階段	國務院成立以國務院副總理主持，各部部長為支持的「國務院信息化領導小組」，完成了自上而下的行政啟蒙。地方上則有瀛海威、深圳訊業、實華開網吧為代表的民營企業。
第三階段 (1998～2000) 自下而上的沖擊階段	全球網路熱，大陸網民人數快速成長，對政府和中國社會造成巨大衝擊。成立「全國企業資訊化工作領導小組」，由國家經貿副主委萬鵬任組長，信息產業部副部長呂新奎及科技部副部長徐冠華任副組長。
第四階段 (2001～)： 上下互動的崛起。	十五計畫中信息產業部等各部委全面介入並推動中國社會資訊化網路。大量國有企業及跨國公司全面跟進。

資料來源：同註⑱。

表二　中國大陸網民人數成長統計資料

調查統計結果發布日期	網 民 人 數
1997/10	620,000
1998/7	1,175,000
1999/1	2,100,000
1999/7	4,000,000
2000/1	8,900,000
2000/7	16,900,000
2001/1	22,500,000
2001/7	26,500,000
2002/1	33,700,000

資料來源：作者整理自中國互聯網絡信息中心歷年統計資料。http://www.cnnic.net.cn/develst/report.shtml

從中國網際網路發展的軌跡來看，鐵路是電腦網路建設的始祖(1984)，其次中國民航的網路旅客服務系統的建立 (1989)。清華大學與加拿大 UBC 大學首開電子郵件互連系統(1988)。1990 年中國正式以CN域名登記註冊，開始國際電子郵件服務。1994 年中國科學院高能物理研究所則設立了第一套網頁。1995 年中國電信以接通美國的 64K 專線對社會提供網路接入服務。1996 年公用電腦網路 CHINANET 正式提供入口網站服務。爲後續政府上網、企業上網和家庭上網奠下重要的基礎。

二、數位落差形成網際網路普及化發展的障礙

網際網路發展往往和資訊化水平有關，資訊化水平高的地方網際網路的發展快速，否則將落後。1997 年國務院資訊化工作小組在全國工作會議上提出的國家信息體系框架，中國大陸各省市資訊化水平指數大致可以從六個要素進行評比：一、信息資源開發利用；二、資訊網絡建設；三、資訊技術應用；四、資訊產業發展；五、資訊化人才；六、資訊化發展政策法規和標準。以上六個要素所代表的意涵如表四。依據此一要素統計分析獲得表五的全國各地資訊化程度的評比。由評比表中也不難看出中國大陸普遍存在資訊發展不均衡的信息落差問題。北京的資訊化指數遙遙領先，即使是上海與北京間也有一段不小的差距。

表三　中國資訊與網路產業大事紀⑲

1984	鐵路系統計算機網絡建設首先在北京、濟南、上海鐵路局建成
1988	清華大學校園網與加拿大 UBC 大學相連，開通電子郵件
1989	中國民航形成分佈全球的計算機聯網旅客服務系統
1990	中國正式在國際互聯網絡信息中心的前身 DDN-NIC 註冊登記中國域名 CN，開始國際電子郵件通信服務。 中國國內第一條長距離光纖光纜幹線完工。
1993	「國發『一九九三』五五號文件」 推動國民經濟資訊化的三金工程(金關、金橋、金卡)
1994	中國被國際上正式承認為有 INTERNET 的國家，中國科學院高能物理研究所設立第一套網頁。 「中國電信」從郵電部獨立完成企業法人登記 「中國聯合通信有限公司」成立
1995	「中國電信」開通接入美國的 64K 專線，並通過電話網，DDN 專線及 X‧25 網等方式向社會提 INTERNET 接入服務
1996	中國公用計算機互聯網 (CHINANET) 開始提供服務
1997	公安部發布由國務院批准的「計算機信息網路國際聯網安全何護管理辦法」 「中國電信」在香港紐約証券市場掛牌上市
1998	郵電部、電子部、國家無線電管理委員會合併成為信息產業部 國家經貿委和信息產業部聯合宣布電子商務的「金貿工程」正式啟動。 「八縱八橫」光纖傳輸網完成。
1999	中央發起「政府上網」工程正式啟動。 「中國電信」改組為傳呼、行動通信、中國電信、衛星通信四大公司。 設立「中關村科學園區」
2000	中國電信發起「企業上網」工程正式啟動。 中國移通、中國電信兩大電信運營集團正式成立。 頒佈「鼓勵軟體產業和 IC 產業發展的若干政策」⑳ 2000/9/25 公布「中華人民共和國電信條例」 2000/10/1 公布「互聯網信息服務管理辦法」
2001	十五計畫確立國家未來資訊技術發展目標和重點㉑

資料來源：作者自行整理。**參考中共新華社經貿資訊**，2000 年 8 月 21 日，頁 4。**中國電子商務藍皮書** (2001)
　　　　(北京：中國經濟出版社，2001)，頁 12～20；彭慧鸞，「從大陸參與 APEC 電信合作機制探索兩
　　　　岸行政幕僚合作的空間」，APEC **與兩岸關係發展之研究** (中華台北 APEC 研究中心，台灣經濟研
　　　　究院，國立政治大學國際關係研究中心，2001 年 9 月)，頁 106～111。

表四　資訊化六個要素指標意涵

要　　素	指　標　內　涵
信息資源開發利用	每千人廣播電視播出時間 每萬人圖書、報紙、雜誌總印張數 每千人 www 網站點數 每千人網際網路使用數據流量 每人平均通話次數
資訊網路建設	每百平方公里長途光纜長度 每百平方公里微波通信線路 每百平方公里衛星站點數 每百人擁有電話(含行動電話)數
資訊技術應用	每千人有線電視用戶數 每千人局用交換機容量 每百萬人網路用戶數 每千人擁有電腦數 每百戶擁有電視機數 每千人擁有信用卡張數
資訊產業發展	每千人專利權授權數 資訊產業增加值占 GDP 比重 資訊產業人數占全社會勞動力人數比重 資訊產業出口對占出口總對比重 資訊產業對 GDP 增長的直接貢獻率
資訊化人才	每萬人大學生數 資訊化相關專業在校大學生數占比重 每萬人擁有科技人員數
資訊化發展政策	研究與開發經費支出占 GDP 比重 資訊產業基礎設施建設投資占全部基礎設施建設投資比重

資料來源：作者整理。參考註⑱，頁 **189**。

表五　1998 年中國大陸全國各地區資訊化六個要素指數㉒

地　區	總指數		第一要素		第二要素		第三要素		第四要素		第五要素		第六要素	
	位次	指數值	位次	指數值	位次	指數值	位次	指數值	位次	指數值	位次	指數值	位次	指數值
全國合計		25.89		33.18		17.26		36.71		46.39		10.29		18.07
北　京	1	89.87	2	77.58	4	56.88	1	123.40	1	103.17	1	96.51	1	75.84
上　海	2	71.83	1	92.96	1	127.94	2	104.37	15	40.12	2	65.24	20	14.52
天　津	3	48.04	12	44.00	8	42.33	3	66.61	2	87.36	3	41.55	12	19.73
福　建	4	40.14	5	64.95	10	37.97	9	39.96	5	59.13	26	4.07	2	49.00
廣　東	5	39.03	3	77.57	6	45.83	4	55.39	13	40.90	14	9.35	18	17.60
吉　林	6	37.48	8	53.76	24	19.34	8	41.53	8	43.24	5	22.06	10	20.74
陝　西	7	36.94	20	24.04	7	43.98	22	31.10	4	64.09	8	16.23	3	39.63
遼　寧	8	36.02	7	60.30	9	38.48	14	42.46	14	40.28	4	22.86	13	19.56
浙　江	9	33.03	4	72.13	11	37.57	5	48.41	26	26.69	21	5.18	15	19.03
江　蘇	10	32.47	11	45.18	14	35.80	10	37.71	24	29.85	6	17.06	5	30.99
海　南	11	31.38	6	61.02	13	36.74	28	24.87	10	42.72	20	6.20	29	7.19
重　慶	12	30.18	29	8.30	2	71.02	7	42.27	12	41.37	16	9.20	11	20.00
山　西	13	29.23	9	46.35	18	31.09	12	36.12	17	38.60	7	16.88	26	10.58
黑龍江	14	28.09	10	45.44	26	14.42	13	35.78	19	36.49	10	14.98	7	26.40
寧　夏	15	27.92	13	42.14	25	19.00	14	34.83	11	42.47	11	11.80	16	18.67
湖　北	16	26.64	18	25.62	3	57.87	26	34.20	27	25.17	17	9.03	17	18.66
江　西	17	26.38	25	14.83	19	29.83	19	32.62	6	55.07	25	4.46	4	31.67
湖　南	18	23.40	30	3.34	12	37.52	24	30.36	9	42.85	27	3.94	6	30.32
內　蒙	19	22.83	14	41.24	28	3.43	21	31.53	20	35.54	18	8.09	25	11.98
新　疆	20	22.78	19	24.32	29	3.42	15	34.35	3	75.41	9	15.27	27	8.66
山　東	21	22.66	22	20.94	20	29.50	11	36.91	29	21.48	13	10.10	21	14.26
河　南	22	22.33	17	25.91	17	31.15	20	31.59	21	34.35	22	4.72	24	12.64
青　海	23	21.54	16	33.59	30	1.88	25	29.27	16	39.26	12	10.36	28	7.53
四　川	24	21.31	26	13.43	23	21.03	17	33.59	25	28.53	19	7.84	8	26.13
河　北	25	19.95	21	23.18	21	25.35	18	33.22	18	36.53	24	4.48	30	4.68
安　徽	26	19.58	24	18.48	22	23.28	23	30.56	22	34.11	23	4.53	19	14.62
廣　西	27	19.05	27	12.13	15	35.01	27	26.88	23	30.89	30	2.28	23	13.89
甘　肅	28	17.74	23	18.97	27	10.50	26	27.15	30	17.47	15	9.22	9	21.66
貴　州	29	17.66	31	1.39	5	52.73	30	19.19	31	3.19	28	3.73	14	19.29
雲　南	30	16.37	28	9.74	16	32.67	29	20.37	28	24.14	29	2.43	22	14.06
西　藏	31	13.03	15	34.65	31	0.09	31	1.88	7	52.95	31	1.21	31	2.80

註：第一要素為資訊資源開發利用，第二要素為資訊網絡建設，第三要素為資訊技術應用，第四要素為資訊產業發展，第五要素為資訊化人才，第六要素為資訊化發展政策。

　　此資訊發展不均衡所形成的所謂「數位落差」也可以說是資訊掌握能力上的貧富差距，這和傳統上所強調的財富分配不均實有其本質上的類同。兩者都因為「生產工具」的掌控能力落差所造成。這是資本主義市場經濟發展過程中所衍生的問題，在現今資訊化快速發展的時代，各國將同時面臨國內與對外的數位落差問題，在中國自然也不例外。以中國與美國的數位落差來看，1995年兩國的網民人數差距不大，但是2000年的網民人數則明顯拉大。(表六) 再就兩國社會資訊化程度相比較，有中國學者甚至認為中國社會資訊化程度僅處於美國60年代初的水平㉓。

表六　1995~2000年中國和美國的網民數落差

	中國	美國	中美落差
1995年底網民數	8萬人	600多萬人	592萬人
2000年中網民數	1000萬人	1.37億人	1.27億人

資料來源：作者整理。參考註㉓。

　　雖然依據第七次和第九次中國互聯網絡信息中心調查報告統計資料顯示，中國大陸上網人口正快速增長，從2001年1月的2250萬人，增加到2002年2月的3370萬人㉔，但由於中國大陸各地資訊化發展的程度不同，也就是普遍存在信息落差問題㉕。以 CN 域名的地域分佈來看，域名數量最多的北京有42602個占33.8％，最少的青海則只有112個占0.1％。再就用戶的地域分布來看，北京占9.8％，青海占0.2％，西藏更只有0.1％，落差達將近100倍㉖。比較值得關注的是工業重鎮天津的域名佔全國比重也只有1.161％，比雲南高不了多少。顯示數字鴻溝是全國性而不只是地域性的問題㉗。

　　有鑑於中國內部資訊化發展的嚴重落差現象，2000年9月和11月中國國家主席江澤民在聯合國和 APEC 領袖會議上，先後兩次提出「數字鴻溝」(數位落差) 將拉大貧富差距的問題。2001年3月信息產業部在北京特別召開了「數字經濟與數字生態2001年中國高層年會」，會後，信息產業各部門、各行業企業以及相關研究分析機構組織了跨領域的「數字聯盟」，旨在消除中國

與工業先進國家之間，以及中國東、中、西部之間，不同行業、企業之間，乃至於不同社會群體之間在資訊技術應用方面的差距，努力填平它們之間的數位落差。

數位落差已經成爲資訊化社會的普遍現象，就像是所有人類發展進程中所必然產生的不均衡問題，而此種不均衡問題將成爲全面發展資訊化社會的重大制約因素。中國「十五計畫」中特別以西部地區資訊基礎建設和資訊技術應用在改造傳統產業結構上的作用，希望能加速彌平東西發展的落差。在具體措施上則採取大力發展資訊技術和產業，使之成爲新的增長點，同時利用資訊技術改造和提升傳統產業的結構和素質，促進經濟結構調整以及產業結構和產品結構升級㉘。這種以資訊化帶動傳統產業結構改造彌平數位落差的戰略，最大的考驗在於主管部門事權協調與整合。事實上，跨部門整合協調將是資訊化社會發展的必然趨勢，但也因此部門利益衝突的問題將日益突顯，中國資訊化政策的決策體制面臨考驗。

肆、提升資訊化決策層級因應全球化競爭

對各國政府而言，資訊化的魅力不僅僅在於資訊產業本身的發展，以中共中央的說法，資訊化更是「推進國民經濟和社會信息化，以信息化帶動工業化，發揮後發優勢，實現社會生產力跨越式發展」的必要途徑。因此，就實際政策執行面來看，資訊化發展的決策體制不應該局限於資訊產業主管部門，它需要一個更高的決策層級才能發揮所謂「統籌規劃、國家主導、統一標準、聯合建設、互聯互通、資源共享」的國家效能。(圖一)

從中國大陸網際網路發展的軌跡來看，1993 年是重要的分水嶺。除了「三金工程」的正式展開之外，1993 年底，中國成立了以國務院副總理擔任組長的「國務院信息領導小組」，提升資訊化發展的決策層級，主要協調規劃全國資訊化工程的建設管理，確立了網際網路在中國發展的基本框架和方針政策。然而由於資訊化工程牽涉不同產業部門，正如中國國務院資訊化領導小組辦公室主任宋玲所稱，中國在推進資訊化過程中，正出現各行業、各部門、各企業

從自身利益出發，紛紛建起各自的資訊系統的現象，既不能相互融合，又無法做到資源共享，實際上形成一種「信息割據」的局面㉙。不同部門利益如何整合已經成為資訊化社會發展最關鍵的問題。

圖一　中國資訊化決策體系

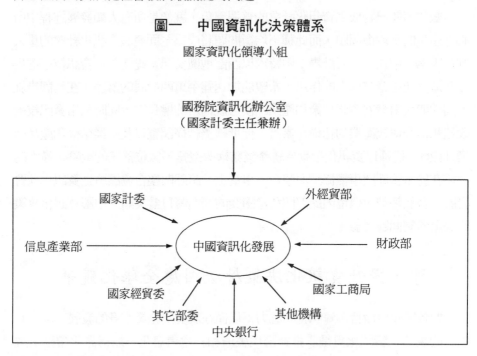

資料來源：參考**中國電子商務藍皮書**（2001），（北京：中國經濟出版社，2001），頁21。

就中共政府組織架構來看，凡是冠「國家」之名的決策領導小組，在國務院中的「規格」特別高，決策領導小組是直接向總理負責，「規格」高的領導小組都是由總理兼任組長㉚。因此2001年12月，中共中央在國務院設立「國家資訊化領導小組」正說明了中共中央對此一政策議題的重視程度，該小組的組長是朱鎔基總理本人，副組長為國家副主席胡錦濤、政治局常委兼常務副總理李嵐清、政治局委員兼宣傳部長丁關根、政治局委員兼副總理吳邦國、計委主任曾培炎。新的小組取代了國務院副總理吳邦國任組長，信息產業部長吳基傳任副組長的「國務院資訊化領導小組」，由國務院總理直接領導，將使中共

中央更容易而有效地協調不同政府部門，執行國家資訊產業政策㉛。該領導小組的主要職責是：組織協調國家電腦網絡與信息安全管理方面的重大問題；組織協調跨部門、跨行業的重大資訊技術開發和資訊化工程的有關問題等。領導小組下設「國家資訊化辦公室」，由具有工科背景畢業於清華大學電子系的國家計委主任曾培炎出任該辦公室主任，負責執行中央推動資訊化相關政策及措施。

　　相對於過去所扮演的角色地位，在資訊與通信結合的技術應用發展以及電信市場開放國內競爭的環境趨勢下，信息產業部在資訊化決策系統中的重要地位也產生了微妙的變化。從政商關係的角度分析，中國網通等中國新興的電信企業，是推動「國家資訊化領導小組」的幕後主要力量。因為他們認為信息產業部庇護中國電信集團，中國移通及聯通等公司，以維護自己的利益㉜。從制度面來看，該小組的成立可以打破電信行業受長期壟斷的不對稱制度結構，營造一個較有利於市場競爭的制度環境。再者從業務管轄權的劃分來看，以現有的多個固網為例，鐵路、交通、能源等多個部門均擁有自己的專業通訊網路，受到部門本位主義的限制，信息產業部難以有效整合這些資源，因此所謂重複建設的問題無法獲得改善，造成資源的浪費。

　　技術層面的問題也使得信息產業部政策主導能力受到質疑。最明顯的例證就是有關無線通訊中涉及的無線電頻率問題，由於許多無線電頻率由軍方控制，信息產業部也經常莫可奈何㉝。又如信息產業部與國家廣電局工作無法協調，造成重複建設，管理混亂的局面，其中「三網合一」即面臨部門無法協調而推行受阻，影響資訊化發展的問題。諸如此類問題將層出不窮，解決之道是提升決策層級，因此國家計委的角色日益重要。2000 年國家計委主動向中央提出，把信息產業部分職能轉移到國家計委㉞，以及撤銷國家資訊產業和國家廣電總局的可能性及設計有關方案，並研究按入世的規定，設置獨立的電訊監管部門，亦即信息產業部的通信管理局將可能獨立出來，以監管電訊企業、頻譜分配、發照等工作㉟。以上這些因素將使得中共中央全面主導其資訊化發展因應全球競爭的趨勢越來越明顯。

伍、入世對中國大陸資訊化社會發展的
機遇與挑戰

全球化的發展趨勢從 20 世紀末開始受到各國政府的重視，而世界貿易組織的正式運作更是貿易全球化進入制度化機制的具體表現。入世意味著成員國對制度調整的承諾，也是中國改革開放與全球化接軌的重要里程碑，這對中國資訊化社會發展既是機遇也是挑戰。尤其是資訊技術應用與發展的核心技術的掌握，以及包括智慧財產權的保障、電子商務法規環境的建立，以及資訊控管問題都是中國建立資訊化社會所面臨的重要挑戰。

一、入世對大陸資訊產業發展的影響

大陸資訊產業目前所面臨的基本問題在於，大多數企業並沒有掌握足夠的核心技術，而且大陸相關產業和投資者也出現了追捧、跟風的現象。大陸現行科研體制對研究成果商品化仍缺乏有效的促進機制，導致科研和產業之間存在有相當大的瓶頸，因此在入世之後將呈現核心技術仰賴進口，以及本土資訊服務部門欠缺競爭力的的普遍現象㊱。就以號稱是中國大陸矽谷的北京中關村為例，中關村地區匯集了 230 多所各級科研機構和 70 所高等院校，聚集了中國 1/3 以上的兩院院士和高比例的高級專業技術人才，並在電子信息、生物工程、光機電等高新技術產業具有領先地位，同時擁有聯想、四通、方正、紫光等著名高新技術企業。從早期的「電子一條街」、1988 年設立的全國第一個國家級高新技術產業開發試驗區，發展到 1999 年成立的「中關村科技園區」，作為推展知識經濟中心的示範區。然而，據北京中關村管委會的最新統計資料顯示，在中關村科技園區已入駐的近萬家企業當中，三資企業與股份制企業佔中關村全部收入的九成，三資企業的出口創匯佔園區出口總量八成㊲。顯示大陸本土資訊產業的相對弱勢。

入世之後，在 WTO 的市場自由化規範下，受到影響的大陸資訊相關產業大致包括個人電腦、通信設備製造業、通信服務業以及網路服務業等項目。屬

於個人電腦相關的硬體產業部門，由於開放較早，將因入世而取得更多的海外市場商機。軟體產業部門將使得中國大陸既有的人才資源獲得更得先進的開發技術。至於通信設備製造業方面則出現部份產品類仍是高度依賴進口，雖然近年來行動電話產值快速增長，但仍有 90 ％以上的市場由外國品牌所佔有。但也有其它一些通信設備製造業者如「巨龍」、「大唐」、「中興」、「華爲」四大通信設備製造業已經具備自主知識產權能力並進軍國際市場，入世之後大幅調降進口關稅，有助於降低這些廠商的生產成本，即使開放國內市場也將有一定的競爭優勢。

至於資訊服務業的基礎電信部份，在入世三階段開放的原則下㊳，中國電信或許可以繼續享有一定的市場競爭優勢，但電信資費長期居高不下，經營效率不彰，服務品質欠佳等問題若不能改善，將在 2008 年全面開放電信市場時面臨嚴苛的考驗。另外在網路服務業部份，中國大陸網際網路生態的基本問題主要還是以各大網路各自爲政互不相連，行政系統網路重覆建設經營不善形成資源浪費，入世之後，國外網路設備和服務業者將對取得競爭優勢，對中國大陸網際網路發展將形成重大威脅。

二、智慧財產權保護加惠外商多於本國業者

資訊化發展將人類社會帶入知識經濟時代，因此對於無形資產的保護成爲知識經濟發展最重要的基本權利。世界貿易組織已經正式將貿易相關的智慧財產權保護 (Trade-related Aspects of Intellectual Property Rights, TRIPS) 納入服務業多邊貿易協定規範中。而中國的入世也意味著中國大陸必須重視智慧財產權保護才有發展知識經濟的機會。因此，建構一個智慧財產權保護的法制環境是當務之急。

中國對於智慧財產權保護的起步較晚，從 1982 年開始先後頒佈了「商標法」、「專利法」、「技術合同法」、「著作權法」和「計算機軟件保護條例」等法律法規。同時先後加入智慧財產權有關的國際條約和組織。然而目前真正享受這些智慧財產權保護的主要是外國企業，且數量正逐年上升。在一些主要的高科技領域如微電子、通訊、醫藥、航空、航天等，外國人在中國的

專利商申請總數已達 80 ％，有些甚至達 90 ％。反觀中國本身在「863」計畫實施 10 年中，共完成了 1200 多項高技術研發成果，但取得專利的不足 200 項。顯示在可預見的未來，入世之後中國的知識產業市場將是外國大公司壟斷的局面㊴。

二、建立電子商務法規環境與國際接軌

電子商務所面臨的法規問題對各國政府都是一項新的挑戰，在虛擬的網路上交易增加了身份認証、電子簽章、智慧財產權保護、個人隱私權的保障甚至有關跨國電子商務糾紛的管轄權等問題，都超越了傳統交易法所能規範的範圍。這些屬於電子商務所衍生的問題，將是直接影響到電子商務能否普及化的關鍵因素。近年來各國以及國際組織紛紛立法建立電子商務秩序，包括聯合國國際貿易法委員會於 1996 年通過的「電子商務示範法」(Model Law on Electronic Commerce)㊵，美國於 1987 年制定「電腦安全法」、1997 年制定「數位簽章法」、1998 年新加坡的「電子交易法」、英國擬定「監控電子郵件和移動電話法案」、2000 年日本的「反駭客法」，同時，資訊全球化的發展將使得 WTO 有關電子商務的法規架構成為各國法規的重要參考。就中國而言，中國政府也從 1994 年開始陸續通過或頒佈相關辦法。(表七) 但是與電信發展息息相關的「電信法」、「外商投資經濟電信企業管理規定」、電子簽章法、電子認証、電子支付、電子交易等電子商務相法規、資訊安全等方面的正式立法則尚未完成。使得中國的資訊化發展的全球化接軌受到一定的制約。

表七　中國互聯網相關政策、法律、法規

通過或頒佈日期	政策法規	發佈單位
1994 年 2 月 18 日	中華人民共和國計算機信息系統安全保護條例	國務院
1994 年 2 月 18 日	計算機信息網絡國際聯網安全保護管理辦法	國務院
1996 年	關於加強計算機信息系統國際聯網備案管理的通告	北京市公安通告
1996 年 2 月 1 日	中華人民共和國計算機信息網絡國際聯網管理暫行規定	國務院
1996 年 4 月 8 日	中國公用計算機互聯網國際聯網管理辦法	郵電部 (信息產業部前身)
1997 年 6 月	中國互聯網絡域名註冊暫行管理辦法	國務院資訊化領導小組辦公室
1997 年 12 月 8 日	中華人民共和國計算機信息網絡國際聯網管理暫行規定實施辦法	國務院資訊化領導小組辦公室
1998 年 9 月 29 日	申辦計算機信息網絡國際聯網業務主要程序的通知	信息產業部電信管理局
1998 年 9 月 18 日	關於計算機信息網絡國際聯網業務實行經營許可証制度有關問題的通知	信息產業部信部
2000 年 1 月	計算機信息系統國際聯網保密管理規定	國家保密局
2000 月 9 月 20 日	互聯網信息服務管理辦法	國務院
2000 年 10 月 8 日	中華人民共和國電信條例	國務院
2000 年 11 月 7 日	關于互聯網中文域名管理的通告	信息產業部
2000 年 11 月 7 日	互聯網站從事登載新聞業務管理暫行規定	國務院新聞室、信息產業部
2000 年 12 月 28 日	維護互聯網安全的決定	第九屆全國人民代表大會常務委員會第十九次會議通過

資料來源：作者整理。參考中國互聯網絡信息中心資料，http://www.cnnic.net.cn/annual/lawindex.shtml

二、資訊全球化衝擊中共的資訊管制能力

　　在全面資訊化發展進程中，大陸社會在面對資訊全球化時也存在另一種保守觀點。1999 年宣騰一時的 Pentium 晶片序列等問題的出現，使得網路安全和國家安全的概念受到領導階層的重視。2000 年初中共「解放軍報」撰文批評

部分國家向落後國進行傾銷信息產品及限制輸出信息技術，企圖控制其政治經濟，要求北京當局限制入口網絡防火牆、路由器、網站加密機等產品，以免受制於人⑫。甚至有感於長期受到西方文化與意識形態的強勢主導，這些所謂的信息殖民論者提出「網上主權」說⑬。這些言論和現象反映了中國大陸社會中仍有一些處於資訊弱勢的保守勢力對資訊化的排斥心理。自從中國大陸實施改革開放以來，這種類似以民族主義對抗自由主義的保守思想一直就以不同形式呈現。信息殖民論也可以說是保守思想的另一次反撲。

從中共官方的角度來看，網際網路的發展在提供豐富社會生活、擴大民眾視野的同時，但也為當局意識形態的掌控帶來極大的困難。例如，海外民運組織近年來想盡一切辦法向中國大陸進行網路滲透，比較典型的例證是紐約民運人士主辦的網路雜誌「大參考」及「小參考」。再如，1999 年 5 月北約導彈襲擊北京駐南斯拉夫大使館，引起中國大陸反美浪潮，網路中便出現抨擊中共總書記江澤民態度過於軟弱的言論⑭。這些新的社會現象對中共領導當局形成一定的壓力。

由於中共當局並不會輕易放棄新聞壟斷及管制，為了防犯於未然，中國政府在 2000 年先後通過「互聯網站從事登載新聞業務管理暫行規定」以及「維護互聯網安全的決定」，作為管理網路公司之準則。（表七）基於「維護安全」之理由，北京有關部門便曾於 2002 年 6 月 4 日對全市網路公司進行大檢查，在檢查網站中，「FM365」、「新浪」、「TOM」三家網站因部分欄目含有有害資訊連結，相關欄目被處以停機整頓。除上述三家網站的相關欄目被處以停機整頓、行政處罰外，「網易」、「焦點」、「首都在線」等網站也因存在管理漏洞被限期整改。這些網站中的電子公告欄、留言板、聊天室、個人主頁和 FTP 服務等網上服務欄都是檢查重點⑮。對中共官方而言，網路新聞還是一個十足的灰色地帶，其歸屬相當模糊⑯，因此無論是新聞檢查或是網路臨檢或許多少彌補中共官方在網路世界所流失的資訊管制能力，卻也言無形中制約了網際網路應用在中國大陸的發展。

三、農業資訊化因應入世衝擊

21 世紀網際網路的普及化加速全球化發展的同時，也使得一些開發中或

是落後地區國家隨時有被邊陲化的危機。從另一角度看，資訊技術的出現和普及化卻提供這些有被邊陲化危機的國家或地區一次跨越落差的契機。而其中最能展現此一特色產業部門就是農業資訊化的發展。

　　入世以後，取消農產品價格補貼是中國入世之後首要面對的考驗，如何在競爭的市場中生存成為當務之急。2001 年底，中共農業部啓動了「十五農村信息服務行動計劃」提出以 3 至 5 年時間，加強農業基礎建設和農業資訊化發展，建立覆蓋全國省、市、縣延伸到絕大多數鄉鎮、農業產業化龍頭企業、農產品批發市場、中介組織、經營大戶的農村電視廣播學校，加大農村資訊的傳播，健全鄉鎮、村兩級資訊的傳播網絡。通過新聞媒體、農村資訊隊伍和農業社會化服務組織的合作，形成橫向相連，縱向貫通的農村資訊服務網絡。

　　2002 年 3 月 5 日中共第九屆人大的政府工作報告中，特別針對加快農業和農村經濟發展，增加農民收入作為八大重要工作項目之一。如何有效管理和維持農畜牧市場產銷供需成為最基本的問題。若能透過「配額保價」、「信息銀行」的構想，將改善政府農村經濟相關部門的決策監督能力，提高政府職能，建立一個公平競爭的農村經濟安全網[47]。基於上述考量，農業資訊化成為十五計畫的重要議題。唯目前大陸網路傳輸的速度仍很慢，農業資訊化的普及有賴於資訊基礎網路架構的進一步完備。

　　近年來中國大陸各省正積極進行農業資訊化改造工程。全國 140 個農村建立縣級農村資源經濟訊息管理系統，各類農業專家系統已在 10 多個省市，200 個縣推廣[48]。以安徽農網為例，1998 年春開始全面建設，到了 2001 年底安徽省全面實現了「信息入鄉」。其基本策略是透過氣象局向省政府建議利用氣象網絡資料和技術人才建構一個全省農村綜合經濟資訊網，提供經濟、技術信息引導農民和農村經濟組織以市場為導向，調整和優化農業產業結構，提高農產品科技含量，促進農村經濟發展。利用氣象部門原有的垂直組織結構，加上三級農委的信息資源，建立起省、市、縣三級農村資訊主幹網，並全部由氣象部門進行管理，同時委託全省各鄉鎮的「七站八所」建成第四級的「鄉鎮信息服務站」，形成一個基層綜合經濟資訊網絡。省政府採取以獎代補的投資機制鼓勵地方政府積極參與，目前正以每個月 300 個鄉鎮資訊站的速度發展中。安徽省農委在宣傳、組織、協調和督促、檢查等方面有其不可替代之優勢。氣象部

門提供成熟的科技，三者各發揮所長建立了農村資訊服務體系的發展模式。

以安徽蕭縣孫圩子鄉爲實際案例，孫圩子鄉是傳統的胡蘿蔔種植地，總面積爲 5 萬畝，每畝產量可達 4000 公斤。當地銷售價每公斤 0.4 元，通過「安徽農網」聯繫到外地商家後，每公斤價格抬高了 0.3 元，每畝增收 1200 元，總增收達 6 千萬元。同時，網上的胡蘿蔔銷售信息還吸引了上海、廣州、深圳、山東、河南、蚌埠等 30 多家客戶前來設點收購。現在孫圩子鄉已分別和廣州利獲利公司、揚州藍寶石公司，以及巢湖、深圳等地的客戶簽訂了每月 500 噸、180 噸、1500 噸、1800 噸的供貨合同。2001 年，孫圩子鄉胡蘿蔔收購價 2500 元，比過去翻兩番。胡蘿蔔收購也帶動了鄉里的服務、運輸等行業發展，爲剩餘勞動力提供了勞務市場，取得間接經濟效益㊾。

其他地區如山東省平度市大澤山鎮的農民上網率 100 ％，企業上網率 80 ％成爲網路示範鎮。不過這些案例畢竟還是少數中之少數，大部份偏遠鄉鎮地區的上網率不到 1 ％㊿。對於一些相對弱勢的農民，則有所謂「愛農信息通」的推出。當前農村電腦普及率很低，農民的電腦知識和操作技能有限，上網對於農民來講是一件很困難的事情。「愛農信息通」把網上信息與電話相連，有助於實現農業信息化工程建設的「最後一哩」(last mile) ⑤。

陸、結　語

全球化是一場全球資源重分配的大競賽。中國本身的市場潛力和豐沛的人力資源是它在這場競賽中的最大優勢，如何把握此一優勢在全球化浪潮中取得一定的主導地位是中國領導人的最大課題。從「十五計畫」的基本方向來看，資訊化的是中國「推進國民經濟，以資訊化帶動工業化，發揮後發優勢，實現社會生產力的跨越式發展」的必經之路。然而，中國邁向資訊化社會的發展過程中仍有許多需要加強之處。其中，如何快速引進資金技術和管理經驗固然重要，但是決定資金技術和經驗傳承的關鍵在於全球化制度的接軌，這也是中國進入 21 世紀最大的考驗。

對於大多數國家而言，全球化最大挑戰是制度接軌的問題。在全球化的建制過程中，有些國家或有機會參與規範的制定，大多數國家幾乎無置喙之處，

其差別在於是否掌握競爭優勢,而制度規範的主導者往往是掌握在少數競爭優勢者的手中。但是大多數國家的考驗是,如何在個別國家既有的制度架構中,融入全球化所建立的制度規範如世界貿易組織的建制,而後者則往往牽涉到國內政治與經濟之間的平衡問題。在平衡過程中所產生的衝突性在社會主義轉型之經濟體中尤其明顯。中國在這場全球化的競技場上一方面保有威權政體的國家效能,同時又必須面對全球化市場的制度接軌,其結果就呈現出中國的資訊化發展是在國家與市場拉距中摸索前進的現象。面向二十一世紀的全球化與資訊化的機遇與挑戰,能否順勢而上或逆勢而為全賴中共領導人的智慧。

* * *

註　解

註① Robert O. Keohane & Joseph S. Nye, Jr., "Introduction" *in Governance in a Globalizing World*, eds. by Joseph S. Nye and John D. Donalue (Washington DC.: Brookings Institution Press, 2000), p. 2.

註② 北京航空航天大學經濟管理學院教授朱稼興甚至認為，全球化不過是人類社會向共產主義發展的一個前奏，因此全球化的結果是資本主義勝利，而是共產主義發展進程中的一個階段。朱稼興，「新世紀的兩大發展趨勢——全球化與資訊化」**國際技術經濟研究院** (4:4)，2001 年 10 月，頁 6。

註③ 中國信息產業部副部長曲維枝在二○○○資訊產業發展國際論壇上指出了中國 IT 業的四大差距。**資訊技術**，2000 年第 9 期，頁 43。

註④ 李江，邱立新，「入世對中國信息產業的影響及對策」**青島化工學院學報** (社會科學版) 2001 年第 3 期。頁 36～39。

註⑤ 徐斯儉，「全球化—中國大陸學者的觀點」**中國大陸研究** (43:4) 2000 年 4 月，頁 1～26。簡博秀，「全球化-中國都市與區域的研究與未來」**中國大陸研究** (44:12) 2001 年 2 月，頁 37～64。王信賢「經濟全球化與中國大陸國家角色之分析」**東亞季刊** (30:4) 1999 年 10 月，頁 17～34。黃寬裕，「全球化與民族主義:對中共傳統國家主權概念的檢視」**東亞季刊** (31:4) 2000 年 10 月，頁 83～98。

註⑥ 彭慧鸞，「日本電信自由化的制度調適之研析」，**問題與研究** (38:5)，1999 年 5 月，頁 61～76。「韓國電信自由化的政治經濟分析」，**問題與研究**，2000 年 1 月 (39:1)，頁 15～34。

註⑦ 彭慧鸞，「電信自由化建制與數位落差的政治經濟分析」，**問題與研究** (40:4)，2001 年 7/8 月，頁 25～39。

註⑧ 吳基傳，「積極推動電信事業的放革和發展。」**求是雜誌**，12 期，1999 年 6 月 16 日，頁 19。

註⑨ 同註⑧。

註⑩ 同註⑧，頁 18。

註⑪ 初裝費屬於一種稅費。它對富人和電信服務成本較低的地區的用戶來說是一種稅賦，用於補貼窮人和電信服務成本較高地區的未來用戶。由此可見，初裝費的目的是為了緩解電信建設資金不足，為了快速擴大電信網絡的覆蓋面，實現電信的普遍服務目標。在電信企業的財務賬戶中，初裝費收入並不列入電信企業的總收入，而是國家財政的預算外專項建設資金，專款專用，全部用於電信產業投資。引自「注意解決取消電話初裝費後出現的問題--訪中國社科院規制與競爭研究中心主任張昕竹」，**經濟日報** (中國)，2001 年 7 月 12 日。

註⑫ 同註⑧。

註⑬ 同註⑧。

註⑭ 彭慧鸞，「從大陸參與 APEC 電信合作機制探索兩岸行政幕僚合作的空間」刊載於李瓊莉&徐遵慈主編，APEC 與兩岸關係發展之研究 (台北：中華台北 APEC 研究中心，台灣經濟研究院，國立政治大學國際關係研究中心，2001)，頁 98。

註⑮ **中時電子報**，2000 年 12 月 10 日。<http://tw.yahoo.com/headlines/001210/pol/chinatimes/m89c1011txtcfocus. html>

註⑯ Daily Report, September 25, 2000. FBIS-CHI-2000-0925

註⑰　**明報**，2001 年 11 月 30 日。http://taiwan.wisenews.net/wisenews-cgi/enterprise/doc.pip

註⑱　2001 **中國電子商務藍皮書** (北京：中國經濟出版社，2001 年)，頁 12～13。

註⑲　中共新華社經貿資訊，2000 年 8 月 21 日。

註⑳　政策內容包括建立軟件產業的風險投資，制定培育軟件和集成電路的企業優惠稅率，支持具備條件的軟件企業上市融資，建立激勵軟件人才創業的分配機制等。**中國信息報**，2000 年 7 月。頁 32。

註㉑　中共信息產業部科技司長徐順成報告未來十年中國信息科技發展基本任務：以實施「集成電路與軟件技創新」國家專項爲龍頭，突出三個發展重點 (開發核心技術、關鍵技術、應用技術)、建設四個技術平台 (信息網絡技術平台、技術開發平台、中文信息平台、資訊技術應用平台)，共建一個有利於技術創新的良好環境、形成一個以企業爲主體，產學研用相結合的技術創新體系，以提高國民經濟素質、改造傳統產業和以資訊化帶動工業化進程中的主導作用，全面推動資訊產業實現技術的跨越發展。**中國新聞**，2001 年 5 月 13 日。

註㉒　中國電子商務藍皮書：2001 年度，曾強主編，(北京：中國經濟出版社，2001 年)。

註㉓　「『數字聯盟』向數字鴻溝挑戰」**中國經濟時報**，2001 年 3 月 24 日。

註㉔　中國互聯網絡信息中心，「中國互聯網發展狀況統計」，http://www.cnnic.net.cn/develst/report.shtml

註㉕　胡鞍鋼，「加快縮小資訊化差距的步伐」，**瞭望新聞周刊**，2000 年 11 月 20 日，第 47 期。頁 19～21。

註㉖　中國互聯網絡信息中心，「中國互聯網發展狀況統計」，http://www.cnnic.net.cn/develst/report.shtml

註㉗　**中國企業報**，2001 年 4 月 3 日。http://taiwan.wisenews.net/wisenews-cgi/enterprise/doc.pip

註㉘　「中國如何跨越數字鴻溝—數字經濟與數字生態 2001 高層年會綜述」**中國電子報**，2001 年 3 月 27 日。 http://taiwan.wisenews.net/wisenews-cgi/enterprise/doc.pip

註㉙　「信息產業部呼籲中國應警惕『信息割據』局面」，**人民網**，2001 年 10 月 28 日 http://www.peopledaily.net/BIG5/shizheng/252/17/1851/20011028/592011.html

註㉚　丁望，「曾培炎可能接任副總理或國務委員—中共總書記的經濟大管家」**投資中國**，2002 年 4 月，第 98 期，http://www.forchina.com.tw/index/persona/ps06.htm

註㉛　「信息組選定鐵三角領導」，**蘋果日報**，2001 年 9 月 27 日。http://taiwan.wisenews.net/wisenews-cgi/enterprise/doc.pip。

註㉜　「朱總領專組訂電信法規」，**東方日報**，2001 年 9 月 21 日。http://taiwan.wisenews.net/wisenews-cgi/enterprise/doc.pip

註㉝　「朱鎔基將領導資訊化小組加強信息安全成員包括胡錦濤李嵐清」，**明報**，2001 年 9 月 27 日。http://taiwan.wisenews.net/wisenews-cgi/enterprise/doc.pip

註㉞　2001 年 10 月 12 日面訪國家計委國土開發與地區經濟研究所杜平所長。

註㉟　「資訊化小組升格朱總胡錦濤掛帥」，**經濟日報** (香港)，2001 年 9 月 27 日。http://taiwan.wisenews.net/wisenews-cgi/enterprise/doc.pip

註㊱　**中國時報**，2002 年 4 月 24 日。

註㊲　**工商時報**，2002 年 4 月 4 日。

註㊳　中國入世之後依加值傳呼 (2002/2003/2004)，行動語言與信息服務(2003/2005/2007)和國內與國際服務(2003/2007/2008)時程開放。

註㉟　戴玉斌，「『入世』幾成定局，知識產權保護必須提上日程」，**中國科技產業月刊**，1999 年
　　　12 期。頁 40。

註㊵　UNCITRAL Model Law on Electronic Commerce (1996) with additional article 5 business as adop-
　　　ted in 1998 and Guide to Enactment http://www.jus.uio.no/lm/un.electronic.commerce.model.law.
　　　1996/

註㊶　**文匯報**，2000 年 2 月 21 日。

註㊷　**2000～2001 年中國網絡經濟發展生態報告**，胡延平主筆（北京：社會科學文獻出版社，2001
　　　年 3 月），頁 12。

註㊸　**中央日報**，2000 年 2 月 27 日。

註㊹　**中國時報**，2002 年 6 月 6 日。

註㊺　**中央日報**，2000 年 2 月 27 日。

註㊻　**中國蓄牧雜誌**，2001 年第 37 卷 2 期，頁 3～4。

註㊼　湯志偉，「我國信息化過程的發展特色探」，**電子科技大學學報社科版**，2001 年第 3 卷 3 期，
　　　頁 14。

註㊽　「『信息入鄉』搭起致富舞台」**中國氣象報**，2002 年 2 月 5 日。

註㊾　賈笑捷，武夷山，「彌合數字鴻溝－－政府的責任與措施」**中國信息報導**。2002 年 12 期。頁
　　　51。

註㊿　**經濟日報**（中國），2002 年 6 月 4 日。

邁向市場轉型中的中國地方政企關係

耿　曙

國立政治大學國際關係研究中心第四研究所助理研究員

摘　要

　　西方對當代中國的研究，多數關切兩類主題。首先為其國家—社會關係的轉變，其次為其經濟的高速成長。依作者所見，針對地方政企關係的研究，將能適切展現其國社關係精微的變遷，再則亦有助理解中國大陸的經濟成就。本文於是環繞此一主題，以山東某鎮的鄉鎮企業為對象，展開探討。作者調查的發現如下：首先，就整體面鳥瞰，中國農村中的政企關係，在過去20年裡，無論在角色或結構上，均經歷相當深刻的轉化。就其經濟角色言，時下的政企關係，多更有效支持市場交易。就其組織結構而言，則顯現「等級關係式微」的趨勢。其次，作者發現，不同的鄉鎮企業經營者，基於其各自生存條件，將適時調整或強化其政企關係，以改善其外部網絡的效益，幫助其企業發展。此類政企關係的結構轉化，將有利其與市場機制相互調和，增進彼此的效率，共同促成農村經濟的高速發展，而在此調整的過程中，中國大陸的國家—社會關係，亦得到根本的轉變。

關鍵詞：中國經濟、市場轉型、政企關係、鄉鎮企業、社會網路

＊　　　　　＊　　　　　＊

壹、前　言

一、研究主題

　　西方對 1978 年以降的當代中國研究，多數觸及兩類主題：首先，歷經多年的改革開放，中國大陸的國家—社會關係究竟將如何轉變 (White ed. 1991; Walder ed. 1994; McCormick & Unger eds. 1996; Nee et al. 1996; Goldman & MacFarquhar eds. 1999)？ 其次，處於轉型過程中，中國大陸如何取得傲人的經濟成就 (Milor ed. 1994; McMillan & Naughton eds. 1996; Walder ed. 1996; North et al. 2000)①？ 若欲對上述兩類問題同時加以關照，則中國大陸「地方層級的政企關係」，應屬極佳切入點。

　　蓋中國大陸的經濟增長，公認係起於「基層」(Liu 1992; Oi 1992; Goldstein 1995; Walder ed. 1996; Qian & Weingast 1997; Goldman & MacFarquhar eds. 1999; 楊繼繩 1999: 167-227；林毅夫等 2000: 101-36)。相對於地方控管的集體、私營經濟，中國大陸高層所屬的國營部門，經濟積效並未見可觀處 (Friedman 1995; Rawski 1999; Woo 1999)。因而對中國大陸經濟成就的解釋，一般仍以基層—尤其鄉鎮企業—的經濟活動為中心 (Oi 1992 & 1999; Walder 1995; Wank 1999)。因而若試圖探求「中國奇跡」的制度背景，同樣亦須自其「地方體制」(local regime) 著眼，而基層的政企互動，主導地方資源的流通配置，無疑係其中關鍵環節。

　　另方面，若意在追蹤市場經濟的影響—特別對國家—社會關係所造成的衝擊，同樣應自基層政企關係入手。其原因有二：首先，基層政府與地方企業兩方，正處於「國家」與「社會」接觸、融會的交界。自此出發，將便於觀察國家—社會關係的變遷移易。其次，基層政府與新興企業，適足以代表「轉型前」與「轉型後」的經濟主體 (agents)，故能反映新舊利益的消長、展現新舊體制的更替。

　　由此可見，中國大陸地方層級的政企關係，實為極富戰略意義的研究主題。也因此為數不少的西方學者，早將此一主題作為其關注研究的焦點。例如

Marc Blecher & Vivienne Shue (1996)、Nan Lin (1995, Lin & Chen 1999)、Victor Nee (1989 & 1992)、Jean C. Oi (1992 & 1999)、Dorothy Solinger (1992 & 1994)、Sijin Su (1996)、Jonathan Unger (1996 & 1999)、Andrew Walder (1995, 1998 & 1999)、David L. Wank (1996a, 1996b & 1999)、 Lynn T. White III (1998, Zhou & White 1995)、Susan H. Whiting (1996 & 2001)、Christine P. L. Wong (1988 & 1992) 及 David Zweig (1997a & b) 等諸名家，皆久已留心於此。

二、研究背景：理論觀點與經驗研究的爭議

如前所述，對於中國大陸地方政企關係，研究者既眾，各人所見，不免有別。目下對市場轉型過程中「政企關係」的討論，可大別為兩類理論觀點，一為「市場同化說」，次為「新傳統主義」觀點，在此先略加回顧。

「市場同化說」(Market convergence thesis, 如 Nee 1989 & 1996; Guthrie 1999; Woo 1999 等) 主要基於兩項預設。首先，隨市場發育，價格機能將逐步替換計劃或行政配置。而此類機制轉換，既證明有助效率改善，則政府終必自經濟體系中退出，結果則政企互動之必要，必將遠不如昔。另方面，市場擴張，又將牽動政社制度的變遷，一旦處於全新的政經體制下，一則企業家地位將自然提昇，再則舊精英絕難不被淘汰 (Nee 1991)。因而原有的政企互動模式，必將改弦更張，代之而起的政商關係，極可能趨近於西方的市場社會。

對立於前者，則為「新傳統主義」觀點 (Neo-traditionalist perspective, 如 Oi 1996 & 1999; Walder 1998; Wank 1996 & 1999 等)。依此說立論，首先，「國家」處於市場經濟中—尤其轉型期間—未嘗不能扮演正面而積極的角色，市場體系確立，似未必意味「國家」的全面退出 (Zhong 1996; Gore 1998; Oi 1999)。再者，揆諸許多國家的發展經驗，「政商網絡」與市場機制，往往能相互扶持、並行不悖 (Evans 1995; Chan, Clark & Lam eds. 1998)。總而言之，新傳統主義特別強調，切莫低估原有制度調適與開創的可能性。依照此觀點，政企互動，不但不必然泯滅，反將成為極具生命力、創造力的制度環節，構成支援經濟成長的制度基礎。

表一　市場同同化說與新傳統主義對政企關係的地位與變遷的不同期待

網絡特徵 轉型理論	精英組成的變化	關係結構的轉變	目前主導之 政企關係結構	目前政企關係的 經濟角色
市場同化說	急劇而全面的 替代	迅速而且徹底 的轉變	對等關係	次要但屬正面 (已漸不相干)
新傳統主義	逐步且有限的 替代	漸進且不明確 的轉變	等級關係	重要且屬正面 (仍由舊關係支配)

　　上述兩類理論觀點，雖然南轅北轍，但在經驗研究層次，學者間卻取得相當程度的共識。雙方陣營均同意：1980 年代中國大陸鄉鎮企業的飛躍發展，主要得力於「混合式的制度安排」(Nee 1992; Zhou 2000)。根據學者研究，是類制度安排既非市場主導，亦非政府掌控，而係市場、政府、以及傳統農村社會關係三者的調合 (李培林、王春光，1993；王漢生 1994；折曉葉，1997；陳俊杰 1998)。

　　雖然如此，此類「混合式的制度安排」的核心，仍在「基層政府」與「新興企業」間的合作 (Nee 1992; Oi 1992 & 1999；Lin 1995; Walder 1995; Whiting 1996, 1999, 2001)，具體表現則爲官員與企業家間密切的「扈從網絡」(patron-client ties，見 Huang 1990; Su 1996; Wank 1996a, 1996b & 1999)。上述的「官商聯盟」，一方面有助企業家取得資源、開拓商機；另方面也有利於政府官員發展地方、表現政績，結果便造成「各種形式的官僚庇護、企業組織掛靠、乾股分紅、轉移集體資產等法外的經濟活動」(吳介民 1998a: 7)。如此的制度安排，既承認新興市場的影響，又向舊有國家支配妥協，既符合舊權貴利益，又兼顧合新興階級的需求，乃構成具有「中國特色」的制度基礎 (Wank 1996)。

　　對此針對 1980 年代 (包括 1990 年代初) 鄉鎮企業的研究所得，學者們卻有截然不同的解讀。例如「市場同化說」便強調變化的一面，認爲 1980 年代的發現，基本屬於制度演變的「過渡中點」，隨著市場的進一步擴張開放，地方經濟體制將繼續進行蛻變，直到趨近西方市場社會爲止 (Guthrie 1999: 175-97)。故所謂「80 共識」的發現，僅屬過渡期間的制度設計，隨著市場經濟的成熟，彼等必將爲時代所淘汰。「新傳統主義」則持相反看法，認爲目前的制度安排，乃孕育於特殊時空背景之下，故既能滿足輔助市場交易的需要，又能切合

地方權力集團 (主要係地方官員與企業家) 的利益(Wank 1999: 23-40)。地方權
力集團既已掌握經濟優勢，將能進一步鞏固其優越地位，終將能長期維繫其身
份；因而連綴雙方的「扈從式政企關係」，亦將持續為未來中國大陸地方經濟的
核心制度(Wank, 1999; 227-9)。故對新傳統主義而言，在此途徑鎖定 (path depend-
ence)的制度演化過程中，市場過渡期間所孕育的政企關係，將持續附著於「中
國式資本主義」的發展。

　　面對此迥異的詮釋，吾人必須瞭解，1980 年代的經驗調查，實在無法對
目前轉型理論的爭辯，發揮釐清的功用。蓋若將社會主義的市場轉型，進一步
區分為「市場過渡」階段與「市場成型」階段 (類似觀點，參考 Rona-Tas
1994)，則 1980 年代至 1990 年代初，究竟仍屬「市場過渡」階段。而過渡期
間的制度安排，是否將在市場體系下繼續活躍，則係吾人所無法確定者。故若
試圖預測中國大陸未來 (轉型之後) 的地方政經體制，吾人唯有指望 1990 年代
進行的經驗研究，蓋其時市場已較成熟，市場體制下制度安排，已逐漸穩固。
基於此，作者乃展開對 1990 年代地方政企關係的實地調查。

三、本文分析架構

　　目前大陸基層政企關係的討論，多集中展現此類網絡的關鍵地位，極少
進一步論及政企關係的結構，尤其未將其結構特徵與經濟角色，合併加以探
討②。結果有關基層政企關係的許多層面，吾人至今所知有限。例如，目前運
作的政商網絡，脫胎於何種制度？彼等與改革初期的基層制度，有何異同？進
一步言，若市場經濟衝擊舊有的政商網絡，是否將逼使其大幅調整？而是類變
化，又是否又將回頭影響政企關係所扮演的角色？此類問題，即為本研究關注
的焦點。

　　此一研究將先以地方「政企關係」為依變項，觀察市場擴張對政企關係組
織結構的影響，重點在原有的政企間的扈從關係是否將發生變化。其次則以
「政企關係」為自變項，觀察政企關係的轉變是否將有助於鄉鎮企業的經營積
效。換言之，依作者所見，政商關係與市場機制乃相互影響，而經濟積效則為
兩類制度相互調適後的結果。市場化將重塑政企關係，而政企關係將承擔扶助
市場交易的功能，兩者共同決定此種制度安排下的經濟積效(North 1981:3-68)。

以上所描繪述的關係，表述於圖一。

圖一　本研究分析架構示意

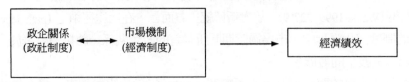

四、本文論點

本文重點在試圖說明：鄉鎮企業如何藉基層政企關係的逐步轉化，乃能持續繁榮、不斷擴張。作者認為：隨市場經濟的進展，農村原有的政企關係，將逐漸與市場機制相互包容，擔負起配合及支持市場交易的任務。而為因應其角色轉變，政企網絡的組織結構，必須進行相應調整，俾與市場機制結合。

此類轉變的具體過程如下。首先，部份企業家為謀掌握市場資源，必將強化與商業夥伴的往來，而為圖擺脫政府的搜括(政府的資源汲取)，必然疏遠與地方官員的關係。其次，另有部份企業家，雖然繼續與地方政府保持密切的互動，以維持壟斷市場的地位，但在企業發展的過程中，彼等逐步取得較高的地位，漸與地方官員平起平坐。

由於前述兩類政企關係的轉變，在調節地方經濟活動上，等級關係將不再扮演支配一切的角色。結果便表現為「扈從/等級關係的式微」③。作者認為，此類政企關係的結構轉化，將有利網絡與市場相結合，增進彼此的效率，從而促成鄉鎮企業的生猛發展。而歷經調適、轉化後的基層政企關係，將更能擔當配合、支持市場交易的任務，而與市場相互滋養、共存共榮。如是的過程，照林毓生先生的提法，不妨稱為「創造性轉化」。

貳、研究假說與經驗調查

本文的經驗研究部份，主要透過訪談問卷，採集有關量化資料，藉以驗證假說④，並輔以深度訪談，累積質化資料，以便與前者相互補充。此節首先將

描繪作者的研究假說,其次將報告作者所據以驗證假說的經驗資料來源。

一、研究假說

具體而言,此研究關注三個主題,即政企關係轉化的幅度、轉化的成因、以及轉化的後果。針對這些主題,作者提出以下三個假說。

(一) 有關網絡轉化幅度的假說

經過多年的市場衝擊,農村中的政企關係,是否發生顯著的變化?變化的方向為何?對此各家有不同看法,作者本於前述之「創造性轉化」觀點,提出以下假說:

1、「等級關係式微」假設:今昔對照,鄉鎮企業所憑藉的政企關係,已由等級關係主導,轉變為等級與對等關係各有所好、平分秋色的局面。

作者理由如下。蓋市場萌芽之初,政府幾乎掌控所有資源。政府與企業間,藉由等級關係連綴,政府全面介入企業活動。相對而言,企業間彼此互通有無(此為對等關係),便屬影響甚微。故處於市場初期,等級的政企關係往往得以支配農村經濟。但隨經濟轉型持續進展,市場漸與政府分庭亢禮,並為資源配置的主導機制。支撐企業的商業網絡,至此乃形成兩個「未見交集的社交圈」:部分企業持續依賴政府,故須維持與官員間的個人扈從(舊的社交圈);部分企業則大步走向市場,擺脫對政府的依賴,揮別與官員的情誼。後者自市場取得要素,藉由交易牟利,自然將根據市場需要,加強與交易夥伴間的往來(新的社交圈,多屬對等關係)。

另方面,部份企業家雖持續與地方政府密切互動,藉以獲取稀有資源,維繫其市場優勢地位。但在企業發展過程中,企業家將能逐步累積其資源、穩固其地位。另一方面,地方政府卻由於發展需要、財政窘迫等的原因,反而必須依賴地方企業的資源。故經過多年發展坐大之後,成功的企業家將能與地方官員平起平坐,其間原有的單向依附,早已不復存在,故昔日的扈從/等級關係,亦將逐步調整。故綜合上述,地方網絡的轉化,係「由一致而分化,不再由等級關係主導」的過程。

（二）針對網絡轉化成因的假說

若農村中的政企關係，的確發生變化，則牽動其轉化的原因為何？答案通常不外乎產權與市場。然而學者對市場化概念，又有不同的理解與界定。對此，作者提出假設如下：

2、「競爭參與」假設：一個鄉鎮企業參與市場競爭的程度越深，則其所憑藉的政企關係便轉化越徹底⑤。

時下各種轉型理論，對如何改造社會主義企業，頗不乏所見：或重視外在環境衝擊（源於市場競爭），或強調內在誘因結構（係產權決定）⑥。而前者又可再分兩類：一類認為市場環境逐步成熟，影響亦日益顯著；一類則講求創業投產之際，市場是否健全配套⑦。然作者認為，企業的經營模式，雖與產權、市場息息相關，卻非其中之一所單獨決定。且兩者之外，尚須考量企業的市場地位（反映為市場競爭力）⑧。若自網絡角度觀察，則企業經營方式的轉變，必將表現為企業外部關係的轉化，而依作者所見，企業政企關係轉化，將為「參與競爭」的程度所決定。換言之，企業涉入市場競爭愈深，愈將感受市場壓力，愈將迫切其政企關係的調整。反之，政企關係的變化，將與「產權歸屬」、「市場衝擊」、「投入環境」等因素，應未直接相關。

（三）對於網絡轉化後果的假說

若農村中的政企關係，的確歷經結構變化，則其影響為何？若影響所及，將能轉變為經營績效，則企業的經營表現，究竟取決於「毅然割捨網絡」（市場同化說）？「始終固守網絡」（新傳統主義）？抑或「適時改造網絡」（作者觀點）？對此，作者假設如下：

3、「網絡調適」假設：一個鄉鎮企業，所憑藉的政企關係轉化得越徹底，其經營成效越佳。

如前所述，農村商業網絡的轉化，多出自經營者的自覺改造，目的在配合市場交易。故對企業經營者而言，為求掌控市場流通的資源，往往須動用商業夥伴間的交情，結果則市場越得擴張，對等關係將越能發揮其優勢。另方面，

若未與政府保持相當距離，則終難擺脫官員干預經營，且無力避免政府的各種攤派，故而政府搜括日甚 (資源漏戶)，等級關係將日益顯現其不利。就此而言，政企關係的轉化(由一致而分化，不再由等級關係主導)應有助企業開拓市場，逃避壓榨與掣肘，故得改進經營績效。但若自反面觀察，則唯有經營表現較佳者，方能立足市場，減低對政府的依賴。就此而言，則網絡轉化不只促進績效，事實上亦反映經營績效。而活動人事、結交權要 (如「冒險精神、隻身闖蕩」、「政府保護、長官厚愛」以及「上下打點、多方張羅」等)，反將是經營受挫的徵兆。

二、實地調查

本研究的田野工作，在濟南市轄下的北園鎮進行。北園地處市區北郊，原為濟南市民蔬菜、糧食的供應地。改革前以人民公社的起源地著稱 (鎮內水屯村有碑紀念)；今日北園鎮，已成為省內鄉鎮企業發展的模範，曾有「山東第一鎮」美稱。本地被選為的調查點，一則緣於作者指導教授的介紹，可幫助安排深入的查訪。次則乃考量其環境優勢。蓋此鎮南北兩端，鎮南融入市區，鎮北則孤處黃河北岸，經濟發達程度明顯有別，可分別象徵市場化前後的農村社會。加以鎮內鄉鎮企業發達，種類豐富，無論規模大小、行業類型、創建時間、產權歸屬與經營績效，均各具典型。故便於作者控制變項，以觀察市場經濟對網絡的影響。但就研究限制言，單一社區的調查所得，自難侈言全局趨勢；但若累積個別社區的具體經驗，亦當有助變遷全貌的掌握。

一般而言，以「人際關係」(政企關係係其一環)為主題的實地研究，經常面臨三類困難⑨。首先，雙方關係的維繫與運用，事屬敏感，面對陌生訪客，受訪者常語多保留⑩。必待訪談雙方，建立充份信任，始得坦誠相對。其次，人情往來，既屬日常經驗，往往在不自覺中進行，當事人鮮能具體描繪。故政企網絡的刻劃與判別，常須透過訪員協助，乃能具體而準確的呈現。最後，對政企關係的判定，個人體會不同，時或言人人殊。必待伺機求證，反覆比對，或能取得可靠信息。對此，作者因應之道如下。一則，在過去三年中，數次前赴該鎮，除蒐集背景資料外，並與企業主持者逐漸彼此熟悉，更藉種種接觸機會，預為試探問卷的效度信度。其次，對所研議中的問卷，均以數次 (二至三

次) 之深度訪談引導，事先熟悉受訪者，化解可能的疑慮。

　　對於個案的選擇，則先剔除個體經營與非製造業者，再依企業規模大小、行業類型、創建時間、產權歸屬與經營績效等，就其所佔比例，各取代表。但因考慮隨機取樣的不易與隨機樣本的限制⑪，不免多賴地方官員、商會、企業家的相互介紹，雖可能因而導致選樣偏差 (selection bias)，但基於下列原因，應不致影響研究效度。首先，本計劃專注於少數個案，目的本在發掘變化趨勢、說明轉型機制。研究結果，只重其啓發性(heuristic)，而不進行擴張解釋。其次，影響選樣的原則 (作者所利用之遠近關係)，與研究的主要變數 (如市場化程度及政企關係轉化程度等)，並無系統關聯；即便選樣有失，仍不致過份削弱所得結論⑫。最後，作者對於訪談對象的挑選，務求分散案例來源，避免依賴單一媒介的牽線。

　　作者的問卷調查，均以深度訪談為導引。先就相關問題，採集口述資料，經過分類條陳，再與問卷所得相互對照。深度訪談之進行，一般始於企業成長歷程的回顧。隨著話題的逐步深入，作者進而探探索受訪者全面的生活史 (life history)，自此再轉入關係運用之種種。針對政企關係的問題，通常先請受訪者追懷昔日的企業經營，進而對涉入生意往來的各種政商互動，進行描述。其次，則央其說明近年的事業發展，並請其刻劃近年的政企互動。末則撫今追昔，比較政企關係所發生的變化，並鼓勵抒發感觸。若一切順利，則次回的訪談，便邁入問卷訪談階段。問卷調查的進行，一面由作者逐項提問，一面則參照日前的訪談整理。若見聯繫，則請一併說明；若有出入，則必追根究底。綜合以上兩階段任務，共完整訪問 50 餘位企業負責人，經篩選整理，淘汰 2 份問卷，共有 48 份問卷納入分析。

叁、研究發現

　　作者的經驗研究，係屬精英訪談 (elite interviewing) ⑬。此類研究的共同限制，在深度、廣度的顧此失彼。作者既注重前者，難免拙於後者；訪談個案有限，不免小樣本的統計問題⑭。但本文的目的，僅在提列具有啓發意義的假說，待得日後的系統驗證。

一、政企關係轉化的趨勢

此處藉政企關係的今昔對照，彰顯市場對其造成的影響。作者將所蒐集資料，整理如表二。

表二　市場化進展與政企關係轉化的趨勢

網絡轉化 市場進展	等等級關係	對等關係	(樣本數)
市場化初期	77.1	22.9	(48)
市場化成熟	52.1	47.9	(48)
卡方值=6.6558 自由度=1 *p*=0.010			

說明：表格內數字爲橫列百分比(括號內爲樣本數)，統計檢定爲雙尾檢定。

根據下表，吾人不難發現：市場肇造，企業活動的調節，多由「等級關係」承擔(77.1 %)，相形之下，「對等關係」即屬功能不彰(22.9 %)。但當市場逐步擴張，漸爲資源配置主軸後，「對等關係」的地位，便大幅提昇，終與「等級關係」平分秋色(47.9 %)。就此大勢而言，基本符合作者的假說(「等級關係式微」假說)。但歷經多年轉型，「對等關係」竟仍遜一籌，則不禁令人感慨：對大陸農村而言，市場經濟的步伐，竟仍如此猶疑躊躇。

故政企關係轉化的方向，雖一如作者所預期，但網絡變化的速度，卻遠不符「市場同化」說的期待。無論就 (1) 市場機制與政企關係網絡，尚能並存無礙，或就 (2) 舊有體制 (以等級關係爲象徵)，並未全遭淘汰來觀察，「途經鎖定」(path-dependence) 似屬農村經濟體制轉型的明顯特徵。若圖證明新舊體制的斷然決裂，恐將徒勞無功[15]。無怪「市場同化」說正遭逢日多的批判 (參見周雪光 1999；王偉達 2000)。

二、政企關係轉化的成因

此處對政企關係轉化的分析，將依次檢視企業的「產權歸屬」、「市場環境」、及「競爭參與」三組變項，觀察其對政企關係的影響。此處根據所蒐集的資料，就其轉化原因，進行卡方分析，結果整理如表三。

表三　政企關係轉化的成因

解釋觀點 ＼ 網絡轉化	逆向轉化 (退縮)	未曾轉化 (依賴)	隱性轉化 (私納)	顯性轉化 (模範)	顯性轉化 (游擊)	(樣本數)	統計值
產權明晰							卡方
私有企業	75.0	25.0	0.0	0.0	0.0	（4）	值=33.16
村屬企業	6.7	30.0	13.3	46.7	3.3	（30）	自由度=8
鎮屬企業	0.0	71.4	14.3	0.0	14.3	（14）	$p = .000$
屹立市場							卡方
時間較短	0.0	66.7	8.3	8.3	16.7	（12）	值=11.95
時間中等	14.3	14.3	28.6	42.9	0.0	（7）	自由度=8
時間較長	13.8	37.9	10.3	34.5	3.4	（29）	$p = .154$
競爭參與							卡方
低度參與	21.7	69.6	4.3	4.3	0.0	（23）	值=31.58
中度參與	0.0	28.6	28.6	42.9	0.0	（7）	自由度=8
高度競爭	0.0	11.1	16.7	55.6	16.7	（18）	$p = .000$

說明：表格內數字爲橫列百分比（括號內乃樣本數），統計檢定爲雙尾檢定。

　　但若進一步觀察，則可發現：並未如一般預期，「私有企業」的商業網絡，便將進行較徹底的轉化，轉化的重點，反而多爲「村屬企業」(50 %)。然而後者的轉化方式，又非政企脫勾，卻多係企業地位自然提昇。反映在現實中，則「村屬企業」快速坐大，相對人財兩無的村政府，自然舉足輕重，唯對多數村屬企業而言，政府配合，仍屬萬分關鍵(達 97.7 %)。與之對照，「鎮屬企業」則逐漸顯現「小國營」的作風：深賴政府保護，主管體恤(未轉化者71.4%，且未見地位提昇的個案)。若思有所作爲，立將面臨兩難：或則依附下屬，依賴補助，或則處處防範，避免往來(14.3 %)，表現爲所有者與經營者間的「委託─代理」問題。最出乎意料者，厥爲「私有企業」類別之中，發生逆向轉化者，四居其三(75 %)。此蓋「私有企業」，本多遊走於管理邊緣，身處扈從關係之外。近來，或則企業經營日久，地位漸固，或則經營困難，無力競爭，多思結交官員，爭取政府照顧。正因其私有，所有者更兼強烈動機，對官員投懷送抱，加入競租 (rent-seeking) 行列。

　　因此，就政企關係的轉化言，「產權歸屬」雖有一定影響，唯其作用，則

並未呈現一致方向⑯。縱觀上表，吾人可知，對政企關係轉化的理解，傳統經濟理論，效用有時而窮⑰。一則未如產權學說所見，以政企關係為產權私屬的簡單函數。實則企業產權與經營模式間，似乎存在更為複雜的關係。再則，作者的發現，亦不符典型市場理論所期，以網絡轉化為市場成熟的直接反映。實則不同企業，各有生存之道，並未面臨同等的市場衝擊，也因而未見類同等企業回應。當然，作者並非反對經濟理論的應用，唯就產權一例可知，吾人須實地考量，具體理解，方能合理的套用理論。再就市場一例可知，若能採取更精巧的指標，度量概念，則市場化的影響，依然歷歷可辨。

三、政企關係轉化的後果

若企業網絡的確歷經轉化，則企業經營表現，是否能得到正面的幫助？相形之下，是否較「政府偏厚」、「社交投入」、「冒險精神」與「原有關係」等因素，效果更加顯著？表四便係對此的分析結果。

就表四可知，「政府偏厚」、「社交投入」、「冒險精神」與「原有關係」等因素，對於企業的經營表現，均未見明確的關聯。就「政府偏厚」而言、得到特殊待遇的企業，更多乃出現危機的企業(55.9％經營表現差)；而未得關愛的企業，表現不俗者，仍不在少數(42.9％)。再看「社交投入」，則刻意講究交際者，既不見得表現好 (40％ 表現佳)；輕忽隨緣者，亦不見得表現差 (仍有 35.7％ 表現佳)。再檢視「冒險精神」，則「不願輕試」與「視情況定」兩類，績效多屬上乘 (分佔 50％及 55.6％)；而大膽闖蕩、勇往直前的經營者，卻多為市場所無情挫折(71.4％ 表現差)⑱。最後為「原有關係」一項，則關係欠佳者，保守經營，結果反而不差(25.4％ 較差)；而人脈深厚者，周旋各方，猶恐未盡應付人事，何來精力改善管理，則結果不問可知(差者52.6％)。

再就政企關係的適時轉化觀察，則「逆向轉化」者，多屬經營危機，競爭敗陣，轉而爭取政府保護者；此類企業，自然難有績效可言(100％經營欠佳)。與前者相仿，屬「未曾轉化」者則企圖常期依賴政府補助，但坐吃山空，政府財政無力負擔 (包括擔保的銀行借款)，終而左支右絀，多數難以為繼 (85％ 經營欠佳)。相對而言，擺脫對政府的依賴，大步走向市場的企業(「顯性轉化/政企脫勾」)，幾無例外，全數表現耀眼(100％ 屬表現佳者)。另方面，雖持續

應酬官員，以取得市場競爭優勢，但隨企業的發展成長，不再處處依賴政府，
而掌控的資源日富，漸能與官員平起平坐，此類企業(「顯性轉化/地位提昇」)
，一般表現，亦極為搶眼(71.4％經營表現佳)。

表四　政企關係轉化的影響(企業經營績效的交叉列表)

外在環境　　　　經營表現	差	普通	佳	(樣本數)	統計值
政府偏厚(新傳統主義)					卡方值=8.56 自由度=4 $p = .073$
未得保護	42.9	14.3	42.9	(　7)	
待遇一般	14.3	42.9	42.9	(　7)	
特殊偏厚	55.9	5.9	38.2	(34)	
社交投入(新傳統主義)					卡方值=5.54 自由度=4 $p = .237$
未加講究	57.1	7.1	35.7	(14)	
中度重視	22.2	33.3	44.4	(　9)	
刻意講究	52.0	8.0	40.0	(25)	
冒險精神(市場同化說)					卡方值=8.79 自由度=4 $p = .067$
不願輕試	33.3	16.7	50.0	(18)	
視情況定	22.2	22.2	55.6	(　9)	
頗願一試	71.4	4.8	23.8	(21)	
原有關係(新傳統主義)					卡方值=3.36 自由度=4 $p = .500$
關係欠佳	25.4	14.3	33.3	(21)	
關係尚可	25.0	25.0	50.0	(　8)	
關係深厚	52.6	5.3	42.1	(19)	
關係轉化(創造轉化說)					卡方值=37.97 自由度=8 $p = .000$
逆向轉化/失利退縮	100.0	0.0	0.0	(　5)	
未曾轉化/穩固依賴	85.0	0.0	15.0	(20)	
隱性轉化/公產私納	16.7	33.3	50.0	(　6)	
顯性轉化/經營模範	0.0	28.6	71.4	(14)	
顯性轉化/市場游擊	0.0	0.0	100.0	(　3)	

說明：表格內數字為橫列百分比(括號內乃樣本數)，統計檢定為雙尾檢定。

　　由以上結果可知，但知追求價格優勢(源於「市場同化說」)，而未能善用
政企關係者，處於大陸目前的市場經濟中，未必能佔上風。而端賴政府扶持，

就今日經濟的大勢而言，亦將逐漸遭到淘汰。而自負於關係深厚或積極於交際營求，亦證明均非善用關係之道(上述三者，參考前述「新傳統主義」)。必須尚能相應於環境變化，不斷積極改造自身網絡，方能有效的開發關係資源 (參照作者的「創造性轉化」觀點)。

肆、討論與分析

基於作者的研究所得，本節將對政企關係的動態，進行初步的歸納。一方面為建構「政企關係」的模型，開始奠基工作；另方面則希望對政企關係轉化的實質分析，能有莫大的助益。故本節前半，先就「關係」的一般特性與功能，加以簡略的探討。本節後半，將根據前面所勾勒的原則，進行北園「政企關係轉化」的具體分析。當然此處的任何討論，均只能略述梗概，更詳盡的分析，只能留待他文探討。

一、「關係」與其制度背景

本文所謂「關係」，主要指大陸農村社區中，依附於親屬、鄰里、故舊等「個人間持續的個人互動，所形成的網狀聯繫。[19]」由於關係建立在長期穩定的互動之上，具有關係的兩方，必然存在深度的雙向瞭解、相互涉入，而如此的互動模式，不免進而產生「雙方的互控」─任何一方在採取行動時，必須將對方的反應，納入決策的考量[20]，所以「關係」所造成的相互涉入與相互影響，乃「關係」的第一層特性。其次，「關係」由於涉及長期而穩定的往來，不免與複雜的施恩與償付體系交織在一起[21]。結果則「關係」往往被用為相互嫁接資源的利器，此乃「關係」的第二種特性。作者關心的焦點，便在企業家如何利用與政府官員的「關係」，助其取得政策支持或資源注入。而企業家如何調整其政商關係，以便在不斷演變的制度環境中，更有效的運用其關係網絡，此即本節的重心。

關係的運用，必須視其對象而定。中國大陸的鄉鎮企業，就其發展的制度背景而言，基本上處於「國家」與「市場」之間 (Lu 1994; 1997；Chen 1995)。兩者既為企業提供必須的各種資源，亦構成企業干預 (政府介入) 與壓力 (市場

紀律) 的來源。企業家處於兩者之間，以關係爲工具，求取其較大的利益。故在政府方面，企業家通常極力爭取政府的資源注入，但同時又要避免政府的資源汲取；一方面企圖取得政府的支持與保護，另方面又得防範政府的管制與干預。而在市場方面，則資源的得失，端視競爭的成敗。而市場上的夥伴，相較政府官員而言，所能提供的支持相當有限，雖然如此，彼等卻不致任意的干預經營，造成企業家的困擾。以上所描繪的關係，簡單整理如表五。

表五　關係的對象及其對企業的職能

關係對象　　　　　關係功能	關係運用： 相互介入	關係運用： 嫁接資源
國家 (官員)	支持保護 (正面功能) 管制干涉 (負面效果)	資源注入 (正面功能) 資源汲取 (負面效果)
市場 (對手/夥伴)	有限支持 (正面功能) 未見干涉 (負面效果)	競勝取得 (正面功能) 競敗失去 (負面效果)

二、大陸地方體制的興起與轉化

基於前述「關係」的功能與其所運用的背景，作者將就調查所發現之大陸地方體制變遷，進行簡略的分析。首先，作者以市場發展初期，基層政企聯盟的形成，解釋大陸地方體制的興起。再以市場擴張後，不同企業所各自發展的生存策略，據以觀察地方體制的分化與消解。

1980 年代的改革開放，開脫原有的行政束縛，給予農民一定程度的自由，使彼等能夠自主的進行生產，而此種生產當然係以牟利爲目的。另方面，由於計劃體制的配置失調，農村普遍缺乏日常生活的消費品。此一「計劃的缺口」，乃爲簡單的工業生產，創造出巨大的獲利機會。因此，1980 年代的農村市場，基本屬於供方市場。誰能組織生產，誰便能夠謀取豐厚的經濟利益 (楊沐 1994)。另方面，由於市場化流風所及，農民也同時興起致富的渴望，對發展遲滯社區的地方官員，或多或少造成一些壓力 (李培林、王春光 1993)。

面對此市場帶來的機會與壓力，農民回應以如火如荼的組織生產，所謂「鄉鄉點火、村村冒煙」。但並非有此企圖者，便能達成目的，工業生產的組織，實有賴「地方聯盟」(local pacts) 的形成。此類地方聯盟的關鍵在基層政府

官員與鄉鎮企業家。蓋市場萌芽之初，政府幾乎掌控所有資源，若欲發展企業，政府的支援實屬不可或缺─此類支援泛及政治保護、產權確立、資訊提供、資源注入、資金與交易的媒介等等(Wank 1995: 160-6；Keng 2001: Chapter 4)。同時，地方政府也需要企業家出面組織生產，以帶動地方繁榮、創造就業機會、補實地方財政、甚至提供官員的個人消費等。兩者的聯盟，實屬合則兩利。因此 1980 年代大陸農村經濟成功的故事，往往在於當地的工業生產，而工業生產是否能順利推動，則端視該地「政企間的聯盟」能否成功建構。

　　然而在完成此「地方聯盟」，地方經濟得到初步發展後，隨外在環境的變化，加以聯盟本身的弱點，一旦進入了 1990 年代中期以後，便紛紛面臨日益迫切的挑戰，日漸走向衰頹與瓦解之路。蓋就其外在環境變化而言，大趨勢是市場逐漸取代政府，成為資源配置的主導機制。企業必須走向市場，以確保資源的來源穩定而不虞匱乏。政府既然不再支配一切資源，政企關係的地位也因此將不復往昔。另方面，此類「地方聯盟」亦有其內在問題。因為「地方聯盟」實際屬於非正式的契約：政府(以及社區)提供資助，而企業家承諾：在企業發達之後，將回饋地方。但如此的契約，本身卻難以執行，蓋政府付出與企業回報之間，明顯有「時間落差」(time lag)。政府在付出資源與提供支持之際，並無法保證企業發達後，將會如約償還地方的付出。事實上，企業在發展之後，的確鮮有願意持續負擔義務者-縱使政府盡力自企業汲取資源以回饋財政、造福地方。

　　處於此類背景之下，據作者的調查，1990 年代以來的鄉鎮企業，實際產生了「生存策略」(survival strategy)的分化。蓋各個企業，將依其自身的條件，在市場與政府之間，找尋一條最適合自己企業的路子，以求得較大的利益。因為篇幅的限制，作者在此，僅能將北園調查中所的典型「生存策略」(或可視為企業發展的途經)，略加整理如表六。

　　由表六可知，經過了這些年的市場擴張之後，北園的鄉鎮企業，已經自市場孕育初期的「以政企關係為中心」經營模式，走出了不同的路子，其具體表現便為「生存策略」的分化。而依企業「生存策略」的不同，彼等亦發展出不同的關係策略，如「市場游擊」類企業，因其多面向大眾市場，且處於完全競爭市場，市場的進入障礙不高，故無法長期依賴政府的保護。而他們多所屬中小

企業，政府事實上亦難於監督管制，免除了他們應付政府的苛捐雜稅之類的干擾。故此類企業，往往追求「脫鉤式」的關係，將原有的等級關係，盡數拋棄。

表六　市場化後的政商關係分化

發展途經 ＼ 生存策略	生存策略：對市場策略	生存策略：對政府策略	政企關係的轉化/調整方案	歷經轉化後的政企關係結構
市場游擊	大幅參與；完全競爭	未得支持；排斥涉入	政企脫鉤策略(切斷原有等級關係)	以對等/市場關係爲主
經營模範	大幅參與；寡佔市場	爭取支持；控制涉入	地位提昇策略(改變政企談判地位)	對等/市場及對等/政府關係兩者兼顧
公產私納	有限/大幅參與；競爭/寡佔市場	依賴支持；控制涉入	維持補充策略(維持等級關係；另拓對等關係)	目前以等級/政府關係爲主；未來向市場游擊或經營模範轉變
穩固依賴	未有參與；壟斷市場	依賴支持；容許涉入	持續鞏固策略(穩固既有等級關係)	以等級/政府關係爲主
失利退縮	未有參與；壟斷市場	依賴支持；容許涉入	逆向強化策略(積極構築等級關係)	向穩固依賴方向轉變，將以等級/政府關係爲主

再如「經營模範」型的企業，雖然面向市場，以市場所得爲主要的資源來源，但所處市場，多屬寡佔市場，經常需要政府的幫助(例如資金週轉)、保護(例如對外地封鎖市場)，以維護其市場上的優勢或壟斷地位。故此類企業，仍須與政府官員維繫密切的互動。但在企業發展過程中，此類企業家將能逐步累積其資源、穩固其地位。另方面，地方政府卻由於發展需要、財政窘迫等的原因，反而必須依賴地方企業的資源。故經過多年發展坐大之後，成功的企業家將能與地方官員平起平坐，其間原有的單向依附，早已不復存在。故此類企業的政企關係的調整方向是爲「自我提昇」。以今日北園鎮言，「經營模範」類的企業實構成地方生產與經濟的主力。

其餘則有「公產私納」、「穩固依賴」、「失利退縮」三類企業，主要因其無法適應市場競爭的壓力，或則退回依賴政府資源(「失利退縮」型)，或則加強鞏固其原有的依賴(「穩固依賴」型)，或則目前重在轉移產權，必須維持其對地方政府的依賴(「公產私納」型)，其政企關係，基本上依然故我，並未發生重大的調整。

伍、結　論

本節先對前述的研究發現，加以總結。作者將再基於本研究所得，就目前轉型理論的有關辯論，提出一些看法，作爲本研究的一點啓示。

一、發現總結

根據所蒐集的材料，就本研究所探討的主題，作者得到以下發現。首先，中國大陸農村中的政企關係，在過去 20 年裡，無論在角色或結構上，均已經歷相當深刻的轉化。就其經濟角色言，時下的政企關係，多能更有效率的配合與支持市場交易。就其組織結構而言，則展現等級關係式微的趨勢。其次，作者發現，地方政企關係的變化，並非產權所單獨決定，主要應係市場擴張所牽動，且屬企業處於市場競爭的過程中，有意識的自我改造其外部網絡。第三，至於政企關係轉化的影響，則明顯反映在企業績效上。對今日的企業經營者而言，適時調整其政企關係，改善其外部網絡的功效，相較於但知追求價格優勢，或單憑運用關係手腕，效益往往更爲顯著。故依作者所見，此類結構轉化，將有利政企關係與市場機制的相互調和，增進彼此的效率，共同促成農村經濟的高速發展，故稱之爲「創造性轉化」。

二、研究啟示

本文雖專注於華北小鎮的政企關係轉化，對幾個較廣泛的問題，或能有所啓發。首先，作者對政企關係的經濟角色，作了進一步的探索。時下對此主題，所見大相徑庭，或則採取「新古典主義」立場，視政企關係爲效率的窒礙，或則主張「發展導向國家」(developmental state)，以其爲佔有市場優勢的基礎[22]。唯據作者調查，依賴政商關係的經營模式，雖有其市場優勢，卻可能潛藏病態的傾向。但若經過適當的轉化，則昔日的政企關係，當即化身靈活的交易管道。換言之，政企關係本身難謂資產，必待與市場機制結合，方能貢獻於經濟增長；而政企關係本身並非問題，問題在其最終是否爲市場效率所服務。

其次，學界對經濟改革的方略，各持所見，聚訟多年；舉其犖犖大者，如 (1) 政經改革，應「次第進行」或「同時推動」(dual transition)[23]？ (2) 經改步

伐，宜「逐步漸進」或「一步到位」(big bang)⑳？(3)經濟轉型，應由「市場前導」或「私有化引領」(如波蘭模式)㉕？唯此類宏觀議論，多欠缺相應微觀研究，以爲經驗佐證，作者的實地調查，因而值得參考。依作者所見，轉型或發展國家的市場，難以靠本身擴張，便能取得耀眼的經濟積效；反而往往有待政府政策的補充、配合。若既有的政企關係，能與時俱進，逐步與市場機制結合 (如北園經驗所示)，則革命性的經濟結構重組 (包括替換精英、拆解網絡，若俄羅斯模式)，似非絕對必要；重塑政府效能、再次結締網絡，反將曠日持久，延誤市場經濟的發育。反觀「中國式改革」，以市場逐步擴張，引導政社體制的轉化；政府與市場，相互創造，共存共榮。則無論就政治阻力或經濟績效而言，中國大陸的經改模式，似爲較佳方案。

但經濟轉型之外，是否維持舊有網絡，便將阻撓政治、社會的重建㉖？此亦未必。蓋基於作者的調查，市場經濟的步伐，雖或踟躕躊躇，無法撼動原有的政社結構，但隨市場經濟的逐步擴張，終將能變化現有的政社秩序。若先就短期的衝擊分析，則如作者調查所得，中小型企業(採「政企脫鉤」策略者)，既無法依賴政府，又得努力逃避各類需索，往往傾向與政府疏離，將不易扮演推動政治進步的角色。另方面，較大型的企業，無論其涉入市場的深度，往往仍企盼政府提供的資源，藉以擴大其市場競爭的優勢 (持「地位提昇」策略者)。目前此類企業，將難以承擔政治改革推手的任務。除此之外的「企業家」，更無法投注任何希望。因而，就短期影響言，市場經濟的繁榮，似不必然造成政治變遷的壓力。

但若就長期的影響討論，市場經濟的確立與政企關係的轉型，終將逐步感化原有的政治秩序。此蓋對等合作關係的盛行，有助消解威權主義政體的各類痼疾─如官僚階級、絕對主義、家長威權㉗。而就企業類型細分，則疏離的中小企業，將爲維繫獨立於中共政權外的社會力量，累積經濟基礎。另方面，被整合 (co-opt) 進入執政聯盟的中大型企業，若其利益有悖於於黨政機關，則將能因其談判地位的提昇，對現政權產生較大的節制作用。換言之，市場帶動的政企關係轉化，無疑能爲市場社會更開放的政治秩序，奠定較踏實的基礎。

＊   ＊   ＊

註　釋

註① 若自制度觀點 (institutionalism) 著眼，則上述兩項問題，絕不應孤立處理。一方面，探求經濟
績效的原動力，必須對事主 (agents，無論企業家、官員、或勞工) 所處之制度環境，細加考察
(North 1981)。因而對經濟成就的解釋，必定離不開作爲制度背景的「國家─社會關係」 (Nee
& Stark eds. 1989; McMillan & Naughton eds. *op cit.*; Walder ed. 1996; Yang 1996; Stark & Bruszt
1998)。另方面，經濟制度的全盤更動，必然將衝擊政治社會，迫其相應調適 (Baum ed. 1991;
Nee 1989 & 1996; Nee et al. 1996; Guthrie, 1999; Davis 2000)。因此若棄市場擴張、經濟發達不
顧，恐難預見國社關係的變動大勢。

註② 少數例外中較值得參考者爲劉世定 (1996：1364-1041)。

註③ 作者就政商關係的權力分配，區分出 (1) 等級─扈從關係，及 (2) 對等─水平關係兩類。在界
定上，「等級關係」乃「基於資源的單方依賴，故某方可任意拒絕他方請求」，而「對等關
係」乃「建立於資源的相互依賴，故彼此均不致隨意拒對方請求」。

註④ 形式上屬「標準化訪談」，參見 Floyd J. Fowler Jr. & Thomas W. Mangione (1990)。

註⑤ 此處將簡單報告作者對「競爭參與」與「政企關係」的測量方式。首先，依作者所見，個別企
業參與「市場競爭」的程度，可自其「主要產品流通於市場的比例」觀察。就此，北園的鄉鎮
企業，可分爲 (1) 高度參與 (多數產品參加競爭/具市場競爭力)，(2) 中度參與 (半數產品參加競
爭/具市場競爭力)，及 (3) 低度參與 (部分產品參加競爭/具市場競爭力) 三類。至於政企關係轉
化的測量，則觀察的重點在於政企關係「朝等級關係疏遠」的程度。據此，此類網絡轉化的程
度，可分爲以下四個類目：第一、「顯性轉化」：政企企業關係明確轉化，由昔日之等級關係
轉化爲今日之對等關係，如是轉變的企業中，採「政企脫鉤」策略者 (與政府官員保持距離，
切斷昔日等級關係)，走得最遠，編碼爲 5；同樣進行顯性轉化的企業，若由「地位提昇」所致
(企業坐大，漸與官員平起平坐，但仍保持密切互動者)，編碼爲 4。第二、「隱性轉化」：企
業持續以對等關係爲主，即自昔日之對等關係保持到今日之對等關係。該類企業本屬自力更
生，自始未受政府關照，與作者命題，因而未直接相干，編碼爲 3。第三、「未曾轉化」：企
業持續依附政府，維持舊有等級關係，即自昔日之等級關係保持到今日之等級關係。通常顯示
該企業並未參與市場競爭，持續仰賴政府資源注入，部份否定作者假說，編碼爲 2。第四、
「逆向轉化」：企業自市場退縮，回頭仰賴政府接濟，重理等級關係，即自昔日之對等關係轉
化爲今日之等級關係。此則明確否定作者假說，編碼爲 1。上述關係，經整理如下表：

昔日＼今日	等級關係爲主	對等關係爲主
等級關係爲主	未曾轉化 (2)	顯性轉化 (5 或 4)
對等關係爲主	逆向轉化 (1)	隱性轉化 (3)

註⑥ 此處產權的作用，可視爲作者觀點之「對立假說」。而產權歸屬的測量，即根據企業產權明晰
程度判斷。北園鎮的鄉鎮企業，依此排列，可大別爲 (1) 私有企業 (界定最明確)，(2) 村屬企業
(界定尚明確)，及 (3) 鎮屬企業 (界定最欠明確) 三類。

註⑦ 「市場」可視爲資源分配的機制之一，故自宏觀層面觀察市場化，則表現爲「資源與機會的開
放流通」，但自微觀層面觀察市場化 (對某單一企業而言)，便須採取不同的角度。若假設在中

國大陸，市場化大致屬持續進展，則此處兩種界定，前者 (「累積效果」) 將與企業興辦/投產的時間成正比；後者 (「投入環境」) 則將與興辦/投產的時間反比。兩者皆可視為作者界定方式 (「競爭參與」) 的「對立假設」。就前者言，根據企業創建/投入商品生產的時間判斷，可分類 (1) 長期感化 (88 年之前)，(2) 中期感化 (89-92 年間)，及 (3) 短期感化 (93 年後) 三類。就後者而言，則依照企業孕育當時的市場環境，可大別為 (1) 市場草創 (88 年之前)，(2) 市場發展 (89〜92 年間)，及 (3) 市場成熟 (93 年後) 三類。

註⑧　企業參與競爭的程度，除傳達市場競爭的壓力外，尚體現經營者意願及企業競爭能力，故適合為為個別企業「市場化程度」的綜合指標。

註⑨　參見 Raymond M. Lee (1993)及 Garry Christensen (1993)。

註⑩　關鍵原因，乃顧忌揭示人脈及後台，引起腐敗與派性等聯想。此外，擔心月且人物，招惹無謂是非，亦為常見原因。

註⑪　前有「交淺言深」之類的問題，後有缺乏信實的母體清冊等重大困難。

註⑫　見 King, Keohane, & Verba (1994：127)。

註⑬　相關方法的討論見 Moyster & Wagstaffe eds. (1987)，及 Hertz & Imber eds. (1995)，同樣結合問卷與訪談而針對類似主題者，見 Bian, (1994)。

註⑭　見 Hoyle (1999：59-79)。

註⑮　此處近似於周雪光氏所舉「相互塑造、同時演進」(coevolution) 觀點 (Zhou 2000: 1139-42)。

註⑯　鑒於此處變數，皆屬「等第資料」(ordinal data)，故作者額外檢視 Kendall's *tau-b* 的數值，以進一步觀察各變數間的關聯程度。結果發現，企業產權歸屬與其強度轉化間，並未達到統計上顯著的關聯程度 (Kendall's *tau-b* 為 -0.157，*p*= 0.228)。同樣的，企業產權歸屬與其層級轉化間，亦未達到統計上的顯著標準 (Kendall's *tau-b* 為 0.039，*p*= 0.799)。

註⑰　見 Rawski (1999) 所持見解。

註⑱　由於有關變數仍為「等第資料」，作者也檢視其 Kendall's *tau-b* 數值，以觀察變數間的關聯。結果發現，僅「冒險精神」一項與企業經營成效間，具有顯著關聯 (Kendall's tau-b 為 -0.298，*p*=0.018)，但卻為負相關，意味愈富冒險精神，經營失敗的可能性反將越大。

註⑲　對此可參考費孝通先生的詮釋 (1998)。而對費先生的觀點的發揮，見 Hamilton & Wang (1992：1-34)。除此之外，可參考 Granovetter (1985) 及 Hefner (1998)。

註⑳　此一特質，當然可自策略與博弈的立場來理解，參見 Axelrod (1984)。

註㉑　早自 Malinowski (1926) 起，便作如是觀。此後的研究，可參考 Sahlins (1972) 及閻雲翔 (1996/2000)。

註㉒　前者見有關「競租」(rent-seeking) 的文獻；後者則可參考 Woo-Cumings (1999)，及 Evans (1995) 及 Maxfield & Schneider eds. (1997)等。

註㉓　參見 Przeworski (1991)，Pei (1994)。至於中文文獻，可參考吳玉山 (1996)及甘陽、崔之元編，(1997)。

註㉔　參見科爾奈 (1994)，吳敬璉等 (1996), Arrow, et al. (2000: 1-310)，及 Poznanski ed. (1995)。

註㉕　參見 Stark & Bruszt (1998), Stiglitz (1994)，和 Milor ed. (1994)。並可參考王小強 (1996)，及張軍 (1996)。

註㉖　參見 Diamond & Plattner eds. (1995)，Przeworski (1990), 以及 Kotz (1997)。

註㉗　參見 McCormick (1990: 60-93)。另見 Nathan (1997)。

壓榨人性空間：
身分差序與中國式多重剝削[*]

吳介民
國立清華大會學研究所助理教授

摘　要

本文剖析中國農村自從改革開放以來出現的新形式的剝削機制。作者提出身分差序的概念，以之建構一個多重剝削的分析架構，用來詮釋當前中國農村內部的社會經濟關係。根據此一架構，我們發現中國農村，尤其是東南沿海地區，正在浮現兩個新的階層：身分資本家，以及民工階級。身分資本家乃掌握土地控制權的農村幹部，作為跨國資本進入中國的搞客，而收取經濟租金。而由內地農村移動而來的民工，則處於這個多重剝削結構的最底層，成為最弱勢的群體。在研究方法上，本文採取個案式的田野調查，深度描述珠江三角洲地區一個從事加工出口的村落，以之印證本文的理論觀點。

關鍵詞：階級、剝削、產權、身分差序、土地制度、外資、台商、中國研究

＊　　　　＊　　　　＊

壹、前　言

1994 年的一個初春正午，我和「老杜」在九龍的中港碼頭搭船前往「西珠」。海運大樓的廣播，廣東話、普通話、台語並用，催促著旅客上船。按照田野調查的慣例，老杜是個化名。同樣的，這部論文裡面幾乎所有的人物、機構、和地點，也都使用化名。老杜是我的業餘導遊，他已經在廣東投資許多年……。　剛在船上坐定，我就發現周圍滿是台灣人……。　快船飛馳在交通繁

忙的珠江水域，烈日打在飛濺的污濁水波上⋯⋯。　不到兩個小時，船就在碼頭靠岸。有老杜帶路，我們很快通過一個簡陋的海關，老杜的司機已經在碼頭外邊等著。喧擾的岸上，滿是引擎空轉著招攬生意的摩托車，煞似昔日北投「限時專送」的服務。

　　幾天後的一個夜晚，我跟著一桌台商享用蛇肉大餐，回程老杜讓他的司機繞行西珠市區。車子緩行在一條人潮熙攘的大街，老杜指著一家由公安人員入股合營的色情卡拉 OK，『政府開查某間！』──如是諷刺他心目中「愈來愈腐敗的中國官員」。不到兩哩之遠的蛇尾村，就是他經營塑膠加工廠的所在。而他的工廠之所以能夠順利運轉，有很大的部分，要歸功於地方政府和村落幹部的「配合」。老杜像大部分我曾接觸的港台商人，老是略過這部份不談。蛇尾村在短短十年之間，經歷了劇烈的變動。港台資本，以前所未見的速度，參與了一種擠壓、塑造、扭曲村子內部社會和空間關係的運動。外資使村落的地景和村民的勞動方式徹底改觀，並且重新界定了「產權」、「勞動」、「階級」和「剝削」的意義。

　　本文以華南的蛇尾村作爲理論分析的個案。在深入描繪蛇尾村的故事之前，筆者將先澄清相關的理論問題，並且提出一個分析架構。最後於結論部份，再進一步申論這個案研究的理論蘊涵。

貳、分析架構：身分差序與中國式多重剝削

　　中國的社會主義制度，曾經被認爲創造了一種新的社會政策的典範。尤其是在 1960 和 1970 年代，毛澤東路線一度成爲許多第三世界社會主義國家模仿的對象：自主發展、完全就業，住房免費，物價穩定，資產階級的剝削形式遭到剷除。在毛時代，城市的「單位制度」的確提供各種福利給職工①；然而，農村地區除了少數例外，幾乎沒有社會福利可言。嚴格的戶口管制達成城／鄉和工／農部門之間的隔離，是城市中單位制度得以存在的基礎。1978 年改革開放之後，一方面戶口管制隨著市場經濟而鬆垮，但並未瓦解，而是成爲一種微妙的切割和區隔公民身分的機制；另一方面，隨著市場經濟的發展，大部分的農民得到了溫飽，但是放任式的資本積累，包括內資和外資，在城市和鄉村

如火如荼展開，新形式的階級剝削於是隨之興起。如何將中國農村社會結構，自市場改革以來的發展趨勢，予以理論化和概念化，乃是本文的核心關懷。

　　10 幾年來，西方學術界以美國為首，提出了幾個解釋中國農村工業化的動力，以及產權制度變化的分析架構。就整體經濟發展的走向而言，主要的觀點有三種：趨向資本主義體制的市場經濟轉型（market transition）、地方政府統合主義（local state corporatism）、以及著重地方分權的中國式財政聯邦主義（financial federalism）。而在廠商的層次（the firm-level），針對鄉鎮企業的產權屬性，則主要有生產合作社和地方政府公有企業兩種觀點②。其中 Jean Oi 和 Andrew Walder 所發展的地方政府統合主義／地方政府公有產權模式，對於地方幹部在開放改革之後的角色，以及稅收誘因對推動農村工業化的剖析，提供了許多洞見，但卻難以解釋農村普遍存在的不滿和衝突。對於這幾種分析架構之間的辯論，筆者的立場是：中國的經濟體制，基本上朝向市場化在前進，但是由於政治和制度上的因素，這種轉型卻和資本主義式市場經濟有很大的距離，而發展出一種地方性質的、非正式私有化的模式（local, informal privatization）。從這個分析角度，我們才比較容易理解當前農村內部衝突的起源，尤其是在土地產權的問題上面③。

　　本文延續上述對中國農村發展的關懷，將處理上述文獻中尚未深入探討的一組相關的重要問題：中國自從改革開放以來，農村內部的階級結構發生了什麼樣的變化？這個歷史性的變化和中國的國家社會主義體制有什麼樣的關連？這個浮現中的階級關係，是否蘊涵著某種（階級）剝削的關係？如果有的話，這個剝削的機制是如何運作的？回答這組問題之前，我們需要釐清兩個關鍵的問題：一個是關於特定的經濟政治體制，如何產生相應的剝削機制；另一個則是中國農村內部的階層分化和這個剝削機制的關連。

一、階級、剝削、與公民權利

　　在古典馬克思主義的分析中，經濟剝削起源於私有財產權的制度所孕生的階級分化。兩個主要的新的歷史階級──資本家和勞工──主要是依循著生產資料控制權的有無而分化。在這種古典資本主義體制中，階級剝削的機制主要座落在工資制度和工廠體制之內，資本家從工人的勞動過程中，掠奪了「剩餘

價值」。然而，值得注意的是，在「成熟的」市場資本主義的理念型之中，並不存在封建式的強迫勞動，勞動力基本上已經脫離對於鄉村和土地的依附而商品化了。這種勞資關係，是以一個普遍自由主義式的公民權的法律制度為背景。這套制度一方面保障私有產權，另一方面也（理論上）平等保障所有公民的自由權，包括資本家和勞工。換言之，這種剝削關係是和資本主義的法律權力架構並存的。

隨著上個世紀國家社會主義──以俄國革命之後產生的蘇維埃式指令經濟（Soviet model of command economy）為原型──的出現，產生了一個新的理論和實踐上的難題，亦即，在社會主義國家是否仍存在著剝削的現象④？若從古典的馬克思主義的角度分析，由於生產資料已經國有化，因私有財產而產生的階級分工已經消滅，因此剝削應該是不存在的。但是，這樣一來，如何解釋社會主義國家中普遍存在的不平等現象？John Roemer 另起爐灶。他拋棄古典馬克思主義的「勞動價值論」（labor theory of value），主張勞動生產場域只是剝削關係的一個特例。他把生產資源的（不公平的）分配結構和剝削扣連起來，而且對生產資料採取廣義的定義，包括勞動力（labor power）、資本（physical capital）、和技術（skills）。因此，就相應產生了三種剝削的原型：封建主義、資本主義、和社會主義式的剝削。根據這套分析方法，只要是從事經濟交易的雙方存在著資源分配上的不平等，那麼兩者之間的交易就會產生剝削的結果⑤。

Erik Wright 在 Roemer 所定義的技術分配不均的概念基礎上，加上了組織（organization）這個元素，而進一步發展 Roemer 的第三種剝削的概念。在國家社會主義中，生產分工關係中的官僚權力，伴隨著組織層級（hierarchy）與權威（authority），而產生國家社會主義式的剝削關係。管理國家資源的技術官僚階層，和一般工人之間存在著組織資源分配的不均，因此前者就對後者產生剝削的現象⑥。但是，這個剝削的機制，並不是因為法律結構上賦予技術官僚和一般工人兩種不同的公民權。在典型的國家社會主義體制，理想上所有公民被賦予平等的社會主義式的法律權利⑦。不平等起源於組織層級中的權力關係，而使得官僚和經理階級獲得大部分的社會生產剩餘的分配。

Roemer 和 Wright 的理論分析，對於我們分析中國的農村工業化過程，帶

來一項非常重要的訊息：具體的社會中，總是可能並存多種生產關係（生產模式）；因此，也相應並存著多重剝削（multiple exploitation）關係⑧。Wright的階級分析的重點是如何理論化「中間階級」（the middle class）的問題。他的架構有助於理解中國城市工業部門中的黨國官僚階級的剝削角色。至於如何定性廣大鄉村地區正在浮現的「農民企業家」和「民工」階級，則難以套用其理論。這是因為該理論並沒有觸及本文主題的一個關鍵點，亦即，某個特定的生產關係與其相應的公民權體系的關連。因此，需要對 Wright 的階級分析的架構做若干補充。由於多重剝削是一個意象豐富的語彙，筆者借用這個語彙，但在概念的內涵上予以修改，而界定「中國式多重剝削」。請參見表一的類型分析。此表係根據 Wright（1989a: 19, Table 1）而增修。

表一　三種剝削機制與相應的公民權利體系的類型

	分配不均的主要資產	歷史上的新階級	剝削機制	公民的法律權利架構
古典資本主義式剝削	生產資料、私有財產	資本階級與勞工階級	勞動力市場和商品市場	普遍性的自由主義法律權利體系
國家社會主義式剝削	組織資源	技術—官僚階級	管理技術和織資源	普遍性的社會主義法律權利體系
中國式多重剝削	實質的公民權、生產資料、組織資源	幹部企業家、民工	身分差序、勞動力市場、組織層級	公民權的不平等分配

二、公民權不平等與身分差序

在今天的中國農村，除了古典意義的資本對勞工的剝削、以及蘇維埃模式中的官僚階層的剝削之外，還存在著另一個層次的剝削關係，這就是實質的公民權利分配不均（unequal distribution of de facto citizenship），所產生了公民團體之間的身分不平等，並進而衍生另一種獨特的經濟剝削機制。這個剝削機制有兩條線索。一個是中國法律的平等權，並沒有貫徹到其國境內的所有公民，而產生了「國中有國」（states within the State）的情況，這是國家所刻意製造出來的不平等。例如，雖然中華人民共和國的憲法保障公民的平等權利，但是實際上這種平等權的實施卻被種種「身分」（例如城鄉的區別、以及在地村民

與外來村民的區別）以及「階級成份」切割和阻礙⑨。也就是說，中國的社會主義法律權利並沒有真正落實到所有的公民團體，在實際運作時歧視特定的團體。另一個線索是，中國農村長期存在的家族宗法制度所蘊涵的不平等，例如女性缺乏財產繼承的地位，以及村落內部宗族長老和強戶對其他弱勢宗族的支配地位。就此而言，幾十年的社會主義制度改造，並沒有真正滲透到農村的底層。而一旦國家對農村的控制鬆動之後，原先的社會關係就重新展現出來。換言之，中共在五、六十年代所極力整頓的「土豪劣紳」現象，在八十年代以後又浮現出來。這種身分上不平等的制度起源，乃是很微妙地結合了國家社會主義體制中的壓榨關係，以及中國農村社會長期存在的「擬封建式」（quasi-feudalistic）、「家族宗法式」宰制關係⑩。理解這種因為身分不平等而導致的支配結構，有助於解開中國農村工業化過程的複雜剝削機制⑪。

今天中國農村的多重剝削機制，與中國社會政治結構中的身分差序（differential status）息息相關。筆者將身分差序界定為：在一個政治社群中，以身分地位的區隔化和等級化，作為劃分組織、生產、和分配的原則，而導致公民團體之間權利分配上的不平等。由於這種身分區隔的現象，與中國傳統社會結構有深刻的關連，因此需要說明身分差序這個概念與費孝通的「差序格局」概念的異同。差序格局是賀孝通掌握中國社會運作的理念型，而且是相對於西方社會的「團體格局」而界定出來的⑫。身分差序與差序格局在概念內涵上有兩點是相通的。第一，中國社會傳統欠缺一個類似西方（基督教、資本主義）社會普遍而平等的公民權體系。第二，由宗族親屬關係擴展而出的個人社會網絡，是中國社會人際關係組合方式的主軸；而這種網絡的特質卻是界限不清、權利義務關係曖昧。但是，這兩個概念卻有一個關鍵的差異，亦即：差序格局被用來指涉中國「傳統」鄉民社會的原型特質，而且被用來對比「西方社會」，因而暗示著「前現代的」、「前資本主義的」意涵（雖然這不一定有貶意）。但是，筆者所定義的身分差序，不僅受到傳統文化結構的影響，同時也是國家政策造成的，而且這和中共特殊的「現代化」策略及其統治形式的特質有關⑬。就此而言，這裡特別著重的是，中共黨國體制作為一個現代國家在創造此一不平等公民權過程中的角色。身分差序這個概念，即意指一個特定社會行動者的 status（身分地位），乃源於外在結構力量的形塑。換言之，是

一種社會內生和國家外鑠的雙重強制性，建構了公民之間的身分不平等。因此，這個概念就沒有 Hamilton 和 Zheng 在翻譯差序格局（和團體格局）時，使用的 association（結社、組合）一字中所指涉的社會內在自發組織的意涵。

　　身分差序所造成的不平等關係，表現於三個分析層次。首先是城市居民與鄉村農民之間的身分區隔。這種區隔在中共建國之後透過戶口管制的方式而實施。城鄉戶口的管制嚴重限制了農村居民遷徙和勞動的自由，而有助於中共的社會控制，並且達成一種城鄉之間工農分工的二元經濟體制。在此區隔之下，農民的身分，相對於城市國營事業的職工，處於不利的地位⑭。第二層的身分差序，來自於農村內部的階層分化。這種分化主要來自於國家賦予鄉村幹部許多管理集體資產的權力，而這些權力往往又是由村落內部的宗族長老和強勢家族所掌控。因此，這個層次的身分差序，一方面來自於國家授與農村幹部的組織階層上的特權（如上述 Wright 所定義的國家社會主義式的組織資源分配的不均等），另一方面則來自於中國鄉村傳統宗法身分制度的影響。值得注意的是，這種宗族支配力在社會主義體制之下，往往是通過黨幹部的權力而發揮出來。第三個層次的身分差序，則表現在村落內部的「公民權」分配差距上面。這種在地村民與外來者之間的區隔，主要是依循「集體所有權」（collective ownership）的概念而來⑮。根據這個法律制度，農村的集體產權既然屬於全體的村民，外來者便不能享有集體資產以及這些資產所衍生的利益。因此，外來者在村落內部實際上是沒有完整的公民權。

表二　　中國農村中三種主要階層的身分差序與利益剝奪的結構

	城市 vs.鄉村	幹部 vs.非幹部	在地 vs.外來
農村幹部與宗族長老	✓		
本村村民	✓	✓	
民工	✓	✓	✓

　　根據上述的村落內部的身分差序的結構，我們大致可以區分出三個社經階層（請參見表二）。第一個是農村幹部和宗族勢力的混合體。這個團體位於村落階級位置上的最高層，只有相對於城市國營部門，它才處於相對不利的地位。因為這個團體易於操控村落的集體資產，而在經濟上處於絕對的優勢。因

此市場改革之後，產生了一大批擁有幹部身分的「農民企業家」，其階級屬性頗類似 Wright 提出的中間階級的矛盾階級位置（contradictory class location）。這種矛盾性是多重的，一方面是因爲他們並沒有掌握法律上的集體產權，他們只是國家授與管理集體資產的「僱員」，代理國家執行管理和監督的準經理階層。另一方面，由於他們的幹部身分，使其成爲全體村民行使集體所有權的代理人，而享有擬似封建生產模式中的「地主」身分。這種相對於國家是僱員、相對於一般農民是地主的身分，又有著過渡的性質，因爲他們的權力基礎乃繫於現有的社會主義集體所有權制度。假如中共進一步深化市場改革，甚至廢除農村的集體制度（當然，這種可能性現在看來微乎其微），則他們目前所享有的權力乃是過渡現象。但是，另一個發展的可能性是，假若現行的集體制度和市場化併行的趨勢不變，而國家也不採取激進的改革措施，則他們可以逐步脫胎換骨，成爲擁有合法產權的新興地主資產階級——筆者稱之爲「身分資本家」（詳見下文結論部份）。由於中共需要農村幹部提供其基層的控制力和統治的正當性，因此除非共產政權崩潰，否則不太可能會壓制這個農村的支配團體。

　　村落中第二個階層是非幹部的一般在地村民。他們其實是沒有實權的名義上的集體所有制的「股東」，有權享受村落提供的集體福祉，但是很少能夠過問集體資產的管理。在集體制度比較淡化的區域，像是浙南的溫州和福建沿海，由於土地承包權的相對穩定和允許轉包，大部分的農村居民轉變成小自耕農，或離農而成爲自僱工或「小商品生產者」。但是在集體制度仍然強韌的區域，像是蘇南和珠江三角洲，村民的土地承包權受到相當的限制，但是相對擁有較好的福利分配。在工業化進展快速的村落，這些農村居民雖然仍然擁有農村戶口的身分，但事實上已經不是農民了。他們當中許多人有機會到鄉鎮企業裡面擔任「白領」的工作。因此，雖然他們相對於幹部處於不利的社經地位，但卻遠優於外來的民工階層。

　　村落中最劣勢的是「民工」階層。民工，是離鄉背井到外地（離開其戶籍的所在地）打工的農民（migrant labor）的簡稱。他們在前述的三層的身分差序中，都居於被剝奪的地位。民工這個社會經濟範疇的出現，可以說是中國國內勞動體制「一國多制」的極致表現。民工一方面享受不到城內國營部門的工

人待遇，因為他們不屬於國家任何的「單位」；另一方面，由於他們脫離自己的戶籍所在地到外地打工，因此也享受不到工作所在地的村民集體福利。民工和村落幹部之間以及民工與在地村民之間，都存在著利益的衝突。民工在村落中受到戶口管制、低工資、長工時、劣質的工作與生活空間、公安機器等層層束縛。這種幾乎是人身自由的束縛，需要通過身分差序結構中所攜帶的政治權力的支配才能達成。而村幹部在這個執行壓（迫）榨（取）的空間場域中，扮演著樞紐的角色。

　　根據以上的分析，中國式的多重剝削關係，在沿海地區農村快速工業化的過程中畢露無遺。這種剝削關係同時具現了三個層次的剝削機制：資本主義式的勞動力的剝削、國家社會主義式的組織層級的剝削，以及中國政治社會體制內部所蘊涵的因身分差序而來的剝削。而且前兩者的運作形態和效力，又因為身分差序的機制而強化，其中最關鍵的原因，則是中國現行的法律體制欠缺平等的公民權。

　　這種多重剝削機制，是中國農村快速工業化的一個重要的制度基礎。外資，尤其是在中國沿海從事加工出口的外資（其中以港台資本為主），就是充分利用這種中國內生的剝削機制，而購買到廉價的勞動力以及其他的生產因素（主要是土地和廠房）⑯。國家、村落幹部、和外資，在這個生產關係裡面乃是三方聯盟的利益共生體。而村幹部又是積極扮演著掮客和「收租者」的角色。這些問題的經驗資料，在底下蛇尾村的研究中將具體呈現，而相關的理論意義，我們將在結論的部份進一步分析。

三、研究方法與個案選擇

　　在研究方法方面，本文採取的研究策略，接近 Michael Burawoy 提出的個案延伸法（extended case method）⑰。我們嘗試用一個典型的個案，通過深度的描述和詮釋，來指涉整體的理論意涵，並豐富既有的理論文獻。另外在概念化的工作上，本文的方法也類似紮根理論的研究法（grounded theory）⑱。例如，「身分差序」和「中國式多重剝削」等初步的理論概念，並非單憑演繹，而是研究者參照理論文獻、經過多年的田野調查而定義的⑲。至於在抽樣方面，為什麼選擇珠江三角洲的村落，作為印證本文理論分析的個案？這是因為該地

區是外資開放最早的區域，而且也是加工出口工業化發展程度和密度最高的地區。這個地區引進大量的民工，其村落內部多重剝削結構的複雜化最為突顯。另外，關於樣本代表性的問題，本文雖然是個案研究，但是只要資料的品質良好，信度和效度便不成問題。也就是說，個案研究的「抽樣方式」，並不必然會影響整體上的理論意義的詮釋和解釋的效力。簡言之，蛇尾是一隻可供我們剖析這歷史結構大變動的「麻雀」。

叁、蛇尾村的結構與發展過程

蛇尾村座落於珠江三角洲，在深圳和廣州之間，面積有 3.5 平方公里。在行政上，這種村子叫作「管理區」，相當於內地省分管轄數個自然村的行政村。村（管理區）是中國最基層的行政單位，是國家權力機制和農村社會的交壤地帶。蛇尾管理區共管轄四個自然村。

一、政治領導與經濟組織

自從中國實施開放改革之後，蛇尾在短短 10 年之內，從一個「農村」，變成一座加工出口「工業城」。現在，大部分的村地，被工廠、工人宿舍、辦公樓、馬路、餐廳、商店、村民的「宅基地」、以及「商品房」所盤踞；另外，還有村辦的幼兒園和小學，以及一座文化中心。在 1978 年，蛇尾有耕地將近兩千畝[20]，但是到了 1990 年代中期，剩下的農業用地不到 500 畝，其中主要是池塘、果園和菜園，點綴於廠房之間。在 1993 年底，蛇尾的在地村民（擁有該村農村戶籍者）有 1800 多人，將近 500 戶。而外地來的民工則有 2 萬人。這些「流動人口」，居住在由 100 餘家外商（加上少數幾家本地企業）所提供的設備簡陋的宿舍。

在 1978 年，蛇尾村的固定資產總值只有 6 萬元人民幣。到了 1990 年，這個村子已經累積了 3000 萬元的「集體資產」。1978 年，農工生產總值不過是 60 萬元；到了 1996 年，已經達到 1 億 1000 多萬元（參見圖一）。農業現在已經微不足道，只佔該年總產出的 2.7 %。不難想像，這個村子的財務狀況非常好，有大量的稅後盈餘。根據中國一種奇特的會計方法，蛇尾的「集體經

濟」，在 1978 到 1996 年間，其「利潤率」高達 34.5 %㉑。爲什麼蛇尾有這麼好賺的生意？因爲這個村子的總產值，絕大部份都來自外商匯入的「工繳費」（加工費和廠房租金）㉒。由於快速的成長，村民的所得也急速增加。在 1978 年，人均淨收入不過是 183 元；到了 1996 年，已經超過 6000 元。

圖一　蛇尾村的總產出與利潤：一九七八～一九九六

（單位：百萬元人民幣，當年價格）

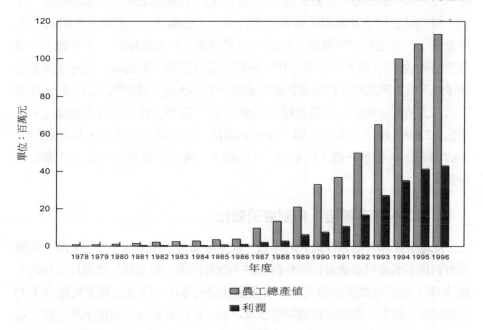

資料來源：田野調查（下同，不贅）。

　　蛇尾村的政治和經濟權力，像中國許多工業興盛的村落，是掌握在少數強勢家族（「強戶」、「能人」）手裡。陳是蛇尾的大姓。陳書記在（共產黨支部書記）這個位子上已經有 20 年了。而村長（管理區主任）也是屬於陳姓裡面的大戶，當了村長也超過 20 年。蛇尾村有 40 來個共產黨員，照規矩，書記每 4 年要改選一次。陳書記受到陳姓長老的支持，因爲他「做人穩重」、「吃水不深」而穩坐書記的位子㉓。然而，有些村民說：「我們完全摸不清書記的

底。」陳書記曾經兩度當選廣東省的人大委員（1987、1992）。自然他與省級官員，以及市級和鎮級的領導，都維持著良好的政治關係。

蛇尾村有一家鄉鎮企業發展總公司，管理村子的集體經濟。董事長和總經理的職位，都由村長擔任。村子裡有將近 100 家習稱為「三來一補」的加工廠，以及 20 幾家三資企業㉔。村幹部和外資（尤其是港資）有著千絲萬縷的利益牽連。蛇尾村在香港，透過陳姓親族的關係，設立一家叫「大蛇」的控股公司。村幹部「想辦法」把資金送到香港的大蛇，然後大蛇再把錢匯回蛇尾。這樣，他們就在村子裡創辦了兩家外資公司。此種操作乃人們耳熟能詳的「假洋鬼子」。透過類似的關係，蛇尾村以半價賣了一大塊地給一個港商，代價是要他捐 50 萬元幫忙村子蓋小學。村辦公室直營的一家襪廠，也透過香港的關係借入數百萬港幣，用來廉價購買集體所有的土地。書記的弟弟是村子裡頭「第二富裕的企業家」。他曾經在 1980 年代，在地方官和軍方的掩護之下，走私進口車，賺了一大筆。另一個兄弟則在一家外商公司享有 5 ％的乾股；1987 年以前，他是一個「抓車佬」（司機），現在則身兼村內 4 家工廠的副總裁。

二、改革前後土地制度的變化

蛇尾幹部和外商合作最大的本錢，就是廉價勞工和土地。先說土地。集體所有制是中國農村產權變化的分析起點。改革前後，幹部是怎麼操控土地的？20 年來土地制度是怎麼變化的？有兩個關鍵的事件，深深影響著蛇尾今天的土地制度。首先，在中國經濟開放改革之前，村級幹部就試圖把土地的經營權逐步集中在村的層次（那時候村稱為「大隊」）㉕。在 1971 年以前，土地大致上由生產隊的幹部控制。那一年，在地方政府學習「大寨精神」的鼓勵之下，大隊幹部決議統一管理土地。1974 年，大隊公佈了一個「農村發展計劃」，規定村子裡所有的建設都要歸大隊統一指揮。但是，這個計劃要到 1980 年才開始認真執行。牽動中國農村土地變化的第二個事件是 1978 年鄧小平的開放政策帶來的。在 1982～1983 年間，公社制度瀕臨瓦解之際，「包產到戶」在中國各地廣為流行。包產到戶的農地承包制度意味著讓農民取得實際的土地控制權，雖然土地的所有權仍然屬於曖昧的「集體」。儘管蛇尾村處於此風潮，

但是村幹部仍然極力抓住土地的控制權。根據 1983 年一個新的辦法，蛇尾村民每個人可以承包半畝的「口糧田」和一畝的「責任田」。因此，大部分的土地仍然掌控在村幹部手裡。照一個村幹部的說法：「土地的統一管理，最後還是維持住了。」蛇尾村的陳書記在一份幹部教育的內部文件上面說：

> 1974 年，我們曾結合山、水、田、林、路的綜合整治，制定了農田和村莊建設的規劃。但由於各種原因……加上當時人們的思想認識水平較低，收到的效果不明顯。1980 年，我們大膽提出一個超前的決策，搞一個 20 年農村建設整體發展的規劃……相當於一萬人口的設施建設配套，適應下一世紀初的發展……初時，有的群眾認為在農村搞長遠整體規劃無必要，有的認為規劃雖好但不可能實現，有的甚至不按規定亂佔亂建等，給黨支部、管理區很大壓力。但是我們知難而進，通過黨員會議、群眾大會、個別座談等形式，教育群眾認識搞 20 年整體規劃的好處，幫群眾建立信心，保證了今後規劃的嚴格實施㉖。

這份內部講話，吹噓幹部高瞻遠矚規劃能力之處有些不可思議。但是它明白道出村民在農村土地收歸村幹部集中管理過程中的抗拒態度。最後是因為幹部的「知難而進」，透過「黨員會議」、「群眾大會」和「個別座談」等政治手段，才保證了「嚴格實施」。蛇尾村在 1983 年實施的口糧田和責任田，就是一般通稱的「兩田制」。在這種農村土地制度的安排之下，村幹部得以掌控大部分的農地，而架空中央政府所賦予農民的土地承包權㉗。於是，當 1980 年代中期外資開始湧入珠江三角洲時，當地的村幹部就以兩田制的名義，逐步取消了家庭承包制，代之以「農業集約經營」，以方便土地集中處置。據蛇尾的陳村長說，在 1988～1989 年間，農民都不願意耕作土地，於是要求他們把責任田再交還給集體，只准保留口糧田。收回的土地馬上就開發成工業區。後來，連口糧田也大都由村委會收回。到了 1994 年，村子裡的耕地有 500 畝已經被工廠所佔用，真正的可耕地不過 100 畝。「農民」這個職業幾乎已經在蛇尾村絕跡了㉘。

蛇尾幹部喜歡強調說，他們並沒有從土地交易中圖利。這句話似乎真假難辨。一方面，批租給外商的土地價格一般都刻意壓低，因為要和鄰近的村落競

爭外商。但是，另一方面，他們從農民手裡佔用的農地，給的補償遠少於政府的規定，因此，土地取得的成本是非常低的。同時，政府也以低價徵收大片農地從事公共建設。1993 年，省政府以每畝地 7000 元的代價（一平方公尺約10.5 元），徵收 300 畝地蓋公路；而電力廠則無償佔用 250 畝地，沒有給村民分文補償。其實，如果對比農地徵收（佔用）費用和工業用地的批租收益，我們會發現其中有相當大的牟利空間。

表三是外商使用工業用地需要繳付的費用。「土地使用費」相當於外商向村（管理區）辦公室購買約 30 年到 50 年不等（視契約內容）的土地使用權。土地使用費每平方米 200 元是個「平均數」。關係好的外商則可以更低的價格取得，例如前面提到的港商就是以半價購得。耕地佔用稅每年都要支付。另外，如果外商想獲得土地的轉讓權（transfer right），則必須申請「國有土地使用證」（簡稱「國土證」）。費用每平方米 120 元。這裡有一個玄機：外商使用的土地，如果沒有申請國土證，事實上該筆土地是以管理區的名義拿到「鄉鎮企業土地所有證」。這個土地的所有權是在管理區手裡，這對外商的產權保障是很薄弱的。但是，這種做法可以迴避中央政府規定嚴格的農地徵收補償措施㉙。因此，如果地方幹部真的依照政府規定徵用耕地，則圖利空間不大。然而，農村幹部通常都會協同外商（額外費用（side payments）「另計」）採取一種多階段的耕地佔用方法：不採取「一步到位」的方法，而是多階段的蠶食步驟，先把集體所有的耕地佔用爲「鄉鎮企業用地」，再伺機轉登記爲「國有土地」，而使外商拿到國土證和土地的轉讓權。運用這種五鬼搬運的手法，無數的耕地悄悄地從村民共有的集體產權，轉到外商和戴著洋鬼子面具的農村幹部——中國「田僑仔」——的手裡。集體所有制的理念，如今不過是這猖狂資本積累之富麗墳場邊上的孤魂野鬼罷了。

這是中國從國家社會主義體制，過渡到這種類似「官僚幹部資本主義」的一個公開的祕密。外商、幹部、和各級政府（包括官員個人）都在新圈地運動中各蒙其利。而一般村民在這些土地交易中卻只獲得雞肋般的補償。看來他們是最大的受害者。但是底下我們很快會看到，他們還不是這場空間魔術中墊底的「階級」。

表三　蛇尾村批租土地的收益和分配：1994～1995

（單位：元〔人民幣〕／每平方米）*

	土地使用費（耕地佔用費）**	耕地佔用稅	獲得「國有土地使用證」的費用
土地使用者所付的費用	200	6（每年）	120
土地收益的分配	1. 付給鎮政府：基建費用加上31.5 2. 補償農民每一畝地450公斤白米*** 3. 其餘由管理區辦公室支配。	付給稅務局	1. 付給管理區辦公室：20 2. 付給鎮政府：100（其中一部分再繳給上層政府）

*當年美元對人民幣的匯率約 8：1。
** 土地批租費用在 1986～1987 年每平方米大約只要 40 元。
***付給農民的實物補償主要以現金的方式給付。

三、工繳費的收益與經濟租的分配

蛇尾第一家三來一補企業，在 1979 年開張。但是，要等到 1986 年港台外資才大量湧入這個村子。那一年，區辦公室決定建造 3 萬 5000 平方米的廠房租給外商。1000 萬元的「啓動資金」不是從國營銀行借貸的，而是在 2 年內向村民「集資」（「攤派」）來的。

村子裡 100 多家外商，只有 20 家左右向政府登記爲「三資企業」，其他的都是屬於來料加工廠。按照表面上的定義，這些加工廠應該是由中國本地人投資和管理，外商只是輸入物料委託其加工；實際上它們是「假代工、真外資」。這些加工廠在產權組織上和「三資」沒有很大的差異；關鍵點只是在於土地交易的性質和內銷的資格的有無[30]。所有的加工廠都被要求每個月匯入外幣（主要是港幣），以支付工繳費（工資和房租）。在 1994 年多元匯率取消之前，廠商匯入中國境內其合作者戶頭的外幣，只能換取官方定價的人民幣，而區辦公室和地方政府則分享匯率的價差。這是一套繁複的「外匯留成」的制度設計[31]。理論上，三資企業並不需要匯入工繳費，但是因爲這些企業大都爲「假合資」或則「利潤承包」的企業，所以一樣被要求匯入外幣，換取人民幣

支付工資。所以，在廣東絕大部份的三來一補企業和三資企業，都只是向地方政府購買廉價勞動力和土地廠房的外銷加工廠；它們與當地合作者的財務關係，並無二致。表四是蛇尾村在將近 20 年間所收取的工繳費，以及藉由外匯留成的機制所創收的總額將近人民幣 2 億元的「利潤」。這筆鉅額匯差的收入是蛇尾村發跡的本錢。

在 1994 年，按照廣東省政府的規定，外商雇用每個工人，每個月大約要匯入 800 元港幣的工繳費。但是真實的「人頭稅」額度則在 500 元到 800 元之間；折扣的多寡端視外商和地方合作者的關係深淺[2]。蛇尾區辦公室和上級政府（主要是鎮政府）之間分配外匯留成的公式，曾經數度變動。在 1991 年以前，蛇尾只能拿到 15 ％的外匯留成，剩下的 85 ％則由鎮政府、市政府、和省政府分潤。1991 年之後，為了「調動村級單位的積極性」，蛇尾和地方政府談判之後，獲得 60 ％的外匯留成；其餘的 40 ％則上繳，但是其中的一半乃是「有償上繳」（蛇尾獲得一半的匯差補償）。這個新安排，一方面使得蛇尾的獲利能力急遽膨脹；另一方面，也使得村幹部有較大的彈性給予外商人頭稅的折扣，以因應愈來愈激烈的區域內部（村落與村落、地方政府經營的外貿公司與村落之間）的競爭。

表四　蛇尾村的工繳費與「利潤」：1978～1996 年

年度	工繳費的匯入額 （單位：港幣百萬元）	利潤 （單位：人民幣百萬元）
1978～85	12.9	2.4
1986～91	56.5	19.4
1991	31.9	10.6
1992	45.4	16.9
1993	57.1	27.1
1994	67.6	35.0
1995	203.8	41.4
1996	234.6	43.0
合計	709.7	195.8

　　中國政府於 1994 年實施人民幣「匯率併軌」的新政策，使人民幣的官價極爲貼近市場價格。從此外匯留成的制度走入歷史。但是人頭稅的利益之爭，並沒有落幕。因爲如果中方驟然喪失了這筆收入，則幾乎所有依靠加工出口的村落和外貿企業，就會馬上陷入財政危機。因此，這些外商仍然「被迫」匯入外幣支付工繳費。現在，制度上不再有匯率雙軌制作爲「正當理由」，人頭稅的尋租本質就畢露無疑。新的經濟租的分配公式是：外商匯入的外幣兌換成人民幣之後，銀行幫稅務和海關系統收取 2.45 ％的手續費；其餘 97.55 ％的部份，分配方法如下：外商拿到 70 ％，管理區拿 19 ％，鎮政府分到 5.3 ％，市政府則分到 5.7 ％。這一套新公式，事實上延續了外匯併軌之前的分配比例。然而，我們可以從表四發現，雖然從 1994 到 1995 年，蛇尾的工繳費收入增加了兩倍，但是實質利潤卻只有小幅成長。蛇尾區辦公室的獲利率顯然大幅下降了。爲什麼？因爲新的外匯制度，增加了外商的議價能力（bargaining power）。這帶給中方合作單位很大的競爭壓力。蛇尾不得不降低管理費（人頭稅的新名詞）的價格。但是，這種村落之間的折扣戰，卻使它們在短期間內產生很大的財務結構調整的壓力[33]。因此，爲了補償人頭稅的流失以及與日俱增的稅收壓力，許多新名目的額外費用（「三亂」[34]）就因應而生。例如，在西珠市一帶，許多外商被要求支付高額的外來民工的「暫住證」（有的高達每個「人頭」200 元）。而「保電費」、「保糧費」這樣的項目也相繼出現了。

四、戶口管制與社會控制

　　急速的工業化，使農民這個「行業」消失於蛇尾的地景中。幾乎沒有本地村民真正在務農（有的只是屈指可數的外村人）。然而，在中國政府的農工／城鄉社會控制的分類學裡面，所有鄉村居民，除非已經轉爲城市戶口，都是「農民」的戶籍。蛇尾人在農村工業化之後，保留住農民的身分（確切而言，是「本村的農民」），才讓他們有資格享受專屬於蛇尾村本地人的各種福利和集體收益。前面提到，政府曾經徵收過 300 畝土地蓋公路。之後，村幹部趁機想把一批村民的戶口轉爲「非農業戶口」（此即習稱的「農轉非」的手續）。但是，沒有人願意遷出自己的戶口。最後，村辦公室強制轉了 40 餘人的戶籍。

據村長說：「這些人都是已經嫁到香港或其他地區的女人。」

　　至於蛇尾村子裡多達兩萬人的內地來的打工仔，她／他們的戶籍仍然留在故鄉。她們必須跟當地的公安局申請暫住證，通常是工廠幫他們申請。而且，她們的身分證時常被工廠「扣留」著。這麼龐大的「生產隊伍」擠壓在一個原本不過兩千人的村落，對於蛇尾幹部來說，「公安」（社會控制）就變成一個棘手的「問題」。蛇尾在「公安承包」的名義下，建立了自己的警察系統。這個系統還整合了原先的民兵組織。蛇尾的公安隊由18名本村的年輕男人組成；主要的工作，是要防止工人和外商經理之間的衝突。他們薪資很高，配備武器。一個民工抱怨說：「他們是村辦公室雇用的人，權力很大，幹部要他們做什麼，他們就做什麼。」

五、村落內部身分差序和福利分配

　　蛇尾村內兩萬多的人口，依照他們的身分而享有不同的社會經濟地位。大致上，村子裡有四種「身分團體」。第一類是由村幹部和宗族長老組成的核心「統治團體」，第二類是外商和華僑，第三類是非屬於統治團體核心的一般村民，第四類則是民工。除此之外，本村婦女的地位也遭受差別待遇。性別歧視使她們無法享有某些只有男人才有的福利，例如宅基地的分配權。

　　三個事例可以看出，蛇尾村的身分區別，如何影響了經濟利益的分配。第一個是本村村民相對於「外人」所享有的工作機會。蛇尾本村有800多個勞動力，其中大約有300名出外找工作，另外有300人在村內的企業上工，一部份是生產線的工人，但是大多數都被指派為會計、出納、守衛、司機、和經理等職位，這是因為蛇尾和百餘家外商合作，需要中方的配合人員，這些「白領階級」構成了蛇尾外商與當地政府接洽的「公關隊伍」：跑海關、跑稅務等等只需要低階「關係」的跑腿雜務。其中待遇最好的經理階層，月薪在1000到5000元之譜，而一般民工在工廠當作業員大約只有3、5百元（1995年左右的工資）。剩下的200名本村勞動力，則是在村內從事「個體戶」的行業，她／他們一般都跟村內的總公司「掛靠」，繳交一些管理費，名義上成為村辦的集體企業，最典型的是雜貨店和小餐館，供應廉價商品給村內的民工。最後，大約有35人在管理區辦公室上班，這些管理幹部大都被認為「屬於書記和村長的

人」，其中有 8 個人是辦公室正式編制的人員，他們是「核心的小圈圈」㉟，他／她們的工資在 350 到 1400 元之間，這種待遇，似乎不如那些派到外商企業的管理人員，但事實不然。根據一份鄉政府的文件，蛇尾集體企業（由蛇尾總公司控制）的稅後純收益，其中百分之五，可以分配給這 8 個人組成的核心團體，因此，若以 1996 年的利潤計算，他們可以分到 20 萬元的紅利。至於書記和村長從外商那邊拿到的好處，「沒有人知道有多少！」

　　這些專屬於本村人的雇傭機會，是外來民工無法企及的。一般來說，這些打工仔沒有機會往村子裡的社會階梯上爬升。即使他們在廠內受到經理賞識而變成領班，他們在社會地位上仍然只是「外來的農民」。最近幾年，只有一種極爲渺茫的機會可以讓其中 20 餘名女工獲得蛇尾的「公民」身分：嫁給在地村民。

　　第二個印證身分制度的事例，是村子內宅基地的分配。宅基地在中國農村，是一種由本村村民專享的權利（entitlement right）。根據蛇尾村區辦公室的規定：每一個男孩，到了 12 歲的時候，就有權利以每平方米 50 元的代價，向「集體」「購買」120 平方米的土地，興建自用住宅㊱。這種權利當然是父母以兒子的名義來行使。然而，那些出生於本村、但是戶籍已遷出的村民（已經「農轉非」的人），則每平方米索價 200 元。這裡可以看出農轉非制度的狡獪之處，雖然戶籍已經遷出，不論本人居留本村與否，仍然被當成「自己人」看待，只是這種人的「身分價值」低於那些戶籍沒有轉出的人（參見表五）。女人，在這個權利制度底下，是被排除掉的。理由是：「她們終究要嫁出去，要遷出戶口，而成爲村外人。」

表五　廣東蛇尾村宅基地價格及村民的承購權（entitlements）

土地類別	身分	土地價格 （元／每平方米）	其他規定
一般住宅	十二歲以上之本村男丁	50	最多承購 120 平方米。土地使用權不可以轉讓。
	戶籍已遷出的本村村民	200	
	華僑	400	
	非本村村民（外來人口）	600	必須先得到村幹部的許可，才能承購。
別墅特區	本村人及華僑	500～800	成交價格依照承購者和幹部的「關係」而變動。

　　華僑（包括港澳台胞）也有承購住宅用土地的權利，這主要是針對投資於蛇尾的外商而設，價格是每平方米400元。而非本村的外來人口，如果獲得幹部的批准也可以購買，價格則是600元。蛇尾村另外設立了一個「別墅特區」（供建造高級商品房），標價在500到800之間，實際的成交價有很大的議價空間，端視投資者和幹部的「關係」而定。

　　第三個是教育和福利方面的規定。蛇尾村提供獎學金給出外讀書的子弟。1991年，區辦公室總共投資了600多萬元，興建了一家小學以及另一家幼兒園㉗。村子的小孩上學不收學費。但是，這些福利只提供給本村人，外村的小孩來上學，每學期收費200元。區辦公室每年的教育預算在40萬元左右。1995年蛇尾小學的學生人數是550（其中外村250名），但是，區辦公室只向鎮政府的教育主管申報了400多名，原因是鎮政府要向蛇尾村抽取「學童人頭稅」（類似一種「教育附加捐」）。

　　蛇尾小學雇用了25名老師，平均工資是1000元，其中只有6位（包括校長）是「公辦教師」，其餘的稱為「民辦教師」。在中國，一般「民師」都想轉為「公師」的身分，因為後者的社會地位和待遇都比前者高很多。公師乃是「國家職工」的身分，不是「農民」。但是，這個原則不太適用於蛇尾，因為這些民師大都是蛇尾人出身，如果成為公師，則其戶籍就不再是蛇尾人，就無權享受從集體利潤提撥而來的年終獎金和各種福利。

　　除了免費的小學教育，蛇尾還提供每年50元給退休的老村民（60歲以上），每年的福利開銷（包括教育），以1993年為例，大約是120萬元。這筆開銷，相較於村子集體經濟所創造的利潤，只能算是個零頭，顯然，村民是不會滿意的。

　　我們不難發現，在蛇尾這幅集體福利制度的圖像中，2萬名日夜生活在這座加工城裡面的內地民工，是徹底消失了。作為這個村落中的主要成員——墊底的階級——他／她們是難以接觸的，甚至是隱形的。但是，他們的不存在，不是經驗上的（儘管在經驗上，的確很難直接而深入地接觸這些民工），而是制度上的設計，以及結構上的隱蔽。我們會在最後一節回到這個問題。

六、土地利益分配與村民抗爭

鄧小平 1992 年的「南巡」，鼓舞全中國農村幹部大膽侵奪農村的耕地。農村幹部大量佔用耕地，搶建工業區和商品房。前面提過，許多村幹部利用發展鄉鎮企業的名義佔用大片的土地，而沒有給農民適當的補償。中國民間稱這個農地侵奪狂潮爲「新圈地運動」。這個運動惡化了公社撤廢之後，一度和諧的國家與農民的關係。然而，值得注意的是，在工業化進展較慢的內地，許多耕地是「圈而不用」。在快速工業化的沿海鄉村，工廠和公共建設，的確是日以繼夜地取代耕地。內地所引發的農村問題，是三亂的猖獗、農民無田可耕以及在維生水平線上的鬥爭。而在沿海，無數不再務農的「農民」，10 多年來生活水準已經大幅進展，但是，醞釀在他們心底的是被幹部剝削的情緒，一種相對的剝奪感。

蛇尾村民的不滿，在 1993 年底爆發。這次的抗議並非孤立的事件，蛇尾鄰近地區有 10 多個村落，在一夕之間同步發難。事件的開端是，在離蛇尾不遠的一個村子，村民指控幹部「吃得太肥」（挪用大量公款），憤怒的農民包圍了管理區辦公室，書記落荒而逃，躲在鎮裡頭，情勢危急。最後，市政府不得不強迫他透過村子裡的廣播系統，承諾退還一部份的公款，情況才緩和下來。

政府雖然封鎖了這個農民抗爭的消息，但是在珠江三角洲到處跑的的士司機，是散播消息的網絡。有 10 幾個蛇尾的司機，從同行那邊聽說這個事情，馬上回去告訴村人。蛇尾的抗議，很快變成激烈的「群眾和幹部的對抗」，好幾輛村辦公室的車輛被憤怒的村民放火燒了。抗議的群眾要求兩件事：「回我土地」和「公開帳冊」。蛇尾幹部向鎮政府官員報告說：「群眾不了解我們專心在經營集體經濟。他們只是被一小撮抓車佬煽動！」珠江三角洲農民同步暴動的消息，震驚了省裡的高官。有一個鎮政府的公安官員，因爲未能及時控制情勢而遭撤職查辦。政府在調查之後，顯然不太接受村幹部那套說詞。事實上，在大規模的抗議運動形成之前，就有一個在南海市的農委官員寫道：

　　（有一個）土地的流轉和開發過程中的經濟利益分配的問題……。
　　土地開發升值後的利益分配不公………。　因此，農民認為徵地
越多他們的利益被侵佔就越大………。　（政府應該）減少完全失
去土地的農民的生活出路問題㊳。

這段引言顯示政府對農村幹部和村民之間的利益衝突，並非全然無知。然而過
去多年，在發展農村工業，招商引資的最高政策之下，地方官員對土地掠奪的
活動採取放縱的態度。因此，農民不滿的聲音就一直悶燒著，以致引發這場可
能危害「農村安定」的暴動。現在，西珠市政府急忙提出幾個補救辦法，其
中包括「土地股份合作制」和「土地基金」等等，並且要求幹部向村民公開
財務。

　　於是，蛇尾區辦公室制定一套執行土地基金的辦法，幹部宣佈說，過去 10
幾年來，蛇尾總共從土地交易上，淨賺了 1700 萬元，他們現在從集體財務中，
拿出 700 萬設立土地基金，每個村民分配價值 5000 元的土地股份，在將來的
土地批租中，拿出 20 ％的收益，挹注入基金。村民手中的土地基金股份不能
轉讓買賣，而且每年要隨著戶籍人口的變動而調整，更重要的是，區辦公室負
責管理這筆作為「擴大再生產」的基金，基金的利潤，固定為每年 20 ％，作
為紅利發給村民。一場抗議風潮暫時平息下來。

肆、結論：理論意義的再分析

　　蛇尾從一個農村變成一座加工出口城，不過短短 10 餘年，這是一個極度
壓縮的經濟和社會變化。在以上的田野資料中，我們對這個急遽的結構轉換過
程做了詳細的描述。這個過程涉及了國家、農村幹部、本地村民、外資、和民
工之間複雜的政治社會關係。其中最重要的分析線索，就是身分差序所建構的
多重剝削關係。蛇尾村的個案，對於市場改革以來農村的發展趨勢，提供我們
一個分析的原型，以及進一步理論探討的材料。在這個結論部份，主要處理三
個問題：台資和農村幹部之間的利益交換關係，村落內部以宗族為中心的權力
結構，以及民工階級在這個壓縮歷史空間中的角色。

一、台商與幹部的同床異夢關係

外資進入中國，最初的中介環節，乃依靠村落在地幹部的穿針引線，並且和他們建立夥伴關係。透過鄉村幹部，港台外商得以輕易取得廠房土地，並且由後者代辦許多重要的交涉和文書工作。在地幹部和外商，各有利害盤算，他們利用中國轉型經濟中的法律制度的縫隙，互動出一種「虛擬所有權」的文化制度產物㊾。像我們在珠江三角洲所發現的「假合資」、「假代工」、「假洋鬼子」種種虛擬產權的安排，都可以觀察到這種地方性質的經濟制度，乃著床於文化傳統和政治權力的匯流處。

如同我們在蛇尾村所觀察的，珠江地區大部份的三來一補或中外合資，其實是外商所獨資經營的企業，中方並不過問實際的管理。地方單位和外商組成「合資企業」和「加工廠」，然後再以「承包」的方式，把利潤、費用、稅收等「包死」給外商㊿。這就是「藉合資之名，行獨資之實」的操作方式；或是「假代工（OEM），真外資（FDI）」的經營模式。從產權經濟學的角度來看，這種安排，只要外商覺得在可見的時空範圍內可靠而且有利可圖，他們就擁有了類似資本主義市場經濟中的剩餘權（residual rights）：納租之外的收益，都歸他們掌控⑪。在這種合作模式中，地方政府收取工繳費和批租土地的利益，更精確地說，這是地方政府透過工繳費的制度安排，所創造出來的「經濟租金」（economic rent）。地方幹部很少涉入直接的生產活動，而是扮演著類似土地掮客和職業介紹所的角色，宛若「收租階級」（rentier class）。這也就是為什麼中方所索求的各種額外稅費，會被港台商人謔稱為「人頭稅」和「保護費」的原因。

同樣的，外商也需要在地的鄉村幹部，協助他們控制、馴化大量廉價的勞動力。雖然外商必須自己負責生產線上的社會控制，並且儘量不讓當地的合作者介入生產領域，但是在直接生產領域之外的社會控制，他們仍需依賴在地村落的身分資本家們。由於中國的城鄉戶口管制和生育控制，大量的外來民工需要申請暫住證，女工需要辦理「孕檢」等等，都要中方夥伴出面協調。而村落幹部擁有最重要的控制工具，則是治安承包隊。這種武力威脅的後盾，介於私人武力和準地方國家鎮壓機器之間。蛇尾的治安承包隊整合了地方公安系統和

民兵營等組織，獲得上級政府的充分授權，有效地把「兩萬大軍」的生產活動以及生產之餘的活動（休閒、友誼、情愛／情慾等等），壓縮控制在一個小小的村落空間。

　　外商在當地的政治權力領域中，乃是十足的「異鄉人」。由於中國政治和經濟體制中的多重不確定性的特質，使外商需要經營可靠的政商關係。這是一種既合作、又鬥爭的關係。幹部的身分資本和外商的經濟資本需要「交易」，但是交易的價碼，則存在著可議價談判的空間。由於這種不確定的合作關係，外商普遍需要付出額外的精力和財力，去努力調適和實踐一種「關係政治學」㊷。這種異鄉人的情緒，對於台商這種身分曖昧的資本家尤其突出。對於那些「真洋鬼子」，他們有強權的國際地位為其後盾，比較不會欠缺安全感；對於港商，他們在廣東有深厚的「身分連帶」和（或許是不甘願地）逐漸被納入「本國人」（「國民待遇」）的條件㊸。但是，台灣商人在大陸，乃處於極端矛盾的位置。在經濟和社會領域，「台胞」是享受特權的超級國民（這大部份的特權乃根源於「祖國統一」的政治考慮），但是台胞在政治領域則是二等公民。兩岸之間特殊的歷史和政治關連而來的處境，常常使台商過度反應。例如，在廣州附近就有一家台商經理，因為恐共和害怕罷工，而特別在員工中訓練保安人員，稱之為「禁衛軍」，用來保護他的「總統府」。

　　當這種「同床異夢」的合作關係，面臨國家政策變動的挑戰時，台商和地方幹部的緊張關係就會畢露無遺。例如1994年匯率併軌導致的人頭稅問題，近年來廣東因為中央的稅改和查稅壓力而來的「苛捐雜稅」問題，都使得台商抱怨連連。但是，像是老杜對地方官員的嚴詞批判，僅止於對他的合作者「貪污」行為的責罵，而無視於他自己也是編織在這個剝削空間中的「同路人」。這些被指控為貪婪的在地合作者，正是協助他們賺取高額利潤、執行社會控制的代理人。

二、土地商品化與身分資本家的誕生

　　三個因素的輻輳，決定了當前中國農村土地利益的分配形態。第一個因素是，開放改革以來的市場化和工業化，使土地變成一種商品，使其價值迅速上揚。第二個是，農村土地公有（集體所有）的國家政策，使基層的黨政幹部，

主宰著地權的分配；這是一種政治權力所衍生的資源分配的權力⑭。第三個是，農村中傳統的家族宗法勢力，所深刻影響的地權觀念；此乃本文所分析的身分差序的一種表現，使強勢宗族享受經濟利益上的特權。值得注意的是，這三個因素的交互作用，在中國不同的區域有著制度上的差異。土地的商品化，在鄉村工業發達的地區，例如東南沿海和內地都市的郊區是很普遍的現象。然而，土地集體所有制度的重要性，則非均質地展開。一個關鍵點是，1970 年代末、1980 年代初的公社解體和分田單幹（家庭承包制），對原先的集體所有制的衝擊有多大。例如在溫州和福建等地區，分田單幹的運動，基本上瓦解了集體所有制，像是地方政府允許農民有償轉包其所承包的耕地，等於承認了某種程度的土地轉移權因此，公社瓦解初期的農民自由轉包，嚴重限制了鄉村幹部所能掌控的集體資源。但是在蘇南這種國家徵糧壓力極大，以及改革開放前鄉村工業已經稍有基礎的區域，集體所有制卻保留了下來。值得特別注意的是，蘇南的農村地權分配，在歷史上乃以小農家戶私有（或租佃）為基礎⑮，而不像珠江三角洲地區，土地集體共有的形態在共產革命之前就曾佔有相當顯著的位置，這個對比，使得蛇尾村的個案，顯示其歷史比較研究上的理論意義。蛇尾作為珠江三角洲的典型村落，和蘇南的華西村以及天津的大丘庄，形成研究中國鄉村產權制度對比的重要個案。

　　在華南的蛇尾村，宗族力量和土地共有制度結合而成的社會結構，是一個重要的觀察點。關於家族宗法制度的強韌社會歷史性格，作者在該地的田野調查，印證一條重要的線索：以宗族勢力為主導的經濟權力的結構，在共產革命前和市場化之後的 1990 年代之間，存在著很清楚的歷史的連續性。根據陳翰笙於 1930 年代的實地調查，在珠江三角洲地區，由於歷史上開發河灘新生地的特殊形式，使公有的族田（lineage land），在共產革命之前，佔了耕地的半數⑯。革命之前，村落宗族公有的族田，稱為「太公田」、「蒸嘗田」、或「祭田」。一般而言，族田都由宗族內部長老委託「強戶」經營，以出租為主，而且要優先租給族人，其收益用來支付村內學校、撫卹等費用。這些田產是不准私人買賣的，而實際的控制權乃握在宗族大戶和長老手裡。珠江三角洲的土地公有制度，在不到一個世紀之內，幾經轉折：從傳統的太公田、經過1950 年代末的公社制度、1980 年代初短暫的家庭承包、直到今天以兩田制為

主軸的地權分配。表面上看來，制度的變化幅度很大，其實之間存在著很強的連續性。尤其是，共產革命前的族田，和今日強調「集體和個體雙層經營並重」的兩田制，有很高的親和性。

從制度經濟的角度來看，這種土地共有制度所產生的根本難題，不是因為搭便車而導致的資源耗竭，而是權力不對稱所誘發的問題⑰。其中一個關鍵的因素是，中國的憲政體制仍然沒有賦予個別公民完全的政治權利；同時也沒有確實的民主制度，作為監督鄉村幹部濫用權力的機制。因為沒有公民權的平等保障，才使得城鄉之間、以及村落內部的身分劃分，顯得特別突出。因為沒有民主監督的機制，才使得集體資產的分配權力，集中於幹部手中。

依恃著共產黨的政治支配，鄉村幹部化身為一種混合了政治特權、宗族勢力、和市場掮客 (「農村企業家」) 三位一體的身分資本家。持有這種身分資本的鄉村豪強，往往與縣級以上的官員緊密結合，與其分享收益，從事赤裸裸的土地掠奪和利益輸送。由於土地的商品化，這一大批受惠於商品經濟的鄉村幹部，就變成一個新興的「田僑仔」集團，一種坐收租金的新階級。批租土地是地方政府的一大財源，也是鄉村幹部追逐財富的重要管道。幹部利用土地集體所有制和意識形態支配的間隙，藉兩田制之名，破壞國家承諾給農民的穩定的佃權，而造成惡名昭彰的「新圈地運動」。這是蛇尾村民爆發集體抗議的主因。

三、多重剝削結構，與民工階級的誕生

市場化之後的中國，究竟是一種什麼樣的經濟體制？如果僅僅從國家法律結構、以及土地等重要資產的國有／集體共有的性質來看，中國無疑仍是一個社會主義的體制。但是，如果以市場化和商品化的程度，則中國已經很接近資本主義的體制。要如何為當前的中國經濟體制定位？從民工階級之歷史形構的角度切入，有助於我們澄清這個問題。

鄉村的工業化和沿海加工出口部門的快速成長，徹底改造了原先城鄉之間的戶口控制的模式和人口的結構。外資進入中國不久，沿海地區所能提供的本地勞動力，就已經呈現耗竭的情況。從內地省分源源不絕輸送而來的農村剩餘勞動力，及時填補了本地勞工的不足⑱。這種在承平時期人口大規模的移動，

可能是中國歷史上僅見的。這必然會引起社會控制上的難題。前面提過的蛇尾幹部，他們很得意「大膽的超前決策」，設計一個容納「一萬人口的設施建設配套，適應下一世紀初的發展」。然而，早在下個世紀來臨之前，蛇尾就已經超載了一萬人。現今沿海工業的局面，和費孝通所提倡的蘇南地區農民「離土不離鄉」的發展模式，早已南轅北轍。

　　在這種工業成長模式中，壓低工資、控制勞工運動、提供廉價的土地廠房等等，都是常見的國家政策。中央的領導階層，有意地壓低這個部門的工資，毫不令人意外。曾經擔任國務委員的谷牧，有一次在視察廣東和地方官員座談時，就曾經明白說過反對高工資的理由：「低工資是我們吸引外商的本錢。工資提高了，我們的競爭力就沒有了。⑭」然而這種勞動力的榨取方式，是和中國的社會主義的立國精神根本不合的。因此，必須創造出一種新的勞動力的範疇，用來正當化她們的處境。像蛇尾村的故事告訴我們的，在東南沿海的村落內部，存在著嚴重的階級壓迫的問題。但是，其形態，不只是依循西方工業主義革命初期，生產工具（資本）的控制與否而產生。因為在古典的案例（英國）中，私有財產的保障，經過布爾喬亞的政治革命，已經是確定的法律秩序。相對的，在當今中國的農村社會，自由權和私人產權的取得和保護，並沒有國家的法律秩序做屏障。村民之間、村落與村落之間、以及區域和區域之間，工作機會和收入分配的不公，是以身分區隔和歧視的方式展現出來。這種身分，乃是沿著政治權力的位置和農村家族勢力建構起來的。村落中的黨書記和強勢家族之間的緊密結合，逐漸形成一個基層農村社會的支配階級。

　　處在這個階級關係底層的是來自內地的民工。這些從內地遷徙而來的農村勞動力，必須同時經歷一種身分的轉化。民工，是一個政治上和文化上的新概念：他／她們不是屬於「官方範疇」的勞動階級。從農民到民工階級，中間經過雙重的意涵轉換：第一重是實質身分的轉換，農民變成鄉鎮企業的工人，但是沒有更動城鄉身分的結構。在既有的中國的國家社會主義的階級系譜中，只有那些在城市國營（或城市集體）企業單位中有「戶籍」的人，才能被稱為「工人」。這是「工人國家」單位制度中勞動貴族體制的真諦。因此，那些在鄉鎮企業裡的農民工人（兼業農），以及那些從內地到沿海打工的農村子女，就享受不到國家給予的工人階級的社會福利和保護（縱有法律，卻不嚴格實

施）。在戶籍制度上，她們依然是「農民」，儘管他們在生產關係上，已經是典型的無產階級工人了。簡言之，鄉村工業裡的工人，是農民工，而沒有真正進入城市的國營工業領域㊿。

第二重是空間的轉換，年經的農村勞動力通過遷徙，進入沿海的出口工業部門，卻沒有取得國家所定義的「工人」的身分。更糟糕的是，由於農村集體所有權的體制牽絆，加上村落內部宗族身分的區隔，使得這個龐大的民工階級，變成沒有在地村落公民權的異邦人。她們只是持有暫住證的外人，而成為遭到徹底剝削的無產者。蛇尾村兩萬名內地民工，在政府、幹部、和外資緊密合作之下，透過長工時、戶口管制、村內警察體制、宿舍管理等等機制，被緊緊地拴在這方圓幾里的勞動和生活空間(51)。這種透過身分差序和空間區隔所導致的公民權的剝奪，就是上文提及的「國中有國」的最佳寫照。

民工，是中國新興的勞動階級，他們在社會經濟體制中的處境迥異於城市國營部門的工人。他們處於多重壓榨機制的交疊地帶：第一層是，國家對農民的公民權的剝奪，這是中國的社會主義法制，結合了若干「擬封建關係」的人身束縛；第二層是，本地村落之集體所有制的產權結構，對外來民工之基於身分上的權利歧視；第三層是，資本／外資對廉價而溫馴的勞動力的剝削。離土又離鄉的中國民工，同時處在這三層剝削軸線的交會點上：她們在政治權力與權利分配、生產資料、以及所有權的組織層級上，都站在絕對不利的位置上。對於民工階級的多重剝削，透露著今天中國沿海大規模的工業化，乃在執行著一場「有中國特色的原始資本積累」的運動。

*　　　　*　　　　*

列車交會的狂嘯，把我從淺眠中喚醒，這是在 1994 年夏天的一個凌晨，前夜都在和同鋪的軍官瞎扯。因為台胞的身分，我很容易買到票，坐在這列北上夜車的軟臥……曙光乍現，火車剛進入黃淮平原，廣播聲就接著響起，列車長似乎在報告著什麼乘客使用廁所的規範……剛才車廂的盥洗室那頭傳來一陣

陣叫罵聲，後來搞明白，是兩個女人打架，一堆人圍觀，沒有人拉開她們。原因是有個買硬臥票的女人，跑來軟臥用梳洗台，那個管軟臥的服務員，趕不走她，接著就互相辱罵而扭打了起來。這件事只在心裡閃了一下。我牽掛著坐在硬座車廂的一對情侶，小董和小琴。他們兩個來自豫南地區的同一個鄉村。小董20幾歲，當過一陣子武警，退伍後到蛇尾打工，很快升任中級領班。小琴只有18、9歲，到蛇尾之前，從未離開過老家，是姊姊先到了南方打工，才把她給介紹過去。姊姊前一陣子和台灣經理吵了一架，負氣回家了。

　　火車在駐馬店停妥，下車後我在月台上張望著與他們會合，驚愕於第一次令我感動的一長片藍色的蠕動之美。列車服務員在月台上吆喝著。下車的人潮，足足用了10分鐘才讓那列車離去……我們轉了三種交通工具，來到一個空氣灰濛、長年乾旱、麥穗抽不高的農村。在鎮上，看到一個「計劃生育辦公室」的簡陋診所，那裡可以施行「打胎」。在村落裡，黃土牆上刷著「存款光榮」幾個大字；幾個十多歲的少年在路邊打撞球……來到小琴家，母豬躺在前庭，聽說預產期快到了。一頭公驢站在乾硬的黃土路上，動也不動。媽媽煮雞蛋甜湯殷勤款待小董和我。老爹客氣地招呼我們，連聲說招待不周……夜裡我們坐在庭院裡閒聊，老爹談到最近土地收成的情況，仍然用著「大隊」、「生產隊」這樣的詞語。他興致勃勃講著分田單幹之前的故事，大躍進飢荒的苦日子，還有現在村子裡「黑小孩」的數目……他懷念起毛主席的時代：「當然現在有女兒按月從外頭寄錢回來…但是老日子還是比較穩當，這些年打白條、攤派多……」我的思緒隨之起伏，回憶起漫步在蛇尾村時，不斷縈繞腦中的問題：這是誰的村落？這是什麼樣的社會主義體制？

＊　　　　＊　　　　＊

注 釋

* 本文於 2000 年 9 月出版於《台灣社會研究季刊》第 39 期。本文的初稿，曾以「壓榨人性空間：華南蛇尾村的故事」為題，發表於東海大學舉辦的「闊別千年：臨界空間與社會」研討會（1999 年 12 月 11 至 12 日）。作者感謝台社季刊審稿人，以及清華大學李丁讚、宋文里、吳瑞媛、劉瑞華等教授的具體修改意見。熊瑞梅、丘延亮、趙剛等教授在研討會上的評論，也給予作者修改方向上的靈感。特別感謝廖美小姐詳細閱讀本文的修定稿，並且幫忙澄清了幾個關鍵的概念。最後感謝我的研究助理孫銘燦與沈倖如的校對工作。

註① 關於中國城市中的單位制度，參見 Walder (1986) 以及 Lu and Perry (1997)。

註② 關於市場場轉型論，見 Nee (1989)；聯邦主義，見 Qian and Xu (1993) 和 Montinola et al. (1995)；生產合作社，見 Weitzman and Xu (1997)；統合主義和地方公有制，見 Oi (1992, 1999) 和 Walder (1995)。

註③ 這個問題，筆者曾經做過詳細的討論，在此不贅。請見吳介民 (1998)。另外請參見方孝謙 (2000) 最近的討論。

註④ 見 Roemer (1982: perface)。

註⑤ 見 Roemer (1982)，以及 Wright (1989a) 的分析整理。

註⑥ 見 Wright (1989a: 14-7)。

註⑦ 關於國家社會主義經濟體制的經典分析，見 Nove (1977) 和 Kornai (1992)。在典型的國家社會主義體制中，普遍的社會主義法權當然只是一個理想類型。正如 Roemer 清楚指出，社會主義國家亦可能存在著資本主義式剝削 (1982: 250-257)。

註⑧ Wright (1989b: 305-313)。

註⑨ 人民之間階級成份的劃分，在 1950、1960 年代，曾經對公民權的平等化，有很嚴重的傷害。這個問題在 1970 年代末改革開放停止階級鬥爭之後已經式微。

註⑩ 關於這種宰制關係，在改革開放之後繼續存在（或復發）於村落內部的情況，除了下文的蛇尾村個案之外，請見陳佩華等人 (Chan et al. 1992) 對廣東陳村的經典研究、林南和陳志柔最近對天津大兵庄的深入回顧 (Lin and Chen, 1999)，以及筆者對河南鄭州郊區的個案研究 (Wu, 2000)。

註⑪ 這個觀點與 Wright 有一點差異。Wright (1989a) 認為支配或壓迫 (domination)不必然和剝削有關，尤其是在現代化的經濟體系之中。但是筆者以為，在我們分析許多後國家社會主義體制的案例中，剝削（榨取）與支配（壓迫）乃是互為表裡的社會經濟關係。在很多情境中，剝削必須要依附著支配才能夠實現，尤其是在今天的中國農村之中。

註⑫ 見費孝通的《鄉土中國》(1991)。Cary Hamilton 和 Wang Zheng 把差序格局英譯為 differential mode of association，把團體格局譯為 organizational mode of association (1992: 19-20)。這組翻譯頗能把握費孝通在原文中所意味的兩種社會（自發）組織的原則。

註⑬ 例如城／鄉和工／農的二元結構區隔，某種程度有助於國家將農業剩餘，擠壓到城市工業部門（參見 Selden and Ka, 1986）；同時也便於社會控制。

註⑭ 羅小朋曾用「所有權層級」 (a hierarchy of ownership) 來描述中國政府對不同所有權屬性的企業的差別待遇。國營企業享受的特權最多，集體企業次之，個體和私營則備受歧視 (Xiaopeng

Luo, 1990)。這個所有權層級的化現象，可以說是公民團體之間身分差序在經濟組織上的延伸，也是國家所刻意製造的。

註⑮ 「中華人民共和國憲法」（1988 年四月修正），第十條，第二款：「農村和城市郊區的土地…屬於集體所有；宅基地和自留地、自留山、也屬集體所有。」此外，根據「中華人民共和國土地管理法」(1989) 第八條：「集體所有的土地依照法律屬於村農民集體所有，由村農業生產合作社等農業集體經濟組織或者村民委員會經營、管理。已屬於鄉（鎮）農民集體經濟組織所有的，可以屬於鄉（鎮）農民集體所有。村農民集體所有的土地，已經分別屬於村內兩個以上農業集體經濟組織所有的，可以屬於各該農業集體經濟組織所有。」這是一個以行政村爲基礎的集體土地所有權制度。另外，根據「鄉鎮企業法」(1997) 第十條，鄉鎮企業的產權屬於「農村社區所有勞動者所有」。這個集體主義的法制設計，乃是 Franz Schurmann (1966)所說的中國社會主義之官定意識形態的組織基礎。

註⑯ 可能有讀者會問：中國沿海加工出口村落中民工的處境，和資本主義體制中的加工出口區（例如 1960、1970 年代的台灣）有何差異？只要指出一點就可以區別兩者的結構差異。在中國，社會福利的供給乃伴隨著工人的生產單位，此即單位制度。而民工因爲身分使然，在沿海農村，既沒有單位福利，也沒有村落的集體福利。對比台灣，雖然加工出口區的勞動同樣處於被剝削的地位，但是其享有社會福利的權利（例如勞保），並沒有像中國的身分制度的阻礙。就此而論，台灣工人擁有的平等的公民權，遠高於中國的民工階級。

註⑰ 見 Burawoy (1991)。

註⑱ 見 Glaser and Strauss (1967)。

註⑲ 本文的田野調查工作，主要集中於 1994 與 1995 年。除了廣東之外，田野研究地點還包括蘇南、溫州、和河南等地。除了中國本身，筆者還在香港做了許多訪談，並在中文大學的大學服務中心，查閱檔案資料。在台灣，筆者訪談了許多在大陸投資的台商。從 1996 年直到現在，筆者持續追蹤珠江三角洲以及其他地區的最新資料。文中引用的一部分田野人物的談話（主要是簡短引用的地方），並沒有標示田野筆記編號、或訪談對象與時地，是基於幾個理由。第一，既然人物、機構、和地點都採用化名（田野調查的倫理要求），則標明這些，在文脈中是無意義的。第二，有些研究者在引文中標明訪談標號，其實並不必要，因爲這樣做並不能「證明」或「增加」資料的可靠性。最後，在民族誌的寫作中，也常有不做此標示的傳統，Clifford Geertz 的風格就是一例。

註⑳ 一畝相當於 666 平方米。

註㉑ 利潤率的計算公式是：利潤額對總產值的百分比。

註㉒ 這就是一般在加工出口工業文獻中所習稱的加工費用 (processing fees)。但是由於中國特殊的制度和產權因素，使得它和傳統的運作方式，有很大的歧異。具體的操作方式，詳下文。

註㉓ 意謂他沒有「佔用」很多集體公款。

註㉔ 在中國，加工出口工廠泛稱爲三來一補企業，包括來料、來件、來樣加工和補償貿易等形式。三資則指外資以及中外合資的企業；在政府的歸類中，三資包括外商獨資、中外合資、中外合作、和聯合探勘（例如石油開採）等等。

註㉕ 早在 1961 年的「農村人民公社工作條例（草案）」（通稱「六十條」），即規定了以生產大隊所有制爲基礎的集體組織三級所有制。生產大隊即後來公社制度解體後的行政村。1962 年 2 月的「關於改變農村人民公社基本核算單位的指示」又決定將基本核算單位下放到生產隊這一級。此即「三級（公社、生產大隊、生產隊）所有、隊（即生產隊）爲基礎」的由來。然而，

隊爲基礎的核算制度，並沒有實施得很好。雖然在珠江三角洲地區，有些村子的土地的確由生產隊在控制，但是，早在市場改革開放以前，許多大隊已經用各種方法，逐漸把土地收歸大隊管理。

註㉖　蛇尾村管理委員會，1991，<實施遠景發展規劃，建設社會主義新農村>（田野資料）。

註㉗　關於兩田制的具體做法，參見 Cheng and Tsang (1996)，以及 Wu (1999)。

註㉘　根據鄉政府的規定，每個村民平均應該保留三分地，所以照規定蛇尾應該保留耕地 500 多畝。但是扣掉池塘不算，蛇尾的耕地只剩下 100 畝左右，其中大部分都承包給外村人種菜或養豬。

註㉙　如果採取國家建設用地徵收的辦法，需要支付農民耕地補償費和安置補助費；但是，如果採取鄉村企業用地的辦法，則只要「給被用地單位以適當補償，並妥善安置農民的生產和生活。」見「中華人民共和國土地管理法」（1986 年 6 月通過；1988 年 12 月修正，1989 年 1 月公佈實施），第二七、二八、三九等條文。

註㉚　參見鄭陸霖 (1999) 對廣東外有「假 OEM，真 FDI」操作模式的個案分析。

註㉛　由於外匯的官定價和「調劑價」（市場價）之間的大幅價差，使得中方得以利用外匯留成的設計，賺取這筆價差。詳見 Wu (1997)。

註㉜　「人頭稅」這種說法，起源於外商繳付各種稅費，常以雇用的工人數爲憑。工繳費只是人頭稅的一種，其他的費用包羅萬象。

註㉝　同時在 1994 年實施的新稅制，也使得廣東各級政府面臨很大的稅收壓力。

註㉞　三亂指幹部亂收費、亂攤派、亂罰款等現象。

註㉟　根據鎮政府的規定，每個管理區辦公室只能編制 8 名正式的職工。這些職位是：黨支部書記、管理區主任（村長）、管理區副主任、公安委員會主任、宣傳委員會主任、婦女委員會主任、會計、以及管理區辦公室主任。

註㊱　這種土地產權的性質，是「使用權」，而非「所有權」(ownership right)，而且不能轉讓。

註㊲　費用的一大部份是從外商募捐和攤派而來的。

註㊳　蘭海，<積極推動以土地爲中心的農村股份合作制>（1994，田野資料）。

註㊴　虛擬所有權 (fictive ownership rights)是作者尚在構思中的分析概念。初步的界定，請見吳介民 (1999)。

註㊵　類似的觀察，參見廖柏偉等人 (1992)，以及邵明均 (1992)。

註㊶　關於剩餘權的概念，參見 Alchian and Demsetz (1973)以及 Eggertsson (1990)。

註㊷　參見吳介民 (1999)。

註㊸　關於身分連帶的概念，以及香港回歸中國之後的政治經濟意涵，參見陳介玄（1998：第9章）。

註㊹　這個因素類似研究後共產轉型學者常提出的 positional resources 的概念，由於在市場化和私有化的關鍵時機，佔據了處置公有財產的行政權力，而從中牟得巨大利益。參見 Stark and Bruszt (1998: Chapter 3)。

註㊺　參見黃宗智 (Phillipe Huang: 1990)。

註㊻　見陳翰笙（1934, 1984）。在此，我們需要留意陳翰笙提供的數字的意義。他所說的族田佔耕地半數，乃是總體層次的「平均數」。Maurice Freedman (1971: chapter 6) 曾經指出，雖然強勢宗族勢力（尤其是單姓村）在華南地區相當顯著（對此於華北），但是其分布卻不是均質的，也就是同樣在華南地區，區域之間和區域之內的差異都相當大。Jack Potter (1970) 在香港新界的村落研究中，進一步指出，許多單姓村如果沒有公的有族田，則宗族關係往往只是名義上的存在，宗親內部的凝聚力並不強。在這個問題上，有一個經驗難題尚待解決。亦即，是什

麼因素使得華南地區（以及該地區內的某些村落）宗族力量特別強大，而且結合了族田的共有經營？Freedman 曾臆測是水稻灌溉的因素 (1971: 160-162)，但相關的證據仍嫌薄弱。相對而言，陳翰笙認爲開發河灘地是珠江三角洲族田形成的原因，雖然適用的地理範圍特定而且較窄，但卻比較可信。要解決這個難題，需要對該地區的歷史土地產權結構和宗族關係的變化，做全面的調查。但是這個工作在目前似乎難以展開。

註⑰　歷史上珠江三角洲的族田，是一種公有產權制度的形式，但不是一種產權界限不明確的開放的公有地 (open-access field)。

註⑱　蛇尾村工人的故鄉，都非常集中在內地省分的同一個縣、甚至是同一個鄉裡頭。同鄉同村的關係，是構成這些民工的社會網絡基礎。對外商而言，這同時減少招工的費用和社會控制的成本。

註⑲　谷牧，〈認真執行二十二條〉，收錄於中共廣東省委編，1988《中央對廣東工作指示彙編：1986-87》，頁 228〜234。谷牧的談話見頁 231。

註⑳　從這個角度看，所謂農村幹部「不吃皇糧」（不領國家薪水，不在國家的薪資會計制度上面）這個說法就不難理解。即使是發財致富的「鄉鎮企業家」、「能人」，城市裡的官員還是經常指稱爲「那些農民」。這是露骨的身分歧視。

註㉑　對於沿海加工出口區普遍低劣的勞動人權，請參見 Anita Chan (1998) 的研究。

參考書目

中文部分：

中共廣東省委辦公室編，1988，《中央對廣東工作指示彙編：1986～87》，廣州：廣東省委辦公室內部出版。

方孝謙，2000，〈統合化或私有化？鄉鎮企業產權改革的政經效果初探〉，政治大學國際關係研究中心工作論文。

吳介民，1998，〈中國鄉村快速工業化的制度動力：地方產權體制與非正式私有化〉，《台灣政治學刊》，第三期，頁2～63。

吳介民，1999，〈虛擬產權與台商的「關係政治學」〉，發表於香港嶺南大學族群與海外華人經濟研究部以及香港海峽兩岸關係研究中心所合辦之「台商與兩岸關係研討會」10月14～15日。

邵明均，1992，《特區稅收概論》，北京：中國經濟出版社。

陳介玄，1998，《台灣產業的社會學研究：轉型中的中小企業》，台北：聯經出版社。

陳翰笙，1934，《廣東農村生產關係與生產力》，上海：中山文化教育館。

陳翰笙（Chen Han-Seng，馮峰，譯），1984[1936]，《解放前的地主與農民——華南農村危機研究》，北京：中國社會科學出版社（*Landlord and Peasant in China: A Study of Agrarian Crisis in South China.* New York：International Publisher）。

費孝通，1991[1947]，《鄉土中國》，香港：三聯出版社。

廖柏偉等人，1992，《中國改革開放與珠江三角洲的經濟發展》，香港：南洋商業銀行。

鄭陸霖，1999，〈一個半邊陲的浮現與隱藏：國際鞋類市場網絡重組下的生產外移〉，《台灣社會研究季刊），第三十五期。

英文部分：

Alchian, Armen A. and Harold Demsetz. 1973. "The Property Right Paradigm," *Journal of Economic History* 33 (1):16～27.

Burawoy, Michael. 1991. "Extended Case Method," pp. 271～287 in Michael Burawoy et al, *Ethnography Unbound: Power and Resistance in the Modern Metropolis.* Berkeley, CA: The University of California Press.

Chan, Anita. 1998. "Labor Standards and Human Rights: The Case of Chinese Workers Under Market Socialism," *Human Rights Quarterly* 20 (4)：886～904.

Chan, Anita, Richard Madsen, and Jonathan Unger. 1992. *Chen Village under Mao and Deng* (2nd ed) . Berkeley: University of California Press.

Cheng, Yuk-shing and Tsang Shu-ki. 1996. "Agricultural Land Reform in a Mixed System: The Chinese Experience of 1984-1994," *China Information* 10 (3, Winter): 44～74.

Eggertsson, Thrainn. 1990. *Economic Behavior and Institutions.* Cambridge: Cambridge University Press.

Freedman, Maurice. 1971 [1966]. *Chinese Lineage and Society: Fukien and Kwangtung* (first paper edition with corrections) . London School of Economics Monographs on Social anthropology No. 33.

Glaser, Barney G., and Anselm L. Strauss. 1967. *The Discovery of Grounded Theory*. New York: Aldine De Gruyer.

Hamilton, Gary and Wang Zheng, 1992. "Introduction" in Hamilton and Zheng, *From the Soil: The Foundations of Chinese Society: A Translation of Fei Xiaotong's Xiangtu Zhongguo, with an Introduction and Epilogue* (Berkeley and Los Angeles: University of California Press).

Huang, Phillipe. 1990. *The Peasant Family and Rural Development in the Yangzi Delta: 1350-1988*. Stanford: Stanford University Press.

Kornai, Janos. 1992. *The Socialist System: The Political Economy of Communism*. Princeton: Princeton University Press.

Lin, Nan and Chih-Jou Jay Chen. 1999. "Local Elites as Officials and Owners: Shareholding and Property Rights in Daqiuzhuang," pp. 145～170 in Andrew Walder and Jean Oi, eds., *Property Rights and Economic Reform in China*. Stanford, CA: Stanford University Press.

Lu, Xiaobo and Elizabeth J. Perry, eds. 1997. *Danwei: The Changing Chinese Workplace in Historical and Comparative Perspective*. Armonk, N.Y.: M. E. Sharpe.

Luo, Xiaopeng. 1990. "Ownership and Status Stratification," pp. 134～171 in William Byrd and Lin Qingsong, eds., *China's Rural Industry: Structure, Development, and Reform*. New York: Oxford University Press.

Montinola, Gabriella, Yingyi Qian and Barry R. Weingast. 1995. "Federalism, Chinese Style: the Political Basis for Economic Success in China," *World Politics* 48 (October): 50～81.

Nee, Victor. 1989. "A Theory of Market Transition: From Redistribution to Market in State Socialism," *American Sociological Review* (54): 663～681.

Nove, Alec. 1977. *The Soviet Economy*. London: George Allen and Unwin.

Potter, Jack M. 1970. "Land Lineage in Traditional China," pp. 121～138 in Maurice Freedman ed., *Family and Kinship in Chinese Society*, Stanford: Stanford University Press.

Oi, Jean C. 1992 "Fiscal Reform and Economic Foundations of Local State Corporatism in China," *World Politics* 45 (October): 99～126.

Oi, Jean C. 1999. Rural China Takes Off: *The Political Basis of Economic Reform*. Berkeley and Los Angeles: University of California Press.

Qian, Yingyi and Chenggang Xu. 1993. "Why China's Economic Reforms Differ: The M-Form Hierarchy and Entry/ Expansion of the Non-State Sector," *Economics of Transition* (1): 135～170.

Roemer, John E. 1982. *A General Theory of Exploitation and Class*. Cambridge: Harvard University Press.

Schurmann, Franz. 1966. *Ideology and Organization in Communist China*. Berkeley and Los Angeles: University of California Press.

Selden, Mark and Chih-ming Ka. 1986. "Original Accumulation, Equity and Late Industrialization: The Cases of Socialist China and Capitalist Taiwan," *World Development* 14 (10/ 11, October).

Stark, David, and Laszlo Bruszt, 1998. *Postsocialist Pathways: Transforming Politics and Property in the East Central Europe*. New York: Cambridge University Press.

Walder, Andrew G. 1986. *Communist Neo-Traditionalism: Work and Authority in Chinese Industry*. Berkeley: University of California Press.

Walder, Andrew G. 1995. "Local Governments as Industrial Firms: An Organizational Analysis of China's Transitional Economy," *American Journal of Sociology* 101 (2): 263～301.

Weitzman, Martin L. and Chenggang Xu. 1997. "Chinese Township- Village Enterprises as Vaguely Defined

Cooperatives," pp. 236~351 in John E. Roemer, ed., *Property Relations, Incentives and Welfare*. New York: St. Martin's Press.

Wright, Erik O. 1989a. "A General Framework for the Analysis of Class Structure," pp. 3~43 in E. O. Wright. et al., *The Debate on Classes*. New York: Verso.

Wright, Erik O. 1989b. "Rethinking, Once Again, the Concept of Class Structure," pp. 269~348 in E. O. Wright et al., *The Debate on Classes*. New York: Verso.

Wu, Jieh-min, 1997. "Strange Bedfellows: Dynamics of Government- Business Relations between Chinese Local Authorities and Taiwanese Investors," *Journal of Contemporary China* 6 (15): 319~346.

Wu, Jieh-min, 1999. "'Fish Do Not Thrive in Clean Water': How Chinese Local Cadres Manipulate Property Rights," paper presented at the 94th Annual Meeting of American Sociological Association, August 6~10, Chicago.

Wu, Jieh-min. 2000. "Launching Satellites: Predatory Land Policy and Forged Industrialization in Interior China," pp. 309~349 in Si-Ming Li and Wing-Shing Tang, eds., *China's Regions, Polity and Economy: A Study of Spatial Transformation in the Post-Reform Era*. Hong Kong: The Chinese University Press.

第五篇

兩岸、談判與人才

「一個中國」兩難的「雙贏」解決方案

耿 慶 武

多倫多大學管理學院亞太高階管理部主任

摘　要

　　首先，本文擬應用策略規劃（Strategic Planning）理論模型在對局論（Game Theory）架構下分析兩岸關係的現況與癥結，再就對解決兩岸關係之僵局，試圖以案例分析方式提出若干簡單分析模式與雙贏策略方案：提升「一個中國」為兩岸關係發展的終極理念目標，以奠定兩岸積極發展經濟關係的30 年時間；兩岸的政治統合問題，應留待 2030 年代的兩岸人民與執政者去解決。其次，本研究將進一步研究分析兩岸經濟整合的階段與時程，兩岸經由自由貿易區、關稅同盟、共同市場、單一貨幣與政策協調等幾個自然階段的經濟整合後，自然可奠定未來協商政治統合的基礎。作者認為，兩岸經濟整合的時程自今起應需時約 30 年，2030 年代時約兩岸政治環境將大不同於目前，而兩岸三地的經濟與社會結構的差異亦將較目前大為縮小。當大中華經濟圈內的各種差異逐漸消失時，兩岸三地的政治統合是否仍像目前一樣地受到兩岸執政者與人民的重視，則不得而知。因此，一個不預設結論的演進與開放式（adaptive and open-ended）之兩岸整合過程與協商方式，應該是兩岸現今可知的最佳雙贏策略。

關鍵詞：「一個中國」、兩岸關係、奈須均衡、策略規劃模型、經濟整合

＊　　　　＊　　　　＊

壹、前　言

　　世紀之交，冷戰雖然已結束，整個世界似乎也已進入以和解代替對抗，以合作代替敵視的新世紀。但是，在人類繼續追求物質生活充裕與精神生活文明的大勢中，全球還有許多國家與人民卻仍然生活在戰爭的威脅之下。以亞洲太平洋地區而言，朝鮮半島的緊張情勢似已因南北韓元首的會面，而有降低的趨勢；但台海兩岸的政治與意識型態的對抗。以及南海島嶼主權的紛爭，都有引發軍事衝突的可能。其中尤以台海沒有任何多邊安全對話機制存在，更有可能引發嚴重危機。為了避免台海問題成為地區衝突的引爆點，台灣海峽兩岸的政府須責無旁貸地運帷籌幄，化當前潛在的危機為日後兩岸合作的轉機。

　　首先，本文擬應用策略規劃（Strategic Planning）理論模型在對局論（Game Theory）架構下分析兩岸關係的現況與癥結，再就解決兩岸關係的僵局，試圖以案例分析方式提出若干簡單分析模式與雙贏策略的初步建議①。本文認為兩岸關係的癥結在兩岸執政者對兩岸間相對的政治地位之爭。兩岸對「一個中國」爭議的癥結，在於兩岸執政者及其支持者的基本理念無法妥協。此一不戰、不和、不妥協的僵局是一對局論所謂的「奈須均衡」（Nash Equilibrium）現象。此一雙方均無法再讓步或妥協的僵持不下的對峙情況，只要原有的外在環境不改變，就會繼續下去。若以西方管理學的決策理論（Decision Theory）中的策略規劃模型（Strategic Planning Model）來解釋，中共所堅持的「一個中國原則」②為其戰略使命（Strategic Mission），將無法也不可能因台灣執政者戰術性的手段或讓步，例如陳總統的放軟身段、小三通、開放大陸記者來台、放寬或取消戒急用忍政策、大三通等政策，而有所改變。因此台灣執政者若欲用該些戰術層次的政策來改變中共戰略層次的「一個中國原則」，非但無法成功，更將蹉跎時日徒然耗盡台灣手中的談判籌碼。兩岸既然在現階段的民意與意識型態下無法就中共所堅持的戰略層次的時代使命——「一個中國原則」達成妥協，就應該超脫該層次，向更高層次的理念—願景（Vision）尋求解決方案。本研究建議兩岸與其各自試圖硬性定義「一個中國原則」，不若將「一個中國」提升為兩岸共同追求的一個軟性理念目標，亦即策略規劃理論模型中所

謂的「願景」。在該共同願景下，兩岸可各自尋求其可接受的階段（時代）使
命（Mission）與施政目標（Goals）。若台灣人民接受「一個中國」爲兩岸關
係的終極願景，在可預見的未來，非但沒有任何實質的損失，更可換取中共實
質的讓步，而使民進黨政府現今陷入兩岸僵局，以及面臨企業外移的財經困
境，順利解套。而中共方面亦將因民進黨政府的承認（或不否認）「一個中
國」，非但對其國內強硬派人士有所交代，更可換取台灣對大陸各種經貿限
制的解禁，使大陸獲得實質的經濟利益。因此本研究認爲心理上對「一個中
國」的認知（Cognition），是兩岸耗費最低政經與社會成本的「雙贏」解決
方案③。

　　兩岸現今的政治關係既爲一奈須均衡僵局，因此在兩岸政治意識型態對抗
僵局未解除前，唯有以兩岸文化經濟關係的自由化（逐漸解除各種禁制以及各
種法令規章的鬆綁），來有效降低兩岸政治關係的緊張對峙局面。強化的兩岸
經濟關係亦可逐漸軟化兩岸間的政治僵局，而利於建立未來談判環境，兩岸統
合關係的建立應將是一個政治、經濟、社會與法律的長期人文整合過程。本研
究建議台海兩岸應採行「先經濟後政治，先區域後全國」的一種演進與開放式
的（adaptive and open-ended）統合方式，即先協商區域經濟整合，再視區域經
濟整合的經驗與成果，決定是否進行或如何進行下一階段的政治統合談判。此
方式的「演進式」特點是，兩岸三地可視其本身的需要，先自經濟與社會結構
開始，一項一項地與對方協商，以分別達成各項的共同協議。假以時日，最終
可使得兩岸間的所有經濟事務，在經由一個雙方共同認知的經濟與社會機制下
協調、合作與和諧運行。此一演進式的統合談判過程，將給予兩岸人民與政府
充分的心理準備與調整時間，而所達成的協議必定是對雙方均有利的協議，因
此永遠是「雙贏」。而不預設結論的開放式的協商原則，則將使雙方均有足夠
的時間與迴旋空間，以各自協調其內部的各種意見。最重要者，此一演進與開
放式的整合經濟方式，並不需要改變兩岸現有的政治體制與主權現狀。

　　至若兩岸經濟關係的發展，本研究認爲應依循經濟整合的自然步驟，由建
立自由貿易區開始，而逐步經由關稅同盟、共同市場、單一貨幣等階段，而達
成各種經濟與社會制度的融合。本文並預估，兩岸達成類似歐洲聯盟諸國現今
的經濟整合狀態，應再需約 30 年的時間。到 2030 年代時，兩岸的執政者都將

換爲受教育且成長於兩岸重新開始雙向交流（1987 年）以後的世代。屆時，兩岸的政治環境或將大不同於目前，而且兩岸三地的經濟與社會結構的差異亦將較目前大爲縮小。當大中華經濟圈（大陸、台灣、香港與澳門四區域經濟的聯集）內的各種差異逐漸消失時，政治統合是否仍像目前一樣被兩岸執政者與人民在意識型態上所重視，則不得而知。因此，雖然吾人預估在 2030 年代，兩岸應將已具備協商政治統合的客觀條件與環境，但兩岸是否實際進行政治統合，仍須視當時兩岸執政者與人民的主觀意識與客觀需要而定。任何以目前的經驗、資訊、知識與意識型態所做的兩岸政治統合的宣示、方法或規劃，似均爲主事者現今主觀的期望、臆想與蠡測，而不具堅實的理論基礎與實質的說服力。

　　本文第二節將較詳細闡釋策略規劃理論模型中願景的意義與功能，以及應用對局理論中的奈須均衡現象分析兩岸現存的僵持關係，並建議以軟性且不需詳細定義的「一個中國」爲兩岸共同願景（終極理想目標）；第二節則比較詳細地討論此一建議的可行性；第三節則應用決策理論的策略規劃模型以案例分析方式來討論兩岸的「一個中國」策略規劃的可能方案。利用該一理論分析模型，吾人進一步分析指出台灣執政者現今已宣佈或正在擬議中的兩岸政策，俱爲戰術層次的短期政策，所以無法解決戰略層次的「一個中國」之爭議。因此建議台灣執政者應先尋求國內主流民意對「一個中國」的認同，再尋求與中共就該議題達成某種程度的共識。而權衡台灣內部主流民意對「一個中國」的接受程度，以及中共可能的讓步空間，本研究建議兩岸將「一個中國」提升爲兩岸人民的一個長期共同努力的理想目標，用較現代的術語來講，該理想目標即爲兩岸共同的終極「願景」。

　　第四節總結本研究對兩岸經濟整合方式的構思與建議，並預估兩岸經濟整合階段的時程。本研究建議兩岸採取演進開放式統合方式，先經濟後政治的逐步完成兩岸統合的漫長「人文融合工程」。在此一漫長的整合過程中，不論是兩岸的政治生態、經濟與社會結構，以及人民心態或是世界局勢與國際關係，均或將產生無法預知的變化，因此與其草率地預定未知的整合時間與議題，不若採取更切合實際的經濟自然演進的整合方式。所以，兩岸的整合過程，應只有規劃性的階段，而不必事先預定時間表，因爲談判雙方均無法預知未來談判

的結果與所需的時間。吾人建議的演進且開放式的統合過程，事實上與大陸過去 20 年來，在無法預知「改革開放」的進度與結果時所採行的「摸著石頭過河」政策制定原則相同。

貳、兩岸關係的現狀與願景

兩岸關係的癥結，簡而言之，在於兩岸執政者與主流民意在心理上對「一個中國」的認知不同，而衍生出的種種意識形態之爭與實質的對抗。「一個中國」或「中國統一」問題的起始，應該是 1940 年代國共內戰後，中國分裂成在大陸的中共政權與在台灣的國民黨政權開始。後又歷經蔣中正與毛澤東時代的「光復大陸」與「血洗台灣」，蔣經國與鄧小平時代的「三民主義統一中國」與「和平統一、一國兩制」，以及李登輝與江澤民時代的「李六點」與「江八條」等三個主要階段的對抗；兩岸關係由流血戰爭，到隔岸武力對峙、外交鬥爭，以至開始間接交流、通商與半官方對話。此一迄今已歷時 51 年的既漫長又艱辛的兩岸關係發展過程，自然不能寄望於一向持台灣獨立理念的陳水扁總統在有限的執政時間內完成。國際上及兩岸人民應早已有此一客觀的認識，而中國大陸政府的領導人，更早已有「摸著石子過河」（聽其言，觀其行）的心理準備。

一、兩岸政治關係現狀是一「奈須均衡」

曾經在兩岸間與國際上引起軒然大波的特殊兩國論，隨著民進黨新政府陸委會主委蔡英文博士在未就職前（2000 年 5 月初）即宣稱：「未來將不再提『特殊國與國關係』以避免大陸誤會」，基本上已回到 10 個月前該論提出前的原點。而近年來喧囂非常的「一個中國」爭議，似乎亦隨著陳水扁總統宣稱：「新政府無意廢國統會與國統綱領」，而復歸於 10 年前李登輝總統頒佈國統綱領時代。若綜合陳水扁總統就職後的公開談話，以及台灣各階層人士對兩岸關係定位問題的討論與建議的可行性看來，陳水扁政府現今的最佳選擇似乎仍是以重新確認或不否定 1992 年香港會談結論為最可能。事實上在就職後五星期左右，陳水扁總統已公開宣佈認同 1992 年兩岸所達成的「沒有共識的

共識」——「一個中國，各自表述」，且於 2001 年元旦公開表明，若得到中共當局善意回應，願意與中共開始協商政治統合的可能④。

　　兩岸政治關係的發展，在 1993 年至 2000 年李登輝總統執政的後半段期中，雖集國內外雋智幕僚的精華，亟思突破，但最後似乎又回到了原點。是歷史與命運作弄人？亦或是人謀「過當」或「不及」？

　　李登輝時代的中華民國政府自頒佈國統綱領於 1993 年辜汪新加坡會談後，為因應台灣內部的台獨勢力，或者也因為李總統本身的使命感，從倡導「中華民國在台灣」，到推動務實外交（親自出國訪問進行元首外交、推動台灣進入聯合國及以私人身分訪美等），以至於 1999 年「特殊兩國論」的提出，均是在不照會彼岸情況下，欲單方面突破兩岸原有的政治外交上的僵持關係。但是終其執政年限，李登輝總統領導下的台灣的國際關係，除在經貿上有所斬獲外，正式邦交國非但未能增加，反而急劇地減少（沙烏地阿拉伯、南非、南韓等中型國家均已棄中華民國而去）。更因「特殊兩國論」的提出，而使以美英法等主要西方國家自 1999 年開始首度一致公開反對台灣進入聯合國的提案。李登輝總統單方面欲突破兩岸關係原狀的試圖，可以說經過了一些迂迴的道路，又回到了原地——兩岸政治定位爭議之僵持。

　　而大陸方面，在過去數年間，北京當局為因應台北當局突破原有關係的嘗試。也單方面進行了一些改變兩岸關係原狀的嘗試。其中較明顯且具代表性的包括 1995 與 1996 年間的「文攻」與「武嚇」，以及在 2000 年初發表的《一個中國的原則與台灣問題》白皮書中增列台灣長期拖延談判為中共對台動武的條件之一，結果大陸當局亦相同地嘗到了國際上尤其是來自美國與日本的強烈反應。前者，非但沒有改變台灣方面既定的政策路線，反而凝聚了台灣人民對中共的反感，間接地幫助李登輝總統在 1996 年高票當選，成為第一位人民直選的「台灣人總統」。而北京「準動武」式的「飛彈試射」更將其所一向宣稱的「台灣問題」為其「國內問題」，帶到了美國出動航空母艦準備武力介入的「國際問題」層次。即使是採取「書面威脅」的後者（「白皮書」的發佈），因增列了「拖延談判即動武」的新條件，亦受到美日等國的嚴重關切。大陸單方面欲改變兩岸關係現況的試圖，也同樣地在得不償失的情形下無疾而終⑤。

　　以上的事實很明顯地例證了對局理論中的「奈須均衡」現象―對局的雙方中的任一方，欲單方面改變原有的僵持狀態的結果，均將得不償失（即任一方改變均衡現狀所需付出的代價均大於均衡狀態改變後該方所得的收穫）。因此雙方在各自執行各種改變現況的嘗試後，發現原來「不滿意」的僵局，仍是在客觀環境未改變下唯一被雙方同時「可接受」的狀態。雙方在無法溝通合作或協商達成妥協的情況下，唯一可行的最佳策略就是保持原有的雖不滿意但卻可勉強或無奈地接受的各說各話的爭議現狀。此一「僵持性」均衡情況，方可詮釋爲雙方在現存環境的主客觀條件下，均已選擇了最佳策略；因此只要大環境維持不變，參與對局者即無法再因單方面的策略調整而獲得任何實質的戰果。

　　兩岸當前的政治關係（包括主權與外交等）架構，事實上可用對局論中的一個簡單模型――非合作的完全資訊靜態對局（Non-cooperative full information static game）來類比。此一理論模型的「完全資訊」之條件，基本上符合兩岸雙方執政者均爲「聰明的政府」之事實：兩岸政府均投入大量人力與預算，充分蒐集與研究對方可能採取的行動，也有足夠的資訊（如情報網、資料庫、間諜衛星，以及美國的居中斡旋與國際資訊提供機制）與能力（智囊人才、政策研究機構、危機處理機制等）制定因應的對策。例如，在 1995 至 1996 年間台海飛彈試射危機時，兩岸雙方幕僚與參謀早已規劃多套「劇本（Scenarios）」以因應對方可能的行動。而美國的介入與干涉，亦使海峽兩岸政府貿然採取片面行動或誤判對方意圖的機率減至最小。而「態靜」之條件亦符合兩岸雙方均有足夠的時間來觀察與研判對方新政策的意圖的事實（例如「聽其言，觀其行」），故雙方決策者均有充分時間觀察在一特定狀況發生後，對方的因應措施，再擬定己方的相應對策。亦即雙方決策者所關注的是，情況發生時，雙方各自採取應對行動交互反應後的「結果」，而不是發生該結果的動態「過程」，亦即兩岸對局的策略擬定的要件，在於比較前一均衡狀態（新政策實行前）與後一均衡狀態（新政策實行後）的利弊得失，以爲是否採行該新政策的依據。此種比較靜態（Comparative Statics）方法，爲社會科學家最常用的研究方法之一。

　　綜觀自 1993 年辜汪會談後的兩岸關係之起伏發展，似乎無法不令人嘆息

持台獨理念人士使台灣全體人民，花了整整 9 年多的時間，去實驗或證明，在大陸激烈「反獨」的意識形態未改變前，台灣方面任何形式的「台獨」嘗試，終將被迫回到原點。此一現階段「台獨無效」之現象，絕非吾人主觀意識上的「反獨」結果，而是基於學理模型分析的客觀結論。

　　利用同樣的理論分析方法，我們也可得到，在台灣大部分人民無法認同「中共即中國」、「台灣是中共代表的中國的一部分」與「在國際上，中華人民共和國代表台灣」的前提下，不管中共如何施加壓力，或以動武與三通來威脅利誘，台灣政府和大多數人民基本上無法接受中共所定義的「一個中國原則」⑥。

　　因此，兩岸在政治外交定位問題上，在可見的未來，仍是一對局論中所謂的「奈須」僵局⑦。兩岸執政者似乎不必再浪費時間與心力冀求在短期內解決「一個中國原則」問題。因為若不從根本上改變兩岸對一個中國的認知，兩岸將持續地處於一奈須均衡的僵持狀態。在兩岸對一個中國仍然停留在意識形態之爭，或外在大環境不發生結構性的顯著改變前，兩岸政治關係的僵局應將持續一段相當長的時間⑧。

　　列寧曾說過歷史是沿著螺旋形道路前進。螺旋形就是繞圈子，有時繞了一圈又一圈，結果發現又繞回到原地。兩岸的政治定位問題，雖然經過過去 9 年多的角力，如今似又回到了 1993 年辜汪會談後的階段。但是台灣人民對兩岸關係的看法，卻已提升到了另一個層次。以往強烈主張台獨的人士，不論是民進黨的基本教義派亦或是以陳水扁為代表的「阿扁世代」，已幡然自激進台獨心態，轉為以國家安全為前提的理性態度。兩岸關係的演進雖又回到了從前，但過去 9 年台灣執政者突破中共在國際上封殺台灣的嘗試，卻換來國際、台灣人民，甚至中共官學界對台灣主流民意的正視與重視。因此，過去李登輝總統領導下的有關兩岸關係的政策，雖無顯著的正面突破，但卻累積了許多「不試即無法確認」的寶貴經驗。至若台灣方面獲取該些經驗的代價（包括蹉跎的時間及機會成本），則有待歷史學家作進一步的評估。

二、提昇「一個中國」為兩岸的共同願景

　　「一個中國」的實現或「中國統一」將是一個艱巨的人文與政經社會各層面的整合工程。為了消除大陸內部對民進黨政府台獨傾向的疑慮，更為台灣

2,300 萬人民本身的安全與利益，本研究認為應建議陳水扁總統公開宣佈：以「一個中國」做為兩岸關係發展的終極「願景（Vision）」。本研究同時亦認為，此一願景的達成與實踐，應經過兩岸人民民意仔細論證與長期溝通。換句話說，兩岸可估量自身需要而開始有計畫、有步驟地談判與協商如何實現「一個中國」願景。此一談判與協商過程，自然應該是平等（雙方居於對等地位，任何一方不應以談判以外方式威脅對方接受其主張）與開放（不預設結論，任何議題均可談）。本節將首先討論願景的意義與功能，然後扼要介紹策略規劃理論模型⑨，再在理論架構下以簡化後的案例來分析比較採取「一個中國」為兩岸共同願景的適用性。

(一) 願景的意義與功能

願景是一種當事者期望的概念目標，也可說是一種心理上的認知（cognition）。願景是策略規劃者（Strategic Planner）想要達成卻無法立即輕易達成的終極理想。法國大革命時的「自由」（Liberty），美國獨立戰爭時的「民有、民治、民享」均是一種既簡單卻又抽象的概念，但卻是最為人類所樂於接受的願景。願景最大的功用，就是使所有參與者與關係人（stakeholders）的行為與工作賦予有意義的內涵；也可提供所有參與者一套一致且不互相矛盾的行為準則與目標，使他們可據以發展出適合各自階段需要的「使命」與達成該些使命的相對上較具階段性且較明確的「目標」。

值得注意的是，所有討論願景的文獻都強調，願景並不一定必須被提出該願景策略規劃者去實現，更無必要訂出實踐的時間表。例如實行社會主義是中共建國的一貫理想與最終目標，即其願景。但在中共建國 53 年後的今天，大陸依然停留在執行社會主義的「初級階段」。西方國家以自由為願景已有數百年歷史，但追求自由仍可被視為其現在與未來的願景；因為自由的本身即為一抽象且隨時代改變的概念。陳水扁先生競選台北市長時所用的「快樂、希望」亦可視為一不可多得、可隨時代改變而歷久彌新的願景。願景的主要功能與特質即是既抽象又簡單明瞭，更無需明白定義與界說的主觀（Subjective）理念目標⑩。

(二)「一個中國」願景的意義與功能

將「一個中國」做爲兩岸人民的共同願景，既簡單易懂又無需明確定義，因爲該願景事實上應被視爲是兩岸人民主觀上的認知，不需要也無法去客觀地定義。陳水扁先生從來未曾仔細或明文定義他提出的「快樂、希望」願景，但是他的支持者與反對者應該均覺得（主觀上或心理上）瞭解該願景。美國曾有一聞名的法律案件，辯方的無罪取決於「God」是否存在；負責審理該案的法官最後判定辯方獲勝，因爲在每一個美國人用的美金鈔票上，均印有「IN GOD WE TRUST」。該法官事實上並未判定或定義 God 之存在與否，而運用了心理與經驗法則，不否定 God 之存在。此案例事實上可做爲願景的一個最佳詮釋與類比（Analogy）。既然最重視法律與科學的美國人民均可感性地以「IN GOD WE TRUST」爲願景，相信聰明又具包容心的台灣人民自然可在心理上說服自己接受「一個中國」爲兩岸人民的共同願景。

兩岸對「一個中國」之爭本來就是政治性頗高且涉及「統獨」的意識型態之爭。政治就是與現實妥協的藝術，蔣中正先生的「反攻大陸」，蔣經國先生的「三民主義統一中國」，李登輝總統就任初期的「國家統一綱領」、中期的「戒急用忍」，以及晚期的「兩國論」，都是權衡當時的政治現實而發展出來的時代使命（在決策理論中稱作 mission，即具時效性的策略目標或政策指導原則）。當時代改變了（例如民進黨取代國民黨執政），則新執政者甚有可能重新釐定新的時代使命。因此，陳水扁總統不願意蕭規曹隨地「繼承」國民黨政府的「一中各表」，而亟思擬定新的替代方案，並不令人意外。

就長遠來看，當台灣的「新新人類」世代成爲民意主流時（大約至遲在2020 年左右），該時代的執政者的時代使命自然將與陳水扁總統的執政標的大爲不同。因此，當代執政者若將「一個中國」的定義行諸正式文字時，則將限制未來世代對「一個中國」的發言權，更使得未來執政者在兩岸關係上的政策空間大爲縮小。衡諸兩岸政治現實及台灣人民的長遠利益（Inter-temporal interests），本研究建議台灣當局應公開認同「一個中國」，但不對「一中」做任何定義與界說，此一「無定義的一個中國」可以做爲兩岸關係發展策略的終極目標與理念方向⑪。「一個中國」願景的功能性將隨兩岸人民的經濟生活水

準、文化與社會的認同、政治思維的覺悟而演變與成長。我們不該也不能用我們現今狹隘的視野與對未來有限的知識去定義「一個中國」，而強迫後代遵守。寸有所長，尺有所短，任何「一中」的定義，有其優點，也必有其不足之處。但若台灣不定義「一中」，而由執政者主導且公開宣佈認同「一個中國」，將其做為兩岸關係發展的終極願景，則台灣執政者與人民將因不受「一個中國」有形定義的束縛，而可「萬法皆空，自由自在」地開創兩岸關係新居。

將「一個中國」作爲台灣人民心理上的認知，絕不等於向中共的「一個中國原則」投降，反而是將了中共時常改變詮釋「一個中國原則」事實一軍。而中共執政者也無法否認台灣執政者將「一個中國」作爲兩岸關係之願景的正確性與原則性。再者，不有形的定義「一個中國」，基本上避免了現今台灣內部「統獨」意識型態的政治對決。其符合謝長廷所建議的「中華民國憲法的一中架構」，也與跨黨派小組吳豐山的「三個認知」與「四個建議」相容；更包含了沈君山的「認同一中是兩岸關係未來演進方向，不是現在的統一」、洪冬桂的「兩岸目前主權與治權互不涵括，至社會基本同質後，再本一中協商定奪未來」；亦與林濁水、蔡同榮等的提議「中華民國是主權獨立國家，兩岸應簽訂和平條約」、范光群的「一中是兩岸本於平等地位，基於共存共榮、相互尊重原則，以和平方式共同建構的中國」等建議互不排斥。

「一個中國」願景也與陳水扁總統先前主張的「一個未來的中國」，以及邱進益與朱立倫主張的「一個象徵性的或虛擬的中國」相互輝映。台灣承認但不明文定義「一個中國」，事實上是兩岸關係戰略的最高招，其一方面善意回應了中共「一個中國」的訴求，消弭中共好戰派的動武藉口，因而解決了兩岸現有的僵持關係，使兩岸關係進入另一層次；另一方面，在與中共做非政治性談判時，台灣亦可因時、因勢、因地權衡解釋「一個中國」的內涵，以求取各階段談判的最高利益。

以「一個中國」做爲兩岸的共同願景，非但可解決當前兩岸關係的僵局，同時亦可滿足大陸當局對「一個中國」的強烈訴求。而最重要的是，認知「一個中國」願景，並未使台灣現今的主權、法律與政治地位有任何改變。事實上，自作者於 2000 年 5 月 10 日提出「一個中國」願景前後[12]，已有許多相似的概念被提出。陳水扁先生提出的「一個未來中國」，邱進益先生建議的「一

中」象徵性理論⑬與由立委朱立倫提出經行政院長唐飛認同的「一個虛擬中國」均與「一個中國」願景有異曲同工之妙⑭。但吾人認爲台灣公眾人物，尤其是政府高層人士，不應過分強調「一個中國」願景的「虛擬」成分。「一個中國」就是「一個中國」，不需再有明文的定義與其他附加的形容辭。任何試圖定義「一個中國」的嘗試，應均屬於技術層次的演練，基本上無法解決戰略層次的「一個中國」之爭議。台灣將不附加任何有形定義的「一個中國」做爲兩岸人民所追求的共同終極「概念目標」的目的，在於換取中共領導人的認同與善意回應。過分強調其「虛擬」成分，只會引起受共黨制式教育且自信心與政治地位未必堅強的大陸執政者的直覺懷疑與反感。

事實上一個好的願景，應有永遠不需要或不可能被完全實現的特性。譬如，人類自古以來即有「登天」的願景，因而有了風箏、飛機、太空船的發明與登陸月球的成功。但是該些發明與成功均應視爲人類「登天」願景的階段性任務的完成，人類依然兢兢業業地在努力發明與完善其「登天」的願景。或許該願景永遠無法達成，因爲「登天」的需要，隨人類科技知識的進步與人文認知的演進而改變。例如，「登月」後，人類「登天」的時代任務（即使命）已改爲「太空梭計劃」、「登陸火星」與探討「黑洞」之奧秘。因爲願景的這些主觀與抽象特性，使得許多具技術性或階段性的主張、目標與方法，均不適合做爲一個國家大策略的願景。例如，「邦聯」之主張僅爲達成一個中國願景的諸多可行方法中較可被現階段台灣人民接受的方法之一，故僅適合作爲一黨派執政的時代使命，而不適合作爲一個代表海峽兩岸全體人民唯一的、排他性的願景。

台灣與大陸的現階段政治關係經簡化後或可用表一中的「願景→使命→目標→政策」簡化後的案例的策略結構關係來分析。爲了使讀者更易明瞭該模型的策略結構關係，表一中方列出人類「登天」策略規劃與以台獨爲願景的策略規劃做爲比較案例。比較與分析這些簡化後的案例，讀者或可理解以「一個中國」作爲兩岸共同願景的妙處與適用性。

表一　「願景→使命→目標→政策」策略規劃案例
Strategic Planning Model: Simplified Cases

主體	人類	大陸	台灣	台獨人士
願景	「登天」	一個中國	一個中國	台灣獨立
使命 Mission	登陸月球(60年代) 登陸火星(80與90年代) 探討黑洞（新世紀初期）	「一個中國」原則	兩岸三地共建「自由、民主、均富」的中國	台灣共和國
目標 Goals	完善大氣航空技術 發展太空物理 發展航太科技	和平統一 一國兩制	國統綱領及陳水扁的「四不」	國家安全 兩國論入憲 公投入憲
政策 Policies	登月計劃 探火星計劃 黑洞理論研究計劃	以商逼合 三通 「甚麼都可談，亦可以讓步」	逐步開放三通 經貿關係正常化 建立政治談判空間	地方執政 中央執政 控制議會 三通亦無妨
風險管理 Risk Management	預算與成果相互依存，互為因果。	若有白皮書所列條件就動武 強化國際關係逼台妥協	「大陸不動武，台灣不獨立」 尋求或依賴國際干預	大陸若動武，台灣即獨立 尋求或依賴國際干預

資料來源：耿慶武，**中國區域經濟發展**（台北：聯經出版公司，2001年），第二部分第十章。

叁、策略規劃的理論模型：
「願景→使命→目標→政策」

　　願景是一組織或群體的成員共有的（Collective）遠程期望與概念目標，也可說是其心理上的一種主觀認知。在策略規劃架構下，願景是策略規劃者（Strategic Planner）想要達成卻無法立即或輕易達成的終極理想。一組織因為有共同的願景才使得該組織成員的行為（生活、行動、工作等）產生有意義的內涵。一組織因為有願景的存在，而使得該組織中的成員能夠發展出一套一致

且不互相矛盾的行為準則或規範，使他們可據以擬定適合各自階段需要的「使命」與達成該些使命的相對上較具階段性且較具技術與功能性的「目標」。依據這些「目標」，規劃者或參謀人員即可擬定種種「政策」（Policies）方案以供決策者選擇。當一政策確定後，執行者自然可擬定行動計劃去執行。換句話說，經由「願景→使命→目標」三階段的策（戰）略構思與設計，政策研究者可以較明確地將本來包羅萬象的「政策空間」精簡為較小的「可執行的政策空間」（Implementable Policy Space）。然後由決策者自此一可執行的政策空間中選取一最終政策，以實際施行。

　　「使命」與「目標」俱屬於策略（戰略）性的大政方針，應由決策階層（Executives）如元首、內閣、國家安全會議（或大陸的政治局常委）來決定與協調；而「政策」則屬於技術性與功能性或戰術性的執行方案，應由各專業部門（如部會級首長）負責擬定與執行。就執行介面而言，「使命」與「目標」皆屬於紙上談兵的策略規劃層次，並不需大批執行人力與預算。但「政策」卻屬於戰術性且功能性較高的執行層次，非但需要考慮施行的步驟、技巧與時效，更需編製計劃，考慮資源配置與執行所需的人力與預算。

　　通常為施行一「政策」，負責部門需按該政策之複雜性與執行上的難易程度，將其劃分為相互關連但可分別管理與分頭執行的方案（Programs或次政策Sub-policies），每一方案又可按執行時序劃分為若干階段（Phases）。每一階段又可分解成若干計劃（Projects），以利有效執行與監管。每一計劃又可再分解為若干行動（Actions），每一行動則可包含若干單元工作（Works），再依這些工作的大小與規模，分派人員與分配預算，最終得以執行。

　　如圖一中所示，「願景→使命→目標→政策」策略規劃模型為決策理論的最基本模型，從早期軍事上的戰略規劃，到近代大企業所強調的長期發展策略規劃，不乏廣泛被成功應用的實例。該策略規劃方法的優點是可以用簡單的策略架構關係，來溝通通常既複雜又需為數極多的關係人（Stakeholders）清楚瞭解的策略方針與相應的階段目標與行動準則，此一策略規劃模型更可用來有效評估一個管理者過去、現行與未來的工作績效。

圖一　策略規劃模式（Strategic Planning Model）

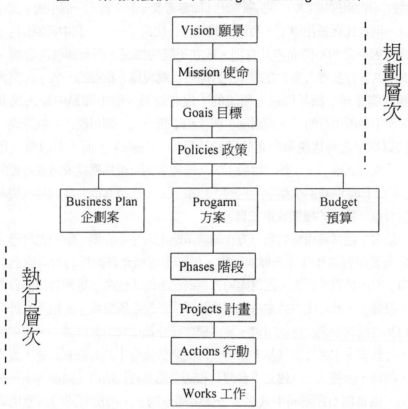

台灣與大陸的現階段政治關係經簡化後或可以表一中的策略規劃模型的結構關係來分析。為了使讀者更易明瞭該模型的結構關係，表一中亦列出人類「登天」策略規劃做為比較案例，同表亦簡單列出以台獨為願景的策略規劃模型做為另一比較案例。

一、中共的「一個中國」策略規劃案例分析

中國共產黨以實行共產主義為其執政的一貫理想與最高原則，但是中華人民共和國成立了 52 年，卻仍然停留在「社會主義初始階段」。因此可見，中共所謂的「原則」並不是一定要立即達成的定律或規則，而是一種精神上與心

理上欲達成的「使命」。若以「願景→使命→目標→政策」的策略規劃模型來分析中共對兩岸關係的訴求,可明顯看出(請參考表一):若「一個中國」是中共的願景,則在此願景指導下,發展出其時代「使命」—「一個中國原則」⑮。該使命可因對象的不同而內外有別,或在不同的情況下而有彈性的詮釋。例如,從中共官方發言人多次在國際上公開將台灣視為「叛離的一省」,到大陸「國務院副總理」錢其琛最近所說的「沒有說過一個中國是中華人民共和國」。而中共所倡行的「一國兩制」與「和平統一」,則可視為其欲達成「一個中國原則」之時代使命所定的階段性目標(Goals)。而「不放棄使用武力」、「文攻武嚇」、「外交封殺」、「三通」則可視為為達成這些目標的方法與手段(即策略規劃模型中所稱的「政策」),亦是其欲完成其時代使命與階段性目標所擬定的種種政策工具。

「使命」通常可視為對局一方在總體策略上的基本立場,雖可允許己方視事實之需要而對其作彈性詮釋或改變,但卻不可能允許對局的對方對己方的「使命」有所挑戰或否定。因為與對方協商己方的「使命」等同於放棄自身立場的「投降」。此可由中共本身可彈性詮釋「一個中國原則」,但不允許台灣方面與其討論該原則而得以印證。陳水扁總統呼籲中共與其討論「一個中國原則」,等於要求中共修改其基本立場,因此無法獲得中共的善意回應,實不足為奇。同理,台獨人士以建立「台灣共和國」為其時代使命(請參考表一第四案例),則當然不願認同中共之「一個中國原則」,因為若認同該原則即等於放棄建立獨立的台灣國之使命。此一事實,基本上妥切描述「一個中國」問題的兩難:雙方(台獨人士與中共)均不能在「使命」層次改變己方的基本立場。

因為世局大環境的隨機性及不確定性與對手行為的多變性,任何策略規劃均無法顧及每一可能發生的事件或狀況,因此當決定採行某一策略規劃案時,自然需綢繆該策略規劃設計以外情況發生時的應變措施(Contingency Plan),此即所謂的「風險管理」。中共的「一個中國原則」策略規劃的風險管理計劃,即為其一貫宣稱的「動武三條件」:若台灣宣佈獨立、若台灣有內部動亂與若有外國勢力介入台灣,另如2000年發表的兩岸關係白皮書中新增列

的若台灣無限期拖延談判即動武，其中又以台灣獨立為中共最重要的動武條件。

因此，在中共的策略規劃下，武力解決「台灣問題」或許不是其主要策略目標，但卻是達成其「一個中國原則」策略下的兩大目標：「和平統一」與「一國兩制」的保障措施與風險管理方法（資訊經濟學 Information Economics 中所謂的威嚇策略 "Intimidating Strategy" 或對局論中所謂的承諾行為）。對此，國際上與台灣執政者自中共 1995 至 1996 年間的台海飛彈演習後，似乎並不曾有任何誤判與懷疑。包括李登輝與陳水扁在內的台灣執政者在試圖突破兩岸關係或試圖尋求台灣獨立時，亦謹慎避免觸碰該些動武條件。

就對局論而言，中共的「動武威脅」是中共在兩岸關係對局中的一個關鍵性的「承諾行為」（commitment）⑯。其主要目的在於使台灣方面與其他關係人（例如美日與其他東亞國家）相信，若中共的戰略目標（例如反台獨）不能達成時，即使需付出甚高的代價，亦將不顧一切地動武。此種「動武」威脅策略會對台灣產生威脅的唯一可能是使台灣的決策者相信，若中共的執政者對台灣獨立不做激烈的反應，就將受到包括被黨內政敵逼迫下台的重大損失。因此，中共官方在其「一個中國」大戰略下，非但不可能放棄動武的「承諾」，更且曾利用各種機會重申其動武的決心。因為唯有令對手（台灣）與其他關係人（例如美國）相信此一「動武承諾」的真實性與嚴重性，此一威脅策略方始有效。反之，當台灣不再相信中共的「動武承諾」之威脅時，該策略即再無任何價值可言。若此，則現今兩岸關係的僵持局面（奈須均衡）的一個主要基本條件將消失，從而導致該僵局的改變。同理，陳水扁的「大陸不動武，台灣不獨立」亦可視為一威脅策略下的「承諾行為」。因為該宣示明白告訴大陸執政者其動武後所需付出的代價就是其最不願見的結果：台灣宣佈獨立。

由另一角度觀察，因為中共明白宣示其動武條件，反而使得兩岸關係的僵持現狀更形穩定。在以美日為首的國際勢力的關切與壓力下，台灣的新舊執政者的任何單方面走向「台獨」的政策改變，均是以不直接挑戰中共的動武條件為極限⑰。因此，中共明確宣佈這些風險管理措施「動武承諾」威脅策略，反而減少了因台灣方面誤判情況或試圖單方面突破中共種種打壓，而引起的兩岸

武力衝突的不確定性，因而使得兩岸關係的政治定位爭議持續的呈現「奈須均衡」的僵持現象。民進黨政府希望以種種戰術性的短期政策示好，而冀圖換取中共放棄動武威脅的「善意回應」，基本上是緣木求魚，未能認清中共的基本戰略目標。

二、台灣的「一個中國」策略規劃案例分析

　　利用相同的「願景→使命→目標→政策」的策略規劃理論模型，吾人亦可建立台灣的「一個中國」願景下的策略規劃架構。由表一的第三個案例可看出，若台灣將「一個中國」做為國家發展的終極理想，則在該理想下，現階段的時代使命可為與大陸、港澳全體同胞共同建立一個「自由、民主、均富」的新中國。進而可按照國家統一綱領的階段與進程，結合當時的民意及配合國際大勢與世局環境，有系統地設定階段性政策目標，如陳水扁總統所公開宣示的「四不」：不更改國號、不會推動兩國論入憲、不會以公投推動統獨、不廢除國統綱領或國統會的問題。雖然這些負面列舉式的政策目標敘述，不符合一般正面敘述政策目標的常規，但亦反映其政策空間的海闊天空與無歷史包袱的自由自在。

　　在這些「有所不為的」原則下，陳水扁總統唯一曾明確宣示的兩岸關係政策目標即是以極力避免予中共藉口動武為標的的「國家安全」[18]。再按此目標，規劃種種政策方案與執行計劃如小三通、WTO、三通、高層會面、逐漸解除戒急用忍限制、推動簽署和平協議等政治層次較低的短期政策。在此策略規劃架構下的風險管理政策則可為：「只要中共不對台動武，不會宣佈台灣獨立」與尋求或依賴國際的干預。

　　由表一台灣的「一個中國」策略規劃案例可看出，「保持現狀」、「訴諸國際」、「三通」與「解除敵對狀態」等對策，充其量僅能提供在階段性政策目標層次的短期戰術性目標或成為風險管理的備用方法，卻甚難做為一個健全又具持久性的策略「使命」，更根本不能解決願景（vision）或概念層次的「一個中國」問題。因此，台灣方面任何試圖用該些技術性「方法」（Means）去換取中共改變其概念性「標的」（End），亦即「一個中國原則」的嘗試，勢

必將徒勞無功。李登輝總統執政的後期所做的種種突破兩岸關係現狀的嘗試均無功而返的最主要原因亦在此：試圖以技術層次的「戰術」去改變對方戰略層次的「使命」。

　　兩岸關係所以變得錯綜複雜與難解，乃因爲兩岸執政者與其幕僚們時常將欲達成的「一個中國」願景與如何達成該願景的階段性使命（戰略）與短期政策目標（戰術手段）相混淆之故。譬如謀求國際支援與進入聯合國等開展台灣外交空間的政策，充其量僅能展現台灣在國際上的實力，並對中共在國際上圍堵台灣的政策手段有所回應，但卻無法改變中共在策略層次的「一國兩制」的策略目標。又譬如，「邦聯」制僅是達成「一個中國」願景的諸多可能方法之一。若台灣以「邦聯」爲標的來對抗大陸的「一個中國」的訴求，當然有如以橘子換蘋果，而遭到中共以不符「一個中國原則」所拒斥，自然不足爲奇。但若台灣能以有守有爲的國統綱領來回應中共的「一國兩制」的訴求，並明白指出國統綱領的遠程目標本就是以統一的中國爲願景，則中共方面將很難否定台灣的此一將希望寄託於未來的訴求。

　　在策略規劃架構下，許多學者所建議的「邦聯」將僅只是達成「一個中國」的所有可能的方法之一，而不必然是唯一或排他的策略目標。所以，以「邦聯」做訴求，僅能達到階段性的「政策」層次，而無法成爲一個可常可久的策略使命與終極願景。但若將邦聯制修改爲「一國兩邦」或「一國多邦」，並以其爲台灣在一個中國願景下的階段目標，則應可成爲對抗中共的「一國兩制」的利器。因此，在台灣的「一個中國」策略規劃案例中，吾人建議以兩岸三地共建「自由、民主、均富」的中國做爲台灣在「一個中國」願景下的時代使命。而邦聯將可視爲達成此一使命的有效且可行的方法之一，即策略規劃模型中所謂的「目標」之一。

三、「台灣獨立」策略規劃案例的適用性

　　雖然「台獨」訴求可與「一個中國」居於相同的「願景」位階（見表一第四案例）。但是在現今情況下「台獨即戰爭」，該訴求明顯違背台灣大多數人民不欲以武力解決兩岸關係的意旨，因此以「台獨」爲終極理想的策略，至少

在現階段的客觀環境下，被台灣執政者公開宣示的可行性很低。此外，有趣且值得注意者，在以「台獨」為願景的策略規劃架構下，短期的目標與可執行的政策，與台灣若以「一個中國」為願景下策略規劃的「目標」與「政策」相去不遠。此觀察明白顯示，符合一向持台獨理念的民進黨政府的可行的大陸政策，基本上是刻意模糊或盡量避免討論策略性「一個中國」議題，而試圖或冀望以小三通、WTO、全面三通、高層會面、逐漸解除戒急用忍限制等政治層次較低的短期政策，換取時間及策略空間，以伺機尋求台灣獨立的最佳時機。

因此，按照圖一的策略規劃案例研究來預測，除非兩岸客觀環境有結構性的改變，陳水扁先生在執政期間，可執行也能執行的兩岸政策應脫不出以上政治層次較低的短期政策範圍。但是若台灣現階段的執政者能突破對「一個中國」的狹隘解釋，而將其視為一心理上的概念性的願景，而非政治鬥爭的議題或法律名詞，則本文所建議的兩岸三地經濟整合方法，由區域合作而兩岸合組自由貿易區、關稅同盟、共同市場，以至於類似歐盟的兩岸經貿聯盟，即可在短期中順利開始實行⑲。如此，兩岸間將有至少30年的穩健經濟合作時期，而將政治整合或統一問題留待下一世代的兩岸執政者與人民去解決。

肆、兩岸整合方式的構思

在20世紀末年，吾人已經目擊了諸多國家政治結構的變遷，其中以東西德的統一與蘇聯的解體為最突出的國家政治結構的統一與分解。東西德的統一事實上提供了一個因政治因素分裂後國家再統一的實例。但是因為兩岸三地的人口與土地規模之不成比例，以及現今人民生活水準和政經社會結構的巨大懸殊，台灣與港澳的人民自然憂慮，若與大陸立即政治統一，即等於被大陸併吞。因此東西德的統一模式能應用到現今兩岸三地的政治整合或統一的機率甚小。而蘇聯的解體卻直接刺激大陸的執政者，使之擔心，若對台灣獨立問題不積極表態，非但有永遠失去統一台灣的機會之虞，甚且或會間接地鼓勵大陸境內的某些區域如西藏、新疆等的獨立，而有造成大陸類似蘇聯崩解的可能。

　　台灣與包括美日在內的世界各主要國家，在經歷 1995 至 1996 年間的台海飛彈危機後，基本上對中共準備不顧一切地動用武力解決台獨問題，應已經不存任何幻想。因此，若假設未來台海兩岸執政者均不願主動引發軍事衝突，則未來兩岸關係的發展，似乎僅剩下維持現狀和步向整合或統一的兩種選擇。

　　雖然台灣的民意調查顯示絕大多數人民目前希望兩岸關係維持現狀[20]，但維持現狀畢竟是一短期的權宜之策，在台灣的中華民國政府無法永遠避免向國內、大陸及世界宣示其長期的兩岸關係政策與目標。因為若台灣無長期兩岸關係政策，則非但將使得國內的民間投資計劃無所適從，亦將使得外國投資計劃與國際資本因台灣的兩岸關係政策不明所造成的不確定性太高，而躊躇不前[21]。若果真如此，則受到負面影響的將不僅是台灣未來的經濟成長，其衍生出來的結果，更將使台灣在國際上原為強勢的經貿優勢以及較弱勢的外交與安全關係均受到負面影響。因此，平穩的兩岸關係是台灣未來經濟持續成長與穩定的必要條件，而兩岸的長期經濟整合政策將是發展平穩的兩岸關係之重要基礎。

　　世界上現有的跨國經濟整合模式或許無法直接應用到兩岸經濟整合的現實情況上，但畢竟給予吾人在探討兩岸統合的方法時許多啟發。大英國協的自願式之非政府性的文化交流模式，北美（美加墨）自由貿易區（NAFTA）模式的經濟整合，以及歐盟的多國經濟同盟模式，有甚多地方適合應用到兩岸現階段的文經交流與未來的經濟合作情況[22]。

　　本文建議台海兩岸應可採行一演進式與開放式的整合方法：先協商區域經濟整合，再視區域經濟整合的經驗與成果，決定是否進行或如何進行下一階段的整合談判。此方法的「演進式」特點指出，兩岸三地可視其本身的需要，先自經濟與社會結構開始，一項一項地與對方談判，以分別達成各項的共同協議，最終可使得兩岸的所有經濟事務，在經由一個雙方共同認知的經濟與社會體制下協調、合作與和諧運行。此一演進式的統一談判過程，將給予兩岸人民與政府充分的心理準備與調整時間，而所達成的協議必定是對雙方均有利的協議，因此永遠是「雙贏」[23]。兩岸在經濟發展與社會結構的大多事務上達成協議以後，則可視屆時兩岸人民的需要與意願，再決定是否或如何從事兩岸的政治統合。

　　演進開放式統合方法的另一特點是確認兩岸的統合是一漫長的過程。在此一漫長的整合過程中，不論是兩岸的政治生態、經濟與社會結構，以及人民心態或是世界局勢與國際關係，均或將產生無法預知的變化，因此與其草率地預定未知的整合時間與議題，不如採取更切合實際的自然演進的整合方式。未來回合的談判議題應該建立在過去回合談判的協議與現今雙方之需要的基礎上。所以，兩岸的整合過裡，應只有規劃性的階段，而不必事先預定時間表，因為談判雙方均無法預知未來談判的結果與所需的時間。吾人建議的演進且開放式的統一過程，事實上與大陸過去 20 年來，在無法預知「改革開放」的進度與結果時所採行的「摸著石頭過河」政策制定原則相同。

一、兩岸經濟整合的階段

　　本研究所建議的兩岸經濟整合或統一的過程可分為三個階段：「中華國協」一非政府性的文經交流階段；「中華自由貿易區」一自由貿易區、關稅同盟與共同市場階段；「中華聯盟」一貨幣與經濟政策同盟階段。吾人估計，兩岸三地自今起至少需要 30 年的時間談判協商與合作[24]，方能達成此三階段的文化交流與經濟整合。若兩岸三地誠能達成此三階段的文化經濟與社會層面的整合，則屆時將可視實際情況的需要，再行決定是否或如何進行政治上的統一。因此，兩岸協商政治上統合，應該是 21 世紀 30 年代的議題。30 年後，台海兩岸的執政者與絕大多數人民，應將均是大陸改革開放以後出生或成長的世代，而中國大陸亦將已完成初步現代化。屆時，兩岸的執政者與人民對「一個中國」或「統一」的看法與心態或將不再似現今般的包含濃厚對立色彩的意識型態之爭，甚至「統一」或將不再是最受兩岸人民所重視的當務之急了。

(一) 第一階段：中華國協（The Chinese Commonwealth）

　　在解決涉及官方的任何經貿協定的談判之前，台灣、香港、澳門甚至可考慮包括蒙古、新加坡及馬來西亞等文化地緣相近或華人眾多的國家，與大陸聯合成立一自願的、非政治性的，以及非政府的以文化交流與人文關懷為主旨的「中華國協」（The Chinese Commonwealth）。其性質與結構均可與「大英國

協」相似。在中華國協的架構下，每一會員體（國家或地區）仍保有其在國際上原有的政經與社會地位，但可與其他會員體協調合作從事所有非政治性與非政府性的組織、事務與活動。例如，在此一文化交流與人文合作階段，兩岸可推動以大陸正在形成中的 9 個大都會經濟圈與香港、澳門所形成的港澳經濟區，以及以台灣省、台北市、高雄市與金門、馬祖所組成的台灣經濟區為基本單位，組成「中華區域經濟協會」（The Commonwealth of Chinese Regional Economies），或以兩岸三地的大城市為單位組成「中華城市協會」（The Commonwealth of Chinese Cities），從事經濟區對經濟區或城市對城市的交流與合作。如此，兩岸三地可在不牽涉中央政府及國家主權行使的爭議下，加強有組織的、民間的、文化方面的交流、合作與人文社會的整合。上述地區性組織可定期舉辦運動會、學術與專業研討會，亦可成立各種基金會，有組織、有步驟地促進各地區間的人文與社會各階層的交流與合作。

在此階段，兩岸亦可在國際上合作爭取共同的利益。譬如，台灣與大陸的奧運委員會可聯合爭取北京市主辦 2008 年奧運會，以換取該奧運會的部分比賽例如空手道、棒球等適合在異地舉行的會外賽在台灣舉行，或亦可換取大陸支援未來的亞運會在台灣舉行。此外，兩岸除可加強雙邊的科技、學術、教育等方面的合作外，亦可合作主辦各種國際性的經貿科技專業會議與各種學術會議。兩岸更可合作研究華語拼音系統的一致化、漢字電腦內碼（computer internal code）的相容或統一、整理及出版（或上網）中國古籍、聯合研究中國傳統醫藥，以及建立聯合華文圖書館與資料庫的電腦連網等等。當然，現在已有的體育方面的交流與合作培訓選手，更可加強與加大規模。北京政府亦可主動支援台灣參加無政治性（或低政治性）但對兩岸人民均有益的國際組織，如世界衛生組織（World Health Organization）、世界環保組織等等，以示北京對台灣人民的善意，以軟化台灣人民對大陸的戒心與敵意。而台灣民間更可以運用其雄厚的財力與先進的專業知識與技術，協助大陸的教育體系與社會發展的現代化。兩岸亦可就環境保護、核電安全與廢料處理等互利項目展開合作。

在此階段，兩岸政府部門，可藉共同參加的國際組織如亞洲開發銀行、亞太經濟合作組織（APEC）等機構的溝通管道與協調機能，開始試探政府機構間的溝通與合作。例如，兩岸可試探聯合主辦或分別主辦該些機構年會的可

行性。當然，兩岸加入的世界貿易組織（WTO），更將提供兩岸經貿機構與官員直接會談的管道與平台，而逐漸奠定進入下一階段的政府對政府的兩岸經貿關係協商，中華國協階段亦可視作兩岸談判成立自由貿易區的準備階段。

（二）第二階段：中華自由貿易區（The Chinese Free Trade Area）

　　兩岸三地在非官方的「中華國協」階段所累積的文經交流經驗與建立的各種社會關係，將逐漸消弭兩岸間的意識型態、心理與經濟社會上的各種猜疑與差異，使得兩岸人民更互相瞭解與包容，而適合進一步地從事規模較大也較正式的協調與合作。兩岸間最爲需要且最具實質效果的正式合作，應該是須由政府對政府的談判方能達成的自由貿易協定：雙方協議在一定的時間內取消所有台港澳與大陸地區間的直接（關稅）與間接（非關稅）的貿易與投資障礙，使得該些地區間的一般商品與服務可自由流通與公平競爭。兩岸在設立「無障礙貿易區」達成後，仍可在此一架構下繼續協商建立關稅同盟與共同市場，以便「中華自由貿易區」內的所有生產要素、物資與商品、資本、資訊、技術與服務均能自由流通，而使得兩岸全體人民享受最高的經濟福利。

　　如果中國大陸希望如其「十五計劃」中所預期，在 2010 年時達成初步工業化，則其經濟發展的第一優先必需爲有效利用一切資源，使其經濟持續高速成長。台灣的資本、技術、管理經驗與國際行銷網絡將是大陸經濟成長的極大助力，方可視作大陸維持未來高速經濟成長的必要條件。就台灣方面而言，如果台灣希望在新世紀初年，建設台灣爲科技島、綠色矽島及全球運籌中心，則台灣當局無法不以發展平穩互惠的兩岸經貿關係爲優先考慮。此外，台灣廠商與企業也無法擔負喪失大陸廣大市場的損失與機會成本。同時，台灣也需要大批廉價的原料、礦產與基礎勞工。因此兩岸均有充分的誘因，即早建立自由貿易區⑤。

　　台港澳與大陸間若能達成自由貿易協定，非但將使該些區域內的所有經貿、服務與投資行爲的交易成本大爲降低，更將使該些區域的政府與民間各階層，因執行自由貿易政策而更緊密地協調與合作。此外，自由貿易區的成立與執行，更需要所有參與地區政府在法令與制度上某種程度的調整或相容。譬

如，為了保障商品貿易的自由，台港澳與大陸地區必定得修訂其國內有關經濟
及生產的法令與條規，使得商品的規格、質量標準，以及生產廠商的衛生與環
保標準、包裝規格與運輸標準等相容或一致化；為了保障區域間的公平競爭，
各地區的政府必須合作訂定最基本的保護童工規定、勞工福利標準、政府直接
與間接補貼的限制、廣告與資訊的自由流通標準、商標與商譽保護制度、金融
與保險服務的標準、交通與通訊的安全規格與標準等等。此外為了減少貿易的
障礙與摩擦，各地區的政府亦需要修改其有關規章法令，設立具公信力的仲裁
機構，處理各種貿易爭議（如仿冒、傾銷、智慧財產權保護等），以及訂定簡
單、具時效且透明的仲裁程序。

　　兩岸三地的「中華自由貿易區」階段的經濟整合過程，又可分為一般商品
與服務的自由貿易、資本勞務與資訊技術的自由貿易（共同市場），以及對外
關稅同盟等進程。當「中」港台地區間的自由貿易協定由商品自由貿易而進入
各種服務業自由貿易後，兩岸三地政府自可進一步協商籌劃關稅同盟，使得大
中華地區的對外貿易關稅一致。單一的對外關稅，除對內可強化與保障中華自
由貿易區內各成員間的貿易自由與公平競爭外；在國際上，亦可保障區內人民
與廠商的的最高權益與經濟利益。此外，在一般商品與服務的自由貿易區建立
後，兩岸三地自可進一步協商資本、勞工、資訊、技術等生產要素在區內的自
由流通。此將使自由貿易區內的所有政府間的協調與合作更上層樓，而進入協
商整合兩岸三地的法律制度與社會結構層次。譬如，勞工的自由流動，將涉及
兩岸三地的戶口制度、出入境法規、勞工保險、所得稅制等制度的調整與相
容。兩岸三地的產業規格、衛生標準與環保法規、交通規則與通訊標準、社會
安全與福利標準、商業法律與公證、仲裁制度等，亦均需逐漸的調整至相容或
一致。

　　非常明顯地，在兩岸三地共建中華自由貿易區階段，兩岸三地政府間的直
接接觸與談判將無法避免。但此階段仍可視為「技術層次」與「事務層次」的
政府與政府接觸階段。談判的主題應該著重於經濟與社會制度的相容與一致
化。在自由貿易區談判過程中，兩岸三地政府仍可擱置或低調處理兩岸政府對
政治性較高的主權之爭議，而在尊重對方治權的基礎上，進行協調、溝通與談
判。兩岸政府甚至可透過適當的立法與授權，交由非政府機構（如海基會與海

協會）來談判。所達成的協議，可經由兩岸的適當立法、形成政府政策或由政府以行政命令來執行。此階段政府間的接觸與社會各階層間的溝通與建立相互信任，事實上與《國統綱領》的中程「互信合作」階段的目標一致。

(三) 第三階段：中華聯盟（The Chinese Union）

當兩岸達成自由貿易區、對外關稅同盟與共同市場等較「事務性」的經濟合作後，兩岸應已具備進一步從事政府間政策的協調與合作的能力與環境。屆時，兩岸三地的政府應可考慮進一步的經濟整合：資本市場與金融市場的整合，利率與匯率政策的協調，以及最終的貨幣統一與財稅政策協作（Policy Co-ordination）。兩岸三地方可籌組中華聯盟的中央銀行，監督與規範兩岸三地的金融市場的穩健；方可共同集資成立大中華開發銀行，綜理大中華區域內的整體投資與經濟發展所需的資金調度。

在此階段，兩岸三地亦應可考慮籌組類似歐洲聯盟般的由人民直選的「中華議會」（The Chinese Parliament），作爲「中華聯盟」的立法主體並監督聯盟的行政與政策的制定及執行；設立由兩岸三地政府的有關部長所組成的「中華聯盟理事會」（The Councilofthe Chinese Union），爲聯盟的政策制定單位；成立超地區並獨立於兩岸三地政府的「中華聯盟秘書處」，綜理聯盟的一切日常行政事務；以及成立「中華聯盟法院」，主理一切跨地區的爭議與司法工作。這些機構的組成將是兩岸三地邁向某種形式的政治統合的嘗試，雖然吾人仍認爲「中華聯盟」應爲類似歐洲聯盟般的以經濟整合爲主要目標的多個主權國家或地區的經濟聯盟。兩岸三地在完成中華聯盟的建設後，應該已達成經濟的完全整合與社會的相互融合。屆時，兩岸三地的人民自然可考慮是否或如何進行進一步的政治上的統合。

二、兩岸經濟整合的時程

在達成經濟上的完全整合後，兩岸三地可視當時的國際環境與國內人民的需要，來決定是否從事政治上的統合，或以何種方式（邦聯、聯邦、亦或單一國家？）來從事政治上的統合。雖然以現今的知識與資訊，尚無法判斷或預測兩岸三地何時才能達到此一協商政治統合的時機與環境，但若以美加墨的自由

貿易協定所訂的自協定簽署時起 15 年內完成消除區內所有關稅為準㉖，則兩岸三地的「中華自由貿易區」階段似不應少於此時程。此外，歐洲諸國花費 40 年以上的時間，協商與通過歐洲聯盟的成立㉗。兩岸三地雖有歐盟的前車之鑑可循，但因兩岸的敵對歷史以及現今仍有的經濟與社會差距，兩岸應花費至少與歐盟各國相同的時間來協商建立「中華聯盟」。若以 1987 年台灣開放人民赴大陸探親為兩岸雙向交流的開始，則兩岸三地合組「中華聯盟」成功的時間，似應在 2027 年以後。

因為兩岸三地自 1987 年起迄今已有 14 年的時間開展非官方的文經交流，因此吾人對「中華國協」的非官方但制度化的文經交流階段的達成，抱以較樂觀的預期。若台灣與大陸能在新世紀的前 5 年內達成「中華國協」的協議，則兩岸三地應有可能在 2010 年前簽署《中華自由貿易協定》，而在 2025 年前後應可協商實現合組「中華聯盟」，因此，吾人預估兩岸三地的政治統合，最早應在 2030 年代成為兩岸三地的中國人實質協商的課題。圖二展示本研究對兩岸文經交流、經貿整合與政治統合時程的預期與估計。

到 2030 年時，絕大多數經歷 1940 年代國共內戰的中國人應均已離開人世，兩岸的執政者都將換為受教育及成長於兩岸重新開始雙向交流（1987 年）以後的世代。屆時，兩岸的政治環境或將大不同於日前，而且兩岸三地的經濟與社會結構的差異亦將較目前大為縮小。當大中華經濟圈內的各種差異逐漸消失時，兩岸的政治統合是否仍像目前一樣受到兩岸執政者與人民在意識型態上的重視，則不得而知。因此，如圖二所示，雖然在 2030 年代，兩岸應將已具備協商政治統合的客觀條件與環境，但兩岸是否實際進行政治統合，仍須視當時兩岸執政者與人民的主觀意識與客觀需要而定。此乃為何本研究認為，兩岸三地的政治統合是一無法預設結論的開放式的演進過程。任何以目前的經驗、資訊、知識與意識型態所做的宣示、預測或規劃，似應均為主事者現今主觀的期望、臆想與蠡測，故應不具堅實的理論基礎與實質的說服力。換句話說，本文認為在兩岸間達成某種程度的經濟整合前，若談兩岸間政治整合，似乎過度考量法理與政治權力的分配（霸道統台？），而未能充分考量兩岸人民人文融合所需的時間與自然過程（王道融合？）。

圖二　兩岸經濟整合的階段與時程

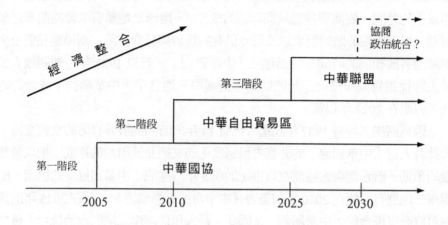

註　解

註①　「本文部分內容已發表於 2000 年 5 月 10 日在台北發行的**聯合報**。

註②　中共對「一個中國」的說法，存在對外和對兩岸等兩種版本。在對國際社會闡述「一個中國」定義時，中共都以「世界上只有一個中國，中華人民共和國是代表中國的唯一合法政府，台灣是中國的一部分」三段論表述；在兩岸間，中共對「一個中國」的定義較寬鬆，以「世界上只有一個中國，台灣是中國的一部分，中國的領土與主權不容分割」三段論形容。近兩年，在擴大兩岸政治接觸基礎的考量下，大陸海協會會長汪道涵曾就「一個中國」提出八十六字解釋，即「世界上只有一個中國，台灣是中國的一部分，目前尚未統一，雙方應共同努力，在一個中國的原則下，平等協商，共議統一，一個國家的主權和領土是不可分割的，台灣的政治地位應該在一個中國的前提下進行討論」。中共對外的「一中」三段論，主要是強調主權完整，而中共則是行使中國主權的代表；而兩岸間的「八十六個字」版本，則似乎主要是為兩岸談判尋找共同基礎。本文中所謂的中共的「一個中國原則」乃以上述二定義為主。而錢其琛先生最近所謂的兩岸均為中國的一部分，應該為其統戰性的宣示，台灣方面不應過份樂觀。

註③　此一解決兩岸關係僵局的心理辦法，基本上是蔣緯國將軍所主張的戰略四大要素：「政、經、軍、心」的心戰要素。在兩岸的政治對抗、經濟競爭與軍事對峙均陷入無法再讓步與妥協情況下，兩岸似乎應反求諸己，跳出代價甚高的、硬碰硬式的實質鬥爭之惡性循環，而自心理上尋求軟性的或虛擬的（virtual）解決方案。

註④　見 2000 年 6 月 29 日**聯合報**。陳水扁總統在 2000 年 5 用的就職演講中提到「在既有基礎上共同處理『未來』的一個中國」；於同年 12 月 31 日發表元旦祝辭時，則提到依據中華民國憲法，「一個中國」原本不是問題：又提到，「兩岸原本是一家人，既然希望生活在同一屋簷下」的強烈暗示性用語。2001 年 8 月 10 日他會見美國參議員邦德時再進一步指出，「兩岸問題要進一步解決，也一定要依中華民國憲法的思維來走週，如此才能化解兩岸的歧見，這也是兩岸政府與人民所能接受所謂『一個中國』的答案。」

陳水扁總統 2001 年 8 月 31 日在總統府接見來台參加「亞太安全國際論壇 2001 年台北圓桌會議」與會外賓時表示，「願意找出兩岸可共同接受的『一個中國』的內涵。」這似乎顯示他已更明確地表白願意以「一個中國、各自表述」的方式處理一個中國的問題。他表示，希望兩岸在「民主、對等、和平」的三原則下，找出雙方都可接受「一個中國」的內涵。這種說法已近似在野黨和中共所提的「九二共識」中的「一個中國、各自表述」；雖然尚不及中共所要求的「一個中國」的定義，但陳水扁的兩岸政策趨向於有條件接受「一個中國」之意圖已經甚為明顯，所差的僅是選擇最有利的時間而已。

就連任策略而言，吾人估測陳水扁似在明年下半年，亦即下屆總統選舉的一年前若提出突破性的「一中」政策，則經過一年的運作，至 2004 年底總統大選時，或許可在兩岸政策上，使其執政表現有加分的機會。吾人亦認為，在下屆總統選舉前，兩岸關係是陳水扁政權唯一可有所突破性政策表現的機會，台灣當前的經濟問題，因涉及長久以來所累積的結構性調整，以已無法在短期（二至三年）內有所突破。

註⑤　中共發表的白皮書中增列的「拖延談判即動武」條件，在朱鎔基總理於 2000 年 3 月的中外記者會上公開宣稱該條件並非新增，乃鄧小平的「老指示」後，不復再為大陸官方所強調，頗有

「消聲匿跡」之勢。但在中共國防部於 2000 年 10 月所發佈的**國防白皮書**中，仍將台灣無限期拖延談判列爲動武的可能情況之一。

註⑥　請見註③定義。

註⑦　有關 Nash Equilibrium 的定義與數理模式，請見 Roger B. Myerson, *Game Theory: Analysis of Conflict* (Cambridge: Harvard University Press, 1997), pp. 91～116。

註⑧　對局理論的數理模型可嚴格證明，奈須均衡是一很穩定的均衡現象，請見註⑦定理 3.1，頁 95。對局雙方一旦陷入奈須均衡狀態，即無法輕易解套，除非有外力（exogenous forces）的介入，使形成原均衡狀態的要件改變。例如，台海兩岸在 1957 年近似全面戰爭的「八二三炮戰」後，至中共宣佈停止「單打雙不打」式砲擊金門與馬祖前的近 30 年的長期武力對峙，基本上是一奈須均衡現象。此外，1960 年代至 1990 年代初蘇聯解體前的以美俄兩國爲首的東西兩大集團間的冷戰時期，亦是一長期奈須均衡現象。

註⑨　本研究中策略（Strategy）之定義爲一組邏輯上相合且具共同長期目標的行動（Actions）與法則（Rules），此處用「策略」而非「戰略」，乃吾人認爲無特定對手的非零和（不必然你死我活）之 Strategy 爲策略；有特定對手之零和（不是你死就是我活）之 Strategy 爲戰略。因爲並非所有總體 Strategy 都有特定敵人，例如台灣約兩岸關係策略的 stakeholders 除了中國大陸外，還有美、日等其他國家，故應以策略而不以戰略相稱。

註⑩　事實上，「願景」可視爲中國人耳熟能詳的「主義」的摩登代號。孫中山先生對主義的定義：「一種理想，一種信仰，一種力量」，可完全適用於詮釋「願景」的意義。

註⑪　耿慶武，「認同一中不做界定」，**聯合報**，2000 年 11 月 25 日。

註⑫　耿慶武，「提昇一個中國爲兩岸共同願景」**聯合報**，2000 年 5 月 10 日。

註⑬　伍崇韜，「邱進益：民進黨應建構有關「一中」的象徵性理論」，**中國時報**，2000 年 5 月 1 日。

註⑭　依據 2000 年 7 月 8 日**中國時報**記者劉添財報導，立委朱立倫以希望未來兩岸朝虛擬的一個中國方向發展爲題向行政院長唐飛提出質詢。唐飛答覆時說，理論上認同「虛擬的一個中國」概念，讓未來的一個中國由和平分治、和平競和，然後走向實質的中國，不過國內對此尚亟待建立共識，政府願以開放態度討論此一議題。此外，依據 2000 年 7 月 9 日中國時報記者陳嘉宏報導，大陸委員會副主任委員陳明通表示，「一個虛擬中國」概念，和陳水扁總統曾說過有關「未來一個中國」概念，有異曲同工的地方。陳明通並進一步表示「一個虛擬中國」需要透過兩岸對話或談判的方式，才能有進一步具體落實的機會，特別在現在世界跨國合作潮流趨勢下，所謂的主權觀念，也可涵括在「整合架構」的範圍內。他舉例指出，歐盟在傳統的概念裡，並非所謂的主權國家體系，但以現在的概念角度來形容，歐盟似乎也可說是一種虛擬概念裡實際上具有主權的組織。

註⑮　中共的「一個中國原則」定義請見註③。

註⑯　對局論中的承諾行爲通常均爲非理性的（irrational），對局的一方爲達成其策略目標而事先訂定或宣示在某一情況或結果發生時的必然行動（威脅策略），即使該行動需付出不合理的代價。請見 R. B. Myerson, *Game Theory: Analysis of Conflict* (Cambridge: Harvard University Press, 1997), pp. 398～412; 張維迎，**博奕論與資訊經濟學**（上海：三聯書店、人民出版社，1997 年），頁 22～32。

註⑰　例如，最近有兩岸關係專家指出蔡英文掌理的兩岸關係政策事實上是只做不說的兩國論。請見蘇起，**做而不說的兩國論**，在台北舉辦的「追求兩岸和諧發展兩岸經貿」座談會上發表，2001 年 5 月 13 日。

註⑱　「國家安全」也是與願景一樣有其主觀性與抽象性。各階層依其本身的利害關係與事實需要可對「國家安全」做出各種因時制宜的定義與界說；但同時似乎又無法完全瞭解與同意他人所定義的「國家安全」的重要性。例如，股票大戶常用穩定股市以穩定社會與人心爲由，認爲政府應介入股市維持其穩定，以保障國家安全，此一論點自然無法爲頭腦清晰的知識分子與學者接受。穩定股市或可暫時穩定執政者的政權，但具與長期的國家安全的因果關係，卻值得詳加論證。

註⑲　耿慶武，中國區域經濟發展（台北：聯經出版公司，2000 年），第二部分第九章；以及 C. W. Kenneth Keng, "An 'Economic China' A Win-win Strategy for Both Sides of the Taiwan Strait," *American Journal of Chiinese Studies*, Vol. 5, No. 2, October 1998, pp. 182～215。

註⑳　依據 1997 年 9 月中山大學民意研究中心所做的抽樣調查，高達 80.3 %的台灣民衆希望兩岸關係「維持現狀」。贊成「維持現狀以後再決定」者有 34.3 %，贊成「維持現狀以後再統一」者有 21.5 %，贊成「永遠維持現狀」者有 13.8 %，贊成「維持現狀以後獨立」者有 10.7 %，贊成「儘快獨立」或「儘快統一」的民衆分別佔 9.0 %及 3.1 %。請見行政院大陸委員會，**行政院大陸委員會新聞稿（合訂本第一輯）**（台北：行政院大陸委員會，1998 年），頁 301。

註㉑　姑不論近年來外國對台灣的長期投資因兩岸關係之不明朗而緩滯，即使台灣本地的企業與投資者，近年來爲避免長期投資台灣地區的風險，而轉爲短期投資（如炒賣房地產與投資某些回收期較短的服務業）或變現性較高的財務投資（如股票與期貨）。台灣近年來民間新投資結構的改變，應與台灣的長期兩岸經濟關係政策的不明有極大的關係。

註㉒　對於經濟整合的理論與實務經驗，請見耿慶武，**中國區域經濟發展**（台北：聯經出版公司，2001 年），第二部分第九章。國內常年以來討論兩岸整合關係多偏重於政治層面，例如吳新興，**整合理論與兩岸關係的研究**（台北：五南書局，1995 年）；丘宏達，「國中有國兩岸統一新模式」聯合報，2000 年 11 月 6 日；丘宏達，「邦聯制選擇統一的可行模式」聯合報，2001 年 7 月 8 日；魏鏞，「國民黨需要「邦聯」嗎？」聯合報 2001 年 6 月 30 日；饒穎奇，「階段性最佳設計：邦聯制可突破兩岸僵局」聯合報，2001 年 7 月 4 日；沈富雄，「邦聯論對政黨競爭、政治整合的良性引導」中國時報，2001 年 7 月 4 日。此與國內負責與研究兩岸關係事務人士以政法背景出身的學者與專家爲主流有絕對的因果關係。本文作者絕對贊同：若兩岸政治統合關係解決，經濟關係自然不成問題。但若政治關係是奈須均衡僵局，則建立兩岸間的經濟整合關係，可視爲打破兩岸政治關係僵局的一個先決條件。

註㉓　不論傳統的比較利益理論 (the Theory of Comparative Advantage) 或近年發展的「新貿易理論」(the New Trade Theory)，請見 E. Helpman and P. Krugman, *Market Structure and Foreign Trade: Increasing Returns, Imperfect Competition, and the International Economy* (Boston: MIT Press, 1985), 均明白指出，自由貿易與自由投資式的區域經濟整合乃一正和對局（Positive-sum Game），所有參加者均可因經濟規模、市場占有率、資源使用效率與生產力的增加而獲得額外的經濟效益。「新貿易理論」並進一步提倡政府介入某些產業的發展，以使該些產業在某些市場享有「先行者優勢（First-mover Advantages）」的競爭優勢，請見 Paul Krugman, "Does the New Trade Theory Require New Trade Policy?" *World Economy*, Vol. 15, No. 4, 1992, pp. 423～441。

註㉔　詳見下小節，「兩岸經濟整合的時程」中的分析。

註㉕　建立自由貿易區的理論基礎，請見註㉔文獻及其所引用的文獻。有關兩岸經濟整合方式與時程請見 C. W. Kenneth Keng, "An Economic China: A Win-win Strategy for Both Sides of the Taiwan

Strait," *American Journal of Chinese Studies*, Vol. 5, No. 2, October 1998, pp. 182～215。

註㉖　雖然 1994 年 1 月 1 日生效的 NAFTA 規定在 10 年內取消美加墨三國間 99 %的關稅，但若以 1989 年元 1 月 1 日生效的美加自由貿易協定生效日算起，則至少需 15 年方能完成美加間所有關稅的消除。

註㉗　若自 1951 年，法國、西德、比利時、盧森堡、義大利和荷蘭簽署巴黎條約成立「歐洲煤暨鋼鐵共同體」（The European Coal and Steel Community）算起，迄 1991 年歐洲共同體各國領袖在馬斯垂克（Maastricht）簽署條約，決定成立「歐洲聯盟」，恰爲 40 年；若算至 1992 年 12 月 31 日生效的歐洲單一（共同）市場，則爲 41 年；若算至 1999 年 1 月 1 日生效的歐洲單一貨幣，則爲 47 年。對於歐洲聯盟的組織與成長過程，請見耿慶武，**中國區域經濟發展**（台北：聯經出版公司，2001 年），第二部分第九章。

第三主體：兩岸基本政策之連結

張 亞 中

南華大學亞太研究所教授兼所長

摘　要

　　本文兼具學術與政策性，嘗試為「兩岸定位」問題提出理論分析與政策可行性的探討。為顧及兩岸基本立場、反映客觀的事實、尋求兩岸的最佳交集，本文建議以「整個中國」補強「一個中國」的表述，創造兩岸間有「三個主體」(分別為「整個中國」與台海兩岸) 的概念，兩岸之間的定位為「整個中國內部的兩個平等政治實體」。本文另並探討「第三主體」(整個中國)如何實體化、運作及其功能，以期為兩岸人民創造和平與穩定發展的基礎。

關鍵詞：兩岸關係、一個中國、整個中國、第三主體、歐洲共同體

＊　　　　　　＊　　　　　　＊

壹、前　言

　　兩岸自 1950 年代分治，到 1990 年代冷戰結束以前，均認為未來的中國必然統一，爭議點在於「誰才代表中國？」整體而論，兩岸基本政策的大原則並沒有改變，差別的只是對於未來統一的方式與統一後的政治體制有不同的看法。

　　「統合」與「分離」是冷戰結束後國際局勢發展的兩大趨勢。在「統合」方面，東西德於 1999 年 10 月依民主程序完成統一，歐盟（European Union）

也於 1993 年正式成立，1995 年擴大爲 15 個會員國，1999 年歐元開始啓動。在「分離」方面，蘇聯分裂成 15 個國家；捷克斯洛伐克在境內兩個不同民族均同意的情形下，分裂成捷克與斯洛伐克兩個國家；另外，南斯拉夫亦受分離主義的影響而導致分裂。

在目的上，無論選擇「統合」或是「分離」，不只有民族認同的心理層次因素，更重要的是在追求相關者的最大利益。兩方的主張者均認爲，唯有選擇他們所認定的其中一項，國家或民族才有可能在未來的世界中取得發展優勢。

在結果上，「統合」與「分離」是兩個全然不同的方向，絕非任何一方當政者單獨所能決定，如果相關者彼此能夠達到共識，則無論統合或分離都是一種完美的結局，但是，如果相關者有不同的意見，那麼，戰爭或衝突則是不可避免的必然結果。

兩岸之間的基本架構並沒有因爲冷戰的結束而有不同，美國與兩岸經由「三報一法」（上海公報、建交公報、八一七公報、台灣關係法）所設定的規範，在 1982 年即已完成。冷戰期間，無論是兩岸的任何一方，都接受「統一」是未來的唯一選項，在法律與政治上，爭執的重點是誰才是中國的合法代表、哪一種制度才應該是中國人的道路。

冷戰結束後，「統合」與「分離」兩種思維卻在台灣開始有了明顯的區別。1991 年國家統一綱領的通過，象徵著台灣再一次地向統一做宣示，但是1994 年的「兩岸關係說明書」則開始將「一個中國」去政治化與法律化，1999年李登輝先生提出「特殊國與國關係」、以及 2000 年民進黨陳水扁先生的當選總統，都使得台灣在走向「統一」的路途上已經不再是像以往般地堅定。如果從選民所支持的政黨在兩岸關係上所秉持的立場來看，表象上「統合」與「分離」在台灣已成爲兩種重要的趨勢。

民進黨執政前後反覆地表示，中華民國早已是個主權獨立的國家，因此，不再需要宣布獨立。這種觀點與民進黨在野時尋求獨立建國的基調自然已有不同。民進黨這樣的論述是充分地了解到，從國際政治的角度來看，台灣幾乎沒有獨立的空間，從國內民意結構來看，台獨的主張將會使得其政黨無法贏得選舉。因此，嚴格地說，真正的分離主義並沒有在台灣形成氣候。在台灣，無論任何一個政黨都主張台灣應該有其在國際上的主體性，所不同的，有的政黨主

張兩岸交往的最終目標是「統一」，但以需要人民同意爲前提；有的政黨認爲，最終目標應取決於民意，「統一」只是一種選項，但是他們也不會大張旗鼓地推動台獨運動，因爲他們知道政治的現實並不允許。

在台灣的各主要政黨，都了解民意的重要性，也表示充分地尊重民意的結果，因此，是否願意將「統一」作爲唯一的選項，牽涉到自己對民族認同、國際現實政治認知的解釋。「統獨」原本是個可以理性討論的議題，但是，由於它在現實政治中，經常與「省籍」或「族群」問題結合在一起，這使得「統獨」給台灣帶來了情緒性困境。

現實政治的弔詭是，兩岸都以統獨作爲思考基本政策的主軸，但是兩岸都沒有想立刻地統一或台灣獨立，雙方甚而都認爲現在不需要達到統一或獨立。因而，本文並不急於解答所謂的「統獨」問題，而是爲兩岸的基本政策找尋一個連結點，使得兩岸各政黨都能不放棄自己的基本原則，又能得到所需要的目標。筆者相信，經由相互的了解與互動，雙方必定能找到一條最適合所有中國人的道路，作爲一個學者，就是嘗試爲兩岸建構一條如此功能的道路。

貳、兩岸基本顧慮

就中共的立場而言，「一個中國」是其無法讓步的底線，也是兩岸良性互動的基本條件；而台灣認爲，不可能在犧牲台灣主體性的前題之下進行兩岸統合。因此兩岸面臨的第一個問題即是雙方主體性問題的爭議，這個問題如果沒有解決，兩岸不止是無法進行統合，甚至兩岸基本的互信都無法建立，因此，我們有必要對這個問題先做深入的探討。

「一個中國」問題可以說是從 1949 年即開始存在，它原本的意義是指：中國如何完成統一，以及海峽兩岸誰才是代表「一個中國」等兩個問題。經過了50餘年的發展，兩岸對於應該用和平的方式來追求未來，已逐漸有了共識。但是在主權與國際代表性問題上，中國大陸仍是從「主從」的角度來思考，而台灣也有著從「爭正統」到「遠離中國」的呼聲，雙方只有「零合」，沒有「雙贏」。如果這個爭議不能解決，那麼可能會如歷史上中國人解決政權爭議的方法一樣，武力將成爲最後的一個手段。而其無論結果如何，都將是兩岸人

民的災難。

　　難道就沒有辦法在主權與國際代表性上追求兩岸的雙贏嗎？答案應該是有的！在尋求解答前，我們必須先了解兩岸的基本顧慮。

一、從中國大陸的角度來看：

　　第一、在國民黨主政時代，由於將「統一」作為政策的終極目標，不只在憲法中沒有排斥這種思維，「國家統一綱領」的公布與「國統會」的設立，即證明了國民黨政府不走台獨的路線。

　　第二、中共可以接受台灣與其「爭正統」，但是不能容忍台灣向其「搞獨立」。因此「國統綱領」所隱含的「一個中國、各自表述」，自然也就成為了1992年兩岸會談的基本共識。

　　第三、由於整個國民黨的機制仍舊沒有違背「統一」的大原則，因此1999年7月李登輝主席的「兩國論」，可以視為其個人政治理念，所以中共即使對李登輝先生口誅筆伐，但是對國民黨與中華民國政府在追求統一原則上仍有著基本的信任。

　　第四、台灣換由民進黨的陳水扁總統主政後，情況有了變化。陳水扁先生在就職演說中，雖然看似表達了善意，但是也很清楚了表達了「統一」不是「唯一選項」的訊息，「兩岸未來不定化」成為陳水扁先生主政的基礎思維。①在這個認知的前提下，中共更加疑慮，任何對台灣在「一個中國」問題上的讓步，都有可能被台灣解釋成台灣在兩岸政策上的勝利，甚而為台灣推動「不統一」的政治人物累積政治資本，或者等於為未來「遠離中國」的主張者爭取到戰略時間與空間。因此，中國大陸必須在「一個中國」的原則上堅持立場，對外的表述也就更為強硬，將「一個中國」原則作為兩岸復談的基礎，或是兩岸三通的前提。

二、從台灣的角度來看：

　　第一、台灣在國際間正式場合無法使用自己的國旗，在聯合國中沒有自己的代表，雖然中共不反對台灣參與 APEC 及 WTO 等非以國家為唯一主體的國際組織，但是並不能使用國名，而只能稱自己是「中華台北」或是「台澎金馬

單獨關稅領域」，而不是「中華民國」。在中國大陸的打壓下，台灣在國際間的主體性不斷在弱化。

第二、任何主張消失中華民國主體性的政治人物在台灣很難有生存空間。但中國大陸在國際間不斷弱化台灣主體性的行為，正好給了「去中國化」主張者一個施力的槓桿點。由於台灣幾乎不會有甚麼人認為自己不是中華民國的國民，因此中國大陸的外在打壓愈大，台灣人民對中華民國的「國家認同」愈容易被轉換為「台灣大陸、一邊一國」的訴求，也愈容易使得主張與大陸統一者被曲解為可能是賣台的代言人。

第三、由於中國大陸不放棄武力犯台，以及在國際間「中華人民共和國是代表中國的唯一合法代表」的立場，使得台灣人民認為，如果接受「一個中國」是否即等於接受了「台灣是中華人民共和國的一部分」，如此台灣的主體性將喪失。當台灣沒有了主體性，「統一」只是另一種形式的「兼併」而已。

如果按照兩岸的這種思維爭辯下去，最後的結果將是「以力服人」或「兩敗俱傷」。如果我們想為兩岸找尋一條出路，自然需要擺脫掉現有的思維，而用一種更開放的思想，將心比心，設身處地面對問題。

叁、所引發的問題

一、兩岸的定位的歧異。兩岸在討論到彼此的定位時，多是由「兩岸只有兩個主體」作為思考的基礎，因此彼此即陷入了「非你即我」的排他性「零和」爭議。兩岸從彼此互爭「主從關係」的正統，到台灣追求「相互不隸屬」的正當性[②]，從 1949 年所開啓的主權與定位之爭，使得雙方陷入了半個世紀的糾纏。

二、兩岸未來走向的歧異。中共清楚地主張「和平統一、一國兩制」；台灣方面則雖有「國統綱領」的規範，但是實際地作法卻是徘徊在統、獨與維持現狀間。中共是一種單線式的強勢思考，以北京為主體；台灣則是從 1990 年代中期起，處於一種被動或應付的狀態，缺乏整體性的作為。

三、由於兩岸在「定位」與「未來走向」方面的歧異，使得雙方面的善意互動基礎很難建立。互相的猜疑與不信任，使得兩岸雖有密切的經貿互動，但

是也有著敏感的軍事對峙。

肆、主觀的認定

　　就研究方法而言，問題事實的認定需要客觀，但是問題所引發爭議的認定，自然會受到研究者主觀的影響，而亦影響到解決方法的主觀判斷。作為一個兩岸關係的研究者，作者自然有著個人的主觀見解。以下即為作者的看法：

　　一、陳水扁政府在五二〇的就職演說可以視為是從「民主價值防禦化」③、「兩岸未來不定化」④做為兩岸關係的基本思維。基本上是以「與中國保持距離」為中心點或籌碼的「防禦性思維」，其結果可能是中共對台灣的疑慮更為加深，似乎並不能真正達到「維護國家主權、尊嚴與安全」的目的。在不到7個月後，陳水扁總統在元旦文告中提出「兩岸統合」的呼籲⑤，這顯示陳總統在接任國家大位，衡諸大環境後，已了解到「遠離中國」的不可行性，轉而企盼以兩岸統合來取得台灣的適度進取空間。但是由於並未對「兩岸統合」的意涵提出說明，因此，外界並了解他的本意。

　　二、中共「不放棄武力」，以及在國際間堅持「中國就是中華人民共和國」的「排他性」零合政策，使得台灣人民在情感上與中國大陸漸行漸遠，如果中共持續這種心態，將有可能迫使兩岸在不情願的情況下，引發兩岸皆不樂見的結果。

　　三、在內戰的思維中，「統一」其實就是兼併。兩岸的分離已逾五十年，內戰的思維應該已經結束，兩岸對於未來統一的思考也應該擺脫掉內戰時的作為與觀念。在「內戰後」的思維裡，統一的真正意涵應該是兩個現有主體間的「再統一」（re-unification）。也就是兩岸「互為主體」間的「再統一」。

　　四、為使兩岸能有善意互動的基礎，兩岸間應有一規範彼此「定位」與「未來走向」的中程協議（本文稱其為《兩岸基礎協定》）。沒有一個規範雙方定位與走向的協議，雙方的真實互信是很難建立或持久。

　　五、中共不太可能會接受一個對「未來走向」「無終局、無時限」⑥的協定，台灣方面則亦不會接受一個「主從關係」定位的協定，也不太能接受一個「有時限」的統合過程。因此，在「定位」上兩岸「互為主體」，在「未來走向」

上兩岸「有終局、無時限」的基礎協定應該是兩岸所可能接受的最大公約數。與歐洲統合相似之處，是兩岸未來確定往「合」的方向走，其目標就是「合」，與歐洲統合一樣，沒有時間表，也沒有一定事先規範的政治形態。這其實也正是「國統綱領」第三階段的精神。

六、1992 年所達成的「一個中國，各自表述」共識，在經過 10 年後，其實並不受兩岸所喜愛。對中共來說，「一中各表」有為「兩國論」舖路之嫌，對台灣的民進黨政府而言，接受了「一中各表」等於接受了中共的統一訴求。因此，「一中各表」或許是打開兩岸僵局的第一步，但是這種沒有共識的共識，並不容易長久。兩岸最好的方法應是積極地面對這個問題，思考一個確實能反映兩岸現實的表述方式，也就是以「共識」而非「同意歧異」（agree to disagree）的方式來界定「一個中國」。因此，「一個中國、共同表述」或「一個中國、配套表述」應該是可以思考的方向。

伍、「第三主體」（整個中國）的意涵

筆者早在 1990 年間即已提出「整個中國」的概念⑦，1999 年再出版《兩岸統合論》一書，對此概念作深入的探討⑧。筆者提出「兩岸有三個主體」的概念，一個是中華民國，一個是中華人民共和國，另一個是「整個中國（China as a whole / Whole China」（第三主體）。台灣是「整個中國」的一部分，大陸也是「整個中國」的一部分。

「三個主體」的理論基礎在於：基於主權屬於人民，「整個中國」是兩岸中國人所共有的中國，不能為哪一方所獨佔。作為自 1949 年起分治的兩岸，彼此在自己現有的領域內享有完整的管轄權，但是兩岸都不能真正的代表「整個中國」。「整個中國」的主權是屬於海峽兩岸全體中國人。

「整個中國」能夠作為一個法律的主體存在，其基本的要素在於兩岸經由意願表達出不分裂中國的意願。兩岸經由一項《基礎協定》，以文字相互承諾不分裂「整個中國」是必要的法律步驟。在相互以法律作承諾後，彼此再相互接受對方的「主體性」，同意共存於國際組織。由於彼此的相互承諾，並不會在法律意義上造成兩岸已經完成分裂的推論。

陸、以「整個中國」補強「一個中國」表述的理由

首先，做為中國人，我們應了解到中國的主權是屬於兩岸的全體中國人，不是哪一個政權可以獨佔的。當我們說「中國」的時候，這應該指的是包括兩岸共同在內的「整個中國」。換言之，做為從 1949 年起分治的兩岸，彼此在現有的領域內享有完整的管轄權，但是兩岸都不能真正的代表「整個中國」。

從 1993 年台灣積極尋求加入聯合國起，兩岸對於「一個中國」的詮釋就進入了拉扯與互相不信任的情境；台灣的執政者認為，由於「一個中國」解釋權已為中國大陸所獨佔，台灣如果也跟著講「一個中國」，不但失去了要進入聯合國的理論依據，更使得外交空間無法施展，因此愈來愈少談「一個中國」，到了李登輝先生主政後期，更是開始否定「一個中國」的原則。看在中國大陸的眼中，不談「一個中國」，根本就是為未來的台灣獨立在舖路，因此更強調「一個中國」原則。

任何文字都有它的侷限，中文也不例外。當我們談「一個中國」時，自然就會出現「是否有兩個中國？」，或者「是指哪一個？」的自然聯想。因此也就掉進了「誰是那一個中國」，或「誰是屬於誰」的爭議。

如果先在用字上確定了「整個中國」這個用法與概念，強調兩岸都是「整個中國」的一部分，雙方或許有大小之別，但卻沒有主從的關係，「整個中國」所具有的內涵不是指「誰代表整個中國」，而指的是「中國做為一個整體，主權與領土不容分割」，因此我們能有一個適當而清楚的觀念來討論兩岸未來應處理的問題。

兩岸的關係，如果以「主體」的角度來敘述，在「整個中國」概念下，兩岸間的定位應該是「整個中國內部的兩個中國人國家」，這個定位與所謂的「兩國論」完全不同。如果大陸對於「兩個中國人國家」仍然感到敏感，可以用「整個中國內部兩個具有國家屬性的政治實體」來表達。如果仍然感覺有異，那麼以「整個中國內部的兩個平等政治實體」（two equal political entities within the whole China）應該是可以符合彼此的需要。「平等」所代表的並不是政治上的意義，而是法律上的意義，表示著，中共是甚麼樣的政治實體，台

灣就是甚麼樣的政治實體。

　　「整個中國內部的兩個平等政治實體」的兩岸關係定位下，兩岸彼此之間的關係並不是國際法上的一般國家間的「外國關係」，也不是兩岸各方憲法管轄權內的「內政關係」，而是「整個中國」的「內部關係」(inter-se-relations)。雙方面的法律關係是一種「既非國際法，亦非國內法」的「特殊關係」。

　　兩岸在相互承諾不脫離整個中國這個大家庭後，彼此對對方的主體性作認可，在法律的意義上，是完全不同於「兩個中國」、「一中一台」，也不同於李登輝先生所主張的「特殊國與國關係」的「兩國論」。

　　「兩個中國」、「一中一台」與「兩國論」在法律的意涵上僅有兩個相互為獨立，互相不再隸屬的國際法主體，而彼此沒有再統一的法律約束與承諾，中共自然無法接受這種思維。但是「整個中國內部的兩個平等政治實體」的法律意義則全然不同。對「整個中國」的承諾，表示台灣不在法律上尋求脫離整個中國，「兩個平等政治實體」則表示對兩岸現有的現實及對彼此主體性的尊重。這種關係就有點像，兩個兄弟共同相互約束不分離整個家庭，但是兄弟間對於彼此在自己已組成的小家庭裡面有完整的管轄權，對於整個家庭內的事務有共同的協商與管轄。由於「整個大家庭」仍然存在，因此兄弟間的關係將仍就是「整個大家庭」的「內部關係」，也是一種不同於一般外人的「特殊關係」或「兄弟關係」，它不是兄或弟自己小家庭的「內政關係」，更不同於與「外人」間的「一般關係」（在國際法上稱之為外交關係）。

　　如果藉用德國的屋頂理論經驗來說，那麼「整個中國」可以看成是兩岸的共同「屋頂」，兩岸是「整個中國」下的兩個「柱子」。或者我們可以簡單地將一個大圓中劃成兩個小圓，這個大圓就是「整個中國」，兩個小圓分別是PRC 與 ROC。

　　用「整個中國」的概念來詮釋「一個中國」其實也是合乎中共的原則與精神。可具有解釋代表性的是，中共總理錢其琛先生於 2000 年 8 月間首次提出「一個中國原則」的「新三句」詮釋，即「世界上只有一個中國、台灣與大陸同屬一個中國、中國的主權與領土不容分割」⑨。這是中共高層官員首次正式對「一個中國」三段論法的改變作出公開陳述。這種表述方法較之以往「世界上只有一個中國、台灣是中國的一部分、中華人民共和國為中國唯一合法政

府」的說法，的確已經表達出極大的善意。錢其琛先生的「新三句」，正是完全反映出前所述「整個中國」的真正內涵，即前所述「中國做為一個整體，主權與領土不容分割」。

如果我們將錢先生的話做以下相同的表述為：「世界上只有一個整體的中國、台灣與大陸同屬整個中國、中國作為一個整體，其主權與領土不容分割」，那麼如此不但不失錢先生的原意，但卻可以消除台灣對「一個中國」文字陷阱的根本疑慮。

柒、創造兩岸有「三個主體」的概念

台灣對「新三句」的第一句「世界上只有一個中國」最關鍵的反應，就是中國大陸上述的表述是否「內外有別」，亦即是否在國際間仍主張「中華人民共和國是中國唯一合法政府」？這個疑問顯示出台灣對其國際主體性的一種堅持與擔憂。也就是說，雖然中共也說，台灣與大陸都是中國的一部分，但是，由於中共在國際間仍然堅持其合法代表性，其意仍可詮釋為：(一)台灣的政權並非合法政府，(二)台灣雖是中國的一部分，但也是中國大陸的一部分。

關於「世界上只有一個中國、台灣與大陸同屬一個中國」這句語，到底是指「主權歸屬」（台灣屬於中共政權）的涵義，還是指的是「領土完整」（台灣土地屬於中國領土）的涵義。如果從錢其琛先生上下文的全意來看，應該指的是「領土完整」；另一個問題是「主權」與「領土」兩者的關聯性為何？是否台灣的領土屬於中國，就表示台灣的政權屬於中共政權？對一個傳統的國家而言，「主權」與「領土」兩者是重疊的，但是對於分裂國家而言，則不必然重疊，對分裂國家而言，台灣屬於中國的主權，但是並不屬於中共的主權，因為中共並不等於中國。台灣與中國大陸都屬於「整個中國」的一部分，而「整個中國」的主權屬於兩岸所有的中國人。因此一個討論兩岸時的關鍵問題在於：中國是「誰的中國？」。

「誰的中國？」使得兩岸在解釋「中國」這個問題上很難得到交集。因此，中共的「新三句」如果能夠以更清晰的方式表達，方可為台灣人民所了解。換句話說，「誰的中國？」的解釋權不應該為兩岸任何一方所獨佔，而應

該是彼此立場的綜合。因此如果大陸不能在台灣的主體性上做適當的滿足，很難消除台灣本土力量對大陸動機的疑懼。而台灣如果不能在「整個中國」立場上做出承諾，大陸方面也不會善罷干休。

「台灣屬於中國，但是不屬於中共政權；台灣的政府固然不能代表整個中國，中共政權也無權代表整個中國；台灣與中國大陸均是中國領土的一部分；中國等於中國大陸加上台灣」是筆者在思考兩岸關係時的基本思維。「誰的中國？」的答案應該是「中國是兩岸所有中國人的中國」。

有沒有一個辦法可以讓台灣在國際間獲得主體性，但是又不會造成整個中國的分割？如果我們仍用傳統的「平面思考」，也就是「主權排他性」思考，那麼當然只有「非彼即我」的結論，是不可能找出答案的。但是如果我們能用「垂直性思考」，就會有另一番結論了。

「主權排他性」的概念本是從歐洲傳到中國，但是在歷經兩次慘絕人寰的世界大戰後，歐洲人了解到，要想維護歐洲的和平與促進經濟的發展，非得修正以前對主權的認知。在這種反省下，歐洲開始了建立共同體的統合進程。歐洲人所創造出來的共同體與一般國家間的合作不同，他們在每個國家的主體之上，又建立了一個新的主體。歐洲國家從此不再將主權視爲是排他，而是一方面不丟棄自己的主體，但是另一方面又建構了一個超國家的主體。

在 WTO 中，歐盟十五個國家卻擁有十六個會員體，這第十六個就是歐洲共同體，從 WTO 的實際運作中，就可以了解這個「第十六個主體」所具有的法律意義。而在其他國際組織中，也可以看到歐體是以正式會員或觀察員的身分與其他歐盟成員並存。

兩岸如果用統合的方式來追求未來，在相關的領域中建立共同體，如此，一方面可以象徵兩岸在往合的方向前進；另一方面也可以在國際間解決兩岸的共同「出現」問題。

以台灣在意的國際組織爲例，如果兩岸能夠達成協議，創造一個除了兩岸以外的「第三主體」(the third subject)，也就是在國際組織中我們有三個主體存在，一個是中華人民共和國，一個是中華民國，第三個主體是由兩岸所共組成的「整個中國」（或兩岸共同體）。「第三主體」是象徵著兩岸已向統一跨出了第一步。「第三主體」所代表的意義是兩岸對對方主體的尊重，但是又展現

出共屬一主體的雙重思維。簡單地說，「互爲主體、共享主體」正是這個觀念的寫照。如此兩岸可以在相互尊重的基礎上真正地展開合作，共同向統一邁進。

「第三主體」的權利與義務，將會隨著兩岸統合程度的加深而逐漸加重；也就是隨著雙方統合深化，「第三主體」逐漸取代兩岸的主體性。彼此的相互依存與信任，將是兩岸統合深化的催化劑。

一個協議的達成，自然需要彼此的相互共識；台灣方面所必須做出的承諾是確定不永久分裂整個中國。台灣應回到 1993 年以前的立場，即將統一作爲發展兩岸關係最高的目標，也是應該追求的理想。我們可以想像得到，「統一只是未來選項之一」這種觀點，看似合乎民主原則，但可能違反了現實的可行性，中國大陸是不可能在此基礎上與台灣達成任何協議的。一個「有目標，而無時間表」的兩岸走向，才是雙方所能達到的最佳平衡點。

在台灣對「整個中國」作出不永久分裂的承諾後，協助台灣獲得國際的主體性，正如同像是同樣一個家庭的兄弟，不希望看到自己的兄弟在外人面前沒有地位一樣，相互扶持，彼此互愛，又何愁中國的統一不會水到渠成。兩岸應該雙贏，也必須雙贏。「整個中國」與「第三主體」兩個概念應該是兩岸雙贏的起點。

捌、兩岸國際地位規範：
「平等」與「不對稱」的並存設計

在「整個中國」的原則確定後，也就是等於確定了兩岸間法律定位關係的性質。由於雙方是「整個中國」的一部分，因此，彼此間自然不是一般國家間的「外國」關係，雙方的關係也不是以國際法的原則作規範，而是以雙方共同同意的原則作規範。在這個前提下，無論是中共對台灣作國家的承認，或是類似於國家的承認，都不會造成永久分裂中國的法理事實。

在「整個中國」原則確立後，兩岸最需要思考的就是彼此間的外交空間問題。這是台灣方面最在意的問題，也是中共的「一國兩制」中沒有處理的問

題。

　　西德對東德作「國家」承認，但不作「外國」承認的思維應該可以供中共思考⑩。中共或可以兩岸在政治的權力「不對稱」（unsymmetry）為由，要求兩岸在國際間所享有的地位有所區別，但是中共不可以否定兩岸在法律上是相互「平等」（equality）的兩個主體。正如同，在一個家庭中，或許有權力的「兄長」享有較多的社會資源與社會地位，但是在兄弟間的法律地位方面，彼此並沒有大小的差別，兩個人對於自己的事務，仍然享有自主權。簡言之，兩岸在對外的政治上或可為「不對稱」，但是在彼此間的法律權益上，則是「平等」的。

　　在國際間，這種「平等」與「不對稱」的概念經常被交互使用。小國與大國往往是「平等」，但「不對稱」。例如在聯合國中，每一個國家都是「平等」的，在聯合國大會中都是一國一票，每個國家在國際法院前都享有同樣的權益，但是「安全理事會」卻是個政治「不對稱」的設計，只有五個常任理事會員國有否決權。也有的國際組織針對不同的政策議題有「平等」或「不對稱」的設計。例如在歐洲聯盟中，有關「共同外交暨安全政策」（CFSP）是屬於「平等」的設計，也就是必須經由一致決才能行為⑪，但是在一般事務上，歐盟（部長）理事會中每個國家所擁有的票數不同，國力大的國家有的票多，例如德國、法國、義大利、英國等大國，每一國家擁有 10 票，而盧森堡則只有 2 票，這就是「不對稱」的設計。另外在歐洲議會的組成方面也是「不對稱」的設計，如德國最多，有 99 席，法國、義大利其次，各有 87 席，盧森堡只有 9 席⑫。其次在一些聯邦國家也有「平等」與「不對稱」的設計，例如美國參議院的組成，則是依據各州一律兩名代表的「平等」原則，但是在眾議院則是依照各州人口多寡而有不同的議員數目。

　　「平等」也是國際間在協商時必須遵守的原則，但是往往基於每個國家的國力與資源，其結果並「不對稱」。有的情形是小國由於本身國力所限而讓步，有的情形則是大國為了其他理由而讓步，這在國際談判中是處處可見。「平等的協商、不對稱的妥協」是國際間的常態現象，因此兩岸只要在平等、相互尊重的基礎上進行協商，其結果是否一定完全「對稱」（或俗稱的「對等」），也並不是全依一方堅持而已，而最重要關鍵還是在於彼此之間的善

意，特別是作爲分裂國家的兩方，這種善意與相互體諒顯得更爲重要。如果協商的結果確有「不對稱」的表象，但也不應草率地認爲這一定就是「喪權辱國」，而要看自己在整個結果中的利弊得失才能論定。

作爲一個主權國家，「與他國交往能力」是其中必要的因素之一。未來兩岸在協商基礎協定時，也必然會觸及到這個重要的關鍵問題。在台灣，有學者主張「外交休兵」以爲兩岸培養善意，或作爲維持兩岸善意互動的前提。但是如何「外交休兵」的討論卻顯得較爲欠缺，一般僅停留在以彼此現有邦交國數目爲基點的思考模式。

「平等而不對稱」原則或可解決兩岸的國際地位問題。在國際組織中，中共可保有聯合國的安全理事會常任會員國的地位，而台灣則取得一般會員國的地位。在對外關係中，台灣可與中共的現有邦交國建立「相當於外交關係」或總領事級官方關係的關係。這種中共享有外交關係，台灣享有總領事級官方關係的設計，將可避免兩岸在外交上再兄弟鬩牆，徒然浪費兩岸的資源，更重要的，彼此在外交上的停止爭戰，相互提攜協助，雙方的人民將因而減少敵意而增加情感，這對於兩岸的未來將是百利而無一害。

玖、「第三主體」實體化的參考： 歐體作爲國際法人的出現

國際法是一個不斷在演進的法律體系。在傳統的國際法中，只有國家才能是國際法的主體（subject）。但是晚近的發展已經調整了這種看法，認爲國家固然是最重要的國際法主體，但它絕不是唯一國際法主體；國際組織、「個人」也被認定是國際法的主體。其中特別令人矚目的，就是歐洲共同體以國際法人的身份出現在國際舞台。換言之，以歐體的會員國法國爲例，有兩個法人在國際間代表法國與維護法國的權益及承擔義務，一個是法國本身，另一個是歐盟。對歐盟現有的 15 個會員國而言，在國際間事實上有十六個法人。對兩岸而言，在國際間，可以經由兩岸的統合，爲兩岸各有的主體外，再創造第三個法律主體，亦即是兩岸的共同體。

　　學者將國際法的主體稱之爲國際法人（international person）。在國際法上，能夠完全能力享受權利與負擔義務者，稱之爲完整的國際法人。僅有部分能力享有權利與負擔義務者，稱之爲不完整的國際法人。目前，國家仍是唯一完整的國際法人。

　　歐洲共同體能夠作爲一個國際法人，是來自於其創立條約的賦予。《歐洲共同體條約》第 210 條先行認定「共同體具有法人資格」，第 211 條又規定「在各成員國內，共同體享有各國法律賦予法人的最爲廣泛的法律權力，共同體尤其可以取得和處置動產和不動產，以及成爲法律訴訟的一方。爲此目的，共同體由執委會爲代表」。《歐洲原子能共同體條約》第五篇「綜合條款」第184 與 185 條也有與《歐洲共同體條約》第 210 與 211 條文字完全一樣的規定。

　　經由條約使得歐洲共同體在其區域內被會員國接受爲一個國際法的主體，並享有高度的國際法人格。這也使得歐體限制了會員國的主權並將其轉移到歐體，這也使得歐體擁有真實的力量在國際間運作。

　　在一些重要的國際組織中，歐體設立觀察團，而成爲觀察員。例如歐體從1971 年成爲經濟社會理事會 (The Economic and Social Council, ECOSOC) 的觀察員，並取得 ECOSOC 內部各地區委員會與功能委員會機構的觀察員資格，1984年起成爲聯合國大會的觀察員。另外歐體也是聯合國特殊機構，如國際勞工組織（ILO）、糧食及農業組織（FAO）、聯合國教科文組織（UNESCO）、世界衛生組織（WHO）、國際民航組織（IVAO）、萬國郵政聯盟（UPU）、國際電訊聯盟（ITU）、世界氣象組織（WMO）、國際海事組織（IMO）、世界知識產權組織（WIPO）、國際農業發展基金會（IFAD）、國際原子能機構（IAEA）、聯合國工業發展組織（UNIDO）、國際貨幣基金組織（IMF）、世界旅遊組織（WTO）。在其他區域組織方面，如歐洲理事會（Council of Europe）、歐洲運輸部長會議（European Conference of Ministers of Transport）、萊茵河航運中央執委會（Central Commission for the Navigation on the Rhine）、歐洲民用航空會議（European Civil Aviation Conference）、美洲國家組織（Organization of American States）、西歐聯盟（WEU）、歐洲安全暨合作組織（OSCE）等組織中都設有常駐觀察團。⑬

拾、共同體、聯邦、邦聯三者在國際法上的異同

　　「聯邦」、「邦聯」、「共同體」三者都是「統合」的一種狀態，但是彼此在國際法上的意義有相當的不同。聯邦可能先由條約組成，但成立以後，參加的各國國際人格消失，另訂憲法，而只有聯邦國本身才是國際法的主體。邦聯是兩個以上的國家，爲共同處理原屬各成員國的事務，依據國際條約組成共同機構，並賦予該機關一定權力的平等國家聯合。邦聯、聯邦與國際組織三者相似之處的地方在於，三者均由條約組成，但是邦聯本身通常不是國際法的主體⑭。共同體的國際法人地位介於聯邦與邦聯兩者之間，以歐洲共同體爲例，歐洲共同體被歐體及國際間接受爲一個國際法的主體。換言之，共同體所涉及的是一個「多重主體」的問題。三者不同意義可列表如後：

	聯邦國家		邦聯國家		共同體	
	聯邦	各邦	邦聯	各分子國	共同體	各成員國
是否爲國際法主體	是	否	否	是	是	是
是否具完整的國際法人格	具完整的國際法人格	不具國際法人格	不具國際法人格	具完整的國際法人格	不具完整的國際法人格	具完整的國際法人格

作者自行製表

　　在政治的意涵上，「聯邦」與「一國兩制」一樣，是一種都是「由上而下」的統一模式，如果我政府接受了兩岸共組「聯邦」的主張，那麼台灣現有之法律架構均需完全更改，它代表的是台灣主體的迅速消失，這似乎很難爲台灣人民接受。而且據中共的說法，台灣在「聯邦」制中所獲得的權力遠較「一國兩制」中爲少，台灣實在也沒有必要棄「一國兩制」而選擇「聯邦」。
　　如上所述，「邦聯」是兩個以上的國家，爲共同處理原屬各成員國的事務，依據國際條約組成共同機構，並賦予該機關一定權力的平等國家聯合。由

於「邦聯」本身通常不是國際法的主體。因而中共對其的態度持否定的看法。

　　中共中央台灣辦公室暨國務院台灣事務辦公室所出版的《中國台灣問題：幹部讀本》一書，明白地表達出中共對於「邦聯」的立場為：邦聯制是兩個以上的主權國家聯合，從本質上說，不是一個統一的國家，如果實行邦聯制，台灣將變成一個獨立的國家，然後通過協議與中國主體部分形成一個鬆散的國家聯合，事實上台灣就從中國分裂出去。中共認為這不是統一，而是分裂，因此表示拒絕⑮。在中共的思維中，由於缺少「整個中國」的「第三主體」概念，因此，很自然地將「邦聯」視為等於兩岸分離的另一種形態表述方式。

　　國民黨曾提出的「一個中國架構下的邦聯」主張。從表面上看來，此論述確較之單純的「邦聯」作了顧及現實的考慮，已可化解中共的疑慮，但是其關鍵仍舊是在對「一個中國」定義的解釋。如果國民黨仍舊持「一個中國」只是「歷史、地理、文化、血緣」上的概念，而不賦與法律或政治上的意涵，則「一個中國下的邦聯」與「邦聯」的意義基本上並沒有多大差別。換言之，如果「一個中國」能夠有著法律或政治上的意涵，那麼「一個中國架構下的邦聯」將不同於一般國家間的「邦聯」，而「一個中國架構下的邦聯」將有可能在某種程度上具備了國際法上的一些部分主體性質，中共也就比較容易接受。就根本而言，「一個中國」如何詮釋仍舊是最重要的關鍵問題，這個問題沒有解決，所以以後的推論將失去理性討論的基礎。

　　但是從台灣的角度來看，「邦聯」固然有其正面的功能，但也可能會有人對其有負面的疑慮。就兩岸的「定位」而言，「邦聯」的模式，的確顧及到了中華民國的主體性，中華民國的憲政體制不會改變，這是對台灣有利的地方。但從心理因素層面而言，由於「邦聯」在政治意涵上已象徵著中國的統一（即使是一種虛的統一），台灣的人民，特別是較為本土性傾向的人民，能否接受一個如此在政治意涵上已經象徵著統一的主張，值得商榷。在這個思考點上，「共同體」所代表的精神可能較之「邦聯」可能會更符合台灣人民的感覺，從政策的執行面來看，這也是更為務實的作法。

　　就法律的意涵而言，如果「一個中國架構下的邦聯」是一個具有國際法意涵的主體，即一個不具完整國際法人格的主體，那麼其意涵與「兩岸共同體」是相互吻合的概念，我們則可以「兩岸統合」的概念與設計來為「一個中國架

構下的邦聯」作出合理的詮釋與規畫。

　　國民黨所主張的「一個中國架構下的邦聯」如果要能落實，應該是一個不同於一般「邦聯」的兩岸聯合體，在這一方面，歐洲統合經驗是值得參考的，從歐洲統合的經驗作切入點，應該更能掌握住其精神與內涵。

拾壹、「第三主體」的運作與功能

　　如何讓兩岸「第三主體」實體化的運作，歐洲共同體在這一方面的經驗值得兩岸參考。歐體在國際間是以「整個歐體國家」的身份出現，它的存在並不妨礙其成員國在國際間的主體地位。在國際組織中，兩岸可以在各有自己代表的情形下，再合組「整個中國」（以兩岸共同體名義）的代表團出任例如在國際衛生組織、國際勞工組織、聯合國大會、世界貿易組織等相關國際組織中的觀察團。在這些國際組織的機構中，兩岸可基於彼此在各方面的長處，以「平等而不對稱」的原則分別在不同的觀察團中扮演不同的主導角色。在初期，這個象徵「整個中國」的「第三主體」的權力或許較為有限，主要承擔協調與聯絡的功能，但是隨著兩岸未來統合程度的加深，作為兩岸的「兩個主體」則逐漸將有關權力交給「第三主體」行使，也正如同歐體在國際組織中權力也是隨著歐洲統合的逐漸深化而逐漸擴張，這時「第三主體」的權力將也會增加，其所代表的意義也正是兩岸更進一步地向統一邁進。

　　以歐體在國際間之存在為例，「整個中國」這個觀念，可以在實際的操作上以一個不完整的法人在國際社會出現。經由兩岸的共同賦予權力，代表「整個中國」意涵的「兩岸共同體」可以具備兩岸的部分「法人資格」，比照歐洲共同體的經驗在國際組織中出現。在初期，這個「兩岸共同體」所擁有的權利並不需要涵蓋作為會員國或會員體的兩岸，其權利可以經由兩岸自行協商決定。「兩岸共同體」與兩岸共同在國際組織中出現，在法律的意義上，有三個法律主體並存，其中兩岸是完整的法人，而「兩岸共同體」是個不完整國際法人。在國際組織裡，兩岸以正式會員的身份出現，而「兩岸共同體」則是以觀察員的身份存在。這種三個主體並存的情形可以用在聯合國相關機構，國際衛生組織、國際勞工組織，或其他需要的國際組織中。

　　兩岸間只有兩個主體的思考，使得兩岸在 1949 年以後陷入了「零合」的競爭困境，唯一代表權也就成了最不能讓步的象徵。中共愈不讓步，台灣方面以「台獨」或「獨台」追求合理國際空間與代表的訴求，就一定會有它的市場。如果兩岸能夠仿效歐洲統合經驗，在兩岸現有的兩個主體外，再創造一個「第三主體」，那麼基本上即解決了中共擔心台灣擁有主體性後，就會走向「台獨」的疑慮，台灣也可以在獲得完整主體後，願意與中共來建構一個兩岸所共有的主體。「第三主體」基本上所代表的是「整個中國」（台灣加上中國大陸）的意義，它象徵著擁有兩岸某些主權的讓渡，在意義上，它使得「整個中國」不會是一個「虛」的抽象概念，而是一個「實」的法律事實。

　　在實際的操作上，基於兩岸相互尊重的原則，在相關的國際組織裏，「第三主體」可由兩岸互為領導，例如可以每一段時間輪流一次，或在不同的國際組織中，由兩岸分別提綱。舉例而言，在《兩岸基礎條約》簽署後，台灣得以共同與中國大陸並存於世界衛生組織與世界勞工組織。台灣因為本身在醫療方面的成就與能力，可在世界衛生組織中扮演「第三主體」的領導角色，而中共則可以在世界勞工組織中擔任「第三主體」的主導地位。或許在初期，這個象徵「整個中國」的「第三主體」的權力極為有限，僅有協調與聯絡的功能，但是隨著兩岸統合程度的加深，作為兩岸的「兩個主體」逐漸將有關權力交給「第三主體」行使，也正如同歐體在國際組織中權力也是隨著歐洲統合的逐漸深化而逐漸擴張。

　　至於有沒有法律的依據可以使國際組織甚或第三國接受兩岸「第三主體」的主張，答案是有的。由於「一個中國」原則是普遍為國際間所接受的原則，而兩岸 50 餘年分裂分治的事實也廣為世界所默認，另外能夠和平解決兩岸問題更是國際間的期望。在這些法律與政治的現實下，兩岸如果能夠自行達成解決方案，以統合方式解決彼此定位與互動關係，國際法與國際政治上應該並沒有法律與政治的理由去阻礙這麼一個對全球社會有利的法律見解與行為。

　　如此作法，一方面可以使得「整個中國」完全不是個「虛」的概念，另一方面更可以使得在國際與兩岸間逐漸形成對「整個中國」認知的強化。這種循序漸進的方式即是在尊重彼此主體，但又創造與鞏固新主體的原則下進行，對兩岸的全體中國人均為有利。

拾貳、結　論

在歐洲已經用新觀念來面對未來時，兩岸間卻仍以傳統的統獨立場主導思維。中共的「和平統一、一國兩制」讓台灣人民認為中共是為統一而統一，台灣方面很難接受；而台灣內部部分人所主張的「獨」，又為兩岸帶來太多的不定因素，迫使人民生活在緊繃不安的狀態下。如果想「維持現狀」，等待大陸的轉變，似乎又顯得過於消極，並缺乏說服力。再則「現狀」不斷在改變，因此「維持現狀」這個觀點的本身就是一個在邏輯上值得爭議的概念，這也使得主張「維持現狀」看起來雖是最中性的態度，但同時它也顯現出人民對未來走向的不確定感。兩岸宜在「統」、「獨」、「維持現狀」三者外找到第四種可能，既能滿足各方的需求，又可以兼顧政治的現實。

擺脫兩岸「主權排他性」的「平面零和」思考，而改以「主權共有性」的「垂直共有」思維，視「整個中國」為兩岸的「第三主體」，並賦予其「法律人格」，使其在兩岸與國際間享有國際人格，並逐漸以統合方式接收兩岸各主體所轉移的主權權力，在和平的過程中完成其最後的目標，應是兩岸可以思考的方向。

「第三主體」的概念基本上是符合了中共及執政的民進黨與國民黨、親民黨等台灣在野政黨三方面的共同看法。對中共而言，「整個中國」理論與運作可以視為「一國兩制」的理性實踐，兩岸統合「第三主體」的建立，等於確定兩岸是往「合」的方向邁進，從中共所甚為在意的民族主義而言，這是極為重要的一大步，且顧及台灣主體性的需要，更是兩岸良性發展成功的一步。

作為兩岸在國際間佔有優勢的一方，為了整個中華民族的利益，中國大陸可以以更寬闊的心胸來處理兩岸的基本問題。以下兩點是可以提供中國大陸參考：

第一、中共在兩岸關係的整體思維上，宜將原有的「和平統一、一國兩制」調整為「一國兩制、和平統一」。將「一國兩制」放在前面，象徵著「一國兩制」並非是「統一後」的兩岸政治狀態設計，而是「統一前」的一種過渡設計，如此「一國兩制」等於是在「三個主體」下運作，「一國」是「整個中國」，是兩岸間的「第三主體」，「兩制」是兩岸間的「第一」與「第二」個主體。

第二、雖然中共已開始表述「台灣與大陸都是中國的一部分」，並不斷重

申「兩岸平等協商」，但是由於中共外交部經常對外表述「中華人民共和國堅持一個中國原則，中華人民共和國政府是代表中國的唯一合法政府」，這使得台灣內部認為中共在面對台灣時是「內外有別」。筆者固然了解在兩岸定位問題沒有解決以前，中共外交部必須以此種方式表述，但是，不可否認地，中共外交部的這種表述方式使得台灣人民無法對中共建立信任。如果中共能在上兩句話中間加上一句「在兩岸就一個中國的內涵未達到共識前」將可產生正面效益。亦即全文為：「中華人民共和國堅持一個中國原則，在兩岸就一個中國的內涵未達共識前，中華人民共和國政府是代表中國的唯一合法政府」。如此表述方式，大陸即沒有失去原有立場，又易於化解台灣人民對於中共「內外有別」的認知，應可是雙贏的選擇。

對民進黨而言，「第三主體」顧及到了台灣的主體性。「第三主體」的建立並不會使得台灣的主體性喪失，台灣的主體性也不會因兩岸統合而弱化，反而得到了更真實的強化，而台灣的安全與發展也更可以經由跨兩岸統合機構的建立而得到保障，而不必擔心台灣是否會在兩岸經貿互動過程中被逐漸「和平消化」。

對在野的國民黨、親民黨而言，兩岸統合原本已是共識。親民黨所主張的「兩岸整合」正是兩岸統合的原意，國民黨所主張的「邦聯制」可以在「整個中國」或「第三主體」下運作，以化解中共對邦聯主張的疑慮。

兩岸正面臨著 21 世紀全球化的浪潮，如何相互扶持共結共同體，逐步邁向統一，在過程中，不再內耗彼此的能量，不使兩岸人民的情感受到意識形態的傷害，也不再掉入西方政客惡意的全球戰略設計佈局，是兩岸的共同責任。「兩岸統合」觀念的確立，對於化解台灣內部政黨族群的潛在統獨定位將有莫大的助益；「整個中國」與「第三主體」的建立可滿足兩岸的基本需求，「跨兩岸機制」的運作可充分促進雙方的發展與保護對方的安全。如何將兩岸的根本歧異化為兩岸的基本共識，將「一國兩制」與國、親兩黨所支持的「國統綱領」，與民進黨所強調的「台灣主體性」作理論上的連結，將兩岸的需要作結構性的設計，是兩岸政府在面對 21 世紀時應有的共同責任。

＊　　　　　＊　　　　　＊

註　解

註① 「兩岸未來不定化」這條路線從本質上來看，可以解釋爲延續李登輝先生個人思維，但卻不是國民黨政府的思維。雖然在五二〇就職演說中，陳總統強調了「台灣與中國」間「相同」的歷史遭遇，但也凸顯了台灣與大陸在歷史發展經驗上的距離性。但是不以「共同」，而以「相同」來表達彼此的歷史記憶，較之李登輝時代的主張，在「歷史、文化、地理、血緣上」的「一個中國」，以及 1992 年的「一個中國，各自表述」顯得更爲退卻。陳總統的演說雖然表達了「共同處理未來一個中國的問題」，但是與李登輝時代不同是，李登輝的整個機制內並沒有台獨黨綱，也堅守國統綱領，並將「一個中國」作爲「未來肯定式」，而不是陳總統的「未來不定式」。

註② 1993-1994 年間應該可以視爲這個轉變的分界點，從 1993 年起台灣尋求加入聯合國，1994 年陸委會公佈第一份大陸政策的白皮書，即**兩岸關係說明書**，明確地放棄了「一個中國」的政治與法律涵義。

註③ 陳水扁總統基本上是延續了李登輝先生「民主價值防禦化」的路線，將「民主」作爲防禦的工具，而非是進取的工具。李登輝先生因應中共的策略基本上可以分爲二個時期，第一個時期是1994 年以前，如前所述，應該算是「後蔣經國時期」，這時仍舊是以中華民族作兩岸的訴求。「兩岸同是中國人」、「是台灣人，也是中國人」這個概念是整個大陸政策的基石。但是從1994 年以後，台灣方面則是以「制度差異與認同」作爲兩岸間的歧異的理論基礎。當年公布的《兩岸關係說明書》即是在這個基礎上，以兩岸政治制度與價值信仰的不同爲兩岸的歧異確立了基調。這一種思維在歷經 1996 年與 2000 年的總統大選後，更成爲台灣的主流思想。陳總統在演說中，轉用了 1949 年毛澤東站在天安門上驕傲地宣稱「中國人站起來了」的用語，也自豪地宣示，「台灣站起來了」。兩者不同的是，中共是從民族主義的角度出發，而台灣則是從民主的成就作號召。至於台灣的民主成就與西方世界的民主主流價值是否仍有距離，則已經不再是重點。在台灣的高層心中，「民主價值」已成爲台灣抗拒中共最有效的利器。但是，與西方社會將民主價值做爲進取中國大陸以促使「和平演變」的積極性工具不同，台灣是用民主價值來達到防衛性的目的。

註④ 請參考註 1。

註⑤ 陳水扁總統在元旦文告中稱：「我們要呼籲對岸的政府與領導人，尊重中華民國生存的空間與國際的尊嚴，公開放棄武力的威脅，以最大的氣度和前瞻的智慧，超越目前的爭執和僵局，從兩岸經貿與文化的統合開始著手，逐步建立兩岸之間的信任，進而共同尋求兩岸永久和平、政治統合的新架構。」據**聯合報** 2001 年 1 月 15 日報導：「2000 年 12 月初，陳水扁在一次與跨黨派小組召集人李遠哲晤談「三個認知，四個建議」過程中，李遠哲提到南華大學亞太研究所所長張亞中提出的「統合」主張，建議何不考慮參考歐洲統合模式，取代兩岸主體性，這項說法吸引了陳水扁的注意」。**聯合報** 2001 年 1 月 15 日（統合論 兩岸新關係的最大變數）。

註⑥ 舉例而言，陳水扁總統在 1992 年 5 月任立法委員期間曾提出一份「中華民國與中華人民共和國基礎條約草案」（**自立晚報**，民國 81 年 5 月 14 日）及學者郭正亮在 1998 年所提以「聯立」(associated autonomy) 精神的「兩岸過渡架構」（「從分合到聯立：兩岸過渡性架構芻議：自台灣主體性談兩岸政治關係之建構」，發表於台灣日報舉辦之邦聯問題研討會：從台灣主體性

談兩岸關係架構，民國 87 年 9 月 7 日。原文另刊載於**台灣日報**，民國 87 年 9 月 11 日）都是一種只有兩岸定位，但對於未來走向採取「無終局、無時限」的設計。

註⑦ 於 1998 年將其重新整理納入**兩岸主權論**一書（台北：生智出版，1998 年）。

註⑧ 張亞中，**兩岸統合論**（台北：生智出版，2000 年）。

註⑨ 錢其琛先生在 2001 年除夕，江八點五週年的大會中，再次正式將大陸對「一個中國原則」的定義的中段論述表述為「大陸與台灣同屬於一個中國」，以取代過去所使用的「台灣是中國的一部分」。

註⑩ 張亞中，**德國問題：國際法與憲法的爭議**（台北：揚智，1999 年）。頁 116～121。

註⑪ 詳請參閱，張亞中，**歐洲統合：超國家主義與政府間主義的互動**，（台北：揚智出版，1998 年），頁 125～164。

註⑫ 張亞中，**歐洲統合：超國家主義與政府間主義的互動**，頁 103。

註⑬ I. Macleod, I. D. Hendry & Stephen Hyett, *The External Relations of the European Communities: A Manual of Law and Practice* (Oxford: Clearendon Press, 1996), pp. 195～207.

註⑭ 丘宏達，**現代國際法**（台北：三民書局，民國 84 年），頁 852。

註⑮ 中共中央台灣辦公室暨國務院台灣事務辦公室，**中國台灣問題：幹部讀本**（北京：九洲圖書出版社，1998 年），頁 129～124。

分配或整合？兩岸政治談判分析

鍾從定

靜宜大學企業管理系副教授兼系主任

摘　要

　　兩岸政治性談判是兩岸關係發展中不能規避的未來。談判型態可分為整合型談判與分配型談判。由於兩岸政治性談判面臨談判屬性的障礙、策略性障礙、制度性障礙與心理性障礙等等，使兩岸政治性談判基本上呈現為一種分配型談判型態，雙方堅持自己的接受點與目標點，未能創造雙方共同能接受的選項與結果。如兩岸政治性談判能以「架構－細節」談判模式，以「建設性的模糊」避免在「一個中國」議題上的爭議，及利用世界貿易組織機制，增闢兩岸政治談判管道，在多邊談判結盟與議題聯結的運作下，也許可將兩岸政治性談判由分配型談判走向整合型談判，達到「雙贏」的結果。

關鍵詞：政治性談判，分配型談判，整合型談判，談判障礙，結盟

*　　*　　*

壹、前　言

　　台灣海峽兩岸的和平與穩定，是影響後冷戰時期全球和平的關鍵因素。1949 年國府遷台後，兩岸首次的接觸與談判始於 1986 年 5 月「華航」與中共「中國民航」為華航貨機飛往大陸而進行的「兩航談判」①。接著 1990 年 9 月 11 日，中華民國紅十字會與中國大陸紅十字會代表在金門就遣返大陸偷渡客或

非法入境台灣的大陸居民，刑事嫌疑犯或刑事犯的交接問題進行會談，並達成協議。此兩次會談所樹立的民間、間接、不經第三者等原則，爲兩岸日後的接觸與談判樹立了模式。

　　1991 年 2 月 3 日，中華民國「國家統一委員會」（以下簡稱「國統會」）通過「國家統一綱領」，其中關於兩岸談判的方式，「統一綱領」明確指出三個要點：一、兩岸應建立對等的官方溝通管道；二、推動兩岸高層人士互訪，以創造協商統一的有利條件；三、成立兩岸統一協商機構。這項重要的宣示改變了台灣自 1979 年來爲回應中共「人大常委會」所發表的「告台灣同胞書」所採行「三不」政策中的不談判政策。此種「拒談」策略的改變，突顯台灣面對兩岸關係的現實所做的調整。因自 1980 年開放兩岸間接貿易及投資及 1988 年 11 月開放台灣地區人民赴大陸探親政策後，兩岸因交流而衍生的糾紛層出不窮，使得兩岸不得不面對處理。於是台北在統一綱領的原則及政府在官方不放棄「三不」政策的前提下，擬定了「中介團體」的辦法，於 1991 年 2 月 8 日由政府與民間聯合登記立案成立「海峽交流基金會」（海基會），3 月 9 日正式成立開始運作，「以協調處理台灣地區與大陸地區人民往來有關事務，並謀保障兩地區人民權益爲宗旨」②，成爲唯一獲授權代表台灣政府與大陸接觸交涉的「準行政機構」，接受行政院大陸委員會委託處理兩岸交流中涉關大陸的事務，主要包含兩岸人民往來之身分與證件相關服務，有關經貿及往來之諮詢服務、文化交流、人民權益之保障及其他政府委託事項等工作範圍。

　　1991 年 12 月 16 日中共也在北京成立了「海峽兩岸關係協會」（海協會），「以促進海峽兩岸交往、發展兩岸關係，實現祖國和平統一」爲宗旨，「加強與其他宗旨相同的社會團體和人士之聯繫與合作」、「促進兩岸之間多項交往和交流」、「協助處理問題，維護兩岸同胞正當權益」以及「與台灣有關部門、授權團體、人士商談問題和簽署文件」③。此兩會的成立開啓了兩岸當局以白手套爲媒介的「代理談判」，兩會各以民間代表的身分，商談所謂「事務性議題」，以彰顯兩岸的協商並非政治性，而是一般事務性的談判，可說是充滿創意的談判模式。

　　在此種模式下，自 1991 年 11 月起，兩岸即對因交流所衍生的事務性問題開始進行會談，至 1998 年 10 月止，此類會談共舉行了 18 次，其中 1993 年 4

月 27 日至 29 日於新加坡舉行的「辜汪會談」，是兩岸會談的最高點。雙方也在此會談中簽訂「兩岸公証書使用查証協議」、「兩岸掛號函件查証、補償事宜協議」、「兩岸聯繫會談制度協議」、及「辜汪會談共同協議」等四項協議。但至 1995 年 6 月李登輝總統訪美之後，中共致函海基會推辭原定即將召開的第二次「辜汪會談」及其預備性磋商。1996 年更發生台海飛彈危機，雙方關係跌至谷底，好不容易建立起來的會談溝通管道亦因而中斷。但兩岸對恢復協商對話的呼籲與喊話卻未中止。依台北陸委會的統計，自 1995 年 6 月至 1998 年 4 月，李登輝總統、連戰副總統和行政院蕭萬長院長公開呼籲北京方面恢復兩岸對話達 114 次之多④，終於促使 1998 年 10 月的「辜汪會晤」的實現。1999 年 7 月中共以李登輝總統將兩岸關係定位爲「國家與國家，至少是特殊的國與國關係」，使「海協、海基在一個中國原則下接觸、交流、對話的基礎不復存在」⑤，中共無限期延後汪道涵的訪台計劃，使一度恢復的兩會接觸再度中斷。台灣第十任總統大選期間，恢復兩岸及推動談判均成爲各候選人大陸政策的基本主張，當選人陳水扁甚至立即提出兩岸政治談判的主張。在他 520 就職演說中指出「該是兩岸拋棄舊時代所遺留下來的提議與對立的時候了。我們無須再等待，因爲此刻就是兩岸共創和平時代的新契機」⑥。海基會董事長辜振甫在新總統就職當日也立即表示如有必要，他願意再到大陸走一趟，與海協會汪道涵見面，兩岸應儘速恢復對話，而不是喊話⑦。

　　在中共方面，自 1981 年 9 月 30 日，中共人大委員長葉劍英提出「和平統一的九條方針政策」及「國共兩黨對等談判」後⑧，兩岸談判一直是中共重要的訴求。中共國家主席江澤民於 1995 年春節前夕發表所謂「江八點」，提出兩岸進行和平統一談判。1996 年飛彈危機及 1997 年 9 月中共十五大之後，使中共認清一個現實問題，即是台海問題不可能訴諸武力解決，唯有和平方式才是上策⑨。同時亦意識到台灣內部多元化的變化，唯有與台灣進行務實的接觸與談判，才能掌握台灣的局勢與發展，使對台政治談判更成爲中共對台政策的主軸。依學者楊開煌統計，中共自 1996 年 1 月 1 日至 1997 年 12 月 31 日，就兩岸談判相關議題的喊話共有 128 次⑩。即在面對「兩國論」後的兩岸僵局，江澤民於 2000 年元旦文告中亦呼籲兩岸在「一個中國」原則下進行對話與談判⑪。中共副總理錢其琛於 2000 年 1 月 28 日在北京所舉行的「江八點」五週

年座談會中列舉政經等 5 項談判議題，改變過去堅持必須從結束敵對狀態談起，或一改過去只願先談三通的條件⑫。

2000 年 2 月 21 日中共國台辦與新聞辦發布全文長達一萬一千字的「一個中國原則與問題」白皮書，首度公開將台灣長期拒絕談判也列入對台動武的條件⑬，隱含催促台灣新領導人儘速與北京展開實質的政治性談判用意。3 月 5 日，中共總理朱鎔基於第九屆全國人大三次會議開幕式上，發表近萬字的「政府工作報告」，表示中共願在「一中」原則下，重開兩岸對話與談判⑭。2000 年 5 月 20 日在陳水扁就職演說發表不到三小時，中共中央台辦，國台辦以兩辦合一高規格方式發表聲明，提到「在一個中國原則基礎上進行對話與談判實現雙方高層互訪。在一個中國原則下，什麼問題都可以談。江澤民主席提出的八項主張早就指出，作為第一步，雙方可先就「在一個中國原則下正式結束兩岸敵對狀態」進行談判，並達成協議。當前，只要台灣當局明確承諾不搞「兩國論」，明確承諾堅持海協與台灣海基會 1992 年達成的各自以口頭方式表述「海協兩岸均堅持一個中國原則」的共識，我們願意授權海協與台灣方面授權的團體或人士接觸對話」⑮。2002 年 1 月 24 日中共錢其琛副總理在紀念「江八點」七週年的座談會上發表對台政策重要談話中表示：「我們在促進恢復兩岸對政治與談判問題上，有最大的誠意，也有最大的包容性。⑯」總理朱鎔基亦在 2002 年 3 月 5 日中共全國九屆人大五次會議的政府工作報告中重申恢復兩岸對話與談判⑰。從上述談話中來看，中共不管在兩岸開放前後與台灣政黨輪替前後，均已經存在兩岸進行接觸、協商與談判的訴求。

對美國政府而言，不支持台灣獨立，也不支持中共對台動武，維持兩岸現狀關係，最符合美國利益。所以支持兩岸和平共處，鼓勵兩岸對話談判，成為美國政府兩岸政策的主軸。柯林頓總統在台灣大選後的 2000 年 3 月 18 日聲明中指出，他相信陳水扁當選已為兩岸修睦與透過對話和平解決歧見創造一個契機⑱，柯林頓並於 30 日的白宮記者會中重申，美國堅守「一個中國，兩岸對話和平解決歧見的兩岸政策」⑲。被視為柯林頓總統特使的美國前眾院國際關係委員會主席漢米爾頓（Lee Hamilton）及美國在台協會理事主席卜睿哲（Richard Bush）於 2000 年 3 月 22 日訪台，並於翌日拜會總統當選人陳水扁及民進黨晤談，在結束訪台後在華府表示，台灣新總統的就職將為兩岸恢復對

話與合作開啓新機⑳。美國國務院在針對陳水扁的就職演說發表的聲明中讚揚台灣新的領袖在恢復兩岸對話方面採取了務實和建設性的步驟，美國已「敦促雙方發展直接的溝通，並確立恢復對話的基礎」㉑，一再重申兩岸問題宜透過對話和平解決的立場。2002 年 2 月 21 日美國總統布希在訪問北京的公開記者會上表示「我們相信台灣問題應該以和平的方式來解決，我們也力促雙方不要有挑釁的動作」㉒。由以上台灣從不拒絕談判到中共的「促談」，及美國以對話和平解決兩岸的立場的三方反應顯示，談判是未來兩岸關係最重要的安排，是兩岸一切活動的基礎，兩岸現階段可說是進入了談判中所謂的「談判前置期」階段（Prenegotiation）㉓。兩岸政治性談判是否與事務性談判相同？兩岸的政治性談判的障礙爲何？如何化解？兩岸政治性談判可否從分配型談判走向整合型談判？本文試圖以談判研究的觀點來回答此些問題。

貳、談判的定義與內涵

談判是人類行爲的一部份，也是一個國家經常且必要的對外行爲，是國際間以非武力的和平手段解決衝突的機制。對「談判」的定義，不同的學者由不同的角度有不同內容。早期研究勞資關係的學者華頓與麥克西（R. Walton & R. Mckersie）將談判視爲一種決策體系（decision-making system）㉔。學者尼倫伯格（G. Nierenberg）提出了談判的「需要理論」，他對談判的定義爲「只要人們爲了改變相互關係而交換觀點，或爲某種目的而企求取得一致進行的磋商，即是談判」㉕他把談判視爲一個「合作的利己主義的過程」，需要和對需要的滿足是談判的共同基礎，因此一場成功的談判，對任何一方來說都是有限的勝利者。社會心理學家對談判有更進一步的解釋。司派克特教授（B. Spector）採用行爲決定模式（Behavior Deterministic Model），視談判爲「一連串人與人間的動態關係，其結果是產生所有參與者都可接受的結論」㉖魯彬（J. Rubin）和布朗（B. Brown）視談判爲「兩個或兩個以上的團體嘗試去解決爭執的過程。每一方在交換的過程中都應有施與受，付出與接受」㉗。布魯特（D. Pruitt）界定「談判是一種決策的過程，以解決相互衝突的利益所做的努力」㉘。近期史丹福大學教授妮爾（M. Neale）和哈佛大學教授巴茲曼（M.H. Bazerman）由管

理學的角度將談判界定爲多方互動的決策行爲過程，參與者自身的認知和參與者間的互動是最重要的因素。他們認爲最有效的談判是在他們談判決策過程中瞭解與減少認知的錯誤，以達到最理想的決策㉙。

研究國際關係學者對談判有另外的界定。艾克（F. Ikle）和羅爾（A. Lall）從國際體系的觀點來界定談判。艾克認爲談判是「各個談判參與者將明確的議案正式提出討論的過程，其目的是在談判者利益互相衝突的情境之中，達成彼此利益交換或實現共同利益的過程」㉚。羅爾更進一步認爲，所謂國際談判是「在司法途徑或仲裁程序的方法之外，利用和平的手段解決國際爭端或衝突的情勢，並藉以促進有關當事國對彼此的瞭解，以及化解、調解或解決爭端及相關情境的過程。㉛」他認爲國際談判發生的情境（Situations），應可歸納爲下列四種㉜：(1) 必須有兩個或兩個以上國家或實體牽涉其中；(2) 引起衝突爭議的問題必須在這些國家或實體間發生或醞釀；(3) 當事國必須都承認有需求、爭端或衝突情境的存在；(4) 當事國選擇以和平的方式解決這些爭端或衝突情境。

約翰霍普金斯大學札特曼教授（W. Zartman）在他與另一學者柏曼（M. Berman）的共同研究中界定談判爲「將分歧的價值結合成共同基礎的決策過程」㉝前者更認爲談判是「綜合各個談判者不同的意見，並在其中尋求一致同意的過程」㉞。另一研究談判的知名學者霍普曼（P.T. Hopmann）認爲國際談判最主要的目的不是追求一國的勝利，而是解決高度互倚世界中影響各國關係的各種問題㉟。柯恩（R. Cohen）則將外交談判界定爲「國家間就共同關切的問題，達成相互可接受結果的溝通過程」㊱。季辛吉（H. Kissinger）從他外交實務經驗中，認爲「談判是在全體一致的決定下，將各方衝突的地位尋求達到共同的基礎。談判的結果是由談判的過程所決定」㊲。

由以上學者及實務家對談判的研究與觀察，可歸納出談判具有下列的內涵：

1. 談判是處理兩個或兩個以上行爲者間衝突的管理機制（conflict management mechanism），所以談判本質上是一種相互交換、創造及讓步的過程，其目的是在雙方共同努力解決雙方需要解決的問題；

2. 談判是雙方自願參與的共同決策過程（a voluntary process/ a joint deci-

sion-making exercise）。談判從開始到結束都是談判參與者主觀的意願，否則談判者得隨時拒絕參與而退出；

　　3.談判的參與者彼此間具有共同利益也有衝突的混合動機關係（mixed-motive relationship），衝突帶來談判的需求，而共同利益則是進入談判的動力，以及提供對談判結果的預期，談判融合了「競爭」與「合作」，「衝突」與「互惠」的特性。談判參與者為獲取本身最大利益，勢必處於競爭、衝突的狀態。而某種程度的「合作」與「互惠」是解決問體的最佳選擇。所以談判是「施」與「受」、「取」與「予」、「付出」與「收穫」的互動過程，單方面的行為都不能構成談判；

　　4.談判的過程係參與者互相利用資訊的傳遞與溝通技巧，以期改變對方的認知與評價，以爭取己方的偏好方案的實現；

　　5.談判是一套持續發展的互動關係，任何一方的前置行為均影響到對方現今的反應，而且此一反應將進一步影響雙方的互動關係。談判是一種不斷互動與漸進聚合的過程。

　　所以我們可以歸納基本上談判是解決衝突，滿足需求，相互調整或建立合作架構的一種共同決策行為，是一種思考過程，也是一種決策模式。可是此種著重於談判積極面的內涵，並不能被所有研究談判的學者所接受，特別是在涉及權力分配的國際談判中。所以學者艾克提出外交談判的基本目標有五項：(一)展議（extension agreements）(二)和議（normalization agreements）(三)再議（redistribution agreements）(四)新議（innovation agreements）(五)泛議（effects not concerning agreements）㊳。但現代國家運用以製造談判副作用或反效果的泛議情形更為普遍，欲藉著談判達到其他的目的，除了維持聯繫與替代武裝衝突，還在於(一)蒐集情報；(二)欺敵；(三)宣傳；(四)對第三國造成壓力、疑慮或影響，迫使對方採取必要的反應。而學者溫漢（G. Winham）認為「談判是一種持久的藝術形式，它的本質是計謀的（artfice），是運用人類的聰明才智而產生的權宜之計」㊴，史坦博（G. Steibel）在研究如何與共產黨談判時，認為談判就是「一個國家放棄使用武力與暴力的手段，轉而採用和平的方式或秘密的策略，藉以獲取國家利益的機智行為。其方法有如將自己偽裝成彬彬有禮紳士一般的騙徒，不再公然使用暴力攔路搶劫，而改以詐欺的方式

騙取路人的財物。⑩」以上學者的看法將國際談判視作國家掠取利益與資源的一種手段，並且多少強調這些手段不具道德性與正確性，而是以追求自身最大的利益爲目的。

此種對談判不同的分析，彰顯談判因目標、過程、策略的不同，而有分配型談判與整合型談判兩大類。分配型談判亦可稱爲輸贏型談判（Win-lose Negotiation），競爭型談判（Competitive Negotiation），零和型談判（Zero-sum Negotiation），立場型談判（Positional Negotiation），或主張價值談判（Claiming Value Negotiation），此類型談判認爲在資源總數固定的情境下，以收益/成本來評估談判議題，也就是一方的所得是以一方的所失爲代價。分配型談判的重點是如何訂定目標點（理想-談判想要得到的結果），抗拒點（底線-雙方在談判尚未破裂或形成僵局前雙方最低可接受的結果），正面地與負面地妥協範圍（目標與抗拒點重疊或不重疊的區域）。這些範圍的確定可使談判者決定什麼是他的談判目標，何時離開談判桌，何種條件不能接受。雙方的目標點及收益點可能不斷提出的質疑與問題，在使用影響戰術下說服對方揭露底限及修正目標點，或讓對方相信達成目標的不可能性等因素而決定。

相對於此型稱之爲整合型談判（Integrative Negotiation），亦可稱爲雙贏型談判（Win-win Negotiation），合作型談判（Cooperative Negotiation），實質利益型談判（Interest-based Negotiation），解決問題型談判（Problem-Solving Negotiation），創造價值談判（Creating Value Negotiation）。整合型談判是各個談判者尋找彼此間共同的或互補的利益，以解決談判各方所遭遇的問題，是解決談判議題最佳化的選擇。當談判雙方有意願找出能滿足彼此需求的解決方案，並當此方案對爭執議題的解決是可行的。此型談判與其訂出己方的理想或底限，不如談判雙方採行「問題必須解決」的談判態度，然後雙方共同找出問題以共同訂定策略，尋求不同的解決方案，訂出各種方案的優先順序，然後對特別的解決方案發展出能滿足雙方的聯合協議⑪。

整合型談判與分配型談判有非常不同的過程，對談判者而言有非常不同的態度和行爲。爲了在分配型的談判中得勝，談判者必須扭曲和操控資訊，使用威脅或恐嚇的強硬策略，信任與誠實的程度降至最低。相反地，成功地整合型談判需要公開事實和有用的資訊，不使用威脅和恐嚇的強硬策略，提昇信任和

公開的程度以便使談判成功㊷。兩者比較整理如表一。

表一　分配型談判與整合型談判的比較

分配型談判	整合型談判
1. 將衝突視為不是輸，就是贏 2. 追求自身最佳的結果 3. 強調另一方的順從 4. 對雙方的需求、目標和建議進行虛假的、不正確的、誤導性的溝通 5. 利用威脅強硬策略迫使對方順從 6. 堅持自己的觀點與立場	1. 將衝突視為雙方的問題 2. 追求雙方共同接受的結果 3. 創造使雙方都能滿意的協議 4. 公開地、誠懇地、準確地溝通雙方的需求、目標與建議 5. 避免使用威脅強硬策略 6. 觀點立場的自由交流

但完全整合型談判（pure integrative negotiation）或完全競爭型談判（pure distributive negotiation）是很少存在的，大部份談判的型態均是混合型談判，整合與競爭互見。但談判最根本的問題是往往在衝突與競爭下，談判參與者間信任降低，排除合作的思考，不去積極尋找或忽視對談判議題整合的可能性，所以呈現出分配型型態。兩岸政治性談判是整合型談判？亦是分配型談判？可否從分配型談判走向整合型談判？

叁、兩岸政治性談判的障礙

要回答此類問題，需先瞭解兩岸政治談判所面臨的障礙。兩岸政治性談判面臨以下的障礙：（一）屬性的障礙（Characteristic Barriers）：因事務性議題談判與政治性議題談判呈現下列不同的特性：

（1）層次（Level）不同。事務性談判多屬個人或組織層次。政治性談判則多屬國家或國際層次。因此在事務性談判中談判者（actor）個人的人格特質、認知、動機等性向變數（dispositional variables）對談判目標設定，策略的選擇，與結果的偏愛等影響遠超過於個人因素在政治性談判所產生的影響㊸。

（2）參與者角色（Role）不同。個人或組織層次的事務性談判，談判參與者為代表自身（principle），可為談判的過程與結果做全權的決定與負責。而

政治性談判則參與者涉及政府公部門的事務及政府內各部會組織，或各政黨代表是代理人（agent）的角色，所以談判涉及授權的問題，需要更多的指揮協調與內部共識的建立。

(3) 發生的情境（Situations）不同。大部份談判的參與都是自願性的行為，在主觀的意識認為經談判的過程與策略的運用，可獲得更佳的結果。但政治性談判常是非自願性的，其過程與結果可能都需經憲法及相關法律規定及民意機關的同意。特別是在對戰後安排的談判，或是在第三者介入監督下的政治談判[44]。

(4) 談判的目標（Goals）不同。事務性、商業性談判的目標，大都非常具體實在（tangibles）或眼前或「短期」性的目標，比較傾向「分配」「利益」，所以可以用「多少」、「選擇」或「優先」的觀念來交換。但政治性談判所涉及的是權力與原則，偏重在「長期」性的目標。甚至涉及到具「至上的」、「不可分割的」、「排他的」的主權問題，所以談判的目標傾向非具體（intangibles），高價值的目標，其交換的可能性相對不易發生。

(5) 談判的內容（Content）不同。政治性談判以政治議題為談判內容。「一般而言，由具有合法性代替該地區行使公權力的機構之間所進行的談判，而涉及彼此權力之相互關係、權力行使範圍和方式的談判，就是政治性談判」。所以政治性談判包括了政府與政府關係、政府管轄權力的變遷、戰爭、媾和、締約等情況均是。也就是政治談判的內容是涉及兩個權力主權或該主權委託之代表所進行的談判[45]。

(6) 談判的結果（Outcomes）不同。事務性、商業性的談判結果所影響的層面僅限於特定事務上有關的人與物，其影響是有其局限的。而政治性談判的結果影響是全面且長期性的，例如清朝與日本「馬關條約」談判後的結果，影響到今天台灣地位的爭論。中共、英國的香港回歸談判，以色列與埃及或巴解組織的談判，其影響是全體港人或整個中東地區。事務性、商業性談判如果破裂，可能遭至財務金錢上的損失，引起交換行為的中斷，但不會有流血戰爭的危機，但政治談判的破裂就會導致衝突的升高，常常是戰爭的開始。

因為此種屬性的不同，事務性、商業性談判主要爭取的是自身的利益，而政治性談判主要爭取的不是自身直接的利益，而是全體長期利益，所以導致兩

者在談判的目標、策略與過程均有不同。使得政治性較傾向分配型談判，而事務性談判傾向整合型談判。兩岸的談判也反映出因此項屬性不同所產生的障礙。

現今兩岸的政治談判即呈現「分配式談判」，基本上只涉及一項單獨的爭議—「一個中國」的議題。這種談判就像是搶佔「僅有的一塊大餅」，談判一方必須犧牲另一方，才能獨享大餅。中共「一個中國」的底線使兩岸政治談判不像其他整合型談判，總可切割創造一個以上的議題用以交換，創造雙方都能接受的結果。兩岸過去的談判如定位為民間性、事務性、經濟性及功能性的談判，即會表現出整合型談判的進行方式，也有立即而顯著的成果，如「辜汪會談」四項協議的達成。在辜汪會談的四項協議中全無「一個中國」之類的字眼，顯示是在大陸方面作出重大讓步的情況下達成，使談判展現出整合型談判的特性[46]。但如兩岸會談中牽涉到主權及管轄權等政治性議題，雙方談判型態立即呈現分配型的特性，不易達成任何結果。例如 1992 年 3 月海協會與海基會於北京協商「兩岸公證文書查証與間接掛號查証與補償問題」，海協會堅持要把「一個中國」原則及「中國的內部事務」等字眼納入兩項協議中，遭海基會拒絕。1993 年 8 月 30 日辜汪會談後的第一次後續事務性商談，海基會方面要談實質問題，而海協會卻只願談程序問題，使雙方毫無交集。1993 年 11 月至 1995 年 1 月辜汪會談的四次後續性協商談判，議題雖是「偷渡客遣返」、「劫機犯遣返」、「漁事糾紛」及「兩會會務人員入出境往來便利辦法」等四項，卻因大陸方面不願接受台灣方面的司法管轄權及主權問題，而無法達成任何協議[47]。

(二)策略性障礙（Strategic Barriers）：是指談判雙方在決定是否走上談判桌之前，都會評估達成雙方接受之協議的可能性。如果有任何一方確信（believe）另一方的談判期望（aspirations）過高且不切實際（unreality），或認為對方的最佳選項可能為保持現狀（status quo），則就不可能走上談判桌。當談判雙方重新評估利益，調整期望，或發現他的選項需付出較大成本時，才有可能改變談判策略。

兩岸政治性談判策略性障礙即在台灣認為中共「一個中國」立場是談判的先決條件，這種單方面的期望水準並不能反映兩岸政治的現實，使台北難以走

上談判桌。自 1980 年代起，中共即以「和平統一，一國兩制」為對台基本政策。也就是中共對兩岸政治談判的接受點（acceptance point）是要台灣認同「一個中國」，而且這「一個中國」的內涵是：「世界上只有一個中國，台灣是中國的一部份，中國的主權和領土完整不容分割」的三段論。雖然中共已提出所謂新三段論，總理朱鎔基並列入在九屆全國人大第五次會議的政府工作報告中：「世界上只有一個中國，台灣和大陸同屬一個中國，中國的主權和領土完整不容分割」⑱，但堅持「和平統一，一國兩制」的基本方針，堅持在「一個中國」原則的基礎上，恢復兩岸政治談判的原則未有改變。也就是在「一個中國」的架構下，台灣只能作為一特別行政區，或地方政府，絕不容許台灣實行「一國兩府」、「一中一台」、「一國兩制」、「兩個中國」、「台灣獨立」等政策，更不容忍台灣與大陸談「對等」，不承認台灣為對等的「政府」或「政治實體」。中共認為絕不能犧牲掉此一基本原則，更不能拿原則問題進行談判與交易。這種對談判的期望與先決條件，使得台灣方面認為不切實際，台灣如果認同中共主張的「一個中國」原則與內涵，將使中華民國政府捨棄或讓步其主權與自治，降為中共統治下的一個「地方政府」，使愈趨強調獨立自主的台灣如與中共在此地位上談判，將會付出極高的成本。

對中共而言，在第一次辜汪會談之後，似乎肯定台灣在「三不」政策下的務實態度與設計。可是之後海基會與海協會多次沒有結局的會談，以及李登輝訪美之後，大陸方面認定台灣是將談判做為達成政治意圖的手段與籌碼，並非有心解決兩岸問題。也就是認為台灣的選擇為保持現狀，所以決定無限期推遲第二次辜汪會談及其相關性的事務性談判。雙方的策略運作，造成兩岸政治談判的障礙。

另一策略性的障礙在於兩岸對談判議題的優先順序的爭議。中共認為過去事務性談判中僵局的形成就是「一個中國」的原則性問題未能解決，所以兩岸談判應先確定原則性議題後，其他議題則可迎刃而解。但台灣認為應該由爭議性較小的事務性議題開始談起，議題容易解決，也使雙方較易建立互信。此種議題優先順序的策略行使，也造成兩岸談判的障礙。

(三)制度性障礙（Institutional Barriers）：制度性障礙指支持或阻礙談判的組織或政治性因素。例如雙方溝通管道的存在與否，對內部政治領袖的限制，

對結果有影響的外力介入等。當團體間衝突升高，彼此的溝通管道會傾向破裂。因為爭執的各方將視溝通為一種退讓行為，是一種承認對方合法性的動作，因而產生惡性循環，使溝通停止。但如沒有溝通管道，就不可能有尋求解決的機會。因此如能成功的重建溝通管道也許即可導致正面的循環。當各方開始溝通後，刻板印象或先前的假設就可能逐漸打破而產生達成協議的新機會。

　　衝突各方內部的政治力量也會有支持或阻礙開啟談判的努力，對衝突中的團體可能產生改變領導風格的傾向。當衝突升高時，溫和型領袖將由好戰性領袖取而代之，因後者被視為在面對威脅團體時較能保護自身的利益；但當要謀和之時，此種好鬥性的領袖卻很難展現修好懷柔的姿態。談判各方自身內部結盟的變化也是重要的內部制度性因素。當衝突升高時，內部小團體極化情況即會升高，這些小團體即會運用他們的影響力支持或反對談判。外部團體也對衝突的升高或解決有極大的影響，如衝突結果會影響其自身利益的第三者也許會利用他們的影響力對進行中的談判搧風點火，或協助達成協定。

　　因台灣過去對兩岸談判機制的設計主要是以事務性，功能性談判為主，也就是在兩岸糾紛事務中不涉及統一與否，不涉及兩個政權隸屬問題，則雙方可以先就此一層次問題共同研商解決，一方面藉以穩定兩岸情勢，促進民間交流正常化，另一方面也可經由談判建立兩岸政權的互信，擴大彼此共識，以有利於在適當時機展開政治性談判。但此種談判機制經過數年接觸後，卻面臨制度性障礙：

　　(1) 就兩岸兩會的定位而言，兩岸兩會的設計是將原本具有政治性的事務談判卻以事務性談判來操作，卻以政治性的心態思考和干預，在客觀上兩岸談判已有政治性談判的需要，而在主觀及制度設計上卻以事務性，功能性談判為訴求，而造成對談判的障礙。而所謂事務性協商，實則為對政治談判的技術閃躲，此種事務性談判與政治性談判的錯置，談判自然就無法持續，難有成果，形成過去兩岸談判的停滯不前。

　　(2) 台灣與中共一樣，在與對方談判時，都面臨所謂「兩個層面的談判」（Two-level negotiation），其中一個層次是與對手的談判，另一個層次則是與己方自身內部的談判，對國內的政治團體與利益團體討價還價的工作。對台灣而言，兩岸談判最困難的部分並不在於與中共的折衝，而是如何應付國內各種

利益團體，官僚體系，及相互競爭的政治人物。例如在 1993 年「辜汪會談」
舉行時，當時的在野黨民進黨組成了「民進黨國會反對國共統一會談宣達
團」，由施明德為總領隊，前往新加坡辜汪會談會場外示威，以表達民進黨反
對預設統一立場的任何會談，並向國際宣示「台灣主權獨立」的事實，爭取支
持與認同。民進黨人士甚至批判辜振甫的父親辜顯榮在日據時期是賣台的台
奸，影射辜振甫也有可能會出賣台灣，造成辜振甫在會談未開始前即已飽受困
擾⑭。以歷次於台北舉行的兩岸事務性會談為例，均發生包圍機場、會場、示
威抗議，焚燒五星旗等行動。而行政院陸委會與海基會間屢次因「授權不足」
問題，引起公開的「海陸大戰」。海基會感受到陸委會對他們的授權是綁手綁
腳，好像是「坐在輪椅上」被推著走，或是「綁在擔架上」被扛著走⑮，或是
「談判代表沒有尊嚴」⑯，使得海基會談判代表在會談期間「炮打司令部」，
會談後更堅決求去。

（四）心理性障礙（Psychological Barriers）：談判的成功與否與爭執雙方心
理的變化有關。一方面大多數人期望安全與和平共存，厭倦包圍壓抑的生活，
另一方面如同學者 Rubin, Pruitt 和 Kim 所謂的「殘餘心理」（residues），也就
是 Ross 和 Ward 所稱的「歷史的不和諧」（dissonance with the past），造成對
政治性談判的障礙。也就是當談判一方具有長期與對方對抗爭執的歷史，它就
很難擱置此種累積的怨恨情懷，而去面對今天的現實和拓展未來的可能性。如
果在談判初期未能達成互惠或獲利的安排，這種心理將會更為嚴重。另一種心
理即是衝突雙方的成員會改變對他們自身和雙方的認知。當衝突升高，並需要
團結一致以面對外在威脅時將導致內部不同意見的被壓制，內部一致性增加的
「團體思維」效果⑰。同時也產生對世界二分法的看法，「我們」代表了真理
與正義，旨在追求安全與自尊，另一方面，「他們」變成了非人性及醜惡的，
他們的強硬導致錯誤和罪惡的結果。任何一方的領袖變成二分法認知下的象
徵，不是誇張的被視為英雄就是被咒罵為怪物⑱。這種心理障礙反應在兩岸談
判中。

另一方面兩岸政治性談判所牽涉的層面、歷史的情愫與涉入的問題太過複
雜，以致使得談判參與者畏懼或認為即使投入時間與精力也未必能尋找出與發
現整合型的解決方案，此種欲拒還迎的心理⑲，使得談判者往往以簡單化的語

言去解釋或表達對此一複雜議題的看法，以致面對政治性議題談判時立即呈現分配型談判運作的狀態。

肆、化解兩岸政治性談判障礙的方法

上述這些政治性談判的障礙，使兩岸政治性談判呈現分配型的談判型態，堅持自己的接受點與目標點，未能創造雙方共同能接受的選項與結果。要克服這些障礙，使兩岸政治性談判能由分配型談判走上整合型談判，可以下列方式達成。

(一)以「架構－細節」（Formula-Detail）的談判模式，發揮「建設性的模糊」（constructive ambiguity），達到整合型談判。談判的架構指的是談判中解決所有問題的基本準則、框架性的方案。細節是相對架構而言的，指談判中討論的具體問題。「架構」本身就是一個議題，而細節則包括很多個議題。也就是談判的「架構」是一個大的、主要議題，談判的細節是小的、次要議題。學者艾克認為此模式在外交談判上最為有效㊿，札特曼教授之後並修正為三個階段的實施㊿。他們認為，談判應先談出一個「架構」，不論這個架構是由議題中發現的或創新的結果，這個架構就像一套公式，雙方談妥之後，就可把它套用在每一個具體問題之上，這樣，每一個具體問題只要能達成協議，那麼它們所遵循的原則都是一致的。也就是談判時談判者應當先就大原則達成協議，然後再談細節。架構是談判雙方對問題共同的認知，它是談判結果的藍圖。有一個藍圖，談判才有「創造一個新現實」的意義，談判的態度才比較積極。所以，在架構和細節的排序問題上，正確的做法，應是將架構置於細節議題之前。雙方應先討論解決問題的準則和框架性方案，然後在這一共識的基礎之上去討論細節性議題，使『架構─細節』模式在實際執行上具有很大的彈性。

「架構─細節」談判方式最著名的個案，即是季辛吉於 1973 年 10 月中東戰爭後對以埃衝突的調停談判。季辛吉於中東執行穿梭外交時，發展出一套「領土換安全及安全換領土」的談判架構（territory for security and security for territory）。他發現以色列人佔領阿拉伯人土地，為的是要建立緩衝區，以確保安全；同時以色列對結束戰爭狀態相當重視，所以盡量以領土的讓步來交換

和平，也就是以色列可以在領土議題上妥協，但不能在安全議題上妥協。而埃及攻打以色列及不肯在和平議題上讓步，爲的是要收回被以色列佔據的領土，拿回主權與面子，那爲什麼不來個交換呢？爲什麼不由以色列歸還一些它所佔領的阿拉伯土地，以交換阿拉伯人某種程度的安全保證？只要雙方能就這個大的架構達成協議，以埃雙方就能使它適用於解決以埃衝突的每一個衝突點上。至於歸還領土怎麼歸還，是歸還主權、行政權、還是共管，歸還哪一塊土地，安全怎麼保障，是以撤離、建立緩衝的非武裝區等都屬於細節問題，可以慢慢填入架構這個大框架裡面[57]。這種『架構—細節』的談判方式，終使以埃雙方簽署 1974 年的『以埃軍事隔離協議』及 1975 年『以埃西奈臨時和平協定』。1993 年以色列與巴勒斯坦解放組織也使用此模式而成功達成協議。

　　但是有些談判如果先談原則架構，雙方難免會很難達成共識，且會造成談判在這個層面上曠日費時，難於突破。兩岸政治性談判即是面臨「一個中國」大原則架構的爭議。針對這個問題，在談判中可以「模糊」的方式來解決。札特曼表示，談判者在建立大架構的時候因爲必須兼顧各方問題，觸及每一個層面，因此定會碰到一些很棘手但又非提不可的問題，可是這些非提不可的問題，是不是必須立即解決呢？如果不是非立即解決不可或雙方都同意這個問題可以暫時擱置一下，那就可以用一個模糊的詞句暫時把這個問題「覆蓋」起來或視而不見，等以後有能力有機會的時候再回過頭來解決。在難以達成共識的原則架構性議題被覆蓋後，雙方就可以在各抒己見的情況下，繼續往下談了。這種模糊，可以說是一種「建設性的模糊」[58]。

　　這種「建設性的模糊」的運用常見在多國談判中，最著名的個案就是聯合國安理會於 1967 年 11 月 22 日爲解決中東問題所通過的 242 號決議案。在此號決議案中，聯合國安理會爲建立公平而持久的中東和平，要求以色列「從1967 年中東戰爭中所佔領的土地撤出」。從這段中文的翻譯中看不出有什麼「模糊」，但從英文中就可看得很清楚[59]。原來其中的玄機出在「領土」這個詞上。最初安理會起草決議案時，「領土」前有個定冠詞「the」，即爲「the territory」，意思爲要求以色列從「所有」在這次戰爭中所佔領的土地撤出。後來在以色列的積極活動之下，美國同意拿掉了這個定冠詞，變成後來決議案定文上只剩「territory」一個字。這樣一改，意思就模糊了，決議案是否要求

以色列退出它所佔領的「所有」土地，就顯得很不清楚了。聯合國 242 號決議案又要求各國尊重彼此在「安全而公認的疆界」（secure and recognized boundaries）和平生存的權利，這又是一個模糊的語句，因為在中東根本就沒有這種各方公認的疆界。那麼聯合國 242 號決議案的價值究竟在哪裡呢？它主要表示了聯合國安理會對中東和平的關切，以及強調「用戰爭佔領土地是不被允許的」（the inadmissibility of the acquisition of territory by war），只要這個目的達到了，其他一些難解的細節，就可以模糊地「覆蓋」起來⑥。

在兩岸政治談判中，「一個中國」問題是最基本的議題，既然不能避免，可以使用「架構－細節」的談判方式，可使雙方維持在「中國」的架構下，走上談判桌，以「建設性的模糊」覆蓋「一個中國」議題上的爭議及制度性、策略性的障礙，為兩岸創造出更大的談判空間，使雙方都不必作出「明顯」的讓步，讓談判者對其背後的利益相關者也好交代，使談判得以繼續進行，順利進入細節階段。也就是「建設性模糊」對兩岸政治談判起到了潤滑、緩衝的作用，它使「架構－細節」談判法的成功實施有了技術操作上的保障，也使雙方就「架構」達成共識變得更加可能，使「架構－細節」這種議題安排順序的好處得以淋漓盡致地發揮出來。

(二)增闢兩岸政治會談的管道，改變兩岸談判的結構。利用世界貿易組織（WTO）機制進行兩岸政治性談判，可有多元管道取代一元管道，用議題分類建立階段性談判，以結盟分散壓力，分散危機成本等利益。台灣在兩岸談判中主觀的認為事務性談判比較容易達成，而且可經由事務性談判的協議建立兩岸互信。單獨透過兩岸兩會的溝通來解決問題的安排，在新政府成立後的海峽新情勢下，恐怕已經不切實際。對於未來兩岸協商的過程，除了維持兩會的功能性接觸外，必須針對政治性的議題，建構一個新的談判架構。兩岸在進入政治性談判後，形成「官方接觸」，屆時兩岸均不需「戴手套」辦事，海基、海協兩會的功能必然大幅減縮，新的對話機制勢必重新建立，WTO 的機制也許可提供兩岸未來政治談判的管道，也可藉著多邊環境與多議題的情境下改變兩岸談判結構。

(1)依 WTO 互惠、不歧視的原則可建立對等而互惠的談判，使兩岸可以會員與會員間的地位來談判。1992 年 9 月 29 日 GATT 理事會通過成立台灣入會

案工作小組時，賦予該工作小組權責爲「審查台澎金馬個別關稅領域根據第33條加入GATT案」，顯示除非中共能推翻該決議，否則台灣在GATT爲「得代表處理對外商務關係及對 GATT 事務均享有充份自主權之獨立關稅領域的政府」地位，仍將爲各國在處理與台灣GATT及WTO相關事務時所接受。在兩岸分別成爲 WTO 成員後，兩岸在 WTO 的地位是對等的，並無中共入會迫使各國改變台灣在 WTO 地位的問題。此種對等地位可免除台灣在談判時所面臨的國內壓力。

(2) 依 WTO 的主要精神，兩岸可從經濟性議題談判著手，先談與雙邊產業有關的議題，如關稅的減讓，非關稅貿易帳礙的排除，農產品市場的開放，服務業的開放，智慧財產權的保障，投資障礙的排除等。在經貿關係上建立共識的基礎，則可降低緊張的主權爭議，當市場在WTO規範下愈易開放，及世界在全球化的腳步下愈形成無國界的市場後，兩岸主權之爭自可暫時擱置。

(3) 可藉參與或主辦部長級會議，促成兩岸領導人相互訪問或會晤。兩岸因事務性交流所衍生的政治問題，卻不是二個戴著白手套的民間團體海基會與海協會能夠解決。有些政治問題如一個中國內涵的爭議，兩岸終止敵對狀態的商議，以及高層政治對話的問題，也非北京國務院對台辦與台北陸委會的層次所能決定。所以兩岸領導人面對面直接會晤是解決兩岸政治分歧的最佳方法，藉著 WTO 部長級會議的舉行及主辦，雙方領袖自然的出席與晤談直接對話，避免誤解，亦可避免及減輕國內反對的阻力。

(4)利用WTO多邊體制的功能，發揮多邊談判的特性與功效，增進台灣談判地位與信心。台灣反對直接要求外力介入海峽兩岸事務，因爲其最後的成本是台灣必須承擔，但是台灣也確實需要外力的支援，有效地將外力轉化爲中共的壓力。所以外力必須巧妙利用，以避免中共的民族主義的責難。WTO 多邊談判機制，可提供台灣機會。在雙邊談判中，談判者僅止於兩方，所以根本不會有結盟的情況存在。但是多邊談判就不同了，很多學者認爲多邊談判中最重要的特質就是結盟的形成⑩。因爲經由結盟的過程，「（多邊）談判的情境會變得比較不複雜。⑫」設想在 WTO 現今 144 個會員的多邊談判情況之中，任何決策都將很難形成。所以，在這種多邊而且複雜的情況之下，每個談判者爲

了讓自己處於有利的態勢，於是開始找尋利益相近的會員者，漸漸地眾多分散的談判者形成了少數幾個結盟，而每個結盟成員則利用集體的力量追求共同的利益。

所以在多邊談判中，結盟的建立就是在匯集對特定議題的支持力量。在結盟形成的過程中，談判者通常以明示的行為表態支持彼此的立場，以增加彼此在共同觀點上的集體力量，強化在國際場合中的份量。結盟者利用結盟的力量主導整個談判過程，並追求對其有利的談判結果。而結盟形成的條件是交換（Trade-offs）與議題聯結（Issue Linkage）。因此如 WTO 這個包含最多議題之世界組織的多邊談判中，每個會員依各項談判議題的重要程度逐項地與談判對手做出讓步的交換，以獲取各方都能接受的談判結果。台灣可在 WTO 多會員多議題多邊談判中，利用交換與議題聯結，在不同的議題上與不同的國家形成結盟，台灣也成為其他會員結盟交換的對象，使台灣有更多的籌碼，創造談判交換的空間，增加談判的信心。

因此將兩岸談判放在 WTO 多會員多議題的談判中，是較可行有效的辦法，可降低兩岸政治談判中制度性與心理性的障礙。

伍、結　論

談判的發生是因為任何一方都不具有絕對支配的權力，也呈現混合的動機。談判所追求的不是單方面的全盤勝利，因為這種勝利無法持久。談判所追求的是達成協議。而協議的達成，則有賴參與談判各方的共同同意。雖然理想的談判的運作應該是在共同決策互動的基礎上化解衝突，以滿足需求的整合型談判，但政治性談判本身的特質往往又使它呈現為分配型的談判。在「一個中國」的原則下，今天兩岸對政治談判成為「either-or」（不是這樣，就是那樣）的選擇，根本沒有一個中間選擇的分配型談判。但是兩岸關係是中華民國未來生存發展最重要的議題。兩岸政治談判的過程與結果關係台灣二千三百萬人民的福祉，也間接影響到大陸十三億人民生活方式的選擇。未來兩岸要避免兵戎相見，就必須要力求重開談判，以異中求同，拉進彼此的距離。兩岸不可能永不談判，因為兩岸都須對不談判付出成本，而且兩岸在主觀上均已認為經由談

判來解決衝突分歧比其他選項更有利，政治談判勢必無可避免。如能以「架構
－細節」的談判運作模式，發揮「建設性的模糊」，運用 WTO 多邊談判的特
性，也許將可推動兩岸分配型的談判走向整合型的談判，則兩岸政治談判就可
達到「雙贏」的結果。

*　　　*　　　*

註　釋

註① 有關此談判的分析見熊玠，「由兩航談判展望臺海兩岸之未來關係」，於丘宏達、任孝琦主編，**中共談判策略研究**（台北：聯經出版社，民國 76 年 8 月）；吳安家，**台海兩岸關係的回顧與前瞻**，第二章（台北：永業出版社，民國 85 年）。

註② 見海基會組織章程第二條。

註③ 海協會章程第二至四條。

註④ www.mac.gov.tw/negociat/chronology/itemg/aratschi.htm

註⑤ 中共中央台辦，國務院台辦主任陳雲林 1999 年 7 月 15 日在「中國統一促進會」第六屆理事大會上之講話，引自**人民日報**，1999 年 7 月 16 日，版 4。

註⑥ **中國時報**，民國 89 年 5 月 21 日，版 2。

註⑦ **中國時報**，民國 89 年 5 月 21 日，版 2。

註⑧ 葉劍英，「關於實現祖國和平統一的九條方針政策」，中共中央文獻研究室編，**十一屆中全會以來重要文獻選讀（上冊）**，（北京：人民出版社，1987 年），頁 358～360。

註⑨ David Lampton, "China and Clinton's America: Have They Learned Anything?" *Asian Survey*, 37, no. 12 (December 1997); pp. 1099～1143.

註⑩ 楊開煌，「歷史悲情 VS 地理悲情：細論兩岸喊話重建兩岸談判」，於兩岸政治談判國際學術研討會會議論文集，Vol. II（台北：台灣大學三民主義研究所，1998）。

註⑪ **人民日報**（海外版），2000 年 1 月 2 日，版 1～2。

註⑫ **人民日報**（海外版），2000 年 1 月 29 日，版 1～2。

註⑬ 「中共『一個中國的原則與台灣問題』白皮書」全文，**聯合報**，民國 89 年 2 月 22 日，版 14，39。

註⑭ **人民日報**（海外版），2000 年 3 月 6 日，版 1～2。

註⑮ **中國時報**，民國 89 年 5 月 21 日，版 4。

註⑯ **中國時報**，民國 91 年 1 月 25 日，版 3。

註⑰ **聯合報**，民國 91 年 3 月 6 日，版 13。

註⑱ **中國時報**，民國 89 年 3 月 20 日，版 2。

註⑲ **中國時報**，民國 89 年 3 月 31 日，版 2。

註⑳ **中國時報**，民國 89 年 3 月 31 日，版 4。

註㉑ **中國時報**，民國 89 年 5 月 21 日，版 2。

註㉒ **中國時報**，民國 91 年 2 月 22 日，版 1。

註㉓ 談判前置期的定義是雙方中任何一方發出了願意談判的訊息，或表達了談判的意願，即是談判前置期的開始，至任何一方表達不願談判，即是談判前置期的結束，見 Gross Janice Stein, *Getting to the Table: The Process of International Prenegotiation*（Baltimore, MD: The Johns Hopkins University Press, 1989）。

註㉔ Richard Walton & Robert McKersie, *A Behavioral Theory of Labor Negotiation* (New York: McGraw-Hill, 1965).

註㉕ Gerard Nierenberg, *Fundamentals of Negotiating* (New York: Hawthorn Books, 1973).

註㉖ Bertram Spector, "Negotiation as a Psychological Process," *Journal of Conflict Resolution*, 21, no. 4 (1977), p. 611.

註㉗　Jeffrey Rubin and Bert Brown, *The Social Psychology of Bargaining and Negotiation* (New York: Academic Press, 1975), p. 2.

註㉘　Dean G. Pruitt, *Negotiation Behavior* (New York: Academic Press, 1981), p. 3.

註㉙　Margaret A. Neale & Max H. Bazerman, *Cognition and Rationality in Negotiation* (New York: The Free Press, 1991), Ch.1.

註㉚　Fred Charles Ikle, *How Nations Negotiate* (New York: Fredrick A. Praeger, 1964), p. 3～4.

註㉛　Arthur Lall, *Modern International Negotiation: Principles and Practice* (New York: Columbia University Press, 1966), p. 15.

註㉜　同上註，pp. 22～23.

註㉝　I. William Zartman & Maureen Berman, *The Practical Negotiator* (New Haven, CT: Yale University Press, 1982), p. 1.

註㉞　I. William Zartman, "Political Analysis of Negotiation: How Who Gets What and When," *World Politics*, 26, No. 3 (April 1974), p. 386.

註㉟　P. Terrence Hopmann, *The Negotiation Process and the Resolution of International Conflicts* (Columbia, SC: University of South Carolina Press, 1996), p. 25.

註㊱　Raymon Cohen, *Negotiating Across Culture*, revised ed., (Washington, D.C.: United States Institute of Peace Press, 1997), p. 9.

註㊲　Herry Kissinger, "The Vietnam Negotiation," *Foreign Affairs*, 47, no. 1 (1969), p. 212.

註㊳　Fred Ikle, *op cit.*, pp. 26～42. 展議的目的在延長或修改舊約，也就是當條約期滿時續約需要談判。和議以結束戰爭狀態或解決爭議爲目標的談判。再議以重新分配資源或改變現狀爲目的，通常是強勢一方對弱勢一方提出要求，然後進行議價。如果雙方達成協議，現狀必然會有改變，資源連帶重新分配。爲達到這個目的，威脅是必要的手段，過程的討價還價也是必然的結果。新議以成立新組織或制定新規則爲目的，使用的壓力比較平和，當事國了解利害關係後，通常表現較高的接納性，然後達成協議。泛議的目標不在於協議的達成，而是在製造副作用或反效果，例如宣傳和塑造國家溫和的形象。

註㊴　Gilbert R. Winham, "Negotiation as a Management Process," *World Politics*, 15, no. 1 (October, 1977), p. 87.

註㊵　Gerald L. Steibel, *How Can We Negotiate with Communist* (New York: National Information Center, 1972).

註㊶　參見 Richard Walton and Robert McKersie, *op. cit.*; Roger Fisher and William Ury, *Getting to Yes: Negotiating Agreement Without Giving In* (England: Penguin Books, 1981); Terry Hopmann, "Two Paradigms of Negotiation: Bargaining and Problem-Solving" in Daniel Druckman & C. Mitchell eds., Flexibility in International Negotiation and Mediation. Annals, 542 (1995): p. 24～47; David Lax and James Sebenius, *The Manager as Negotiator* (New York: Free Press, 1986).

註㊷　鍾從定，「談判理論與實務：商管學院的談判教學」**商管科技季刊**，第 2 卷第 3 期（民國 90 年 9 月），頁 241。

註㊸　J. Z. Rubin & B. R. Brown, *The Social Psychology of Bargaining and Negotiation* (New York: Academic Press, 1975), M. G. Hermann & N. Kogan, "Effects of Negotiaror's Personalities on Negotiating Behavior," I. D. Druckman, ed., *Negotiation: Social Psychological Perspective* (Beverly Hills: Sage, 1977); W. R. Fry, "The Effect of Dyad Machiavellianism and Visual Access on Integrative

Bargaining Outcomes," *Personality and Social Psychology Bulletin*, 11 (1985): pp. 51～62; R.W. Gilkey & L. Greenhalgh, "The Role of Personality in Successful Negotiating," *Negotiation Journal*, 2 (1986): pp. 247～256.

註㊹　J.Z. Rubin, *Dynamics of Third-Party Intervention: Kissinger in the Middle East* (New York: Praeger, 1981).

註㊺　楊開煌，同註⑩。

註㊻　在辜汪會談所簽署的「辜汪會談共同協議」的前言中即表明「本次會談為民間性、經濟性、事務性與功能性」，並未牽涉到政治及意識型態上的議題。

註㊼　參見吳安家，**台海兩岸關係的回顧與前瞻**（台北：永業出版社，民國 85 年）；歐陽聖恩，**再見白手套：海基會** 2000 日（台北：商周文化，民國 86 年），第 7 章。

註㊽　**聯合報**，民國 91 年 3 月 5 日，版 13，3 月 6 日，版 13。

註㊾　參見歐陽聖恩，同註㊼。

註㊿　海基會第二任秘書長陳榮傑於 1993 年元月 6 日於立法院召開法治內政聯席委員會審議「委託處理大陸事務財團法人監督條例草案」及「財團法人海峽交流基金會監督條例草案」時公開談話。**聯合報**，民國 82 年元月 7 日，版 3。

註51　海基會第三任秘書長邱進益於 1993 年 4 月至北京舉行辜汪會談預備性磋商後的公開言論。**聯合報**，民國 82 年 4 月 11 日，版 3。

註52　Irving Janis, *Groupthink: Psychological Studies of Policy Decision and Fiascoes* (Boston, MA: Houghton Mifflin, 1982).

註53　L. Ross and A. Ward, "Psychological barriers to dispute resolution," *Advance in Experimental Social Psychology*, 27 (1995): pp. 255～304; Kenneth Arrow, Robert Mnookin, Lee Ross, Amos Tversky, and Robert Wilson, *Barriers to Conflict Resolution* (New York: Norton & Company, 1995), Ch.1.

註54　R. Cyert and J. March, *A Behavioral Theory of the Firm* (Englewood Cliffs, NJ: Prentice Hall, 1963).

註55　Fred Ikle, 同註㉚。

註56　I. William Zartman, "Negotiation as a Joint Decision Making Process," in I. Zartman, ed., *The Negotiation Process: Theories and Applications* (Beverly Hills, CA: Sage, 1977): pp. 67～86; I. William Zartman & Maureen Berman, *The Practical Negotiator* (New Haven, CT: Yale University Press,1982).

註57　J.Z. Rubin, 同註㊸; J.G. Stein, "Structures, Strategies and Tactics of Negotiation: Kissinger and Carter in the Middle East" *Negotiation Journal*, 1, no. 4 (1985): pp. 331～347.

註58　I. William Zartman, 同註56。

註59　原文見聯合國安理會 242 號決議案，U.N.Doc. A/7202，見 http://www.un.org/UNISPAL.NSF/ b86613e7d9209/7880525672e007227a7。

註60　劉必榮，談判（台北：時報文化，民國 78 年），頁 185～186。

註61　Anatol Rapoport, *N-Person Game Theory* (Ann Arbor, MI:Univesity of Michigan Press, 1970); David A. Lax and James K.Sebenius, "Thinking Coalitionally" In H.Peyton Young ed:, *Negotiation Analysis* (Ann Arbor, MI: University of Michigan Press, 1991); Christophe Dupont "Coalition Theory," In William Zartman ed., *International Multilateral Negotiation: Approaches to the Management of Complexity* (San Francisco, CA: Jossey-Bass,1994); and Hampson, *op. cit.*

註62　L. Stanelo, *Mediation in International Negotiations* (Lund, Malmo, Sweden: Studentlitteratur, 1972), p. 58; I. William Zartman, "Introduction," in Zartman ed., *op. cit.*, p. 6.

從全球化看 21 世紀兩岸
英語人才開發策略

王 瑞 琦

國立政治大學國際關係研究中心第四研究所副研究員

摘　要

　　20 世紀末，為因應國際化、全球化的潮流，兩岸均全力推動中、英語文能力俱佳的專業人才。關於英語人才的培育，兩岸研究者主要從英文教學的角度分析。但是，從人力資源發展策略的角度觀之，政府政策、民間學習的資源、人力資源的儲備均是觀察之要素。本論文研究顯示，就 21 世紀兩岸英語人才發展而言，儘管台灣在英語教育的發展和科技資源方面仍占優勢，但在上述的條件中，顯然不及彼岸的積極與效率。台灣要保持現有的優勢，除了繼續推動全民英語外，亦要致力發展專業人才英語的能力。

關鍵詞：全球化、人力資源、雙語人才、全民英語、英語人才

＊　　　＊　　　＊

壹、前　言

　　20 世紀末，大陸經濟發展快速，大陸的人力素質也因高等教育的擴張不斷的提升，北京、上海逐漸發展成為以白領階級為主的城市。大陸本土新秀擠入了由港、台和歐美人才所組合的管理階層，近年已出現取而代之的趨勢。本土新秀工資低廉，在人數上動輒以萬、10 萬為基數的專業人才，已成為大陸

吸引外資和台資的利器。近年，台海兩岸人才的相互競爭，更從彼岸的經理人才的本土化、台海兩岸跨文化和國際型人才的培育，延伸至兩岸華人在美國矽谷的發展均成為報導的焦點①。誠如藍麗娟所言，兩岸人才競爭的戰場不在大陸，更不在台灣，而是在全世界②。

20 世紀末，資訊科技的快速發展，將世界各國緊密的聯繫在一起，英語成為與外面世界相通，不可或缺的語言工具。為了在全球化的潮流中爭取優勢，不被淘汰，各國莫不致力於提升人力資源的素質，推動遠距教學、大學教育國際化，和英語教育的發展。

1990 年代中期，台海兩岸也先後開始倡導知識經濟，強調高科技人力的培育。2001 年 11 月，在經過多年努力，兩岸終於進入世界貿易組織 (WTO，以下簡稱「入世」)。為因應國際化、全球化的潮流，兩岸對於培育具有國際觀的專業人才均寄予高度的重視。國際觀專業人才的基本條件之一便是中、英語能力俱佳，近年，在論及兩岸人才競爭，台灣學界和企業界對於專業人才英語能力的偏低甚是憂心。本論文的問題是：在全球化潮流中，以及與大陸之間不可避免的競爭之中，台灣英語人才的發展是否正面對著優勢漸失的危機？

關於英語人才的培育，台灣的學者絕大部份是從英文教育的角度分析，諸如教學、師資的改善、網路資源的利用等，對於兩岸英語人才的培育分析也側重在教學、課程方面，並以報導性質居多③。然而，人力資源的開發有賴於人力資本投資。人力資本投資含有兩個基本要素：教育和訓練 (training)。換言之，僅是比較分析英文教育本身的發展，不足以讓吾人正確地掌握 21 世紀兩岸雙語人才競爭的形勢，甚至因現今台灣教育和科技資訊的發達，而易導致過度樂觀的評估。另方面，由於本論文旨在比較分析兩岸英語人才發展的策略，政府政策將是分析比較的重心，包括總體的人力資源政策和英語教育政策。

本論文主要分成四個部分：第一部分將從全球化的潮流與英語的擴張，為兩岸英語人才的發展定位，第二部分將從人力資源政策的轉折、英語教育的發展、民間培育機構和人才儲備三方面比較分析兩岸英語人才培育的比較優勢，第三部分則是比較「入世」之後兩岸對於培育英語人才採取的策略。最後，根據以上之分析，本論文指出，過去 10 多年，大陸在擺脫反美情結後，在國家強勢的介入下，英文教育發展快速，富彈性，並擁有雄厚的留學生資源。台灣

的英語教育的發展，卻因政爭和去中國化情結等因素的影響，進展緩慢，而整體人才的策略也一直停留在規劃之中，與之同時，本土科技的蓬勃發展又導致國際人才資源的萎縮。因此，儘管在教學和資訊的獲取上，台灣均優於對岸，但是從人才資源儲備和未來發展的角度觀之，台灣亦面對優勢漸失的挑戰。台灣想要保有現今仍存的優勢，就英語人才發展策略而言，顯然不僅要提高民眾的英語水平，更應致力提昇專業人才的英語能力。

貳、全球化與英語霸權

1980 年代初，Braj Kachru 以內外三個圓圈，為英文在世界各國的使用進行分類：(一)最內圈，是以英文為主要語言的美國、英國、愛爾蘭、加拿大、紐西蘭；(二) 中間層屬於外部延伸，包括新加坡、印度等 50 個具有多種語言 (multilingual) 背景，以英文為第二官方語的國家或地區；(三)最外層是擴張範圍，包括中國、日本、希臘等，視英文為國際語言，將之列入學校教育課程的國家④。David Crystal 認為在前二類國家中，英文均享有特殊地位 (special status)，屬於官方語言和人民生活用語之一種，因此將之合而為一。1990 年代中期這類國家共 70 個⑤。

David Crystal 指出，英語能成為國際語言之一，不在於英文本身的特質或簡易，主要仍在於使用國家的軍事和經濟強權，正如希臘文、拉丁文、阿拉伯文因亞歷山大、羅馬、回教的興起，曾經盛極一時。英文先後仰賴日不落英帝國和美國的軍事強權，在國際共同語言中占得一席之地，同時又藉著這兩個國家的經濟強權，尤其是 20 世紀，美國高科技的發展和大眾傳播媒介的更新，從電報、電話、收音機，電視機以至網路的發展，不斷擴張⑥。1990 年代中期，世界 3.5 億人以英文為母語，其中 70 ％是美式英文，即便是英國人現在也接受 "campus," "guy" 等詞句，並以 "movie" 取代 "film" 。Webster 的美式英文能夠在兩百年之後取代英式英語的地位，Alexander Macleod 直言，主要在於美國人的數量遠超過英國，以及美國的強權和科技的優勢⑦。

1990 年代，世界從後現代主義走入了全球化的時代。科技的發展縮短了世界各國之間的距離，在多方面出現趨同性的發展。在經濟方面，看到的是每

日一兆美元以上交易量的全球電子金融市場。1960 年代，國際的商業是美國跨國公司的天下，到 1997 年，日本分享了美國的獨霸，在世界前 500 名跨國公司中，美國占 32.4 %，日本 25.2 %；英、法、德分占 6.8 %、8.4 %和 8.2 %⑧。在政治方面，冷戰結束，歐盟、(NAFTA)等各類國際組織蓬勃發展，國家權力與權威相對衰退⑨。科技知識的流動，促進了國際市場中科技創新比例的提升、研發的擴張和全球科技的合作⑩。資訊科技的發達使得知識同時走向普及化和專業化⑪，也加速學術人才的流動，拉近了不同國家人民之間的距離，形成了「國際村」，但是也引發了本土化與國際化之間的衝突、東、西方價值觀、不同宗教信仰和不同文化民族之間的衝突⑫。如何協調本土與全球化之間的關係成爲許多政府的一大挑戰。

在全球化的潮流中，英語從幾個主要的共用語中 (lingua franca) 中脫穎而出，成爲國際語言(global language)⑬。語言政策和政治本來就是不可分的，在擴張的過程中，英語教育一直就難擺脫國家、文化認同爭議的陰影⑭。早在1960、1970 年代，前英國殖民地國家如肯亞、坦桑尼亞，以及馬來西亞就先後廢除英語爲第二語言。1992 年塞浦路斯政府將英文定位爲第二官方語，並要求新成立的塞浦路斯大學使用英文授課時，遭到反對黨從國家、文化認同的角度強烈抨擊⑮。在美國，雙語教育政策很早就脫離單純的教育或語言政策範圍，反映了不同時期，社會團體之間的權力關係，尤其到 1980 年代之後，引發激烈的意識型態的爭論⑯。近年，在瑞士、法國等歐洲國家，亦有人士擔心英語霸權 (hegemony of English) 的現象將影響本土語文和文化的發展⑰。

儘管如此，全球化浪潮仍得面對，想要保有競爭優勢，就不能閉關自守。爲此，曾經強烈排斥英文的德、法等歐洲國家先後將英文列爲第一外國語文，歐洲重量級的大學亦紛紛推動英語授課，英語成爲上述國家人民薪資、職位晉升的基本條件之一⑱。亞洲國家如日本、韓國、泰國等小學均先後開設課程⑲。

人力資源理論自 1960 年代舒茲 (Theodore W. Schujtz)、貝克 (Gary S. Becker)等人建立發展，至 1980 年代之後，因科技的發展，進入了人才資源發展的時代。人才資源，是指那些形成時間較長、培養費用較大、專業特定性較強的群體⑳，是人力資源中最優秀的一部分。20 世紀末知識經濟發展的特色如 Clark Kerr 所言，是「知識普及化和專業知識普及化」㉑。舒茲將知識分專業

知識和「一般知識」(common knowledge) 兩類。對物質資本 (physical capital，如電腦、電訊器材) 品質提昇仰賴的是專業知識的增長而非一般知識，至於後者，不僅因國家而異，並且差異甚大，難以掌握。經濟現代化的要素之一就是在於把握住專業人力資本 (specialized human capital) 的累積㉒，換言之，就是人才資源的發展。

　　波特 (Michael E. Porter) 也將影響國家競爭優勢的生產因素分爲高級和初級兩類。就人力資源而言，初級因素是非技術勞工與半技術勞工；高級因素爲高等教育人力（如電腦科學家和工程師）以及各大學研究所。他指出，真正重要的競爭優勢須藉由高級、專業型、具有創造和提升勞動力生產因素才能達成㉓。一個國家的經濟要升級，人力資源的品質就必須持續提升，並且達到其他國家所設定的人力水準，以維持現有的競爭地位。比如 1990 年代初，具有識字能力的勞動力，已不能算是一項優勢㉔。處在 21 世紀的知識經濟和全球化潮流當中，當與英語相近的歐洲國家都戮力提升人民英語能力時，對於以英語爲外語而非第二語言的台海兩岸和亞洲其他國家而言，想要提昇競爭優勢，顯然不僅需要提升人民的基礎英文能力，更要培育具有國際視野的中、英雙語俱佳的專業人才。

叁、兩岸英語人力資源發展的背景

　　人才資源的開發仰賴人力資本的投資。人力資本投資有兩個要素：正式教育和訓練。前者供應各種資格 (qualifications) 和知識；後者是讓工作者獲得技術 (skills)、能力 (competence) 和專業 (expertise)，包含在職訓練、非正式教育、自學等㉕，本論文中主要是民間的各類英語學習管道，是以民間英語人才培育資源稱之。由於本論文分析的焦點是在發展策略，亦即在於政策的層面，因此，將從兩岸人力資源發展的背景分析爲起點，然後再比較分析兩岸的英語教育發展與民間英語人才培育資源。

　　1980 年代初兩岸的政治環境的發展先後出現轉折性的發展，大陸從反美、鎖國進入到經濟改革開放，台灣則從威權政治進入民主化過程。大環境的改變直接影響到兩岸的人力資源發展策略和英語人才資源的發展，以下即以 1980

年爲界分成兩階段分析之。

一、第一階段(1949年至1980年之間)：大陸英語人力的急速萎縮 vs 台灣的蓬勃發展

　　1949年建立政權之後，大陸進入了「無產階級專政」的時代，從原來公、私並存的體制，轉化爲單一的公有體制。最初，中共採取學習蘇聯經驗，發展教育，培育人才，1950年代後期，就轉入了土法鍊鋼的鎖國時期，1960年代中期之後，當人力資本的理念在歐美開始大行其道時，大陸進入了文化大革命時期。在這個動盪不安的30多年中，大陸的大學建立了重點與普通大學的體制，並在大躍進時期「兩條腳走路」的策略下，又分爲正規和非正規兩類[26]。其所培育的人才是國家的財產，沒有選擇工作的權利，畢業後由政府分配至各企事業單位，或實踐爲「無產階級」和「群眾路線」服務的口號，上山下鄉。大鍋飯制度和中共的「無失業」政策使得勞動力市場靜如一潭死水[27]。

　　這段時期，受到中共親蘇，獨尊俄文政策，英文教育飽受壓抑，並在大專院校調整、合併的過程中急速萎縮，許多地方中、小學取消英文課程。直到1956年，俄文人才供過於求，英文教育政策才見調整，並在1964年的「外語教育七年規劃綱要」中被列爲第一外語，但是旋即因文化大革命的爆發而告停擺。1971年大陸進入聯合國，次年2月，前美國總統尼克森訪問大陸，爲外語人才，尤其是英語人才的培育重建生機。然而，由於當時師資、教材極度缺乏，又受制於大鍋飯制度和平均主義的環境，缺乏激勵措施，英語教育發展相當困難[28]。

　　台灣和大陸一樣，也在威權體制之下，也強調意識型態的純正，但是更重視經濟的發展，自1953年起，就開始實施4年一期的經濟建設計劃，1966年農業社會開始轉型爲初級工業社會後，採納美國史丹佛大學學者和聯合國專家的建議，以第四期經建計畫爲基礎，提出了第一期的人力發展計畫，並按之規劃各級教育的發展，形成經濟建設、人力發展規劃與教育發展三合一的政策[29]。三合一的政策強調職業教育的發展，以五年制專科學校(簡稱五專)爲主，以應勞力密集型產業的需求，另方面強調碩、博士生教育的發展，以補因留學熱潮而大量流失的高層次人才[30]。不過由於五專泰半爲私立學校，缺乏國家財政的

補助和扶持，資源相當匱乏，主要仰賴學費的收取，因此以利潤爲導向，質量甚差，受到強烈的抨擊，終於導致 1972 年立法院通過私立學校新校禁建，以及大學教育 10 年的停滯期㉛。

這段時期，由於經濟發展，英語備受重視，在中學階段，與國文、數學並列爲主要科目，在大學中，是一年級共同必修科目之一，與國文同爲 8 個學分。雖然各級學校的師資不足，教學純以灌輸式和填鴨式進行，但是除了激烈的升學競爭，留學熱潮(如公費留學考試、托福考試)和薪資優厚的外商和航空公司等的招聘，以及部份公務人員高考對英文能力的要求，均構成青年學子勤學英文的內在動機 (intrinsic motivation)，也成爲各類英文補習教育和廣播教育發展的主要動力。1970 年代後期，因美國的不景氣，滯流在外的留學生開始回流㉜，成爲台灣 1980 年代的民主化、人力資源、教育，乃至科技發展的主要動力。

二、第二階段 (1980 年至今)：大陸英語教育的急起直追 vs 台灣的停滯不前

1980 年代初，台海兩岸的政治環境出現極大的變化，大陸從政治掛帥、仇視美國和鎖國的時代走入經濟改革開放的新紀元，並在 1990 年代之後積極參與國際活動。過去 20 多年，在國家強勢的引導和外資企業的刺激下，人力資源發展的觀念萌芽、生根，勞動力市場亦起死回生，快速發展㉝：

(一) 人力資源發展政策的成形：自經濟改革政策推動以來，中共便推動各項人事制度的改革，並藉著改革所引發的爭議，灌輸大陸社會人力資源的觀念。1992 年擺脫天安門事件的陰影之後，中共加速推動市場經濟，當時人力資源發展政策已具雛形，一邊從事勞動力市場的建立，一邊以發展科技與世界潮流接軌爲導，大力提昇學術菁英的地位和高等教育的發展。在一連串獎勵政策之激勵之下，原本改革相對落後的高等院校和研究機構，在薪資、獎勵、人事升遷等制度上大刀擴斧地進行改革，成爲社會改革的先鋒。1990 年代中期之後，大陸引入知識經濟理念，將發展科技學術，提升國家競爭力的目標，從原先的與世界潮流接軌，提升到能在世界占一席之地，積極推動發展世界一流大學和學術研究。人才培育政策的重心亦從 4 年本科教育提升到研究生教育，

又以各種優待政策，鼓勵自 1980 年代以來滯留海外的留學生返回服務，稱之「引進外智工程」。

(二) 勞動力市場的建立與發展：自 1980 年代初，中共就推動專業人才兼差、轉換工作單位，大學畢業生和徵才單位「雙向選擇」、聘用合同制、人才交流會等辦法；1990 年代初開始進行公務員制度、培訓制度、工資制度改革、人事行政組織架構的建立。在改革的過程中，大鍋飯制度和部門所有制的箝制逐漸鬆動，並在 1990 年代中期，在大陸區域經濟發展差距快速擴大、外資企業的高薪挖角雙重因素衝擊下，終至瓦解。

相對的，台灣開始從威權體制走向民主化，隨著社會多元化發展的提昇，國家介入的能力逐漸弱化，人力資源發展的策略也出現了另一番景象：

(一) 三合一模式的式微：首先，四年一期的經建計劃，因世界經濟的變化和國內十項建設工程的進行，出現難以為繼的現象，歷經修正㉞。其次，從歐美地區回流至大學執教的學者，對於舊時的人力規劃模式提出質疑。他們指出經濟發展為導向的人力規劃與教育分流政策屬於「菁英主義教育」，批評職業教育導向的政策，因五專與公立大學的懸殊差距，激化了升學競爭，並提出教育機會均等、教育資源公平分配、廣開大學之門等理念㉟，強力推動教改。1985 年，立法院通過解除私立大學新設禁令，被林本炫視為人力規劃理念潰敗的指標㊱。1994 年 4 月 10 日，台北市 3 萬民眾走上街頭要求教改之後，「教育改革諮詢委員會」成立，並在 2 年之後提出總諮議報告書，從人本化、民主化、多元化、科技化，以及國際化 5 個角度重新為教育定位，強調學習者潛能和自我的發揮與實現㊲。新的定位為早已式微的三合一模式畫上了休止符。

(二) 人力資源發展政策的失焦：自 1970 年代後期，台灣的人力資源政策開始偏向理、工、農、醫科技術和科技人才的培育。1980 年代前期，3 次公佈的中、長程經濟計畫中，均只是強調高等教育的擴張。人力規劃政策受到排斥之後，國民黨政府亦曾提出發展亞太營運中心，推動經濟發展國際化的政策，以及國際化人才培育的方向，學界並為之提出建言㊳。然而，此時正值國內政爭，台海關係重新定位之中，國際化政策推出未幾，就陷入本土化與去中國化的爭議的泥淖之中㊴，國際化人才培育的內涵一直未能具體化。另方面，高等教育界全力投入在高等教育擴張與校園民主化，亦未能對於國際化的發展及時

提出前瞻性的規劃⑩。1990 年代後期,民進黨政府提出了「科技島」的願景,不僅範疇縮小,而且偏重在資訊科技產業和近年的「生物科技人才」的培育。

　　兩岸的政治、人力資源發展政策的轉變,明顯地反映在各自的英語人力的發展。1980 年代,英文教育在中國大陸,隨著大陸改革開放政策幅度的擴大,快速發展。初時,出國留學或是擠入高薪的外資企業是青年學子苦讀英文的主要動機。1990 年代,市場經濟展開之後,具有英語溝通能力,從事經貿、科技等所謂「外向型人才」炙手可熱,並成爲中共人力資源發展的主要目標之一。又因高等教育高速擴張,大城市的就業市場競爭日趨激烈,企事業單位進用新人的條件不斷提升,學歷從 4 年本科畢業提高到碩士或碩士以上,各種專業的證照,尤其是鑑定大學英文能力的四、六級考試合格證書成爲必備的條件之一。爲在激烈的競爭中取得競爭優勢,許多大學生踏入大學之門後,就投入大量的金錢和時間,補習英文、電腦等,以通過各項鑑定考試⑪。

　　相較之下,1980 年代以後的台灣社會發展存在諸多不利於英語教育發展的因素。在教育方面,在配合亞太營運中心政策,教育部宣布自 2001 年起英語將成爲小學中的必修課程後,台灣學界和社會就因教育理念和文化認同爭辯不已。前者包括師資、教材不足、幼童學習外語的起始年齡等,後者則是擔憂外來文化對於本國文化認同可能造成的負面影響⑫。1990 年代中期以後,文化認同的議論因中文譯音拼音系統的採用,轉爲激烈的「本土化」和「去中國化」的爭辯⑬。在產業界方面,雖然海外人才回流帶回來了知識、科技和國際視野,推動台灣從勞力密集轉入科技產業⑭,但是這些人才聚集中在資訊、電子等高科產業,其他產業仍面對著國際管理人才匱乏的窘境⑮。高科技產業以誘人的高薪,取代了銀行業和外商,吸收了眾多擁有碩士學歷或以上的菁英,創造了「科技新貴」,卻也改變了菁英大學學子的價值取向,放棄成本高、回收不確定的留學深造,進入科技產業⑯。儘管就業市場對於學歷的要求從學士提升到碩士或碩士以上,但是在進用新人時,除了少許國際市場推廣的職位,企業主要是技術取向,英語能力次之。企業界重技術輕英文,求職者自然不願投入時間和金錢提昇英文能力。

肆、兩岸英語教育的發展

　　自 1981 年，中共開放自費出國留學，大陸英語教育事業開始快速發展，至 1995 年之間，中學英語教師人數從 259,054 人增加至 423,909 人，成長 93.9 ％[47]，近年成長尤其快速，至今大城市的英語教育已延伸至幼稚園的階段。台灣台北市於 1993 學年度起，開放各小學自行規劃英語教學，至 1997 學年度，75 ％的小學（共 112 所）參與試辦。次年，配合亞太營運中心政策，小學五年級開始實施英語教學，台北市從小學三年級開始，設置每週兩節課的英語課程[48]。

　　整體而言，在師資、教學方法、或教學資源等方面，台灣仍優於大陸，但是兩方各自面對著不同的挑戰，而且從人才資源發展策略的角度觀之，中央集權、菁英模式為主的大陸在教學制度的建立顯然比台灣積極而有效率。

一、中小學階段

　　大陸中小學的英語師資嚴重不足，1999 年一項粗約統計顯示，若從小學 4 年級開始英語教育，每 30 個學生配備一位英語教師的標準計算，預計還缺 50 多萬中小學英語教師[49]。另根據中共「國家基礎教育實驗中心外語教育研究中心」祕書長包天仁指出，2002 年大陸的中學英語教師達 50 多萬人，小學 20 多萬人，另有萬餘位英語教學研究員，不過其中多半畢業於 1970 年代末，僅接受一些基本的培訓課程，英文能力和教學方法上亟待提升[50]，尤其是眾多教師使用地方方言教學，英文發音和腔調的準確成為中、小學英文教學最弱的一環。凡此，均使得 1996 年修正的新教材難以發揮功效[51]。

　　除了整體的師資水平偏低，由於城鄉發展差距過於懸殊，城市與偏遠地區的英語教學資源、師資和發展亦有天壤之別。上海、北京、廣州等大城市，英語教育自幼稚園開始，公立的中學也和英、美教育機構合作，進行雙語教學和培訓教師，近年貴族的雙語私立學校發展尤其快速[52]。但是，位於廣州市郊區的中、小學校，教材、教師便已出現不足的問題，粵北和其他省市的貧困地區的英文教育發展更是艱難[53]。師資不足的地區，大多以擴大班級容量，或由非

英語專業畢業的教師兼任，或延緩實施英語教育應之⑭。就筆者個人觀察，大陸中、小學英語教育發展，因資源分配不均，又受到中共一胎化政策，父母高期望等因素的催化，成為升學競爭中的一環，揠苗助長的情形比台灣有過之而無不及⑮。

自被列為主要課程以來，台灣的中學英語教一直未能從升學考試的陰影跳脫出來。小學英語教育自 1990 年代初開始規劃，因前述的各種爭議，直到 2001 年才從各別縣市試辦的階段進入到全面實施。現今，少數積極的私立學校和公立學校已朝向雙語教學的目標發展，成效尚待觀察⑯。

根據戴維揚的研究，現今台灣小學英文的師資來源充沛，比 1998 年改善許多，包括合格的英語教師、英語系國家學成歸國的學、碩士生和來台留學生、本土大學英語系畢業生，以及外籍適任教師。師資的培訓的管道也甚多：大學合作、民間教育機構、研討會、研習會、英語國家培訓，在職進修、自學等⑰。1999 年，台灣首次舉行國小英語師資能力檢核測驗筆試，試題難度與托福考試相當，錄取率僅 5.5 ％，台北市並宣布自 2003 年起，中、小學教師甄選將納入英語能力⑱。不過，據報導，台北市、縣分別將於 2002、2003 年起從 1 至 6 年級全面實施英語教學，師資將出現緊缺⑲。另外，地處偏遠的縣市因甄試合格的教師拒絕前往，師資嚴重不足⑳。除了師資和升學競爭對於中學教育的影響，台灣中、小學階段英文教育的發展，因社會的多元化的發展，正面對著多項棘手的問題：如學生程度參差不齊、大班教學㉑、各地方英語教學的準備進度不一㉒，以及近幾年通用、漢語拼音政策的激烈爭辯，和國語、英文、鄉土語文教育之間定位的爭議㉓。

二、大學階段

大陸大學的英語教育發展遠比中、小學發展快速。首先，在學程上，從各大學的公共英語課、英語專業為起點，擴張至今日的外國語學校的英語教育、廣播、函授英語教育、自學英語教育。1997 年大陸的外語院校和外語專業的學校多達 300 多所，外語專業在校人數達 75,500 人；外國語學校達 40 多所㉔。大陸的研究所均開設專業英語課程，博士生尚需修第二外語。

大陸大學英語教育的發展一開始就以教學大綱和英語能力鑑定考試為主

軸。大陸各科的教學都是統一教材,所有課程均有統一的教學大綱。經濟改革之後,1980年有「高等學校理工科公共英語教學大綱」的出版,經多次修正,現今使用的是1999年的版本。

英語能力鑑定考試分兩種。一種是1987年9月開始實施,以一般大學生爲對象,分四、六兩級,簡稱「四、六級統考」(CET)。第二種是以英語系學生爲對象,1990年開始實施的八級能力鑑定的「英語專業等級考試」(TEM)。歷經10多年的發展,四、六級統考至1990年代中期已建立其公信力,不僅學生通過的比率成爲各大學英學教學質量、教師教學效果,和學生英語水平的重要指標;四級的合格證書也成爲大學生領取畢業證書、報考研究所的基本條件之一,以及大城市中眾多企、事業單位進用新人的主要考量因素㈥。凡此使得鑑定考試成爲英語教育推展的主要動力,卻也將大學英語教育導向應試教育:教師以模擬考試取代近年新編、評價頗高的六冊的大學英語統一教材和教學大綱;學生以補習班爲主,學校課堂次之㈦。對許多教師和學生而言,通過檢定考試(通常在大學2年級結束),代表著英語教學和學習的結束,因此和台灣一樣,許多教育人士抱怨大學生畢業時英語水平反而下降㈧。

台灣的大學英文教育的發展在過去10年可以說是不進反退。1990年代初,教育部爲推動國際化,一方面在高中設立第二外語選修,另方面不顧學者專家的反對,將「大一英文」改成「外文」,將大學原來的8學分英文課程減爲6學分,最後減至4學分,以便讓學生在「日文、法文、德文、西班牙文、阿拉伯文等外文擇一修習」,同時英文聽講實習亦由必修改爲選修㈨。以外文代替大一英文的政策使得長久來因屬共同科目,發展有限的大學英文教學,失去了唯一的優勢,而其他第二外語,由於各方條件不足,推動多年,至今仍是原地踏步,不僅未能如當初一些學者專家所期盼與英語並駕齊驅㈩,反如彭鏡禧所言成爲英文程度偏低的學生的避風港㈩。大一英文課程時數縮減,專業英文教課書譯本盛行。本土碩、博士生教育雖然高速成長,大學校園國際化發展進度卻是牛步,各校的碩士班招生考試中,英文成績或是不計分,或是僅作參考,即使計分,比重亦低㈩;博、碩士生不需修第二外語課程,英文課程缺乏規劃,流於形式。凡此種種,再加上就業市場技術掛帥,自然令絕大多數的中學生在踏進大學校門後,放棄了多年苦讀的英文。

伍、兩岸民間英語學習機制的發展

與學校教育相較，在提昇英語能力上，民間的培育機構角色更是重要，不僅反映英語在社會中受到的重視程度，也顯示其具有的發展潛能。本論文的重心因在人力資源的發展，因此在這部分中亦著重在從民間培育機制的發展看兩岸雙語人才資源的儲備。

一、民間英語學習資源

在台灣，經過 40 多年的經驗累積，社會資源相當豐富，從各類民間教育機構、各大學的英語推廣課程、社區大學、廣播教學、網路資訊等，以至於近年流行的不同年齡層次的遊學均可補學校英語教育的不足[72]。1999 年，借助於英語教育的熱潮，財團法人語言訓練測驗中心終於獲得教育部的委託，開始建立策劃多年的全民英文能力檢定考試。

英語培訓在大陸是一個新興市場，1998 年廣州、上海、北京私立語言學校數分別為 122、56、78，合資的語言學校數分別為 12、23、5[73]；2002 年英語成為「百億巨大產業」，英語培訓機構超過 3000 家，其中三分之一強在上海，同年，2200 餘名外藉教師湧入北京市，北京市並將開放外藉留學生教學，以應社會的需求[74]。

2000 年，大陸英語能力鑑定考試向下延伸至學童，每年考 2 次，由於通過證書據稱是世界認可，可入讀國外學校，在大陸掀起兒童考證的熱潮，被引入的「劍橋少兒英語三級水平測試」體系的英語教學亦隨之打入了小學校園[75]。目前，大陸英語培訓班有國有公辦、國有民辦、民有民辦，以及合資合辦，良莠不齊，尚需市場的淘汰。

二、英語人才的儲備

雖然在學習資源方面，台灣仍擁有優勢，但英語人才的儲備卻明顯地面對著來自彼岸的挑戰。大陸雙語人才資源的優勢可從以下三方面窺之：

(一)各種專業培訓課程：為了面對世界的挑戰，台灣知名的企業開始遣送

職工至海外接受培訓，也與知名的空中英語教室合作，成立訓練課程，但是資源和格局明顯不及大陸。Goldsten 和 Anderson 指出，自大陸決定申請「入世」，爲搶先機，美國和西歐其他國家、亞洲開發銀行、美國菁英大學，以及各國的非官方專業機構，競相爲大陸官員和產業菁英提供各種的培訓課程，從法律、經濟、智慧財產權，以至研究、語言等。這些培訓課程和研討會在大陸「入世」之後，快速擴張⑦，現今跨國公司所設立的研究機構、跨國人力資源培育機構舉辦的各種培訓班，以及國際知名的教育機構與大陸菁英大學合辦的各類培訓中心已超過百所⑦。這些均有助於大陸人力專業素質提升、國際視野的拓廣，尤其是英語語文的推展和中、英文同步翻譯人才的培育⑦，並被視爲21世紀大陸國際人才培育的搖籃。

　　(二) 外資企業：自 1980 年代中期，高薪的外資企業就吸收了大陸各名校的畢業生。2000 年，港澳台和外資企業中，大陸本土管理人員和專業技術人員達 210.9 萬人，其中 22.4 ％具大學學士以上的學位，62.5 ％的年齡在 35 歲以下⑦。1990 年代中期，大城市中挖角之風盛行，外資和大型企業，除了晉升、加薪，紛紛提供職工英語語言、專業等培訓課程。此外，2001 年美國從海外引進 11.5 萬名持 H-1B 簽證的高科技人才，其中來自中國大陸 10 ％⑧。上述這些在外資企業接受過培訓和歷練者的人才，已被視爲大陸本土企業發展的主要人才資源。

　　至於台灣，自 1991 年至 2000 年，投資件數或金額多呈穩定成長的外資於2001 年均明顯下降。該年核准外資件數是 1178 件，投資金額 76.07 億美元，分別較上年減少了 16.45 ％和 32.58 ％。外資的降低就台灣人力資源提昇的刺激因素而言，將難免產生負面的影響⑧。

　　(三) 龐大的海外留學生群：近幾年，台灣海外留學生人數縮減和我大學生托福成績的偏低，令學界和產業界爲台灣人才競爭優勢漸失頗爲憂心⑧。自1980 年代初開放海外留學以來至 1998 年，大陸出國留學人員約 30 萬，其中自費出國留學約 15.4 萬人，返回大陸者不足三分之一⑧。王希指出，大陸留學生中以留美的人數最多，學科範圍廣泛、學位層次高、學術成就亦比較明顯，自 1985 年放寬自費留學生管理後，人數大增，並於 1989～1990 學年超過台灣留美學生人數 (見表 1)。

　　1992 年，推行市場經濟之後，開始逐漸放寬私費留學政策，留學生的年齡亦因大陸人民生活水平的不斷提升，逐漸下降，現今已成爲歐美國家中、小學校招攬的主要標的。從表 1 可以看到，近兩年大陸留美學生劇增，至 2001 年已成爲台灣的兩倍，若再計入香港的留學生人數，台灣的劣勢就更明顯了。

表一　中國大陸及台灣留學美國大學的學生人數（1980～2001 年）

單位：人數

學　年　度	台　灣	大　陸	香　港
1980/81	19,460	2770	9,660
1984/85	22,590	10,100	10,130
1987/88	26,660	25,170	10,605
1989/90	28,760	29,600	10,560
1988/89	30,960	33,390	11,230
1990/91	33,530	39,600	12,630
1992/93	37,432	45,126	10,018
1993/94	37,581	44,381	13,750
1994/95	36,407	39,403	12,935
1999/2000	29,234	54,466	7545
2000/2001	28,566	59,939	--

資料來源：1. 王希，「留學生資源的開發、利用、保護和發展」，**當代中國研究**，1996 年第 3 期，頁 126；
　　　　　2.教育部國際文教處 http://www.edu.tw/bicer/chinese.htm

　　1990 年代中期之後，在大陸海外學人的呼籲下，中共對於滯留海外的人才，從批判和限制逐漸朝向「開發、利用和發展」的策略調整⑭。1990 年代後期，藉著北京市爭取 2008 年奧運會主辦權和大陸申請「入世」，中共轉以國際化、全球化等世界潮流爲訴求，將人才戰略的基點調整爲培育「數以億計高素質的勞動者和數以萬計的專門人才」。上海、北京市等大城市推出「人才高地」的策略呼應，調整長久以來的「排外」政策，向大陸各地菁英，尤其是海

外學子，打開大門[85]。據中共教育部統計，1995 年至 1999 年之間，大陸留學生回流每年平均以 13 %的速度遞增[86]。

陸、加入 WTO 之後，兩岸英語人才培育的策略

2001 年末，在加入世界貿易組織之後，兩岸從不同的角度，積極推廣雙語教育。「入世」之前，大陸的學、官就從經濟、法律、人才等層面，分析和探討因應之道，「入世」之後，即從培育國際化人才的角度著手，以培育專業知識和外語，尤其是英語能力兼備，具有國際競爭力的菁英為目標，擬定 2002～2005 年的人才隊伍建設總體目標[87]。

近幾年，台灣學界和企業人士對於大學生英語能力偏低予以高度的重視。2001 年，在一次學術研討會中，國立台灣大學校長陳維昭教授即言，「因應國際化的潮流，英語能力是決定勝負的關鍵之一」[88]。2002 年，**遠見雜誌**電話訪問台灣 867 家上市、上櫃公司，在回收 591 份有效卷中，對於台灣的大學生應加強的五項能力中，61.6 %以英文溝通列為第一優先，遠高於第二名的專業反應 (44.3 %)[89]。企業界許書楊先生指出，企業所要的人才，就是「高學歷、英文流利、態度積極進取，並具備國際觀」[90]。同年 5 月，行政院通過「挑戰 2008：國家發展重點計畫 (2002～2007)」(以下簡稱「國家發展重點計畫」)，將英語教育的推廣列為「E 世代人才培育」中的主要課題，強調培育具有創意及國際對話能力，能夠嫻熟應用資訊和英語的新世代。又另立「國際創新研發基地計畫」篇章，研擬國際化人力資源之發展[91]。

對於發展英語人才，兩岸的策略多有雷同之處，但是在實際措施方面，彼岸積極而有效率，台灣則多是尚在規劃之中，囿於篇幅，以下僅從推廣英語教育、延攬海外人才、吸引外籍留學生三方面比較分析：

一、推廣英語教育：

資源分配不均的大陸，著重在各地區各級菁英學校的英語教育的提升，主要從教學和教材的提升和考試制度的完善著手。

(一)教學與課程：推動小學、中學、大學共同英語教學教材、教學方法的

整合，各級菁英學校與英、美學校的合作，以及各級英語能力鑑定考試制度的完善。自 2001 年起，大陸開始選送 100 名中、小學優秀教師赴美國、加拿大、澳大利亞、紐西蘭等國進修。考試內容包括聽、說、讀、寫、譯五項，總分 150 分⑫。

在高等教育方面，自 1999 年，大陸便將重心從閱讀轉向口語英語的訓練⑬，並逐漸將大學英語教學分爲基礎 (1 至 2 年級) 和應用提高 (3 至 4 年級) 兩階段。前者要求不少於 280 個學時，每週最少 4 學時；後者 100 個學時，每週 2 學時⑭。近年，大陸又爲研究型和一般大學作出不同定位，前者將推動雙語教學，其比例在三年內將達到總課程的 10 ％；後者將以實用性英語教育爲主⑮。

(二) 完善考試制度：首先，全面實施 1990 年代中期，上海、廣東等地區的大學入學考試試行 "3+x" 入學考試模式的改革方案。新模式的最大特色是將英文、數學、國文列爲 3 科必考科目，取代了過去包括英文、日文、俄文等多國語文的外語科目考試。其次，自 2000 年起，大學招生考試英語科增加聽力測驗，爲因應地區發展差異，中共「教育部」還提供 4 種聽力部分百分比不同的試卷，供各地區選取。

同樣的，大學的英語能力考試亦見調整。1999 年 5 月和 11 月，北京、上海、武漢、南京等城市及數所大學的四、六級統考加考口試，次年擴大至各大城市，至今已在 26 個城市設置口試考點⑯。近年，又針對不同層次的高等院校的學生採取不同的試題：北京大學、清華大學等 8 所研究型大學，提高寫作、問答題等主觀試題的百分比；一般院校仍按昔日的方式進行⑰。自 2002 年起，碩士班統一考試中，英、日、俄 3 種外語科目加考聽力，不計入外語成績，供招收學校參考⑱。與之同時，大陸亦將加速引入各類國際認證制度。

資源豐厚的台灣，以社區大學和網路教學爲軸心，推動全民學外語、標示英語化、中小學英文教育的提升、終身教育，以及城鄉英語教育資源的平衡。進展最快的是「全民英檢」現已完成初級、中級、高級及優級的測驗。2002 年 8 月 20 日，在接受教育廣播電台訪談時，該中心副主任吳若惠指出，「全民英檢」自推出至今已達 32 萬人次報考，並成爲多家公民營機關選才和評鑑的根據。現已確定，2003 學年度起，「大學推薦甄選入學招生英語聽力測驗」亦將改由「全民英檢」中級或以上級數之初試代之⑲。此一政策對於「全民英

檢」的發展，以及英文教育的推廣，無疑地具有積極的效應。

然而，其餘的議題多只是在規劃當中，而且均面臨著各種挑戰。如前所提，城鄉英語教育資源平衡遭遇到教師不願受聘的問題。關於小學學生英語能力差距懸殊造成教學困難，雖有學者建議分級教學，卻又涉及教育公平的敏感議題，以致教育部長黃榮村表示，能力分班是社會的禁忌，教育部沒有立場實施[100]。同樣的，「E世代人才培育」以過半的篇幅規劃標示英語化，並預計以5年時間推廣。2002年8月期間，行政院悄然通過採用通用拼音，雖表示欲以補助的方式鼓勵各縣市採用通用拼音，對於國際化的先鋒部隊，每日面對國際競爭中生存的產業界以及極需與世界接軌的學術界而言，卻是徒增困擾。

至於大學英文，2001年前教育部長曾智朗在任時期曾建議各大學對大一新生進行「安置測驗」，並研議將各大學培育英文系學生與提昇非英文系學生英文能力之規劃及執行納入評鑑[101]，次年「國家發展重點計畫」中也強調將推動大專院校教學國際化，鼓勵英語授課、英文論文的撰寫。不過至今，比較具體的措施便是宣佈將實施博士候選人出國進修一年政策。至於大學本身，由於大學自主，因校而異，端視各校或各系教師的共識[102]，但據筆者電話訪談，課程或教學的改良仍待進一步的推動。

二、延攬海外人才

在學者、企業和社會的不斷呼籲之下，最近一年，台灣對於大陸海外留學生和科技人才來台工作採取了比較寬鬆的政策，於2002年1月中旬延長大陸科技人士留台年限從3年改為6年，縮短大陸經貿與科技人士申請來台手續，8月又提供薪資與津貼補助大陸諾貝爾獎得主、國家級院士、年營業額10億美元以上的企業負責人或執行長，以及國家級大型計劃主持人來台，並延長其留台期限至3年[103]。同年6月，國防役名額也開放，給予年滿18歲以前至海外求學並在國外獲得碩博士的科技人才申請[104]。但不容否認的，本土化的認同、經濟的衰退也將許多本土科技菁英，甚至仍滯留在海外的菁英推向彼岸。

大陸加速推動「引進外智工程」，向現今仍滯留海外25多萬的大陸留學生招手。2000年，上海市以「柔性人才流動」的口號，向大陸各省和海外人才招手，並提出「太平洋西岸的國際中心城市」的願景，宣稱2005年，要建

成亞洲人才資源和全國人才集聚中心⑩。

三、招收外國留學生

　　爲因應全球化的潮流，兩岸同時強調將招收外籍留學生。台灣以拓展國際視野爲訴求，但實際策略尚待擬定。大陸則是相當明確的將重心導向對外漢語教育的推廣。自大陸向世界打開大門之後，漢語學習便由台灣快速轉移至大陸，而台灣的決策或學術菁英，陷入在本土化和去中國化的爭辯之中，未能即時掌握住漢語教育的發展，任令資源流失。1980 年，大陸招收留學生 1381 人，1990 年代國際學漢語的熱潮持續加溫⑩，大陸的外籍留學生人數的快速成長，2000 年達 5 萬多人 (見表 2)，其中 2,529 人是學中文。大陸亦抓住機會，積極發展漢語教學，1998 年針對中美華人和華僑子女編寫新教材，成立對外漢語學博士學位、對外漢語教師培訓班。1990 年初開始在海外舉行的漢語水平考試 (HSK)，亦不斷擴張，至 2000 年，考試地點增加到 47 個，遍佈 21 個國家和地區⑩。入世之後，大陸學者從促進國際交流、利用外國智力(如英語教學)、提升大學經濟效益(留學生消費) 等角度，以及占領國外漢語教學市場的願景，爲漢語教學擴張定位，推動籌劃建立國家級的對外漢語網絡教育中心，並完善日漸普行的漢語水平考試⑩。

表二　大陸外籍留學生人數 (1992 年～2000 年)

年代	總人數
1992	14,000
1993	18,000
1994	22,000
1995	32,758
1996	41,211
1997	39,035
1998	43,084
1999	44,711
2000	52,150

資料來源：**中國教育年鑑** (北京：人民教育出版社)，1993 年至 2001 年。

陸、結　語

本文指出，20世紀末，由於知識經濟和全球化的潮流，以及知識的普及，以及專業知識的普及化，各國推動英語教育時，不僅只是提升人民的基礎英文能力，更重要的是培育具有國際視野的雙語專業人才。對於近年面對大陸人力資源快速發展挑戰的台灣更應如此。本文並以此一定位，從兩岸人力資源發展的背景、英文教育的發展、民間語文學習資源和人才儲備，以及「入世」後的人力資源策略等四個方面比較分析兩岸近年的中英雙語人力資源發展的比較優勢。

從本文分析中可以看出，台灣擁有近30年英文教育發展的基礎，兼之豐厚的社會資源和科技資訊，但是自1980年代以來，受到大環境的影響，台灣雙語人力資源的優勢卻明顯地流失之中。

在人力資源發展策略方面，台灣舊時經濟、人力規劃政策、教育三合一的發展政策在民主化和社會多元化發展的過程中逐漸遭到摒棄，但是新的人力資源政策卻因政爭和兩岸關係的重新定位，陷入國際化與本土化的意識型態爭論的泥沼當中，不得落實。高等教育雖然快速發展，研究所招生人數直線上升，大學國際化卻緩如牛步，再加上就業市場重技術輕英語語文能力，使得培育的人才如誠陞科技董事長盧燕暉所形容的，只能「成爲區域性人才」[⑩]。

相對的，大陸從昔日的反美、鎖國的時代，進入改革開放的紀元，勞動力市場也在國家強勢的引導下逐漸復甦；人力資源發展政策亦從意識型態掛帥轉入專業專才的發展，以至學術科技的推動和國家競爭力也相對提升。1990年代，中共積極參與國際舞台，加速經濟和人事制度的改革，並推動大陸與國際潮流接軌，以菁英取向致力推動國際型人才。

就英文教育本身而言，大陸於1980年代重新出發後，便以各級重點學校爲主快速發展，並以大學階段爲重心。英文教學大綱和教材幾經修正，大學英語能力檢定考試亦獲得社會的公信。台灣的英文教育發展重心於1980年代中期轉向小學階段的發展，卻受困於通用與漢語拼音的意識型之爭，及其與國語、鄉土語教學之間定位問題，發展速度甚慢。至於大學階段，因大學自主，掌握不易，但整體而言，大一英文時數縮減、研究所英文教學形式化、英文教

育發展不進反退。

在人力資源儲備上，台灣面對著海外留學生人數逐年減少、科技精英流向彼岸的挑戰。大陸卻擁有外資企業和跨國公司任職的優秀人才，並以各種積極的政策吸引數十萬的海外留學生返回大陸。

「入世」之後，大陸從國際人才培育和中、英雙語專業人才培育的角度規劃，台灣將焦點放在基礎英文的發展，如今還在去中國化和本土化的爭議中打轉。大陸各級學校紛紛推動英語分級教學，台灣的中、小學階段的英文教育，還在公平與效益之間找尋平衡點，寸步難移，而大學階段的英文教育改革，則因大學、系所自主和各校菁英的主觀思維而各異。在吸引海外人才，大陸以積極措施吸引滯留海外的人才，相對的，正面對著國際型人才枯竭的警訊台灣似乎回到意識型態和防堵的途徑。最後，當大陸學、官積極規劃、推廣漢語教學，為各校經濟效益的提升開路，並促進大陸與國際的互動時，台灣卻是任令原已擁有的漢語教學資源流失。

他山之石，可以攻玉，儘管大陸整體的英語教育發展，存在嚴重的城鄉差距、師資不足、填鴨式的教學等諸多缺陷，但是觀諸大陸對於中、英雙語人才培育的重視、對於英語語文能力鑑定制度的建立和發展、對於搶占漢語市場的強烈企圖心，以及對吸引海外留學生資源的積極，均值得台灣重視和學習。近年，台灣一些企業亦開始關注員工的英文能力的提昇 ⑩，筆者僅就本文之所析，對於台灣英語人才之培育提出以下建言：

首先，在全球化的潮流中，台灣應學瑞士等嬌小國家，一方面提升國民英語整體素質，一方面要提升專業人力的素質和國際視野。因此，台灣的英語教育不應停留在基礎英文的普及與能力的提升，應以過去半世紀的發展和社會資源為基礎，為初、中、高三級的英語教育的推展做一完整、宏觀的規劃。

其次，在教學方面，正視學生英語能力的差異問題，從教育機會公平而非產出公平為出發點，破除僵化、齊一的班級教學，結合社會豐富的民間資源，自小學階段起推動英文分級教學。更重要的是以積極有力的措施，推動大學普通英文課程改革，鼓勵各大學設置高級英語課程，並提高研究所入學考試英文科目成績，以解決多年來大學英語教育後繼乏力的問題，並為專業人才英語能力的提昇奠定紮實的基礎。

　　第三，加速完成普及英語的基礎設施 (infrastructures)，如強化全民英檢之功能與公信力，以爲大學甚至中學英語分級教學之參考，及鼓勵終身學習者自我提升。更重要的是擺脫中文譯音拼音系統之爭議，畢竟通用拼音只是「語音符碼」，不是語言更非文化，其主要功能在於輔助對外華語教學、其他譯音⑪，換言之，「標示英語化」僅屬於國際化基礎建設中枝節末梢。台灣應學習英國教育機構藉美語的擴張大發利市的經驗，從國際視野和兩岸競爭的角度，找出定位，發展出自己的特色，將更多的精力和資源轉入在偏遠地區英文教學的提昇、中英雙語專業人才的培育與提昇，以至其他外國語文人才的培育和素質的提昇。

　　最後，在推廣英語語文時，歐洲許多國家不約而同開始重視本國語文能力的保持和提升。教授語言者均知，第二語言的進深是建立在深厚的母語基礎上。長久以來，國人偏重在英文教學的改進和英語能力的提升，卻忽略了自己語文的教育和能力的提升。近日，我院士批評國人中文程度太差，呼籲加考作文，我教育部應藉此機會同步推動國語語文教學的改革與提昇，如此雙管齊下，必可爲台灣培育中、英文雙語人才的發展奠下良好的基礎。

＊　　　　＊　　　　＊

註　解

註① 關於兩岸人才發展現況的報導，請參閱 CHEERS 編，**搶不走的優勢：兩岸人才大車拼**(台北：天下雜誌月，2002 年 1 月 23 日)。林靜宜，「台灣科技人才爭鋒矽谷」，**遠見雜誌**，2001 年 5 月 1 日，頁 155～160。

註② 藍麗娟，「兩岸人才競爭力比較」，CHEERS 編，前引書，頁 44。

註③ 專業性的比較如徐薇，就口音、教學方式、教學系統、學習動機等方面進行比較，但是仍屬報導性質。另葉俊士的專題研究大陸大學英文課程和大學生英語能力鑑定考試制度，並由之比較近年台灣大學英文教育的發展，見李俊明、臧聲遠，「搶救台灣學生英語程度：兩岸英語能力比一比」，Caeer **就業情報**，第 312 期 (2002 年)，頁 80；葉俊士，**大陸高校英語教育之研究**，國立政治大學碩士論文，民國 91 年 7 月。

註④ Braj Kachru, *The Other Tongue : English across Cultures* (Oxford: New York : Pergamon Press, 1982).

註⑤ David Crystal, *English as a Global Language* (United Kingdom: Cambridge University Press, 1997), pp. 53～55.

註⑥ Ibid., 7～8; Cynthia L. Kemper, "Scare Bleu! English as a Global Lingua Franca?" *Communication World*, vol. 16, no. 6 (June/July 1999), p. 41.

註⑦ Alexander Macleod, "The World Rushes to Speak and Write 'American' English," *Christian Science Monitor*, September 4, 1996, p. 10.

註⑧ Charles W. L. Hill, *Global Business Today* (New York: McGraw-Hill, 2001), 20～21.

註⑨ Val D Rust, "Toward Taiwanese Educational Policy: Internationalization and Indigenization," **教育科學的國際與本土化** (台北市：揚智，民國 88 年)，頁 29～53。

註⑩ Salley Davenport, David Bibby, "Rethinking a National Innovation System: The Small Country as 'SME,'" *Technology Analysis & Strategic Management*, vol. 11, no. 3 (1999), pp. 431～462.

註⑪ Clark Kerr, *Higher Education Cannot Escape History-Issues for The Twenty-First Century* (State University of New York Press, Albany, 1994), pp. 12～14.

註⑫ Cao Xiaonan, "Debating 'Brain Drain' in the Context of Globalisation," *Compare*, 26, no. 3, pp. 267～285.

註⑬ I Seaton, "Comment: Linguistic non-imperialism," ELT Journal, vol. 51, no. 4 (1997), 381; Barbara Wallraff, "What Global Language?" *The Atlantic Monthly*, November 2000, pp. 52～61.

註⑭ Crystal 認為，英文教育的擴張所引起的國家、文化認同的疑慮，常見於前述最外層，也就是以英文為第一外語的國家，見 David Crystal, *English as a Global Language*, pp. 113～116.

註⑮ Andreas N. Papapavlou, "Linguistic Imperialism? The Status of English in Cyprus," *Language Problems &Language Planning*, 25:2 (2001), pp. 167～176.

註⑯ 比如 1960、1970 年代，美國社會和政策對於英語以外語言持以容忍態度，但是 1980 年代之後獨尊英文 (English-only) 的傾向逐漸明顯。過去十年，官方語言政策、移民、雙語教育，以及學校在社會中的角色等在美國社會中引起激烈的意識型態爭論。請參閱 Rebecca D. Freeman, *Bilingual Education and Social Change* (Philadelphia: Multilingual Matters Ltd), pp. 39～57.

註⑰ "In Europe, Some Fear National Languages Are Endangered," *The New York Times*, April 16, 2001, A. 1.

註⑱ 如瑞士、法國將英語列為第一外國語，在德國，發展各類英語授課課程列成為推動大學教育國際化的主要措施。Ibid; I Seaton, 前引文; Barbara Wallraff, 前引文。

註⑲ 李振清「英語教育三十年」，**海外學人**，2001年4月，頁24～31。

註⑳ 陸杰華，**人力資源開發與緩解貧困** (北京：新華書店，1999年)，頁10。

註㉑ Clark Kerr, 前引書，頁12～14.

註㉒ Theodore W. Schultz, *Restoring Economic Equilibrium: Human Capital in the Modernizing Economy* (Cambridge, Massachusetts,1990), p. 176.

註㉓ 李明軒、邱如美譯，波特著。**國家競爭優勢（上）**(台北：天下出版股份有限公司，民國86年)，頁114～15。

註㉔ 李明軒、邱如美譯，波特著。**國家競爭優勢（下）**，頁906～07。

註㉕ Richard Blundell et al., "Human Capital Investment: The Returns from Education and Training to the Individual, the Firm and the Economy," *Fiscal Studies*, 20, no. 1 (March 1999), pp. 1～23; Vijay K Mathur, "Human Capital-based Strategy for Regional Economic Development," *Economic Development Quarterly*, 13, no. 3(August 1999), pp. 203～216.

註㉖ 王瑞琦，**中國大陸大學聯招與高教之發展** (台北：文笙書局，民國83年)，頁42，49。

註㉗ 關於經濟改革政策實施前，大陸的人力發展政策，請參閱高長，**中國大陸人才資源分配問題之研究—從制度面分析** (台北：中華經濟研究院，民國71年9月)；王瑞琦，「論『文革』後大陸人才資源配置」。**中國大陸研究**，第41卷第6期 (民國87年)，頁81～100；廖元和，**中國西部工業化進程研究** (重慶：重慶出版社，2000年9月)，頁86～90。

註㉘ 請參閱葉俊士，**大陸高校英語教育之研究**，前引書，頁39～52。

註㉙ 請參閱鎮天錫、全煥模、張丕顯，**人力政策的形成與實施** (台北：聯經出版事業公司，民國72年8月)，第2、3章，頁15～65。

註㉚ 1962年至1966年期間，出國留學生占大學畢業生總人數22%，而1960年代至1970代，台灣海外留學生返台者不到10%。請參閱許擇昌，**從留學生到美籍華人：以二十世紀中葉臺灣留美學生為例** (台北市：財團法人海華文教基金會, 民國90年)，頁22～24；鎮天錫、全煥模、張丕顯，前引書，頁103～107。

註㉛ 此後10年，大學招生人數成長比例壓縮在3%左右。有關1960至1980年代中期，經濟建設、人力規劃、教育的關係，請參閱王麗雲，「台灣高等教育擴張中國家角色分析」，**國立中正大學學報** (社會科學分冊)，第10卷第1期，頁14～16。

註㉜ 請參閱楊艾俐，「掀起人才回流浪潮」和王行，「人才胡不歸?」，**天下雜誌**，第25期 (民72年6月1日)，頁1～24。

註㉝ 以下有關大陸人力市場的變化，請參見王瑞琦，「論『文革』後大陸人才資源配置」，前引文。

註㉞ 如1973年擬定的四年一期經建計劃，修正為至1980年的6年計畫。見鎮天錫、全煥模、張丕顯，前引書，頁32。

註㉟ 有關人力規劃的批評和教改的建議，請參見教改會秘書組，「『鬆綁』原則研究計畫案」，**教改通訊**，第3期 (民國83年12月)，轉載於賀德芬編著，**大學之再生—學術自由．校園民主** (台北：時報文化出版企業有限公司，民國80年)；**台灣研究基金會，台灣的教育改革** (台北：

前衛出版社，1994 年 12 月）；王震武、林文瑛，**教育改的台灣經驗—國民教育的政策及行政措施分析**(台北：業強出版社，1996 年)。

註㊱　林本炫，「當前學費政策的背景分析」，**國策專刊**，第 5 卷，1998 年 11 月 9 日，頁 4～6。

註㊲　行政院教育改革審議委員會，**教育改革總諮議總報告書**，民國 85 年。

註㊳　請參閱趙必孝，「我國因應亞太營運中心的人力資源規劃」，**勞資關係月刊**，第 15 卷第 8 期 (民國 85 年)，頁 464～473；簡建忠，「人力資源發展對亞太營運中心之影響」，**勞資關係月刊**，第 15 卷第 8 期(民 85 年 12 月)，頁 454～463；張丕繼，「人力發展展望」，**研考雙月刊**，第 19 卷第 6 期(1994 年 12 月)，頁 13～21。

註㊴　民國 87 年 7 月 7 日，第 11 版，中國時報以「吳大猷：過度本土化如關門做皇帝」，「李遠哲：無法立足台灣，如何國際化」為題，報導學術本土化與國際化之爭，是當時台灣社會「本土化」和「國際化」的縮影。

註㊵　請參閱藍科正、林嘉慧、吳惠林，「台灣的高級人力資源預測」，**教育研究資訊**，第 3 卷第 5 期 (民國 83 年 9 月)，頁 1～16；王昭蓉，「台灣地區民眾失業率與高教低就之研究」，民國 89 年 6 月。

註㊶　湖南大學曾對學生學習英文進行問卷調查，回答者中 60 ％選擇就業後找理想工作，44 ％為應付過級考試，12 ％為考研究所，9 ％為了解英美、4 ％為出國留學。見龔修煥，「大學英語過級考試引起的思考」，**黔西南民族師專學報**，2001 年第 2 期 (6 月)，頁 61～68。

註㊷　如黃自來，「年齡、動機與學習第二語言一兼談小學是否應教英語」，**中華民國第六屆英語教學研討會英語文教學論文集**(台北：國立台灣大學語言學研究所)，頁 191～201；毛連塭、湯梅英，「兒童學習英語之時機成效及相關研究」，**台北市立師範學院學報**，第 23 卷 (民國 81 年)，頁 23～36。「贊成小學開設英語課程者則強調國際化的潮流、國家經貿政策的配合，以及社會、家長的需求」，見陳春蓮，小學外語教學之研究，國立台灣師大學教育研究所博士論文；石素錦，「從國小英語教學談師院師資培育與因應之道」，**教育資料與研究**，第 24 期 (民國 87 年)，頁 11～14。

註㊸　對於中文拼音政策的爭議，請參閱王麗雲，「中文拼音政策的爭議與課程政治面向的反省」，**教育研究集刊**，第 48 輯第 1 期 (2002 年 3 月)，頁 98～131。

註㊹　王維貞，「從各國科學與工程博士培育看高階科技人才流動」，**科技發展政策報導**，SR9009 (2001 年)，頁 695～703。

註㊺　趙必孝，前引文。

註㊻　J. Kinoshita, "Counting on Science to Compete," *Science*, 262 (5132), 1993, pp. 348～350.

註㊼　胡德映，「中國英語教育九十七年回顧」，**山東外語教學**，1999 年第 4 期，頁 57。

註㊽　陳春蓮，**小學外語教學之研究**，國立台灣師範大學教育研究所博士論文，民國 89 年；施玉惠等，**國民小學實施英語教學之可行性探討** (台北：教育部，民國 87 年)

註㊾　陳荷榮，「培養跨世紀的英語教育人才」，**孝感師專學報**（社會科學版），第 19 卷第 3 期 (1999 年 8 月)，頁 81～84。

註㊿　「一項專業考試顯示中小學英語師資水平較低」，**中國青年報**（北京），2002 年 6 月 13 日，第 5 版。

註51　2002 年 6 月初，在華南師範大學主辦雙語教學國際研討會中，受邀的學者們均注意到，負責廣州江門市江華小學和幼稚園的雙語教育觀摩教學發表會的菁英教師，最大的弱點就是發音不準確。另見汪寶榮，「論困擾中學英語教育的四大誤區」，**紹興文理學院學報**，第 20 卷第 1

期（2000年3月），頁105～108。

註⑫　「南開雙語教學蒞港澳取經」，**文匯報**（香港），2002年3月5日；「培育國際通用人才—中學教育國際多元化透視」，**福建日報**，2002年4月4日，http://www.wisers.com.

註⑬　陳荷榮，「培養跨世紀的英語教育人才—我國中小學英語教師現狀與未來」，**孝感師專學報**（社會科學版），第19卷第3期（1999年8月），頁81～84。

註⑭　大陸某一省的中學英語教師中，只有48.3％符合規定本科畢業，46.2％專科畢業（其中60％左右，是透過函授、電大等方式取得證書），5.5％畢業於中師、研究學歷者爲零。該省因師資不足，省級以下的市、縣小學幾乎都未能設置英語課，請參閱陳荷榮，前引文。

註⑮　如北京私立匯佳學校以"新型、高品位、國際化"爲訴求，要求每個學生每年要加增1000詞匯量，並將原先6年的語、數基礎課程縮至5年，以便最後一年集中時間強化英語，引起爭議見**光明日報**，2002年6月13日，http://www.wisers.com.

註⑯　李秀芬，「學科內容本位之英語教學課程」，**教育研究月刊**，2002年第8期，頁129～143。

註⑰　戴維揚，「國小英語課程的沿革與展望」，**中等教育**，53卷第2期（民國91年），32～51。

註⑱　陳曼玲，「小英師資筆試考題難度可比托福」，**中央日報**，民國88年3月22日，轉引自教育資料文摘，民國88年4月號，頁122～124。「北市教師甄選明年起參酌英語能力」，**中央日報**，民國91年8月24日，9版。

註⑲　「教局：鄉土語言教學沒少」，**中國時報**，民國91年5月31日，第19版。

註⑳　如澎湖縣41所學校僅有3名合格認證的英語教師；台東縣則是2至3個學校被迫共聘一位教師，新竹縣十幾個小學去年一年未能找到合格教師，見「英語師資下鄉，教部有請外籍兵團」，**中央日報**，民國91年7月13日，第9版。

註㉑　見吳俊憲，「小學實施英語教育的困境與突破」，**國教世紀**（新竹），第195期（2001年4月），頁24～28；「國小英語教學問題多多」，**中國時報**，民國91年5月30日，第17版。

註㉒　一些縣以鄉土語言爲優先，至民國90年才開始試辦、規劃小學英語教育，見張湘君，「89學年度台灣北區各縣市國小實施英語教育教學情況報告」，銘傳大學應用英語系編，**第十八屆中華民國英語文教學研討會論文集**（台北：民國90年），頁553～557；沈添鉦，「台灣中區各縣市國小英語教學現況與問題」，前引書，頁558～561；蘇復興，「台灣南區各縣市國小英語教學實施現況與問題探討」，前引書，頁562～564；曾月紅，「台灣東區各縣市國小英語教學實施現況與問題探討」，前引書，頁565～569。

註㉓　如台北市決定小學全面實施英語教學，令一些人士擔憂將不利於鄉土語言的教學，見「英語當道母語閃邊」，**中國時報**，民國91年5月31日，第19版。

註㉔　胡德映，前引文，頁55，74。

註㉕　闞躍明、陸琳，「大學英語四、六級統考的正負效應」，**雲南師範大學學報**，2000年4月，頁148～150。

註㉖　如2002年5月底，武漢理工大學信息工程學院宣布，將以1200元和2000元人民幣，獎勵四、六級通過率較高的班級和個別高分的學生。見**中國青年報**，2002年6月4日，第5版。段嘉芋、周廣榮，「《大學英語》與四、六考試的相關分析」，**雲南民族學院學報**，2002年第2期，頁115～118。

註㉗　關於四、六級統考的影響，請參閱「影響我校英語三、四級通過率因素之我見」，**廣西商業高等專科學校學報**，2001年第4期（雙月刊），頁66～67；何淑貞等，「我省高校英語水平等級考試的現狀分析及對象」，**青海師範大學學報**（哲學社會科學版），2001年第3期，頁

167～170；徐春霞、高平，「大學英語四、六級考試斷想」，**南通師範學院學報** (哲學社會科學版)，2001 年 3 月，頁 134～136；田珂，「關於大學英語教學幾個問題的探討」，**遼寧教育學院學報**，第 17 卷第 6 期 (2000 年 11 月)，頁 71～73。

註⑱　請參閱周先俐，「大一英文教學之檢討」、「英文組結論報告」，大學院校共同科人文課程教學改進研討會論文集 (民國 81 年 11 月 28、29 日)，頁 65～81；「大學修英語提升競爭力」，**民生報**，民國 88 年 1 月 8 日，引自教育資料文摘，民國 88 年 3 月號，頁 133～145。

註⑲　蘇復興，「評國、高中開設第二課程」，**國立編譯館通訊**，第 8 卷第 1 期 (民國 84 年)，頁 43～45。

註⑳　「大學修英語提升競爭力」，**教育資料文摘**，民國 88 年 3 月號，頁 136。

註㉑　筆者曾比較民國 88 年，台灣大學、政治大學、元智大學、東海大學 4 所大學的碩士班招生考試，發現只有政治大學將英文列為所有系所的必考科目。東海大學，除物理 化學 生物所，各系皆考。但 2 所大學，英文成績比重均低。台灣大學僅一些專業需求的科系如語言學研究所、音樂學系、新聞所等將英文列為必考。元智大學，除管理所 藝術管理所 資傳所資訊傳媒組外，各所皆不考英文。

註㉒　謝凌惠，「英語國際掛帥，補教相輔相成」，**中央日報**，民國 91 年 3 月 22 日，第 13 版。

註㉓　龐紅梅，「中國英語教育發展趨勢」，**清華大學教育研究**（北京），2001 年第 3 期，頁 148～150。

註㉔　「群雄爭奪百億英語教育蛋糕」，**文匯報**（香港），2002 年 4 月 22 日；「英語培訓市場『蛋糕』誰能分享」，**經濟日報**（北京），2002 年 3 月 299 日，http://www.wisers.com.

註㉕　2002 年共有 8 萬名 6～12 歲的考生參加 3 月的春季考試，比去年同期增長了 58 %，見「英語考級低齡化是喜是憂？」，**新快報**，2002 年 6 月 18 日，http://www.wisers.com.

註㉖　2001 年，美國政府所支持的課程達 23 個，1998 年至今，英國、德國、日本等支持 10 個左右；非官方，如亞洲業金 (Asis Foundation)、世界銀行 (World Bank)、哈佛大學等。見 Brian L. Goldsten and Stephen J. Anderson, "Foreign Contributions to China's WTO Capacity Building," *The China Business Review*, January-February 2002, pp. 8～15.

註㉗　劉方永，「國際教育機構『開疆拓土』」，**中國青年報**，2001 年 12 月 7 日，第 5 版。

註㉘　焦紅艷，「中國培訓市場十大現狀」，**人力資源開發與管理** (複印報刊資料)，2002 年第 7 期，頁 6～7。

註㉙　非公有制企業人才調查課題組，「非公有制企業人才調查狀況」，**中國人力**，2002 年第 7 期，頁 4～7。

註㉚　黃津孚，「WTO 與人才戰略」，**經濟管理** (北京)，2000 年第 5 期，頁 6～11。

註㉛　劉任，「150 大在台外資企業」，**貿易雜誌** (台北)，第 106 期 (2002 年 8 月 16 日)，頁 8。

註㉜　教育部國際文教處處長李振清指出，台灣托福考試成績全亞倒數第 4 名，見「搶救英語能力大學備戰」，**台灣立報**，2002 年 3 月 25 日，http://www.wisers.com；請參閱林安樂，「台灣傳統產業的困境與脫困」，**經濟前瞻**，民國 89 年 3 月 5 日，頁 701～74。

註㉝　榮芳、趙勁松，「我國人力資本外流的成因分析及對策建議」，**科學學與科學技術管理** (天津)，第 21 卷第 12 期 (2000 年)，頁 10～14。據之，統計數字如下：

表一　中國赴海外留學人員統計（1978 年～1998 年）

留學國家	美國	日本	加拿大	德國	英國	法國	澳大利亞	其他
出國人數（萬）	16	5	2	2	1.6	1.1	1	1.3
已回國人數（萬）	3	2.5	1	1	1	0.7	0.6	0.2
回國率	18.8	50	50	50	62.5	63.6	60	15.4

註⑧ 請參閱 Cao Xiaonan, 前引文；李其榮，「對中國『腦流失』的有益探索—評中國腦流失在美國—90 年代中國學生、學者的觀點」，**華僑華人歷史研究**，1997 年第 4 期，頁 58～60。

註⑧ 湯華，「構築新世紀我國人才制高點」，**瞭望新聞**，2000 年 1 月 7 日，頁 3～5；北京、上海等大城取消 90 年代中期以來，對於留在本地工作的非本地戶籍的大學或碩究所畢業生採取的限額政策和徵收留下就業者巨額城市「增容費」。以上請參閱「滬寧杭爭奪優秀學子」，**中國青年報**，1999 年 12 月 24 日，第 5 版；袁夢德，「趕進浦江？登上人才高地」，**中國青年報**，1999 年 7 月 1 日，B3 版。

註⑧ 周大平，「新一代留學生回國圖甚麼」，**瞭望新聞**，1999 年第 14 期 (4 月 15 日)，頁 46。

註⑧ 培育國際型人才已成爲大陸顯學，囿於篇幅，不再此贅述，最新的相關政策，請參閱「人才戰略細化政策思路」，**瞭望新聞**，2002 年第 25 期 (6 月 17 日)，頁 26～28。

註⑧ 李振清，前引文。

註⑧ 其它 3 項依序爲溝通與表達能力(31.5 %)、團隊精神(29.1 %)、前景(21.4 %)，見林婉蓉、徐嘉卉，「兩岸人才直接過招」，**遠見**，2002 年 2 月，100～105；施鈺文，「台灣高階經理人爲大陸企業打拼」，**中國時報**，民國 91 年 8 月 13 日，第 11 版。

註⑨ CHEERS 編，**搶不走的優勢：兩岸人才大車拼**，前引書，頁 2。

註⑨ http://www.cepd.gov.tw/service/board/coun-dev/國發計畫 0617 核定版.pdf

註⑨ 兩年報考的考生集大陸中小學英語教師菁英各兩百多人，第一年平均 85 分，今年僅 80.27 分，由之亦可見師資水平的急待提升，見「一項專業考試顯示中小學英語師資水平較低」，**中國青年報**，2002 年 6 月 13 日，第 5 版。

註⑨ 高旭陽，「大學英語分級教學改革的探索與思考」，**湖北師範學院學報** (哲學社會科學版)，2001 年第 2 期，頁 98～100；何琍，「WTO 對大學英語教學的挑戰」，**學術探索**，2001 年 5 月，頁 207。

註⑨ 謝邦秀，「中國大學英語教學大綱介評」，**北方論叢** (黑龍江)，2001 年第 5 期，頁 117。

註⑨ 「教育部辦公廳關於在普通高等學校招生全國統一考試外語科中逐步增加聽力考查的通知 (2000 年 1 月 25 日)」，**教育部政報** (北京)，2000 年第 3 號，頁 119～120；張堯學，「加強實用性英語教學提高大學生英語綜合能力」，**中國高等教育** (北京)，2002 年第 8 期，頁 5。

註⑨ 何琍，「WTO 對大學英語教學的挑戰」，**學術探索** (北京)，2001 年 5 月，頁 205～8；金豔，「完善考試評估體系促進實用英語教學」，**中國高等教育**，2002 年第 11 期，頁 15。

註⑨ 龐紅梅，「中國英語教育發展趨勢」，**清華大學教育研究** (北京)，2001 年第 3 期，頁 148～150。

註⑨ 「教育部關於在碩士研究生入學考試中增加外語 (非外語專業) 聽說能力測試的通知 (2001 年 6 月 18 日)」，**教育部政報**，2001 年第 10 號，頁 471～476。

註⑨ 公營機構如內政部警政署外事部警官的任用和升遷、公費留學英語能力認定、院公證人均以之爲根據，學校如台灣大學要求民國 91 年度入學新生畢業時需通過中、高級檢定，私人機構如

國泰人壽、士林某電機公司以之爲考核人員升遷或薪資獎勵之依據。另請參閱：http://www.gept.org.tw/indexie.asp。

註⑩ 「國小英語教學能力分班，教部公共論壇決策參考」，**中央日報**，民國 91 年 7 月 13 日，第 9 版。

註⑩ **高教簡訊**，第 122 期 (民國 90 年 5 月 10 日)，頁 6；**高教簡訊**，第 123 期 (民國 90 年 6 月 10 日)，頁 12。

註⑩ 例如元智大學採取分級教學，台灣大學決定對新學年度新生採取英文水平的要求。政治大學雖然將大一英文分成兩級，但必修只有一年，並未要求初級者在通過後晉級。陽明醫學院對七年的醫科學生 6 個學分，四年制學生 4 學分。請參閱「搶救英語能力大學備戰」，**台灣立報**，2002 年 3 月 25 日，wisenews；葉俊士，**大陸高校英語教育之研究**，國立政治大學碩士論文，民國 91 年 7 月，頁 125。

註⑩ 「大陸專才來台 3 年延至 6 年」，**中央日報**，民國 91 年 1 月 19 日。

註⑩ 「小留生開放國防役甄選」，**中央日報**，2002 年 6 月 8 日。

註⑩ 龐國明，「人才市場如何直面 WTO」，**中國人才** (北京)，2002 年第 2 期，頁 9。

註⑩ 除日本、韓國，1997 年美國教育部將中文列爲高中畢業會考外語之一，2002 年美國有 300 多所大學開設中文課程。同樣的巴黎近幾年中文班也增加 10 多家，見李海績，「抓住『入世』良機提昇對外漢語教學的國際地位」。**中國高等教育**，2002 年第 6 期，頁 26～28。

註⑩ 以上請參閱**中國教育年鑑**，1999 (北京：人民教育出版社，2000 年 12 月)，頁 391～392；**中國教育年鑑**，2001，頁 282，288～289。

註⑩ 李大遂，「惟精唯一、志在高遠－爲我國對外漢語教學事業發展獻芹」。**北京大學學報**，第 39 卷，4 期 (2002 年)，頁 119～125；李海績，「抓住『入世』良機提昇對外漢語教學的國際地位」。

註⑩ 李雪莉，「台灣能培養出國際人才？大學戰全球開打」，**天下雜誌**，249 期(民國 91 年 2 月)，頁 178～184。

註⑩ 「職場英語能力需求大調查」，2002 年 9 月 3 日，http://media.career.com.tw/epaper.

註⑪ 陳世妃，「中譯拼音改變對國際接軌的影響」，**中央日報**，民國 91 年 7 月 26 日，第 3 版。

文化思潮與後學

第六篇

文化思想與科學

中國「反西化思潮」與「後學」論爭*

羅曉南

世新大學新聞系教授
世新大學通識教育中心主任

摘　要

　　1990 年代以來，中國「反西化思潮」的理路發展，可以在「後學」論爭中充分反映出來。「後學」論爭之主題雖廣泛，但最後都可歸結到對所謂「中國現代革命傳統」之價值和意義的維繫與批判。鑒於此一傳承目前仍是中共政權正當性（legitimacy）的根源，是以極力維護它的「後學」主張者被視為是「保守」的。後者欲以此傳統為依賴來反對「西方中心主義」，同時又試圖跳出「新國學」將「中國文化」本質化的譏評，卻不免重蹈將此革命傳承本質化以及一種新形式的「中國中心主義」的陷阱。之所以如此，與知識份子將其對西方文化之「反省認知」和「文化認同」混淆有關，而此又進一步關連到中國所面臨之文化轉型的雙重性：1980 年代被視為進步的有助離異「革命傳統」的西方取向的現代性力量，在 1990 年代遭到了後現代主義、後結構主義……等反現代性力量的解構，從而助長了這種反西方之「新保守」氣氛的形成。

關鍵詞：後學、後國學、新保守主義、西方中心主義、文化霸權

＊　　　　＊　　　　＊

壹、「反西化」思潮的興起

　　1996 年，幾位中國大陸的年青人，寫了一本具有強烈民族主義情緒的書籍《中國可以說不》，引起海內外普遍的關注及討論，從此一波波的「說不」

此起彼落互相激盪，書商趁機造勢，讀者趨之若鶩，於是又有續篇《中國還是要說不》的出版，更顯示這股風潮的歷久不衰。然則，有此斯有彼，特別是在海外，種種相應而起的對「說不」說不的聲音及批判，亦不甘示弱，同聲討伐①，一時之間，雙方你來我往，熱鬧非凡。經過如此一番折騰，1980年代末1990年代初以來，中國知識界所蘊釀的那股「反西化思潮」②，才日漸受到世人矚目；然而當它以一種激烈的民族主義姿態出現時，人們或則困惑於其強烈之排他情緒，或則憂心中共之國際處境，或則反思其社經背景……但對於其思想脈絡及意識型態根源卻殊少興趣，更遑論深究。之所以如此，其中一項重要原因即在於：所涉論題太廣、太過複雜，以致除了將它泛稱爲「反西化思潮」外，甚難給予較精準的定位；鑒於這種定位不僅有助於掌握此次民族情緒高漲之思想源起，而且對於了解1990年代之文化轉型、知識分子之內在困境以及可能之文化出路至關重要，是以本文仍試圖針對此一定位難題，做進一步釐清分際的工作。

概言之，此地所謂的「反西化思潮」，有三個主要流派：

(1) 以北京張頤武、陳曉明及海外學者劉康等爲代表的後殖民文化批評。鑒於他們的理論尚涉及另外兩股西方晚近思潮—後現代主義、後結構主義，所以又被稱之爲「後學」。

(2) 崔之元、甘陽等以西方「分析馬克思主義」、「批判法學」、「新進化論」爲基礎之海外新左派。

(3) 北京經濟學者盛洪，以制度經濟學的若干理論爲依據，批判西方文明的不文明終將給世界帶來大災難，拯救世界仍需依賴內在的具有和平、倫理性質的中國文明③。

三者之中，又以「後學」主張者的論點最具代表性，這不僅是因爲它們所引起的迴響最熱烈，所引致的爭議亦最多-海內外學界曾就此主題引發了多次激烈的爭論，而且還因爲「後學」本身之「後設理論」的位置，使它更具涵蓋性，可以涵蓋其他兩種流派的基本理論預設，是以本文亦將研究焦點置於此④。

當吾人仔細研讀這些論文時，不難發現這些論爭，除了由於主題廣泛龐雜外，還似乎由於雙方都爲求立場立論之無懈可擊因而在關鍵處刻意含糊，以致很難牽出一條主線來貫穿雙方各次的討論，並進而掌握這種「反西化思潮」

（嚴格應稱之爲「反西方中心思潮」）的研究理路。以下筆者擬就幾項重要論題作爲分析對象，希望能通過此分析釐清爭論之主要「思想—意識型態」脈絡，特別是各自之「後設」立場，並回答下列幾項問題：

(1) 何以 1980 年代「西化」取向之「文化熱」，到了 1990 年代卻演變出這麼一股當令的「反西化」的思想文化取向，其轉變之思想歷程如何？

(2) 何以在中共大搞「現代化」之際，卻會興起這種反西方現代化的「後學」思潮？後者似應興起於老牌現代化國家。

(3)這種思想文化取向與政治當局，特別是其宰制之意識型態，有無牽連？

(4) 何以在西方表現「激進」之「後學」，到了東方卻轉趨「保守」，常和「新保守主義」的稱謂連在一起？

(5) 此種文化思想上之「保守」取向與近年新興之「國學熱」有無關聯？

貳、「反西化思潮」中的「後學」論爭 (一)

在這場「後學」論爭中，有五項核心論題，它們分別是：(1)西方「漢學」領域內「歐洲中心主義」的問題。(2) 對「國學熱」的評價問題。(3) 對「大眾文化」的評價問題。(4) 是否西方乃是唯一的「他者」？(5) 知識份子與「人文精神」的失落。爲了表達上的方便，本節將先就有關漢學、國學、大眾文化這類較特定之文化論題作一鋪陳，其他兩項較具一般性的論題放在下節中闡述。

一、關於西方「漢學」領域內「歐洲中心主義」的問題

「後學」主張者劉康認爲，在後現代主義興起後，作爲西方學術界之「邊緣」學科的「漢學」始終未回應其「歐洲中心主義論」的批判以及相應而起的對多元文化的要求。由於缺乏學術自覺及反省，漢學的研究在過去深受冷戰意識的影響，目前又爲一種「新冷戰意識」所掣肘。這對中國現代文學研究之影響，乃是過度凸顯政治和意識型態，以爲左翼文學和革命文學不過是「社會政治運動之傳聲筒」、「意識型態的工具」，缺少內在藝術價值，只宜從社會政治史學角度來考察，不適合當成文學來欣賞和研究。如此是將政治／審美二元對立，以爲關懷政治即無藝術價值，卻忽略自己背後之意識型態⑤。正是法國

後現代主義學者福柯（Michel Focault），揭穿了西方人文學科中自由派這種人道主義神話，顯示了其中「權力與知識的串通關聯以及在歷史和審美文本中的話語形成當中的政治運作」。劉康認為，這亦反證了毛澤東 1941 年《在延安文藝座談會上的講話》中「文藝為政治服務」的觀點：

「但是正當福柯揭示權力與知識的關係……而被盛讚……人們卻……忘記……正是毛關於政治和藝術的看法激勵福柯對西方自由人道主義作激烈批判。⑥」

與劉康之「後學」立場相對立、倫敦大學的趙毅衡將前述劉之批評歸結為兩點：一、「後學」未能進入西方漢學，二、西方漢學家因中國現代文學的政治社會性而否定其價值，趙認為這是很敏銳的觀察，但劉卻據此視任何藝術都與政治權力有關，且引福柯及毛之論點為旁證，實際上推翻了他對漢學政治化的批判⑦。

上海華東師範大學教授王曉明指出，在論政治和審美關係時，毛和福柯對於政治之界定並不同。就毛以及中國人而言「政治」一詞的涵義，遠較西方為窄，是指特定之政治權力及意識型態宣傳，不同於西方那種「就人類政治活動的全部表現和影響而言」的寬泛涵義，因此未先作辨析即相提並論，實屬未當⑧。

而加州大學張隆溪教授則根本認為劉康是「以福柯來證明毛的正確」，究其實際是自我矛盾的將當代西方理論及其政治詞藻視為文學和文化研究中的絕對價值標準⑨。

二、對「國學熱」的評價

1990 年代大陸知識界，興起了所謂「中國文化復興」或「國學復興」的「國學熱」，對北大教授張頤武而言，這意味著西方中心之「現代性」知識型的衰頹，繼之而起的是一種同時能承繼並超越過去之「古典性」（華夏為中心）及「現代性」知識型的新型話語（或論述）框架－「中華性」知識型。它之凸出「中華性」並不在另立「中心」或追求什麼「文化本質」，只是要以「融入自己個性的方式」來現代化，來為世界性、人類性服務⑩。也因此，對於當前「國學熱」中旨在藉著種種「抽象表達和含混的、即興捕捉的例證為依

據」，以強化中國的「文化特徵」，企圖在此文化之「特殊性」和「經驗」中，找尋某種不變的、絕對的「中國本質」的現象，他提出了嚴厲的批判。他認為這不是傳統國學的研讀，只是一種「後國學」的研究風尚⑪。

與張頤武關注的焦點稍有不同，劉康除了擔心這種傳統文化熱潮所肇致之民族主義的本質主義（一種「華夏中心主義」）外，他也擔心譬如在「新儒家」名義下所倡導之「儒家資本主義」，事實上有助跨國資本的伸展：通過此種民族主義論述，為跨國資本之普及打下「在地化」、「本土化」的基礎⑫。

作為「後學」批判者，倫敦大學的趙毅衡則指出：在西方代表「激進」的後學，在中國卻變得保守，而「國學熱」即是這種「新保守主義」的一種表徵。他們一方面用「後結構主義」來瓦解人文精神破壞自己國家中薄弱之文化傳統，另方面又用「後殖民主義」來鼓勵文化本土化，這種將中國人限於「只能搞中國的東西」乃是認同西方資本主義文化霸權之地位，實是「投西方人所好」⑬。

趙的這種論點在經過許紀霖的批判後，與趙同一陣營的張隆溪轉而承認這種研究傳統的「新國學」不一定保守，不能與「後學」混為一談，而事實上，他指出，張頤武對這種國學研究亦甚鄙夷所以才稱之為「後國學」，趙在此顯然有所疏忽⑭。趙後來也承認「新國學」之著手重建傳統文化乃是人文建設的必要部分，只有在它「體制化」後，亦即成為現存文化秩序之辯解者時，才是批判的對象⑮。

儘管如此，趙毅衡這種對「後學」與「新國學」間關係的誤解並不偶然，稍後在《文化研究》月刊所轉載的一系列關於「新保守主義」的討論文章中，多數批判者，都明示或暗示的將二者混為一談，視「新保守主義」的必要成素是一種反啓蒙精神，反民主科學和批判精神的潮流，它們甚且還具有「官方文化」的特點，影響了「主導意識型態的領域」⑯。

針對前述（《文研》轉載之）批判，武漢大學中文研究所郭齊勇教授頗為感概指出，所以會有此誤解，正顯示他們是站在「五四」反傳統之批判立場，以致當中國大陸大多數文史哲教授、博士們都無法直接讀古書，多數高校教師都還無法「順順當當把簡易的《四書》讀下來並解釋清楚」時，就擔心什麼「國學熱」。另方面，對宋明「新儒家」以及「現當代新儒家」之區別弄不

清，將代表自由主義批判傳統之林毓生及與當代新儒家頗有區別之余英時、金耀基視國學研究或「守傳統主義者」，亦正顯示他們不了解傳統文化研究，只是一味反傳統之立場⑰。

然則，「後學」主張者對當前之「國學研究」亦不友善，認爲會將中國本質化，是一種「後國學」而大加撻伐，這點已如前述⑱。之所以會有此「誤解」並遭批判，尚有一項在論爭雙方間所隱含或至少未清楚表述的原因：「後學」對西方現代性之批判，有助一種能承諾傳統文化，質言之，即「有中國特色」的現代化道路，只是這個「中國特色」所著重的乃是所謂「中國馬克思主義」的革命傳承。對「後學」主張者劉康言，其中最凸出的似乎正是「毛思想」。

依劉康的解釋，那些將西方現代性視爲是普遍無可爭議之模式者（指「後學」批判者），他們攻擊這種中國革命傳承，視毛爲一本質上反現代的傳統主義者，耽溺於傳統文化不可自拔，這不過是一種西方霸權的表現。而毛之「馬克思主義中國化道路」實代表一種具有民族形式、已經本土化了的西方思潮，在其中，中國人民能自己掌握其革命霸權，因此這種道路是西方資本主義現代性的另一選擇，尤其有助反對其中蘊含之「經濟主義」。由於後毛時期走的正是這種現代主義的「經濟主義」的道路，結果卻興起了「民族主義的本質主義」，而後者又很弔詭的和它所反對之跨國資本主義掛勾。如是，爲了超越此困境，毛之中國革命傳承，儘管有缺陷，卻是中國現代化所不可忽視也無可避免的重要線索⑲。

鑑於此革命傳統雖受批判但目前仍是中共當局正當性（legitimacy）的主要憑依⑳，在 89 民運以後，尤其受到當局的青睞，是以「後學」主張者自難免有「新保守主義」乃至於「與政權共謀」之譏了。

三、對「大眾文化」的評價

90 年代⋯⋯初始時期，由於強大的政治原因，思想文化領域曾一度出現空白，知識分子在這一時代都表示了無言的沉默⋯⋯這時鮮有政治色彩的、集中突現娛樂性功能的文化趁虛而入，誰也想不到，

　　大眾文化竟是在這樣的時機以出其不意的方式迅速而全面的佔領了
文化市場㉑。

　　對於這種市場取向之大眾文化的興起，張頤武指出，這意味中國大陸之文
化走向已跨越了「現代性」之話語框架，而邁向一種有助民族自我確認、自我
發現，以「小康」爲中心的文化形態。就其中所體現之「文化大眾傳媒化」而
言，顯示大眾傳播已由過去之主流話語的宣傳運作轉變爲商業導向之消費運
作。也因此一向把持「現代性」話語資源的知識分子，亦日益喪失其支配傳媒
和大眾價值取向的作用。至就「文化消費化」這種世俗精神的普及言，則代表
「現代性」之終極價值和意識形態已失去自己舊有話語之中心位置，「『現代
性』的偉大敘事已悄然被『物』（商品）的光輝所取代」㉒。如是，在歡慶大
眾文化之餘亦不免有所擔憂—對「審美之泛俗化」的擔憂。這主要是指那些體
現了「後殖民」風格的大眾文化作品，如《曼哈頓的中國女人》、《北京人在
紐約》，因爲它的「美國夢」提供「『後殖民』語境中對世俗成功價值的崇
拜」，而張藝謀、陳凱歌之電影譬如《活著》、《霸王別姬》，則「充滿著
『後殖民』式的對東方與中國臆想式的歪曲」，至於巫坤寧之《一滴眼淚》或
張戎的《鴻》亦然，乃是對「中國壓抑性的大規模符號再生產」。然則，這並
不意味著文化的失敗或失落，而只是「現代性」在文化中的失敗，在此失敗
中，新的生機也就出現了，是文化走向多元選擇中新的多重可能的展示—文化
價值的多元化㉓。

　　對於「後學」主張者的這種立場，趙毅衡認爲是一種向「民間文化—俗文
化認同」的取向。他強調，雖然對於泛俗之大眾文化吾人不必勢利，「對俗文
藝的個別作品應多找其優點」，但「對正在體制化的俗文化（則）需要清醒的
批判」，不應該像「後學」主張者那樣爲俗文化崇拜製造輿論「用後現代主義
確認俗文化宰制有理」，這結果會把整個中國知識界帶上「媚俗的自殺之
路」，將導致「一個無方向、無深度、無歷史感的文化……一個俗文化的狂歡
節。㉔」

　　就「後學」主張者言，趙的說法基本是一種精英主義的立場，具有鮮明的
「訓導」（pedagogical）色彩，體現了兩種「後殖民」的表徵：一、對西方主

流話語和意識型態的強烈認同。二、對中國大陸特殊政治生活和意識型態的強烈評擊㉕。趙則強調「後學」主張者的反精英主義肯定大眾文化的立場亦是有選擇的，因而是自相矛盾的，他們強烈抨擊張藝謀、陳凱歌的作品，但對缺乏人文精神的「痞子文學」王朔的作品則一貫讚揚有加㉖。似乎對於那些被認為有「後殖民主義」風格，可能直接衝擊到中國大陸政治意識型態的，簡言之，直接挑戰到現行體制的大眾文化，「後學」主張者並不一貫堅持其反精英主義立場。

小　結

　　總括本節，可以歸結為下列幾項要點：一、「後學」主張者是藉著批判「西方中心主義」、「後殖民主義」文化風格等來維護中共現行體制及反霸之革命傳承。二、這種對體制及革命傳承的維護，就引致反對者在漢學、國學以及大眾文化的論點方面與之爭鋒相對。三、雙方爭議的主線是圍繞著西方「現代性與後現代性」之爭，但由於中國處境有別而具體表現也就很有不同，其中最凸出的一項即以毛思想為主要內涵的反西方中心主義的「中國革命傳承」成為論爭雙方攻防之焦點。四、由於雙方所在意之「傳統文化」乃是此革命傳統，以至革命前之「傳統文化」或「國學」研究並沒有人真正在意，甚或論說時亦極鄙夷。而事實上，他們對此傳統頗為隔閡，既或有所瞭解，亦往往甚為膚淺。

叄、「反西化思潮」中的「後學」論爭 (二)

　　前節中關於「歐洲中心主義」、「中國革命傳承」以及文化之「體制化」或「後殖民化的問題」，都不免會關聯到本節的兩項論題：西方是否唯一的「他者」？和知識分子及其人文精神之失落。

四、是否西方乃是唯一的「他者」？這其中還涉及一個相關的論題：官方文化機器與意識形態能否代表本土之「人民記憶」。

　　依「後學」主張者之觀點，從 1840 年開始，這個西方「他者」的強行介

入後,中國遂失去其自我中心的位置,直到 1990 年以前,中國都是以自身之「他者化」作爲中國現代性之基本特色,試圖重見其「華夏中心」的地位。1990 年代以後,文化發展進入「後新時期」(或「中華性」知識型),這是一個力圖跨出作爲「他者化」這種西方現代性的新時代,同時它又是一個通過對「他者」、「差異」的理解和對話,而重新認識並確定自我的時代㉗。基於以往的經驗教訓,又鑒於「西方現代性話語的文化霸權特徵」,特別是在冷戰後「西方的全球霸權已呈露得如此清晰的今天」,如果我們不以西方作爲「他者」,質疑並批判其霸權,那麼就會「具有異常強烈的『臣屬』的特徵」,勢將使西方的意識形態「君臨一切」,成爲一種「壓抑性的文化實踐」,更何況,在此同時,這種全球性的文化權力也創造了一種有關中國的「他性」的知識或文化想像,質言之,亦即配合跨國文化資本之運作,對有關中國特殊的政治境遇進行大規模的文化生產,這包括了西方之「人權」話語及張藝謀、陳凱歌電影中「對中國政治之刻意調用」等。至於那些批評中國大陸「新保守主義」或「民族主義」的論點,以及對中國官方體制化之宰制刻意迴避的指責,亦都與西方文化霸權有密不可分的關係,是要使中國再度變爲一個馴服的「他者」㉘。

　　事實上,對於後面這種指責,劉康亦曾強調,官方意識形態機構由於立場不一,並未像西方媒體所言,由於不斷強化意識形態控制,致使「後學」在中國之批判性不顯,更何況官方色彩較強之學者和刊物亦對「後學」這種西方批評理論保持敵視和冷漠。就此而言,二者談不上合謀或收編㉙。

　　既然目前在中國作爲「他者」的只是西方,而官方/民間之二元對立並不凸顯,那麼作爲「文化機器和意識形態爭奪」之關鍵的,同時也是第三世界文化發展關鍵的「人民記憶」,其主要壓迫自是來自西方第一世界－它的意識形態已滲透進中國文化的「形式」和無意識之中,中國文化淪爲一種「派生之物」㉚,這裡顯然未排斥官方文化機器和意識形態作爲與西方對抗之本民族代表,並因而反應「人民記憶」。

　　對於「後學」主張者的這種觀點,趙毅衡指出,這顯示他們是以東西對立代替了「以本國體制文化」爲對象的文化批判,以致無論在政治上或文化上都對現存秩序妥協,因而是一種「新保守主義」,弔詭的是這種「新保守主義」

它一方面宣稱代表「第三世界」中國的利益而反西方霸權，但同時又以西方最流行之後現代主義、後結構主義、後殖民主義理論為依據㉛。張隆溪接著也指出中國「後學」主張者的這種保守傾向：他們在西方原是對啟蒙以來之現代思想文化的激進批判者，但在東方這些批判卻變成維護本民族傳統和利益的口實㉜。

　　另一名「後學」批判者徐賁則發現這種將反西方霸權作為首要任務的批評，事實上和官方政治宣傳中之反帝、反殖以及對集體統一和民族主義的強調有著驚人的相似處。同時這種將第一世界對第三世界的話語壓迫上升為主要壓迫形式的做法，亦有助於「掩飾和迴避了那些存在於本土社會現實生活中暴力和壓迫」，因此，它不僅能和官方民族主義話語相安共處，而且以其捨近求遠、避實就虛的做法，順應了後者的利益，提供了一種極有利於官方意識形態控制和化解的所謂「對抗性」的人文批判的模式㉝。也因此，所謂「人民記憶」決不與作為民族「當然代表」的官方文化機器的歷史敘述相一致，民間記憶並不等同於民族意識，事實上根本不存在什麼「單一的」中華民族的記憶，不過是官方國家機器和意識形態之控制方法而已，其目的旨在掩飾第三世界國家之內在政治經濟文化的壓迫㉞，質言之，一種「內在殖民化」的現象。很反諷的，在此，「後學」批判者之立場似乎比「後學」主張者顯得更「後現代」，更包容「另類」的聲音。

五、知識分子與人文精神

　　隨著 89 民運後政治壓抑的增強，市場大潮的衝擊，再加上「後學」特別是解構主義對諸如「價值」、「理想」、「意義」、「崇高」、「道德」以及「終極關懷」的拆解等，這些都使得不少知識分子面臨了自我認同的危機而對自身提出了這樣的質疑：「作為一個現代知識分子，我們的安身立命之處在哪裡？如何在自己的崗位上接通知識份子的人文傳統？㉟」結果引發了一場「人文精神」的大討論。對於重拾人文精神這方面，「後學」主張者有不同的看法。

　　張頤武指出，所謂「人文精神」云云，不過就是對「終極價值」的內心需要與追求，企圖通過某種內心的修養而達到超越的境界，這是「詩意的」、

「幻想化的」，是當前文化面臨困難時，一些不切實際的、狂熱之知識分子試圖超越困境而發出的玄語言；它是 1980 年代以「啓蒙」與「代言」爲目標，以「主體」、「人的本質力量」爲前題之話語失敗後，即所謂「現代性」目標失落後，所激起的「超驗的、幻想性和帶有神學色彩之目標」，由於他們相信「人文精神」的失落是今天人類面臨的共同問題，應通過對話以達成一定的共識，因此這也是一種強烈的對「普遍性」的超驗尋求，這其中，預設了「一個與西方同質的空間」，以此超越市場化、全球化所肇致之當前文化發展的問題。這與走「後國學」路子的知識分子恰相反，後者所企圖發現的不變的中國本質乃是一種對文化「特殊性」的追求。而「後學」知識分子則超越這兩者，既擺脫「現代性」之話語，又反對普遍性／特殊性之二元對立，希望藉著對西方「後學」理論的「挪用」，以切入中國當下之狀態，以期獲得新的文化想像力和創造力，突破當前文化困境㊱。

　　劉康亦強調他們不是簡單套用西方流行理論來解讀中國，而是出於對全球化問題之考慮，不是將焦點置於現代史中之「西方宰制」或「後殖民」問題，而是目前「中國在全球文化想像的巨大引力場中的位置」。因而，他們既反對像「後國學」那樣的本土化新潮流，將中國想像爲一「絕對的第三世界文本」，亦反對西方漢學中充滿反共反華偏見之解釋模式，後者即是西方「現代性」的一種體現，「人文精神」正是在此現代性中才被強調。究其實際，這種精神不過就是一種以「市場萬能的意識形態」及「現代化的普遍性話語及其一元決定論傾向」爲基礎的對中國的文化想像，它們對「中國的現代革命傳統」全盤予以否定，這在 1980 年代文化批判中表現最明顯，因爲這種文化批判「最後變成了對革命傳統話語霸權的政治聲討，而這種聲討又與西化情緒糾纏不清。㊲」

　　至於在「後學」批判者方面，亦同意目前中國知識界所感到失落的人文精神，即是 1980 年代之文化精神。趙毅衡指出，此種精神強調知識是有價值的，思想是有意義的，人本身應得到尊重。這情形類似於文藝復興時代之歐洲，也是「五四」批判精神之延續。而「後學」主張者之共同傾向則是對「五四」與1980 年代兩次文化高揚的清算，學西方後學家拆毀自己國家中薄弱的人文傳統㊳。

　　趙特別強調此種人文傳統中所蘊含的「自我反思與批判」的精神，但他認爲這種批判精神不是中國的學術傳統，除「五四」和 1980 年代兩個很短時期外，文化批判一直未能在中國立足。然則，何以需要此種「文化批判」的精神？因爲如果沒有文化批判，文化就會缺少價值制衡，造成文化發展的偏態。鑒於體制化之文化最易造成此現象，因此文化批判之對象正是「體制化」現象，而承擔此精神的自是知識分子。雖然現代中國由於啓蒙運動的屢次失敗，在知識分子心靈上留下過重之歷史傷痕，但不應該像「後學」主張者那樣，就自我唾棄其精英地位或責任，知識分子尤其不可以放棄其對國家、民族以及人類命運的關懷。這種對「終極價值」或「普遍主義」的追求，正是知識分子之定位所在。即或他們今天已由中心退居邊緣，亦應堅守此邊緣地位盡其文化批判之責，如此才能爲此瘋狂離散之時代，找到凝聚的邊界。反之，如果像「後學」主張者那樣將「批判」視爲「控制」，進而放棄自身之文化批判的責任，轉而向民族主義立場靠攏，爲它提供方便依據，並刻意去追求「集體價值取向」，或則去鼓吹俗文化崇拜，將會給中國知識界肇致災難㊴。

　　華東師範大學楊揚教授則從 1990 年代「後新時期」文學發展的角度，批判了「後學」之「反人文精神」。他說，1980 年代「新時期」文學所體現之人道主義，後學家卻視爲是過時的東西，而作家創作中所體現之人間情懷，亦爲他們視爲多餘，而遭到解構，以致幾年後「新時期」文學中所有的人道主義價值關懷都受到嚴重消解，各種調侃人生的文學吸引了大量的崇拜者，結果，「後現代主義所謂淺度表現模式，取消了作家批評家對現實問題的緊張思考」，以致 1990 年代中國之當代文學、當代批評的質量均明顯下降㊵。

　　徐賁則強調「六四」以降中國知識分子此人文精神並未消失，只是礙於客觀政經環境，它們是以回憶胡適、顧頡剛、陳寅恪之學術史蹟的方式，來延續這種批判反思的意識㊶。

小　結

　　前述這兩項論爭可概括如下：一、所謂「西方作爲唯一的『他者』」及官方文宣能否代表「人民記憶」的論爭，追根到底，其爭執焦點仍不外對文化之體制化、（西方或官方）收編（合謀）的問題以及批判之對象是否亦應包含本

國體制文化的問題。二、關於知識分子在「五四」及 1980 年代所秉持之人文傳統定位的問題，反對者視之為「現代化」話語之遺緒，有助西方霸權，並威脅中國現代革命傳統及其霸權，支持者則強調知識分子不應輕言放棄此人文精神及文化批判的責任。

總言之，本節之爭論的焦點仍不離對體制及革命傳統的維繫和批判的問題，只是對此批判意識或文化批判傳統作了更進一步的釐清：是指「五四」與「1980 年代」之文化批判傳統。

肆、所謂「中國現代革命傳統」

前述爭論中「中國現代革命傳統」是一項凸出的主題，然則所謂「革命傳統」云云，既無關乎孫中山之「國民革命」亦與「五四」精神不相干，而主要是指「中國馬克思主義關於文化革命的理論與實踐」。之所以如此，依劉康的觀點，是因為這種中國革命之傳承可以被理解為：藉由文化革命來建立和鞏固革命霸權，而與資本主義現代性對抗⑫。

一、文化和霸權：毛澤東與瞿秋白之文化革命理論

劉康指出，他對中國馬克思主義革命傳統所做的這種葛蘭西（Antonio Gramsci）式的詮釋，並非任意或浮淺的比附攀緣，而是確有諸多重大的共同之處，例如，他們都希望通過革命來抗衡資本主義現代性，他們也都採取了類似的中心／邊緣之鬥爭策略，這又包含兩方面：(1)設定未發展之「南方」（葛蘭西）或農業之「東方」（中國）作為邊緣來反對資本主義中心區。(2) 他們都將一般視為邊緣的（peripheral）文化活動場域與核心資本主義的政經權力堡壘對立起來⑬。

這種至今尚是社會秩序正當性來源的革命傳統及意識形態，其最主要之貢獻者乃是毛澤東。早在 1920、1930 年代，劉康強調，毛就和中共另一名領導人瞿秋白一樣，已從文化和霸權之立場來理解文化革命，其後毛更將之付諸實踐，這包括在中共主政前的革命過程中。然則，中國革命傳承中此一重要向度，至今未曾予以發掘更遑論重視，此一方面由於毛共中國今日普受責難，毛

之革命傳承亦由於其內在矛盾而大遭破壞不易補救；另方面，近年對革命傳統及毛本人之攻擊亦甚關鍵：此革命傳統被視爲是現代性之障礙，而毛則本質上是一反現代的傳統主義者－他死抱中國傳統不放，毛之「破舊立新」的激進政策則被理解爲傳統「總體主義的」（totalistic）思維模式，和現代西方自由多元主義的心靈架構相互對立。在劉康看來，這種批評其實很少是針對中國革命本身而發，而主要是在反映敘述者自己多元主義之心靈架構。他們相信西方「現代性」之假定和價值是普遍可予適用的，無可爭議的。事實上，正是這些人目前壟斷了有關中國知識生產的權力，掌握了有關中國之「大敘事」的解釋模型。

要如何對付他們？我們勢必設法超越此種解釋模型，通過葛蘭西的霸權理論此一另類角度，來給中國革命提供不同之解釋觀點，俾使此革命傳承得以在較廣之現代性的衝突或鬥爭語境中，被重新定位。這其中，毛之「馬克思主義中國化」乃是考察的重點，就是說，要給馬克思主義這種外來的、城市的、世界主義的思潮賦予本土的、農民的、民族－人民的形式，俾便建立革命霸權，使農民和廣大農村地區都被改造爲革命的物質力量和基地。如是所謂「民族形式」乃是毛之「馬克思主義中國化」的核心部分，革命霸權之建立是最優先的考量，亦即「文化和美學形式」的問題被提高到革命策略的中心，其目的則在給農民灌輸革命意識，動員他們參與革命鬥爭。然則，由於毛認爲中國革命不同於俄國，不是發生在資本主義體系內，而是外於此體系，因此中國革命缺乏行動者及主體性（即充分發展之城市無產階級和高度發展之革命政黨），需要通過文學和藝術，一方面以之爲革命鬥爭之工具或武器，另方面則需要藉著霸權之維持，給農民建立新文化和主體性⑭。

二、胡風之「文化中心概念」

當革命霸權一旦建立後，在後革命之社會中，文化政策應如何著手？就中共四九年以後的歷史來看，乃是毛之霸權策略逐漸的工具化，重點在於「加強教化」而不是「民主參與」。事實上，劉康指出，「文化大革命」顯示毛在後革命時期之文化政策的重點，仍取向於「破而不立」，他可謂是一「解構主義者」，不斷去解構伴隨資本主義現代性而產生之種種文化制度。

　　與毛不同，胡風則支持在後革命之社會中，應體現布爾喬亞市民社會所具
有的那種複雜多元的特性。然則這並不是說胡要在中國重建布爾喬亞的社會，
許多西方中國問題專家從此角度來理解，因爲胡被他們描述爲一種自由主義的
反極權主義的政治異議人士。事實上，胡與毛一樣，也反對並試圖超越資產階
級文化，他與毛之不同在於他只要求「對布爾喬亞文化特色做系統性和結構性
的改造，而非徹底的拒絕或解構」。其具體表現則是在他之「文化中心」的主
張中。這概念與葛蘭西「市民社會」和其「公共領域」的概念相類似，後者指
涉一種與國家對立的，不同類群歸屬、不同利益的人民之間所建構的一種民
主、中介性的關係，在其中有所謂「有機知識分子」來爲無產階級說話。而胡
之「文化中心」則主張一種文化空間，在其中，主要是由城市馬克思主義知識
分子所組成，以執行獨立的、反霸的文化批判。這種城市的、世界性的公共領
域並不意味著就反對本土的、地域的和農村的或「民族形式」的文化空間。事
實上，胡之「文化中心」並非單一的，而是主張在不同層級需要建立各種異質
的多重的文化空間。關於「民族形式」之文化空間只是因應抗日戰爭需求是暫
時性的和策略性的，是社會、經濟條件不平衡時的文化建構。至於城市之「文
化中心」亦有其條件限制，譬如易接觸國際文化潮流，其知識分子亦應有半自
主之地位，與源起於大都會之革命運動有所牽連……等。

　　總之，胡堅持「文化中心」之多重性和多元性，在其中農村的、地域性
的、本土之庶民形式只能是其中之一種，其目的則在避免毛那種一味加強教化
而不重民主參與的文化政策可能肇致之缺失－國家獨大並將整個市民社會給吞
沒掉。也因此，他主張革命後之社會應建立在「五四」文化啓蒙所奠定的基礎
上，因爲「五四」作爲一種（文化）「革命」是由「革命的城市中產階級所領
導」，其最大成就即在其「豐富性」⑮。

三、幾項疑點

以上有關「中國現代革命傳統」的闡釋，有幾種說法頗啓人疑竇：

（一）用葛蘭西「文化霸權」的概念來詮釋毛之
　　　　「文化革命」是否恰當？

　　「文化研究」作者霍爾（Stuart Hall）在對「霸權」一詞作釐清時指出，它隱含了如下的觀點：「某些形式的統治之所以得以維繫，不是由於意識型態的強制，而是在於文化的領導權……霸權的完成，主要還在於贏得那些被支配階級和團體的積極同意（consent）⑯」。

　　另一名「文化研究」學者班乃特（Tony Bennett）也亦著重指出「霸權」不同於「宰制」（domination），後者是正統馬克思主義對意識型態的觀念，反之「霸權」則強調為了完成文化領導權，統治階級必須與對立之團體、階級和價值進行「協商」，必要時必須「妥協」，將對立的，受支配一方的利益、觀點加以「構連」（articulation），納入霸權之政治聯盟關係中，而非將對方予以抹滅⑰。

　　如是，葛蘭西之「霸權」概念甚著重「同意」、「協商」的意涵，即或不免用到強制，亦必須是「合法而正當的強制」⑱。很難想像在毛之「延安整風」與「文化大革命」中會有這種意義的「同意」，至於同「反革命分子」、「走資派」進行「協商」「妥協」就更不可思議了。這其中談不上什麼文化霸權的維繫，只有意識型態和政治的強制－宰制對方，抹煞對方，必要時，甚或採取「肉體消滅」的辦法，這裡談不上什麼「合法而正當的強制」，有的恐怕只是「無法無天」，這或許是作者在「革命」後又要去凸出胡風的主張，以救此「革命傳統」之弊的真正緣由。毛的這種文化理論與政策實踐，如果就是劉康所謂之革命傳承的話，那麼我們實在難將之視為是一種中國式的文化霸權理論。

(二) 將胡風之主張列入「中國現代革命傳統」 是否適當的問題

　　胡風在中共歷史上長期以來都被視為是「反革命集團」的領導而加以批判，一直到 1980 年代，中共開始「走資」之際才予以平反，而其文藝思想之平反則是要遲到 1988 年 6 月，其中對其「文藝思想和主張」的平反，亦只強調：是否是「小資產階級的個人主義和唯心主義世界觀的表現」，不應由「黨中央」文件作出決斷，而是應由文藝界和讀者群自己討論評定⑲。將一個長達 30 年被視為「反革命」首領之人的主張視為是革命傳統，的確令人難以接受；

其後雖經平反，但連其文藝思想之是否具「革命性」，黨中央都未作出論斷的情況下，就將之視爲是革命傳統，實難逃牽強附會之嫌。

　　進言之，即或我們接受了劉康的論斷，將其論點視爲是革命傳承，我們仍不禁要問，作爲「革命傳統」代表之一的胡風，儘管對「五四」之歐化傾向及其資產階級哲學有所質疑（詳下節），他仍堅持此文化運動的革命性，革命後之社會應建立在「五四」文化啓蒙所奠定之基礎上，然則這些主張是否亦應列入革命傳統呢？之所以有此一問是因爲，這種「啓蒙」精神正是「後學」主張者所極力反對的，它被視爲是西方「現代性」的代表，而毛革命傳統所要反的亦正是這種西方「現代性」。這種「現代性」話語從革命傳統看來，有助壓制不同邊緣的聲音，而胡風卻強調其「豐富性」，這兩者究應如何調和確是問題，如果無法調和，胡風作爲此中國革命傳統的代表之一的論點仍難以令人信服。

伍、告別「五四」與「80 年代」
文化批判傳統：革命傳統派與西化派相較

　　對「五四」與「80 年代」文化批判傳統的不同定位，是前述爭論中另一項凸出的主題。對「後學」批判者言，「80 年代」之文化精神與「五四」精神是一脈相承的，而對「後學」主張者言，也正爲此傳承關係，以致反「80 年代」文化精神時，也必須對「五四」加以清算，即或過去中共當局一向將後者亦視爲是「革命傳統」的一部分⑩。

　　「後學」主張者何以要反對「80 年代」精神呢？純就文化本身而論，這是兩種迥異的文化取向，自然互相對立。首先，「後學」所體現的是一種對80年代激進批判精神的反動，它偏愛一種溫和穩定之話語實踐。其次，過去那種普遍主義取向的對人類共同處境的關懷，目前亦予以放棄，轉爲特殊主義取向（例如個人境遇）之關懷與思考。其三，80 年代所追求的終極價值、目標、信仰，則在「整體主義」、「本質主義」的罪名下予以放棄，目前著重的是具體、局部的問題的解決⑪。

　　然則，除了這種表面因素外，還有更深層之文化心理方面的因素，這涉及社會中心價值之解體與知識分子之精神危機這兩方面。「後學」主張者之一的陳曉明在剖白其心路歷程時，給我們提供了答案：

> 經過 80 年代前期文化洗禮的人們（例如我本人），總是難以忘懷那些熱鬧的場面。雖然 80 年代上半期的文化存在諸多的誇大，自以為是的種種謬誤，但是，那畢竟是一個在文化上有追求的時代，畢竟還有一部分懷有真實的人文主義理想的知識分子。雖然我和我的同輩人未必贊同那種理想，然而在情感上卻又存在深深的懷念。當我對 80 年代後期直到 90 年代初期的文化現狀進行抨擊時，我感到我不僅陷入矛盾的困境，而且陷入一種深深的近乎感傷的忿恨。80 年代的知識分子主流文化對我這個年齡層次的人來說，一直是一個巨大的屏幕，我們懷著興奮的心情觀賞，偶爾也參與，隨後卻在努力等待這個偉大神話的破產。80 年代後期『卡理斯瑪（charisma）』解體的實現，其實也正為我們這輩人在文化上衝鋒陷陣提供了一個戰場，然而，不曾料到，文化上的潰敗是如此迅速而徹底，歷史沒有如期提供另一地盤，而是根本就沒有那一塊地盤。我們不得不在批判 80 年代文化神話內容的同時，卻又懷念那樣一種文化形式……⑤。

　　陳曉明的表白顯示在 1980 年代高昂之理想主義、啟蒙的話語和其倡導者偉岸高大之形象，到了 1990 年代都已為歷史的浪潮拋諸腦後。這一方面因為政治權威的干預，否定了知識分子文化「創造者」的合法地位，使得這種強調啟蒙凸顯「人」之價值的知識分子精神信念，無法真正構成社會的中心化之價值系統。其次，日益增長之新思想、新知識體系，對於仍停留在古典人道主義水平上建構之理論、思想規範形成衝擊。年青一代知識分子已不滿足於人道主義、人性論、主體論等之理論命題。其三，商品大潮衝垮了知識分子「啟蒙」導師的地位。在過去政經一體化時代，知識分子雖經過多次思想改造和清洗，仍得在民間受到景仰和尊重，而當前由於知識「迷信」已迅速為金錢神話所取代，知識分子始終維繫之集體身份的優越感不再能維繫了，隨著知識分子經濟地位之嚴重失落，其講述的「人」的價值、尊嚴、神聖性等神話也就不

攻自破了㊿。

　　如是，社會中心價值的解體，就給「後學」批判者提供了一個「反文化運動」的歷史場景，以致一時之間，文化學術領域內消解價值、消解意義、消解所有深度模式的主張風起雲湧。這種純然的「消解」似顯示了這樣一種取向：他們逃避，但不是逃避現實，而是逃避對現實的惡劣思想進行反抗；他們雖也追求解放，但不是擺脫消極東西的解放，而是擺脫深度思想的解放。而這樣的文化取向，亦正反映了知識分子所面臨的這場危機是一場空前的精神危機：

> 知識精英新創建的主體話語遭到了大眾的拒絕和置之不理，……邊緣化日甚一日，不僅在政治上、經濟上同時在文化上也徹底邊緣化了。知識分子已無法找到自己在社會上的位置，他們對社會生活中的介入已完全喪失了可能性。這一切都是在社會統一價值觀念解體之後造成的必然結果。後現代主義文化在這種的文化情境中……迴避了對終極價值、終極關懷的探尋與追問……它實行的完全是另一套文化策略……它的能指徹底擺脫了預定所指的規約，後現代主義的任何文本中，所指均拒絕出場或在無限的拖延中永無歸期，這就是「意義的消解」，……它永遠處於「精神的零度」㊿。

　　如是，社會中心價值的解體以及知識分子知識的精神危機這二者既給「後學」的發展提供了前提，同時亦隨「後學」的發展而發展，這種除了尊重「解構」外，卻迴避新的文化精神建構的文化思潮，很自然的會以仍然潛藏在許多知識精英內心深處的，而目前非主流的那種「80 年代」文化批判傳統，作為「解構」的主要現象。

　　然則，對於意義和價值的消解，我們亦不宜過度推論，畢竟，對中國的「後學」主張者而言，他們要消解的似乎多少有點矛盾：只是指主流的、資本主義現代性所預設之西方中心的價值和意義，而不包括西方非主流的、批判的以及東方的、本土特殊的價值和意義，而知識分子之精神危機，在社會中心價值解體後，仍然可以在其他非中心的，甚或極其弔詭的在後現代、後殖民的話語中重新予以定位。這或許在 1980 年代之啟蒙落幕後，陳曉明仍然要求要有「文化上的創造者」，期望他們能「提示歷史進步的方向」，調整社會之價值

立場，確立新型的社會理想之故。而劉康之服膺「批判理論」亦被認為是「這個理論包含著對於『邊陲』性體驗的明確肯定，可以借來為自己的精神立場服務」，在他們這種「激進的批判姿態背後，就正隱存著一種力圖通過批判來自我確認、自我定位的努力」。質言之，亦即「後學」主張者在表面戲耍之後，對一切不在乎之後，仍極其自我矛盾的保持著對「終極關懷」的意向㊺。

然則，何以「後學」主張者在倡導解構一切終極價值及關懷之餘又有所保留？情形似乎是這樣，由於當中國「後學」去反「五四」及「80年代」文化精神中預設之西方中心主義時，會給自己造成一種困境，亦即「後學」本身也是一套西方理論，如果要以它為依據來對時代進行批判或詮釋仍難逃「西方中心主義」之譏㊻，而去凸顯中國傳統，又有將中國本質化的疑慮，可以說正是在此重重考量以及前述「終極關懷」的催迫下，那種被認為是體現了反西方現代性之「中國現代革命傳統」於是才有機會被提出並予以強調，這可以從劉康論述此傳統建構者之一的瞿秋白時多少得到佐證。依他的說法，瞿氏主張一種「文化革命」，但非「五四」那種文化運動，因為「五四」雖有積極進步的意義，但是一種「具有強烈歐洲化傾向的資產階級文化運動」，「五四」之知識分子仍強烈的與中國現實和工人群眾脫節，即或到了1920年代後期接受了馬克思主義的轉折，也仍然無法避免這種西方霸權話語的「知識型暴力」（episteme violence）和西方資本主義現代性之意識型態，也因此瞿才要求進行文革，以打倒西化知識分子和中國人民間的這座大牆。而瞿對「五四」傳承「西方中心」取向的批判，劉康指出，亦正是今日後殖民主義者所企圖去揭露的㊼。

由上，我們可以如此說，「後學」主張者之所以要反對「五四」以及「80年代」之文化批判精神，而這種反對後來又自我矛盾的是「選擇性的解構」，追根究底其原因還在於他們維繫「中國革命傳統」的價值和意義，似乎他們一旦掌握了這個傳統，對於「後殖民」乃至「後現代」的探索，就可以如張頤武所說，跨出了舊的「他者化」（西方化）的境遇，同時亦可超越普遍性／特殊性以及古典／現代的二元對立㊽。然則問題是一旦他們堅持此傳統，並以之為依據來強烈批判反對者時，難道就不怕將此傳統「本質化」了？

鑒於此傳統目前仍是中共政權正當性之基礎，「後學」主張者也一向缺乏

甚且迴避對「體制」的批判，這點是「後學」批判者早已指出的，是以確有將此傳統「本質化」或「終極價值化」之虞，然而，這並不意味著「後學」對此革命傳統之外的傳統文化亦另眼相待。事實上，它與「西方」一樣都被視為是「他者」，而這個「他者化」的觀點，亦為許多「後學」批判者，或「五四」和「80 年代」文化批判傳統之繼承者所分享。似乎對於批判雙方內容而言，都接受了前述「革命傳統」對中國傳統文化之定位：一種封建文化，缺乏進步意義，應予譴責或翻修，卻無視或至少是輕忽了其中可能蘊含的豐厚的批判潛力。反倒是詹明信（F. Jameson）注意到了：「第三世界的本文，甚至那些看起來好像是關於個人和力必多的本文，總是以民族寓言的形式來投射一種政治」(59)，這其中所蘊含的不僅是一種對當代中國政治所做的投射，甚且還可以體現「第三世界固有文化的生產對第一世界文化奴役的反抗」(60)。更何況傳統中國文化與西方後現代理論亦多有匯通之處，強調這種論點的學者賀耳（David L Hall）就提醒我們：當代中國人不要因為現代化就拒絕古典中國，因為現代化目前正進入一個在意識型態與古典中國甚類似的時期。是故與其在現代西方制度和修辭中去找尋文化調適的模式，不如到後現代的西方以及古典同時也是後現代的中國去尋求解藥(61)。

陸、「後學」為何在中國轉趨保守？

對「五四」與「80 年代」文化批判傳統的解構，終究言之，是為了要維繫所謂「中國現代革命傳統」，而後者又可連貫到「漢學」、「國學熱」、「大眾文化評價」、「西方作為唯一的他者」等此次論爭中的每一項主要論題，也因此這一革命傳統表面上雖未曾正式出場，但實際上卻是此次論爭中最關鍵的後設題旨，「後學」主張者正因為始終堅持此一後設立場，以致在每一論題上都與不同立場者起了衝突，也因此對此種後設立場之堅持而被冠上文化「新保守主義」者之名，然則「後學」主張者何以要堅持此一看似過時、保守而又迭受批判的傳統？這裡就回到本論文一開始筆者所提出的一個問題：「後學」在西方是一個激進的能對「西方中心」之主流意識型態挑戰，向文化上之「他者」開放的理論，而到了中國卻變成維護主流意識型態，排斥「他者」的

「新保守主義」？

撇開政治因素不論，單就文化本身而言，這關聯到「文化認同」以及當前中國文化轉型之「雙重性」的問題，又可分兩方面來說明：

一、知識分子對西方文化的「反省認知」
轉為「文化認同」問題所致

毫無疑問，反資本主義現代性本是西方「後學」的主題，然而在中國，現代化方才展開，且是以「後社會主義」的方式展開的，質言之，亦即社會主義仍在此「從資本主義吸取經濟活力之過程中」扮演「守護」社會主義目標防止「復辟」的角色⑫。在此重重防禦下，何以仍如此激烈的反資本主義現代性、反西（方中心）化？

許紀霖在此反西化思潮中看到了「文化認同」問題的凸出：「非（反）西化思潮的真正旨趣不在認知，而在認同」，它起源於那些原先西學或西方留學之知識分子對西方文化和西方模式的反省，後來卻意識型態化、簡單化了，成為一個涇渭分明的立場選擇的問題⑬。

這種對西化思潮的反省，據許指出，有知識理論和社會學這兩方面的原因：一、就知識理論言，當他們對當代西學（特別是「後學」）涉獵日深時，日益理解到過去視為具普世性的現代化原理，原來不過是西方知識系譜中主流的話語，有其特殊歷史／文化的侷限，與中國國情大有隔閡。然則他們並未因此向過去文化保守主義那樣，以國學對抗西學，而是轉向西方之邊緣話語，如後殖民、後現代文化理論中，去尋找知識靈感，以發掘適合中國國情之現代化模式。二、就社會學言，1990年代以後，中國更多的捲入了世界體系，綜合國力增強之同時與西方利益衝突日益直接，在西方美麗話語背後發現醜陋之權力關係，大大刺激了這類知識分子之民族情緒⑭。

這種「反西化思潮」如果是建立在對西方文化的再認識，對一味西化這種現代化道路的反省上，自有其正面意義，但是由於知識分子之「文化認同」危機，直至1990年代仍是知識界普遍的現象，是他們從事知識再生產和社會模式再設計過程中無法抹去的內心焦慮，而「反西化思潮」則給此一複雜的，「本來應該在知性實踐中進行探討、實現、重構的問題」加以簡化、意識型

態化，化約爲這種結論：西方主流話語問題多多，必須回到中國歷史或現實中去尋找文化認同之對象㉖，結果，在以「後學」爲反西化思潮依據的這一類知識分子中，就建構起一種關於「中國現代革命傳統」的文化烏托邦。

二、「文化轉型」之雙重性、認同危機與保守取向

文化認同危機也關聯到「文化轉型」。所謂「文化轉型」，依樂黛云的理解，是指在一特定時期內之文化發展明顯產生危機和斷裂，同時又進行急遽的重組和更新。如西方之文藝復興及中國之「五四」時期。她指出，文化發展總是通過「認同」和「離異」兩種作用來進行的。其中，「認同」表現爲與主流文化一致的闡釋，對異己則排斥壓抑，以鞏固主流文化已確立之種種界限和規範，使之得以發達和凝聚。「離異」則表現爲批判和揚棄，即在一定時期內對主流文化加以否定和懷疑，打亂既成規範和界限，對被排斥之力量加以兼容，把被壓抑的能量釋放出來，因而形成對主流文化之批判乃至顛覆。當文化認同危機發生，這時，「離異」力量占主導地位，就形成了「文化轉型期」，這時期要求「變古亂常」而致「文化外求」，這包括外求他種文化及求助邊緣文化等㉖。1980、1990 年代，西方從重視啓蒙理性、元（後設）話語、元敘事、體系性、中心性之現代主義文化往反對啓蒙、理性、科技、反元話語（或敘事），重視「局部」要素、去中心性之後現代主義文化轉變時，即可視爲是掌握全球文化霸權之西方文化在當代的轉型。鑒於此種文化轉型之具全球性質，而日益捲入世界資本主義體系之中國，自不能不深受其影響。1990 年代中國之「後學」正是在此背景下應運而興。

然則，稍早之1980 年代開始，中國自身即已在進行一場重大的文化轉型：以「西化」之資本主義現代性爲主導力量，去「離異」那種以中國馬克思主義（或「革命傳統」）爲主的所謂「傳統文化」的認同，質言之，亦即當中國正運用西方之現代性解構傳統主義時，西方之現代性亦正遭受後現代主義的解構；鑒於後者之全球化的影響力，當中國「後學」在 1990 年代興起時，中國之文化轉型可謂具備了一種獨特的「雙重性」：一方面西方現代性作爲一種進步的力量正在解構、離異那種對「中國馬克思主義」或「革命傳統」之認同，而另方面「後學」的出現，基於它天生反現代性的的取向，很自然的就成爲一

股去抵制或反對目前在中國尚具「激進」意義之「現代性」的「保守」力量，這與它在西方同樣的去顛覆那種目前已被視爲「保守」之現代性並因而被定位爲具有「激進的」意義，這種不同的際遇，不同之定位純粹是雙方所處結構位置不同所致，同時亦可視爲是在地性之方社會實踐日益「全球化」所致，與個人之主觀願望無甚關聯。當然，「後學」主張者仍可能主動的往「反體制」、「反華夏中心主義」的方向去解讀，但正如前述，從 1980 年代起這些知識分子就已普遍分享了一種「文化認同」的危機意識，新的轉型只能深化而非減緩此危機感，結果這種主體的「能動性」並未往「批判同時自我批判」的方向發揮，反倒與其外在之結構性力量一致，都取向於一種文化的「新保守主義」。

　　以上，我們就「認同取代認知」以及當代中國文化轉型之「雙重性」這兩方面，說明了「何以『後學』在中國會轉趨保守的問題」，然則，必須提醒的是，當我們說「後學」在中國還主要表現爲一種「保守」力量時，這並不意味著：一、它在西方就必然「激進」。二、它在中國不具有激進的潛力，特別是就長期而言。

　　首先，就第一點而論，事實上，在西方批判「後學」保守者大有人在，「後學」批判者常引用之哈伯瑪斯（J. Habermas）就曾視福柯等爲「青年保守主義者」，認爲「後學」在反現代批判理性的浪潮中，並沒有能提出解決現代性危機的方案，反而放棄了烏托邦，放棄了改革的希望和努力。他們所倚恃的主體的審美的直觀，並無法對抗經濟和行政的理性化趨勢；反而，審美主義之話語卻成爲維護現況的工具，是以說他們是保守的⑰。此外，詹明信，亦認爲後現代文化只是一種墮落、頹廢，只重當下即時快樂、缺乏深度的統治階級的文化⑱。伊格立頓（Terry Eagleton）則就逕自指出「後學」同時具有「激進」和「保守」兩種面向，一方面，由於其解構邏輯，放棄了文化之宗教角色，不再提供「基礎」，因而有助挑戰意識型態上層結構；但另方面，它本身推銷「差異哲學」，這乃是對資本主義市場邏輯的模仿，有助夷平一切獨特價值和認同，破壞一切堅實之基礎而趨向於任意性、相對性、機遇性。如此，對文化差異性之珍惜，結果卻適得其反的積極貢獻於全球文化的同質化⑲。

　　「後學」既然同時具有「激進」和「保守」兩面，那麼目前在中國還主要表現爲「保守」的「後學」，亦不排除它有某些「激進」的方面，特別是就長

期言，「後學」之解構邏輯，勢必威脅甚且顛覆目前極力維護之「體制」，這包括所謂的「革命傳統」。當然，「保守」也不一定就不好，「激進」也不一定就代表好，關鍵還在於保守或批判之「價值」或「內容」是否是大家所珍惜或反對的，但現代中國之知識分子卻普遍的擔心自己被定位為「保守主義」或「保守主義者」，這倒是另一個需要反省的問題。

柒、結　論

在第三世界國家現代化過程中，「文化認同」的問題，始終是一個困擾人而又無法完全避免的難題，對於一向強調「使命感」之中國知識分子言，尤其如此。然而，也正因為同樣的一份使命感，才使得他們必須承擔起給民眾「啟蒙」的艱鉅工作，只是，在「啟蒙」所肇致之文化轉型過程中，「認同」的問題一旦被凸出，現代化之走向遭受質疑，並超過了「認知」問題時，啟蒙就不得不暫緩或中止，這正是 1990 年代「後學」作為一種「反西化思潮」而興起的心理文化背景。「中國現代革命傳統」也正是在此情境下被提出，以之對抗所謂「五四」和「80 年代」之文化批判傳統。

誠然，知識分子對「文化認同」的執著，本無可厚非；以何者為認同對象，外人亦無置喙餘地；但「認同」問題時不應與「認知」問題相混淆。特別就知識分子言，對真理的追求更不應屈從於一時的感性衝動，必須明辨其分際。而「後學」主張者對待前述「中國現代革命傳統」的態度，卻在認知和認同方面造成了分際上的混亂。事實上，所謂革命傳統云云，說穿了不過就是毛思想的傳承，是對毛思想之補充、修正並順應時代需求給予新詮。它之所以在此次論爭中又受青睞，據說是體現了反資產階級現代性的意涵以及一種從上層建築來反西方霸權的理論。然則毛思想作為一種文化霸權的理論，其困難已如前述，至於作為一種反資產階級現代性的理論，究其實際，亦問題多多。

平實而論，毛澤東時代，中國現代化甚落後，談不上什麼「反資本主義現代化」的問題，否則 1979 年以後也不必搞什麼「改革開放」了，至於要在黨內找「走資派」就更可謂是時代的誤置了。而毛所反對之「官僚主義」，今天看來，主要是指那種非理性之「傳統主義」，那種「舊社會的衙門作風和反

映」，其根本原因還在於中國社會之不夠理性化，與現代國家官僚體系之科層理性化的問題實不甚相干⑦。

　　何以毛的這類觀點會被「理想化」爲「反資產階級現代性」的典範呢？追本溯源，與西方學界特別是那些左傾的、批判性的知識分子脫不了關聯。這些知識分子由於對自身社會過度現代化、過度工具理性化的不滿，以至對中國社會寄與某種期待，至於這種期待有多少現實基礎並不重要，一如當年伏爾泰讚賞中國時，他實際上對中國並不了解，甚且可謂有頗多誤解。是以對中國社會文化甚有研究之學者史景遷（J. Spence）才如此說：「西方人對中國的興趣是不受中國的歷史現實左右的，我所讀到的大多數作家都是在他們感到自己所處的文化前途未卜的時候開始研究中國的。對於那些深懷不安全感和焦慮感的西方人來說，中國某種程度上成了他們的一條出路或退路。」極端之例即是他們對文革的謳歌⑦。

　　沒想到在「改革開放」後的今天，「後學」主張者卻一再引用馬庫色（H. Marcuse）、阿圖塞（Louis Althusser）以及福柯來凸顯毛之影響性並爲「中國革命傳統」辯解，難怪反對者要說他們是「以福柯證明毛的正確」，混淆了毛和福柯對「政治」一詞之意涵。

　　換言之，在西方語境中所理解之毛思想、毛路線，就中國而言，往往是頗斷章取義的。在中國語境中，毛的立論，一般被定位爲「上層建築決定論」、「生產關係決定論」、反現代之「傳統主義」等，即或在其中發現了某些反資本主義現代性的要素，或找到了霸權理論的蛛絲馬跡，亦難以使人承認這就是其思想之主要內涵，更何況目前亦有許多證據顯示毛思想中亦蘊含了不少現代主義的要素，且助長了鄧小平時代現代化的發展⑦。

　　如是，「後學」主張者以在學理上甚且爭議性的觀點來「理想化」毛之思想路線，並爲其作爲認同對象提供辯解，這在情感上可以理解，但在「反省認知」面向上，的確值得商榷。

　　進言之，即或我們承認它可以被定位爲一種「反資本主義現代性」的理論，我們亦應極力避免將它本質化，成爲一種以它爲基礎的「反西方」的理論模型，畢竟「後學」主張者之所以反「啓蒙」、反「五四」和「80年代」批判精神，其核心觀點之一即在反對其中所隱含的基礎主義的、西方中心主義的

本質化的取向。而這種激進的「反西方」的理論典範，依學者周蕾的看法，實有助於以「西方」作爲（即或不是「唯一的」而是）「偏愛的它者」（preffered Other），持久彼此之對抗關係，同時也將忽略對中國自身之霸權、對它自身之「文化中心主義」的反省，在其中，作爲其他的中國人的文化空間，譬如台灣、西藏或香港，都遭到無情的壓縮或宰制㉝。雖然說，這些地域的文化也可以涵蓋在「中國文化」之下，但卻是「另類的」，有其不同之歷史、認同和文化經驗，非單一總體的「中國文化」一詞可以完整涵蓋，更遑論什麼「中國現代革命傳統」了。也因此，在文化轉型過程中，即或「認同」問題重要，也不應迴避對自身體制文化的批判，以免落入自己所批判之本質主義的陷阱，這尤其是指那種「中國革命傳統」，而所謂「中華傳統文化」反倒在其次，因爲後者始終是「後學」主張者所刻意保持距離乃至嘲諷的對象。

其實，何止是「後學」主張者，即或是「後學」批判者這一邊，他們對於此傳統文化亦語多輕蔑，這由前述趙毅衡之評「國學熱」可見一斑，雖然他後來多少修正了這種立場，但既然他們作爲「五四」批判精神的繼承者，他們的這種「反傳統」的取向也完全是可以理解的。

弔詭的是，不論他們如何刻意去疏離或反對這種傳統文化，在此次論爭中，雙方對於「國是」問題如此的關心與投入，卻正顯示了此傳統文化賦予給所有中國知識分子的那份使命感：「家事、國事、天下事，事事關心」、「國家興亡匹夫有責」……。似乎這種在賀耳看來具有「後現代特色」而又與他們始終糾纏不清的傳統文化，才是此次「後學論爭」中真正應予以重視，而實際上又爲雙方都忽略的一環。

　　　　　　　　　　*　　　　　　　*　　　　　　　*

註　釋

* 　本文原載於「東亞季刊」，第31卷第4期（民國89年秋季）。

註① 　宋強、張藏藏等著，中國可以說不－冷戰時代的政治和情感抉擇（北京：中華工商聯合出版社，1996年），續著中國還是要說不－國際關係變數與我們的現實應對。又，對「說不」說不的論點請參閱蕭旁主編，中國如何面對西方（香港：明鏡出版社，1997年）。

註② 　參照許紀霖，「文化認同的困境－90年代中國知識界的反西化思潮」，戰略與管理，1996年5月，頁100～103。許紀霖，「一個巨大而空洞的符號」，蕭旁，前引書，頁57～68。

註③ 　許紀霖，「文化認同的困境」，頁101。又，所謂「後學」一詞，這最初是倫敦大學趙毅衡的用法，以後為學界普遍採用。見氏著，「『後學』與中國新保守主義」，載汪暉、余國良編，90年代的後學論爭（香港：中文大學出版社，1998年）（以下簡稱論爭），頁137～138。

註④ 　其中香港中文大學匯集之專書90年代的後學論爭，1995年大連外語大學「文化研究：中國與西方」討論會論文，以及1997年人民大學書報資料中心文化研究月刊所刊載的相關論文，是本文研究的主要依據。

註⑤ 　劉康，「中國現代文學研究在西方的轉型：兼答林培瑞、杜邁可、張隆溪教授」，論爭，頁4～7

註⑥ 　Liu Kang, "Politics, Critical Paradigms: Reflections on Modern Chinese Literature Studies," *Modern China*, 19 (January 1993), p. 14. 論爭，頁141、171。

註⑦ 　論爭，頁141～142。

註⑧ 　王曉明，「在批判的姿態背後」，論爭，頁172。

註⑨ 　論爭，頁172。

註⑩ 　張頤武、張法、王一川，「從「現代性」到「中華性」－新知識型的探討」，文藝爭鳴（長春），1994年2月，頁16～18。

註⑪ 　張頤武，「闡釋「中國」的焦慮」，論爭，頁52～53。

註⑫ 　張頤武，「全球化與中國現代化的不同選擇」，論爭，頁38～39。Liu Kang, "Hegemony and Cultural Revolution," *New Literary History*, 28 (1997): pp. 84～85.

註⑬ 　論爭，頁147、152。

註⑭ 　張隆溪，「多元社會中的文化批評」，論爭，頁184～185。

註⑮ 　趙毅衡，「文化批判與後現代主義」，論爭，頁162。

註⑯ 　周曉明，「一種值得注意的思想文化傾向：新保守主義」；昌切，「新保守主義泛起的背景」；王又平，「新保守主義：當下的文化反諷」；鄭曉芒，「魯迅精神與新批判主義」，載文化研究，1997年1月，頁13～18。原載華中師範大學學報，哲社版，1996年5月，頁1～8。

註⑰ 　郭齊勇，「評所謂「新批判主義」」，文化研究，1997年6月，頁37～39。原載華中師範大學學報，哲社版，1997年2月，頁1～3。

註⑱ 　它們在這方面亦多少關聯到「五四」之反傳統，儘管在對「現代性」立場上二者明顯區別，容後論之。

註⑲ 　"Hegemony and Cultural Revolution," pp. 78～79, 84～85.

註⑳ 　*Ibid.*, p.71.

註㉑ 孟繁華，眾神狂歡—當代中國的文化衝突問題（北京：今日中國出版社，1997年），頁13。
註㉒ 張頤武、張法、王一川，前揭文，頁13～14。
註㉓ 同上，頁14～15，論爭，頁48，71。
註㉔ 論爭，頁152～153，159。
註㉕ 劉康，「全球化與中國現代化的不同選擇」，論爭，頁45～46。
註㉖ 論爭，頁148。
註㉗ 張頤武、張法、王一川，前揭文，頁8～9，12。論爭，頁28。
註㉘ 同註㉕ ，頁45～49。
註㉙ 論爭，頁28，37。
註㉚ 張頤武，在邊緣處追索：第三世界文化與當代中國文學（長春：時代文藝出版社，1993年），頁77，80～82。論爭，頁97～98。
註㉛ 論爭，頁137～154。
註㉜ 張隆溪，前揭文，頁179。
註㉝ 論爭，頁48，91，180。
註㉞ 徐賁，「『第三世界批評』在當今中國的處境」，論爭，頁99，101～102。
註㉟ 同註㉑ ，頁223。
註㊱ 論爭，頁51～54。
註㊲ 同上，頁35～38。
註㊳ 同上，頁146，152。
註㊴ 同上，頁146，148，153～154，162。
註㊵ 楊揚，「先鋒的遁逸」，論爭，頁204～205。
註㊶ 徐賁，「再讀中國『後學』的政治性和歷史意識」，論爭，頁133。
註㊷ "Hegemony and Revolution," p. 71.
註㊸ *Ibid.*, pp. 70～71.
註㊹ *Ibid.*, p. 71, pp. 78～79.
註㊺ *Ibid.*, pp. 81～84.
註㊻ Stuart Hall, "The Rediscovery of 'Ideology': The Return of the 'Repressed' in Media Studies," in Michall Gurevitch, Tony Bernnet, James Curran and Janet Wollacott, ed., *Culture, Society and the Media* (London: Methuen, 1982), p. 85.
註㊼ Tony Bennett, et., ed., *Popular Culture and Social Relations* (Miton Keynes: Open University Press, 1986), p. xiv.
註㊽ 同註㊻ 。
註㊾ 張占斌，政治發展與當代中國（長春：吉林文史出版社，1990年），頁12～13。
註㊿ 田濟民、宋瓊主編，黨員手冊（北京：華夏出版社，1990年），頁75。
註(51) 參閱孟繁華，眾神狂歡，頁113。
註(52) 同上，頁103～104。陳曉明，無邊的挑戰（時代文藝出版社，1993年）。
註(53) 孟繁華，眾神狂歡，頁47，103。陳曉明，「悖離與超越—再談大陸的後現代主義」，中國論壇，民國81年1月1日，頁5。陳曉明，「歷史轉型時期的文化模仿」，中國論壇，民國80年11月1日，頁11～12。
註(54) 孟繁華，眾神狂歡，頁104，107～108。「悖離與超越」，頁6。

註(55)　陳曉明，「歷史轉型時期的文化模仿」頁12。論爭，頁193～194。

註(56)　參照王曉明，「在批判的姿態背後」，載論爭，頁195。

註(57)　"Hegemony and Revolution," pp. 73～74.

註(58)　論爭，頁53。

註(59)　弗雷德里克．杰姆遜，「處於跨國資本主義時代中的第三世界文學」，當代電影，1989年第6期，轉引自黃武憲主編，電影電視走向二十一世紀（北京：中國電影出版社，1997年），頁423。

註(60)　同上，頁424～425。

註(61)　David L. Hall, "Modern China and the Postmodern West," in Eliot Deutsch, ed., *Culture and Modernism: East-West Philosophic Perspectives* (Honolulu: University of Hawaii Press, 1991), p. 51.

註(62)　阿里夫．德里克，「後社會主義一對「中國特色的社會主義」的反思」，載李君如、張勇偉，海外學者論「中國道路」與毛澤東（上海：社科院出版社，1993年），頁314～318。

註(63)　許紀霖，「文化認同的困境」，頁101。

註(64)　同上。

註(65)　同上，頁102。

註(66)　樂黛雲，「文化轉型與文化衝突」，民族藝術（南寧），頁48。見樂黛雲，我就是我：這歷史屬於我自己（臺北：正中書局，民84年），頁234～235。

註(67)　Jonathan Arac, "Postmodernism and Postmodernity in China: An Agenda for Inquiry," in *New Literary History*, 28 (1997), p. 140. 曾慶豹，哈伯瑪斯（臺北：生智文化公司，1998年），頁229～230。

註(68)　Kenneth Thompson, "Social Pluralism and Postmodernity," in S. Hall et ed., *Modernity and Its Futures* (London: Polity Press and The Open University, 1992), p. 232, 237.

註(69)　Terry Eagleton, "The Contradictions of Postmodernism," in *New Literary History*, 28(1997), pp. 4～5.

註(70)　參閱羅曉南，當代中國文化轉型與認同（臺北：生智文化公司，1997年），頁20。

註(71)　史景遷（J. Spence），文化類同與文化利用一世界文化總體對話中的中國形象（北京：北京大學出版社，1990年），頁145。康丹，「中國知識份子眼中的西方」，中國論壇，31卷第10期，頁21。

註(72)　羅曉南，前揭書，頁24～31。另見Bill Brugger, "Mao, Science, Technology, and Humanity," in Aeif Dirlik and Maurice Meisner, ed., *Marxism and the Chinese Experience* (Armonk, N.Y.: M.E. Sharpe, 1987), pp. 117～135.朱陽、郭永鈞主編，毛澤東的社會主義觀（北京：人民出版社，1994年），頁478。

註(73)　Rey Chow, "Can One Say No to China," *New Literary History*, 28 (1997), pp. 150～151.

後殖民理論在中國：
理論旅行及其中國語境化*

宋 國 誠

國立政治大學國際關係研究中心第四研究所研究員
國立政治大學民族學系教授

摘　要

　　本文以薩依德(Edward Said)的理論旅行概念，探討「後殖民理論」在中國的傳播與轉化。本文分別從 1990 年代的三個階段，分析「後殖民理論」在中國如何被讀取以致變形，並說明「後殖民理論」經過「中國語境化」以後，其激進的批判風格與理論主旨已經鈍化，乃至被替代成中國「民族本真論」和「國際對話論」兩個分化趨向。本文指出，後殖民理論原本對中國的「文化解殖」和「文化自我的形塑」具有積極的參照意義－通過後殖民理論對中國現代化進行「解－他者化」，進而探索中國知識分子「解－自我殖民化」的可能性。但是基於各種「誤讀」，特別是中國知識份子戴著「政治正確」的眼鏡所採取的閱讀立場，一種源自「文革」以來「政治純度」必須高於「藝術價值」的意識形態，「後殖民理論」一方面被簡化為呼應官方話語—「走向世界」—的介入策略，一方面被編寫成一部重返精神家園的鄉愁戀曲，而使得這個積極意義至今還未出現。

關鍵詞： 後殖民主義、殖民論述、薩依德、理論旅行、東方主義、文化語境、中華性、解殖

*　　　　　*　　　　　*

對於想尋根的人，應該叫他去種樹

　　　　　　　　　　　　　　　　　——史碧娃克 (Gayatri Spivak)

觀念一旦因其簡明的效用和力量被散佈開來以後，
就完全有可能在旅行中被簡化、被編碼和被制式化。

　　　　　　　　　　　　　　　　　——薩依德 (Edward Said)

壹、前　言

　　「後殖民主義」(Postcolonialism) 輸入中國始於 1980 年代末期到 1990 年代初期。1990 年代中期以後，後殖民主義在中國的討論開始深入和熱化。後殖民主義和「後現代主義」在時間上以大約前後交疊的時序，對中國理論界與文化界產生不同層次的影響，它屬於 1990 年代中國「後學」(post-ism) 研究的一部分。雖然在西方世界，「後殖民理論」已逐漸顯露步入「末升段」的跡象，但對中國而言，它還具有「初始參照」的作用。討論這個問題-後殖民主義在中國的旅行及其變異，其在中國「語境化」後所產生的影響-的重要性，不僅在於後殖民主義①曾在西方理論界引起「騷動式」討論②，而且從後殖民主義在中國的傳播，可以觀察當代中國文化論述如何捲入全球文化語境的洪流中③。更重要的是，它激發中國知識份子對中國文化語境④的焦慮、反思和重新定位，而其中最為關鍵的應該是「中國文化自我形塑」的可能性問題，儘管這種可能性還有待發掘與觀察。

　　本文的主旨在說明後殖民理論經過「中國語境化」以後，其激進的批判風格與理論主旨已經鈍化，乃至被替代成中國「民族本真論」和一種為官方政治目的服務的「國際對話論」兩個分化趨向。本文指出，後殖民理論由於源出第三世界和具有「反西方中心論」的風格並在時間上「暗合」了中國知識分子身份調整時期而受到中國學界的重視⑤，在此意義上，比起任何西方理論，後殖民理論對中國更具有歷史的親和性與現實的參照性。積極面來說，後殖民理論對中國的「文化解殖」和「文化自我形塑」具有很高價值的參照意義⑥。但是基於各種「誤讀」(中國文化「潛意識」在這裏扮演重要作用)，後殖民理論一

方面被簡化爲呼應官方話語-「走向世界」的介入策略，一方面被導向一種民族本真性的回返，從而使後殖民理論對中國文化的積極意義還未能出現。

貳、對後殖民主義的嘗試性界定

　　後殖民主義，顧名思義，與殖民主義和帝國主義有著千絲萬縷的關聯。「殖民主義」(colonialism) 一詞，根據牛津字典 (Oxford English Dictionary) 的解釋，來自羅馬文colonia一字，意指「莊園」(farm) 或「新居地」(settlement)，並且用來指稱一些居住在外地但仍保留公民身份的羅馬人。換言之，羅馬文Colonia一詞意指「移居一個新的地區」。這一群遷移者以新的「地方性居民」定居下來，他們組成新的社區並和隸屬的母國保持聯繫；只要與母國的關係獲得維繫，這一批移入者和他們的子孫及後繼者，就形成了一個新社區 (殖民地)。

　　但是，這個名詞解釋，僅僅提到移入者(colonizers)，明顯迴避了移入者和原住民之間的關係。當殖民地被建立起來時，可能早有原住民居住在該地，因此，colonia 或 colonialism 一詞從一開始就迴避了移入和被移入地區居民之間的遭遇關係，甚至忽略了征服與統治的事實。換言之，(牛津) 名辭解釋中不存有任何貶抑的暗示。實際上，所謂「新地方性」(new locality)可能一點都「不新」，社區建立 (forming a community) 也可能有些不公平 (unfair) 的事件。艾尼亞・倫芭(Ania Loomba)指出，儘管殖民主義在不同的地區有著不同的過程，在無論在那些地方，殖民主義必然將原始居民(original inhabitants)和新移民(new comers) 捲入人類歷史上一種最複雜和創傷性 (traumatic) 的關係中。所謂在一個新的土地上「建立社區過程」，必然意味著對這個土地的「反建立」(unforming) 或「再建立」(re-forming) 過程，並且涉及包括貿易、掠奪、談判、戰爭、有計劃的種族屠殺、奴隸和反抗等等複雜的事件⑦。在此意義下，殖民主義可以定義爲對其他人民之土地與貨品的征服與控制 (不只是人員的移居或商品的交流而已)。然而，這裏所謂的殖民主義絕不僅僅指自 16 世紀以來各個歐洲強權對亞洲、非洲與美洲的擴張，實際上，它是人類歷史上不斷發生和擴散的現象，而在後殖民主義的框架下，殖民主義已取得了較之過去更爲複雜和深刻的涵意。

　　二次戰後，新興國家雖然取得國家政治獨立的形式，但並未完全擺脫西方殖民國家在文化意識和知識形式的殖民狀態。這種殖民繼續中的狀態可以稱爲「後殖民時代」，但它不僅僅指前殖民國家獨立後的時期，也不是簡單的等同於「反殖民主義」的階段，應該說，後殖民時代是人們對先前的反殖民主義感到幻滅與無助，但又顯然必須尋找新的出路的、新的反殖民主義理論的階段。新的反殖民主義認定，帝國主義並未死去，相反的，今天是一個持續的帝國主義結構的時代，基於此，有理由以「後殖民狀態」取代帶有西方中心論色彩的「後現代狀態」。在後殖民時期，西方的文化霸權取代了以往對第三世界經濟與政治的直接剝削，而且由於舊的殖民主義採取了全球資本主義擴張的形式，因此，帝國主義進入了文化帝國主義或是「後殖民」階段。

　　「後殖民」(postcolonial) 一詞在字義上隱含著殖民的延續和尙未超越。在字義上，後殖民指涉一種殖民主義從古典「軍事—領土」形式向新型的「經濟—文化」的過渡階段。因此所謂「後殖民批評」(post-colonial Critic)，就其主要的面向之一而言，就是對近代殖民主義更深層的解讀與剖析。它一方面在批判「殖民後」(after colonization) 重新包裝的殖民主義，一方面通過「殖民論述的解構」(deconstruction of colonial discourse)，拆解西方帝國霸權論述，尋求民族主體性的重建和再出發。

　　儘管後殖民主義可以追溯至 1960 年代，但「後殖民主義」一詞至今仍未取得一個共識性定義。儘管如此，許多後殖民理論家仍然努力於描述一個後殖民約定性的範圍和主要議題，並且致力於產出一個批判性與含蓋性的概念系統。然而，試圖爲後殖民作出一個令人滿意的界定是十分困難的，甚至可能是徒勞無功的。這種「命名之爭」也可看出後殖民主義內含的紛擾和歧異。後殖民概念的歧異，一方面來自後殖民一詞本身在語意和使用上的不確定，但主要也來自批評家對此一概念的分歧性解釋。然而，後殖民一詞的爭議性，正是後殖民主義本身的一大特色，這種爭議性也正是後殖民主義具有持續性與包容性的特徵。正如巴特·穆爾·吉伯特等人指出的，後殖民這個領域中最具挑戰性的研究工作所關注的就是這種具有啓發意義的「異議之爭」(dissensus)，而不是它的結論。即使這種爭論具有誤導性，即使它使某些批評家失去了地位，也許它會引起崗位或前途上的改變，甚至居住地的轉變-整個世界被顛倒了，但

這也許是值得慶賀而不是哀悼的事⑧。

　　被視爲後殖民主義具代表性的讀本：「後殖民研究讀本」(The Post-Colonial Studies Reader)，編者在總序言中，對後殖民理論是如何「問世」的，作了以下的描述：

> 歐洲帝國主義在不同的時間和不同的地點採取著不同的形式，它既採取有意識的計劃，也利用偶發的事件進行擴張。這種複雜的發展卻產生了帝國擴張所預想不到的結果，反殖民抵抗從本土上各種地方性和混雜性的自決(self-determination)汲取力量，並用之來抵抗、腐蝕、甚至取代帝國文化的尊嚴和強大知識，從而使帝國無比榮耀的文化與知識受到侵蝕。後殖民文學就是帝國文化與複雜的本土文化實踐之間互動的結果。作為這一種後果，後殖民理論在這個特定指涉名稱形成很久以前，就已經存在了。這種帝國語言和地方經驗的混合體時，儘管充滿爭議和鬥爭，但畢竟是生動而強烈的，當殖民地人民開始反思並力圖表達這種緊張關係時，後殖民的 "理論" 就問世了⑨。

　　傑恩·普拉卡希(Gyan Prakash)採取一種「知識騷動」的態度來看待後殖民理論的形成。他在「後殖民批評與印度的歷史敘事」一文中對後殖民作了以下描述：

> 最近興起的後殖民批評一個主要的影響是，迫使人們徹底的重新思考和重新塑造那些由殖民主義和西方統治所授權和認可的知識形式與社會認同，由於這個原因，它在知識領域中已產生一種騷動。但這並不意味殖民主義及其遺產直到最近才受到質疑。提到過去對殖民主義的挑戰，人們立刻會想到馬克思主義和民族主義。可是這兩種敘述都使用著以歐洲為中心的主導敘事(master-narratives)，因此，當民族主義倒轉了東方主義的思維，將動力與歷史歸結於被統治的民族時，它同時也被栓綁在殖民主義所建制的理性與進步的秩序之中，而當馬克思主義為殖民主義扣上頭銬腳鐐並以公開定罪時，他們的批評也還是採取一種「生產方式」的普遍性敘事。相反的，最近興起的後殖民批評則致力於「摧毀」(undo)歐洲中心主義

(Eurocentrism)，一種依照西方軌道而建制、占有他者並以之為歷史的歐洲中心主義。但是後殖民批評本身也清醒的意識到，「後殖民性」(postcolonality) 並不是誕生和成長於全景式的遠離歷史的東西，後殖民是作為一種「後果」而存在的，是一種作為殖民主義受害 (worked over by colonialism) 之後而存在的。而在闡釋統治論述過程中所形成的後殖民批評空間，既不是處於西方統治的歷史之內，也不是在它之外，而是一種若即若離 (tangential) 的關係。這就是霍米、巴芭所說的，在實踐與協商之間的一種「中間性」(in-between) 和混雜性地位 (hybrid position)，或者如史碧娃克所說的：倒轉、移位並抓取價值代碼的機制⑩。

史蒂芬·史利蒙 (Stephen Slemon) 在「現代主義的最後一個後」一文中，也對後殖民一詞作了以下的描述：

　　儘管後殖民的定義是非常廣泛的，但是這個概念的最主要意涵和最有用的地方，並不在於用來描述殖民地國家獨立後的某個歷史階段－後獨立階段，而是試圖在文化領域中建立一種「反叛」或「殖民之後」的論述支點 (anti- or post-colonial discoursive purchase in culture)。這個特殊的支點起源於殖民者將他的權力刻印於一個「他者」的身體與空間。這種現象使得「他者」始終作為一種神秘的、封閉性傳統，進入新殖民主義國際框架的現代劇場中⑪。

史利蒙是從反抗歐洲「文本宰制」的角度，將後殖民視爲一種「後獨立階段下的反抗性論述」。它一方面涉及一種對過去殖民歷史自覺的批判，從中獲得民族與自我的集體復甦，它帶著一種「尋根」的意念回到過去，重新發掘曾經被殖民主子摒棄、壓制和囚禁的歷史片段和文化根源。但更重要的是，它也涉及一種「歷史重述」的實踐運動，在這種重述過程中尋找重新發音和自我表達的新據點。從這個描述來看，後殖民主義是一種「歷史敘述權」的辯論和爭奪，這意味著後殖民主義以「文本」作爲政治反抗和自我書寫的策略武器。它必然涉及兩個層面，一是「解構」，亦即解構帝國文本及其統治倫理的內在形成和外部實踐，一是「自述」，以新的書寫策略，以自己的素材和語音重述自

身的歷史。

　　比爾‧阿許克福特 (Bill Ashcroft) 等人在「逆寫帝國」(The Empire Writes Back) 一書中，將後殖民(post-colonial) 一詞用來指稱自殖民事業 (colonization) 以來所有經歷過「帝國化過程」(imperial process) 所影響的文化，以及近年來新興的「跨文化批評」(cross-cultural criticism) 及其所建構的批評論述⑫。愛恩‧亞 當(Ian Adam) 則將後殖民主義(Post-colonialism) 分爲兩種相互關聯的「檔案」(archives, 福柯的專門用語)，一是「書寫」(writing)的建構，它立足並來自於被歐洲殖民統治下所建制的社會及其主體性 (subjectivity)，二是一種「論述實踐」(discursive practice)，其核心是對殖民主義、殖民意識形態及其當代形式和「主體化傳統」(subjectificatory legacies) 的抵抗，這種抵抗的性質與作用構成了此一論述實踐的問題框架⑬。

　　中國學者張京媛指出，後殖民(post-colonial 或 postcolonial) 有兩種含義：一是「時間上的完結」，意指從前的殖民控制已經完結，另一個含義是「意義的取代」，即殖民主義已經被取代，不再存在。但是第二個含義是有爭議的。如果殖民主義是維持不平等的政治與經濟權力的話，那麼我們所處的時代仍然沒有超越殖民主義。當前時代的「殖民化」表現爲帝國主義對「不發達國家」在經濟上進行資本壟斷和文化上進行「西化」的滲透，移植西方的生活模式和文化習俗，從而弱化和瓦解當地居民的民族意識⑭。這種殖民主義與帝國主義兩者之間意義的波動性，使得「後殖民性」(postcolonality)—殖民主義採取新的形式而延續—這個持續受到爭議的名詞更趨於複雜。由於殖民時代已經結束，也因爲曾經被殖民國家的後代散居全球各地，因此可以說整個世界都是後殖民的。但這並沒有解決從各個角度對「後殖民性」的爭論。

　　首先，post 這個前置詞隱含著殖民「後果」(aftermath) 在兩個方面的複雜性：就時序而言，post 意味著後續性(coming after)，就意識形態而言，post 意味著一種替換 (supplanting)。第二個涵意使得這個名詞更具爭議性，如果殖民統治的不公正還未被消除，那麼宣稱殖民主義已經結束就言之過早。一個國家可能同時既是後殖民的 (就其已經正式獨立而言)，又是新殖民的 (就其仍然殘留經濟的及／或文化的依賴而言)，我們一方面無法忽視解殖 (decolonization) 的重要性，也無法否認當代「重新崁入」第一世界與第三世界不公正的不對等

關係，畢竟，全球秩序並不依賴於直接的統治。另一方面，當代沒有一個國家會允許他國對其本國進行經濟與不同程度的文化滲透。在此情況下，將曾經遭受殖民統治但如今業已獨立的國家稱爲「後-殖民的」(post-colonial)，也會引起爭議⑮。

然而，上述所謂「時間的完結」與「意義的取代」兩者之間應該不是「脫節」的而是「相關」的。就殖民過程仍然持續發生而言，殖民時間並未真正完結，而儘管傳統的殖民歷史已經過去，但就「全球化形態」下的殖民狀態採取新的轉化形式而言，殖民的意義也並未真正被取代。這意味著傳統的殖民主義與帝國主義必須重新界定與詮釋 (這是作爲閱讀實踐的後殖民批評的焦點所在)，也意味著殖民主義與帝國主義已從「時間」概念轉變一種「空間」概念 (這與當前「後現代地理學」〔postmodern geography〕或「後殖民身體理論」—種族與性別地理學〔Theory of postcolonial body〕—有著新的理論聯繫)。

台灣學者李有成指出，文化一方面是一種認同與歸屬的識別系統，但文化同時也是排除異己的有效系統，凡是視爲異己而遭到文化排除在外的，就自然被認定爲失序、脫軌、卑劣、低俗、背德或無理性，也就是必須透過國家權力及其建制加以鉗制、壓抑或邊陲化的種種「他性」(alterities) ⑯。這種人/我、異/己、外/內的二元對立，其實隱含著強烈的價值判斷和層次高低之分。在這個意義下，文學生產可以成爲社會控制的重要機制。對遠距離控制的殖民統治而言，尤其如此。透過殖民地教育系統以及其他文化消費系統，這些文學文本往往被典律化成爲課堂上的教科書或圖書館等文化機構典藏的文化資產。被殖民者往往必須在這些文學文本中認識自己，尋找自己的歷史，發現自己的分類。然而，這一切已經經過殖民者的中介，被殖民者所認識的顯然不會是真正的自己，找到的也不是自己真正的歷史，發現的更不會是自己真正的分類⑰。

湯姆斯‧李察 (Thomas Richard) 在其「帝國檔案」(imperial archive) 一書中，結合了傅柯 (Michel Foucault)的「論述形構」(discourse formation) 和薩依德「想像的地理學」(imaginative geography) 的觀點，提出了「帝國檔案」和「遠距離控制」(control at a distance) 概念，說明帝國如何運用一種知識的蒐集與分類，通過文化想像以進行關於殖民地「他者知識」的建構。依據李察的觀點，「帝國檔案」(imperial archive) 是帝國基於鞭長莫及但又必須進行「遠距

統治」所必須依賴的一種文化機制。它是指一種「包羅性知識的烏托邦空間」(utopia space of comprehensive knowledge)，它劃定一個地理轄區 (geographical domain)，將自身建立爲一種關於所有知識的「神經中樞」(nerve center)，進而成爲所有圖書館中的圖書館，所有博物館中的博物館。所謂「檔案」(archive)，「既不是一棟建築，甚至也不是文本資料的蒐羅彙集，而是所有已知或可知事物之集體想像的總匯，一個主導性認識論模式的幻想性再現，一個帝國或都會關於異質性地方知識的虛擬焦點 (virtual focal point)」⑱。換言之，帝國檔案並不是一種「文書程序」或「圖書館學」的概念，而是一種「文化空間」的生產。帝國檔案就像是一種「知識生產中心」，它在對遠方殖民地的民情、風俗、地理、氣候、物產、歷史、文化、宗教、神話進行日積月累的蒐集、分類、歸檔，分析、研究，乃至進行對「他者」知識的生產時，也同時生產了帝國自身的權威性與優越性。

　　準此而論，揭露和顛覆「帝國文本」(imperial text) 內在的意識形態構 (ideological configuration) 就成爲後殖民批評的主要任務。這一任務包括兩個方向，一是對西方帝國文本所宣稱的「偉大傳統」和「普遍意義」以及西方帝國藉用這種「終級理念」而推動的「歷史性覆蓋」，進行「掀開」和「暴露」的工作，另一個方向則是對帝國文本的語言操作和文化編碼進行「顛覆」和「挪用」，這種策略既是對帝國文本自身書寫策略的模仿 (mimicry)，也是一種對殖民論述的一場消耗戰 (consuming)。

　　儘管爭議猶在，可以確定的是，自後殖民主義或「後殖民論述」(Post-Colonial discourse) 興起以來，西方正統歷史就面臨了「合法性之解構」的命運。傳統以歐洲國家爲「主述者」(narrative subject) 的歷史，被視爲「帝國主義文本」，它通過殖民話語、各種文本形式以及文化領域中知識的編碼和想像，對殖民地國家實行文化控制和精神宰制。後殖民主義的基本關切點在於：儘管傳統的殖民時代已經結束 (這是後殖民一詞在時間意義上冠以 Post 的原因)，但「殖民現象」(心靈上的被殖民狀態) 並未終結。傳統的殖民統治如何通過文化生產和解釋、通過文學敘事、通過科技與符號系統、通過殖民國家「雙語知識份子」(受過英美教育的高級知識份子) 的文化代理功能，而延續並再生「沒有帝國之名的帝國主義」，這些都是後殖民主義所批判的主要論題。

　　總的來說，後殖民主義並不是簡單的反對西方文化，亦絕非倒退至種族中心主義。後殖民主義旨在提出一種新的觀點、新的視野和方法，來考察和分析類似以「宗主／附屬」、「殖民／受殖」、「中心／邊陲」、「主述／被述」、「自我／他者〔異己〕」、「能指／所指」、「意識／無意識」、「全球／地區」、「都會／鄉村」、「出口／進口」這種「主－客」二元不平等結構，及其在文學、科學、藝術乃至整個人文科學上的表現，以及這種二元不平等結構的「生產過程」、「表現方式」和「歷史效果」及其對民族、民族意識、民族文化的深層影響。換言之，後殖民主義旨在搭建一個「文化場景」，從中透視西方「帝國主義文本」如何「生產」和「再生產」出來，如何對被殖民民族進行想象的書寫、對偶的塗抹和象徵的塑造。而對殖民地民族而言，後殖民主義致力於解構這種帝國文本中的權力話語和意識形態符碼，以求取民族的「自述權」。在爭取到政治獨立之後，進而去除殘餘的、再生的、複製的殖民境況，擺脫心靈的殖民狀態。

叁、薩依德的「理論旅行」

　　愛德華‧薩依德 (Edward Said) 在「理論旅行」(traveling theory) 一文中提及，觀念和理論從一個文化向另一個文化移動是一件令人感興趣的事。無論 19 世紀初期東方超驗觀念 (transcendence) 向歐洲社會的輸入，乃至 19 世紀晚期歐洲社會思想「譯入」東方社會，都是薩依德所謂「理論旅行」的典型案例。然而，儘管理論旅行或觀念流動使人類的文化與智性生活得到滋養和維繫，但理論旅行的路徑絕非暢通無阻或一帆風順。理論的移動必然涉及與理論旅行啓程點不同的一種再現 (representation) 和制度化 (institutionalization) 過程，使得理論和觀念的移植、轉移、流通與交換變得十分複雜[19]。

　　薩依德還指出，理論的運動具有一些反覆出現和可資辨識的形式，也就是說，任何理論與觀念的旅行都包括四個階段，第一，理論旅行的起點，也就是具備一個使觀念產生並進入論述結構的初始環境 (initial circumstances)；第二，具有可以穿越的通道，使觀念得以從前一個時空點向後一個時空點移動，並獲得一種「新的嶄露」(new prominence)；第三，一組相關條件，包括對理論與

觀念的接納條件，以及作爲這種接納之一部分的抵制條件。在薩依德看來，這些條件是重要的，正是這些條件(接納中包含著抵制)使新移入的理論和觀念顯得異質化和多樣化；第四，被完全(或部分)接納或吸收的理論和觀念，因爲在新的時空下取得新位置和新用法而獲得一定程度的改造⑳。當然，薩依德「理論旅行四階段」的概念，並非以平面式或線性式的方式來討論理論旅行的內涵，薩依德顯然將理論在旅行途中所發生的穿透性、變異性，以及因對理論闡釋權的爭奪而產生理論邊界的模糊性等等，視爲討論理論旅行時不可忽視的效果特徵㉑。

　　就後殖民理論向中國的旅行而言，「中國知識階層」對西方知識演變的敏感性和一種知識汲取的興趣，可以說是後殖民理論得以向中國旅行的主要原因，在此意義下，「中國知識階層」既是一種傳送媒介，它本身也是理論進行時空移動的穿越管道。彼埃特思 (Jan N. Pieterse) 和巴域 (Bhikhu Parekh) 在討論殖民統治的建立時，以「意象的轉移」概念說明殖民統治必然涉及了一個由宗主國向受殖地進行的制度和價值觀念的轉移過程。在此過程中，宗主國和殖民地的知識份子，都需要對殖民地本土的沿習制度和文化習慣有一套詮釋。這種詮釋是一種「主流意見」與「異說」相互攻詰和鬥爭的過程，這一過程促使殖民地本土的知識份子進行深切的反思，包括對自身歷史與社會的質疑，進而形成一種全新層次的自覺意識。彼埃特思和巴域指出，「殖民統治所引入的新價值觀和新制度，正是以這種新的自覺意識爲媒介，而非直接地在殖民地本土和社會流通和發生作用的。殖民地本土知識份子和領袖們深刻的探索過去，重新詮釋自身的文化資源，針對殖民統治的文化遺產作了一系列回應。在構成和塑造殖民統治帶來的影響方面，他們位置的重要性，不下於殖民主」㉒ (這裏當然不是說中國研究後殖民理論者都是殖民知識份子，而是強調這種「媒介意識」的作用性)。彼埃思特和巴域的說法，不僅在強調宗主國知識份子在殖民論述「輸出機制」上的重要性㉓，也強調了本土知識份子在「輸入─轉介」由異地旅行而來之理論觀念上的重要性。

　　依照薩依德的觀點，理論旅行當然不是毫無阻力的「長驅直入」。理論在時空中的移動既是一種思潮的擴散和延異，在輸出者與輸入者之間更是一種「接納／抵制」的辯證關係。詹明信 (Fredric Jameson) 在討論到「歷史書寫」

問題時指出，當我們考慮到與我們的過去相聯繫時，一定要穿越想像界和想像的意識形態，因為這種聯繫總會以某種方式受到一些深層歷史分類系統的符碼和主題的影響，受到固有政治潛意識的干擾㉔。詹明信雖然是在強調歷史書寫者應該具有「排除自我干擾」的警覺意識，但也說明理論旅行不可避免的必須通過理論詮釋者的主觀影響才得以再現，詮釋者的「闡釋性再現」也必然導致理論在旅行中的變形或改色。詹明信所謂「穿越想象界」和「固有意識形態的干擾」，正是回應了薩依德理論旅行第三階段的特徵。

　　中國批評家張頤武也指出，一種西方的理論與思想，在第三世界文化中發生作用的方式和可能，並不取決於該思想在西方文化的位置，而取決於本土文化的語境，取決於本土現實環境和語言／生存環境中的人們的選擇。單純對理論的介紹並不能產生影響，而影響卻是在文化話語本身的轉變與抉擇的過程中發生的㉕。這一說法也強調了知識份子在理論旅行其及影響的轉介功能，也現身說明了一種西方理論傳入中國後總是面臨「中國化」的必然性。

　　其實，不僅是理論旅行必然導致理論自身的異質化與多樣化，理論即使要在自身的文化脈絡中獲得發展，也必然「內涉著」德里達 (Jacques Derrida) 所說的「內在批判」(internal critique) 或「解構」(deconstruction) 的過程。德里達在被詢及其一生致力於解構西方「邏各斯中心主義」(logocentrism)，於此是否意味著非歐洲文化可以迴避此一「解構中心」命運的問題時指出，任何社會與文化都需要一種內在批判和解構作為自身發展的條件，這是理論先於理論發展的一個「優先性」(a priori) 問題。每一個文化都需要通過一種「自我質疑」(self-interrogation) 和「自我疏遠」的過程作為自身轉化的要素。沒有一個文化是可以自我封閉的，特別是在當今處於歐洲文化全面覆蓋的時代。德里達同時指出，當我們在說「解構」西方文化這一概念時，是指歐洲文明總是處於異質的 (heterogeneous)、非歐洲語境影響下而獲得協助與激勵這一事實與過程來說的。因為一個文化總是暴露於、尾隨於其自身的「異己」(it's other)，它被迫質問自身，換言之。每一個文化總是受到它的「異己」所糾纏㉖。

　　近百年來中國文化與西方文化的遭遇，就西方理論思想向中國的輸入而言，符合薩依德理論旅行的基本特徵。後殖民理論以一種經過中國特定知識份子「迂迴再現」的方式穿入中國，進而通過中國本土話語的「再界域」

(re-situating) 之後，形成一種「中國變種式的後殖民理論」。另一方面，後殖民理論在傳入中國並經過中國知識階層的解讀、挪用和「再語境化」(re-contextualization) 之後，也對中國文化自我意識產生如德里達所說的「內在批判」和「自我質疑」的效應㉗。這意味著當一個文化主體與一個異己的「話語-敘事」相遭遇時，必定會破壞原有「話語-敘事」的一致性，而使其相對化，從而動搖、削弱乃至消滅原有話語-敘事的權威性及可信性。

肆、後殖民理論與中國的「第三類接觸」

後殖民理論在中國的旅行，在時程上大體經歷三個階段 (但第二階段與第三階段的區隔不是那麼明顯)。在第一階段中 (1986 年～1992 年)，後殖民理論被視為一種在西方崛起並急速流行的新思潮，即「新文化批評」。中國學者起初是把後殖民理論當成一種帶有「後」(post) 字而具新穎性的「西方理論」而對它進行一般性的介紹和討論的，並且主要從「後現代主義」的視野進行觀察，因而帶有初步引進新知的意味。在第二階段中 (1993 年～1995 年)，雖然已有若干治學較嚴謹的中國學者試圖從宏觀上把握後殖民理論的來龍去脈，但多數中國學者對後殖民理論還表現出明顯的「生吞活剝」性，在未能充分閱讀原典或援引第一手材料的情況下，對後殖民理論的討論帶有「摸了象腿就急於畫大象」的粗略性和不準確性，甚至還出現把後殖民理論看成一種對西方文化進行喧鬧和騷擾的「小丑理論」。對後殖民理論較為深入的討論則在第三階段 (1996 年～至今)，其主要特徵是有關後殖民理論的中文譯本開始發行，個別性專著也開始出版㉘。但除了譯本和專論著作以外，討論的主軸顯然不是對後殖民理論本身的研究，而是在受到所謂「重建中國語境」問題意識的影響下，演變成涉及中國民族本性和中國文化自主性的論戰，其中還涉及所謂「警惕新殖民主義」的論戰。

一、第一次接觸：後殖民「理論課題」的提出

後殖民理論在中國的第一次出現是由中國文學理論學家王逢振於 1986 年至 1987 年在美國進行訪問究期間，對 14 名當代著名的批評家所作的訪談筆

錄，薩依德是其中的一位。訪談內容後來收錄於「今日西方文學批評理論」一書。這篇訪談偏重於對薩依德個人生活經歷、民族背景和學術生涯的描述。在訪談中，薩依德作爲一個流離失所的巴勒斯坦民族主義者，被描述爲一位「充滿了懷念故土赤子之情」、「積極參與巴勒斯坦民族解放事業」的批評家。訪談內容還涉及薩依德對「解構主義」和「新歷史主義」的看法，談到文學批評與社會實踐、文學與意識形態的關聯性問題，以及知識份子的社會責任與道德意識問題，並首度提出「第三世界文化批評」問題[29]。但是，薩依德在這裏被並列爲「西方／美國」的「學術名人」之一，因而主要是基於1980年代「第三世界批評」崛起於美國學術界背景下，因其響亮的知名度而受到中國學界的重視。訪談內容還未能觸及薩依德理論在「西方／美國」學術界的差異性與特殊性，及其理論對中國和世界可能產生的的影響[30]。

隨後，張京媛在《文學評論》1990年第1期發表了「彼與此」一文，劉禾則於《文學評論》1992年第10期發表「黑色的雅典-最近關於西方文明起源的論爭」一文，並都收錄於1995年台北出版的「後殖民理論與文化認同」一書。張文以介紹薩依德的「東方主義」(Orientalism) 爲主調。從一種「東西二元論」的頑固論述開始，從薩依德自稱「試圖追溯西方的文化統治對一個東方臣民的影響」爲起點，張京媛著力於調動薩依德在「東方主義」一書所表現的解構「東方意象」的激進能量，突顯薩依德在此書中對福柯「論述形構」(discursive formation) 的運用與操作。於是，東方在「東方主義」一書的帶領下，一個西方書寫下的「東方世界」被披露出來了。「它表達了西方對東方的粗鄙看法：沐浴在異國情調的昏暗光線中的東方是一個野蠻和奢侈、殘忍和墮落的調合體，……這種對東方的渲染是幾百年來西方文化的場面之一」[31]。劉禾則將後殖民理論定位於對現代性的反省，超越了「法蘭克福學派」對自上一世紀以來啓蒙主義的批判，把現代性、民族國家、知識生產和歐美文化霸權都同時納入批判的視野，改寫了以歐洲爲世界文明發展之主流的定見。劉禾還著重指出，後殖民理論對現代性的批評，並不預先假定一個優於現代化的本位文化，而是著眼於有關知識與權力生成的歷史環境，因而是一種「非本質主義」的歷史觀」[32]。這可以說是對薩依德「東方主義」一次提綱挈領且具準確性的閱讀。

在「彼與此」一文中，張京媛集中介紹了在後殖民理論中具典範性的「東方主義」這一範疇：一種作爲特定的思維方式和文體的東方主義。一種文化比較中的「優劣二元論」：「在某種意義上，東方主義是信息的儲存所，它向西方人解釋東方人的舉止行爲，提供東方人的思想、譜系和背景。更重要的是它幫助歐洲人同東方人打交道，讓歐洲人了解東方人的一般特徵。東方主義是一整套限制思維的方法，其本質是區別西方的優越和東方的卑賤。它最終是一種關於現實的政治觀點，這個現實提倡二元對立：熟悉(歐洲、西方、我們)與陌生 (中東、東方、他們) 之間的對立。『他們』東方人生活在他們的世界裏，『我們』生活在我們的世界裏；西方人是觀察者，東方人是被觀察的對象」㉝。

張京媛也指出了薩依德忽略了十八世紀歐洲啓蒙運動中知識份子採用東方材料來批判歐洲的事實，這也是後來丹尼斯‧波特 (Dennis Porter) 批評薩依德的重點所在㉞。可惜這些批評觀點並沒有繼續深入。但張京媛在重點介紹薩依德的「東方主義」之餘，提出一些值得深思與研究的課題，包括知識與權力之間的話語是什麼 (即福柯關於「論述形構」(discursive formation) 的延伸與批判問題)，什麼是另一個文化 (也就是關於「他者」文化及其建構的問題)，如何表述別的文化(即關於「他者」的再現問題)，什麼是現代知識份子的背叛行行爲(亦即西方知識份子與帝國主義在知識上的共謀關係)，方法上的自我意識可以使我們擺脫意識形態的束縛嗎？(亦即詹明信所提出的「歷史書寫」的自我警惕問題)，以及關於「差異政治」(the politics of difference) 的後果性問題。

第一階段對後殖民理論的介紹還只是一種「隔海呼應」(但在台灣已引起重視)，理論的旅行還停留在可資辨識的「起始點」，因而此刻輸入中國的後殖民理論還具有原型意味。

二、第二次接觸：尋找「中國安慰」

理論的旅行需要一個使觀念得以進入論述結構的初始環境，以此對照於中國對後殖民理論的吸收與接納，可以從 1980 年代至 1990 年代中國文化思潮的內在演變來觀察。與 1980 年代基於「現代性焦慮」而形成強勁的反傳統潮流以及過度認同西方價值的文化氣候相比，1990 年代中國知識界卻反身逆轉對「過度西化」的思潮進行批判，因而有所謂復興東方文化和「國學熱」的產生

(參見本書羅曉南的論文)。這種在文化討論中對激進主義的批判和對保守主義的肯定，都與一種反對西方中心和西方文化霸權的後殖民理論有著共同之點，為後殖民理論在中國的傳播提供了適宜的氣候㉟。上述的觀點如果屬實，則可以推論中國知識界在初期是以一種「民族感應」或某種自戀式的文化關懷來接納後殖民理論的。作為初始環境，一種「知我者莫若後殖民主義」的同理性和同憐心，應是後殖民理論得以進入中國論述結構的一條管道。

　　「民族同理心」可以在阿吉‧阿馬 (Aijaz Ahmad) 的批評中看到端倪。阿馬在批評薩依德「東方主義」一書內含「民族二元對立論」時指出的：「一種在『東方主義』書中獲得權威性表述的『二元論的尖刻性』(manichaean edge)，迎合了(阿馬使用了 pander 這個字，是具有強烈貶義的)一種最傷感的、最具極端形式的『第三世界民族主義』(Third-Worldist Nationalism)。這本書如此堅定而富於激情的站在支持第三世界民族主義的立場上，……人們可以想像，看到自身原始而永恆的純真狀態 (permanent innocence) 是多麼令人欣慰，因為對於我們的國家來說，我們的確需要大量的安慰」㊱。

　　1990 年代中國的思想界是一個趨同與求異的辯證過程。陶東風指出了這種尋求「民族安慰」的心理癥候：

> 一方面，中國的後殖民批評是在西方後殖民理論 (應是「後現代主義」的誤植－筆者) 大量進入中國漢語批評界的前提下出現的，這個「理論旅行」和「話語移值」的過程使中國的後殖民批評在理論話語上與第一世界批評理論界日趨「接軌」；而另一方面，這種理論又被用以揭示或展示中國的認同／中國身份 (所謂「中華性」)，從而隱入一種用別人的話語表達自己「獨一無二」身份的尷尬之中。中國 90 年代的後殖民批評就充滿了這樣的尷尬㊲……

　　1990 年代初期，在一種呼應著「政治反霸」的「文化反霸」心理的趨動下，後殖民理論以一種「英雄主義文化」的身份在中國粉墨登場，於是，當代知名的幾位後殖民批評家，個個成為「身在曹營心在漢」的「文化英雄」㊳，乃至替第三世界各民族打抱不平的「怒目金鋼」或「文化鬥士」㊴。由此看來，這一階段中國知識界對後殖民理論的理解，既是浮面的，也是流於印象式的。

　　張寬在一篇「歐美人眼中的『非我族類』」的雜文中，對「東方主義」概念輕描淡寫一番之後，作者就在薩依德的架構下藉題發揮了「中國」與「東方」同病相憐的處境。作者藉由中國與西方相互認識這個充滿曲折與痛苦的過程，不僅批評了「漢學」(指出德語中的 "Sinologie" 即帶有輕蔑意味和殖民色彩) 中的「東方主義─中國主義」，也對當代中國文藝工作者 (如鄭念的《上海生死劫》、張戎的《鴻》、亞丁的《小周天》、巫寧坤的《一滴眼淚》等等)用「傷口和膿疤賺取同情和金錢」，提出了「不免殘忍」批評⑩。儘管作者認為，對西方非理性的排斥或一廂情願的認同都是不可取的，但與其說作者試圖在這裏闡釋後殖民理論，不如說是援引了薩依德「東方主義」的民族傾向，表達了對西方近代以來對「中國意象」之「東方主義式構造」的非議與不滿。

　　邵建在「談後殖民理論與後殖民批評」一文中，對後殖民理論在中國的適應性則持保留的態度，但也仍然肯定「後殖民批評」對中國檢討自身文化的「後殖民性」，「檢索自家文化營盤內不斷滋生的後殖民因素」，並藉以擺脫「後殖民困境」所具有的參照作用。他指出中國後殖民批評的基本狀況是一種「無根式的批評」，因為，「中國的後殖民批評沒有自己的理論之根，中國只有後殖民批評卻沒有後殖民理論，因而只能「套擬」他者的知識，運作於自己的話語實踐批評」。在此同時，邵建還把中國當前批評話語「超前了」理論話語的狀態視為一種「東方文化的奇觀」⑪。邵建指出：「90 年代以來，中國知識界的『話語進口』業已轉變為『問題進口』，所謂『問題進口』是指把發生在第一世界國家內的文化現象橫向移植，當成本土性的文化問題提出來，用以構成一種與世界性同步的學術流向」⑫。邵建其實在批評中國學術界一種熱衷於「文化貿易主義」的怪異現象，暗諷中國學人過度挪用乃至濫用西方的批評話語，以之對中國諸多「無根的現實」進行操弄。依照這種觀點，理論無論是「本土原創」或「外地進口」的，說到底都有一個「根」的問題，理論總是帶著「產地之根」進行旅行或傳播，無論如何借鑑或運用，只要缺乏理論所必需具備的「現實的對照物」(或如邵建所稱的「理論基地」)，都是一種「套擬」或「移植」。然而，若依照邵建這一觀點，則今天根本不存在當前中國學人熱烈討論「後殖民理論中國語境化」的必要性，任何對西方理論 (包括隸屬於解構西方中心論的後殖民理論) 的挪用，特別是這種挪用超越了中國自身的理論

話語，都是一種向西方展示「東方他性」的串供或告密行為。問題就在於，任
何西方理論都不可能具有非西方社會的「產地之根」，在此意義下，難道只有
以中國本土的理論話語為「根」而對中國現實問題進行批評操作，才可以不被
視為「中國奇觀」？實際上，邵建真正想表達的是：後殖民批評對中國並無太
大意義(它只是一種問題的進口)，但運用後殖民批評來追勦當前這些毀祖求榮
地輸出中國「東方他性」以供西方鑑賞的中國人(如張藝謀)，卻大有用處，儘
管作者認為後殖民批評本身也帶有本土後殖民批評「後殖民化」的新表徵。

　　除此之外，還存在一些以後殖民理論而「借題發揮」的文章，如劉康與金
衡山的一篇論文，題目看似宏偉，但立論深度卻缺乏佐證與說服力。在他們看
來，後殖民理論僅僅因為「忽視了第三世界轟轟烈烈的民族解放運動」、「遠
離了馬克思主義」、「不談資本主義商品生產」、「不描述真實的東方」，所
以後殖民理論因此「為跨國資本所追求的區域化、分離化，提供了某種意識形
態的合法性，與跨國資本主義的文化想象形成了某種共謀」。作者宣稱「中國
的實踐可以幫助我們理解後殖民批評的理論盲區與謬誤」[43]。他們又宣稱他們
是在對後殖民理論做「症候式解讀」(symptomatic reading) 之後作出上述的論
斷，但實際上卻是以一種「語譯式」的、「我思／我讀」的方式，即不具體引
述後殖民理原典而對後殖民理論作「中國政治意識形態」的閱讀 (當然，在西
方學術界討論後殖民的學者中，也不乏這種「在後院把風」的傾向)。

　　標幟著後殖民理論在中國逐步深化的是 1994 年 9 月王寧發表的「後現代
主義之後」一文(後來，王寧還把相關論文集結為同名著作)，這是中國知識界
首度嘗試較全面掌握後殖民理論的一種努力。王寧把後殖民理論視為西方「後
現代主義終結」後，西方思想界處於「多元並生」下一股新興的思潮。後殖民
理論是一種帶有很強解構色彩的激進的理論批評話語，是 1980 年代後期「從
邊緣走向中心」的最新理論思潮之一，它首次將西方對東方進行文化殖民的事
實及後果納入自己的研究範圍，將研究重心從文本形式轉移到文本政治批評上
來[44]。王寧還將作為一種文學批評的「殖民地寫作／話語」研究的「後殖民文
學」和作為一種文化批判的「後殖民思潮」作了區別[45]。在「後現代主義之後」
一文中，王寧試圖勾勒出後殖民理論的來源背景，並突出史碧娃克 (Gayatri Spivak)
的理論特色與學術立場，王寧引述了史碧娃克並著重指出，後殖民理論繼承於

解構主義並且致力於「真理是如何被構建的，而不是對謬誤的揭露」⑯。這種引述性的提示，對多數採取一解構主義本身即欲強力解構的一「二元對立論」的立場來閱讀後殖民理論的人，應具有一定的警惕和廓清的作用。

　　然而，儘管後殖民理論在中國的主要研究者王寧強調，中國學者對後殖民理論的評介和研究並不僅僅是在引進一種理論，而且也是在和外國學者一道爲後殖民理論塑型，爲盡可能的清晰顯現「後殖民批評內部的構圖」作出一份貢獻⑰。但若對照於王寧對後殖民理論目標的界定：「研究西方對東方文化殖民的事實與後果」，則中國學者距離這個目標顯然還有一段距離。正如王寧所指出的，中國學界關注於後殖民理論的主要有兩個方面的問題，一是後殖民理論家作爲東方或第三世界民族與知識精英和第一世界英語話語主導權爭奪者之間的身份與角色衝突，二是後殖民理論究竟是西方理論還是東方理論的問題⑱，前者屬於民族身份與學術陣營的區分問題，後者屬於「東／西」學術屬性識別問題，兩者基本上都是一種「政治立場」問題。然而，這種關於「立場」的政治正確性 (politically correct) 問題，恰恰不是後殖民理論所關注的主要問題⑲。

　　1995 年陸建德發表「流亡者的家園—愛德華‧薩依德的世界主義」一文，這是近年來比較少見的具深度性的批評文章。陸建德批評並揭示出隱藏在薩依德自身「流亡身份」精神深處與「離散書寫」風格下的「西方中心意象」。這表現在薩依德在其著作忽略了不少西方著名文學作品中不利於東方主義理論框架的構建，蓄意淡化歷史上東方和西方內部各民族因爲文化的衝突而導致的殘酷紛爭。然而，重要的是，正如陸建德指出的，即使薩依德的「東方主義」一書獲得了高度的成就，但絕不意味著非西方的作家或知識份子要獲得自尊心，都必須向西方表現自己。真正偉大的作家在文學作品中致力於探索自己和他筆下的人物如何在平凡生活中與其日新月益的本土社會關係的互動，這些作家並不關心也不急於向英國或其他「想像的中心」表現自己⑳。陸建德所要表達的是，一種時時刻刻揣度西方品味或可能反應，從而以此決定自己應以什麼姿態向西方表現自我的作法，事實上就是一種「西方中心意像」的表現。因爲，在「西方凝視」(western gaze) 下的自我表現對像薩依德這種第三世界知識份子固然重要，但西方對這種「薩依德現象」愈發重視，也就愈發突顯西方對無意對它表明心跡的第三世界作家的無知與漠視。

　　然而真正批評的要害在於，陸建德引述薩依德的「文化與帝國主義」一書末尾一句自我心路的表白：「柔弱者愛一鄉一土，強健者四海爲家，完人斷絕一切依戀」，點出了薩依德作品的內在心性。儘管這種自我放逐的心態是法農(Frantz Fannon)「地球上不幸的人們」(The wretched of the World)一書中所批評的「殖民地中產階級的世界主義」，而法農把這種世界主義的、對民族意識的缺乏採取「淡然漠視」態度，歸諸於「精神上的貧乏和墮性」[51]。薩依德的這番表白，顯示薩依德不僅不以自身「民族身份」的飄泊爲悲情，甚至自認這種「邊緣存在」更足以透析東、西兩個世界的關係，這段表白也間接印照薩依德「反本質主義」的學術立場及其反一元化自我歸屬的「譜系派」特徵，是一種薩依德自己戒慎恐懼的學術深淵，一種慎防掉入的可怕陷阱[52]。儘管薩依德的「離散經歷」(experience of diaspora)一反映著吉登斯(Anthony Giddens)在「現代性與自我認同」一書中所描述的，高度現代性世界的擴張已超越了個體活動與個人參與場景(milieux)，這是一個佈滿風險與危險的世界，它所衍生的焦慮及其背後的騷動環境(disturbing environment)和威脅，已作爲一種斷裂(inter-ruption)和持續狀態，入侵了自我認同和個人情感的內核之中[53]。但陸建德也指出，過份強調文化的雜交狀態難以促成世界文化的真正多元化，因爲它可能使弱勢文化喪失凝聚力和反抗的基點，而一種以反本質主義爲出發點的對東方主義的批判，本身即內含否認自身的力量[54]。

三、第三階段：「走入世界」還是「重返家園」？

　　1990年代中期以後，中國知識界再度面臨一次「文化方位」的轉型。正如前述，1990年代中期以後在一種「反反傳統」的氛圍下，中國知識界從繼「五四」以後第二次反傳統的軌道上快速「換軌」進入「質疑西方」的路徑上，從一種狂熱的理想主義轉入輕薄的現實主義。這種換軌，對個人而言，由於過大的「精神跨度」，使人產生一種「個體身份重新書寫和心靈失重的『暈眩感』」[55]，對整個文化環境而言，則是一種新的「中國問題意識」的興起。正如《文藝報》一篇「編者按語」所指出的：「90年代以來，中國學術思想界越來越清晰地表現出建立中國自己學術思想體系的意識。……例如關於『重建中國文論話語』、『重返文化精神家園』等提法，可以視爲在這一背景下產

生的」㊱。然而，在此同時，一種「全球文化主義」的主張，一種鼓舞中國「走向世界」並尋求「國際對話」的呼聲也相應而起。正如一本有關「全球化」系列叢書的「編者的話」指出的：全球化不僅是……而且是一種文化現象。……人類的文化行為、文化創造具有普遍性、共同性，文化完全可以超越不同國家、不同民族社會制度、意識形態諸方面的分歧，打破時空和種族、地域限制，形成全球文化。……它意味著對文化霸權主義的排斥，對偏居一隅、抱殘守缺觀念的唾棄」㊲。

在這兩種主要的文化傾向下，中國知識界對後殖民理論的討論，也就擺盪於「走向世界」還是「重返家園」的訴求之間。在這兩軸之間，表現出中國知識界面對「後殖民理論上」的兩種基本心態：一種是急迫介入全球語境的「邊緣心理」，一種則是中國民族身份的「認同焦慮」。

（一）全球化趨勢下的「國際對話」

無論是「邊緣心理」還是「認同焦慮」，它既有國際政治全球化趨勢的背景，也有國內政治官方因素的作遂。冷戰結束後，全球出現所謂「意識形態空場」，福山 (Francis Fukuyama) 提出了「意識形態終結論」，但這種「空場」很快的就被多極化的政治勢力所填充，成為多元文化思潮競逐的場域。一方面是市場經濟模式、信息網路、跨國金融資本在全球範圍內擴張，另一方面則是族別意識和區域意識的空前覺醒和加速擴散，各民族國家越來越重視和守護本民族的族別屬性，悍衛自己的民族尊嚴和國家主權。換言之，全球一體化伴隨著民族區別化，世界發展的無限性交織著個人在地生存的有限性，這既是一種揮之不去的誘惑與張力，也是一種精神認同上的悖論㊳。然而，無論是跨國資本主義一體化和民族國家特殊性之間的政治張力，或是全球發展的同質性和個體生存在地性之間的精神悖理，全球化趨勢反映在中國知識階層的應對心態是一方面期望積極介入「國際對話」，一方面又期望在參與中獨樹「中國特色」的雙重心理。這種雙重心理和一種對全球化趨勢斷層化認知的極端表現，又是一種既害怕被世界所孤立但又自憐自大的焦慮感-保衛傳統文化害怕落後而挨打，走向世界又害怕遭受西方霸權的控制。

例如王岳川把後殖民理論視為第三世界與第一世界進行對話的、具有理論

與實踐雙重意義的、從而使邊緣地位的第三世界文化得以重新認識自己及其民族文化前景的一種「文化策略」。換言之，後殖民理論一方面有助於中國採取某種策略性位置和文化姿態爲新的介入面，廣泛參與國際語境的對話，一方面，基於後殖民理論對東、西方殖民文化關係的深刻揭露，通過「將後殖民理論」作爲拆解西方主流話語的解構策略，將有助於中國知識界和文論界對現實語境的再認識，有助於中國文化價值的再重建。在此意義下，王岳川說道：「當代中國學者面臨自身傳統文化的變革和重新書寫的工作和中國學術文化重建的任務。西方理論話語的滲入或對話直接取決本土知識份子知識話語運作者的選擇」。因此，「我們回應後殖民主義的只能是：在新的歷史文化話語轉型期對潛歷史形式加以充分關注，並在反思和對話中，重新進行學術文化的『再符碼化』和人文精神的重新定位」㊿。

王岳川的這番期許至爲重要。然而，「拆解西方主流話語」是否就等於「中國文化價值的重建」？其間既有中、西方文化交雜的「介面」，又有本土知識份子的「選擇」，如何詮釋此一交雜界面？又如何進行具有身份認知的反思性選擇？王岳川的深刻期許，具有深沉的使命感。然而，正如王岳川自己援引福柯關於「論述」(discourse) 的觀點：對話，往往正是無意間、隱藏性的抹平差異的作法，而語言暴力、意義誤讀和文化矛盾正是在這種差異彌平的過程中滋生出來。對此應如何保持自覺，從而避免「對話，僅僅是掩蓋了差異的文化霸權的一種文化策略而已」○？

與王岳川同爲當前中國「後現代主義」主要理論家之一的張頤武，將這種「文化策略」視爲實現「世界的中國化」與「中國的世界化」的過程。一方面，中國知識份子既要將西方的「現代性」話語內在化爲自身自覺的選擇，又要在「現代性」話語的前提和基礎上重建「中國」的自我想像，這是一個將西方話語變爲本土文化的一部分，以此作爲思考、觀察的基本方法而最終遺忘其歷史性的過程，也就是「將世界中國化」的過程；一方面，中國知識份子也必須將「現代性」話語下的「中國」本質化，變爲一個「特殊性」的代碼，使「世界」獲得對中國的知識，也使中國人獲得對自己民族的知識，這是「將中國世界化」的過程㊿。在此意義下，中國知識子所扮演的角色是實現這種「兩化」過程的「轉換器」。

　　然而，如果「全球化」已被視爲當代世界發展不爭的事實，那麼世界上各種理論、觀念、新聞和事件，在全球化語境下已經在快速的、廣泛的對話著。因此，問題不在於對話本身，而在於怎樣對話和拿什麼與世界對話。另一方面，將西方通過知識份子的「內在化」以使西方得以在中國語境下被理解，並不是一件簡單的事。對中國知識界目前對西方思潮基本還處於從「移植性翻譯」轉向「闡釋性互譯」的過度階段來說，距離實現「世界的中國化」還相當遙遠，這其中還涉及極爲複雜的「解碼」(decoding)和「編碼」(encoding)的過程㉒。而所謂在西方話語下將中國「本質化」爲一種特殊性代碼以使西方得以認識中國，也不免陷於將中國凝固爲一種時間滯後的「他者」以供西方觀看。進一步來說，這種借助後殖民理論以拆解西方主流話語，從而廣泛參與國際語境的對話的論調，不免又是一種拆解「舊的」西方主流話語之後重新陷入「新的」西方主流話語的宰制，在理解上，不過是以解構主義的話語重述了傳統上以「中體西用」爲口號的「體用二元論」。對此，中國知識界目前既無法提出新、舊主流話語的區別性論述，亦無法解開「體用二元論」的兩難困境。

　　從語意來看，「走向世界」實際上是一個「悖論」。它既明顯違反地理學知識，但又符合中國文化的現代目標。就前者而言，中國既已在「世界之中」，何來「走向」世界？莫非中國在「世界之外」？倘若中國在世界之中又強調走向世界，就只能意味中國承認自身的「邊緣地位」，因而有意要努力走向作爲「中心」的世界。而如果走向世界中心又不是向「西方文化中心」靠攏或求取青睞，而是期許中國成爲這個世界的「文化中心」(自中國古代的「天下」觀念言之)，這意味著中國知識界存在著一種「文化中心意識」，但這種意識顯然又不是外顯的，而是內存的，因此又轉而意味著當代中國的「文化潛意識」中有一個「未來中心」有待重建與追求㉓。從這個語詞悖論來看，「走向世界」不僅是一個中國文化心理的「復健」問題，更是當代現實的國際政治與文化問題，更是一個交織著同質化與異質化的，既複雜又矛盾的歷史過程。

　　實際上，當代西方主流話語(從「現代主義」到「後現代主義」的發展)，對一個深受西方文化侵襲乃至導致文化變形的中國而言，是值得高度警惕和戒慎恐懼的。張京媛指出，使用後殖民論述的術語和方法，也有複製或重覆後殖民理論所批判對象的邏輯和認可其權力範圍的危險㉔。王岳川自己提到，「當

第一世界的『現代性』和『後現代性』主題成為第三世界嚮往和追求的目標時，它們在第三世界的播散就在重新製造一個西方中心神話的同時，設定了西方後現代話語的權威地位」⑯。而在表明對西方構築「新中心」的批判性與警惕心之前，王岳川同時又是認定後殖民理論就是執行當代西方主流話語的工具或媒介的。因為，據王岳川所言，「如果說本世紀以前，第一世界對第三世界文化財富的侵吞是以殖民主義的方式不斷擴張，那麼本世紀 (20 世紀，筆者) 中葉以降，文化意識形態的滲透，則是以『後殖民主義』的權力話語運作的方式實現的」⑯。顯然，王岳川是將後殖民主義視為「新殖民主義」的對等物或延伸物。然而，既是「新殖民主義」，又何以借助這種「新殖民主義」來解構 (殖民的)西方主流論述，進而使其成為中國介入國際語境的一種「文化策略」？這豈不成了「武器的批判」與「批判的武器」為同一物？

　　另一方面，如果中國知識界在後殖民理論的衝擊與洗禮之下，將面臨重新書寫中國文化「潛歷史形式」的重大任務，這是否意味著中國文化的「真實歷史形式」早已失真或變形，或者意味著一種只有被迫借助於西方主流話語以書寫中國文化「潛歷史形式」- 借別人的話說自己的話- 的無奈與困境？而這種情境，豈不又是主張「重返中國文化家園」論者所批判和急於跳脫的？

　　對於這種無奈與兩難性，王岳川也以類似「囚徒式困境」加以描述。一方面，中國在西方主流話語的進逼和侵襲之下，導致了中國的「激進回應」，並出現了一種「文化自殘」的症候。這是因為「這一〔西方〕中心格局的標定，卻不期然地將第三世界連同其歷史文化傳統一道置之於『主流話語』的邊緣地位，並因挫敗其文化生命力而使其永遠處於秉有一種自卑情結，使其只能在一次次虛妄地割斷自身的歷史中，以『躍進』、『超感』、『取代』的激進方式言說，最終使美好願望和文化藍圖夭折於母腹之中」⑰。而在另一方面，在悍衛傳統文化的大旗下，也同時導致一種「閉目塞聽」的逃避式回應，並出現一種「文化自戀」的情結，使一部分中國知識份子「一味沉醉在古老文化的悠久夢幻中」。張頤武在描述中國的「後現代性討論」時也指出這種尷尬性，「借用西方的話語，面臨著忽視本土文化特性的指責；拒絕西方的話語，似乎又沒有一套自身的話語來闡釋我們的語言／存在。……於是，我們仿佛在詞語的迷宮中漫游而找不到出路」⑱。

　　由此看來，介入國際對話語境首先面臨的就是如何審視一個已經西化的中國語境問題。當然，我們可以同意希利斯‧米勒 (Hillis J. Miller) 的觀點，在全球化之下，學術團體的「國界邊界」已經消失，知識份子不再以「國徽」作為認同與歸屬的識別標準⑭。但問題在於中國學者能否拋棄這種「無中國特色」的國際對話？在提出「中國離不開世界，世界離不開中國」的口號時，實際的情況可能是「離開了中國，卻進不了世界」。

(二) 民族身份的「認同焦慮」

　　民族身份的「認同焦慮」首先表現在一種在後殖民理論中「苦尋中國」的焦慮。

　　薩依德在界定其「東方主義」的內涵時，延用了沙特 (Jean-Paul Sartre) 關於「自在存在」(being in itself) 和「自為存在」(being for itself) 的存有性區別，將「東方」與「西方」界定為一種歷史性的和地理性的「互為性存在」狀態。作為一種「歐洲發明」(European invention) 下的產物，東方自古以來就被視為一個浪漫的地域、一個欲望的存在、一個忽影忽現的記憶和場景、一些奇特經驗的組合。東方，不僅是歐洲的鄰區，而且是歐洲最大、最富裕、最古老的殖民地，是歐洲文明與和語言的資源與文化的競爭者。作為歐洲最深刻的，同時也最常反覆映現的「他者意像」(images of the Other)，它包括有關東方的圖像、觀念、人格或經驗，幫助了歐洲人對自身的定義。薩依德同時借用維科 (Giovanni Vico)：「人只能認識自己製造的歷史」這一觀念指出：「作為一個地理和文化的(當然也包括歷史的)的實體，『東方』與『西方』都是人為建構的產物。『東方』和『西方』一樣，有自己的歷史、傳統思想、想像和詞彙傳統，而正是這一傳統使東方始終是『在』西方之內或『為』西方 (in and for the West) 才得以出場並成為現實，『東方』與『西方』實際上既相互支持，又相互反映」⑳。

　　在一些中國知識份子看來，薩依德筆下的「東方意象」可以用來類比中國，對薩依德「東方主義」的回應意味著可以「順理而當然」的將中國崁入薩依德所框畫的「東／西」、「我／他」的架構中。羅鋼就指出，「無論是蒙田、伏爾泰眼中的中國，還是迪福 (Daniel Defoe，《魯賓遜漂流記》的作者)

眼中的中國，都與一種歷史真實存在的中國相去甚遠，都不過是歐洲人的一種虛構。歐洲人用這種虛構的、文化上的『他者』來陪襯和確證自身的存在。用薩依德的話說，這些不同面目的中國都是『為了西方』而設置，是不同時期西方的利益、欲望、價值的投射。作為一面鏡子，它映照出的不是中國，而是西方」⑦。

將西方的「中國意象」與薩依德的「東方意象」進行類比，與其說從閱讀薩依德「東方主義」一書後的一種知識發現，不如說是是一種「民族同理心」的擴充式類比，這種心理也表現在中國知識界在討論究竟如何區分後殖民理論是西方主流話語構成的一部分？還是作為其對立物而等同於所謂「第三世界批評」？這一立場問題上。就「中國意象」與「東方意象」的類比而言，中國知識階層首先是以自身所預設和認知的「歷史空間」(中國／西方)，來替代「東方主義」所架設的「論述空間」(歐洲中心／東方邊陲)。而問題恰巧不在於這種類比是否恰當，而是這種類比所產生的焦慮和錯愕：薩依德為什麼可以忽視中國！

實際上，在薩依德的「東方主義」空間之中，「中國」處於薩依德「想像的地理」上的邊緣地帶，處於「遠東的盡頭」，坐落於「神秘的第三世界」(當然這並不是說薩依德在「東方主義」一書中隻字不提「中國」)。於是，薩伊德的這一忽略，不僅引起一種在東方世界中「遍尋中國無覓處」、「無中國中心」的焦慮(中國歷來自視為東方的中心，若不談中國何來東方？)，也興起一種中國在「東方主義」中「再東方化」(re-oriented) 的憂慮。

朱耀偉指出，薩依德其實是一直將「中國」視作遠東最「遠」的圖像。這種將「中國」視為遙遠東方的落後第三世界神秘國度的作法，很自然會將「中國」刻板化為一個「無歷史」(ahistorical) 的圖像。在薩依德的「東方主義」中，「中國」其實也被薩依德給「他者化」了：「在書中整個『東方主義的範圍』之部分，薩依德可說是將歐洲中心那種『想像性地理』(imaginary geography) 描繪出來，繼而以刻板的『中國』映襯出『中東』的差異，再以之作為批判東方主義的工具。『中國』似乎變成了一種想像性地理中的想像，存在只是為了批判東方主義及凸顯中東及遠東的差異」⑫。然而，這種「苦尋中國」的焦慮，究竟是期望「你看！中國就在東方主義之中！」而獲得某種證據？還是「怎

麼？中國不在東方主義之中？」而感到惱羞和失落。

　　至於民族身份的「認同焦慮」則涉及面對一個外來理論如何尋找一個「政治正確」的定位問題。基本上，從後殖民理論在中國開始受到重視起，多數研究後殖民理論的中國學者，是在對「後現代主義」的研究背景下，轉而關注後殖民理論的。因此，對後殖民理論的認識與接納，中國具民族主義傾向的學者首先關切的是，如何從「後現代主義」和後殖民主義的比較中，找出一種具有「正確立場」的閱讀位置，先對後殖民理論進行「文化驗身」，而後在閱讀後殖民理論之餘，試圖找尋可以為中國所用的「操用價值」。這種「先把立場說清楚」的基本架勢，是多數中國學者面對後殖民理論幾近「口徑一致」的態度。

　　正如中國學者昌切所指出的，在 1990 年代期間，一系列「向西方『說不』」，非議現代性、非議啓蒙、反文化殖民、反扭曲弱勢民族的「東方主義」、反西方媒體「妖魔化中國」等論調紛紛興起，一系列鼓吹「第三世界文化」、「本土文化」、「文化中國」、「中國文化的創造性轉化」，提倡「漢語言文學」，注重「中國問題」、「中國經驗」等等民族豪語亦紛紛出籠。所有公然迎合和取悅西方的敘述策略在此時都得到不同程度的批評，所有公開贊美和張揚中國文化的敘述策略在此時都得到不同程度的支持。在此同時，關於學術本土化的討論，對一百年現代化進程中「中華性」逐步失落的憂思，對「五四」文化進路的質疑，對 20 世紀激進主義思潮的抨擊，對「東方文化派」和「學衡派」文化守成派價值的重估和揄揚，錢穆、陳寅恪等國學大師一時間成了讀書界的大熱門。總之，上述一切都是在明確意識到西方文化的壓抑後所作出的有意識的反撥，而這種反撥所顯示的回歸民族傳統、持守民族本位立場的文化意向，正好體現了民族身份認同的焦慮㉓。

　　楊乃喬的一篇論文就指出：「由於這一理論(即『後殖民理論』)在東西方文化及文學批評空間呈現出當下性，且有著重要的操用價值，所以我們應該對這一思潮崛起的理論背景投入準確的閱讀，以便恰如其份的選擇以怎樣的文化身份參與東方漢語語境下的後殖民理論批評，或走向西方，在西方語境下與西方學者或東方主義研究者就後殖民問題進行對話」㉔。姑且不論中國的後殖民理論家應該如何或採取何種途徑與它的「學術宿敵」—東方主義者—就後殖民

問題進行「對話」？因爲我們分不清楚作者所指的「東方主義研究者」，究竟是指薩依德所極力淸算的、源自歐洲學院中心裏的一群東方幻想家，一群對東方世界抱有種族歧視和宰制欲望的西方學者和機構，還是指一些研究薩依德「東方主義」一書及其有關理論的「薩依德主義者」？如果是前者，對照於中國對美國一群試圖「妖魔化中國」的反華人士憤然跳腳的反應的來看，這種只是因爲中國急於「走向世界」而予以浪漫化的「與西方對話」，可能只是一種一廂情願的說法。

在經過與「後現代主義」一番比較之後，後殖民理論被視爲與後現代主義「大體相同」的東西，它們都是反西方霸權、反西方「話語—權力」的，些微的差異只是「後現代主義」是在西方世界「引發內爆」，後殖民理論則是由邊緣向中心「越界包抄」。但是兩者最大的、同時也是具有關鍵意義的差別是，兩者的「血緣屬性」和「文化身份」截然不同。—後現代主義者是西方的「白人學者」，後殖民理論家是第三世界的「非白人學者」—。中國學者高度關切的是後殖民理論究竟是「東方」的還是「西方」的身份識別，一種血緣調查。楊乃喬指責，這種首先應該「盤問立場」的身份識別，是當下中國漢語語境下許多急切操用後殖民話語，並用之以指向文化與文學批評的中國學者們所忽視的。由此看來，楊乃喬所謂對後殖民理論崛起背景的「準確閱讀」，不過是以民族身份爲尺標，定出「你／我」、「西方／東方」、「英語／漢語」的二元判別而已。

然而，在楊乃喬看來，中國學者對後殖民理論文化身份問題的一知半解或不分青紅皂白⑮，是可以原諒和理解的。關鍵不在中國學者的「不察」，而是根本來自後殖民理論家對自身民族身份的曖昧性操弄(楊乃喬頻頻以「肇事者」稱之，而對中國境內的後殖民研究者則以「傳抄者」稱之，而實際上，楊乃喬是中國大陸後殖民理論最賣力的翻譯者)。這裏可以引述如下一段話：

> 倘若我們以一種巧妙的眼光來透視後殖民理論的肇事者，他們其實是以一種激進的**人格面具**來遮蔽一種極爲隱晦的心理，他們強調自己來自於邊緣的東方文化身份，主要用以把自己**裝飾**爲少數人或受壓迫者，爲他們走向西方提供便利的身份。……說白了，在某種意義上「東方」只不過賽義德、史碧娃克與巴巴向西方挑戰，最終使

自己在美國名牌大學獲得終身教席地位的**陪襯**。我想在這個意義層
面上，對東方的貶損，不僅在於西方人對東方那種神化般的虛構，
更在於賽義德、史碧娃克與巴巴對「東方」這一文化身份的**運用**⑦。
（黑體字為筆者所加）

　　在一連串「人格面具」、「裝飾」、「陪襯」、「運用」等負面詞語下，
後殖民理論變成了一群帶著「第三世界血統」的學者，不惜背叛民族身份，通
過運用和經營自己民族的苦難形象，以求晉身西方上流社會，尋求身份認可，
卡住學術地位的一種策略工具。顯然，這正是一種「民族凝視」(ethnic gaze)
下「反讀」(counter-reading)後殖民理論的產物，也是對「第三世界名牌知識份
子」一種酸葡萄心理的作遂。看來，在西方世界強調東方邊緣身份、以純正的
英語書寫和出版、在西方名牌大學享有終身教席或優渥待遇等等，都是後殖民
理論不可原諒的「原罪」，是中國學者必須明察和慎辨之所在。因為，這種
「原罪」是與知識傳統 (當然主要是中國的「道統」) 的「原旨教義」(funda-
mentalism) ⑦—不能相容的，更是一種混合著「毛主義」(Maoism) ⑧和東方民
族「血統謎思」(myth of consanguinity) 的產物。

　　進一步，楊乃喬根據所謂「編年意義上的反思」(其實只是「理論淵源的
回溯」而已)，根據「骨子裏是否真的在維護本民族的文化尊嚴」，是否「坦
露本國民族被西方殖民化的本真」，將後殖民理論這一思潮區分為 1950、1960
年代以愛梅・塞薩爾 (Aime Cesaire) 和弗朗茨・范農 (Frantz Fanon) 等人為代表
的「殖民主義文化批判」，和 1970 年代末期以後以薩依德、史碧娃克、巴巴
等人為代表的「後殖民主義文化批判」兩個派別。在楊乃喬看來，由於前者-
「殖民主義文化批判」派—「更少的稟有個人獲取的功利性」⑦，堅定地站在
自二戰以來東、西對立中的「左翼陣營」，並且經過左翼政治意識形態的洗
禮，由於他們沒有在西方名牌大學獲取令人豔羨的教席，更由於他們「高揚反
殖民理論」以進行文化與文學批評，所以他們要比「後殖民主義文化批評」派
「更單純而崇高」，從而使他們的理論批判「極為純真，極有挑戰性」。反觀
當代「後殖民主義文化批判」派，他們不過是在這些前輩人格力量的感召下對
殖民主義話語的「延續」與「拷貝」罷了。

　　再進一步，在通過把「後現代主義」和後殖民主義進行方法論的比較後（實際上所謂方法論比較不過是前面所說的，一者是「在中心內部引爆」，一者是「由邊緣包抄中心」的對比），楊乃喬又將呈現在東方大陸的「後現代主義」視爲一種「文化激進主義」，理由是，「它把西方形形色色的後現代文化意識帶入東方大陸，成爲解構華夏文化傳統及權力話語的批判武器」；至於後殖民主義，「則是地道的的文化保守主義」，理由是，「它成爲當下大陸學人抵禦西方文化輸入或東方舊日風情輸出的理論武器」⑧。又進一步，楊乃喬再把後殖民主義從「理論上」區分爲兩種，一種是「原創的、在西方拼音語境下展開的後殖民理論」（顯然，這是指薩依德、史碧娃克、巴巴等人），其呈現的是一種「文化激進主義」，另一種是「東方漢語語境下作爲變體的後殖民理論」（顯然，這是指在中國「傳抄」後殖民理論的部分學者），其呈現的則是「文化保守主義」。由這一連串紛亂的分類看來，由西方源源輸入各種文化意識者謂之「激進」，抵制西方文化輸入者則謂之「保守」；足以解構華夏文化傳統和權力話語者謂之「激進」，能夠阻止中國昔日風情輸往國外者（指張藝謀和陳凱歌的電影作品）則謂之「保守」，在西方原創並在西方展開的謂之「激進」，而拿來中國抄送傳播的則謂之「保守」。在這裏，楊乃喬既不能說明呈現在東方大陸的後現代主義何以是「原型」的，而呈現在東方大陸的後殖民理論就叫做「變種」？也不能說明「把形形色色的西方意識帶入中國」和「拿來中國抄送傳播」究竟有何不同？再者，何以解構華夏文化傳統者就叫做「激進」，而輸出中國文化風土者就不能叫「對話」，反而是「保守」？

　　然則，標準並非沒有，而是像楊乃喬引述吉爾伯特（Bart Moore-Gibert）對後殖民理論的「自我定義」（self-definition）一樣⑧，標準就在於楊乃喬個人的「自我定義」。楊乃喬首先以恐怖的語氣警告：「當心！不要談『後殖民』」，因爲當你談後殖民時，就已經「被後殖民了」，因爲，「在當下世界格局的重分配中，遠東大陸學人已經被中東學人借助在西方所獲得的學術權力征服了」⑧。我們真不知這種「地緣政治過敏症」究竟從何而來？還是楊乃喬已經看到西方正在「遠東」與「中東」之間進行一場陰謀的「地緣統戰」？實際上，楊乃喬要說的是：「變體後殖民主義話語本質上就是新殖民主義」，因爲，「當我們在言說後殖民理論時，我們不僅壓迫於西方的話語權力之下，也

更壓迫在那些於西方獲取顯嚇學術地位並棲居於西方的第三世界東方學人的話語權力之下」，而「這就是東方學人借西方的話語權力壓迫東方學人的詭計！」⑧在這裏，我們無法理解何以在中國傳播「後現代主義」的東方學人(如楊乃喬自己)，難道就不會被西方學人借助解構西方中心論所獲得的學術權力所征服？然而，楊乃喬真正要說的是：包括他自己在內某一批中國學人，他們既棲居在東方大陸，又不在西方謀取僑居綠卡，又能在漢語語境下與西方學人對話，才是真正的、不變種的、具有中國優良血統的「中國後殖民理論家」！

　　看來，當代震動於東、西方學界的後殖民主義，僅僅因爲其主要的理論家身上流著第三世界血液，但卻身居西方學術殿堂頂端，他們又不能像詹明信 (Fredric Jameson) 和佛克馬 (Douwe Fokkema) 一樣，多次「拜訪」中國，在中國講學之餘向中國學者表示友好親善，就因此成了對中國存有敵意的「新殖民主義」。在這裏，我們清楚看到，當前中國頂尖學人，在一再「粗讀」和「俗讀」後殖民理論後所發出的一連串「民族本真性」的囈語，和一種「唯我正朔」、「酸氣十足」的情結。我們不禁要問，一隻獅子是否僅僅擔憂被他人誤認爲一隻貓，就非要終日栖栖惶惶的宣稱自己的「獅子性」？

　　必須指出，以楊乃喬爲代表的中國學人對所謂「以東方主義爲核心的後殖民主義」的理解，實際上犯了對後殖民理論的誤讀。固然，就閱讀是一種開放性或互爲主客性的詮釋過程而言，「誤讀」(miss reading) 並非一無可取。按薩依德「理論旅行」本即意含著詮釋者「主觀再現」所肇至之理論變形與改色，這種主觀再現往往有助於理論的拓深和增廣。進一步來說，對「誤讀」的批判亦難免預設一種「正讀」的本質主義傾向，這種傾向亦是「後學」(post-ism)所自覺避免的。然而，進行一種「淺讀式」的策略性閱讀，捨其積極意義以遷就現實政治之需求，特別是以「反西學」的慣常反應和一種「立場政治」來進行閱讀，就必須格外的警惕。

　　薩依德在 1995 年修訂版的「東方主義」一書中，將世界各地讀者和批評家對其初版於 1978 年的「東方主義」一書的誤解和曲解，歸納爲兩個基本類型，第一種是把薩依德和他的著作看成是一種「反西方主義」(anti-Westernism)的作者和作品。薩依德認爲，無論這種誤讀是出自於善意或惡意，都錯誤的通

過閱讀「東方主義」一書，把整個西方視爲阿拉伯和伊斯蘭、伊朗、中國、印度和其他非歐洲民族的敵人；第二種是在直接把「東方主義」等同「西方」的情況下，將「東方主義」看成一部徹底揭露西方粗暴的掠奪伊斯蘭和阿拉伯的著作，在此情況下，東方主義和東方主義者的存在，就不僅證明了伊斯蘭民族的完美無瑕性，及其在世界中的獨一無二性，也反證了一種假設：對「東方主義」的批判就意味著對伊斯蘭主義 (Islamism) 或穆斯林原旨教義 (Muslim fundamentalism) 的支持[84]。

在隨後的辯答中，薩依德指出，他既沒有興趣也沒有能力在其「東方主義」一書中，揭示出「真正的」東方 (true orient) 或伊斯蘭，實際上，他一再表明，類似「東方」和「西方」(occident) 這些詞，根本不具備任何與之相關聯的當然事實而存在的本質，所有這些地域的劃分都不過是想像和經驗的奇異混合物而已。薩依德指出，「東方主義」一書的觀點顯然是「反本質主義的」(anti-essentialist)，對於「東方」和「西方」這種範疇性指稱 (categorical designation)，他是持高度質疑態度的[85]。薩依德所要表達的是，任何一種關於自我的認同都不是「源生的」，而是「建構的」，任何民族的身份都不是靜態的、僵滯的，而是動態的、生成的。這裏可以引述薩依德的一段話：

> 每一種文化的發展與維繫，都需要一個異己的、競爭的「他者」，也就是另一個自我(alter ego)的存在。認同的建構 (construction of identity)，不管這種認同是東方的還是西方的，是法國的還是英國的，不僅是一種獨特的集體經驗的匯集，最終是一種「建構」，也就是涉及一種異己的「他者」認同的建構，而且總是涉及到與「我們」不同的特質的不斷闡釋和再闡釋。每一個時代和社會都會重新創造自己的「他者」，因此，自我和他者的身份絕不是靜止不變的，而是一種人爲建構的歷史社會、學術和政治的過程，就像是涉及各個社會的不同個體和機構間的競賽[86]。

通過對薩依德原典的閱讀，可以對照出部分中國學人對後殖民理論的誤讀和曲解，這種將「東方主義」視爲一種「種族主義—反西方主義—本質主義」的觀點，正是一種連薩依德自己都要反對的「東方主義」。至於，對於各種預

設目的的誤讀及其形成的原因，薩依德則說：「研究一種動態的、闡述的經驗歷史及其動力，要比一勞永逸的接受『東西衝突』這一定型觀念顯然要困難的多」⑧。由依薩依德這番解釋來看，如果利用「東方主義」一書來向全世界推銷伊斯蘭教是荒唐之舉，那麼藉後殖民理論以宣揚中國的民族本真性，也是不智之舉。

這種透過「血緣鑑定」來觀看後殖民理論的心態與作法，當然也未必被中國其他知識份子所接受，對一些具有全球化文化視野的中國學人來說，一種訴諸「中華性」之本質性的觀點，已被視爲一種「新冷戰幽靈」。陶東風就指出：「在中國的『後現代主義』的文化批評中，後殖民主義理論經常被等同於一種民族主義的話語，並加強了中國現代性話語中那種特有的『中國/西方』二元對立的話語模式。結果是，用以解構西方『現代性』以及西方中心主義等所謂『元話語』的武器(後現代主義與後殖民理論)，終於又造就出另一種貌似新穎實則更加陳腐的中心與元話語─中華性。換言之，反本質主義的後現代與後殖民理論在中國最後演變成一種更加陳腐的本質主義(華夏中心主義)⑧」。周蕾也指出，「中華性」是一種由根深蒂固「血盟」(bonding)情感所造成的暴力意識。這種思想與「中心主義」(centralism)相去不遠，常有失落、悲痛、仇外和渴望民族自強等的情感伴隨左右。正因爲「中心」是一個脆弱的建築，任何不與這種「中心主義」一致的文化 (如在中國經過「族性閱讀」後的後殖民主義) 和民族，都被詆毀爲一種威脅或恐嚇⑧。對於這種現象，陶東風慨然論道：「這表明，中國式後現代與後殖民批評話語的操作者離真正的後現代精神還相當遙遠；同時也告訴我們，一種在西方第一世界是激進的學術理論話語在進口到像中國這樣的第三世界時，很可能會喪失它原有的激進性與批判性」⑨。

(三) 所謂中國「失語症」

在這種民族身份認同焦慮之下，一種借自於後殖民批評家史碧娃克(Gayatri Spivak)對印度「臣屬研究」(subaltern research)發出「臣屬能夠發音嗎？」(Can the subaltern speak?) 的質疑性觀念，被中國知識界延用並以描述中國語境極端歐化後所產生的「失語症候」。例如曹順慶就指出：「我們過多的把精力投入

對別人話語的學習，對別人理論的運用，而沒有找到自己的理論立足點，因此也就無從對別人的話語和理論進行真正的吸收。……我們把別人的雜語共生當成了自己的文化繁榮，幫著別人吶喊而發不出自己的聲音」[91]。進一步，曹順慶還把中國知識界自身理論的貧乏歸結爲過多的輸入西方理論，以西方的理論爲理論，以西方的思想爲思想，導致中國境內充斥著一些「洋理論」和「洋理論家」[92]。曹順慶指出：「我們學到了別人的理論話語，卻失去了自己的理論語言。結果我們不是用別人的文學理論來豐富自己的文學理論，解決自己的問題，而是被迫用別人的話語來言說自己的生活，理論家言洋人之所言，想洋人之所想，中國大地成了各種外國理論武器大比武的場地，中國人自己的聲音卻消失了。……一旦我們離開了別人的基本理論範疇，我們就無法思考，無法言說了。這就是當代中國文學理論貧乏的基本原因之所在。這就是我們所謂的文學理論話語的『失語症』」[93]。

　　對主張「中國失語症」的知識份子而言，要解決這種民族運思方式的失落狀態，關鍵在於中國知識份子能否發揮「民族代言」的功能，通過「重建中國文論話語」，進而發揮世界性的影響。對此曹順慶就指出：「**我們能否貢獻出具有世界影響的文論家和具有世界影響的文學理論，這將取決於我們是否能夠擺脫代洋人立言的失語症狀，擺脫目前這種『除卻洋腔非話語，離開洋調不能言』的尷尬局面。取決於我們是否能夠爲世界貢獻一套新世紀的文學理論話語體系，取決於我們的理論工作者是否能夠做到以本民族的話語，來言說本民族的存在，從而真正成爲一個民族的學術代言人**」[94]。

　　上述這種「知識份子的再現」問題，在後殖民理論中已多次遭到理論與實踐上的質疑與批判，知識份子與所謂「內部殖民」(internal colonization)和「國內霸權」(domestic hegemony)的共謀關係，也持續成爲後殖民理論追討的對象[95]。所謂知識份子充當「民族代言人」的說法，不僅明顯出自對史碧娃克著作的誤讀，也正是史碧娃克所要瞄準批判的對象[96]。史碧娃克對印度歷史學家古哈(Ranajit Guha)所領導的、以印度地方語言重寫印度歷史的做法，基本上是表示尊敬與支持的。但她明確反對將這種「歷史書寫」的自覺性及其動力的來源訴諸於一種「民族本真性」(ethnic authenticity)的反抗。史碧娃克所謂「臣屬能發音嗎？」的提法，主要還不是在描述臣屬階級的失語狀態，反而是在批判

知識份子竊占了臣屬階級的發言權，批評知識份子運用一種知識權威假設上的「透明性」(transparency) 和「非質疑性」(unquestioned)，在對臣屬階級發言時僭越了臣屬階級的主體性與發言權，並藉此取得知識份子自身的論述權力。

　　後殖民文學批評家瑪姬 (Patrick McGee) 指出，當知識份子宣稱「被壓迫者能夠知道自己被壓迫的狀況，而且能為自己說話」時，知識份子等於在為臣屬階級「設定了」一個由自身所投射出來的主體性，一種充當知識份子主體欲望之流出物或權力的展示物；當知識份子宣稱在全球政治架構下，被壓迫階級可以成為自決性的團體時，其實只是在宣揚一種對隱藏著欲望與權力的帝國主義主體認同的「投射物」。而當知識份子在作這種「宣稱」時，知識份子作為批評者的位置是不受到質疑的，其批評位置是透明且沒有間隔的。當知識份子以代言人自居時，他們只是在報告「未被呈現的主體」，只是在分析權力和欲望的運作。史碧娃克則在批判西方高級知識份子時指出，西方知識分子與帝國主義知識的共謀關係，已經到達從未懷疑他們對被壓迫者主體之批評立場的程度。當知識份子宣稱自己了解「被壓迫者的主體」做為一個具有決定意志的場所時，其時正是在展示一種未被權力與欲望命名的主體及其由這種假設的「透明性」所標幟出來的一個「利益場域」，而正是一種對被壓迫者的極度輕視支撐著此一利益場域的存在[97]。史碧娃克所要表述的觀點是，知識份子 (特別是民族知識份子) 自認能夠「代替」臣屬階級發言，但實際上是知識份子通過「再現」(representation) 臣屬階級而再現了自己的利益，史碧娃克把這種「再現」過程視為一種「認識論的暴力」(epistemic violence)。而對於這種「失語症候」，一種基於懷舊尋根 (looking for roots) 的卑憂情結，史碧娃克則說道：「任何想尋根的人，應該去種樹！」[98]。

　　儘管以曹順慶為代表的中國知識份子努力於「失語症」的反思中，尋找「重建中國話語」的方向，這是一種試圖爭取或開闢一種具有本土風格的歷史書寫的自主權，讓一種屬於中國的但卻始終處於被壓抑的、被塗寫的，以致進入「中國潛意識」的歷史文本得以重新獲得展開和釋放，並使其在一種「重建的」的本土語言中獲得言說與開顯[99]。應該說，這種努力是值得肯定的，也是值得敬佩的。李佩然也指出，後殖民論述對歷史的批判，隱含著一個急切的需

求，就是回到過去，發掘那些被統治者的論述及語言系統摒諸門外的歷史碎片，以及那些被殖民主義意識形態囚禁了的文化呼聲，並加以重組，為個體和民族在新的 (多元的) 歷史組合裏找到自我表達的據點。然而李佩然自己也指出，在殖民主義體制下，被殖民者對「自我」和「民族歷史」老早已沒有了所謂「絕對統一」的肯定(亦即並不存在一個「本源中心」)。儘管，後殖民論述在強調被殖民者的自我或主體意識之外，對背後的國家民族(群體)也有一脈相承的認同與關注[⑩]。問題就在於，是否存在一個絕對統一的民族本源與中心？中國近代以來的歷史是否仍然是「純淨的」，一個重建的中國語境是否仍然是「本土的」，以致能夠建立一種絲毫無損於「民族親和力」的中國現代語境？以本土文化作為一種解構西方中心論的反抗策略固無疑義，但通過一種中國文化的反思-既包括對中國文化深層意識的認同性檢視，也包括對中國文化的解殖 (decolonization) 一它既是一種「外向抵抗」，也是一種「自我解構」的過程。就中國的實際情況來說，「西方文化殖民」和「民族主義建構」，在中國近代歷史上是一個「同向重疊」的過程，與當代後殖民國家所表現的「殖民-反殖一民族復甦」的歷史演進過程並不相同。另一方面，中國畢竟從未真正淪為「被殖民國家」，中國的領土與語言也從未真正喪失。在中國並未真正淪為「受殖主體」而言，高喊「失語症」難免有點驚慌過度，乃至自嚇而嚇人。

旅美中國學者徐賁對上述這種「民族本位化的後殖民論述」提出了格外嚴厲的批評。他在較早的一篇論文中，對所謂「後殖民批判」的內涵提出一些看法。他指出：「後殖民批判的抗爭與傳統的民族主義運動並不相同。由於它看到殖民意議形態對批判主體的限制作用，它拒絕用簡單的「殖民者/被殖民者」的敵我對立兩分觀去確定自己的鬥爭任務」。後殖民批判同時也體認到「民族主義是一柄雙刃劍」，因為「一般的反殖民主義可能正是為用新形式去奴役人的思想而作辯護 」。因此後殖民批判把鬥爭的重點放在殖民意識形態上。而殖民意識形態是一種複雜的思想結構，它存在於後殖民批判的主體及其對象的關係之中，並不僅僅為殖民者所專有。因此，後殖民批判包括了對後殖民主體本身的解剖，包括認識批判者身份定位、認識局限、歷史負擔以及他所處或所屬的那個社會的知識權力關係等等」[⑪]。

　　隨後，基於對「中國知識份子是處於中國特殊社會知識權力關係下進行後殖民批判」的觀察，徐賁把那種「以種族和民族身份政治 (identity politics) 為其知識活動中心的知識份子」稱為「本土主義」(nativist) 知識份子[⑩]。徐賁還認為，與其他一些第三世界國家的後殖民批判相比，中國的「第三世界批評」的核心不是「反壓迫」，反而是「本土性」，而且恰好這種以身份政治為核心的本土主義文化對抗只有「國際性」內容，沒有「國內性」內容，「它不僅與官方的民族主義話語相安共處」，而且「提供了一種有利於官方意識形態控制和化解的所謂『對抗性』人文批判模式」[⑪]。徐賁的批評暗示了兩點：第一，在理論意義上，對一些中國知識份子而言，後殖民理論的意義和重要性，不在於後殖民理論本身深刻的內容是什麼，而在於如何通過「中國語境化」之後，有助於「合法化」(justify) 中國的本土主義思想和傾向；第二，在實踐意義上，通過「表白身份」地討論後殖民主義，既可避免「西化份子」的指控，也可避免官方政治權力的干預，也許他們並無意為官方意識形態作掩護，但卻以「本土主義」作自身的掩護，在發展一種「文化批判理論」的同時，避免了對抗官方。

　　徐賁進一步根據中國社會身份系統的演化特徵，說明當前中國知識份子對祖國「民族身份」的危機意識，這是知識份份子本身「社會身份」危機處境的反映，更是中國知識份子以塑造「西方他者」重塑「本土自我」的表現。1990年代以來，中國劇烈的社會轉型使中國知識份子「受威脅的身份」(threatened identity) 更加突顯，中國知識份子的社會安全感日益低落。在被迫必須調整身份形式以適應各種危機的情況下，「一些知識份發現了『本土』這個民族身份對於處於身份危機的中國知識份子的『增勢』(empowerment) 作用」。換言之，中國知識份子對後殖民理論的解讀和挪用，目的在於把後殖民批判當成知識份子「自我增勢」(self-enforcement) 的手段。徐賁寫道：

> 他們利用「本土」這一新歸屬來確立自己作為「民族文化」和「民族文化利益」的代言人。「本土知識份子」身份確立的一個基本條件就是有一個「他者」。在中國「本土主義」的話語中，這個「他者」不是與中國本土有別的第三世界「本土」，而是「西方」。這

是因為「本土知識份子」的自我增勢需要一個特殊的，既有差異性、又具有威嚇性的「他者」，它需要逆反「我／他」的權力關係，但卻保留這兩者間的對立區別。「本土」這個身份必須依賴一個特具威脅性的、無所不在的、無所不能的西方才能有效的存在。失去了這個「他者」，也就失去了「本土」這個身份本身。這個「他者」越邪惡，「本土」身份的道義價值就越高，這個「他者」越強大，「本土」身份的權力爭奪意義就越重要。這個「他者」越神秘難測，「本土」身份的認識真理就難能可貴[104]。

希福德森(Charles Shepherdson)在最近一本關於福柯(Michel Foucault)和拉康(Jacques Lacan)的比較研究中，闡釋了福柯理論中最為核心的「權力」概念。在福柯的觀念裏，「權力」不是簡單地被理解為法律對逾距的壓抑與禁制，權力是一種結構，多種力量結合而成的關係，但此一力量又造成了自身的逾越。權力雖然訴諸理性，但法律同時也與暴力相互掛勾，例如監獄的存在更誘使人犯罪。我們不該認為權力只是壓迫的力量，因此，凡是逾越、解放、革命都不是反抗權力的運動，也不是反抗法律與改變禁制的運動，因為這些反抗的形式也屬於權力機器的一部份。權力和逾越不能被理解為對立的形式，而必須從其結構的關係來考量。因為權力和逾越是權力結構中的一體兩面[105]。進一步來說，從福柯、後現代主義、後結構主義乃至後殖民理論以來所採取的「系譜學」(genealogy)方法，並不是在重談善與惡，主流與邊緣(mainstream and peripheral)的二元對立，而是要追溯到二元對立的源頭，探究其產生的原因，其如何被組織成真理與虛假對立的過程。換言之，系譜學的方法並不是在顯示過去的不足，而是敘述我們如何掌握真理的過程，我們如何變得更理性的過程。監獄的形成並不是從君主酷刑到民主法律秩序的進程，而是一整套正常化的網絡，而這此一正常化的歷史卻是主流價值論述試圖要隱藏的[106]。由此看來，從作為後殖民主義主要理論依據的福柯觀點來看，後殖民批評絕不是一種重蹈主流二元論述的覆轍，而是要解構主流論述一再試圖隱藏的那個二元對立的原始結構。

實際上，巴巴(Homi Bhabha)在他的「文化的定位」(The Location of Culture)一書中，表達了他對抵抗「殖民論述」(colonial discourse)的一種新策

略。他指出，殖民論述一直是依賴於一種對「他者性」(otherness) 之意識形態建構的「固定性」(fixity) 而獲得支撐，這種「固定性」是一種作爲「文化／歷史／種族」的差異符號內含在殖民論述之中的，並且利用一種「定型化」(stereotype) 的操作策略進行對被殖民者的複製。因此，殖民主體的建構以及殖民權力的施展，就是運用這種組合了各種「等級差異」(包括種族的和性別的)所形成的知識與意識形態而得以實現⑩。然而，這種殖民論述所採取的「定型化」策略也不是顛撲不破的，它是殖民再現本身是一種「弔詭式的再現」（不同於另一種「錯誤的再現」(misrepresentation)），因爲它一方面建構了一種僵硬的、不變的秩序，但也建構了混亂、墮落、和魔幻式的複調性。這不僅意味著殖民論述並不是密不透風的「鐵板一塊」，同時也意味著，對這種殖民論述的解構也不是單純地兜繞在「等級差異」的封閉界線內進行反抗。巴巴指出，殖民論述對「他者性」的建構雖然看起來具有一種形塑過程的固定性，但它又同時具有「似是而非」的特性──一種在殖民者看來未必真的自以爲是，在被殖民者看來又未必真的盡是的意象──巴巴把這種境遇稱爲「曖昧性」(ambivalence)。然而，正是存在了這種「曖昧性」，它提供了一種在「主體定型化」和「主體解放」之間對殖民論述進行肢解 (splitting) 的空檔，通過重建多元性／悖論 (multiple／contradictory) 的信念與過程，可以塑造一種顛覆和解脫的空隙⑩。

　　巴巴想要說明的是，殖民論述的解構並不是在殖民論所既設的「等級制度」內進行衝撞，因爲這種衝撞只能一再確證和強化乃至焦慮的重複殖民論述的「定型化」邏輯。在巴巴看來，抵抗的策略應是不斷去「暴露」這種曖昧性，揭露殖民論述所「不言自證」的、但又不能在論述中獲得確證的前提。巴巴指出，我們應該尋求一種「越界」(beyond) 的策略，越出二元對立框架，跳脫一種將文化、種族、性別的「單一性」(singularities) 視爲初始概念和制度範疇的迷思。這種「越界」將導致一種新的主體定位-包括種族、性別、世代、制度定位、地理背景和性取向，從而使各種身份主張都可以棲居於現代世界⑩。

　　巴巴的這些觀點，雖然也遭到不少批評，但卻反映出解構殖民論述的困難性與曲折性，「解殖」絕非訴諸一場運動型的「返祖歸宗」方案，也不是一種二元模式的對決，而是依賴於作爲「殖民他者」對自身以及自身之「他者」

(殖民者)，通過一種「超中心」(ex-centric) 策略，對殖民論述進行極爲複雜的解構。

伍、結　論

　　後殖民理論在中國的旅行大約經歷 10 年，隨著後殖民理論的「入境隨俗」，也就是「中國語境化」之後，「中國式後殖民理論」已泰半失去其原有的激進風格和批判意識，加上中國知識份子對西方理論「中國特色化」的選取角度，再加上中國知識份子「政治正確」的閱讀行爲 (它既涉及中國學人對後殖民理論「一鱗半爪」的印象閱讀法，也涉及一種長居馬克思主義社會下對官方話語的自我警覺性)，後殖民理論一則成爲中國介入「國際對話」的工具性策略，一種與官方話語平行運軌的文化策略 (這容易導致對內部殖民話語的無所警覺)，一則成爲推進知識份子「重返精神家園」的返祖方案(這容易滋養暴力型的民族主義)，一種安全無虞的自我慰藉。遺憾的是，後殖民理論對當今中國文化重建的積極意義還未充分展現。

　　就後殖民理論對中國文化之積極意義未能展現這一點來說，首先來自中國學界對後殖民理論還停留在淺層次的閱讀和理解，此不僅表現在把異文化之交流輕率地等同文化侵略、將後殖民理論「本質主義地」等同於一種新的民族主義理論、從而在一種文化焦慮情節下把後殖民理論簡化爲一種反西方中心論而藉此以確立一種東方文化神聖地位的理論依據，而且還表現在把後殖民理論「意識形態化」，助長一種文化戀舊的保守主義心態⑩。固然，後殖民理論本身也具有容易引起誤讀的可能與取向，對後殖民理論的誤讀不僅存在於中國，在許多地方也一再造成誤讀，它一方面遭受英語研究中正統學派的「制裁性忽略」(sanctioned ignorance，〔史碧娃克語〕，這其中尤以英國牛津大學的彼德‧康拉德 Peter Conrad、文學與藝術史學家希爾頓‧克萊默 Hilton Kramer 和英國劍橋大學社會文類學家恩斯特‧葛納 Ernest Gellner 等人爲代表)，一方面也遭受第三世界原旨教義派強烈的攻擊 (這其中以後殖民批評家阿吉‧阿馬 Aijaz Ahmad 爲代表)。因此，關鍵還不在於誤讀本身，更值得深思與追索的應是：

後殖民理論為何在中國的語境下會產生各種誤讀，以及這種誤讀所導致的文化消解效應⑪。

　　中國固然在政治上自居第三世界，但對於第三世界少數民族特定的殖民歷史、文化與文學，對英語文學 (English literature) 和「少數論述」(minority discourse) 的研究較少，這是客觀因素之一。在文化上，在高喊「失語症」和民族身份焦慮的同時，也應該重視這種失落感在官方政治以外的文化意涵，這種對自「五四」以來長期反傳統所導致國學水準低落現象的反思，亦不宜輕率以「文化戀母情結」予以譏諷。在急速轉變的社會經濟環境下，中國知識份子的擔憂即使過度，亦不免有其存在處境的真實感觸。但是，一種長期困繞中國知識份子的「自卑自戕—自傲自大」的孿生情結，一種「中西二元」的心智結構，一種源自「文革」且至今可能依然揮之不去的、「政治純度」必須高於「藝術價值」的觀念，則不能不說是中國知識份子應自覺與警惕的內在危機。

　　就後殖民理論對中國文化的參照意義來說，儘管是否有必要通過對後殖民理論的研究，以進行一場「中國文化『去殖民化』」運動尚有待討論，但是，通過後殖民理論促使中國知識界尋求中國作為西方之客體的「他性復甦」，檢視中國知識份子「他性機器」的自我生產，從而推動一種「中國文化解殖」的歷史過程，進而通過這種中國意象的「自我解殖」，以消解「五四」以來知識份子的「文化自戕」情結，是具有積極意義的。換言之，後殖民理論提供了中國對自身歷史與文化的「後殖民性」(postcolonality) 進行反思的重要理論參照。後殖民理論對西方霸權論述的解構，其真正的意義不是它恰巧呼應了中國當代的「反霸」事業而已，也不是藉此提升中國在世界權力席次上的位列而已，更不是提供知識份子長期在西方壓抑下一種「吐露積鬱」的振奮劑而已；後殖民理論可以對中國作出一種有意義的召喚：就像美國紐約大學教授提摩西·米契爾 (Thmothy Mitchell) 所從事的，在超越薩依德在「東方主義」一書採用的「考古學」方法而改採「系譜學」方法而寫出了「殖民埃及」(Colonizing Egypt) 一書一樣，中國知識界該如何面對世界歷史中的「中國主義」(Chinaism) 問題？或者如保羅·柯恩 (Paul Cohen) 採取斷代文化史研究，大膽清理了 20 世紀以

來美國漢學研究中的「中國刻板」(China Stereotype) 意象而寫出了「在中國發現歷史」(Discover History in China) 一書一樣，中國知識界該如何面對西方漢學界的「中國書寫」？中國又該如何捲入並審視西方凝視下的「中國意象」？如果愛立夫‧德里克 (Arif Dirlik) 引述西奧多‧福斯 (Theodore Foss) 的說法屬實，第一批耶穌會教士繪製的第一張中國地圖是如何在滿足滿清皇帝急欲窺知其「帝國幅員」下而完成的？—中西兩種帝國欲望在此合謀；左右美國漢學研究達半個世紀之久的費正清又是如何通過與中國歷史和外交史大家蔣廷黻的「合作」而形成美國「中國權威論述者」(習稱「中國通」) 的地位的？—中、西兩種「東方主義」在此合流。在此意義下，中國知識界又如何看待這種外國帝國主義與中國專制主義的「合謀性」？在同樣的意義下，西方對中國的帝國主義不僅是「外加的」，也是「內應的」，中國的「文化解殖」(包括政治解殖與歷史解殖) 就不僅是「解構西方」，也在「解構中國」。

　　正如王寧在前引文中對史碧娃克的引述中提到的，後殖民理論的目標不是在揭露一個被錯誤地再現的、扭曲的、不真實的東方或第三世界，它不是民族解放運動的戰鬥綱領，更不是努力呈現一種如假包換的東方或第三世界去向西方霸主驗明正身。作為向後現代過渡的文化政治的批判理論，後殖民理論旨在暴露 (expose) 一種二元權力論述是如何被當作真理而建構起來的，它旨在卸除 (unmask) 一種以差異為本體論預設的歷史建構。換言之，後殖民理論致力於拆解福柯所描述的一種「作為理性與真理形式的差異、排斥、區分和規訓體系」，它旨在說明，任何的體系和論述都是任意的，也不是不可修正的，它既不是體制的，更不是暴力的。在後殖民理論中，既無涉以一個「新」的真理去取代「舊」的真理，而是指出真理建構本身的謬誤性。後殖民理論既無關乎通過以一種返回故土舊物以尋找失落家園的「返祖方案」(project of nostalgia)，也不是一種國際反霸政治的理論體系。它只是在批判中存疑，在存疑中保持批判。

　　作為一個真正批判的知識份子或「有機的」(organic) 的知識份子 (葛蘭西語) 必須體認到：「既無一個永恆不朽的傳統可供重返，也無一個預設的未來可供追求」，理論從來沒有自身的定位，漂泊是個體的宿命。這是一種

真正的後現代性。也是後殖民理論主張「越界」(beyond-border) 論述的深義所在。

　　薩依德在自知已不久人世而寫下的回憶錄「鄉關何處」(Out of Place) 最後一句寫道：……存疑，是我特別堅持的主題之一。我生命中有這麼多不諧和音，已學會偏愛不要那麼處處人地皆宜，寧取格格不入。

　　*2000 年起稿，2001 年 3 月首刊後第一次修訂，2002 年 9 月 30 日第二次修訂後重刊

*　　　　　*　　　　　*

註　解

*　　本文曾發表於**中國大陸研究**，第 43 卷第 10 期 (2000 年 10 月)，經二次修訂後重刊。

註①　這個名詞還包括後殖民理論(postcolonial theory)、「後殖民論述」(postcolonial discourse)、
　　　「後殖民批評」(postcolonial Critics)、「後殖民性」(postcoloniality)、「後殖民情境」(postco-
　　　lonial condition) 等等相關術語，它們分別在不同的脈絡中因批評者的需要而被使用。後殖民主
　　　義一般被區分爲以薩依德 (Edward Said) 爲代表的「文化批評」取向，以巴巴 (Homi Bhabha) 爲
　　　代表的精神分析取向和以史碧娃克 (Gayatri Spivak) 爲代表的解構主義取向，並在後殖民主義
　　　中形成具辯證性的三個理論派別。在本文中，基於中國理論界多集中於此三個派別的討論，故
　　　以後殖民理論 (而不是後殖民主義) 在中國爲題。另外，英語中的 discourse 一詞 (它源自於法
　　　語)，在中國大陸譯爲「話語」，在台灣則譯爲「論述」，譯法雖有差異但意義相同。

註②　例如 Patric Williams 和 Laura Chrisman 在其所編的 "Colonial Discource and Post-colonial Theory:
　　　A Reader" 一書的序言中指出，隨著後殖民的研究的快速發展，在當代學術趨勢中已引起一個
　　　令人焦慮的問題 (worry questions about academic trend)。說它是一種學術焦慮，是指後殖民主
　　　義所形成的激進觀點，幾乎可以動搖西方以理性文明爲正統的歷史哲學，可以瓦解「歐洲主述
　　　者」的文化邏輯。然而引起焦慮的還不只是這些，其中「後殖民研究」和「新殖民主義－『知
　　　識/權力－經濟』」(neo-colonial economic knowledge/power) 之間的理論問題，也是一個典型的
　　　學術焦慮之一。因爲後殖民的理論課題，最終是在「顛覆西方」。參見 p. ix。

註③　這種捲入並不意味中國和西方的思想差距已經拉近，也不表示中國與西方的文化意識已經合
　　　流，實際上，正如本文所要證明的，中國知識界在爭論後殖民主義究竟是西方式的主流話語還
　　　是可以歸屬於「第三世界批評論述」時，再再顯示一個作爲「異己」的「西方意象」持續干擾
　　　著中國知識界對後殖民理論的閱讀立場和接受心態。

註④　「話語」、「語境」(包括「文化語境」) 等等歐化名詞在 1990 年代的中國知識界被大量引用，
　　　中國知識界除了對這種「引用」存有意識形態的爭論之外，對這些名詞的界定也甚爲繁多。這
　　　種現象也意味著中國知識界對西方思潮的引介，已由過去「單向移植性的翻譯」逐步過渡到
　　　「雙向闡釋性互譯」的新階段。曹順慶等人認爲，「話語」是指在一定文化傳統和社會歷史中
　　　形成的思維、言說的基本範疇和基本法則，是一種文化對自身的意義建構方式的基本設定。參
　　　見曹順慶、李思屈，「重建中國文論話語的基本路徑及其方法」，**文藝研究**，1996 年第 2 期，
　　　頁 12. 王一川則認爲，「語境」具有兩層意義，一方面，語境並不是指特定文本中的上下文語
　　　言關聯域，而是一種使文學文本產生意義的文化背景，一方面，文化是特定語言行爲及其產品
　　　的總稱，是人們據以理解特定政治、經濟、哲學、宗教、倫理和藝術等現實社會過程的語言模
　　　型，在此意義下，文化背景就成爲「文化語境」。參見王一川，「當今中國文壇的泛現代文學
　　　現象」，**文藝研究**，1993 年第 1 期，頁 37，綜合上述說法，可以將「文化語境」界定爲運用
　　　特定文化背景下的語言模型以進行文本意義的闡釋，其所構成交織性的、理解性的、具有語法
　　　規範性的共同約定。

註⑤　王華萍，「後殖民批評在中國的境遇」，**語文學刊**，2002 年第 2 期，頁 34。

註⑥　儘管中國學者朱剛認爲，所謂後殖民性問題和中國的現實沒有直接的聯繫，不必大呼小叫地對
　　　中華文化進行什麼「非殖民化」。參見朱剛，「薩依德」，台北：生智出版社，1997 年，頁

226；但朱剛卻又花了許多篇幅討論所謂「中國學：西方對中華文化的再現政治」等問題，難道西方對中國的再現政治僅僅因爲是「過去的歷史」而非「當下的現實」，所以可以被「遺忘」？而當今中國知識界對所謂「張藝謀現象」(一種暴露中國社會的黑暗面以供西方賞悅的後殖民藝術創作方式)的熱烈討論和批判，又將如何解釋？

註⑦　Ania Loomba, *Colonialism/ Postcolonialism*. London: Routledge, 1998, pp. 1～2.

註⑧　Postcolonial Criticism, Edited and introduced by Bart Moore-Gilbert, Gareth Stanton and Willy Maley, London and New York: Longman, 1997, p. 6.

註⑨　Bill Ashcroft, Gareth Griffin and Hellen Tiffin, Edited; *The Post-Colonial Studies Reader* (London and New York: Routledge, 1995), p. 1.

註⑩　Gyan Prakash, "Postcolonial Criticism and Indian Historiography". *Social Text*, 31/32, 1992, p. 8.

註⑪　Stephen Slemon, "Modernism's Last Post," *in Past the Last Post: Theorizing Post-Colonialism and Post-Modernism*. Edited by Ian Adam and Helen Tiffin. New York: Harvester /Whetsheaf, 1991, p. 3.

註⑫　Bill Ashcroft, Gareth Griffiths and Hellen Tiffin. *The Empire Writes Back: Theory and Practice in Post-colonial Literature*. London and New York: Routledge, p. 2.

註⑬　Ian Adam and Hellen Tiffin. Edited. *Past the Last Post*. New York: Harvester /Whetsheaf p.vii.

註⑭　張京媛，**後殖民理論與文化認同**，台北：麥田出版社，1995 年，頁 10。

註⑮　Ania Loomba, op. cit.; p. 7.

註⑯　李有成，「帝國與文化」，**帝國主義與文化生產**，(李有成主編)，台北：中央研究院歐美研究所，1997 年，頁 24。

註⑰　李有成，「帝國主義與文化生產」(緒論)，頁 16。

註⑱　Thomas Richard, *The Imperial Archive: Knowledge and the Fantasy of Empire*. London: Verso, 1993. p. 11.

註⑲　Edward Said, *The World, The Text and The Critic. London: Vintage*, 1991. p. 226.

註⑳　Ibid; pp. 226～227.

註㉑　薩依德以文學爲例，由於缺乏一種稱爲文學的、具有閉合性外部界線的領地，文學批評家不再享有過去的權威和正規地位。不過，也沒有新的統領天下的方法或新的批評技巧來迫使他人爲之效忠，以保持學術的忠貞性。Said, Ibid; pp. 229～230. 換言之，理論旅行往往使理論原先的「邊界」日趨模糊。

註㉒　「意象的轉移」，吳江譯，載**解殖與民族主義**，香港嶺南學院翻譯系編譯，香港：牛津大學出版社，1998 年)，頁 103；原文出自 Jan Nederveen Pieterse and Bhikhu Parekh, "Shifting Imaginaries: Decolonization, Internal Decolonization, Postcolonality." in Jan Nederveen Pieterse and Bhikhu Parekh ed. *The Decolonization of Imagination-culture, Knowledge and Power*. Dehli: Oxford University Press. 1997.

註㉓　台灣學者羅庭瑤在一篇論文中以細膩的舉證和筆法，批評薩依德將殖民論述誤解爲「帝國由內地向外地做單向輸出的文化生產行爲」，並且認爲殖民論述還應該包括異地如何在帝國宰制下(通過「文化／神話生產機制」和「情節衍生機制」(plot mechanism)) 所進行的本土文化創造。這種順應帝國統治需要的本土文化再生產，看來才是鞏固殖民統治的文化秘密因素之所在。參見羅庭瑤，「殖民拼貼畫的裂痕：帝國主義與跨文化『書』入機制」，載李有成 (主編)，**帝國主義與文化生產**，台北：中央研究院歐美研究所，1997 年，頁 43～70。

註㉔　Fredic Jameson, "Marxism and Historicism," *New Literary History* (1979: Autumn), p. 45.

註⑤　張頤武，「後現代性與『後新時期』」，**文藝研究**，1993年第1期，頁41，實際上，張頤武也嘗試以「觀看／被觀看」的隱喻模式，來說明「後現代」話語進入第三世界的方式。參見「『凝視』的焦慮」，張頤武，**從現代性到後現代性**，廣西：教育出版社，1997年，第10章.。

註⑥　Jacques Derrida, "Deconstruction and the other", in Richard Kearney, *Dialogues with Contemporary Continental Thinkers*. Manchester: Manchester University Press. 1984, p. 116.

註⑦　實際上，中國文化的「自我質疑」早在19世紀末即已產生，這種歷程絕非一次性歷史事件，而是一個相對漫長的歷史過程，甚至構成中國知識份子精神世界的主要困惑。換言之，近代以來每一次西方思想向中國的流動之後，經過知識階層的再現或中國文學語境的洗禮之後，其所產生的影響要遠遠大於西方文化對中國的直接影響，無論是「五四」時期魯迅「狂人日記」筆下的「被迫害妄想症」，或是郁達夫小說「沉淪」筆下的「中國憂鬱症」，再再說明中國文化意識在西方異己滲透下所併發的自我摧殘與迷亂。在西方強勢文化的壓力下，當中國以西方為「鏡」而映照出中國的自我意象時，也再再顯露出中國文化主體「自我解構」和「自我疏遠」的特徵，從而始終無法擺脫西方－這個中國文化的「異己」-的百般糾纏。關於這些論題的討論可參見伍曉明，「自己與異己：西方面前的二十世紀中國文化自我意識」，載身份認同與公共文化：**文化研究論文集**，香港：牛津大學出版社，1997年，頁325～354。

註⑧　例如羅鋼、劉象愚編譯的**後殖民主義文化理論**(北京：中國社會科學出版社，1999年)、王宇根譯自薩依德的**東方學**(上海：三聯書店，1999年)、謝少波、韓剛等編譯的**賽義德自選集**(北京：中國社會科學出版社，1999年)、張京媛主編的**後殖民理論與文學批評**(北京：北京大學出版社，1999年)、朱剛的**薩伊德**(台北：生智出版社，1997年)、陶東風的後殖民主義(台北：生智出版社，2000年)、王寧的**後現代主義之後**(北京：中國文學出版社，1998年)、王岳川的**後殖民主義與新歷史主義文論**(山東：教育出版社，1999年)、徐賁的走向後現代與後殖民(北京：中國社會科學出版社，1996年)、曹莉的**史碧娃克**(台北：生智出版社，1999年)、王寧、陳厚誠主編的**西方當代文學批評在中國**(天津：百花文藝出版社，2000年)等等。至於其他的翻譯作品則不在此羅列。

註⑨　王逢振，**今日西方文學批評理論—十四位著名批評家訪談錄**，廣西：漓江出版社，1988年，頁50～58。

註⑩　王逢振後來再度發表「愛德華‧薩依德：一個獨特的批評家」一文，對薩依德三部主要著作「東方主義」、「世界、文本與批評家」、「文化與帝國主義」進行了較為深入的分析。相較於當年「誤認薩依德為美國本土學者」，有了很大的深化與進展。參見，**文學評論**，1999年第4期，頁81～86。

註⑪　張京媛，「彼與此」，載張京媛編，**後殖民理論與文化認同**，台北：麥田，1995年，頁35。

註⑫　劉禾，「黑色的雅典—最近關於西方文明起源的論爭」，載張京媛編，**後殖民理論與文化認同**，台北：麥田，1995年，頁59～60。

註⑬　張京媛，前引文，頁40。

註⑭　Dennis Porter指出薩依德忽略了在東方主義內部存在著各種不同歷史時期下對西方霸權的批判，換言之，薩依德有意忽略來自西方內部對西方帝國霸權的反抗。參見Dennis Porter, "Orientalism and its Problem," *in Colonial Discourse and Post-colonial Theory: A Reader*. Edited & Introduced by Patric Williams & Laura Chrisman. New York: Harvester/ Wheatshelf. 1993, pp. 150～161.

註⑮　參見陳厚誠，「後殖民主義理論在中國的傳播」，**社會科學研究**(成都)，1999年第6期，頁125。

註㊱ Aijaz Ahmad, "'Orientalism and After". *In Colonial Discource and Post-colonial Theory: A Reader Edited & Introduced by Patric Williams & Laura Chrisman*. New York: Harvester/ Wheatshelf. 1993, pp. 165～166. 當然，Ahmad 的這些批評，薩依德也在「東方主義後記」一文中加以反駁，認爲這種觀點是對他的作品的嚴重誤讀。

註㊲ 陶東風，「『後』學與民族主義的融構－中國後殖民批評中一個值得警惕的傾向」，**河北學刊**，1999 年第 6 期，頁 41。

註㊳ 邵建，「談後殖民理論與後殖民批評」，**文藝研究**，1997 年第 3 期，頁 16。

註㊴ 張寬，「歐美人眼中的『非我族類』」，**讀書**，1993 年第 9 期，頁 3～9。

註㊵ 張寬，「歐美人眼中的『非我族類』」，前引文，頁 7；張寬在這裏實際上提出了中國知識份子如何「東方主義式的」進行中國文化的自我生產，可惜作者並未深入予以討論，僅僅運用「東方主義」概念來討論中國當代的文藝創作模式。張寬後來又發表「再談薩依德」一文，但主要觀點並沒有改變。參見**讀書**，1994 年第 10 期，頁 8～41。

註㊶ 邵建，「談後殖民理論與後殖民批評」，前引文，頁 17。

註㊷ 邵建，前引文，頁 21。

註㊸ 劉康、金衡山，「後殖民主義批評：從西方到中國」，**文學評論**，1998 年第 1 期，頁 149～159。

註㊹ 王寧、陳厚誠 (主編)，**西方當代文學批評在中國**，天津：百花文藝出版社，2000 年，頁 509。

註㊺ 王寧後來在他的同名著作中，對後殖民理論的來源作了更爲「遠溯」性分析，對後殖民理論個別理論家也作了更爲深入的比較分析。參見，**後現代主義之後**，北京：中國文學出版社，1998 年。

註㊻ 王寧，「後現代主義之後……」，載，**文藝報**，1994 年 9 月 10 日，第 3 版。

註㊼ 王寧、陳厚誠 (主編)，**西方當代文學批評在中國**，前揭書，頁 532。

註㊽ 王寧、陳厚誠 (主編)，**西方當代文學批評在中國**，前揭書，頁 528～530。

註㊾ 關於這種對後殖民理論家常見的但卻是庸俗化的批評，史碧娃克在回答藝術史學家 Hilton Kramer 對她的批評時就指出：「所有的批評僅僅歸結爲我的聘任問題……有人提到有關我的聘任 (一所被視爲杰出的科系 (哥倫比亞大學英語系，薩依德也是那裏的教授)，是對大學原則的一種違背，他們假設我的聘任是因爲我僅僅是「政治正確」，而不是因爲我是文學批評領域的專家」。Sara Danius and Stefan Jonsson, "An interview with Gayatri Chakravorty Spivak," *Boundary* 2, 20: 2 1993.

註㊿ 參見陸建德，「流浪者的家園—愛德華．薩依德的世界主義」，**世界文學**，1995 年第 4 期，頁 288～298。

註(51) 陸建德，「流浪者的家園-愛德華．薩依德的世界主義」，前引文，頁 296～297。

註(52) 關於薩依德自身離散的身世對其在理論創作和個人政治實踐方面的關聯與感觸，可參見近期出版的薩依德回憶錄：*Out of Place: A Memoria*. New York：Alfred A. Knopf, 1999, 中文譯本見彭淮棟譯，**鄉關何處**，台北：立緒文化出版社，1999 年。

註(53) Anthony Giddens, *Modernity and Self-Identity: Self and Society in the Late Modern Age*. Cambridge U.K. Polity Press, pp. 12～13.

註(54) 陸建德，「流浪者的家園一愛德華．薩依德的世界主義」，前引文，頁 298。

註(55) 關於 1990 年代中國文化場景的轉型及其成因，參見王岳川，「中國九十年代話語轉型的深層問題」，**文學評論**，1999 年第 3 期，頁 71～79。

註⑤⑥ **文藝報**,1999年3月11日,第2版。

註⑤⑦ 參見**全球化與中國**,北京:中央編譯社,1998年,編者的話;在這本文集中,幾乎當前中國所有的事務與政策,都可以「全球化與……」而與全球發生了關聯。舉凡中國的「歷史機遇」、「國家利益」、「體制改革」、「立法發展」、「法律」、「政府管理能力」、「企業」、「經濟安全」、「國際投資」、「人口」、「哲學思考」、「道德教育」、「高等教育」等等,都可以也應該與全球化掛鉤。

註⑤⑧ 中國學者肖鷹指出,個體直接面對世界的無限性是全球化之下自我認同的基本障礙。一方面,在世界的無限性面前,個體仍然是一個在當地時空中的有限存在者;然而另一方面,現代傳媒和商業時時刻刻都把遠距離的「世界生活」植入個體生活的時空中,提示並賦予他「在世界中存在」的意識。這種在場與缺席、當地與異地生活情景的交織,既形成了個體生存現象世界的無限生成狀態,又導致了日常生活的自我認同的危機。參見,肖鷹,「九十年代中國文學:全球化與自我認同」,**文學評論**,2000年第2期,頁104。

註⑤⑨ 王岳川(主編),**後殖民主義與新歷史主義文論**,山東:教育出版社,1999年,頁3~4。

註⑥⓪ 王岳川(主編),**後殖民主義與新歷史主義文論**,頁65。

註⑥① 張頤武,**從現代性到後現代性**,廣西:教育出版社,1997年,頁179。

註⑥② 孫歌最近在一篇文章中提到「翻譯的政治」問題。這使我們聯想到,中國學人習慣地大量依賴漢語境下譯自西方原典的中文文本,往往使翻譯者和閱讀者被抽空了認知「兩種語言各自的張力關係以及它們之間的張力關係」的能力。翻譯變成一種語詞的轉換和選擇,在此基礎形成的「外國研究」,完全無法找到自己的立場。參見孫歌為**語言與翻譯的政治**一書所寫的導言。香港:牛津大學出版社,2000年,p. xv。

註⑥③ 參見王一川,「與其『走向世界』,何妨『走在世界』?」,**世界文學**,1998年第1期,頁285~297。

註⑥④ 張京媛(主編),「後殖民理論與文化批評」,北京:北京大學出版社,1999年,頁11。

註⑥⑤ 王岳川,「後現代主義文化與價值反思」,**文藝研究**,1993年第1期,頁44。

註⑥⑥ 同上。

註⑥⑦ 同上。

註⑥⑧ 張頤武,「後現代性與『後新時期』」,**文藝研究**,1993年第1期,頁43。

註⑥⑨ 參見 J. 希利斯·米勒,「全球化對文學研究的影響」(王逢振譯),**文學評論**,1997年第4期,頁72~78。

註⑦⓪ Edward Said. *Orientalism: Western Conceptions of the Orient,* New York: Vintage, 1979, pp. 4~5.

註⑦① 羅鋼,「關於殖民話語和後殖民理論的若干問題」,**文藝研究**,1997年第3期,頁26。

註⑦② 實際上,在薩依德後期著作中的「中國意象」已發生了變化。在文化論述上的沉默與在人口、經濟(急劇發展中)及政治(蘇聯解體後唯一的共產大國)上的身份的不一致。「中國」獲得一種從所未有過的「含混」(ambivalent)身份,中國一方面具有文化邊緣位置上的顛覆性格,一方面具有新帝國主義的潛在威脅,這與在「東方主義」中的中國意象已經出現很大的差異。參見朱耀偉,**當代西方批評論述的中國圖像**,台北:駱駝,1996年,頁51~65。

註⑦③ 昌切,「民族身份認同的焦慮與漢語文學訴求的悖論」,**文學評論**,2000年第1期,頁31。

註⑦④ 楊乃喬,「後殖民主義話語的悖論—兼論從後殖民主義文學的興起到東方主義的崛起」載王寧、薛小源(主編),**全球化與後殖民批評**,北京:中央編譯出版社,1998年,頁165。

註⑦⑤ 楊乃喬把這種東方大陸學者均在思考的缺憾中把後殖民主義默認為純正的西方理論稱為「誤讀

性默認」，但隨後又說這是因爲「東方大陸所能夠讀到的原創後殖民理論讀本全都是用純正的英語撰寫，是在西方拼音語境下出版的」。顯然，楊乃喬也在「思考的缺憾中」將「英語」等同於「西語」，將「英語世界」等同於「西方世界」，乃至於根本把「美國」等同於「西方」。見前引文，頁 167。

註⑦⑥　楊乃喬，前引文，頁 170。

註⑦⑦　例如一個中國知識份子，無論他的知識專業是否專精，水平是否足夠，首先作爲知識份子身份前提的，應該是諸如淡泊名利，不求榮華富貴，做人民的代言人，做民族的先鋒隊，更應該具有階級立場的思想覺悟等等角色特徵，否則即使學問再好，也有失知識份子的天職和道統。

註⑦⑧　關於對「毛主義」（Maoism）的分析，可參見 Rey Chow（周蕾）卓越的批判性分析。Rey Chow, "Introduction". *for Writing Diaspora: Tactics of Intervention in Contemporary Cultural Studies. Bloomington and Indianapolis: Indiana University Press.* 1993, pp.10～22.「毛主義」在這裏被視爲運用一種「無權力」和「道德純潔性」的象徵性位置以攫取權力並支配他人的典範。一種依據被迫害意識，宣稱自己是無產階級或被壓迫者，依據一種「本真性 (authenticity) 以製造和推行霸權的意識形態。

註⑦⑨　楊乃喬，前引文，頁 171。

註⑧⓪　楊乃喬，前引文，頁 182。

註⑧①　Bart Moore-Gilbert 在其所編的「後殖民批評」的導論中指出：「後殖民理論是當代學術研究領域中最豐富且發展快速的一門學科。由於以雄厚的文化和文化研究爲基礎，後殖民理論已形成整合性、跨學科的理論。儘管後殖民理論激發了各種具挑戰性的學科研究，但後殖民主義 (post-colonialism) 一詞的含意還是飄忽不定且富於爭議性的。……因此，後殖民主義是在有關學術、地理、政治的空間中通過自我定義 (self-definition) 而產生的。參見 *Postcolonial Criticism.* Edited and introduced by Bart Moore-Gilbert, Gareth Stanton and Willy Maley. London and New York: Longman. 1997, p. 1.

註⑧②　楊乃喬，前引文，頁 182。

註⑧③　楊乃喬，前引文，頁 183。

註⑧④　Edward Said, *Orientalism: Western Conceptions of the Orient.* London and New York: Peregrine, 1995. Reprinted with a new Afterword, pp. 330～331.

註⑧⑤　Edward Said, *Orientalism: Western Conceptions of the Orient.* Ibid; p. 331.

註⑧⑥　Ibid; p. 332.

註⑧⑦　Ibid; p. 334.

註⑧⑧　陶東風，「全球化、後殖民批評與文化認同」，載王寧、薛曉源 (主編)，**全球化與後殖民批評**，北京：中央編譯出版社，1998 年，頁 192-193. 陶文主要在批評以張法爲代表、發表於**文藝爭鳴** 1994 年第 2 期的「從現代性到中華性」一文，也在批評**文藝爭鳴** 1995 年第 3 期推出「重建中國文論話語」一組筆談所提出的「失語症」問題。該文稍後再以「文化本真性的幻覺與迷誤─中國後殖民批評之我見」爲題，登載於**文藝報** 1999 年 3 月 11 日第 2 版，在此文中，陶東風明確的反對一種「文化本真性」的虛構，認爲這是一種把族性標準無條件凌駕於其他標準之上的「絕對主義」，而主張以一種「流動主體性」、「多重自我與複合身份」的概念，來闡釋文化身份 (認同) 與語境之間的關聯性。陶文後又收錄於他所著的**後殖民主義**一書，交台北揚智出版社出版 (2000 年)，在該書中，陶東風以更多的篇幅討論後殖民主義與中國民族主義的關聯，並將自己的觀點以「後民族主義」加以概括，

註⑧　周蕾，**寫在家國以外**，香港：牛津大學出版社，1995 年，頁 99。

註⑩　陶東風，「全球化、後殖民批評與文化認同」，前引文，頁 193。

註⑪　曹順慶，李思屈，「重建中國文論話語的基本路徑及其方法」，**文藝研究**，1996 年第 2 期，頁 20。

註⑫　王寧也指出，當前中國學術界一個令人注目的現象就是，諸如「後現代主義」(postmodernism)、「後儒學」(post-Confucianism)、「後知識份子」(post-intellectuals)、「後國學」、「後啓蒙」(post-Enlightenment) 以及後殖民主義(postcolonialism) 等所謂「後學」(postisms) 等論題廣爲人們所談論和甚至爭論。這類帶有「後」字的術語頻繁的出現在各種學術期刊或文學雜誌上，令普通讀者和明顯帶有傳統人文主義傾向的知識份子感到極大的困惑。見王寧，「後殖民主義理論批判-兼論中國文化的“非殖民化”」，**文藝研究**，1997 年第 3 期，頁 4。

註⑬　曹順慶，李思屈，「重建中國文論話語的基本路徑及其方法」，前引文，頁 13，關於「失語症」的內涵，曹順慶是這樣定義的：「所謂『失語症』，並不是說我們的學者都不會講漢語了，而是說我們失去了自己特有的思維和言說方式，失去了我們自己的基本理論範疇和基本的運思方式，因而難以完成建構本民族生存意義的文化任務。

註⑭　同上，頁 12，曹順慶與李思屈後來再度發表「再論重建中國文論話語」一文，但該文已轉向從「失語」、「失家」等概念論述中國民族精神性喪失的問題，並已脫離對後殖民理論的討論。參見**文學評論**，1997 年第 4 期，頁 43～51。

註⑮　這裏尚且不必提到後殖民批評家 Homi Bhabha、Gayatri Spivak, Ashis Nandy、Partha Chatterjee 和後殖民女性主義批評家如 Chandra T. Mohanty 或中國歷史政治學家 Arif Dirlik 等人對此一問題的討論。旅美中國學者陳小眉 (Xiaomei Chen) 在她的**西方主義**一書，就通過對中國電視劇「河殤」的分析，指出中國知識份子如何虛構一個「西方意象」(例如以西方的「黃色意象」來定義中國的「黃河文明」) 來反觀中國文化，從而在對中國傳統文明的鞭伐中遮掩著對中國當下專制主義的盲視與共謀。見 Xiaomei Chen, *Occidentalism: A Theory of Counter-Discourse in Post-Mao China.* New Yprk: Oxford University Press. 1995.

註⑯　參見 Gayatri Spivak, "Can the Subaltern Speak?" *in Colonial Discource and Post-colonial Theory: A Reader. Edited & introduced by Patric Williams & Laura Chrisman,* New York: Harvester/ Wheatshelf. 1993, pp. 66～111.

註⑰　Patrick McGee, *Telling the Other.* Ithaca: Cornell University Press, 1992, pp. 121～123.

註⑱　Gayatri Spivak, *The Post-colonial Critic: Interview*, Strategy, Dialogues. Ed. Sarah Harasym. London: Routledge, 1990, p. 93.

註⑲　曹順慶等人宣稱，所謂「重建中國文論話語體系」，並不是簡單地回到新文化運動以前的傳統話語體系去，也不是在西方現有理論上作些中國特色化。……我們認爲，對傳統文論概念、範疇的梳理，必須在借鑒現有的研究成果基礎上，通過具體的對話和具體的批評實踐，使之回到言說中來，使其話語功能在言說中得到還原。因此，我們所謂傳統概念和範疇的整理與一般的古典文論的「範疇論」研究不同之處就在於：它更注重與「對話研究」和當代批評相結合，更注重整理、現代闡釋與創生三個過程的有機交融。曹順慶，前引文，頁 12～14。

註⑩　李佩然，「後殖民主體意識的泯滅與重現 —**魔鬼詩篇**的啓示」，載 後殖民理論與文化認同 (張京媛編)，台北：麥田出版社，1995 年，頁 104～105。

註⑪　參見徐賁，「後現代、後殖民批判理論和民主政治」，載貝嶺 (主編) **傾向** (Tendency)，Cambridge: MA: Harvard University. 1994 年第 2 期，頁 175～176。

註⑩　徐賁，**走向後殖民與後現代**，北京：中國社會科學出版社，1996 年，頁 192。

註⑩　徐賁，**走向後殖民與後現代**，前揭書，頁 222～223，徐賁的這些觀點，在稍早以「『第三世界批評』在當今中國的處境」為題，發表於香港**二十一世紀評論**，引起張頤武在同一刊物隔期中對之作了反擊式批評。張頤武把徐賁、趙毅衡等人的觀點，視為「站在海外、居高臨下、從外部強加對中國的『訓導』(pedagogy, 巴巴的術語)」，參見張頤武，「闡釋『中國』的焦慮」，**二十一世紀評論**，1995 年 4 月號 (總期第 28 期)，頁 128～135。但是這一場爭論，其爭論的模式基本上還是「二元對立」的，只不過由原先的「東方／西方」二元架構變成了「本土／海外」、「不幸／有幸」、「精英／大眾」、「特殊性／普遍性」的二元架構，也就是先把對方置於二元架構上對立的另一極，而後進行「彼／此」式的論戰。一個有趣的現象是，當論戰的一方進行自我表述時，都宣稱自己超越了二元論架構，但進行對他人的批評時，又總是將對方設定為二元論者，反之亦然。無論如何，這場論戰已超出本文的範圍，需另文討論。

註⑩　徐賁，「走向後殖民與後現代」，前揭書，頁 199～200。

註⑩　Charles Shepherdson. *Vital Signs: Nature, Culture, Psychoanalysis*. New York: Routledge, 2000, pp. 167～168.

註⑩　Charles Shepherdson. *Vital Signs: Nature, Culture, Psychoanalysis*, pp.168～169.

註⑩　Homi Bhabha, *The Location of Culture*. London and New York: Routledge. 1994, pp. 66～67.

註⑩　Homi Bhabha, *The Location of Culture*, p. 80.

註⑩　Homi Bhabha, "Introduction" *of The Location of Culture*, p. 1

註⑩　王華萍，「後殖民批評在中國的境遇」，**語文學刊**，2002 年第 2 期，頁 35。

註⑪　事實上，依照薩依德的觀點，一方面，認定「一切的閱讀都是誤讀」這種觀點是不可取的，一方面，而且完全可以將誤讀判斷為觀念和理論從一個情境向另一個情境進行歷史轉移的一部分，換言之，「誤讀」本身根本上就是理論旅行必然的構成部分。參見 Edward Said, *The World, The Text and The Critic*. London: Vintage, 1991, p. 236.

國立中央圖書館出版品預行編目資料

21世紀中國(卷二)—全球化與中國之發展/宋國誠主編.

--初版.--臺北市：國立政治大學國際關係研究中心，民91

672面；17×23公分。──(國立政治大學國際關係研

究中心中文叢書系列；135)

ISBN 957-01-2519-5（平裝）

1.國際關係　2.國際經濟　3.中共政權

578.1　　　　　　　　　　　　　　　91020821

國立政治大學
國際關係研究中心中文叢書系列 ⑬⑤

21世紀中國(卷二)—全球化與中國之發展

發行者：何　思　因

主編：宋　國　誠

副主編：王瑞琦、耿　曙

出版者：國立政治大學國際關係研究中心

地址：臺北市文山區萬壽路六十四號

電話：(○二)二九三七七二七七

總經銷：紅螞蟻圖書有限公司

地址：台北市內湖區舊宗路二段121巷32號4樓

郵政劃撥：一六○四六二一一

戶名紅螞蟻圖書有限公司

電話：(○二)二七九五一—三六五六

傳真：(○二)二七九五一—四一○○

印刷者：海王印刷事業股份有限公司

地址：台北縣土城市永豐路一九五巷九號

電話：(○二)二二六五一四九一~三

初版：中華民國九十一年十一月

平裝本：實售 新台幣五五○元 美金十六元（郵資另加）